傅新红

四川农业大学教授，管理学博士，教务处处长。国务院政府特殊津贴专家，四川省学术和技术带头人，教育部高等院校农业经济管理类专业教学指导委员会专家，荷兰瓦赫宁根大学访问学者，国家自然科学基金项目评审专家、四川省人民政府哲社成果奖评审专家、四川省高等院校高级职务评委会专家等。获四川省哲学社会科学科研成果二等奖和四川省科技进步二等奖各1项、三等奖各2项，四川省人民政府优秀教学成果一等奖1项、三等奖1项。主持、主研国家级、省部级50多项科研项目，其中，国家哲社基金7项，科技部、教育部项目3项。出版论著8部，主编、副主编、参编教材4部。公开发表学术论文160多篇，其中CSSCI论文23篇，EI、ISTP收录18篇。已培养毕业硕博士65名。

高等学校农业经济管理类专业核心课程教材

NONGYE JINGJIXUE

农业经济学

主编　傅新红

副主编　王征兵　庄天慧
　　　　修长柏　曾维忠

高等教育出版社·北京

内容简介

本书是教育部高等学校农业经济管理类专业的核心课程教材。编写者根据长期从事农业经济学的基础理论研究、教学和科研所积累的经验，从农业与农业经济学、农业生产要素配置、农业经营体系、农产品市场与贸易、农业可持续发展五个维度构建逻辑体系，系统阐述了农业经济学的基本理论和基本知识，体现了本土化与国际化相结合、理论性与实践性相结合、启迪性与拓展性相结合的特色。

本书可作为高校农业经济管理类专业本科生教材使用，也可作为高校经济管理类及相近专业的教学参考书，还可作为广大从事农林经济管理的工作人员以及对“三农”问题感兴趣的人员的参考读物。

图书在版编目(CIP)数据

农业经济学/傅新红主编.--北京:高等教育出版社,2016.2(2024.7重印)

ISBN 978-7-04-044743-9

Ⅰ.①农… Ⅱ.①傅… Ⅲ.①农业经济学-高等学校-教材 Ⅳ.①F30

中国版本图书馆CIP数据核字(2016)第019397号

策划编辑 刘 荣　责任编辑 刘 荣　特约编辑 吕培勋　封面设计 赵 阳
版式设计 马 云　插图绘制 黄建英　责任校对 高 歌　责任印制 刁 毅

出版发行 高等教育出版社
社 址 北京市西城区德外大街4号
邮政编码 100120
印 刷 三河市华润印刷有限公司
开 本 787mm×1092mm 1/16
印 张 25.75
字 数 580千字
插 页 1
购书热线 010-58581118
咨询电话 400-810-0598
网 址 http://www.hep.edu.cn
http://www.hep.com.cn
网上订购 http://www.hepmall.com.cn
http://www.hepmall.com
http://www.hepmall.cn
版 次 2016年2月第1版
印 次 2024年7月第8次印刷
定 价 55.00元

物 料 号 44743-00

前　言

“农业经济学”作为高等院校农业经济管理类专业(含农林经济管理和农村区域发展两个专业)的一门核心课程,在建构本专业以及农林类专业学生的知识体系中具有不可替代的重要作用。据教育部新一届农业经济管理类专业教学指导委员会统计,全国开办农业经济管理类专业的高校,均设有“农业经济学”课程,这些学校的农学类以及部分近农、非农专业也开设了该课程作为必修或选修课程。编写一部理论性与应用性有机统一、时代感与区域特色紧密结合的农业经济学精品教材,一直是长期耕耘在农业经济教学与科研一线的教师梦寐以求的愿望。2014 年在西北农林科技大学召开的全国中青年农业经济学者学术年会暨全国高等院校农林经济管理院长(系主任/所长)联谊会上,我们向与会专家、学者提出了新编精品教材的想法,当即得到了众多专家同行的热情呼应。为了加快编写进度,2014 年 11 月,编写组在四川农业大学成都校区召开了编写研讨会,与会专家、学者交流了农业经济学教学与科研的心得。经磋商讨论,最终确定了本书的编写大纲及具体任务分工。经过编写组全体人员一年的辛苦付出,本书编写工作顺利完成,并由高等教育出版社出版。

本书拟立足农业,研究“三农”问题;立足中国,分析国际演变,体现三个特色:一是本土化与国际化相结合。既结合中国国情和“三农”的实际,又注重学习和借鉴国际有益经验,促进中国农业的市场化、国际化和全球化。二是理论性与实践性相结合。运用经济学理论阐释、指导中国农业经济的实践,同时,将中国农业丰富的实践提炼、升华到理论层面。三是启迪性与拓展性相结合。本书除了遵循可读性、参考性和实用性的教材编写基本原则,更注重启迪和拓展读者的思维。全书穿插着新闻链接、小资料、典型案例等栏目,形式新颖、易于学习;每章均列有案例分析题或前沿展望,引发学生和读者关注、思考农业经济现实问题;每章介绍一位中外著名农业经济学家,以拓宽学生视野。

本书充分借鉴了国内外农业经济学教材的体系设置,并融入多位参编者从事农业经济学教学科研的经验与体会,从农业与农业经济学、农业生产要素配置、农业经营体系、农产品市场与贸易、农业可持续发展五个维度展开,全书具有完整清晰的逻辑体系。其中,对农业的特征、地位、功能以及“三农”问题的缘由和破解进行了分析;将农业生产要素分成农业自然资源要素和社会资源要素,对农业生产要素配置、农业产业结构与布局的内涵与运行规律进行了介绍;在概述农业经营制度及演变规律的基础上,对农户与家庭农场、农民合作经济组织、农业产业化经营、农业社会化服务体系的内涵与规律及未来发展趋势进行了介绍;从农产品供求入手,对农产品市场与流通规律、农产品国际贸易规则及发展等内容进行了介绍;最后,从宏观视角,对农业宏观调控、农业现代化、农民收入与消费、农业和农村可持续发展等问题进行了分析。同时,本书的编写最大限度地吸纳了近几年来国家“三农”政策调整以及国内外理论界的最新研究成果。例如 2013 年中央一号文件提出大力发展家庭农场,本书单辟章节介绍家庭农场的内涵、特征、类型、发展历程、障碍以及发展建议等问题，旨在更好地反映时代发展变迁的规律与趋向，紧扣时代脉搏。本书编写人员大多来自西部各省市的农林高校，均为从事农业经济学教学和科研的专家、学者和一线教师，因此本书直接与高校师生的需求对接，能够更好地满足他们的需求，并具有浓郁的西部特色。

本书由四川农业大学傅新红教授担任主编，西北农林科技大学王征兵教授、四川农业大学庄天慧教授、内蒙古农业大学修长柏教授、四川农业大学曾维忠教授担任副主编。全书共分为十七章。按照各章顺序，参加编写的人员有：第一章，四川农业大学傅新红、祖立义；第二章，西北农林科技大学马红玉；第三章，内蒙古农业大学宝音都仍、福建农林大学余丽燕；第四章，西北农林科技大学王征兵；第五章，新疆农业大学余红；第六章，内蒙古农业大学修长柏、田艳丽；第七章，东北农业大学崔宁波；第八章，四川农业大学陈瑶；第九章，云南农业大学李宏、李国禄；第十章，四川农业大学王雨林；第十一章，甘肃农业大学李银霞；第十二章，四川农业大学刘浩、福建农林大学余丽燕；第十三章，青岛农业大学鞠立瑜；第十四章，四川农业大学庄天慧、王雨林；第十五章，石河子大学程刚；第十六章，山西农业大学刘庞芳；第十七章，四川农业大学曾维忠、刘浩。主编傅新红教授组织了对本书的审阅和订正。四川农业大学研究生刘宇荧、汪君、曾扬一、王雪姣、赵雯宇、刘胜、卢冲、陈显波、沈鹭、陈瑕、陈雪、刘国强、张希昱等参与了本书编写的联络、会务服务和校稿工作。四川农业大学杨红梅老师参与了本书初稿编排工作。

本书在编写中参考了已出版的数本《农业经济学》教材，包括钟甫宁、李秉龙、薛兴利、孔祥智、张忠根、方天堃等分别主编的《农业经济学》和王雅鹏主编的《现代农业经济学》，在此谨向上述编者致以最真诚的感谢。本书的编写和出版离不开高等教育出版社相关编辑的大力支持和辛勤劳动，在此一并表示谢意。

本书可作为高校农业经济管理类专业本科生教材使用，也可作为高校经济管理类及相近专业的教学参考书，还可作为广大从事农林经济管理的工作人员以及对“三农”问题感兴趣的人员的参考读物。

本书由于编写时间仓促，错漏之处在所难免，欢迎广大读者批评指正！

傅新红

2015 年 10 月

目　录

第一章 农业与农业经济学

本章学习目标

1. 掌握农业的概念、特性、地位与作用；
2. 了解农业在国民经济中的基础地位，以及农业的多功能性；
3. 了解西方农业经济学科的产生与发展以及农业经济学的研究对象与内容；
4. 了解我国“三农”问题的形成原因及对策。

“世界上绝大多数人是贫苦的，因此懂得了穷国的经济学就大体懂得了真正重要的经济学。世界上大多数穷人靠农业养活自己，因此懂得了农业经济学，也就大体懂得了穷国的经济学。”

——1979 年诺贝尔奖得主西奥多·舒尔茨

第一节　农业的概念及基本特征

一、农业的概念

农业（Agriculture）作为国民经济不可或缺的部门，是支撑国民经济建设与发展的基础。农业是人类利用生物体的生理机能和土地、水、气以及太阳能等自然资源，通过人的劳动和经济投入来强化和控制生物的生长发育规律，以获得人类生活和生产所需要的产品，满足社会需要的社会物质生产部门。农业的劳动对象是生物体，具体分为植物、动物和微生物三类，农业因此分为植物栽培业、动物养殖业和微生物培养业。由于微生物培养业处于兴起阶段，一般来说，农业主要指植物栽培业和动物养殖业。

在不同国家、同一个国家不同时期，农业的范围和内容不完全相同。农业有狭义和广义之分。狭义的农业仅指种植业，包括粮食作物、经济作物、饲料作物、绿肥作物及能源作物等的种植；广义的农业包括种植业、林业、畜牧业和渔业。农业包括第一性生产和第二性生产。第一性生产是指绿色植物利用太阳能，通过光合作用，将水和二氧化碳转化成自身生长所需的碳水化合物、蛋白质和脂肪等，进行有机物的物质生产的过程；第二性生产是指动物生产，它以第一性生产即植物生产为基础，利用初级生产量进行同化作用，表现为动物的生长、繁殖和营养物质的贮存。

随着现代科技的发展，农业的外延日渐丰富，出现了多种多样的农业类型，如都市农业、观光农业、精细农业、精准农业、精品农业、生态农业、循环农业、“三色”农业（即绿色农业、白色农业、蓝色农业）等。

知识链接

当代发达国家的现代农业，除动植物生产外，还进一步扩展到为农业提供机器、肥料、农药等产前行业以及农产品加工、销售等产后行业，即农业是以动植物生产为中心，产前、产中、产后三个领域全部内容的总和。①

二、农业的特点

农业与工业、服务业等产业不同，受自然环境和生物体生长发育规律的影响。农业的特点包含本质特点与具体特点两个方面。

（一）农业的本质特点

农业的本质特点是农业的自然再生产与经济再生产有机交织。

---

① 靳相木，薛兴利.拓展农业外延：农业现代化的必由之路.农业现代化研究，1999(4).

1. 农业的自然再生产

它是指生物有机体利用自身的生长发育规律,在特定的自然环境条件下,不断进行物质交换和能量转化,动植物和微生物不断生长、繁殖的过程。自然再生产是生物体严格遵循自然规律进行自身代谢活动的过程,如亚马孙河流域中的原始森林从发芽、生长直到成材的全部过程,都是在光、热、水、土等自然条件影响下自发进行的。植物利用太阳能进行光合作用将水和二氧化碳转化成维持自身生长所需的碳水化合物、蛋白质、脂肪等营养物质,动物利用植物产品维持自身的生长繁殖,与微生物的分解活动共同形成了自然界的物质循环和万物繁衍的过程。

2. 农业的经济再生产

它是指在一定的生产方式中,人们有目的地利用生物体的生理机能,改变或改造自然环境条件,借助活劳动和物化劳动的投入,不断扩大农业产出而反复进行的社会生产过程。它是人类有意识、有目的的活动,是经济投入和产出、价值的再生产过程。

3. 自然再生产与经济再生产有机交织

农业生产是生物有机体、环境条件、经济资源三因素共同作用的过程,三者之间相互联系、相互作用,农业生产活动并不是单纯的自然环境条件下生物生命活动的自然再生产,或仅是人类有目的参与的经济再生产,而是两者的有机交织、融合。农业生产既要尊重自然规律,也要遵从社会经济规律。

(二)农业的具体特点

从农业的自然再生产与经济再生产有机交织的本质特点,派生出农业不同于其他产业的若干具体特点。

1. 土地是农业生产中最基本且不可替代的生产资料

土地是一个立体概念,它不仅是农业的劳动场所,更是动植物和微生物生产发育所必需的重要环境条件。土地的数量、质量和地理位置都是农业生产的重要制约因素。

2. 农业生产具有季节性和周期性特点

农业生产的劳动对象是有生命的生物体,动植物、微生物的生长发育有一定的规律,并且受光、温、水、气和土壤等自然环境条件影响。人们从事农业生产活动必须认识和遵循生物体的生命活动规律和生命活动周期,因时制宜,不违农时,春种秋收,周而复始。

3. 农业生产具有空间上的分散性和地域性

农业生产主要在广袤的土地上进行,土地位置相对固定,这就决定了农业生产具有分散性。同时,土地在空间分布上具有明显的地域差异,不同地域、不同生物生长发育要求的自然环境条件不同,导致农业生产季节、品种、生产结构不尽相同。所以,农业生产不能集中管理,要因地制宜。

4. 农业的生产时间和劳动时间不一致

农业生产时间是指农业的自然生产全过程所需要的时间,它受生物体生命活动规律、生命周期、自然资源和环境条件的制约。一般来说,生产周期越长,则生产时间越久。劳动时间则是指人们根据农业生产活动需要所投入的时间,由于农业有自然生长的过程,劳动时间仅是整个生产时间的一部分。二者的内涵和时间长度不一致。

5. 农业生产具有自然和市场的双重风险

农业生产大多在自然环境条件下进行，自然环境条件中的诸多因素具有不可控性，如地震、干旱、洪涝等，都有可能造成农作物减产甚至绝收、畜禽生病甚至死亡，因此，农业生产受自然因素影响很大，具有较大的自然风险。同时，农产品与其他产业的产品一样，作为商品要受到价格规律、收入水平、消费偏好等因素影响，具有一定的市场风险。

（三）农产品的特征

1. 农产品是人类生活的必需品

农产品提供人类生存所必需的碳水化合物、蛋白质、脂肪和纤维，是人类的衣食之源。尽管科技的发展使现代工业物质文明和加工制成品不断进入人们的生活消费领域，但农产品始终是人们最基本的生活资料。

2. 农产品品种繁多，数量庞大，易腐烂，不易保存

这一性质决定了农产品需要有效储存，保障农产品的质量。同时，农产品对其销售渠道功能要求高，特别是生产的地域性与消费的普遍性之间的矛盾，使其销售渠道更加复杂。

3. 农产品的供求弹性较小

就供给而言，农业生产具有季节性和周期性，在短期内，农产品的市场供给量是一定的，不会受价格的影响而变化；就需求量而言，农产品是人们生活的必需品，其需求量也很难随价格的变化而变化。因此，市场价格对农产品供求的调节作用有限，农产品市场往往要受到政府更多的干预。

第二节　农业的地位、贡献与功能

一、农业在国民经济中的地位

农业是国民经济的基础，是不以人们意志为转移的客观规律。

（一）衣食之源，生存之本

迄今为止，人类的生存与发展离不开生活资料和生产资料，而食物是人类必不可少的生活资料。随着科技的发展，工业合成品在一定程度上能够替代农业生产出的一部分生活资料和生产资料，但不可能完全替代。因为人类生存所需要的碳水化合物、蛋白质、脂肪等物质是食品工业本身无法生产出来的，必须由动植物和微生物提供。因此农业作为人类的衣食之源、生存之本，是不可能完全被工业所取代的。

（二）农业是国民经济其他部门独立和进一步发展的基础

农业是人类社会第一个出现的物质生产部门。在原始社会，生产力水平低下，几乎所有劳动者都必须从事农业生产，以维持基本的温饱。随着农业劳动工具的改善，劳动生产效率的提高，有了剩余产品，部分劳动力得以从农业劳作中分离出来，从事手工业。随着农业生产力的进一步提高，工业、商业等其他产业逐渐发展，从农业部门中独立出来，完成了初步的社会分工，形成工

业、商业等其他非农产业部门。所以,农业是国民经济其他部门独立和进一步发展的基础,既为国民经济其他部门提供劳动力、生产原材料和基本生活资料,促进其发展,又对其他部门的进一步发展起着制约作用。

(三)农业是国民经济的基础,是世界性的经济规律并长期发挥作用

人类发展历史揭示,农业在国民经济中所占比重下降是世界经济发展的客观规律。

我国的发展也证实了这一规律。1978—2014 年,农业增加值 GDP 占比逐年下降(见图 1-1),农业从业人员占比逐年下降(见图 1-2),农产品出口额所占比重也连年下降。虽然农产品进出口数量逐年增加,但 2014 年,农产品出口额仅占我国外贸出口总额的 3%,进口仅占 6.2%。[①] 农业的基础地位是由人类生存的基本需求和人类社会经济发展规律所决定的,农业增加值所占比重下降是相对比重下降,其绝对数量呈增长态势,绝对水平在不断提高,所以农业不可能因为其产值比重下降和从业人员数量减少而失去其在国民经济中的基础地位。

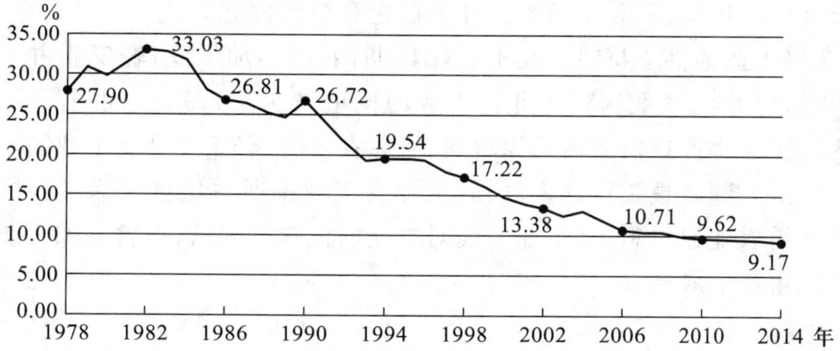

图 1-1　农业增加值 GDP 占比

资料来源:根据中国国家统计局年度数据整理,2014。

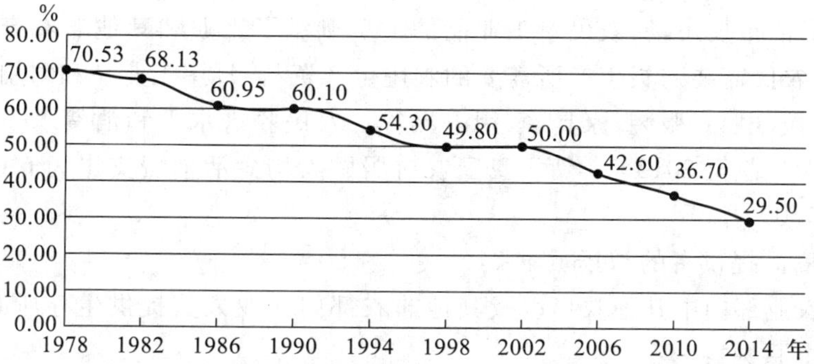

图 1-2　农业从业人员占比

资料来源:根据中国国家统计局年度数据整理,2014。

① 根据中国国家统计局数据整理:http://www.stats.gov.cn.

农业在国民经济中的比重下降,主要原因是其他非农产业部门的增长速度远远快于农业部门的增长速度。所以农业所占比重下降不能说明农业萎缩,只要农业所提供的衣食在人类生活中的基础作用不变,农业的基础产业的地位和作用也将不会动摇。

二、农业对国民经济的贡献

(一) 产品贡献

首先,农业提供人类生存所必需的食物,这是农业最原始和最基本的功能。农业不仅提供从事农业活动及赡养人口所需要的食物,还为非农部门人员提供食物。1978 年我国粮食总产量为 30 477 万吨①,2014 年粮食总产量翻了一番,增至 60 710 万吨;2014 年肉类总产量 8 707 万吨,比 2013 年增长 2.0%。② 从理论上讲,国内食品的不足可以通过进口来解决,但实际上大量进口食品会受到政治、经济和社会等多因素的影响和制约,如果食品的供给过分依赖国际市场,将具有较大的经济风险和政治风险,不利于国家的社会稳定和政治独立。

其次,农业为轻工业提供原材料。在工业化早期,农产品加工业、轻工业占工业的产值比重较大。例如,20 世纪 50 年代,我国轻工业占工业的比重高达 78.57%③,占据了工业的绝大部分份额。农产品为轻工业生产提供所需的原材料,所以在当时,轻工业乃至工业的发展在相当程度上依赖于农业的发展。随着重工业的发展,轻工业在工业中所占比重下降,同时,化工产品部分地替代了轻工业所需农业原材料,轻工业发展对农业的依赖度降低,但食品加工业的进一步发展必须依赖农业部门生产的农产品。

(二) 市场贡献

农业的市场贡献来自农业部门与其他经济部门的交换。交换的主体是农民。交换形式包括两个方面:一是农民作为商品消费者的交换;二是农民作为商品提供者的交换。

1. 农民作为商品消费者的市场贡献

农村是工业品的重要市场,农民对工业品的消费刺激了工业和其他非农产业的发展、扩张。作为商品消费者,农民需要购买生产所需要的农用生产资料、日用工业品和耐用消费品,例如,农药、化肥、农膜、机械、电力、服装、家具、家用电器等。农民收入水平和消费水平的提高会推动农村消费市场的扩大。截至 2013 年年底,我国农村居民人均生活消费支出为 6 625.5 元,是 1978 年 116.06 元的 57.09 倍。④

2. 农民作为商品提供者的市场贡献

农民不但为农业部门中其他农户以及其他非农部门从业人员提供生存所必需的基本食物,还为非农部门提供原材料。

---

① 1978—2012 年我国粮食总产量.百度文库:http://wenku.baidu.com.

② 中华人民共和国国家统计局.国家统计局关于 2014 年粮食产量的公告. 2014-12-04.

③ 王永银.农轻重比例关系.计划经济研究,1982(35).

④ 2014 年中国统计年鉴.北京:中国统计出版社,2015.

（三）要素贡献

农业对国民经济的要素贡献主要表现在其劳动力、土地资源和资金向非农产业部门转移，推动非农产业部门的发展。

1. 农业为非农产业部门提供劳动力

随着农业劳动生产率的提高，农业劳动力出现了富余，劳动力开始从农业部门流向非农产业部门，出现了大量的农民工。[①] 截至 2014 年年末，我国进入城镇的农民工总量约 2.74 亿人，其中，外出农民工 1.68 亿人，本地农民工 1.06 亿人。[②] 农业劳动力的流入满足了非农产业发展对劳动力源源不断的需求，使得非农产业能够持续、健康地发展。对于大多数发展中国家来说，农村剩余劳动力的大量存在是对非农产业部门吸纳劳动力能力的一个考验。同时由于农村剩余劳动力的素质普遍偏低，转移出的劳动力能否满足非农产业部门发展的需要是至关重要的。

2. 农业为非农产业部门提供土地资源

国民经济中其他非农产业部门的兴起和发展必然需要更多的土地作为生产和生活的场所。例如，城镇规模的扩大、工业园区的建设、公共设施的建设以及公共交通网络的构建等都需要更多的土地。只有农业劳动效率和产出率提高了，农业部门才能为非农产业部门提供多余的土地。因为土地的稀缺性和不可再生性，农地非农化导致土地数量的不断减少和质量的不断下降不利于农业可持续发展，也不利于满足社会日益增长的农产品需求。因此，有限的土地必须首先满足农业用地基本需要，非农产业的用地需求则要通过国家的宏观调控加以控制。

3. 农业为非农产业部门提供资金

在经济发展初期，农业是国民经济的支柱产业和主要部门，是国内储蓄和投资的唯一来源。非农产业部门的成长阶段，需要大量的资金积累，而其自身的积累能力很弱，外来投资和外国援助只能是辅助性资金来源。因此，农业部门资金向非农业部门转移是必需的，其流动主要依靠行政力量完成。转移的途径有两种：一是显性的农业税形式[③]，2005 年我国国家财政的农业税收收入达 936.4 亿元，高额的农业税收为非农产业，特别是第二产业的发展提供了有力的资金支持。二是通过隐性的工农产品价格“剪刀差”方式[④]，实行工农产品的不等价交换。据统计，1952—1990 年，我国农业通过“剪刀差”方式为工业化提供高达 8 708 亿元的资金积累，平均每年达到 223 亿元[⑤]，1990 年的“剪刀差”绝对量是 1952 年的近 30 倍。随着非农产业部门自身资金积累能力的增强，仍然存在农业部门资金向非农部门流动的情况，这种流动主要依靠市场机制、价格

---

① 农民工：在本地乡镇企业或者进入城镇务工的农业户口人员。

② 中华人民共和国国家统计局.2014 年全国农民工监测调查报告，2015-04-29.

③ 中国自 1958 年规定 15.5%的农业税率以来，由于收购政策、价格和产量的变化，税率一直在下降，到 1978 年已不足 3%。自 2006 年开始，我国取消了农业税。

④ “剪刀差”又称工农业产品价格“剪刀差”，指在工农业产品交换时，工业品价格高于其价值、农产品价格低于其价值所出现的差额。将一定时期内的工农业产品价格变动情况用统计图表示出来，工业品价格呈上升趋势、农业品价格呈下降趋势，二者的组合恰如剪刀状，故此得名。

⑤ 冯海发，李溦.我国农业为工业化提供资金积累的数量研究.经济研究，1998(8).

信号对资金进行转移和分配。其基本实现途径有两种：一是储蓄，通过农村储蓄网点把农民的一部分货币资金以存款的形式存入金融部门，金融部门再把这些资金转入非农部门使用；二是农民直接投资非农企业。

（四）外汇贡献

农业的外汇贡献主要表现在国家通过出口农产品及其初加工品赚取外汇，或通过生产农产品进口替代品来减少国家外汇支出。在一个国家的发展初期，农产品的外汇贡献格外重要。用出口农产品换回的外汇从国外购买先进的技术、机器设备和一些原材料，有力地支援了国家建设。2004 年以前，我国农产品进出口一直处于贸易顺差状态，即农业存在创汇能力。但之后则持续处于贸易逆差状态，农业的外汇贡献呈现出负增长状态。虽然现在农业外汇贡献份额下降，但农业的外汇贡献不会消失，而且农业出口创汇的绝对数量呈增加态势。

（五）增长贡献

增长贡献即农业对国民经济增长的贡献。农业部门的增长对增加国民生产总值具有重要作用。虽然农业部门的份额下降了，但其产值的绝对值是在不断增加的。2014 年我国国内生产总值 636 463 亿元，同比增加 7.4%。其中第一产业增加值 58 332 亿元，比上年增长 4.1%，所以农业部门的持续增长对国民生产总值的增长意义重大。

除了上述五大经济功能外，农业还具有其他经济方面的非产品产出功能，如农业劳动力就业保障功能、经济波动缓冲调剂功能等。

三、农业的多功能性

（一）生态环保功能

农业的生态环保功能主要指农业为社会提供优质的空气、水、土壤等良好的生态环境，保护人类生存的环境。它主要通过五个方面实现：第一，通过植物的光合作用，吸收二氧化碳，排放出人类生存所需的氧气；第二，大面积的植被可以防风固沙、保持水土、防治荒漠化，还可改善气候；第三，动植物能够在一定程度上处理人类生产生活中所排放出的废物，既可以净化环境，又可以用于自身的生长；第四，微生物能够分解环境中的有害物质，有利于促进生物链的良性循环；第五，农业生产为人们提供绿色健康的环境，让拥挤在城市的人们愿意到郊区农村游玩，享受田园风光。总的来说，农业对生态的贡献主要有：净化空气，稳定和补充地下水，保持水土，减少水污染，维持生物多样性，防治荒漠化，吸收二氧化碳，缓解气候变暖，减缓风、沙和太阳辐射对地表土壤的破坏，缓解“城市病”等。

同时，过度和不科学的农业生产和生活会给生态和环境带来一定的负面影响。例如，过度使用化学药品导致水和空气污染、生物多样性降低以及土壤贫瘠，土壤结构遭到破坏；过度砍伐森林导致植被减少；过度机械耕作导致水土流失和土壤板结等。

（二）社会稳定功能

1. 农业为农村居民提供较宽松的就业环境

农业生产在容纳劳动者方面具有一定的弹性。土地是最重要的农业生产资料，既为农村居民提供了劳作场所，又对农村贫困人口的基本生活起到保障作用。在小农家庭中，只要是家庭成员，均可获得从事农业生产的权利。特别是在其他就业领域难以容纳农村剩余劳动力的情况下，农业就成为接纳剩余劳动力就业的保障。

2. 农业为第二、第三产业适时提供或吸收劳动力

农业是国民经济的基础，也是国民经济中其他部门的蓄水池。当第二、第三产业受到经济危机的冲击或经济高涨时，农业适时地吸收或释放劳动力，从而起到缓解经济危机或加速经济复苏的作用。

3. 农业为人类提供生存所需的基本资料

农业是人类的生存之本。一个国家只有做到人们生活所需的食物基本自给自足，才能做到独立自主，不受制于人。

（三）文化传承功能

农业生产活动与农村生活是紧密相连的，而农村社会相对封闭和独立，形成了具有地方特色的传统文化。这些传统文化的形成大多源于农业生产和农村生活，如我国的春节、佤族的播种节、安哥拉的渔民岛节等都与农业生产密切相关，是具有浓郁的农业气息的节日。可见，农业对形成和保持特定的传统文化、维护文化的多样性具有重要作用，具有文化传承的功能。

典型案例

浙江省青田县传统稻鱼共生系统

2005 年 4 月，浙江省青田县传统稻鱼共生系统被联合国粮农组织列为首批 5 个“全球重要农业文化遗产”保护试点之一。青田稻鱼共生种养模式已有上千年历史，青田人在芒种节气插秧，插秧后在稻田里放进自祖辈们就开始豢养、繁衍的田鱼，形成了独特的稻鱼共生系统。这一系统不仅保持着独特和谐的农耕文化，而且衍生出许多当地饮食文化、风俗习惯、特色工艺。例如村里的女儿出嫁，有用田鱼（鱼种）做嫁妆的习俗。鱼灯舞也是青田最具有地方特色的传统民间舞蹈，高度集中了民间舞蹈艺术、民间音乐艺术和民间手工制作技艺，许多村民世代延续着鱼灯表演的习俗。①

第三节 农业经济学的形成与发展

一、西方农业经济学学科的产生和发展

（一）起源（古希腊和古罗马时代）

西方农业经济思想可以追溯到古希腊和古罗马时代，它伴随着农业生产以及奴隶制生产关

① 中国农业部.浙江青田稻鱼共生系统. 2013-05-30.

系的产生和发展而产生和发展。当时的农业经济思想还没有发展成为一个完整的体系,却体现出思想家们在经济方面对于农业生产的认识。古希腊思想家色诺芬(Xenophon)是这一时期代表性的人物,他在公元前400年撰写的《经济论》(又译作《家政论》),是古希腊流传至今的第一部经济学专著。他认为农业是一切技艺之母,农业兴盛了,其他行业才能繁荣;主人应该了解并有效率地组织农业生产,要选择好的监工来监督奴隶们的劳动。

公元前2世纪到4世纪的600年间,罗马有4部涉及农业问题的著作,分别是加图(Cato)的《农业志》、瓦罗(Varro)的《论农业》、科鲁麦拉(Columella)的《论农业》、帕拉迪乌斯(Palladius)的《农业论》。这些著述反映了古希腊和古罗马时代思想家们对农业地位、作用的认识以及对农业生产经营、奴隶制农业经营管理的分析,这些思想正是农业经济思想和理论的发展源头。

(二)萌芽和独立(17—18世纪)

近代资本主义初期(17—18世纪)的农业经济思想主要产生于英国、法国和德国,包含在古典政治经济学研究中。古典政治经济学家批判了当时盛行的重商主义,把关注的重点从流通领域转到了生产领域,认为财富源于农业生产(也有学者认为财富源于土地和劳动),将经济研究和分析应用到农业生产中。

在古典政治经济学研究的基础上,相对独立的农业经济思想理论体系逐渐产生发展。农业经济学的创始人之一阿瑟·扬于1770年出版了《农业经济论》,比较详细地论述了农业生产要素配合比例、生产费用和经营效率的关系。他认为资本主义大农场比传统小农经济更具有优越性,主张按追求利润的原则,建立以雇佣工人为主的资本主义农场经济。18世纪末19世纪初在德国出现了一批重要的农业经济学家,如尤斯蒂、贝克曼等。最具有代表性的是农业经营学派的创始人泰尔(Thaer),他在1809—1821年出版了《合理的农业原理》,明确提出农业经营目标是追求利润最大化。他的学生屠能(Thünen)继承和发展了他的思想,于1826年出版了《孤立国同农业和国民经济的关系》,使用边际分析方法建立了农业经济学的两个基本理论:农业集约理论和农业区位理论。屠能后来被认为是农业布局理论的创始人,也是德国农业经营学派的奠基者。

19世纪末20世纪初,农业经济学科从经济学体系中独立出来。费里德里希·艾瑞宝(Friedrich Aereboe)和特奥多尔·布林克曼(Theoder Brinkmann)将农业经济学发展成为一个完整的理论体系。1917年艾瑞宝出版了农业经营学中影响最大的一部著作《农业经济学概论》。布林克曼于1914年出版了《农业经营经济学》,围绕农业集约化和农业经营制度两大主题,论述了边际收益递减规律、投资收益界限、部门配合理论以及生产规模问题,奠定了现代农业经济学的基础。

(三)现代农业经济学的形成与发展(20世纪初至今)

进入20世纪,美国的农业经济学科得到快速发展。1926年,布莱克(J. D. Black)应用新古典经济学派的经济学理论,撰写了《农业生产经济学导论》,开创了农业经济学使用数量分析的先河,使农业经济学与一般经济理论联系起来。1953年,海地(E. O. Heady)结合微观经济学、统计学和数量经济学的知识研究农业经济,发表了《农业生产经济学与资源利用》。他对农业生产经济学规定了精密的概念,引入生产函数和线性规划等研究方法,是第一个认识到运用电子计算机模拟线性规划模型从事农业政策和生产问题分析研究重要性的学者。泰勒(H.O.Taglot)的《农业经济学概论》和博伊尔(I.Boyle)的《农业经济学》都是20世纪20年代运用微观经济学原理研究农业经济问题的重要著作。第二次世界大战后,美国经济学家西奥多·舒尔茨(Theodore Schultz)于1945年出版了《不稳定经济条件下的农业》,首次把农业放在整个国民经济中来考虑,并运用新古典经济理论分析农业问题,为政府制定农业政策提供依据。

20世纪50年代以后,农业经济理论进一步深化并建立起比较完整的学科体系,美国约翰·W.戈德温的《农业经济学》和英国C.里特森的《农业经济学:原理和政策》都是西方国家比较流行和有代表性的教材。这一阶段的农业经济学研究更加系统地运用了一般经济学原理和方法去研究农业经济问题,并强化了定量分析的重要性,同时不断扩大农业经济学的研究领域,包括农业生态经济、农业发展经济、农业可持续发展、农村金融、农产品国际贸易、农产品期货等。总体而言,现代农业经济学研究涉及农业经济系统的各个方面,已发展成为一个基础理论和科学方法比较完整的学科体系。

二、中国农业经济学学科的产生和发展

(一)源远流长的中国农业经济思想

中国是一个古老的农业大国,以家庭为单位的精耕细作的农业经营体系自春秋后期已经形成并延续至今。在中国历代的经济思想中,农业经济思想十分丰富。中国自古以来就有"以农立国"的思想,从"农本工商末"到"重农抑商论"及至"农工商并重",农业不仅是生民之本,更是国富民强的必由之路,因而农业一直受到历代统治者的重视。很多农业问题受到古代学者的关注,例如,对土地占有关系的研究:西周盛行"井田制";春秋时期管仲提出"均分地力"的主张,让农民拥有一定的土地,使农民安心生产以稳定社会;西汉时期董仲舒提出"限田"主张,"使富者足以示贵而不至于骄,贫者足以养生而不足以忧";北魏时期实行"均田制";明代邱浚提出"配丁田法",解决"民多田少"的矛盾和土地占有不均的问题;清代王源主张"有田者必自耕"等。在农业发展的问题上,春秋时期管仲提出"重本饬米",战国时期李悝主张"尽地力之教",商鞅主张"贵粟"的思想和王安石推行青苗、市易法等来促进农业发展。我国古代出现很多关于农业经济问题的思想,由于我国长期处于封建社会,商品经济很不发达,决定了这些农业经济思想尚不能形成科学的体系。

(二)20世纪初的农业经济研究

20世纪20年代开始,一些外国学者尝试用西方的观点来考察和研究中国的农业和农村经济问题,代表性著作有O.E.贝克的《农业与中国的未来》、F.B.泰勒的《中国农村经济观察》、卜凯的《中国农家经济》和《中国土地利用》等。马克思主义理论传入中国后,一批学者以马克思主义思想为指导开展了对中国农村经济问题的研究,如毛泽东的《湖南农民运动问题考察报告》、中国农村经济研究会创办的《中国农村》杂志(1934—1943年)等。

农业经济教育开始发展,1923年美籍教授卜凯创建了中国第一个农业经济系——金陵大学农业经济系,开创并推动了我国近代农业经济学教学和研究的发展。许璇是近代中国第一个开

讲农业经济课程的中国人。他1907年公派留日,1913年毕业回国后投身于农业教育事业,任职于北京大学、北京农业大学和浙江大学等。

(三)新中国成立以后的农业经济学发展

新中国成立后,社会主义农业经济学理论逐步发展起来。20世纪50年代初引进了苏联的社会主义农业经济学,并结合我国实践,努力使之中国化,到50年代末出版了国内学者编写的农业经济学教科书。"文化大革命"期间,农业经济学的发展遭受挫折,直到20世纪70年代末才逐渐恢复。改革开放后,我国开始从传统计划经济转向社会主义市场经济并逐渐与国际接轨。在这一转型时期,农业经济制度、农业生产方式、农产品供求关系、工农关系以及城乡关系等都发生了重大变化。这对我国农业经济学的理论研究和发展既是挑战,也是巨大的机遇。针对新时期、新形势,学术界对我国的农业经济问题进行了全面、系统、深入的研究,并在研究方法上逐步与西方农业经济学学科接轨,经济学的一般理论和定量分析方法在我国农业经济学研究领域的应用日渐普遍,农业经济学的学科体系也日臻完善。

三、现代农业经济学学科的发展趋势

第二次世界大战(以下简称"二战")后,特别是进入21世纪以后,世界经济、社会和政治条件发生了巨大变化,现代农业经济学学科出现了一些新的发展态势。

第一,农业经济学不断分化和细化,而且各学科之间不断相互交叉和渗透,农业经济学学科体系逐渐完善。从英国农业经济学家阿瑟·扬著《农业经济论》一书代表农业经济学学科产生开始,到第一次世界大战为止,农业经济学基本上是作为单一的学科发展的。20世纪20年代以后,农业经济学所涉及的领域不断拓展,一些分支学科纷纷从农业经济学中独立出来,如土地经济学、农业生产经济学等。二战以后,一些新的农业经济学分支学科如农产品运销学、农业金融学、农业政策学等迅速发展。进入20世纪70年代以后,农业资源经济学、农业生态经济学等分支学科也逐渐发展起来。这些学科的出现一方面是农业经济学分化的结果,另一方面是农业经济学与其他新兴学科相互交叉和渗透的综合产物。

第二,农业经济学在研究方法上越来越注重以一般经济理论为指导,注重多层面、多视角的分析和研究,越来越重视加强定性和定量、实证和规范、宏观与微观分析相结合,不断深入地开展各种比较研究工作。自1953年美国学者海地在《农业生产经济学与资源利用》一书中引入生产函数和线性规划等研究方法分析农业经济问题以来,在农业政策和农业生产问题研究中应用数学分析方法和运用电子计算机模拟线性规划模型的价值被广泛认可。数学方法广泛应用于农产品供求分析、农产品价格水平和波动分析、农业资源的最优利用分析以及政府的农业政策制定等各个方面。二战以后,农业经济学加强了对政府宏观调控的研究,并与农业微观经济研究相结合。开始重视比较研究的应用,如农业与其他产业部门之间增长的比较、传统农业与现代农业的比较、各国农业发展模式的比较、经济体制和农业政策的比较研究等。

第三,农业经济学的研究范围不断拓宽,不断突破传统意义上的农业经济学范畴,更加系统全面地研究农业经济问题。二战之前,农业经济学研究集中在农业生产经济问题上,而农产品市场、价格、流通、消费等只作为问题的一个侧面进行研究。在二战以后，随着生产社会化程度的提高，国内和国际市场，各个产业部门之间，农业产前、产中、产后服务体系之间的相互联系和依赖性越来越紧密。农业生产、农产品、农民问题的特殊性，要求我们不仅具备必要的自然科学和农业生产知识，而且具备必要的政治学、社会学、经济学知识。农业与其他产业之间的关系、农业生态环境、国内农业和国际农产品贸易、农业经济管理体制和农业政策、私人决策和公共决策、农场和家庭的生产决策和消费决策、农产品价格形成，以及农产品的加工、储藏、运输、流通、消费等问题日益受到关注，各种与农业经济有关的经济活动和经济现象都被纳入农业经济学的研究范围。

四、农业经济学的研究对象

（一）农业经济学的定义

农业经济学是经济学的一个分支，是一门专门研究农业领域中各类经济问题的部门经济学，但是学者们在对农业经济学研究对象的认识和看法上还存在一定的分歧。美国的约翰·W.戈德温在著作《农业经济学》中将农业经济学定义为关于各种有限资源在农牧业产品的生产、加工及消费等用途方面进行分配的社会科学。英国的C.里特森虽然在所著《农业经济学：原理和政策》中没有对农业经济学进行定义，但他认为，农业经济学的主题有两个：一是经济理论在农业中的应用，或对农业经济问题的探讨；二是政府制定农业政策时的经济学原理和方法，特别是农产品贸易政策和农业支持政策。美国学者盖尔·克拉默提出，农业经济学是一门应用社会科学，它研究人类在一个时期内选择利用技术知识和稀缺资源如土地、劳力、资金和管理生产食物、纤维以供社会成员消费。

我国学者朱道华在教材《农业经济学》中认为，农业经济学的研究客体是农业，所以它不仅是经济学中的一门独立学科，也是农业科学中一门独立的学科。农业经济学就是从经济的角度研究农业的科学，所以农业经济的基本规律是农业生产方式的运动规律。因此，农业经济学的研究对象就是农业生产方式的运动规律，包括农业生产力的运动规律、农业生产关系的运动规律，以及二者间相互作用的运动规律。广义来说，农业经济学的研究对象是包括各个历史时期的农业生产方式及其更迭，但狭义的农业经济学是以研究现阶段的农业生产方式为主。农业经济学也是实践性很强的一门应用经济学，它不仅仅研究一般、抽象的农业经济理论，更应结合农业经济的具体应用和本国国情，研究本国农业生产方式的运动规律、特点以及应用。

（二）本书关于农业经济学的定义

农业经济学的研究范围不仅仅是稀缺资源在农业中的配置问题和农业领域中的市场失灵问题，还应当包括现代农业的经济运动规律，包括农业生产力的运动规律和农业生产关系的运动规律以及两者相互作用的运动规律。

农业生产力的运动规律主要是研究现代农业生产力的性质、内容、特点及数量变化状况，分析现代农业生产力的内部结构及其功能，寻求科学组织和合理运用生产力要素的方法和途径。农业生产关系的运动规律主要是研究现代农业中产权制度、经营制度、农产品市场和价格、农业收入分配、消费及扩大再生产等问题，为合理选择农业经济制度和管理体制提供科学的建议。同时现代农业经济的研究要以世界和整个国家的经济背景为基础，从全局出发研究农业同相关经济部门之间的相互关系，以利于从宏观角度制定国家经济政策和发展战略，实现对农业的正确指导，确保农业与整个国民经济发展协调一致。

综上所述，农业经济学是在土地、劳动、资金、技术和信息等稀缺要素的约束条件下，运用经济学基本原理，从生产力和生产关系、经济基础和上层建筑的相互作用、相互联系出发，研究现代农业生产力和生产关系发展运动规律及其应用的科学。

五、农业经济学的研究内容

农业经济学的研究内容涵盖的范围很广，所涉及问题也较为广泛和复杂。随着对农业经济学研究的不断深入，与其他相关学科的交叉融合，农业经济学也在不断地分化，形成新的分支。根据农业经济学学科的发展态势，本书把农业经济学的研究内容概括为以下五个方面：

（一）农业的地位和作用

农业是人类的衣食之源和生存之本，是提供人类生存必需品的物质生产部门。农业在国民经济中占有特殊的地位，对一国的经济发展、社会稳定和政治独立等具有重要作用。农业是社会分工和国民经济其他部门赖以独立和进一步发展的基础。只要人类生存所需生活资料仍然由农业提供，农业在国民经济中的基础地位就不会动摇。正确认识农业的地位、作用和特殊性至关重要，对农业的概念、外延、功能、特点、地位、作用、发展阶段的研究，是农业经济学的首要任务。

（二）农业生产要素

从经济学意义上说，生产就是把投入转变为产出的过程。农业发展离不开生产要素，如何合理利用生产要素是农业经济学研究的重要内容。市场是农业生产要素配置的基础，由于农业产业及农业生产要素的特殊性，农业生产要素市场容易出现市场失灵现象，所以，农业生产要素的合理配置离不开政府的干预。因此农业生产要素资源的配置问题，特别是农业生产要素配置的市场机制和政府宏观调控问题是农业经济学重点关注的问题。由于土地、劳动力、技术、资金、信息等生产要素本身的特性和禀赋不同，其市场的运作机制和政府管理的方式也有所不同，所以需要分别对土地、水等自然资源要素和劳动力、资金、技术等社会经济要素的概念、特性及其在农业生产中的利用规律进行研究。

（三）农业微观经济组织

农业生产是在一定的微观经济组织中进行的，农业产业的特殊性导致农业微观经济组织与工商企业有很多不同。在农业生产中，家庭经营是最基本的微观经济组织形式，农业的特点与家庭的社会经济特性，使得家庭经营具有旺盛的生命力，但它也有局限性。因此，农户必须组织起来应对大市场，通过合作社、合同制和一体化等产业化组织形式联合起来，以利于农业家庭经营的生存与发展。农业微观经济组织与农业规模经济、土地适度规模经营的关系直接影响了农业生产的效率。所以农业经济学要研究我国的农业经济制度的形成、演变和特点，在此基础上，对家庭农场、合作组织以及农业产业链等农业微观经济组织的含义、特征、发展现状、治理结构及管理问题进行探讨,对农业微观经济组织的绩效、缺陷及发展方向进行分析。

(四)农产品市场

中国已经告别农产品短缺时代,农业经济问题的研究从过去以增加产量为中心,转变为以解决市场问题为中心。农产品价格是农产品市场的核心内容,涉及农产品生产者、消费者和政府等多个主体的福利和效率水平。随着经济全球化的推进,农产品贸易成为农业发展的重要影响因素,农产品供求、农产品价格形成与决定、农产品现货市场与期货市场、农产品国际贸易及相关政策等成为当代农业经济学应解决的重要问题。

(五)农业保护与农业发展

农业是国民经济的基础,农业发展始终是各国政府的头等大事。农业发展需要把传统农业改造为现代农业,实现可持续发展,优化农业产业结构与布局,增加农民收入,提高农业的综合生产能力。农业存在自然和市场双重风险,市场机制在配置农业资源时,往往会出现失灵的现象,政府必须通过宏观政策调整农业资源配置,对农业进行必要的支持和保护。因此,农业经济学要探讨农业宏观调控、农业产业结构调整、农业现代化和农业可持续发展等方面的问题。

第四节 农业与农民、农村

农业、农村、农民(简称"三农")问题是当代中国经济发展的重要问题。农业经济学的任务就是运用经济学的原理解释和分析"三农"的经济问题,总结"三农"问题的发展规律,对涉及"三农"问题的公共政策效果和效率做出客观评价,进而对优化公共政策的方向、形式、内容和力度提出科学、有效的建议。"三农"问题涉及农业、农村、农民三个方面,这是行业、居住地域和主体身份三位一体的问题,但三者侧重点又不尽相同,必须综合考虑,统筹解决。

"三农"问题是中国革命和建设的根本问题,也是关系着党和国家前途命运的政治问题,是社会稳定和富裕的基础,是中国实现小康和现代化的关键。"三农"问题的核心是农民问题,其关键是农民增收问题,主要表现在农民增收困难、农民权益无法得到保障,归根结底是农民的生存与发展的问题。具体而言,农民增收困难主要表现为收入水平低,收入增长慢。2014 年农民人均纯收入为 9 892 元,虽然比上年增长了 9.2%,但同年的城镇居民人均纯收入为 29 000 元,是农民人均纯收入的 2.93 倍。① 所以,我国现阶段的农民问题就是,解决温饱后的建设小康和实现共同富裕的问题,以及由此衍生的权益问题。

一、"三农"问题的缘由

"三农"问题是农业文明向工业文明过渡的必然产物,是所有国家在工业化过程中都会遇到

① 2014 年中国统计年鉴.北京:中国统计出版社,2015.

的问题，是在全球范围内尤其是发展中国家普遍存在的问题。发达国家在工业化早期，让失去土地的农业劳动力大量进入城市工作，促使农村剩余劳动力向城市顺利转移，工业化与城镇化得到同步发展。中国是农业大国，第六次人口普查数据显示，农村居民达到67 415万人，占全国总人口的50.32%①，"三农"问题在中国则表现得更为突出与持久。20世纪80年代以来，农村剩余劳动力为了追求更高的收入和更好的生活环境，不断涌向城镇，出现中国有史以来规模最大的人口流动浪潮，这些进入城镇、从事非农产业的农民被称为农民工。农民工是我国工业化进程重要的推动力，他们既是弱势群体，又数量庞大，其政治、经济、生活状态不容忽视，进而政界和学术界提出"四农"问题的概念，即农业、农村、农民和农民工。

"三农"问题始于新中国的工业化战略，二元经济社会结构的形成加速了"三农"问题的发展。中国现阶段"三农"问题形成于20世纪50年代。新中国成立之初，面对国内落后的经济发展水平、不合理的经济结构以及国际社会的经济、政治压力，为了迅速实现强国富民的梦想，1953年中国政府开始实施优先发展重工业的"赶超"战略。重工业作为资本密集型产业具有初始投资规模巨大、建设周期长、能耗大等基本特征，在发展初期大部分设备需要从国外进口。当时中国面临着资金短缺、出口产品少、外汇短缺、经济存量少等难题，所以政府采取攫取农业剩余筹措工业化资金的办法，由农业支持工业，农村支持城市，以牺牲农业和乡村的发展为代价，并制定了一系列扭曲的宏观政策计划配置资源。其目的在于实现重工业发展的低资金成本、低劳动力成本及低原材料成本，以保障重工业的优先发展。与宏观政策相配套，政府在微观机制上对城市工商企业实行国有化，对农业生产组织则采用生产资料集体化政策，以实现政府控制权最大化，通过剥夺经营者剩余收益索取权，达到国家攫取最大剩余收益，为重工业优先发展积累资金。这一系列举措限制了农业的发展、农民生活水平的提高、农村的建设，相对而言，重工业得到迅猛发展，城乡二元结构逐渐形成，最终导致中国的"三农"问题愈演愈烈。

二、"三农"问题的成因

二元经济社会结构是我国"三农"问题形成的主要原因。二元经济社会结构理论是揭示发展中国家的工农、城乡之间对立及其运动过程的一种理论，由荷兰社会学家博克和美国经济学家刘易斯等人提出。

（一）二元经济社会结构

1. 二元经济社会结构的概念

20世纪50年代中叶，美国经济学家阿瑟·刘易斯提出二元经济结构理论，即发展中国家现代化的工业与技术落后的传统农业同时并存的经济结构。这是在农业还比较落后的情况下，超前进行了工业化，优先发展了现代工业部门的结果。由二元经济结构引发了二元社会结构，即社会呈现出相应的两极：落后的农村与相对发达的城市并存，落后、愚昧的农民与接受良好教育的城市居民并存。经济社会的二元结构最终导致了政治的不平等和权利的不平等。二元经济社会

① 中华人民共和国国家统计局.2010年第六次人口普查，2010.

结构的形成对要素的自由流动和经济的可持续发展产生了重要影响。

2. 中国的二元经济社会结构

中国二元经济社会结构的发展可分为五个阶段：

(1) 孕育阶段(1949—1952年)。新中国成立时，经过百年外来侵略与内部战乱的国家，经济基础十分薄弱，百废待兴。从经济总量看，中国GDP占世界GDP总量的比例已由1820年的28.7%，急剧下降到1950年的6.2%。从经济结构看，在1949年工农业总产值中，农业占70%，工业占30%，在工业产值中现代工业仅占17%。从当时的情形出发，实现国家工业化是巩固政权、稳定社会、摆脱贫困落后和国家独立的唯一出路。中国政府选择了发展重工业的赶超战略。在当时物质紧缺、资源匮乏、资金严重不足的情况下，集中社会人、财、物力保障工业化建设成为必然选择，农业支持工业、农村支持城市成为必然。工业的快速发展与农业的限制性发展为二元经济社会结构的形成奠定了基础。

(2) 全面形成阶段(1953—1977年)。农产品统购统销制度和户籍制度的实施急速推进了二元经济社会结构的生成。1953年12月粮食统购统销政策正式实施，并在1958年后取消粮食市场，一类、二类农产品不能在市场自由交换，农民的市场主体地位荡然无存。国家把粮食、棉花、油料等重要农产品作为紧缺物资加以控制，城市居民凭票购买主要农副产品。1958年国家颁布了户籍制度，将中国公民歧视性地分为农业户口和非农业户口，之后又实施了一系列分割城乡发展的制度。这一时期，国家采用严格的计划配额方法限制“农转非”和限制农村人口“非法”进城就业等政策，进一步固化了二元经济社会结构。

(3) 缓和阶段(1978—1988年)。自1978年中国农村改革后，发生了三件互相联系的大事，即家庭联产承包责任制推动乡镇企业的发展，乡镇企业带动小城镇建设。三者互相作用使我国农村面貌发生了很大变化，农民生活水平有了较快提高，在一定程度上缓解了二元经济社会结构所带来的重压。1978年开始的农村家庭联产承包责任制改革，促进了“农户联合体”等新的农村经济组织的产生，为乡镇企业的快速发展和小城镇建设的兴起创造了条件。1980年中期，随着家庭联产承包责任制的推行，农业生产力水平不断提高，农产品产量大幅增长，剩余产品不断增多，国家不断放宽对农村市场的控制，集市贸易日渐活跃和繁荣，使原先衰落的小城镇如枯木逢春，得到恢复和发展。乡镇企业在原社队企业的基础上蓬勃发展，兴起了大规模的小城镇建设。据统计，从1978年到1999年，我国建制镇的数量从2 850个增加到19 216个①，净增16 366个，是1978年的6.74倍。

(4) 强化阶段(1989—2003年)。随着农村经济的发展，农村富余劳动力为了追求更高的经济收入和更好的生活环境，不断涌入城镇。1989年中国第一次出现“民工潮”，全国来自农村的“流动大军”达3 000万人。进入城镇后，农民工感受到城乡之间发展的差距和不平等待遇，激发了农民外出打工和成为城市居民的冲动，农民进城热潮持续高涨，截至1997年年末，农民工数量突破1亿人。根据第五次人口普查资料，在各产业从业人员中农民工所占比重为：第二产业位居

① 2004年中国统计年鉴.北京：中国统计出版社，2005.

首位，占58%，其中建筑业占80%，加工制造业68%；第三产业占52%。[①] 农民工无疑为经济发展，尤其是城市建设作出了重大贡献，但农村青壮年劳动力的外流又遏制了农村经济的发展，城乡差距进一步拉大。

20世纪90年代中后期以来，我国城乡经济进入全面转型时期。从1992年起，经济体制开始由计划经济向市场经济转型，物价连续下跌和生产相对过剩现象严重影响着经济和社会的正常发展。为了维护社会稳定，政府加大了对城市经济的扶持力度，各种社会保障制度也向城市倾斜。1996年后我国城乡经济进入结构调整时期，体制转型与结构调整的双重制度演进，使二元经济社会结构得到进一步强化。

(5) 逐步消除阶段(2004年至今)。党的十六大在科学分析我国国民经济发展面临的主要问题的基础上，提出统筹城乡发展战略，目的在于统筹和均衡城乡发展的要素及其相关制度。十六届三中全会提出了“五个统筹”的科学发展观，将“统筹城乡发展”放在“五个统筹”的首位，足见其在国民经济发展中的重要战略意义。统筹城乡发展能从根本上解决“三农”问题，破解城乡二元经济社会结构，促进国民经济全面持续、协调发展，实现全面建设小康和构建和谐社会的目标。

3. 二元经济社会结构的影响

二元经济社会结构的形成使得城市和农村、工业和农业、城镇居民和农村居民之间相互对峙和隔离，阻碍了要素在各部门之间的自然流动，影响着经济社会的可持续、健康发展。中国的二元经济社会结构导致重工业倾斜发展、超常增长，农业发展滞后，工农业发展比例失衡。

(二) 促成二元经济社会结构的主要制度安排

1. 户籍制度及其相关制度

户籍制度是对其公民实施的以户为单位的户籍人口管理政策。1958年颁布的《中华人民共和国户口登记条例》标志着我国户籍制度的成立。它是我国实施社会主义工业化战略中处理和解决工业与农业、城市与农村、市民与农民的关系及矛盾背景下的产物。中国户籍制度的特点是，根据地域和家庭成员关系将户籍属性划分为农业户口和非农业户口。这种城乡二元户籍制度在城市和农村之间竖起了一座高墙，是对公民身份不公平的等级界定，带有一定的歧视性，同时严重影响了农村富余劳动力向城镇转移，使得劳动力资源得不到充分配置，阻碍了“三农”问题的改善。

2. 农产品统购统销制度

1953年政府制定的农产品统购统销制度是指在农村中对农民实施计划征购，在城镇对居民采取定量配售，完全由国家严格控制农副产品市场的政策。这一制度的实施旨在解决人民生活和国家建设所急需的重要物资供求之间的矛盾。在当时主要农产品供不应求的情况下，它的实施确实保证了社会对农副产品的基本需要和国家快速工业化所需的资金积累。但在实施过程中也出现了许多弊端：① 忽视价值规律在农业生产和农产品经营中的作用，极大地损害了农民利

① 中华人民共和国国家统计局.2000年第五次人口普查，2000.

益，严重挫伤了广大农民的生产积极性；② 忽视农产品供求调节的市场作用，以计划和行政干预为手段，也不利于城乡商品经济的发展和物资交流；③ 一定程度上加速了城乡二元经济社会结构的形成，加剧了“三农”问题。随着经济的发展，这一制度的弊端日益凸显。1980 年，中央政府明确规定取消农产品统购统销制度，直到 20 世纪 80 年代中后期完全取消。

3. 严格的农村组织管理制度

在 20 世纪 60 年代至 80 年代初，我国严格实行“三级所有、队为基础”的农村组织管理制度。所谓“三级所有”是指人民公社（现在的乡镇）、生产大队（现在的村）、生产队（现在的社或组）所有。所谓“队为基础”是指以生产队为基本的生产和分配实体，而不是以农户为核算单位。一方面，其集体劳动、集中管理的组织方式不符合农业产业的特点；另一方面，分配制度不合理，根据男、女、老、少的体力差异按人口数量进行产品分配，这是按照劳动的潜在形式分配，没有科学地按劳动的凝结形式即最终产品进行分配，不利于调动劳动者的积极性，阻碍了农业生产的发展。

4. 工农业产品价格剪刀差和农业税制度

以工农业产品价格剪刀差和收取农业税的方式抽取农业剩余，实现我国工业化所需要的资金积累，完成农业剩余向工业、向城市的大规模转移。工农业产品价格剪刀差反映了工农业产品价值的不等价交换，是对农民收入的隐性剥夺。农业税是国家对一切从事农业生产、有农业收入的单位和个人征收的税。2006 年全面减免农业税，这一举措有利于减轻农民负担，提高农民的生产积极性，促进农民消费水平和生活质量的提高。

三、“三农”问题的破解

（一）“三农”问题的生成逻辑

“三农”问题的基本症结在于新中国成立初期，国家工业化采取的重工业倾斜战略，以及由此构建的阻止城乡、工农要素流动的一系列制度。从当时的情形看，以农业支持工业、农村支持城市是十分必要的，也取得了巨大的成就。但是随着工业化进程的推进，我国完整的工业体系已基本建立，应适时进行政策的调整。随着经济的发展，经济结构的调整，城乡差距日益拉大，农村出现大量的剩余劳动力，农民进入城市，获得更高的经济收入和分享经济社会发展成果的意愿强烈。但政府仍未改变分割城乡、限制要素流动的政策取向。生产要素自由流动是市场经济的本质要求。1992 年我国建立社会主义市场经济体制以来，基于市场经济规律的推动，农村劳动力涌入城市，制度、技术等非劳动力要素流向农村的趋势渐渐凸显，导致“三农”问题，甚至“四农”问题矛盾激化。

（二）“三农”问题的破解逻辑

根据“三农”问题的生成逻辑梳理出破解“三农”问题的逻辑主线，即“两条腿走路”战略：一是外部战略——加快农业剩余劳动力的转移，拓展农民的就业空间；二是内部战略——改善农业的内部分工，推进农业产业升级转型。具体的解决思路是“解放农民、投资农民、转移农民、减少农民、富裕农民”。“解放农民”是指把农业劳动力和农村人口从土地中解放出来，鼓励他们从事非农产业、迁入城镇；“投资农民”，就是对农村人口和农业劳动力的人力资本进行投资，包括提供并改善农村的教育、卫生和医疗、计划生育、清洁水供应等公共服务，提高他们的发展能力和从事非农产业的就业能力，使其进入城镇后，不仅能够从事体力劳动，还能为城市建设作出智力贡献；“转移农民”是指帮助农民从农业中转移出去，从农村地区迁移出去，创造人口流动、迁移、居住的良好政策环境，赋予他们自由选择工作、选择居住地点的权利，而不仅仅是以“农民工”的身份屈居在城市；“减少农民”，就是把减少农村人口和农业劳动力作为各地区重要的发展目标，从而提高农业劳动生产率，增加农民人均收入，最终才能实现农民共同富裕。

基于以上破解逻辑和解决思路，政府对整个国家发展战略做出了重大调整，由重工业发展战略向统筹城乡发展战略转变。

（三）统筹城乡发展战略

1. 政策背景

（1）基于全面、协调的可持续发展观的要求。进入 21 世纪，我国进入发展的转折时期、重要关口和新阶段：社会利益关系出现重大调整；科技进步引起了经济结构的重大变化；社会发展滞后；经济发展与人口、资源环境之间出现重大矛盾。21 世纪初期，中国城乡之间呈现出非均衡和恶性循环的状态，城乡之间的矛盾主要表现为城乡差距过分悬殊。例如，2001 年，城镇居民人均可支配收入为 6 860 元，而农民人均纯收入 2 366 元，比例为 2. 9∶1。再加上城市居民的医疗、住房等补助，城乡居民收入的实际差距为 4∶1。为此，国家需要改变发展过度向重工业倾斜的工业化战略。

（2）基于全面实现小康社会的需要。总体小康的内涵包括总量小康和平均小康。21 世纪初期，我国处于低水平的、不全面的、不均衡的小康社会。2002 年党的十六大提出要实现较高水平、较全面、较均衡的全面小康。而建设全面的小康社会需要统筹城乡的发展，需要扭转城市偏好、城乡分割的发展战略。

（3）基于我国的生产力发展阶段和水平的要求，也是世界多数国家发展的规律。进入 21 世纪，我国进入工业化中期，工业已经发展到可以反哺农业的阶段，而城乡差距变化是一条库兹涅茨曲线，统筹城乡发展是社会、经济、产业变化的结果。2004 年，我国国内生产总值达到 13 万亿元，二、三产业占国内生产总值的比重达到 85%以上，财政收入达到 2. 6 万亿元①，已经初步具备了工业反哺农业、城市支持农村的经济实力。在 2004 年 12 月召开的中央经济工作会议上，胡锦涛同志再次强调：“我国现在总体上已到了以工促农、以城带乡的发展阶段。我们应当顺应这一趋势，更加自觉地调整国民收入分配格局，更加积极地支持‘三农’发展。”

2. 政策的内涵和实质

城乡统筹是相对于二元经济社会结构的一个历史性概念。城乡统筹的内涵是，立足于国民经济和社会发展全局的高度，把城市和农村的经济社会发展作为整体统一筹划，通盘考虑，把城市和农村存在的问题及其相互关系综合起来研究，统筹解决。城乡统筹战略目的在于构建一个在改变城乡二元结构、建立社会主义市场经济体制下平等和谐的城乡关系，实现城乡互动，共同

① 2006 年中国统计年鉴.北京：中国统计出版社，2007.

发展。其实质是为了解决“三农”问题，逐步改变城乡二元经济社会结构，逐步缩小城乡发展差距，实行以城带乡、以工促农、城乡互动、协调发展，实现农业和农村经济的可持续发展，促进二元经济社会结构转变为一元经济社会结构。

3. 政策的主要内容

统筹城乡发展包含五个方面的统筹，即在城乡经济与社会发展中的物质文明、精神文明、政治文明、社会文明和生态文明五个方面都要实现城乡统筹。在经济上，应把农民致富与转移农民、减少农民结合起来，长富于民，藏富于民，实现农民“有其利”；在政治上，应把善待农民与尊重农民、组织农民结合起来，给农民国民待遇，让农民当家做主，实现农民“有其权”；在思想文化上，应把教育农民与转变农民观念、提高农民素质结合起来，弘扬勤劳、善良、讲修养的传统美德，增强民主、科学、讲公德的现代文明意识，实现农民“有其教”。具体来说，统筹城乡发展的内容主要包括以下方面：

一是统筹城乡规划建设。即改变目前城乡规划分割、建设分治的状况，把城乡经济社会发展统一纳入政府宏观规划，协调城乡发展，促进城乡联动，实现共同繁荣。根据经济社会发展趋势，统一编制城乡规划，促进城镇有序发展，农民梯度转移。主要包括：统筹城乡产业发展规划，科学确定产业发展布局；统筹城乡用地规划，合理布局建设、住宅、农业与生态用地；统筹城乡基础设施建设规划，构建完善的基础设施网络体系。

二是统筹城乡产业发展。以工业化支撑城市化，以城市化提升工业化，加快工业化和城市化进程，促进农村劳动力向二、三产业转移，农村人口向城镇集聚。建立以城带乡、以工促农的发展机制，加快现代农业和现代农村建设，促进农村工业向城镇工业园区集中，促进农村人口向城镇集中，促进土地向规模农户集中，促进城市基础设施向农村延伸，促进城市社会服务事业向农村覆盖，促进城市文明向农村辐射，提升农村经济社会发展的水平。

三是统筹城乡管理制度。突破城乡二元经济社会结构，纠正体制和政策的城市偏向，消除计划经济体制的残留影响，保护农民利益，建立城乡一体的劳动力就业制度、户籍管理制度、教育制度、土地征用制度、社会保障制度等，给农村居民平等的发展机会、完整的财产权利和自由的发展空间，遵循市场经济规律和社会发展规律，促进城乡要素自由流动和资源优化配置。

新闻链接

成都市的农村产权制度改革

为了建立“归属清晰、权责明确、保护严格、流转顺畅”的现代农村产权制度，成都市在2008年年初，率先对土地进行确权、颁证。对农村集体土地所有权、集体建设用地使用权、土地承包经营权、林权和房屋所有权进行确权登记，明确产权；集体土地所有权、集体建设用地使用权确权到村或组；承包地、自留地、宅基地和农民的房屋确权到户并颁证。在2008年10月，成立全国首家综合性农村产权交易所，2009年开始进行产权融资试点。2009年11月，农民的《农村土地承包经营权证》更换承包年限，从“截止期限为2027年”变更为“长久不变”。

成都市这一系列的举措使得其经济取得良好发展。2009 年农业增加值为 275 亿元，农村产权交易流转顺畅，实现流转 2.7 万宗、金额 21.2 亿元；市级耕保基金筹集全部到位，254 个乡镇发放耕保基金 11.4 亿元，惠及 109 万农户，涉及耕地 384 万亩①；新增优势特色规模生产基地 29 个、中国地理标志产品 2 件；粮食丰产示范工程等农业项目 624 个，新增农民专业合作组织 763 个、农用地流转面积 64.9 万亩，农业产业化带动面 67%。

资料来源：成都农村产权交易所，http://www.cdaee.com/about.

四是统筹城乡收入分配。根据经济社会发展的阶段变化，调整国民收入分配结构，改变国民收入分配中的城市偏向，加大对"三农"的财政支持力度，加快农村公益事业建设，建立城乡一体的财政支出体制，将农村交通、环保、生态等公益性基础设施建设都列入政府财政支出范围。

4. 制度变革路径

用新的推动城乡一体化制度取代旧的割裂城乡制度，通过制度创新，千方百计地促进农民增收，消除不合理的制度基础，促使经济社会由二元结构向一元结构转变。具体来说，创新户籍制度，保障城乡居民同等的权利，鼓励农民进城务工，加速农村工业化和城市化进程；创新土地制度，流转土地使用权，激活农村土地资源；创新农村合作医疗保险制度、最低生活保障制度、失业保障制度等，增进农村居民的福利；普及农村义务教育制度，加强对农民的培训，提高农村居民素质；创新农村公共产品供给制度；等等。

本章小结

农业是世界上最古老的产业，其本质特征是自然再生产与经济再生产有机交织。农业是人类衣食之源、生存之本，是国民经济其他部门独立和进一步发展的基础。农业有五大贡献即产品贡献、市场贡献、要素贡献、外汇贡献和增长贡献。在现代生活中，农业的多功能性日益受到关注。西方农业经济学科起源于古希腊和古罗马时代，20 世纪以后现代农业经济学逐渐形成较完整的学科理论体系。新中国成立之后，特别是改革开放后，中国的农业经济学体系日趋完整，呈现出三大发展趋势。农业经济学的研究对象是稀缺资源约束下的农业生产力运行规律、生产关系运动规律及其相互运动规律。本书将从五个方面介绍农业经济学的基本理论、知识和规律。本章最后探讨了农业、农民和农村问题，即"三农"问题，指出中国"三农"问题的根源在于二元经济社会结构。形成的原因是国家工业化初期实施的重工业发展战略，以及为推进该战略实施的优先发展工业和城市的一系列制度，导致城乡分割和对峙。破解的根本途径是坚定不移地推进统筹城乡发展的战略。

---

① 1 亩 = 666.67 平方米

即测即评

扫描二维码，做单项选择题，检验对本章内容的掌握程度。

复习思考题

1. 深刻理解农业在经济社会发展中的地位，从农业的具体特征出发，应怎样促进农业发展？
2. 农业的多功能性对现代农业发展有什么启示？
3. 农业经济学研究的对象是什么？
4. 中国“三农”问题的形成原因及解决策略是什么？

案例分析题

农村劳动力转移与城乡二元结构

截至 2014 年上半年，湖北省枝江市拥有 21.49 万名农村劳动力，其中 13.82 万人实现了转移，占农村劳动力总数的 64.3%。其中就近转移人员 3.91 万人，占转移人数的 28.3%；市外省内就业 1.82 万人，占转移人数的 13.2%；湖北省外就业 3.79 万人，占转移人数的 27.4%，亦工亦农的 4.3 万人，占转移人数的 31.1%。从农村劳动力就业渠道来看，一产业从业人员 7.67 万人，二、三产业从业人员 13.82 万人，近 64.3% 的农村劳动力从事非农产业。由此可见，枝江市农村劳动力转移程度较高。

随着人力资源市场的培育和壮大，枝江的农村劳动力转移工作现在已经由盲目无序过渡到有组织流动，服务和管理逐步规范。到目前为止，该市在各个乡镇和每个社区都成立了农村劳动力转移管理服务机构。近年以来，通过技能就业培训等国家政策，培训了大批农村劳动力，每年枝江农村劳动力转移人数都大幅度增加。根据统计，仅 2013 年，农村劳动力转移 7 286 人，其中由人力资源市场组织转移的人员就达到 3 576 人，而且以市内转移就业为主要渠道。

现在仍旧比较严格的户籍制度，对于农民来说，要改变户籍身份进入城市，成为城市人口是极为困难的。近年来，工业经济与市场经济的迅速发展，对传统的身份制度造成了重大冲击，身份制度已经出现了松动的迹象，但城市人口和农村人口仍然存在较大的差别。从总体上来说，城里人的生活水平是远远高于农村人的，城市人在收入、消费、社会福利、就业等各个方面所享有的条件和待遇都是农村人所不能比的。

资料来源：枝江市农村劳动力转移就业现状及分析. 中国劳动保障新闻网，2014-09-28.

讨论：

1. 怎样有效实现农村与城市的充分就业？

2. 如何促进规范的农村劳动力转移？

3. 如何实现城乡统筹？

世界著名农业经济学家简介

速水佑次郎(Hayami Yujiro)(1932—2012)，日本农业与发展经济学家、国际发展高等研究基金会研究生院主席、国际农业经济学会终身名誉会员，曾在日本和美国多个大学和研究机构任职。主要著作有：《日本农业的成长过程》(1973)，《发展经济学——从贫困到富裕》(1997)。

20 世纪 70 年代初，速水佑次郎与美国农业发展经济学家弗农·拉坦提出了新的农业发展理论，即诱致性技术变迁和诱致性制度变迁假说。该理论在经济学界影响甚广，改变了发展经济学长期以来的结构主义倾向。1985 年，他们提出了一个完整的农业发展模型，即在任何一个经济中，农业发展都要依赖于资源禀赋、文化禀赋、技术和制度的相互作用。1988 年提出“农业发展三阶段论”，即在以增加生产和市场粮食供给为特征的阶段，提高农产品产量的政策居于主要地位；在以着重解决农村贫困为特征的阶段，通过农产品价格支持政策提高农民的收入水平是其主要政策；在以调整和优化农业结构为特征的阶段，农业结构调整是其主要目标。

第二章　农业自然资源要素

本章学习目标

1. 掌握作为农业自然资源的土地资源、水资源、气候资源、生物资源的基本概念、特征以及它们对农业的重要作用；
2. 了解我国土地资源、水资源现状及存在的问题；
3. 了解合理配置与利用各种自然资源的路径选择。

农业自然资源是农业生产经营活动中赖以存在的物质基础，其优劣程度直接影响农业生产。近年来“圈地风”导致耕地锐减，同时，随着工业化和城镇化的加快，建设用地需求还将进一步增大，这将给我国粮食安全带来极大的隐患和风险。国务院法制办公室副主任甘藏春提出：“守住 18 亿亩耕地红线，形势严峻，任务艰巨，从一亩一分地上坚守、严守、死守，让不作为与乱作为者付出应有的代价，耕地安全才有保障，18 亿亩耕地的红线才不会被突破。”

第一节　土地资源

一、土地概述

(一) 土地的概念

土地,在经济学上是指地球上的陆地和水域以及与之相连的土壤、气候、地貌、岩石、水文、植被等一切自然条件。土地通常仅指地球上的陆地表层,或指地球上的陆地和水面。土地是人类进行生产活动所必需的物质条件和自然基础,是农业中最基本的生产资料。马克思指出:"土地是一切生产和一切存在的源泉。"

(二) 土地的特性

土地的特性包括自然特性和经济特性。土地的自然特性是土地自然属性的反映,为土地本身所固有,与人类利用与否没有必然联系;土地的经济特性是人类在对土地利用过程中产生的,与人类活动密切相关。

1. 土地的自然特性

(1) 土地面积的有限性。土地是自然的产物,土地面积的有限性不仅指整个地球、一个国家或一个地区的土地面积有限,而且指在一定社会经济条件下、一定时期、一定地域范围内各类用地都是相对有限的。所以,土地是一种特别珍贵、数量有限的生产资料,它要求在农业生产上除了必须充分利用一切可能利用的土地资源外,还必须特别重视不断提高土地生产率,使有限的土地生产出更多的农产品。

(2) 土地位置的固定性。土地总是与特定的自然环境条件和社会经济条件相联系,不像其他生产资料可根据需要而转移其存在的位置。土地的这一特点是形成农业生产区域化的客观基础和进行农业生产合理布局必须考虑的重要因素,这决定了农业生产的发展既要根据需要和可能对土地加以合理改造,又必须因地制宜地利用各地区的土地资源,扬长避短。

(3) 土地土壤肥力的可变性。作为农业生产资料的土地,只要合理利用,对农作物起培育作用的土壤肥力不仅不会耗竭,反而会不断提高,成为一种永续利用的生产资料。但如果滥用土地,不考虑土地的持续经营,则土地肥力会逐渐枯竭。土地的这一特性,为解决社会对农产品日益增长的需求与土地面积有限之间的矛盾展示了光明的前景。

(4) 土地生产力的差异性。土地生产力就是指土地生产农产品的能力。造成土地生产力差异的原因主要有两种:一是不同区位的土地自然肥力各不相同;二是人类活动的影响造成土地生产力存在差异。土地生产力的差异性直接影响着土地的经济价值、利用方向和经营方式,在农业生产中不容忽视。

2. 土地的经济特性

(1) 土地供给的稀缺性。土地供给的稀缺性,一方面表现为供给总量与需求总量不平衡;另一方面表现为某些地区和某种用途的土地权属、地价、地租等经济关系和经济问题，它迫使人们珍惜土地、节约利用土地和集约经营土地。

（2）土地利用的区位性。土地位置的差别造成其用途不同和生产力的差异，人们在利用土地时，必须根据土地自身的自然环境条件和所处社会经济条件的适宜性进行区位选择，发展最适宜的生产项目，以获取最大的经济效益。

（3）土地用途变更的困难性。同一块土地往往有多种用途，并且通过开发利用投入某项生产项目之后，要改变其利用方向则十分困难，有时还会造成巨大的经济损失。这就要求在确定土地用途时，必须慎重考虑，作好全面、长远的规划，避免人、财、物力的浪费和生态环境的破坏。土地利用方向变更的困难性也决定了农产品的供给价格弹性较小，农业生产不能快速地适应市场价格的变动进行调整。

（4）土地报酬递减的可能性。在一定的科学技术水平下，在一定面积的土地上，连续追加其他生产要素的投入时，在达到一定阶段之前，产量会随投入增加而不断增加。但是当投入增加到一定数量之后，每增加一单位的投入所能新增加的产量会越来越少，最后会减少为零，甚至成为负值。经济学把这种具有规律性的现象称为土地报酬（收益）递减规律。事实上，从社会发展的长期趋势看，科学技术是不断进步的，土地报酬递减规律是不存在的。但是从某一特定时期的情况看，技术水平相对稳定或变化不大，所以，这一规律和由此产生的边际分析方法，对于指导人们选择集约经营的方向和决定追加投资的适合度具有重要的实践意义。

（5）土地利用后果的社会性。各个经济部门对土地利用的后果，不只是影响本部门的经济效益，而且会影响整个国家和社会的经济效益和生态环境。为此，要求国家必须对土地利用进行宏观管理。

（三）土地在农业生产中的重要作用

土地对于一切物质财富的生产，虽然都是不可缺少的必要条件，但在农业生产中却具有更加特殊的重要作用。

1. 农业对土地有特殊依赖性

农业是直接利用植物、动物和微生物的生命力和太阳能进行生产的部门，农业中的第一性生产——植物生产，对土地有特殊的依赖性，必须占用大面积的土地，在广阔的地域上进行。在农业中的第二性生产——动物生产中，大部分畜禽动物的生长发育都依赖于广袤的土地或空间场所。

2. 农业生产中土地的不可替代性

在其他生产部门中（采掘业除外），土地并不直接加入劳动过程，只是起一个立足点和活动场所的作用。而在农业中，土地则不仅是立足点和活动场所，而且以其自身的物理性质、化学性质、生物学性质和气候条件等，直接参与农业生产过程，影响着农产品的产量和质量。上述原因决定了土地是农业生产中不可替代的基本生产资料。要发展农业生产，就必须首先占有和充分合理地利用土地资源。

二、土地资源利用的原则

（一）因地制宜

在不同地区，由于当地独特的自然环境的影响，最终导致土地的肥力、面积、坡度等自然特征不尽相同。各地的经济发展状况不尽相同，最终也会影响土地的经济特征。因此，土地资源的开发利用必须根据当地的自然环境和经济发展的特点，进行合理布局。这样不仅有利于提高土地资源的开发效率，充分发挥土地资源的优势，还能合理地保护土地资源，实现可持续的开发利用。

（二）节约用地

随着国民经济的快速发展，工业化和城镇化进程不断推进，交通等基础设施建设的加快，非农用地面积急剧增加。同时，对荒地的开垦速度远远低于农用土地非农化的速度。伴随着人口增长，我国耕地人均占有面积呈现下降趋势。因此，在土地利用过程中，必须坚持“十分珍惜和合理利用土地，切实保护耕地”的基本国策。

（三）保护资源

土地是生态系统中的要素之一，土地的利用与生态系统密切相关。而生态系统的优劣又影响着土地利用的广度和深度，制约着土地利用的效率。土地适度、合理利用，能保存土地自身的生产力，对生态系统的稳定有着良好的维护作用。否则，土地的生产力会急剧下降，甚至使耕地变成不毛之地，破坏稳定的生态系统，甚至影响生物的多样性。因此，在利用土地时，必须遵循开发利用与休耕养地相结合的开发原则，保护宝贵的土地资源，维持生态系统的良性循环。

（四）有偿利用

土地是数量有限、不可再生的自然资源，是农业经济生产中最基本的生产要素。在市场经济中，所有生产要素都是有价值、需要付费的。土地作为重要的生产要素，对其进行有偿的使用是合理的，并且只有通过土地资源的有偿利用，提高土地使用者使用土地的成本，才能督促他们自觉保护土地资源，合理利用现有土地，保证土地的可持续利用。

三、土地集约经营与规模利用

（一）土地集约经营

1. 土地集约经营的含义

集约利用是相对于粗放利用而言的。集约利用是一个相对的、动态变化的概念，过去被称为集约利用的方式，随着社会经济发展、技术进步和资本增加，实际上可能已经变成了粗放利用。也就是说，土地资源集约利用的判断标准是随着社会、经济、技术水平和人类的认知水平而变化的。

土地集约利用，即土地集约经营，是指在一定土地面积上投入较多的生产资料和劳动，以提高土地收益的经营方式。比如在农业生产过程中，运用先进的农业技术装备和技术措施进行精耕细作，从而提高土地生产率来增加农产品产量和收入。土地集约经营是在土地合理利用的前提下，通过增加尚未充分利用的存量土地的投入、转变利用方式和空间布局，通过改善经营管理，充分发挥土地使用潜力，兼顾当前利益和长远目标，不断提高土地的使用效率和利用效益，使土地的经济效益、社会效益和生态效益协调统一，促进城乡土地利用结构优化和功能提升的动态过程与状态。

2. 土地集约经营的类型

根据投入生产要素密集程度不同，土地集约经营可分为以下三种类型。

（1）劳动集约型，指在单位面积土地上投入较多的劳动以获得较多的产量和收入的方式。它具有劳动直接创造价值、所需货币成本低、效益高、易实行等特点，比较适合农业剩余劳动力数量较多的国家采用。其实现途径多种多样，既可以投入较多的劳动实行精耕细作，加强生产管理，提高复种指数和土地利用率，也可以增加劳动力投入进行农业基本建设，兴修农田水利，改良土壤，提高土地质量，改善土地利用条件。

（2）技术集约型，指通过采用较多的先进技术在单位面积土地上获得较高产出和收入的方式。技术集约又分为基础技术集约、应用技术集约和管理技术集约三种类型。基础技术集约既包括农业基础技术，如遗传育种、生物工程等投入的增加，也包括对农民进行的技术知识和理论培训等智力投资的增加；应用技术集约则指采用更多的先进实用技术，直接提高农产品产量和质量，降低生产消耗，如选种、育苗、施肥、灌溉、综合防治病虫害等技术投入的增加；管理技术集约是采用先进的经营管理制度和方法，改善土地经营管理，加强经济核算，节约成本支出，在一定面积土地上获得较高的经营效益。

（3）资金集约型，指通过在单位面积土地上投入较多的生产资料，更多地使用物化劳动提高产出和收入的方式。它通常适合在经济比较发达、农业资本较宽裕、农业劳动力工资水平较高的条件下采用。

3. 土地集约经营的重要意义

（1）集约经营是一个历史范畴，它是社会经济发展到一定阶段的产物。在前资本主义时期和资本主义初期，粗放经营是农业中唯一的或基本的经营方式。当时，一方面有大量可供开垦的土地，人均占有农业用地的数量多；另一方面生产力水平比较低下，剩余产品不多，资金积累少，且科学技术落后，限制了在一定面积土地上投资和劳动的增加。随着资本主义的发展，生产力水平迅速提高，资本积累增加，科学技术发展，使追加投资有了必需的物质技术条件，并有可能带来较高的经济效益。然而，适宜于开垦的土地，特别是宜于开垦的优中等地日益减少，人口增加和经济发展又加剧了农产品的供需矛盾。与其花费大量投资去开垦条件很差的劣等地，远不如把投资追加于现有的农业用地上能带来更大的经济效益。于是，集约经营逐步取代粗放经营，成为农业经营的主要方式。

（2）农业生产朝集约化方向发展，是由土地面积有限性和土壤肥力可以不断提高的特性决定的。一方面，社会经济发展及人口增加对农产品的需要量不断增加，但作为农业基本生产资料的土地面积却有限，因此通过扩大农业用地来增加农产品受到限制，这使得集约经营成为必要；另一方面，土地有其特殊性，在合理利用的条件下，土地的肥力可以不断增加，土地生产率能够不断提高，这就为通过集约经营的方式增加总产量提供了可能性。

(3) 土地集约经营是农业发展的必然趋势。随着城市化进程加快,耕地面积不断减少,农业生产可利用的土地越来越少,要求土地集约经营。而生产力水平的提高,工业的发展和科学技术的不断进步,使实行集约经营有了现实基础。

(4) 土地集约经营是我国的现实需要。虽然我国有一定数量的荒地可供开垦,然而耕地面积的扩大毕竟有限,而且我国大部分尚未开发的土地资源条件较差,开发的难度大,但提高原有农用土地面积产量的潜力却很大,同时新开发的农业用地不能采用掠夺土地自然肥力的方法进行经营,也需要不断提高集约经营水平。再者,自新中国成立特别是改革开放以来,我国的土地集约水平虽有了较大提高,但与发达国家相比,无论是按单位面积耕地所摊得的机器、化肥、农药等生产资料数量来计算,还是按播种面积计算的主要农作物单产水平来衡量,都有很大差距,从而影响了我国农业现代化进程。因此,努力提高土地集约化水平,实现由粗放经营向集约经营的根本转变,是今后我国农业发展的根本任务。

4. 土地集约经营水平及经济效果的衡量指标

单位土地面积上所摊得的生产资料的价值,是衡量土地经营集约化水平的最主要、最准确的指标。但由于这个指标不易计算和比较,在实践中,为了分析土地集约经营各项具体措施的运用情况,往往用单位土地面积上所摊得的某些重要生产资料的数量作为衡量土地集约经营水平的指标。例如,单位耕地面积所摊得的肥料数量,单位耕地面积所摊得的劳动力数量,单位耕地面积所摊得的农机具数量,单位耕地面积所摊得的役畜头数,良种面积占耕地面积的比重等。在我国目前大部分地区的土地集约经营仍以劳动集约型为主的条件下,还可采用单位土地面积耗费的工作小时数、工作日数来反映集约化水平。此外,复种指数、农业用地构成、播种面积构成、优良作物(役畜)品种所占比重、单位土地面积所摊得的生产成本等指标,都可以间接地从某一方面和一定程度上反映集约化的水平。

把衡量土地集约化水平的有关指标与由于实行集约经营而取得的成果相比较,可以计算出土地集约经营的经济效果。衡量土地集约经营效果的常用指标有:① 单位耕地(牧地、林地、水面)的产量或产值;② 单位农业用地(包括农、林、牧等用地)的总产值、净产值、纯收入;③ 劳动生产率;④ 产品成本;⑤ 单位投资的产量、产值、纯收入。这些指标都只是从不同的角度反映集约化的经济效果,只有结合起来综合分析,才能全面反映集约化的经济效果及其差异的原因,为进一步提高土地集约化水平指明方向。

(二) 农业土地规模利用

农业土地规模利用主要倡导土地的适度规模利用,是为了发挥土地在农业生产中的规模经济,使土地利用保持在一个合理的规模水平上。通过控制和配置各种生产要素的投入量和投入比例,让土地的规模效益达到最优,使有限的土地发挥其最大的作用。

1. 农业规模报酬

农业规模报酬是指在其他条件不变的情况下,农业各种生产要素投入量变化时所带来的产量的变化。在其他农业生产要素投入量按相应比例变化时,土地规模与规模报酬之间的变化关系将表现为以下三种情况:第一种是当土地投入量的增加量等于规模报酬的增加量时,称为固定规模报酬;第二种是当土地投入量的增加量小于规模报酬的增加量时,称为递增规模报酬;第三种是当土地投入量的增加量大于规模报酬的增加量时,称为递减规模报酬。

2. 农业规模经济

农业规模经济的基础是农业规模报酬递减和要素的不可分性。从长期来看,农业生产中所有生产要素都是可变的,而土地、资本等主要生产要素投入发生变动表明农业经营规模发生了变动,因为这个变动而产生的收益就是农业规模经济或不经济。农业生产经济学家海地等人认为,农业经营规模经济或不经济主要是指增加产出对投入的平均成本的影响,通常用长期平均成本曲线的变化趋势说明。当长期平均成本下降时,认为农业经营规模趋于经济合理;长期平均成本曲线的最低点是最佳固定资本的投入规模,在这一点上单位产品成本最低;当长期平均成本上升时就产生规模不经济。

农业规模经济可分为比例规模经济和非比例规模经济两大类。在比例规模经济的情况下,农业生产的各种生产要素按比例增加投入,当产出的变动小于或大于投入的变动时分别产生规模不经济和规模经济。非比例规模经济是指固定资本不按比例投入所带来的规模报酬,通常也分为三种情况:第一种是固定投入不变、可变投入增加时的规模经济;第二种是固定投入增加但技术条件不变时的规模经济,这种规模经济通常体现在流通领域,也称为外部规模经济;第三种是固定投入增加并伴随技术革新时的规模经济,这种情形既降低产品成本又可提高劳动生产率,它是农业规模经济的主要形式。

3. 农业土地规模效益和适度规模经营

(1) 农业土地规模效益,主要指在其他生产要素投入不变的情况下,农业生产经营主体增加土地的投入量时,获得的收益增加量大于土地投入量的情形。其中必然要考虑土地的价值,重点考察投入与产出的关系。土地规模效益的提高有利于提高农户从事农业生产的积极性,农户扩大农业生产的经营规模,即增加土地规模,是为了自己的规模经济效益增加,甚至达到最大化。在市场经济条件下,有足够土地的农户凭借对农业生产规模效益的直观认识,通过不断扩大土地的投入规模,期望达到经济利益最大化的目标。但是农户单纯地依靠扩大土地规模来实现长期利益的最大化,不但不能实现增收的目标,反而会因为受到土地规模报酬递减规律的制约,导致收益减少。

(2) 农业适度规模经营,是指在农业生产发展的客观要求、自然条件、经济条件下,在各生产要素(劳动力、资金、技术、信息等)投入量一定的情况下,将土地适当地集中使用,从而获得最大经济效益的经营方式。简单地说,是指在最适宜的土地面积上获得最大经济效益的经营方式。土地适度规模经营所要求的土地面积并不是固定的,而是一个相对的、动态的,是因地、因时、因实施主体而变化着的。实现土地适度规模经营,有利于提高土地的使用效率,充分合理地利用现代先进设备进行农业操作,采用先进的管理方式,提高农业劳动效率,降低劳动成本,最终降低农产品成本,提高农产品的市场竞争力和农业经济效益,提高农户的生产积极性。

四、土地的合理利用与开发

土地的合理利用与开发是保护土地资源、提高土地利用效率、保持土地可持续生产能力的基本要求。土地的合理利用与开发必须在坚持土地利用原则的基础上,遵循土地报酬递减规律,不仅要广泛地利用和开发尚未利用的土地资源,更要注重拓展土地利用的深度。

(一)遵循土地报酬递减规律

土地报酬递减规律是指在技术水平和其他要素投入量不变的前提下,对一定面积的土地不断追加某种要素的投入,因该要素投入引起的土地产出量增加最终会出现下降的现象。例如,在技术水平一定和其他要素投入量不变的前提下,对一定面积的土地连续追加某种化肥,开始时土地产出量会提高,但当化肥的施用量超过一定数量后,继续追施化肥,土地产出量就会降低。这就是土地报酬递减规律发生了作用,这种要素递减规律同样适用于资金、劳动力等要素。

(二)做好土地利用总体规划

土地利用总体规划是根据经济社会发展总目标,为合理开发利用土地资源,协调分配国民经济各部门用地,保护农业土地资源,妥善安排各项建设工程用地而提出的合理组织土地利用的方案。土地利用总体规划根据各级人民政府依据国民经济和社会发展规划,国土整治和资源环境保护的要求,土地供给能力以及各项建设对土地的需求,组织编制。在各级地方政府编制的土地利用总体规划中,耕地保有量不得低于上一级土地利用总体规划确定的控制指标。各省、自治区、直辖市人民政府编制的土地利用总体规划,应当确保本行政区域内耕地总量不减少。县级土地利用总体规划应当划分土地利用区,明确土地用途。乡(镇)土地利用总体规划也应当划分土地利用区,根据土地使用条件,确定每一块土地的用途,并予以公告。

(三)加强土地利用与开发的深度

在现有可使用的土地基础上,根据土地自身的特征,调整土地用途,做到因地开发,充分发挥土地资源的优势与作用,提高土地生产力。要科学合理地利用土地资源,在利用、开发土地的同时,加强对土壤肥力的维护,促进土地的循环利用。应搞好土地资源的配套设施建设,充分挖掘土地资源的潜在价值。在有限的土地上,发展附加值更高的农业项目,提高土地资源的收益。

(四)拓宽土地利用与开发的范围

培育土地资源利用与开发的先进理念,利用先进的科学技术,充分挖掘滩涂、沙地等难以开发、未开发的土地资源,增加可使用土地的面积。

第二节 水 资 源

一、水资源的概念与特点

(一)水资源的概念

联合国教科文组织在1977年提出了水资源概念,即“可利用或有可能被利用的水源,这个水源应具有足够的数量和可用的质量,并能在某一地点为满足某种用途而可被利用”。从经济学的角度来看，水资源应具有如下内涵：首先，并不是所有水资源都具有经济物品属性。在经济学中，经济物品是可替代的，其边际收益为无穷大。因此，并不是所有水资源都应视为经济物品而由市场配置。其次，水资源并不是某一种单一的经济物品。水资源的使用价值是多维度的，不同的使用价值应视为不同的经济物品。

水资源通常是指一个国家或地区具有经济利用价值并可以不断更新的淡水资源，包括地表水、土壤水和地下水。大气降水是恢复和更新水资源的基本途径。水资源虽然是一种可再生资源，但在一定的时空范围内有一定的限量，特别是可被人类利用的淡水资源，通常是无法替代且极易被污染和破坏的。由于经济发展和人口增加，人类对水资源的耗费日益增长，水资源短缺已引起了世界各国的普遍关注，被视为与粮食、能源等相提并论的一个严重的社会经济问题。

（二）水资源的特点

从经济学视角来看，水资源具有以下特点：

1. 水资源可以自然补充，重复利用

水在自然蒸发、植物吸收利用和人类开发利用等消耗后，会通过降雨、降雪等途径实现自然补充。一个地区只要水文、地质、地貌、植被、大气等状况不变，水资源的总量尽管会有波动，但它不会枯竭，可以自然补充，重复利用。

2. 水资源不能通过人工方法在体积上或经济价值上加以浓缩

水资源只能以其自然状态利用，在体积上不能浓缩，经过加工的饮用水虽然经济价值有所提高，但非常有限，运输成本也较高。这与石化能源或其他矿产资源不同。具有开采价值的石化能源或其他矿产资源可以进行人工提炼，使其体积浓缩、经济价值增大，因而，远距离运输的成本相对低廉。

3. 水资源既是生产对象又是生产条件

水资源不仅是生产对象，如自来水、矿泉水的生产等，更重要的是，它还是生产的条件，如动植物生产、发电、航运等都离不开水。而矿产资源、生物资源等，都是生产对象，即通过人的劳动把它们从生产资源变成最终产品。

4. 水资源的需求呈刚性

水资源的自然供给与价格无关，水资源的需求价格弹性极小。人类生存离不开水，动植物生长也离不开水。缺少水，生物资源的开发利用就会受到限制，人类的经济活动就会受阻。因此，水资源的开发利用不仅仅是一个经济问题，还是一个社会问题和生态问题。水资源的这一特点要求人口数量、经济规模和农业生产必须考虑水的可供性；否则，过大的、无节制的需求会导致经济系统乃至生态系统和社会系统的崩溃。

5. 人类难以对水资源循环实施有效的人工控制

由于水资源的自然循环具有不规则性，在一定的时间和空间范围内往往形成供给不足或供给过量，造成干旱或洪涝灾害，在现有科学技术水平下，人类还难以对水资源的自然循环实施有效的控制。这不仅影响水资源功能的发挥，还会影响其他经济资源的利用，甚至对其他经济资源造成破坏。

二、水资源对农业的重要性

水是农业的命脉。它既是生物体构成不可缺少的物质，又是农业生产物质和能量转化的重要因素，而且对包括地貌、植被、土壤等与农业生产息息相关的自然地理环境的形成具有决定性的影响，它制约着农业布局、农业生产结构及生产发展方向。水资源对农业的重要性显而易见，主要体现在：

（一）水资源是农业生产的命脉

农业生产的对象是有生命的生物体，没有水，动植物和微生物就不能生存，农业生产就无法进行；水资源短缺，农业生产的发展就会受到严重制约。从农业生产的实践看，农业高产区大多是水资源充足或灌溉条件较好的地区，灌溉区内单位土地面积的农产品产量一般比非灌溉区高出一倍以上。干旱、半干旱地区只有解决水资源短缺的瓶颈，农产品产量才能不断提高，农业生产才能持续发展。

（二）水资源状况影响农业生产布局

水资源充足、灌溉条件较好的地区，通常是农业人口和劳动力以及其他生产要素的密集区，是主要的农产品集中产区。这些地区人多地少，单位土地面积投入水平较高，农业生产的潜力则较小。而干旱、半干旱地区，一般人少地多，农业生产要素短缺，单位土地面积投入水平较低。这些地区后备农地资源较多，农业生产的潜力较大，如果解决了水资源不足的瓶颈，其他生产要素就有可能向这些地区转移，从而使农业布局生产得到优化。

（三）水资源是重要的农业生态环境资源

水资源状况与农业生态环境的优劣直接相关。水资源短缺会导致森林和草原退化、土地沙化、河湖泥沙淤积；水资源的不合理利用会造成灌溉区土地次生盐碱化、水土流失和土地肥力下降；地表和地下水体污染将给农业生产和生态环境造成严重影响。

（四）水资源是农民的基本生存条件

水是人类最基本的生存条件，也是农民的基本生存条件。只有保证农民生活对水资源的需要，农民的生活水平和质量才能提高；否则生产发展、生活富裕、环境优美的小康社会就难以建成。

三、我国农业用水面临的挑战

（一）农业用水缺口大

我国是世界上严重缺水的国家之一。2012 年我国水资源总量仅占世界的 6%，人均不足世界平均水平的 1/4。农业是地球淡水资源的主要用户。2012 年我国农业用水量约 3 600 亿立方米，用水比重从 1997 年的 69.7%下降到 2012 年的 61.3%左右，减少了 200 亿立方米。截至 2012 年 2 月，全国农田灌溉面积 9.05 亿亩，灌溉用水缺口 300 多亿立方米。根据国家水资源发展规划，未来 15 年农业可用水量将维持零增长。近 10 年来，全国平均每年旱灾发生面积 4 亿亩左右，是20世纪50年代的两倍以上，平均每年成灾面积2亿多亩，因干旱损失粮食300亿千克以上。

我国水资源严重短缺，农业是用水大户，但农业用水利用率过低。2012年，在全国9.05亿亩灌溉面积中，工程设施节水面积仅占44.3%；在23亿亩农作物播种面积中，农艺节水面积仅占17.4%。我国农业用水利用率比发达国家低20个百分点。[①]

（二）农业生产和用水之间的区域不平衡

受季风气候和地形条件的影响，我国的水资源时空分布极不均衡。从时间分布看，我国大部分地区夏秋多雨，春冬少雨雪，年降水量的1/3～1/2集中在夏秋之交，同时不同年份之间的降水量差别较大，尤其在北方这种情况更加突出。从空间分布看，因受季风气候影响，各地降水量差距很大。东南沿海地区的年降水量达1 600 mm以上，西北内陆地区不足400 mm，有相当大一部分地区年降水量不足200 mm。此外，水资源分布与土地、耕地的分布也很不协调。南方四区（包括长江、华南诸河、东南诸河和西南诸河）水资源总量占全国的81%，而土地面积却只占全国的36.4%，耕地面积占35.9%；北方四区（包括东北诸河、海河、淮河和山东诸河、黄河）占全国土地面积的28.2%、耕地面积的58.3%，但水资源却只占14.4%。这种不协调的状况对工农业的发展都带来了不利影响。[②]

除此之外，农业生产和用水之间的区域不平衡也是我国农业用水中的突出问题。国家花费巨额资金和众多人力实施“南水北调”工程，北水又“随粮南运”，使得缺水的北方更缺水。华北地区水资源开发程度已经很高，缺水对经济发展和生态环境已造成了不良的影响。目前黄河断流日益严重，却每年平均调出90亿立方米水接济淮河与海河。同时在一些地区工业的布局上，没有充分考虑水资源条件，不少耗水大的工业布置在缺水地区；耗水大的水稻却在缺水地区盲目发展，人为地加剧了水资源合理配置的矛盾。

（三）水生态环境恶化

农业与自然环境具有相互依存和竞争排斥的关系。在我国农业取得举世瞩目成就的同时，要看到由于发展方式粗放所带来的农业水源污染等问题。我国江河湖泊普遍受到污染，主要原因是农田化肥和农药过量投入导致氮、磷等有机物随农田径流进入水体，畜禽养殖业排放的废水、废物以及农村生活污水的任意排放造成水体富营养化和地下水源地硝酸盐严重超标等问题。水体污染加剧了农业水资源短缺，严重影响农业生产和农产品安全，直接威胁农村饮用水安全和人类健康。

（四）水利建设基础薄弱

水利建设投入不足，欠账极多，现存水利设施难以为继。急需的水利工程无力兴建，原有水利设施已开始老化，相当数量的水利工程管理不善，有的水利设施遭到破坏，使水利设施抗灾能力下降，常常发生旱涝灾害。

---

① 中华人民共和国农业部.农业部关于推进节水农业发展的意见.2012-02-01.

② 郭孟卓，黄永基.我国水资源状况形势严峻.中华人民共和国国土资源部，2008-04-16.

小资料

西南大旱最根本的问题是水利基础设施薄弱[①]

2011 年入夏以来，贵州全省、云南中东部等地遭遇严重夏旱。贵州省普安县城的唯一供水水源东风水库，水位降至取水口以下，从 8 月 2 日起，县城实行限时供水，每天开放 5 小时。思南县乌江河水位严重下降，提水设备已无法取水，影响县城 8 万多人日常生活饮用水供应。部分农村的供水形势更为严峻。截至 9 月中旬，贵州全省水利部门所辖的 1.8 万处水利工程蓄水总量较上年同期偏少 38.3%，455 条溪河断流，619 座小型水库干涸，27 个县市区城区、270 个乡镇先后出现供水趋紧状况。

贵州省水利厅厅长黎平认为，大旱背后最根本性的问题是水利基础设施薄弱。水利工程建设得比较完善的地方，在此次大旱中损失则较小。贵州省石阡县白沙镇黑山沟小一型水库除险加固后，至今镇上 1 万人的饮水没出现问题，还保证了 80%的农田灌溉用水。而在云南宣威县，根据库塘蓄水、天气降水、城乡用水具体情况，制定了严格而灵活的蓄水、供水机制，也为保证城区供水发挥积极作用。总体而言，在遭受 2009 年至 2010 年的特大干旱以来，西南各地更充分认识到水利建设的重要性，投入不断增加。中央亦加大扶持力度。但由于欠账多、底子薄、摊子大，目前仍有较大缺口。

四、水资源的合理配置与利用

水资源既是重要的自然资源和生态环境资源，又是重要的经济资源。水资源的配置与利用不仅关系到农业可持续发展，还关系到工业化、城市化的进展以及人民生活水平的提高。因此，必须采取综合措施，解决水资源利用中存在和面临的问题。

（一）增强节水意识

水是生命之源，是农业的命脉。水资源短缺已成为世界性的问题，而我国水资源短缺尤为突出。随着经济发展和人民生活水平的提高，水的供需矛盾将日益尖锐。但这一严峻事实并未为广大群众所认识，许多人认为水来自自然，取之不尽，用之不竭。因此，要广泛开展宣传教育，使广大人民充分认识水之宝贵、来之不易，促成全社会养成节约用水、保护水资源的良好风尚。

（二）加强水资源的统一管理

水资源管理应把一定范围内的水（包括可用水、污水、地表水、地下水、雨水以及农田排水等）以及水体周围的陆地作为一个整体，按照水循环的自然规律和水资源具有多种功能的特点建立统一的水资源管理机构，对水资源实行统一管理。一是建立国家的统一管理机构，其主要职责是组织和协调有关部门对水资源进行综合管理；二是按照水系、流域建立区域性水资源管理区，

① 媒体称西南大旱最根本的问题是水利设施基础薄弱.中国新闻网，2011-09-24.

其职责是对管辖范围内水资源的开发利用进行统一规划管理和调配，对水质和水量进行监督和保护。

（三）完善水资源有偿使用机制

水资源作为一种经济资源，应该在其配置和利用过程中充分发挥市场机制的基础性作用。虽然自然界中的水没有价值，但水资源要达到可利用的程度，需要修建水利设施，购置各种设备，投入大量劳动，这些都构成水的供给成本。城市居民和非农产业的用水价格应该参照供给成本加平均利润予以核定，通过价格机制调节城市居民和非农产业对水的需求。在农村和农业中，完整意义上的水市场难以建成，但可考虑通过政府收取水费的办法，让农民承担部分供水成本，调节农村和农业用水量。

（四）合理配置水资源

开展跨流域引水是调节地区间水资源分布不平衡、解决干旱半干旱地区严重缺水的重要途径。要通过科学论证，精心组织，稳步开展跨流域引水工程建设。在水资源配置上，要优化产业结构和布局，减少高耗水项目，做到以水定产，使生产与水资源的状况相适应。在农业用水的配置上，要兼顾生产和生态用水，保证植树种草、水土保持、河流冲沙等生态用水的基本需要，以利于恢复和改善农业生态环境。

（五）加强水资源综合开发

一是大力开展植树种草，提高植被覆盖率，以调节气候，增加降水，涵养水源，保持水土，减少地面水蒸发；二是加强农田基本建设，改良土壤，提高土壤蓄水保墒能力；三是加强水利工程建设，利用水库、塘堰、水窖等水利设施蓄水储水；四是通过科学勘探和设计，在保证不超采的前提下，做好地下水的开采工作。此外，可利用现代科学技术开展人工降雨、海水淡化等，增加水资源的来源。通过综合开发，一切可以利用的水资源得以合理利用。

（六）研究和推广农业节水技术

农业可持续发展必须走节水农业的道路，如广泛采用喷灌、滴灌和微灌技术以及研发并种植耐旱高产作物品种等。为此，科研部门要加强农业节水技术的研究、开发和推广，政府应给予必要的支持。

小资料

以色列节水农业①

以色列60%以上的国土处干旱与半干旱状态，水资源严重匮乏。但由于长期致力于发展水技术特别是农业节水技术，最大限度地利用水资源，自新中国成立以来，以色列农业生产增长了12倍，而农业用水量只增长了3.3倍，先进的灌溉技术对以色列的农业发展发挥了重要作用，具体有压力灌溉技术、滴灌技术、埋藏式灌溉技术、喷洒式灌溉技术、散布式灌溉技术、计

① 中华人民共和国商务部.以色列农业节水灌溉情况简介.2009-09-27.

算机化的灌溉操作系统。以色列的农业用水技术在国际上处于领先地位，农业节水能力很强。例如，由于使用了压力灌溉方法，以色列单位面积土地的耗水量已下降了50%～70%。现在，以色列境内的灌溉土地都使用了这种灌溉方法。此外，许多田间作物都使用处理后的废水灌溉，通过使用循环水，不仅节约了水资源，也有利于保护生态环境。以色列用于农业生产的处理后废水约为2.3亿立方米，且该数字在不断增长。以色列水利委员会希望实现到2010年，1/3的农业用水为处理后废水的目标，以减少可饮用水在农业生产中的使用比例。

（七）加强执法力度

一是认真贯彻实施《水法》、《水污染防治法》、《环境保护法》等法律法规和配套政策，规范人们的行为。二是严格实行排污许可证制度，实行水污染物排放总量控制。对排污严重又无条件治理的企业，坚决实行关、停、并、转。三是加强水质监测，掌握水污染的动向和规律，进行多学科、多途径的水污染综合治理。

第三节　气候资源及生物资源

一、农业气候资源及其利用方式

气候是自然环境的一个重要组成部分，称为气候环境。对于农业而言，气候环境是农业生态环境的重要组成部分，又称为农业气候生态环境。农业气候生态环境分为两部分：一部分为农业气候条件；一部分为农业气候资源。农业气候条件是指那些只属于生态环境条件而非某种物质或能量的农业气候要素，它们只影响农业生产而不参与农业生产过程，如温度、湿度、气压以及虹、晕等天气现象；农业气候资源是指那些属于某种物质或能量的农业气候要素，它们不仅影响而且直接参与农业生产过程，能为农业生产对象所利用，如太阳辐射（光能）、二氧化碳、氧和水等。作为农业生态环境重要组成部分的农业气候，可能对农业是有利的，也可能是有害的。有害则成为灾害，即农业气候灾害，如大风、暴雨、冰雹、低温、霜冻等；有时，有利的农业气候资源的极限值也可能成为灾害，如水分过多成为雨涝，水分过少形成干旱等。农业气候资源一旦超过农业生产可利用和可承载的极限值而造成农业灾害，就已不再属于农业气候资源的范畴。因此，农业气候条件形成的灾害和农业气候资源达到极限值构成的灾害，均影响农业气候资源的数量、质量及利用方式。

农业气候资源的利用包括两种形式：一是直接利用，即作为能源和物质直接加以利用，如利用太阳能、风能来发电、供热或作为机械动力，利用空气制氧、制氮以及将来的雷电能利用等。二是间接利用，即通过绿色植物吸收太阳光能同化二氧化碳和水，生产有机物质。在这两种农业气候资源利用方式中，间接利用即绿色植物的利用是最主要的、最广泛的利用方式。

二、农业气候资源的特点

（一）无穷尽性

通常把农业气候资源称为可更新性资源或再生性资源，这是因为农业气候资源中的水、气资源循环往复，无穷无尽，可永续利用。例如，绿色植物通过光合作用吸收二氧化碳，放出氧气，使空气中的氧气增加、二氧化碳减少。而有机物质的燃烧和腐烂分解、动植物的呼吸则吸收氧气、放出二氧化碳，使空气中的氧气减少、二氧化碳增加。这种循环使得空气中的氧和二氧化碳保持一个相对稳定的状态。光资源是一种较恒定且永不枯竭的资源，与水、气资源不同，它来自太阳，从人类纪元开始至今，太阳辐射能虽有一定的变化，但永不枯竭。

（二）变化性

变化性是农业气候资源的最大特点之一。农业气候资源不仅有区域之间的差异，同一区域还有时间的变化，如年温有高有低、四季有冷有热、降水有多有少、日照有长有短、太阳辐射有强有弱、氧和二氧化碳密度有大有小等。我国大部分地区属于大陆性季风气候，其特点决定了农业气候资源地区差异更大且随时间变化更甚。

（三）适度性

农业气候资源的质量优劣以其随时间推移引起的自身量值大小来表示，但量值越大并非表示质量越好。农业气候资源有一定的适度范围，在这一特定的范围内，可根据资源对农作物、林果树木、牧草等的有利程度确定其质量等级。在适度范围以外，量值过大、过小、过多、过少均不利，会成为灾害。自然状态下的光、气资源量值极少危及农作物、林果树木、牧草的生长发育而成为灾害。所以，光、气资源的量值等级可以自身量值的大小确定。而自然状态下的水、热资源，经常因为量值在农作物适度范围以外而危及农业生产对象，成为灾害。所以，水、热资源的适度性明显，其量值等级要以特定范围和时间内的适宜程度来确定。

（四）资源密度低

农业气候资源总量均较大，但密度都很低，且不易自然汇集。例如，以年平均太阳总辐射能量 6 000 WJ/立方米计算，我国陆地面积的太阳总辐射能量为 1 830 TW，我国水能的蕴藏量仅为 0. 676 TW，太阳能是水能的 2 700 多倍。太阳辐射能的总量虽然很大，但能量密度即单位面积上的能量很低，全国年平均只有 190 W/立方米。空气资源也一样，总量很大但密度却很低，平原地区近底层空气中的氧气密度约为 280 克/立方米，二氧化碳密度在海平面大约只有 0. 6 克/立方米。尽管单位面积的年平均水能量很小，全国平均只有 0. 7 W/立方米，但水能可以自然汇集，局部地区能量密度很大。农业气候资源密度较低和不易天然汇集的特点以及在农业生产中利用率很低的现实，决定了农业气候资源的利用必须是大规模、长时间的。因为只有这样，才能获得较多的产量和产生较大的效益。

（五）有价无值

农业气候资源是由各种物质和能量组成的，是一种可以利用的有价值的资源。但由于它的流动性和无边界性，无法大面积人为加以控制，无所归属，所以，农业气候资源具有公共产品的属性，难以形成商品，获得市场价值。

三、农业气候指标

（一）农业气候指标的种类和形式

农业气候指标包括表示农作物出现生长不正常、遭受危害或发生明显减产的农业气候灾害指标，表示农作物或生产过程的节奏规律的农业气候指标等。由于这些指标主要用光、热、水等基本气候要素值来表达，又可分为光能指标、热量指标、水分指标三类。光能指标主要有：日照时数、日照百分率、太阳总辐射、光合有效辐射和农田群体摄取的太阳辐射量等。热量指标主要有：日平均气温稳定通过各农业界限温度（0℃、5℃、10℃、15℃等）的初冬日期、持续日数和积温以及春（或秋）季各界限温度初（终）日期间的间隔日数等。水分指标主要有：大气降水量、土壤湿度和有效水分存储量及湿润度（或干燥度）、水分盈亏（降水量与可能蒸散量之差）、蒸散差（可能蒸散量与实际蒸散量之差）、相对蒸散（相对蒸散量与可能蒸散量之比）等。

（二）农业气候具体指标

1. 积温

一年内日平均气温≥10℃持续期间日平均气温的总和，即活动温度总和，简称积温。它是研究温度与生物有机体发育速度之间关系的指标之一，从强度和作用时间两个方面表示温度对生物有机体生长发育的影响。一般以℃为单位，有时也以“度·日”表示。通常使用的积温指标主要有活动积温和有效积温两种。活动积温是大于某一临界温度值的日平均气温的总和，如日平均气温≥0℃的活动积温、日平均气温≥10℃的活动积温等。某种作物完成某一生长发育阶段或完成全部生长发育过程所需的积温为一个相对固定值。有效积温是扣除生物学下限温度（有时同时扣除生物学上限温度），对作物生长发育有效的那部分温度的总和，它扣除了对作物有热害和冷害的温度部分，使热量条件与作物生长发育更趋一致。此外，还用负积温即日平均气温小于0℃的日平均气温总和，来研究作物越冬的抗寒能力和作物经受寒冷锻炼的程度。

2. 湿润指数

湿润指数为衡量湿润程度的指标。湿润指数与干燥指数相反，可表示为地面收入水分（降水）与其支出水分（蒸发、径流）之比，比值愈大，则气候愈湿润。有学者提出过多种湿润指数，其名称也不同，如雨量指数、降水—饱和差比、雨温比及水热系数等。它们的表示式分别为：

$$雨量指数 = r/\theta$$

式中：r——年雨量（mm）；

θ——各月平均温度（限于零上的月份）之和除以12（℃）。

$$降水—饱和差比 = N/(E-e)$$

式中：N——年降水量；

$(E-e)$——年平均饱和差。

$$雨温比 = r/(M+m)(M-m)$$

式中：r——年平均降水量；

M——最热月最高温度平均值；

m——最冷月最低温度平均值。

$$\text{水热系数} = r/0.1\sum\theta$$

式中：r——日均温度高于10℃期间的降水量；

$\sum\theta$——高于10℃期间的活动积温。

水热系数大于1代表湿润，小于1代表干燥。

3. 光温生产潜力

光温生产潜力是在一定的光、温条件下，其他环境因素（如水分、二氧化碳、养分等）和作物群体因素处于最适宜状态，作物利用当地的光、温资源的潜在生产力。通常采用光合生产潜力乘以温度订正函数进行估算。表示温度订正函数的经验公式主要有以下几种：光合作用温度分段线性拟合式，光合作用温度二次曲线拟合式，界限温度间隔日数代数式等。光温生产潜力可近似地看成当地作物产量的上限，是规划作物生产的科学依据。

4. 干燥指数

干燥指数是反映某个地区的气候干燥程度的指标，又叫干燥度，通常定义为年蒸发能力和年降水能力的比值。公式为：

$$r = E_0/P$$

式中：r——干燥指数；

E_0——年蒸发能力，常以 E-601 水面蒸发量代替；

P——年降水量。

根据多年平均年水面蒸发量和多年平均年降水量，可算得多年平均年干燥指数。多年平均年干燥指数 r 与气候分布有密切关系，当 $r<1.0$ 时，表示该区域蒸发能力小于降水量，该地区为湿润气候；当 $r>1.0$ 时，即蒸发能力超过降水量，说明该地区偏于干燥；r 越大，即蒸发能力超过降水量越多，干燥程度就越严重。

四、农业气候资源的合理配置和使用

（一）开发气候生产潜力，提高作物单产

我国各地主要农作物的光温生产潜力为现有产量水平的4~5倍，为气候生产潜力的2~3倍，继续增产的余地还很大。分析生产潜力差距的形成因子，找出主要的障碍因素特别是瓶颈因素，也就找到了影响生产潜力深度开发的症结。

（二）根据气候规律安排农业生产

气候区划和气候资源的分布特点决定着一个地区的农业结构和种植制度。如复种指数过高或使用生育期过长的品种，试图对热量超量使用，结果事与愿违，导致冷害或霜冻而减产。在种植业中，一般按80%的气候资源保证率计算农耗时间来安排农作物的播种、移栽和收获期。

（三）开发利用山区的立体气候

山区气候最大的特点就是立体性，不同海拔、不同部位的气温、降水、光照、湿度和风力都不尽相同，因地制宜开发利用的潜力很大。要充分利用山区气候立体性特征，按照山区农业气候资源特点，对农业结构和作物、品种进行合理布局。这样，不仅可以达到生态治理目的，也能增加农业生产收益，是许多贫困山区脱贫致富的途径。

（四）利用气候相似原理引进优良品种

任何良种都是与一定的生态气候环境相适应的，其生长适合于一定的气候区。在此地为良种，到彼地因气候不适应，就可能成为劣种。如《晏子春秋 · 内篇杂下》中写道："橘生淮南则为橘，生于淮北则为枳，叶徒相似，其实味不同。所以然者何？水土异也。"意思是淮南的橘树，移植到淮河以北就变为枳树，表明同一物种会因环境条件不同而发生变异。农作物引种，只有遵循气候相似原理，至少要在作物生育期间相似，或稍加调节在农业设施内使之相似，才能成功。

五、农业生物资源

（一）生物资源的定义

生物资源是自然资源的有机组成部分，是指生物圈中对人类具有一定经济价值的动物、植物、微生物有机体以及由它们所组成的生物群落。生物资源是在当前的社会经济技术条件下，人类可以利用与可能利用的生物，包括动植物资源和微生物资源等。也有学者把生物群落与其周围环境组成的具有一定结构和功能的生态系统称为生物资源。生物资源包括基因、物种以及生态系统三个层次，对人类具有一定的现实和潜在价值，它们是地球上生物多样性的物质体现。自然界中存在的生物种类繁多、形态各异、结构千差万别，分布极其广泛，对环境的适应能力强，如平原、丘陵、高山、高原、草原、荒漠、淡水、海洋等都有生物分布。人类已经鉴定的生物物种约有200万种，据估计，在自然界中生活着的生物有2 000万~5 000万种。它们在人类的生活中占有非常重要的地位，人类的一切需要如衣、食、住、行、卫生保健等都离不开生物资源。此外，它们还能提供工业原料以及维持自然生态系统稳定。

（二）生物资源的特征

1. 再生性

再生性即在自然和人为条件下，生物所具有的不断自然更新和人为繁殖的能力。再生性是生物资源的基本属性，可为人类提供无穷无尽、丰富多样的产品。

2. 可解体性

可解体性是指生物资源因受到自然灾害和人为的破坏而导致某些生物种类减少以至灭绝的特性。每种生物都有自身独特的遗传基因，并且存在于该种生物的种群之中，任何其他的生物个体都不能代表其种群的基因库。

3. 多样性

生物资源种类的多样性和功能的多样性，决定了其用途的多样性。

4. 区域性

生物总是生长在与其生态相适应的环境中，而非一切地方都能生存。生物资源分布的区域性是人类开发利用生物资源的重要依据。

5. 未知性

人类对很多生物还不知道或不完全知道其价值，即使已经认识、开发了的生物资源，也并非完全清楚其所有的价值，如银杏。

6. 获取的时间性

不同生物种类，获取有用物质的时间不一样。俗话所说“三月茵陈四月蒿，五月六月当柴烧”，就阐明了这个道理。

7. 可引种驯化性

野生生物资源可以通过人为的引种驯化而成为家养生物。生物的引种驯化不仅可以解决野生生物资源获取的困难，而且可以拯救、保护濒危物种，扩大其分布区，提高产量。

8. 不可逆性

生物资源属于可更新自然资源，在天然或人工维护下可不断更新、繁衍和增殖；反之，在环境条件恶化或人为破坏及不合理利用下，会退化、解体、耗竭和衰亡，有时这一过程具有不可逆性。

9. 稳定性和变动性

相对稳定的生物资源系统能较长时间保持能量流动和物质循环平衡，并对内外部干扰具有反馈机制，使之不破坏系统的稳定性，但当干扰超过其所能忍受的极限时，资源系统即会崩溃。不同的资源系统的稳定性不同，一般来说，资源系统的组成种类和结构越复杂，抗干扰能力越强，稳定性也越大；反之则越小。

（三）生物资源的作用

生物资源是农业生产的主要经营对象，并可为工业、医药、交通等部门提供原材料和能源。随着生产发展和科技进步，生物资源作为人类生活和生产的物质基础，已越来越为人们所了解和重视。人们利用生物间相生相克的特性，适时利用生物资源的多样性，维护生态平衡。

本章小结

优质的农业自然资源是提高农业生产效率、降低生产成本的基础。农业生产活动会对农业自然资源产生正面或负面的影响。本章重点介绍了农业自然资源中土地、水和气候资源对农业生产的影响，以及我国对上述农业自然资源开发与合理利用的基本情况。

1. 土地是农业最基本的生产资料，农业发展的关键是使土地得到充分合理的利用。我国土地资源非常稀缺，为此，不仅要认识土地的自然特性及经济特性，更要实行土地集约经营与适度规模经营；要建立健全合理的土地制度，为合理利用土地创造制度基础；要健全土地市场体系，使土地得到更有效率的配置。

2. 水资源是农业的命脉，也是我国农业十分稀缺的生产要素。水资源的经济特性使得农业中水资源的合理利用更为复杂，要探索合理利用与配置水资源的各种措施与途径。

3. 气候资源是农业生态环境的重要组成部分，在全球气候日益恶劣的情况下，对农业的重要作用愈来愈彰显。农业气候资源有其自身特点及利用方式，应对其进行合理配置与使用，这在农业发展中是不容忽视的。

即测即评

扫描二维码，做单项选择题，检验对本章内容的掌握程度。

复习思考题

1. 什么是土地？土地的自然和经济特点有哪些？土地对农业的重要性表现在哪些方面？
2. 为什么说农业集约经营是农业发展的必然趋势？我国农业如何实行集约经营？
3. 结合国家最新政策，谈谈如何合理有效地实现土地流转。
4. 水资源有哪些经济学特点？我国水资源的状况如何？它在利用中存在什么问题？应如何合理利用水资源？
5. 根据农业气候资源的特点，思考为什么农业气候资源重要但并不被重视。应对全球气候变迁，我国农业生产如何实现气候资源的合理配置和使用？

案例分析题

坦桑尼亚农业受制于气候变化

在坦桑尼亚，气候模式的改变引发了新一轮的移民潮，成千上万的年轻人从农村涌向其最大的城市——达累斯萨拉姆寻找工作机会。据当局介绍，大多数年轻人来自长期遭受干旱影响的农村。

达累斯萨拉姆地区专员办公室估计，每天有超过 100 名年轻人（18~35 岁）来到达累斯萨拉姆。“气候变化是人们放弃传统农业活动的主要原因之一。”专家说。

坦桑尼亚农业食物安全和合作部数据显示，农业在全国仍然扮演着关键角色，占国内生产总值的 1/4 以上，雇用了全国 80%的人口（约 4 600 万）。由于极端天气的增加、土地退化和缺乏可靠的市场，农民已饱受低收成之苦。

达累斯萨拉姆的地区专员表示，从农村来到城市，是否能够有效应对气候变化带来的影响？是否会给城市和移民本身带来风险？这依然存在争议。然而，快速增长的人口给达累斯萨拉姆带来了巨大的压力，因为这里并没有足够的城市基础设施，也缺乏有效的统计和管理政策。

资料来源：曹俊.坦桑尼亚农业受制于气候变化.中国天气网，2012-11-30.

讨论：

1. 农业气候变化对农业活动有怎样的影响？
2. 农业气候变化对城市、移民和人们生活产生哪些关联的反应？

世界著名农业经济学家简介

约翰·海因里希·冯·屠能(Johann Heinrich von Thünen)(1783—1850年)，德国经济学家，边际生产率学说的先驱，经济地理学和农业地理学的创始人，现代西方区位理论的先驱者。主要著作有《孤立国同农业和国民经济的关系》(简称《孤立国》)三卷。

《孤立国》是第一部关于区位理论的古典名著，它研究了孤立国的产生布局，不仅充分讨论了农业、林业、牧业的布局，而且考虑了工业的布局。根据当时德国农业和市场的关系，他揭示了因地价不同而引起的农业分布现象，创立了农业区位理论。他认为在土地肥沃程度相等的条件下，由于农场距离都市远近不同，因而农业经营方式也不同，农业收益就有差别，从而论证了级差地租。后来的工商业区位理论，特别是空间相互作用和城市地域结构等理论分析，无不以屠能的农业区位学说为出发点。

第三章 农业社会经济要素

本章学习目标

1. 了解农业劳动力的特殊性和提高农业劳动生产率的途径；
2. 了解农业资金的运行特点和来源；
3. 掌握提高农业资金使用效率的措施；
4. 掌握农业科技进步的内涵、特点和作用；
5. 了解农业信息化的含义和农业信息资源的开发。

农业生产的本质特征是自然再生产与经济再生产有机交织，必然需要投入多种社会经济要素。在从传统农业向现代农业转变的过程中，如何认识这些社会经济要素并优化资源配置是亟待解决的问题。

第一节　劳　动　力

一、农业劳动力的概念

农业劳动力是指能参加农业生产劳动的劳动力的数量和质量的总和。农业劳动力的数量,是指符合劳动年龄并具有劳动能力的人的数量,以及未到或已超过法定劳动年龄但实际参加劳动的人的数量。农业劳动力的质量是指农业劳动力的体力强弱、技术熟练程度、管理水平和科学文化素质的高低。农业劳动力的数量和质量因受自然、社会、经济、文化教育等诸多因素的影响而处于不断变化之中。

二、农业劳动的特殊性

农业生产的特殊性决定着农业劳动的特殊性,具体表现在以下方面:

(一) 时间上的季节性

农业生产的本质特征是自然再生产与经济再生产有机交织,人的劳动必须遵循生物体的生长、发育、繁殖规律。在不同生长发育阶段,生物体对人类劳动的需要不同,人们要按照生产对象本身的自然生长规律的要求,在不同的阶段及时投入劳动,否则就会延误农时,影响生产。这就导致了不同季节的农业劳动项目、劳动量、劳动紧张程度存在较大差异,产生了农业劳动季节性的特点。

(二) 空间上的分散性和地域性

农业生产受到自然条件的制约,不同地域由于自然条件不同,往往只能经营适合当地自然条件的生产项目。适宜条件的地域差异以及空间上的位置固定性,使得农业劳动不得不在广大的空间分散进行,呈现出较大的分散性和地域性。

(三) 内容上的多样性

农业劳动不像工业生产那样分工细致,不可能由一个劳动者常年固定在同一项农活上进行同一种劳动。农业发展必然要走专业化生产与多种经营、兼业相结合的道路。农业生产包含众多的生产部门和项目,即使同一项生产项目,在整个生产过程中的不同阶段,也需要采取不同的技术措施和作业方式,因此农业劳动具有多样性。

(四) 成果的最后决定性及不稳定性

农业的各个劳动环节一般不直接形成最终产品,整个生产周期结束后,农业劳动的最终成果才能体现出来。但各个农业劳动环节却互相关联,上一个劳动环节的质量对下一个劳动环节的质量或效果均有很大影响,并会影响最终的生产成果,甚至给下一个生产周期带来影响。农业生产对自然条件的依赖性很强,使得农业劳动的最终成果或效益具有不稳定性。

三、中国农业劳动力状况

中国是全球劳动人口最多的国家，在近8亿劳动人口中，农业、工业与服务业的人口占比分别为33.6%、30.3%和36.1%。[①] 农业劳动力占比依旧居高不下，中国农业劳动力的状况可以概括为以下几个特点：

（一）数量多，比重大

截至2014年年底，中国总人口达13.6亿人，其中乡村人口7.11亿人，占52.28%。乡村从业人员的4.93亿人中，第一产业从业人员为3.27亿人，占乡村从业人员的66.33%，占全社会从业人员的49.9%。[②]

（二）素质偏低

中国农业劳动力量多质低。据第二次全国农业普查，2006年中国农村劳动力中，文盲占6.8%，小学文化程度占32.7%，初中文化程度占49.5%，高中文化程度占9.8%，大专及以上文化程度占1.2%。值得注意的是，这只是农村劳动力的总体情况，实际从事劳动的农业劳动力的文化程度更低。

（三）在地区分布不均衡

中国各地的人口密度相差悬殊，西北部和青藏高原区占国土面积的55%，而人口只占全国总人口的5%，人烟稀少；东南部，尤其是珠三角、长三角地区的人口密度极大，劳动力平均负担耕地仅一二亩，人多地少的矛盾十分突出。

（四）存在大量的农业剩余劳动力

中国农村存在数以亿计的剩余劳动力，并且在今后一个相当长时期内，随着农业劳动生产率的不断提高，农地资源的减少，农村人口的持续增长，会有越来越多的农业劳动力剩余。这是我国农业乃至整个国民经济发展必须正视的严重问题之一。

四、农业劳动力利用率

（一）农业劳动力利用率的含义

农业劳动力利用率指农业劳动力资源的实际利用量与拥有量的比率，它反映农业劳动力资源的利用程度。

（二）提高农业劳动力利用率的意义

在社会劳动力资源总量和劳动生产量一定的情况下，农业劳动力资源的利用率越高，就意味着投入农业生产的实际劳动量越多，从而可以生产出的农产品越多。如果劳动力得不到合理的开发利用，劳动者就会成为纯粹的消费者，不利于社会财富的积累和创造。

---

① 十大劳动力大国劳动力结构一览：中国劳动人口最多. 人民网，2014-09-24.

② 中国大陆总人口达13.6亿人，男性比女性多3 376万. 人民网，2015-01-20.

（三）提高农业劳动力利用率的途径

1. 优化农业产业结构，发展劳动密集型产品

根据中国农业土地资源稀缺而劳动力资源丰富的要素禀赋特点，大力发展劳动密集型产品更适合中国国情。尤其是在农业国际化背景下，在农业产业结构的优化上更要扬长避短，大力发展蔬菜、水果、花卉、畜牧等需要较多劳动投入的农畜产品。坚持精耕细作，一方面能提高农产品的质量和竞争力，另一方面通过增加劳动投入来增加农民收入。

2. 实行农业产业化经营，拉长农业产业链

农业产业化经营使农业从单纯的农产品生产向农产品加工、包装、销售等领域拓展，既有利于提高农产品的附加价值，又可以增加就业机会，提高农业劳动力的利用率。

3. 加强农业基础设施建设，改善农业生产条件

农业基础设施是指固定在农业土地上可以较长时间发挥作用的生产性设施。农业基础设施建设包括平整土地、修筑梯田、改良土壤、兴修水利、修建道路等活动。加强农业基础设施建设，不仅可以改善农业生产的物质条件，提高农业抗御自然灾害的能力和集约经营水平，而且可以大量利用农业劳动力资源，提高农业劳动力的利用率。

4. 开发利用“四荒”地，拓展农业的广度

荒地、荒沟、荒丘和荒滩等未利用的土地简称“四荒”地，它是现行经济环境中未得到充分、合理、有效利用的土地。在全国各地都有数量不等的“四荒”地。“四荒”地可通过招标、拍卖、公开协商等方式承包给本集体经济组织的成员或组织以外的单位或个人，以提高土地利用率和农业劳动力的利用率。

五、农业劳动生产率

（一）农业劳动生产率的含义及指标

1. 农业劳动生产率的含义

农业劳动生产率是指劳动时间与劳动成果的比率，是反映劳动者的生产效果和能力的指标。通常用平均每个农业劳动者在单位时间内生产的农产品产量或产值来表示，或者用生产单位农产品所消耗的劳动时间来表示。单位时间内平均每个农业劳动者生产的农产品越多，或者生产单位农产品所消耗的劳动时间越少，都意味着农业劳动生产率越高。

2. 农业劳动生产率指标

在计算农业劳动生产率时，应根据农业劳动的特点和经营管理的需要，建立劳动生产率的指标体系。这些指标体系大体可分为直接指标和间接指标两类。直接指标是按产量、产值计算，间接指标是按工作量计算。

在直接指标中常用的有以下两个指标：

(1) 采用人年作为时间单位（或年劳动力指标），即用平均每一个劳动力一年内所生产的产品数量（或总产值、总收入、净收入）作为劳动生产率的指标。这个指标能综合反映企业的劳动生产率和劳动力利用率。使用这一指标，能够促使企业既重视劳动生产率的提高，又关注劳动力

利用率的提高。

由于农业劳动的特殊性，人年指标无法清楚地反映在人年产品数量中有多少源于劳动力利用较充分，还是源于每一个工作日产品数量的增加。

(2) 采用人工日（或人工时）作为时间单位，即以平均每个人工日（或人工时）生产的产品数量（或总产值，或总收入，或净收入）作为劳动生产率指标。这一指标较为精确，能够排除人年指标的缺点，但往往由于没有现成的统计资料，需要采用折算的办法。

为了及时查明农业生产过程中各项作业的劳动生产率，还有必要采用单位时间所完成的工作量来反映劳动生产率。这种间接指标常称为劳动效率，如一个人工日或者 1 小时的耕地数量或饲养牲畜数量。

（二）提高农业劳动生产率的意义

提高农业劳动生产率意味着以同样的劳动时间生产出更多的农产品，或者生产同样的农产品消耗较少的劳动时间，或以较少的劳动时间生产更多的产品。劳动生产率是衡量社会生产力发展水平的重要标志，不断提高劳动生产率是组织农业劳动的重要目标。

其重要意义在于：一是能更好地满足国家经济发展和人民生活的需要。二是促使农业生产向深度和广度进军，为国民经济其他部门的发展提供劳动力。三是降低单位农产品中的劳动时间消耗，降低生产成本，增加积累和劳动收入。四是逐步减轻劳动强度和缩短劳动时间，为劳动力终身学习、完善自我创造良好条件。

（三）提高农业劳动生产率的途径

1. 改进农业劳动者的物质技术装备

在农业中，采用现代化的通信技术、机械设备及化肥、农药等现代生产资料，提高农业劳动者的物质技术装备程度，可以大大节约劳动和有效提高单产，这是提高农业劳动生产率的强有力手段。由于中国农业劳动力过剩，使用机械设备必须对地区和作业项目进行选择。

2. 合理利用和逐步改善自然资源和自然环境

马克思指出：“在农业中，效率问题不只是劳动的社会生产率，而且还有由劳动的自然条件决定的劳动的自然生产率。”①应该充分认识和利用自然规律，开展农业基本建设，维护生态平衡，充分而合理地利用一切土地和其他自然资源，以提高农业劳动生产率。

3. 提高农业劳动者的科技素质和劳动熟练程度

随着生产力发展，科学技术的进步，科学技术已日益成为直接的生产力，对提高农业劳动生产率发挥着越来越明显的作用。因此，必须努力提高农业劳动者的科技素质。同时，提高劳动熟练程度，特别是熟练运用农业新技术的技能。

4. 采取正确的政策措施，调动农民的积极性

劳动者的积极性和能动作用是提高农业劳动生产率的关键因素。因此，必须正确地贯彻物质利益原则和按劳分配原则，正确处理国家、集体、个人三者之间的关系。

---

① 马克思，恩格斯.马克思恩格斯全集（第 25 卷）.2 版.北京：人民出版社，2001.

5. 建立合理的劳动组织形式,加强劳动管理

应让劳动组织与生产力的物质要素在劳动时保持合理的比例关系,适当分工协作,充分发挥劳动者的积极性和提高劳动技能,以提高农业劳动生产率。例如,20 世纪 80 年代中国农村家庭联产承包责任制的实行,改变了人民公社时期以生产队集体组织为单位共同劳动的局面,是中国农业劳动管理制度的重大突破。

6. 农村劳动力的流动

农业分工效率的有限性以及大量过剩劳动力的滞留,使得农业效率低下,农民收入增长乏力。过多剩余劳动力的留存,一方面使得土地的规模经营缺乏基础,牺牲了农业的规模经济;另一方面使得产业结构的调整困难重重,导致农业有限的分工收益被稀释。为了追求更高的经济收入和更好的生活、教育环境,农村劳动力会暂时离开土地,选择进城务工,这便形成了劳动力的流动。根据刘易斯的劳动力流动理论,随着经济的发展,当劳动力进入短缺阶段,劳动力工资水平就会不断提高。当农村劳动力流出达到一定的限度时,工业部门要进一步雇用更多的农村劳动力,就必须提高工资待遇来与农业进行竞争。此时,农业部门的劳动生产率也会相应提高。

综上,农业劳动生产率的提高,涉及经济基础和上层建筑、生产力和生产关系、自然条件和社会条件、人和物等因素,是多方面综合作用的结果。我们应因地制宜,综合考虑,取长补短,力争实效。

知识链接

刘易斯认为,许多发展中国家的城乡经济关系是一个二元经济关系,存在两个截然不同的经济部门:一个是以现代方式生产的、劳动生产率和工资水平较高的城市工业部门,该部门集中了大量的资本;另一个是传统的农业部门,该部门缺乏资本,劳动生产率极低,农民仅能维持最低的生活水平,但拥有大量的剩余劳动力。由于传统农业部门的低效率和农村剩余劳动力的劳动边际生产率趋于零,农业部门剩余劳动力转移到缺乏廉价劳动力的现代部门。农业剩余劳动力的转移,一方面,可以缓解劳动力与耕地之间的紧张关系;另一方面,既可以解决工业发展所需劳动力不足的问题,又可以提高城乡整体收入水平。

资料来源:张璐.我国农村劳动力转移问题分析——基于刘易斯·费·拉尼斯模型与托达罗模型.现代商贸工业,2010(21).

第二节 资 金

一、农业资金的概念和分类

(一) 农业资金的概念

农业资金是指农业再生产过程中不断循环和周转的价值形态,是农业再生产过程中所占用

的物质资料和劳动力价值形式的货币表现。

(二) 农业资金的分类

1. 按照资金的来源分类

按照资金的来源,农业资金可分为自有资金和借入资金。自有资金是生产单位自身所有,不需归还别人的资金,如股本金、历年积累的资金、其他主体无偿支援的资金等。借入资金是指生产单位取得的必须到期归还他人的资金,如向金融机构借入的信贷资金、民间借贷资金、向社会发行的债券等。

2. 按照资金在再生产过程中所处阶段分类

按照资金在再生产过程中所处阶段,农业资金可分为生产领域资金和流通领域资金。前者是指各种生产资料和在产品所占用的资金;后者主要是指各种产成品占用的资金和在流通领域中的现金、存款、应收款等所占用的资金。

3. 按农业资金的价值转移方式分类

按农业资金的价值转移方式,农业资金可分为固定资金和流动资金。前者的特点是整体、多次参加农业生产过程,但每次只将整体价值的一部分以折旧方式转移到新产品中,如房屋、建筑物、机器、机械、运输工具、果树林木、役畜等劳动手段。后者则是参加一次生产过程就将其价值完全转移到新产品中,如种子、饲料、化肥及各种原材料等劳动对象。

4. 按照资金存在的形态分类

按照资金存在的形态,农业资金可分为货币形态的资金和实物形态的资金。前者如现金和存款等;后者如在产品和产成品等。

二、农业资金的运动特点

(一) 农业资金周转期长,周转速度慢

农业生产受其自身生长周期规律的约束,其投放和回收的时间不一致,不能像工业资金那样,比较容易地按照人们的意愿缩短生产周期。因而,农业生产资金周转周期较长,速度要慢得多。

(二) 农业资金运动具有很强的季节性

农业生产具有很强的季节性,这决定了农业资金在整个循环周转运动中的季节性。例如,在生产季节,农户往往需要购买种子、化肥、农药等生产资料,面临较大的资金需求;在收获季节,农户通过销售农产品,其投入的资金会回收,甚至有所增值。

(三) 农业资金效益的外部性较强

农业生产不仅能创造出农产品,获得相应的经济效益,还会产生较大的生态效益和社会效益。经济效益可以通过市场和价格机制转变为投资者所有,而社会效益和生态效益却具有外部性。正的外部性会使整个社会的福利增加,负的外部性却要由社会来承担成本。

(四) 农业资金的政策性

在发达的市场经济体系中,农业是受保护和支持的产业。在市场经济条件下,政府往往通过

农业资金来干预农业主体的行为，以各种农业补贴、公共投资、公共服务等形式来达到发展农业生产的目的。因此，农业资金往往和一定的农业政策联系在一起。

此外，农业资金还表现出低收益性、不稳定性、不完全性等特点。

三、农业资金的来源和使用

（一）农业资金的来源

目前，我国农业资金来源渠道已形成多样化的特点，主要来源于中央和地方政府财政、农业信贷和农业自身三个渠道。

1. 中央和地方财政投入

中央和地方财政对农业资金的投入通过多种形式实现。近年来，我国中央及地方政府加大了对农业的投入。1990 年至 2009 年，中央财政支农资金由 307. 8 亿元增加至 4 502. 8 亿元。2000 年至 2009 年，地方政府财政支农资金总量从 682. 3 亿元增加到 6 401. 7 亿元。[①] 2009 年至 2013 年，中央财政预算安排的农业综合开发资金从 165 亿元增加到 329 亿元，五年投入 1 204 亿元，年均递增 18. 8%。引导和带动地方财政资金投入 650. 21 亿元，银行贷款、农民自筹及其他资金投入 828. 44 亿元，共投入资金 1 478. 65 亿元。[②]

2. 农业信贷投入

农业信贷资金有广义和狭义之分。广义的农业信贷资金是指各种金融机构和非正规金融机构投入农业各个环节的各种信贷资金。狭义的农业信贷资金是指各种金融机构和非正规金融机构投入农业生产领域的信贷资金。目前，我国农村已初步形成以合作金融为基础、政策和商业金融分工协作的农村金融体系（见图 3-1）。农业信贷资金一般可通过以下三种方式取得：第一，通过向正规金融机构借款方式获取资金，与之相对应，农业信贷资金又有商业、合作和政策性信贷资金之分；第二，通过选择有效的非正规金融融资方式获取信贷资金；第三，通过结合正规金融和非正规金融渠道，取长补短，共同获取农业信贷资金。

3. 农业自身投入

农业自身投入资金是指农业生产经营单位依靠自身积累形成的资金，包括农户自有资金、农村企业自有资金、农村经济组织自有资金。农户自有资金是农业资金的重要组成部分，主要用于农业私人投资领域，其主要来源是农业生产经营所得、非农业生产经营所得、劳务所得、财产性收入所得以及转移性收入所得等。农村企业自有资金是指企业为进行生产经营活动所经常持有，可以自行支配使用并无须偿还的那部分资金。近年来，农村经济组织，如农民合作社在全国各地蓬勃兴起，在农业投入方面发挥着越来越重要的作用。据国家工商总局统计，截至 2014 年 12 月底，农民专业合作社有 128. 88 万家，出资总额 2. 73 万亿元。[③]

---

① 丁慧媛，高强，庄晓琳.基于适度规模的沿海地区农业财政投入机制研究.财会通讯，2013(1).

② 农业产业化经营项目带动农民人均增收近 500 元.中国财经报，2014-06-24.

③ 中国农民合作社研究网，2015-07-17.

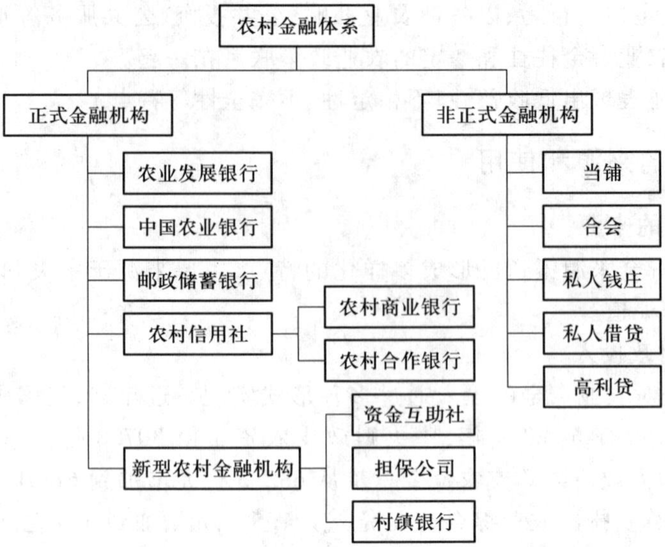

图 3-1 我国农村金融体系的组织结构

(二) 农业资金的使用

农业资金的使用就是把筹集到的农业资金,根据不同经济阶段农业发展的需要和相关政策,确定投资方向、时间、数量和结构,把有限的资金合理分配到一定的地区、部门和项目,并加以科学管理,以期实现最大的经济效益、社会效益和生态效益。

提高农业资金使用效率应遵循三个原则,即统筹安排原则、突出重点原则和讲求实效原则。统筹安排原则是指资金来源的统一筹措和资金流向的统一安排;突出重点原则是指重点投放因效益不同而选择的重点地区和重点项目,对粮食主产区、牧区、生态恢复地区和老、少、边、穷等地要重点考虑,优先发展;讲求实效原则是指资金投放一定要进行可行性研究,择优投放,择优建设,资金投放以经济效益为中心,兼顾社会效益和生态效益。

四、我国农业资金运行存在的问题

(一) 农业资金投入总量不足

新中国成立之初,我国采取重工业优先发展战略,过分强调工业在经济发展包括农业发展中的主导作用,以大量攫取农业剩余甚至牺牲农业为代价。1978 年以前,农业通过税收和工农产品价格剪刀差两种途径总计为工业部门贡献的净资金达 4 500 亿元,比同期国营工业基建投资总额还多 1 100 亿元。[①] 1978 年,农村试行了家庭联产承包责任制,农民的财富积累越来越多,然而,各级地方政府通过农业税、各种收费、摊派等社会负担以及乡村提留统筹方式从农业转移剩余。同时通过金融控制,从农村获取了大量的金融剩余。1990—1998 年,农村资金净流出

① 郭剑雄.二元经济与中国农业发展.北京:经济管理出版社,1999.

19 222.5亿元，其中财政渠道流出的占 48.9%，“剪刀差”渠道流出的（未计 1998 年）占 32.8%，金融渠道流出的占 18.3%。[①]

虽然近年来，国家从多方面加大对农业的投入，但实际投入仍然有限。据测算，近年来，中央财政支农资金的截留率为 0.4~0.6，经济不发达地区虚投部分占预算的 30%~50%，少数地区高达 70%以上。[②] 可见，对农业的实际投入大打折扣。

（二）农村金融体制不合理

长期以来，我国金融机构在农村普遍存在重吸储、轻放贷的现象。据统计，1978—1996 年，通过金融渠道农业被占用资金平均数相当于国家财政总收入的 40.9%，农村被占用资金平均数相当于国家财政总收入的 16.4%。[③] 何广文（2002）和林毅夫（2003）指出，国有金融在 20 世纪 90 年代中后期的改革中开始大规模撤出农村和农业。就连国家明确规定为农村服务的农村信用社，为了脱困，也开始走规模经营、撤并集中之路，基层业务代办点被大量撤并、人员被清退，决策权限上收，业务非农化，导致了中国的正规金融机构在向农村和农业提供贷款方面缺乏效率。

（三）农业资金使用效率普遍低下

由于我国缺乏稳定的农业、农村资本形成机制，导致资金配置效率低下。在农业和农村的投资绝不是简单注入资金的过程，政策运行的结果往往是在资金投入的同时出现大量资金的流失，还有许多资金沉淀在一些低效项目上，重项目、轻管理现象普遍，导致农业资金使用效率普遍低下。据统计，1978—2002 年我国农业贷款、财政支农资金的绝对投入额增长较快，但是，转化为农业投资的效率却非常低下，进入 90 年代中期以后一直在百分之十几左右。[④] 地方政府的投资冲动和不规范行为，使得大量的农业贷款和财政支农资金从农村流入其他行业或者被浪费，从而分流和减少了农业、农村发展的资金供给，造成农村经济发展资金短缺的状况一直难以得到有效的缓解。

新闻链接

中国地下钱庄走向阳光化？

地下钱庄，通常是民间对从事地下非法金融业务的一类组织的俗称。“地下钱庄游离于金融监管体系之外，主要从事吸收公众存款、借贷拆借、高利转贷、买卖外汇以及典当私募基金等金融业务，在我国一直属于非法行为。”中国人民大学金融系主任赵锡军告诉《国际先驱导报》记者。

地下钱庄的资金来源主要是老百姓的积蓄，老百姓都希望从地下钱庄那里获取更高的利息。尽管地下钱庄存在明显的金融风险，但由于民营企业的巨大资金需求，沿海地区的地下钱庄提供的借贷类型和运作方式日益多样化。

---

① 李喜梅，彭建刚.二元经济结构改变中农业资金投入问题研究.求索，2005(8).

② 农业部软科学委员会办公室.农业投入与财税政策.北京：中国农业出版社，2001(10).

③ 黄季焜，马恒运.从资金流动看改革 20 年农业的基础作用.改革，1998(5).

④ 温涛，王煜宇.农业贷款、财政支农投入对农民收入增长有效性研究.财经问题研究，2005(2).

操作方式的多样化，在一定程度上也促成了地下钱庄与非法活动的紧密关系。由于国家很难对其进行有效的管理，从而导致非法行为很容易在地下钱庄得以实现，其中最被人诟病的是不法转移现金和漂洗黑钱。

然而，从某种程度上说，沿海地区的中小企业过去30年来能蓬勃发展，地下钱庄还有一定的“贡献”。中国的合法信贷市场被银行垄断，而由于贷款限额导致急等钱用的中小企业无法从银行获得资金支持，除了从担保公司抵押获得资金外，更多的民间借贷通过地下钱庄实现。据估算，温州目前地下资本占据当地民营企业资金来源的30%~40%。

也正是因为面对这样的尴尬，所以越来越多的业内人士呼吁有关部门在严厉打击地下钱庄非法活动的同时，应尽快开放民间金融市场，引导地下钱庄实现合法化。是取缔它们，还是视其为国有金融体系的一个补充？从学界到民间，至今争论不休。支持合法化的人普遍认为，《放贷人条例》的出台有利于打破银行信贷垄断，使一批符合条件的放贷人注册放贷，解决中小企业融资难问题。而反对者的声音则主要集中在：“地下钱庄合法化的问题是监管难，且扩大了贫富差距，会助长高利贷合法化。”第三类观点则认为“地下钱庄合法化，应疏堵并举”。国家外汇管理局局长胡晓炼认为，一方面“对透过地下钱庄进行赌博、走私、逃骗税、洗钱等非法活动现象，要坚决打击”，同时“对地下钱庄的活动空间要具体分析，区分不同情况，有针对性地采取措施，疏堵并举”。

资料来源：刘科.中国地下钱庄走向阳光化.国际先驱导报，2008-12-10.

五、提高农业资金使用效率的举措

（一）资金使用侧重点应根据不同的筹资渠道有所区别

农业资金来源不同，其功能和所追求目标的侧重点也不同。农业财政性资金的投入主要解决市场失灵问题；信贷资金又有商业、合作和政策性之分，运行的原则不同；农业自身投入资金应更多追求经济效益。因此，政府的职责是如何利用财政性资金，将信贷资金和农业自身投入资金引导到农业中，为农业可持续发展提供强有力的资金保障。

（二）调整资金支持的重点领域和重点环节，加大对农业资金的投入

一是要加大对农业的财政投入，对于农业财政投入资金应遵循效率、公平、稳定和持续原则。二是要加大对农业的信贷投入，中国人民银行应该作出特别规定，要求商业银行将一定比例贷款放在农业部门。三是调整资金支持的重点领域和重点环节。要以农村基本建设和农田基本建设为重点，创建良好的投资环境。

（三）加强农村金融市场、农村金融制度和农业经营风险管理体系的建设

从农村经济发展的角度看，只有建立健全农村金融的法规制度，完善农村金融的市场体系，优化财政支农资金的配置结构，促进农业保险的快速发展，逐步规范地方政府的经济行为，并真正形成从农业贷款到农业投资的高效转化机制和财政支农资金支出的有效监控机制入手，才能实现农村资金的高效配置，从而进一步推动农民收入的稳定增长。

（四）加强对农业资金的管理

农业资金管理的主要任务是提高其使用的经济效益,即提高资金的周转速度。一方面,要加快固定资金的周转,防止增加不必要的固定资产,提高固定资产的利用率;另一方面,要加快流动资金的周转,通过缩短生产周期,合理储备,减少不必要的流动资金占用,同时应防止资金挪作他用。

第三节　农业科技进步

一、农业科技进步的含义

农业科技进步是指不断用先进的农业技术来代替落后的农业技术,以促进农业生产力的发展。农业科技进步有广义和狭义之分。广义的农业科技进步既包括农业生产技术即自然科学技术的进步,也包括农业经济管理即社会科学技术的进步。而狭义的农业科技进步,仅包括农业生产技术的进步。狭义的科技进步因主要考虑的是物化形态的技术,因而又叫硬技术进步。与之对应,社会科学技术的进步又叫软技术进步。

二、农业科技进步的特点

科技进步的过程包括相互联系的三个阶段:一是科技成果的生产(创新);二是科技成果的产业化;三是科技成果的扩散与推广应用。这一过程在农业领域也表现出有别于非农产业领域的显著特点。农业科技进步的主要特点是:

（一）研究开发周期长,风险大

生物有机体的生长发育遵循一定的自然规律,农业研究开发的周期首先由生物有机体的生长周期所决定,人们难以超越自然界限进行科学试验。例如,动植物新品种的培育,一次实验就需要一个动植物的生长周期。而且,农业研究开发中的实验往往不是一次就能完成的,通常需要经过多次实验,经历许多个动植物的生长周期。这就决定了农业科学研究开发的周期很长,研究开发的风险大。如果研究开发不成功,一方面研发投资者的投资无法收回,另一方面科研人员会损失大量时间和精力。

（二）科技成果具有区域适应性

由于动植物对生长的自然环境有特别的要求,农业科技成果往往只适合于在特定的地区推广应用。动植物品种具有很强的地域选择性,因此,农业新技术在大面积推广前需要进行适应性试验;否则,新技术的推广可能出现事与愿违的情况。

（三）研究开发需要多学科合作

农业研究开发的任务是提出解决动植物生长与环境因素之间相互协调的技术方案,这一任务是综合性的,需要遗传学家、生理学家、病理学家、昆虫学家、土壤学家、营养学家等各个学科领域的专家协同合作。农业科技成果的应用环节同样也需要采取综合性的配套措施,以保证新技术预期效果的实现。

（四）新技术的应用效果具有不确定性

受自然环境等不可控因素的影响，农业新技术的预期技术效果不一定能够全部实现。从经济再生产的角度看，即使新技术能达到预期的技术效果，也不一定能保证有良好的经济效果。新技术采用后的产量、价格、成本等经济变量的均衡结果，也有可能使农业生产经营者排斥新技术的采用。农业新技术只有同时达到技术先进、生产可行、经济合理的标准，才有可能在生产实践中推广应用。

三、农业科技进步的作用

科学技术是第一生产力。目前，发达国家科技进步对农业增长的贡献率已达70%~80%，远远超过了增加物质要素的作用。中国农业增长中科技进步的贡献率接近50%，虽然与发达国家比有相当距离，但科技进步对中国农业增长的作用也不容忽视。科技进步对农业的作用主要是：

（一）提高动植物的生产性能，提高单位土地面积产量

实践表明，农业科技进步对农业的增产效果非常显著。例如，遗传学理论的发展和生物技术的应用，推动了育种技术的进步。人们利用这些理论和技术，培育出一系列动植物良种，使单产大幅提高。而化学、生物生理学、营养学理论的发展，促进了肥料和饲料生产技术的进步，极大地改善了动植物的营养状况和生长条件，进一步提高了良种的增产性能。

（二）提供先进的农业技术装备，提高劳动生产率

农业技术进步提供了各类先进的农业机械、运输工具、生产设施等，大大提高了农业劳动者的劳动能力和劳动效率，降低了生产成本，提高了经济效益。

（三）提高农产品质量，满足市场对高品质农产品的需求

生物技术在农业中的应用，不仅能大幅度增加生物产量，而且能适应市场对农产品品质需求的变化，提高农产品的品质。如根据居民对食品消费需求的变化，不断提高粮食、肉类等各种农产品的蛋白质、维生素及其他营养成分的含量；根据纺织工业发展的要求，提高棉花纤维的长度和弹性等。在提高农产品初级产品质量的同时，科技进步增加了农产品加工品的种类，并提高了品质。

（四）扩大资源供给，提高资源利用效率

农业科技进步使农业资源的配置发生变化。一方面，农业科技进步能扩大农业资源的利用范围，把过去无法利用的资源纳入生产领域，增加农业资源的供给量；另一方面，农业科技进步能提高农业资源的利用效率，使一定的农业资源生产出更多的农产品。农业科学技术的进步，能为农业提供高效率的劳动资料和高质量的劳动对象，提供科学的管理方法和管理手段，所有这些都使农业生产要素的利用效率不断提高。此外，农业科技进步还将促进生物与环境的协调，实现农业的可持续发展。

（五）提高农业的经济效益，增加农民收入

首先，农业科技进步能提高劳动效率。其次，农业科技进步能使农业实现高产优质。再次，农业科技进步能实现规模经济。农业科学技术进步,特别是现代化劳动手段的应用,能促使生产单位的经营规模扩大,进而引起平均成本的降低,获得规模效益。最后,农业科技进步能提高生产要素的利用效率。所有这些都能提高农业的经济效益,增加农民收入。

（六）有利于改变农村面貌,缩小"三大差别"

农业科技进步不仅能促进农业和农村经济的发展,而且能改善农村的生态环境,改变农业的生产方式和农民的生活方式,使农民传统的生活习惯和价值观念发生变革。

知识链接

转基因食品安全吗?

伴随每一次技术革命,人类都会以新的认知方式框构自然。20 世纪以来,随着生物基因技术的出现,自然呈现给人类的是一幅全新的基因图景。转基因食品就是利用分子生物学手段,通过基因的跨物种转移和遗传物质的改造,使生物体在性状、营养和消费品质等方面向人类所需要的目标转变而形成的(罗云波,2000)。国际农业生物技术应用服务组织(ISAAA)的研究显示,2012 年全球转基因作物种植面积已经达到 1.7 亿公顷①,是 1996 年的 100 倍,种植转基因作物的国家也从最初的 6 个增至 28 个。就中国的情况来看,转基因作物总种植面积居全球第六,以转基因棉花为主,其他已获政府正式批准进行商业化种植的作物有西红柿、烟草和牵牛花。此外,政府还批准了转基因棉花、大豆、玉米、油菜四种转基因作物的进口安全证书。以大豆为例,目前我国大豆油市场中,转基因大豆油占据了 90%以上的份额。

作为新技术的产物,转基因食品的安全性因为尚无定论而一直备受争议。尽管关于转基因的争论不曾休止,转基因技术的研究和开发在我国一直是政府资助和扶持的重点(葛立群等,2008)。事实上,因为转基因技术在应用于人类食品并进行商业化推广后,其已经远远超出纯粹的技术范畴,且变成了政治经济问题,以及哲学与伦理问题。

资料来源:叶敬忠,李华.关于转基因技术的综述与思考.农业技术经济,2014(1).

四、中国农业的科技进步

（一）中国农业科技工作的指导方针

为全面提升农业科技自主创新能力,加快发展现代农业,为推进社会主义新农村建设提供有力的科技支撑,农业部制定了《农业科技发展规划(2006—2020)》,根据我国农业发展的任务、趋势以及农业科技发展的新形势,提出了未来 15 年我国农业科技工作的指导方针:自主创新,加速转化,提升产业,率先跨越。

自主创新,就是通过原始创新、集成创新和引进消化吸收再创新,在事关国计民生的社会公

① 1 公顷 = 10 000 平方米。

益领域具备先进实用科技成果的持续供给能力，在农业科学前沿和高新技术领域拥有一批自主知识产权的核心技术，降低对外技术的依存度。

加速转化，就是通过改善农业科技成果中试熟化条件，培育新型农民，推进农、科、教、企大联合和产、学、研、用相结合，突破农业科技成果成熟不够、转化不力和转移不畅的瓶颈，大幅度提高农业科技成果转化为现实农业生产力的速度和水平。

提升产业，就是通过发挥科技的先导作用，着力培育具有比较优势的区域性农业支柱产业和主导产品，提高农产品生产科技含量和转化增值能力，提升农业产业发展规模和层次，壮大现代农业发展的产业基础。

率先跨越，就是通过体系建设和机制创新，大幅度提高创新能力和效率，加快创新型农业建设，使农业科技整体实力率先进入世界前列。

（二）中国农业科技的创新方向

2012 年中央一号文件明确了中国农业科技创新的方向，提出了加快农业科技创新的一系列新思路、新政策、新亮点。其中值得关注的有两个亮点：一是农业科技创新要以需求为前提，以解决问题为导向，以促进农民增收为出发点；二是提出了现代农业技术体系和以其支撑的现代农业生产方式。文件指出："把增产增效并重、良种良法配套、农机农艺结合、生产生态协调作为基本要求，促进农业技术集成化、劳动过程机械化、生产经营信息化，构建适应高产、优质、高效、生态、安全农业发展要求的技术体系。"这段话明确了农业科技创新方向，为中国农业科技集成进行了准确的定位，为现代农业生产方式进行了清晰的定格。

中国的现代农业技术体系可以概括为"一个中心，两个支柱，四大特征"。"一个中心"是指生产经营信息化，农业生产经营信息技术体系建设的核心在于"一个基础、两个支点"。"一个基础"是指以现代计算机、网络通信技术为支撑的农业信息基础设施建设。"两个支点"是指以智能装备和控制等技术为核心，提升传统农业生产力的规模化精确生产；以信息分析和知识利用为核心，提升精准决策水平的生产经营管理。"两个支柱"是指农业技术集成化、劳动过程机械化。"四大特征"是指增产增效并重、良种良法配套、农机农艺结合、生产生态协同。中国的现代农业生产方式的本质是高产、优质、高效、生态、安全。在现代农业技术体系的支撑下，中国的农业生产方式将发生根本转变。

（三）中国农业科技进步的战略途径

农业科技进步是实现农业持续发展的根本保证，推动中国农业科技进步的战略途径和措施主要包括以下几个方面：

1. 应在一些战略高技术领域方面取得重大突破

中国现代农业的发展要跟上农业发达国家现代农业的步伐，必须追赶世界农业科技革命的浪潮，在一些关键性的重大技术领域保持领先，抢占农业科技制高点，要加快农业生物技术、农业信息技术、农业工程技术等前沿领域的原始创新和集成创新，力争走在世界前列。

2. 应在保障农产品有效供给的技术领域取得重大突破

在农作物超高产新品种的选育、动植物良种繁育技术研发、规模化和集约化养殖技术研发方面取得重大突破，同时要加强知识产权保护，为确保中国食物安全提供科技支撑。

3. 应在提高农产品的质量和效益方面的技术领域取得重大突破

在农产品质量检测与控制和食物安全性评价技术、农业标准化生产技术、设施农业生产技术、生物农药和生物肥料等研发方面取得重大突破，以满足消费者对农产品质量和安全的需要。

4. 应在保证农业资源高效利用和农业生态安全方面的技术领域取得重大突破

在农业生物安全技术、农业资源合理利用与保护技术、植物重大病虫害和动物疫病综合控制技术、节水农业技术等方面取得重大突破，保障资源的高效合理利用和生态环境保护。

5. 应在提升传统农村工业和乡镇企业的技术领域取得突破

在农副产品的精深加工、贮运、保鲜技术的研发取得突破，促进食品加工业的技术进步和产业升级，为农、工、商一体化，产、加、销一条龙的农业产业化经营提供科技保障。

6. 应在现代农业科技武装和培育新型农业劳动者方面取得突破

在农、科、教结合和产、学、研协同，农村教育投资，农村教育师资队伍壮大等方面有重大突破，为现代农业和社会主义新农村建设提供强有力的人才支撑。

第四节　农业信息

一、信息与信息化

（一）信息与信息资源

1. 信息

信息指音信、消息、通信系统传输和处理的对象，泛指人类社会传播的一切内容。人类通过获得、识别自然界和人类社会的不同信息来区别不同事物，得以认识和改造世界。20 世纪 90 年代以来，信息技术不断创新，信息产业持续发展，信息网络广泛普及，信息化成为全球经济社会发展的显著特征。进入 21 世纪，信息化对经济社会发展的影响更加深刻，信息日益成为重要的生产要素和社会财富。

2. 信息资源

信息无处不在，但杂乱无章的信息没有利用价值。信息必须经过开发、组织，使信息有序化，这样的信息才有用。因此，信息资源是指人类社会中经过加工处理的、有序化的信息。人们通常所说的信息就是指有用的信息，也即信息资源。

（二）信息化的含义、内容和层次

1. 信息化的含义

信息化是充分利用信息技术，开发利用信息资源，促进信息交流和知识共享，提高经济增长质量,推动经济社会发展转型的历史进程。①

2. 信息化的内容

信息技术是指有关信息的收集、处理、存储、传递、分析和应用等技术的总称,主要包括信息获取技术(识别、遥感、定位)、信息处理技术(编码、压缩、加密)、信息传递技术(电子数据交换、光纤、红外)、信息应用技术(数据挖掘、决策支持系统、专家系统、仿真模拟、自动控制)等。信息资源的开发利用就是指信息的采集、处理、存储、传递和应用。信息资源开发的目的:一是增加信息资源的数量;二是提升信息资源的质量;三是方便信息资源的利用,发挥信息资源的价值。从信息的具体工作看,信息化主要包括以下内容:

(1) 信息装备普及化,即政府机构、企事业单位和个人越来越多地装备计算机、网络通信设备等各种信息设施。这是信息化的基础和必要条件。

(2) 信息技术应用化,即政府机构、企事业单位主动采用信息技术,以提高决策的科学性和及时性,提高工作或作业的效率和质量。

(3) 信息内容数字化,即政府机构、企事业单位将各类文字、数据、声音、图像等形式的信息转换成电子数字,并建立各种实用的数据库,以方便信息的存储、管理和使用。

(4) 信息服务完善化,即企事业单位内部、政府机构乃至整个社会,都建立起完善的信息服务体系,通过信息服务将信息设备、信息技术、信息内容组成一个有机整体,使全社会成为一个信息世界。

(5) 信息政策健全化,即各级政府、企事业单位制定完备的法律、规定、制度,为各项信息工作提供指导和规范,创造良好的信息环境。

3. 信息化的层次

从信息化的实现结果看,信息化从微观到宏观可以分为五个层次,即产品信息化、企业信息化、产业信息化、国民经济信息化和社会生活信息化。

二、农业信息概述

(一) 农业信息的含义

农业信息是指农业及与农业相关领域的信息集合。农业信息是现代农业重要的生产要素,其作用将越来越凸显。在现代农业中,农业信息是核心和关键,它具有一系列自身的生产、传播机制,驱动着农业生产的全过程,调节着农业的能量流和物质流的方向、数量、速度、目标,从而把农业生产诸多环节的运作有机地协调起来。

(二) 农业信息的类型

农业信息主要包括以下九种类型:

1. 农业资源信息

它包括各种农业自然资源和社会资源、农业区划等方面的信息。

① 中共中央办公厅、国务院办公厅:2006—2020 年国家信息化发展战略。

2. 农业政策信息

它包括各种涉农的国家和地方性法律、法规、政策等。

3. 农业科技信息

它包括农业科研进展、新成果、新技术、新方法、新产品、新经验、新工艺等。

4. 农业生产信息

它包括生产计划、产业结构、作物布局、生产条件、生产现状等方面信息。

5. 农业教育信息

它包括各种层次的农业学历教育、农民夜校、致富培训班、专业证书班等方面的信息。

6. 农产品市场信息

它包括市场供求、价格动态、经营走势、外贸形势、消费结构等方面信息。

7. 农业经济信息

它包括收支预测、经营动态、投入产出、市场走向等。

8. 农业人才信息

它包括农业教育、科研、推广专家的技术特长，以及农村科技示范户、专业户、农民企业家的基本情况等。

9. 农业推广管理信息

它包括农业推广队伍状况、组织建设、人员结构、经营服务及推广工作经验、成果等。

（三）农业信息的特点

农业信息除了具有信息的一般特点外，还有以下特点：

1. 对自然环境条件的依存性

农业以自然再生产为基础，生物的生长发育离不开自然环境。因此，在安排农业生产和管理日常生产时，要考虑不同地域的地形、地貌、海拔、纬度以及季节等自然环境条件对农业的影响，收集农业生物适地适生信息，因地制宜地组织农业生产经营活动。

2. 系统性和渗透性

农业生产是自然再生产与经济再生产有机结合的特殊生产部门，是生物、环境、经济、技术和人类共同参与活动的系统工程，多种多样的信息相互渗透，共同作用，构成一个复杂的信息系统。

3. 信源和信宿的分散性

信源即信息的产生来源，包括自然、社会两大系统的信息；信宿即信息的接受者，包括生产者、经营者、政策制定者、科技工作者和消费者等。农业信息的信源、信宿分布广泛且分散，给农业信息的收集、处理和利用带来了较大的困难。

4. 使用上的商业性与公益性并存

农业信息在使用上既有商业性又有公益性。商业性农业信息是指与农业生产经营者的经济利益密切相关，在辅助其决策过程中，直接影响决策者经济效益的农业信息，其价值可以通过市场得到体现。市场对这类信息有较好的配置效果。因此，由相关企业提供商业性农业信息，可以缩短信息传递链条，提高传递的及时性和准确性，促进信息提供者与使用者的即时互动。公益性农业信息是指具有很强正外部性的农业信息。这类信息往往与降低农业经营风险、自然风险以及改善农业整体生产力水平密切相关，它直接关系到国家、社会和广大农民的利益，社会价值远远大于个别价值。如农业气象信息、病虫害防治信息、一般的农业技术信息等。企业不愿或无力开发公益性农业信息，需要由政府承担开发和供给的责任。

三、农业信息化

（一）农业信息化的含义及内容

农业信息化即在农业领域全面地发展和应用现代信息技术，使之渗透到农业生产、市场、消费以及农村社会、经济、技术等各个具体环节，加速传统农业改造，大幅度地提高农业生产效率和农业生产力水平，促进农业持续、稳定、高效发展的过程。

农业信息化主要包括六个方面的内容。

1. 农业资源环境信息化

农业资源环境包括与农业生产经营有关的土地资源、水资源、气候资源和生态环境。农业资源环境信息化就是运用遥感监测、地理信息系统、全球定位系统等设备和技术收集农业资源和环境的信息，以便及时和准确地掌握其变化情况，为政府实施相关政策、为农民合理安排农业生产提供科学依据。

2. 农业生产管理信息化

农业生产管理信息化就是利用信息技术，及时收集农业生产管理包括作物栽培管理、作物病虫害防治、畜禽饲养管理等过程中的各种技术参数，并采用专家诊断系统指导企业或农民有的放矢地采取生产管理措施。目前，发达国家在农业中广泛采用精量播种、测土配方施肥、测土灌溉、按需配料等精准农业技术，将农业带入了信息时代。

3. 农业经营管理信息化

农业经营管理信息化就是利用信息技术，及时掌握与农业经营管理有关的经济政策、农产品供求和价格、农业生产技术、农产品贸易以及农业相关行业的信息，为农业生产经营者提供决策依据。同时，应用农业管理信息系统、农业决策支持系统辅助农业生产经营者进行科学决策。

4. 农业科学技术信息化

农业科学技术信息化就是利用现代信息技术方便、快捷的特点，改变传统的农业技术推广方法和手段，加快农业科技成果的扩散和转化，推进农业技术进步。

5. 农业市场流通信息化

农业市场流通信息化就是利用现代信息技术，及时收集、整理、分析、发布农产品和农用资料的供求、价格、交易量等方面信息，提高市场信息的准确性和及时性，为农业生产经营者和政府部门提供决策依据。

6. 农业法规政策信息化

法规政策是政府控制农业经济活动的重要手段，也是农业生产经营者的重要决策依据。农业法规政策信息化改变了过去农业法规政策主要依赖纸质载体通过各级政府的层层下达来传播，传播效率低而且很难真正到达农业生产经营者手中的弊端，提高了法规政策信息传播的及时性和公开透明度。农业法规政策的信息化就是利用信息技术，及时发布法规政策，使农业生产经营者能随时地了解政府的相关规定。

（二）农业信息资源的开发

开发利用农业信息资源是农业信息化的核心内容。农业信息资源的开发过程，表现为信息资源在开发者手中有效聚集、形成各种信息产品，并不断提供给最终用户的连续性过程。农业信息资源开发包括以下三个相互关联的环节：

1. 农业信息内容的积聚与资源形成

利用现代信息获取和信息处理技术，规划和收集各种农业信息，并根据用户的要求集成、编排信息，为用户服务。

2. 农业信息渠道建设与用户培育

了解农业信息用户的分布，分析和熟悉用户利用信息进行决策的特征和偏好；完善信息发布渠道，保证信息传递及时、畅通；进行必要的知识开发，为用户提供有效的信息产品和信息服务。

3. 组织与改善信息市场环境

建立健全有效的政府管理机制，规范相应的市场管理，协调市场主体关系，改进企业和信息服务机构内部组织结构等。

（三）农业信息化的作用

农业信息化作为国民经济信息化建设的一个重要组成部分，以农业信息化带动农业现代化，对于促进国民经济和社会持续协调发展具有重大意义。

农业信息化指农业信息渗透到农业生产、流通、消费及农村社会、经济技术等各个环节，从而极大地提高农业生产力水平的全过程。

农业信息化使得信息和知识越来越成为农业生产活动的基本资源和发展动力，信息和咨询服务业越来越成为整个农业的基础产业之一，信息和智力活动对农业增长的贡献不断增大。

适应农业信息化发展必须开发农业信息资源，包括信息内容、信息设备、信息人员、信息系统和信息网络等。因此，信息化建设的重要任务之一是提高信息使用者的信息素质，即提高农民利用大量的信息工具及主要信息源使问题得到解答的技术和技能，加强农民的信息科技与信息素质的教育和培训。

知识链接

国外如何推动农业信息化建设？

随着信息技术越来越多地应用于农业领域，农业信息化已经成为各国发展农业的重要趋势。

英国：大数据整合“精准农业”。近年来，由于气候变化和全球农业生产竞争强度的提升，英国农业部门收入经历了多次明显波动。为应对上述挑战，英国农业需要向“精准农业”迈进，结合数字技术、传感技术和空间地理技术，更精准地进行种植和养殖作业。

美国：信息化支撑农业发展。美国在农业数据资源采集及存储方面采取以政府为主体，构建规模和影响力较大的涉农信息数据中心，全面采集、整理、保存了与美国及国际有关的大量农业数据资源。美国农业信息服务体系由4个主体构成：政府部门的农业信息收集发布系统；政府支持下的农业教育科研推广系统；融科研、生产、推广于一体的公司系统；以农场为主体的民间自我服务组织系统。

此外，美国现代农业智能装备技术日趋成熟。美国农民可利用全球定位系统、农田遥感监测系统、农田地理信息系统、农业专家系统、智能化农机具系统、环境监测系统、系统集成、网络化管理系统和培训系统等，对农作物进行精细化的自适应喷水、施肥和撒药。

德国：积极扶持数字农业。德国通过大数据和云技术的应用，将一块田地的天气、土壤、降水、温度、地理位置等数据上传到云端，在云平台上进行处理，然后将处理好的数据发送到智能化的大型农业机械上，指挥它们进行精细作业。

日本：网络农场受到青睐。日本建立网络农场的经营模式：消费者与农场签约租用农场的地块，支付租地费、种子费和快递费，之后就可以下单，在自己的地块上种植自己喜爱的农作物。消费者可以根据自己的爱好决定浇水、施肥、打药、收获的间隔，一般无须自己下地劳作。同时农场开设互换市场和网络商店，消费者可以用自己的产品与农场其他用户的产品互换，也可以将多余的产品在网络商店销售，收入全部归己。

资料来源：国外如何推动农业信息化建设.经济日报，2015-08-19.

本章小结

农业的社会经济要素主要包括劳动力、资金、科学技术和信息等。本章从上述四个方面入手，系统论述这些生产要素的配置、优化以及发展问题。

农业劳动具有季节性、多样性、分散性和地域性、成果的最后决定性及不稳定性。应通过多种途径提高劳动利用率及劳动生产率。

农业资金是指农业再生产过程中不断循环和周转的价值形态，是农业再生产过程中所占用物质资料和劳动力价值形式的货币表现。本章介绍了农业资金的分类、特点、来源及作用情况，并指出了提高农业资金使用效率的举措。

农业科技进步是指不断用先进的农业技术来代替落后的农业技术，以促进农业生产力的发展。本章介绍了农业科技进步的特点及作用，指出了中国农业科技进步的战略途径。

信息正在改变人类的生活。本章介绍了信息的含义、农业信息及农业信息化的内容及作用。

即测即评

扫描二维码,做单项选择题,检验对本章内容的掌握程度。

复习思考题

1. 简述现代农业发展与农村劳动力老龄化之间的矛盾,并指出应如何解决这一矛盾。
2. 简述我国农业资金的主要投入渠道。
3. 试论述金融支持现代农业发展的措施。
4. 农业科技的特点对农业技术推广有什么影响?
5. 论述“互联网+”对农业发展的影响。

案例分析题

信息技术打造智能互联农业产业链

互联网技术正在深刻改变传统农业发展方式。寿光的蔬菜种植产业领先全国,眼下,借助蓬勃兴起的“互联网+”的浪潮,寿光加快推进农业信息化进程,建设互联网农业新高地。

在寿光蔬菜集团的大棚里,这个小小的物联网盒子让烦琐的管理变得简单而精确。三亩菜地的空气温湿度、二氧化碳浓度、光照度等参数,都会被它采集下来并实时传送给后方的智能平台,而智能平台则连接风机、卷帘、水泵等设备,大棚光照、温湿度控制以及施肥浇水全部实现自动化。

潍坊果壳视界信息科技有限公司总经理傅骞告诉山东广播电视台新闻中心《山东新闻联播》记者,企业根据辣椒以往的历史数据,建立一个精准的模型,从而让辣椒始终处在最佳的生长状态之中。

这样的物联网农田,目前寿光市已经发展了 1 万多亩。

寿光蔬菜产业集团丁瑞表示,目前企业的灌溉系统节约了 50%左右,防治病虫害的成本降低了 25%,再就是肥料成本降低了 30%,更重要的是劳动强度降低了 30%左右。

而在流通领域,电商网络也在覆盖寿光农业产业链。农资电商巨头田田圈整合近百家供应商、运营商和农村金融机构,形成互联网农资圈。今年 4 月份开业的寿光阿里农村淘宝店,三个月就新建了 40 多个村庄终端店。

“以前这样一个包裹我们去市里去取,得四五十块钱的费用,后来有了快递,这个包裹也得三十块钱以上,但是后来有了我们农村淘宝之后,这个包裹到家,我们不到十块钱就可以做到了。”寿光市王家大庄农村淘宝服务站站长王宗正这样表示。

目前,寿光涉农电子商务企业已发展到120多家,1/3的农产品实现了上线销售。寿光市还设立了1 000万元的电商发展基金,建设电商孵化器,培养农村电商人才,鼓励年轻人回乡创业。

寿光市提出,将用五年时间,培育一批电子商务产业园区、平台和品牌,打造全国农产品电子商务中心。在刚刚结束的第二届中国县域电子商务大会上,寿光被确定为全国第三届县域电子商务大会主办地。

寿光市副市长高翔表示,下一步互联网将彻底改变农业,这时候就不是强和弱的对比,而是快和慢的对比,如果能启动得快一步,可能就拥有了互联网+农业产业链的先发优势。

资料来源:寿光:信息技术打造智能互联农业产业链. 齐鲁网,2015-07-12.

讨论:

1. 农业信息化包括哪些内容? 山东省寿光市有哪些农业信息资源?
2. 山东省寿光市在农业信息化建设方面做了哪些工作?
3. 山东省寿光市的农业信息化建设有什么作用?

世界著名农业经济学家简介

西奥多·舒尔茨(Theodore W.Schultz)(1902—1998年),美国著名经济学家、人口学家、人口投资理论和人力资本理论的重要创始人之一。1979年,舒尔茨因对发展经济学和农业经济学的贡献获得诺贝尔经济学奖。主要著作有《改变农业》(1943)、《不稳定经济中的农业》(1945)、《农业生产和福利》(1949)、《农业的经济组织》(1953)、《人力资本的投资》(1960)、《改造传统农业》(1964)、《世界农业中的经济危机》(1965)、《经济成长和农业》(1968)。代表作《改造传统农业》从传统农业的基本特征、传统农业为什么不能成为经济增长的源泉、如何改造传统农业三个方面具体分析了如何把弱小的传统农业改造成为一个高生产率的经济部门。

舒尔茨使农业经济学成为现代经济学中不可分割的一部分,同时摈弃了把农业问题局限在农业范围内研究的传统。舒尔茨提出并倡导人力资本论,得出人力资源是推动经济和社会发展的重要原因的结论,对整个经济学发展产生了重大而深刻的影响。

第四章　农业生产要素配置：农业经营方式

本章学习目标

1. 掌握农业经营方式的内涵；
2. 了解农业经营方式的种类；
3. 明晰中国农业经营方式发展的趋势，即精细密集农业。

农业生产中要使用许多生产要素，如土地、化肥、水、农业机械、人力等，这些生产要素组合成某种生产方式，如镰刀与人组合成以体力劳动为主的生产方式，而联合收割机与人组合成以机械动力为主的生产方式。我们把生产要素组合成的生产方式称为农业经营方式。农业经营方式多种多样，人类一直以来都在探求切合实际而又高效的农业经营方式。本章探讨农业经营方式的类型、适合中国的农业经营方式等问题。

第一节　农业经营方式的内涵

一、农业经营方式与农业经营形式

（一）农业经营方式的概念

农业经营方式就是农业生产要素的组合方式，也是农业的生产方式或者选择的生产技术道路。《吕氏春秋·审时》指出："夫稼，为之者人也，生之者地也，养之者天也。"即农业是人、地、天三方合作的事。"为之者人"，就是说，人在其中有主观能动性，人要根据地和天的情况来确定天、地、人的合作方式，这种合作方式就是农业的经营方式。

无论是自给性的农业还是商品性的农业，其经营目标都是获取更多且质量更好的农产品。经营方式就是为达到经营目标而采取的技术路径。

农业经营方式包含三方面的内容：一是生产要素的种类；二是各种生产要素的份额；三是生产要素的组合方式。农业经营方式是多种多样的，涉及的生产要素不同，农业的经营方式也就不同；使用的生产要素种类相同，但份额不同，也属不同的农业经营方式；即使生产要素的种类和份额相同，但组合方式不同，也会构成不同的农业经营方式。所以，特定的农业经营方式就是生产要素的特定组合方式。

美国学者 C.W.柯布和 P.H.道格拉斯曾定量化地研究生产要素与产出的关系，并提出了柯布—道格拉斯生产函数：

$$Y=A\cdot L^{\alpha}K^{\beta}$$

式中：Y——产出；

L——劳动投入量；

K——资本投入量；

α、β 分别为劳动和资本的参数，$\alpha+\beta=1$；

A——转换系数。

从柯布—道格拉斯生产函数可以看出，产出与生产要素的种类和份额有关，但没有反映出产出与生产要素的组合方式的关系。因为生产要素组合方式的不同，必然影响产出。自然界也有类似的现象，同样数量的碳原子可组合成石墨，也可组合成钻石，其差别仅在于结构的不同。由此可见，柯布—道格拉斯生产函数只有在生产要素的组合方式不变时才是适用的。农业经营方式研究的目的在于提高农业生产力，或者说，农业经营方式是提高农业生产力的技术路径。

综上所述，农业经营方式就是为了实现一定的经营目标，通过生产要素的组合方式所表现出来的生产技术路径。

（二）农业经营形式的概念

农业经营形式指的是人们在农业生产过程中的相互关系。如家庭经营就是一种农业经营形式，因为它反映了人们在农业生产过程中以家庭为纽带的关系，即血缘关系。再如农民合作经营，反映了人们在农业生产过程中的合作关系，而非血缘关系。

（三）农业经营方式与农业经营形式的区别

1. 研究内容不同

农业经营方式研究的是生产要素及其组合，其涉及的生产要素包括土地、光、热、水、气等自然资源以及劳动力、资金、技术等社会经济资源。资金以一定的物化劳动即生产资料的形式投入生产过程，这些生产资料包括化肥、农药、地膜和农机具等。比如，人们用镰刀收割小麦，从农业经营方式的角度看，是镰刀和劳动力两个生产要素的组合构成的农业经营方式。而农民用收割机收割小麦，则是收割机与劳动力两个生产要素的组合构成的农业经营方式。

农业经营形式研究的是人们在农业生产过程中的相互关系。这种相互关系在生产中有可能是血缘关系，如家庭经营；有可能是雇佣与被雇佣的关系，如企业经营；有可能是合作关系，如合作经营；等等。在生产过程中人与人之间的不同关系构成不同的农业经营形式，也产生了不同的劳动心态，导致了不同的管理难度。如家庭经营，是以血缘、亲缘和姻缘关系为纽带的农业经营形式，这种特殊关系导致了特殊的劳动心态。首先，每个成员的生产目标一致，劳动自觉性强，监督管理成本低；其次，成员之间不计较利益得失，如父亲投入劳动很多，可能取得的报酬很少，而儿子可能投入劳动很少，得到的回报多（如上学、盖房等），但彼此不会计较，心甘情愿。在农民专业合作社的合作经营则完全不同，成员之间是合作关系，每个人的投入与回报是对等的。如果有成员投入多，而回报少，他就会抱怨，甚至退出合作社。管理农民专业合作社比管理家庭经营要难很多，而管理农业企业的难度则更大，因为企业的员工众多，目标不一致，管理者要千方百计提高员工的积极性。

农业经营方式和农业经营形式是同一农业生产过程中两个不同的观察维度。例如，一群人在田间劳动，农业经营方式考察的是他们用了哪些生产要素，这些要素是如何组合的。若农民用锄头种地，可判定是传统农业的经营方式；若农民用除草剂除草，可判定是石油农业的经营方式。而农业经营形式则考察在生产经营过程人们之间是什么关系，是血缘关系、合作关系，还是雇佣关系。人们之间的关系不同，则形成不同的农业经营形式，如家庭经营、农民合作经营、农业企业经营、农业股份制经营等。

2. 研究的目的不同

农业经营方式研究的目的是提高农业生产力，即探寻如何组合生产要素能生产出更多更好的农产品。而农业经营形式研究的目的是通过改变基本生产资料所有权关系以及人们在生产中的协作关系等调动生产者的积极性。虽然调动生产者积极性的最终目的也是提高农业生产力，但农业经营形式研究的直接目的是调动生产者的积极性。这就是二者本质的不同之一。

二、农业经营方式的内容

（一）农业生产要素的种类

人们在选择一定的经营方式进行农业生产时，总要涉及一定的生产要素。这些生产要素既包括土地、光、热、水、气等自然资源，又包括劳动力、生产资料和技术等社会经济资源，有的经营方式涉及的生产要素种类较多，有的则较少。从严格意义上讲，涉及生产要素的种类不同便构成不同的农业经营方式。比如，经营方式Ⅰ涉及的生产要素为 a、b、c、d，经营方式Ⅱ涉及的生产要素为 b、c、d、e，则认为Ⅰ和Ⅱ是两种不同的农业经营方式。

此外，同类而不同质的生产要素，应属于不同种类的生产要素。例如，同样是土地，其理化性质结构的不同和所含物质成分的差异，不仅影响农业经营项目的选择，而且决定着人们采用何种劳动工具、什么技术进行农业生产，即影响农业经营方式的变化，所以不同质的土地，也应看作不同种类的生产要素。

（二）农业生产要素的比例

在农业生产中，即便使用的生产要素的种类相同，但如果使用的数量不尽相同，也会形成不同的农业经营方式。投入生产要素中劳动比重较高的生产经营活动可称为劳动密集型经营；资金比重较高的生产经营活动可称为资金密集型经营；技术比重较高的生产经营活动可称为技术密集型经营。这三种不同的经营方式涉及的生产要素种类可能是完全相同的，其区别仅在于要素使用的数量和构成比例不同，其中某一生产要素的使用占据绝对优势。

在农业中，蔬菜的生产经营由于耗费较多的劳动力，可视为劳动密集型经营，而大型农场因为使用农业机具耕作收获，被视为资金密集型经营。

（三）农业生产要素的组合方式

生产要素的种类及构成比例即使相同，但组合方式不同，也属于不同的农业经营方式。寻求最佳的组合方式，以便在投入既定的条件下，寻求最佳的效率和效益，便是农业经营方式研究的内容之一。

陕西一位老农养了 1 000 只鸡，他的儿子种了 8 亩苹果，起初几年，父子俩各行其是，经济效益都不错。后来儿子通过培训接触到“果园牧鸡”的新模式，便建议父亲与他合作经营。于是，父亲的 1 000 只鸡放养到儿子的 8 亩苹果园内。鸡和苹果园的数量没有变，劳动力还是父亲和儿子，也就是说生产要素的种类和比例都没有变，但组合方式变了，组合成“果园牧鸡”的新模式，其效率和效益发生了翻天覆地的变化。首先，降低了生产成本，由于鸡吃了果园的杂草、害虫和落果，减少了饲料消耗量，同时 1 000 只鸡每年产生约 2.5 万千克鸡粪，果园的有机肥增加了，从而减少了化肥的购买量。其次，提高了经济效益，因为苹果使用了很多有机肥，品质得到提高，周边很多市民愿意花更高的价钱买儿子的苹果，而父亲的笼养鸡变成散养鸡，鸡蛋和鸡肉的价格也提高，收入也因此增加。

三、农业经营方式的目的

不同要素的种类、比例和组合方式构成了不同的农业经营方式,自然资源条件和社会经济条件不同,决定了人们可以选择适当的农业经营方式。而适当的农业经营方式又因条件不同导致其目的存在差异。

(一)提高土地生产力

在自给自足经济或农产品短缺条件下,人们把农产品数量最大化作为生产追求的目标,生产者从事生产的目的是维持自己及家人的生存。人们为了解决生存和温饱问题不惜将所拥有的要素全部投入生产,无论是活劳动还是物化劳动,都不计成本,唯一的目的是使有限的耕地能够生产出数量更多的农产品。提高土地生产力成为生产者自发的追求,也是生产者选择经营方式的唯一标准。

在农产品短缺的情况下,政府往往把提高土地生产力,弥补农产品供需缺口作为农业生产的追求目标,有时甚至不惜投入大量资金和人力来实现该目标。此时,政府把保障国民的温饱作为第一要务,而将成本与效益放在次要的位置。

以上两种情形虽然都致力于土地生产力的提高,但前者是生产者的自发追求,而后者则是一种政府行为。

(二)追求经济效益

在市场经济条件下,企业的目标可能是多元化的。但企业追求的首要目标是维持生存并获取最大利润,没有经济效益的企业将无法生存,终将被市场淘汰。经营者的各项举措无不是为了追求企业的经济效益,农业生产经营者也不例外。他们在选择经营方式的时候,首先考虑的是利润最大化而非农产品产量最大化,也不会考虑接纳更多的劳动力。当这三个目标出现矛盾时,后两者将会被毫不犹豫地放弃。各国政府为了农业这一微利,甚至没有利润的基础产业能够平稳运行和发展,无一例外地采取了对农业实行保护的策略。

(三)提高劳动生产率

为了生产出更多的农产品,人类一直千方百计地提高劳动生产率,在不同时期采取了不同的方式。

在原始社会,个人征服自然的能力是十分有限的。人们通过共同劳动来提高劳动生产率。例如,在狩猎时,个人成功捕获猎物的可能性较小,但是当许多人联合起来围而猎之,捕猎的效率会大大提高。

在奴隶社会,奴隶主用强迫劳动来提高奴隶的劳动生产率。因为在奴隶社会,奴隶没有人身自由,奴隶劳动的成果无偿地归奴隶主所有,奴隶自然没有劳动积极性,消极怠工成为必然,所以奴隶主为了获取更多的财富,只能通过强迫劳动提高奴隶的劳动效率。

在封建社会,地主用实物地租代替劳役地租,劳动生产率的提高成为佃农的利益目标。最初,地主让没有土地的农民为其耕作,但在报酬既定的条件下,投机取巧成为不可避免的现象,而且农业阶段性的劳动过程难以监测,劳动成果的数量和质量难以保证。于是,地主便将自己的土地租给农民,收取租金。在租金一定的条件下,农民的劳动付出直接关系到农民自身的收益,从而提高了农民生产的积极性和主动性。

在资本主义社会,由于土地属农场主所有,劳动成果及收益全部归农场主所有,所以他们依靠现代化的农机具和科学技术来提高劳动生产率的积极性很高。

在中国,农户在依靠现代农机具的同时,更多地依靠人力和农业科技进行生产。现代化的农机具虽然能提高劳动生产率,但受使用条件所限,并往往增加成本,这与农户追求经济效益最大化的目标相矛盾,一些农户宁愿放弃机械而继续采用人力,所以农业机械的推广是以降低生产成本为前提的。可见,劳动生产率的提高有时会受到经济效益的制约。在不影响经济效益的前提下,农户会不遗余力地提高劳动生产率。

(四) 提高就业率

在剩余劳动力较多的条件下,政府有时会把提高就业率作为选择农业经营方式的标准之一。尽管把单个人的工作分配给两个人做会降低工作效率,但保障充分就业可保持社会的稳定。中国在计划经济体制下曾用低工资、高就业的策略实现了失业率为零的目标。20 世纪 60 年代末 70 年代初,迅速增加的人口使政府感受到安排就业的巨大压力,知识青年上山下乡成为解决城市剩余劳动力的一个策略。当时的农村存在大量的隐性剩余劳动力,加之知识青年的到来,使农业在经营方式上只能采取“人海战术”,促使低效率的生产工具与大量劳动力结合。为了使人人有活干,除了常规的农业生产外,还大搞农田水利基本建设,在劳动管理上采取工厂化管理,按工分计酬,导致劳动效率低下。

第二节　农业经营方式的分类

农业经营方式多种多样,按照不同标准有不同的分类。概括起来,可分为三种主要类型。

一、总投入分类法

总投入分类法就是按照农业生产中各种要素总投入情况进行分类。在农业生产过程中,投入的生产要素的种类很多,各种生产工具如锄头、镰刀、播种机等,各种生产设施如大棚、地膜、农药、化肥等以及劳动力等。但在具体的农业经营活动中,所使用生产要素的种类和数量有很大的差异,可以根据这些差异对农业经营方式进行分类。

按照总投入分类法,农业经营方式可分为粗放经营、精耕细作和集约经营。

(一) 粗放经营

粗放经营是将一定数量的生产资料和活劳动分散地投放在较大面积的土地上,是单位面积投入的物化劳动和活劳动较少的一种农业经营方式。它是一种广种薄收的农业经营方式。

粗放经营大多出现在农业的初始阶段,由于耕作技术极其简单,施肥、灌溉等田间管理极为有限，土地单产只能维持在很低的水平，生存的需要迫使人们开垦更多的耕地，以获得更多的农产品。由于工具简陋，其工效很低且不宜将太多的劳动集中在小面积的土地上。因为在较少面积的土地上投劳再多，如果单产变化不大，则总产量的增加是有限的。为了获得较多农产品，农民只能扩大耕地面积，而工具的简陋导致工效低劣，可知在大面积的土地上耕作是极其简单、粗放的。例如，原始社会的刀耕火种，投入的生产要素种类就很少，只有石片、火和人。不但种类少，而且单位面积投入的生产要素数量很少。由于生产工具极为简陋，不可能精细耕作，只能在火烧迹地上，找零星松软的地方，用石头挖坑，播下种子，所以单位面积上投入的工具数量和劳动力数量都是很少的，而且收成很少。

在现代社会，仍存在粗放经营，主要出现在以下两种情形中：一是资源贫瘠，即使精细耕作，收成也不会明显增加，只好采用粗放经营的方式。例如，西藏的一些地方，土地贫瘠，加之海拔较高，很多植物无法生长，人们就在土地上撒一些草种，任其自由生长，这是一种很粗放的农业经营方式。二是当农民并不以农业为主要收入来源时，不会对农业投入过多的劳动。如我国一些兼业化的农民，打工是他们的主要收入来源，农业收入较少，所以对土地采取粗放经营的方式，导致农业生产水平低下。

（二）精耕细作

精耕细作是在单位面积的土地上，投入较多的生产资料，如投入较多的活劳动和畜力来获取较多农产品的经营方式。为了提高土地生产力，人们主要从三个方面去努力：一是投入更多的活劳动，依靠勤劳获得高产；二是改进生产工具，提高工效；三是使用以提高单产为目的的栽培技术改进、灌溉设施修建、良种推广等措施。

近两千年来，我国农业经营方式基本处在精耕细作阶段，这也是我国传统农业的精华所在。在这一阶段，简单的手工工具系列化，经验性的耕作技术系统化，在提高劳动生产率的同时，土地生产力得以提高。为了满足自给的多种需要，我国经营的农产品种类不断增多，农耕文化高度发展。

在精耕细作阶段，生产环节多，操作精细。以小麦的收获环节为例。第一，用镰刀收割小麦；第二，把割下的小麦打捆；第三，把小麦捆放到架子车上；第四，把小麦拉到碾麦子的场地；第五，用碾子碾压小麦；第六，扬麦，即把小麦从麦糠中分离出来；第七，晾晒小麦；第八，收进粮仓。由此可见，整个小麦的收获过程非常精细，需要精湛的经验技术。由于经验技术在这一阶段显得非常重要，而经验技术需要长时间积累，所以老人很受尊重，因为老人就是经验的化身。老人不仅是生产中的权威，也是家庭事务的权威。农业生产中的“把式”（能人）也受到推崇和敬重。

（三）集约经营

集约经营是在单位面积的土地上，投入较多的生产资料，使用先进技术和管理方法，以求在较小面积的土地上获得高额产量和收入的一种农业经营方式。

19 世纪 40 年代，当中国农业仍处精耕细作阶段，西方资本主义国家出现了以实验农业科学为基础，用先进工业材料和技术装备起来的新的农业经营方式——集约经营。

集约经营的突出特点就是使用了大量机械和化工产品,如翻耕机、播种机、收割机、农药喷洒机以及化肥、农药、地膜等。这些生产资料大部分都是在工业化以后才设计制造的,所以集约经营是工业化的产物。目前,在美国、德国、加拿大等发达国家,农业生产从播种到收获基本上全都使用农业机械,并且使用了大量的现代农业生产技术,是典型的集约经营。集约经营的优点在于通过机械化把人从繁重的体力劳动中解放出来,同时大大提高了农业生产率。

表 4-1 简要反映了这三种农业经营方式的区别。

表 4-1　三种农业经营方式区别分析表

经营方式	单位面积投入	单位面积产出	条件
粗放经营	少量活劳动和物化劳动,使用简陋的工具,投入技术很少	低产出,基本上良性生态	人少地多,无工业
精耕细作	大量活劳动,一定量的物化劳动,使用简单农机具,投入技术较少	中等产出,良性生态	人多地少,无工业
集约经营	一定量的活劳动,大量物化劳动,使用机械化,运用较多技术	高产出,影响生态	工业发达,支持农业,农业劳动力能借以转移

二、优势份额分类法

由于农业经营项目的不同,有的农业经营方式使用某一生产要素多一些,而有的农业经营方式使用另一生产要素多一些。优势份额分类法就是按照某一生产要素在农业经营中占绝对优势的原则对农业经营方式进行分类。

根据优势份额分类法,农业经营方式可分为以下几类:

(一) 劳动密集型

劳动密集型农业经营方式是指劳动力的数量在各种生产要素中占绝对优势的经营方式。劳动力数量的多寡直接影响农业生产的规模。手工艺品的生产属于劳动密集型的农业经营方式,如陕西省武功县某村,村里许多农户都从事小麦秸秆手工艺品的编制工作,这虽然涉及资金、技术、劳动力和场地等多种生产要素,但劳动力在其中起决定作用,并占据绝对优势份额。因此,该村出现了一个奇怪的现象:哪家女孩多,哪家就富。因为女性更适合做编制经营,编制的产品越多,挣的钱就越多。这种生产中往往不需要太多的技术和资金,劳动者人数多,生产规模就大;劳动者人数少,生产规模就小。

我国苹果生产中有一种苹果套袋技术,当苹果生长到一定阶段,给每个苹果套袋,这些袋子有的是纸质的,有的是塑料材质的。苹果园的盛果期,每棵树大概产出100个苹果,每亩地大概有15 000个苹果,这些苹果处于树枝高低不同的位置,要给每个苹果套袋,其需要的劳动量可想而知。这是一种典型的劳动密集型经营方式。

这里要特别说明的是,劳动密集型农业经营方式和精耕细作农业经营方式是不同的。主要区别有以下几点:一是精耕细作不仅包含较多的劳动力数量,而且特别强调畜力的广泛使用,而劳动密集型农业经营方式只包含较多的劳动力数量,却不包含畜力的大量使用。二是精耕细作存在的条件是因为没有大量资金可以投入,尤其是没有机械、化肥、农药等工业性生产资料可供使用,也没有更多技术可供采用,因而更多的是一种无奈的选择。而劳动密集型农业经营方式存在于科技和工业较发达的社会,资金(包括各种工业性生产资料)和技术较多,有能力投入,采用更多的劳动力而使用较少的资金和技术是由生产项目的特点决定的。三是精耕细作往往是某一社会普遍的经营方式,而劳动密集型经营方式往往只是社会某一行业的经营方式,由于与其他行业相比,具有劳动数量占优势的特点。

(二)资金密集型

资金密集型农业经营方式就是资金在总生产要素中占绝对优势的经营方式。资金在生产中总是物化为农机具、化肥、农药、地膜等生产资料。资金密集型农业经营方式最明显的特征就是机械化或自动化,它往往以发达的工业和雄厚的资金为前提。

如反季节蔬菜栽培是一种典型的资金密集型农业经营方式。为了在冬季模拟出夏季或秋季蔬菜的生产环境,需要投入很多资金来建设相应的设施,如温室大棚围墙、室内的加温设备、大棚内的光照设施和灌溉设施,一个大棚可能需要投资十几万元,甚至几十万元。没有雄厚的资金投入,就无法从事反季节蔬菜的生产经营活动,因此,资金在这种农业经营方式中占主导作用。

(三)技术密集型

技术密集型农业经营方式就是技术这一生产要素在农业生产中占有绝对优势的经营方式。这里有三层含义:一是指这种技术对生产起着至关重要的作用,有没有这种技术关系到生产能否进行;二是指这种技术具有一定的难度,只有经过专门训练的专业人员才能运用这种技术进行生产;三是指采用这种技术需较高的资金投入。

如使用组培法繁育树苗,尤其是价值较高的果树苗,一个小树枝在几个月内就能繁育出一万棵左右的树苗,比起过去传统的嫁接法繁育树苗,其效率提高了几千倍。但组培法有较高的技术要求,只有经过培训的高素质农技人员才能操作,并非一般农民可为。这就是典型的技术密集型农业经营方式。

三、空间分类法

空间是农业生产必不可少的要素之一,但空间复杂多样,如一望无际的田野、山坡、滩涂等,有的只是弹丸之地,而有的空间则空旷无垠。在不同的空间进行农业生产,生产的方式不同,使用的农业生产要素不同,也就是说农业经营方式不同。比如,在城市楼顶种植蔬菜和在大田种植蔬菜,使用的生产要素及生产方式都有很大差异,因此在不同空间进行的农业生产往往形成不同的农业经营方式。

空间分类法就是按照农业生产的空间布局对农业经营方式进行分类,它反映了人们在不同空间的农业生产方式和要素组合方式。根据空间分类法,农业经营方式可以分为以下几类:

(一) 立体农业

立体农业就是农业生产向空中发展,以立体布局的方式,充分利用空间,节约耕地的一种农业经营方式。立体农业不但能节约耕地,还能使空间内的生物之间相得益彰。例如,在果园里养鸡,鸡以果园中的害虫为食,鸡粪为果树提供了有机肥,减少了农药和化肥的使用。而果园又为鸡提供了虫、腐烂树叶、果子等食物,减少了鸡饲料的供应量,因此果园也有益于鸡。

为了使各种生物在立体空间得到有序和科学的安置,立体农业在生产要素的组合方面有其特殊要求:一是设施的组合安装呈现立体化;二是各种生物必须按照各自要求科学配置,如喜欢阳光的生物必须放在最上面,喜阴生物放在最下面。例如,陕西省立体农业经营模式之一是:地面空间的最上层是葡萄架,进行葡萄种植;第二层是笼养鸡;第三层是地面土壤中种植的韭菜;第四层是在土层深处种植的天麻。可见,动物和植物、不同的果蔬和药材,从各自的生长、繁育特性出发,各取所需,相得益彰,不仅较好地利用了不同的立体空间,而且实现了单位面积总产出的增长,经济效益很高。

(二)"四荒"农业

"四荒"农业是指人类在荒山、荒坡、荒滩和荒沙领域进行农业生产活动的一种农业经营方式。它说明大田耕地的短缺以及农产品的供不应求,同时反映了人类征服自然、改造自然能力的提高。近 20 年来,我国耕地以每年 800 万亩的速度在减少,而人口却以每年 1 000 万人的速度在增加,于是人们把获取更多农产品的着眼点放在了"四荒"地的开发上。"四荒"地的拍卖调动了生产经营者的积极性,使"四荒"农业得到发展,自然资源得到充分利用。

"四荒"农业反映了农业生产工具和农业生产技术的进步,原来不能利用的"四荒"地,由于使用了新的工具和技术得到开发利用。例如,陕西省兴平市渭河边的滩涂地,过去由于没有开挖工具,一直闲置。随着挖掘机的诞生和普及,农民使用挖掘机将滩涂开挖成莲藕种植基地,现在兴平市的渭河滩已经变成万亩荷塘。农民不仅通过收获莲藕获得了较好的经济效益,而且万亩荷塘成为旅游胜地。兴平市渭河滩的成功开发,是挖掘机、人力、莲藕及种植技术等多种生产要素科学组合的结果。

(三) 挂田农业

挂田农业指的是在坡度较大的坡面上进行农业生产的一种农业经营方式。因为坡面较大很难连成一大片,常常是这里一小片地,那里一小块地,从远处看像挂在半山腰或半山坡上的一片片绿色地毯或床单,因此被称为挂田农业。

挂田农业由于处在特殊的空间，因而其农业经营方式也很独特。如陕西佳县广泛种植红枣，但这些枣树多数生长在半山坡上，属于挂田农业。由于地势不平坦，无法像平原地带那样用水渠灌溉，于是果农采用了滴灌和喷灌，枣树长势良好。陕西清涧县也广泛种植红枣，枣树多数也都种植于半山坡上，为了充分利用雨水，果农给每棵树根部挖一个坑，以便周边的雨水汇集到枣树根部。为了防止水分蒸发过快，一些果农给树坑表面覆盖了一层地膜。这种特殊的空间位置，导致果农使用了独特的生产要素和组合方式。

（四）庭院农业

庭院农业指的是充分利用农家庭院特定的土地资源、环境资源和劳动资源，以家庭为经营单位从事种植业和养殖业等农业生产活动的一种农业经营方式。

庭院农业将农业生产从田野耕地上扩展到人们生活的家庭院落。庭院虽然是弹丸之地，但便于向空间发展，多层次利用。例如，可以种、养、加综合经营，使物质循环利用；可以充分利用剩余劳动力和剩余劳动时间，进行精细化经营；可以采用较多的现代技术，提高产量；等等。

经营良好的庭院农业可以产生很高的经济效益。如陕西一户农民，在地表之下挖坑栽培天麻，覆土后的地面，1月份至9月份种两茬蔬菜，10月份至12月份搭简易拱棚栽培蘑菇，地表之上栽种葡萄。由于品种好，耕作精细，这些产品不仅产量高，而且品质好。该农户的庭院农业的总收入达到18 000元，除去成本，利润至少1万元。

（五）城市农业

城市农业就是在城市里从事农业生产的一种农业经营方式。城市本来是行政机关、工商业、服务业和城市居民的聚集地，但人们为了获取更多的农产品或为了改善环境，充分利用城区零散土地或可从事某些农业生产活动的空间，进行农业生产活动。

城市是一个独特的空间，要在这样的独特空间进行农业生产，所使用的生产工具、生产设施、生产技术等生产要素与常规农业截然不同。例如，在楼顶种植蔬菜，首先要对楼顶做进一步的防水处理。其次要把土运到楼顶，还要注意周围围挡的建设：一是防止水土流失的围挡；二是人员安全围挡。最后要建设灌溉设施，等等。而这些生产要素及其组合与常规农业完全不同。所以，城市农业是一种独特的农业经营方式。

典型案例

2014年，江苏太仓朱女士经营了一家餐馆，餐馆的楼顶有300平方米，她想在楼顶建设一个“楼顶菜园”。经过论证、实地查看，并得到了楼房管理方的同意，朱女士投入近3万元，将楼顶空地改造成菜园，300平方米的空地规划成12个大小不等的区域，错落有致地种植着芹菜、草头、花菜、包菜、莴苣等十几种蔬菜。

以绿化城市为主要目的的种草、种树皆是农业生产活动，属于城市农业的范畴。但城市农业作为一种农业经营方式被提出来,其目的之一是获得更多的农产品。城市农业主要包括以下活动:① 以获取木材和绿化环境为目的的城市植树活动,植树区域多为路旁或居民楼周围等。② 以获取果品和绿化环境为目的的城区果树栽植活动。例如,新疆伊犁市在城市道路两边种上各种果树,这些果树既绿化了城市,又能生产水果,一举两得。③ 在城市楼顶从事的蔬菜栽培等农业生产活动。④ 居民在楼房周围及自家阳台上进行的果菜栽培等农业生产活动。⑤ 在城区内进行的各种养殖业,如养鸡、养鸽子等。

在农产品短缺的条件下,城市农业将成为获取更多农产品的途径之一,同时城市农业将成为美化环境和城市居民消遣的一种方式。

第三节　中国应选择的农业经营方式:精细密集农业

一、中国发展精细密集农业的缘由

国外发达国家的农业发展方式大多采用集约经营的经营方式,集中表现为机械化操作、大量工业物资和能源的投入。集约经营虽然加速了农业经济的发展,但是它自身存在局限性,主要表现在以下方面:第一,在提高农业劳动生产率的同时,使产品中的物化劳动量大幅度上升,可能出现增产不增收;第二,使农业生态系统的脆弱性增加,生态环境严重恶化;第三,自然资源是有限的,亿万年所形成的石油、矿产资源可能被人类享用殆尽,影响支撑集约经营的物质生产资料的可持续性。

由于国情不同,所以每个国家在农业发展方式方面也有不同的特点。日本的基本国情同中国相似,是人多地少的国家,因而日本很重视土地生产力的提高,通过高投入、高产出的方法来谋求高产。英国非常重视农业科技推广工作,为了加速科技成果的转化应用,英国在全国各地都设立了农业技术训练中心,大规模、长期性地培训农业技术人员,力求用科学技术提高单位面积产量。德国在农业上提倡机械技术与生物技术同时并举。机械技术主要解决的是生产效率问题,而生物技术主要是为了提高单产。美国和澳大利亚的农业主要走机械化的道路。这是由其人少地多,国力、财力雄厚的国情决定的。而且,它们很重视生物技术和其他科学技术的推广应用,谋求单产的提高。匈牙利在大力发展农业机械化的同时,非常重视农作物和畜禽良种的研究和推广,主要依靠良种的推广应用提高农产品的产出量。法国在农业上强调“更好地使用人力资源”,要求农业生产者具备一定的专业技术知识,只有专业技术人员才能获得从事农业生产所需的贷款及政府提供的各种优惠政策。

尽管各国在农业发展方式方面所采取的具体做法有一定的差异,但在合理利用资源和积极推广科学技术这两个方面是相同的,这也是世界农业发展方式的总趋势。中国是一个人多地少的发展中国家,虽然在机械化方面我们无法与发达国家相比,但我们可以充分利用劳动力和技术实行精细密集经营,完全有可能极大地提高单产,从而保障总产出增长。从这一点来说,中国与发达国家是“站在同一条起跑线上的”。

由于中国与其他国家的国情不同,中国农业的发展方式必然具有中国特色。中国农业最突出的特点是农业劳动力多,户均耕地面积较小,在短时间内难以实现规模化经营。根据国家统计局的数据,截至2014年,全国乡村人口6.5亿,其中农业劳动力2.9亿。据预测今后每年大约有600万农民从农业转移到第二、第三产业,考虑到农村人口本身的增长因素,2030年农业劳动力将减少到2.1亿,2050年农业劳动力减少到1.5亿。假设我国能够一直坚守18亿亩耕地的“红线”,那么到2030年平均每个劳动力所占有的耕地为9亩,到2050年也只有12亩。也就是说,在未来50年甚至更长的时期内,1亿多劳动力继续从事农业生产、农业劳动力人均10余亩耕地、农业人口人均占有耕地仍为3~5亩的状况是我国面临的基本现实。

由于人均耕地较少,中国农业的发展方式不可能像发达国家那样走大规模机械化的道路。中国农业的发展方式应该是一种使用适量机械、主要依靠劳动力和生物技术的大量投入,提高单产水平和人均生产量,从而提高农产品生产总量和农民收入的新方式。这种农业发展方式被称为精细密集农业。

中国地域辽阔,各地自然条件差异较大,因而不同地域所使用的农业经营方式也有一定的差异。例如,新疆人均土地面积较多,而且土地平坦,适宜以机械化为特征的集约经营。但从全国总体情况来看,人均耕地面积较少,应该实行精细密集农业,即在单位面积上增加内容,实现空间上的密集;在生产过程中精细操作,以提高产量和质量。

二、精细密集农业的概念

精细密集农业就是依靠现代农业科学技术,充分利用土地、光、热、水、气等自然资源,以及劳动力、技术、资金等社会资源,对农业进行精细的操作和密集性经营,从而有效地利用空间和时间,生产出更多更好的农产品。精细密集农业的实质就是扩展农业生产的空间,丰富农业生产的内容。精细密集农业是归属于总投入分类方法中的一种农业经营方式。

精细,是针对我国农业劳动力相对充足的特点,对农业实行精细的照料和操作,对农产品进行精细的加工,通过多投入劳动来谋求农田单产的提高和农产品的优质化。密集,是针对我国人均耕地少的特点而进行操作的。我国人均耕地仅1.4亩,依靠规模经营增收,短期内很难实现,因为只有农村劳动力大量减少,才能实施规模经营,而这在短期是不可能的。那么,在人均耕地面积如此微小的情形下,要实现增收,除了进行精细操作外,还需要增加生产项目,提高产出量。密集,既包括空间发展,也包括时间紧续。空间发展,从纵向来看,指的是立体分层经营;从横向来说,是指农业应向可以利用而尚未利用的滩涂、荒山、荒坡和家庭院落等延伸。时间紧续,就是充分利用动植物的生长期和光照。既然不能任意缩短农作物的生长周期,也不能将一年的时间任意延长,那么,就只有在有限的时间里,合理而有效地安排农作物和其他农事活动。

典型案例

陕西省一位叫陈杰的农民,与其弟联合经营7.5亩责任田,采取传统的经营方式,一年每亩地的产值只有2 000元左右,7.5亩责任田的总收入只有1万多元。后来在专家指导下,他的农庄朝精细密集农业方向发展,不仅经济效益明显提高,而且初具现代农业的雏形。具体经营情况如下:

1. 鸡舍与温室大棚共栖互惠

他建了733平方米的鸡舍,紧靠鸡舍阳面墙体,修建了温室大棚。鸡舍与温室大棚共用一个墙体,从而节省了成本。此外,他在墙体上留下许多孔,让温室的热气流进入鸡舍,减少了冬天给鸡舍加温的费用。这些孔不仅可以将鸡呼出的二氧化碳转移到大棚中,强化大棚绿色植物的光合作用,促进作物增产,还可以将绿色植物释放出的氧气流转到鸡舍,提高鸡的产蛋率。

2. 温室大棚立体经营

为了充分利用温室大棚里的宝贵空间,他进行大棚立体经营。大棚的最下面种蔬菜,蔬菜的垅上种大棚桃,在桃树的树杈上放置棒状蘑菇培养基,栽培蘑菇。立体种植起到了一地三用的效果,既节约了占地空间,又增加了单位面积的农业产出,还实现了产品的多样化。

3. 养猪与沼气

为了充分利用猪粪,他养了100头猪,建起三个共50立方米的沼气池,用沼气做饭和取暖,把沼液、沼渣施给果园、菜地、粮田,节省了化肥开支。用沼液给果树叶面喷施还能增大果实,避免了猕猴桃种植中普遍使用膨大剂等对人体造成的伤害。

4. 引进优良品种

在专家的指导下,他引进了优良李子品种——黑宝石李子。单个果重150~250克,特别是250克的李子,每千克售价高达60元,150克的李子每千克也能卖到20元。

通过发展精细密集农业,陈杰的年收入达到20多万元。与过去单纯种粮相比,收入增加近20倍。依靠精细的操作和密集性的经营,老陈不仅收入提高了,还因其生产项目的增多,容纳了更多的劳动力。

三、发展精细密集农业的经济学依据

(一) 异量投入产出原理

异量,是指投入产出差异很大的变量。异量投入产出原理,就是要求投入微量或相对的微量而产出巨量或相对的巨量。

国家之间及国内各地区之间的贫富差异现状,是社会制度及历史发展诸因素所造成的。从生产力水平看,最根本的原因在于科学技术进步的程度。科学技术首先决定了人们素质的高低,决定了对农业生产规律的理解和整个农业生产的状况。人们提高自身素质和掌握科学技术水平的潜力是无穷尽的。异量投入产出原理为精细密集农业奠定了经济学的理论基础。农业发展方式向精细密集农业发展是可能的,也是必然的。精细密集农业虽然扩大了农业生产对各种要素的需求,但异量投入产出原理说明了技术要素比物质要素所起作用更大。因而,在农业生产中应尽可能多地使用技术要素。

(二) 绝对收入原理

绝对收入原理是指在劳力、资金、物资的投入上,人们只关心最后的收入量,只要能增加最终收入,就愿意继续投入。

绝对收入原理反映的是自给自足经济或商品经济不发达的情况。在商品经济条件下,人们追求的是利润,而不是总收入。但在自给自足经济或商品经济尚不发达时,生存的本能使人们把最终收获放在首位,而不计较成本得失。人们首先关心的是生产了多少、是否能满足自己的需要,而不是投入了多少,此时人们对成本与利润的概念是模糊的。原始社会人们关心的是能否捕获足够的猎物维系生存,而追逐和搏斗、流血和流汗只是在成功捕获猎物后的一种美好的回忆,不会因为捕猎投入了过多的劳动而深感懊悔。在漫长的自给自足经济时代,绝对收入原理一直在起着作用。而在商品经济初级阶段,绝对收入原理依然起主导作用。如果要考虑劳动报酬因素,我国一些贫困地区的粮食生产往往是利润微薄甚至出现负值。但农民仍然要从事粮食生产,是因为难以找到其他行业的就业机会,就比较利益而言,种粮仍然很实惠。而农民从事粮食生产的目的首先也是自给,满足自身的生存需要,农民只关心最后的收成和一年的温饱,由于种粮的目的和种粮的机会成本十分低下而使种粮的盈利问题几乎被忽略。我国的粮食生产出现徘徊或小幅度的回落,正反映了自给性农业生产力低下的落后性波动即非市场性的稳定,但不会出现大的回落(自然灾害除外)。

在贫困山区,养"长寿猪"的现象是普遍的。如果计算这些猪的多年投入和预期产出,必然是亏损严重。但农民关心的不是投入了多少饲料和劳动,而是在恰当的时候可以满足生存需要,在最需要钱的时候可以出售。猪是财富的贮存形式,而不是商品经济意义上的投入产出活动。

绝对收入原理因商品经济不发达而在我国农村经济生活中普遍运用。我们应该因势利导而充分予以利用,将劳动力由闲置变为投入,将大量农副产品再加工,发展精细密集农业成为可能的且为最现实的选择。

(三) 劳动无成本原理

劳动无成本原理,就是在农业生产中不计算或不考虑劳动成本,并且只要劳动的增加能带来收入的增长,就愿意继续投入劳动。

劳动无成本原理与绝对收入原理的区别在于:劳动无成本原理只是在农业生产中不考虑劳动成本,而绝对收入原理则不考虑一切投入的成本。二者的共同点在于:只要有收入的增量就愿意继续投入。在农业生产中,种植业更多地符合劳动无成本原理,因为农民不考虑劳动成本因素,但是会计算化肥、农药、塑料薄膜等生产资料的投入费用,并以此作为盈亏分析的依据。而养殖业,特别是养猪、养鸡业,更多地符合绝对收入原理,因为农民几乎不考虑投入,只关心最终收入。

劳动无成本原理是自给自足经济和劳动力过剩的产物。在自给自足经济条件下没有计算成本特别是劳动成本的必要,而劳动力的闲置,使大量劳动力一文不值。既然没有可能去创造财富,这些劳动力的机会成本就只能等于零。崇尚勤劳的惯性和改善生活的本能促使人们只要收入能增长就愿意投入劳动,而不是计较报酬的多少。

对农业进行精细密集经营,只要经营恰当,务农收入相比进城打工收入较低,但是却有收入保障,风险明显较低,相对技术要求也较低,生活成本也较少。故使劳动力留在农业的可能性很大。因此,劳动无成本原理为引导农民进行精细密集经营提供了契机。

四、精细密集农业的前景展望

精细密集农业是根据中国的国情提出的农业经营方式。目前,精细密集农业的“星火”已随处可见。从这些“星火”中,我们已经看到了中国农业的出路和希望。

精细密集农业的实质是通过充分利用现代科学技术,丰富和改进农业生产活动的内容,扩展农业生产的空间,并以此来容纳更多的劳动力和提高土地生产力。它符合内涵式扩大再生产的要求,是一种内涵式经营方式。

精细密集农业的优势在于:一是可以为更多的劳动力在土地上找到出路;二是把充分利用农业自然资源推向新高度;三是为农业科学技术进步和推广提供新需求;四是通过增加新的农业生产活动项目,扩展农业生产活动空间,为社会提供种类繁多、数量充足的农产品。因此,精细密集农业将成为中国相当长一段时间内主导性的农业经营方式。

本章小结

本章阐述了农业经营方式的内涵、内容、目的,农业经营方式就是农业生产要素的组合方式,也是农业的生产方式或者选择的生产技术道路。农业经营方式包含生产要素的种类、份额及组合方式三方面的内容。辨析了农业经营方式与农业经营形式的区别。农业经营方式研究生产要素及其组合,包含各种自然资源及社会经济资源,而农业经营形式研究的是人们在农业生产过程中的相互关系。采用总投入分类法、优势份额分类法、空间分类法三种分类方法将农业经营方式分为 11 种,并且根据中国的特殊国情提出了中国特色的农业经营方式——精细密集农业。

即测即评

扫描二维码,做单项选择题,检验对本章内容的掌握程度。

复习思考题

1. 什么是农业经营方式？它与农业经营形式的区别是什么？
2. 农业经营方式的目的是什么？
3. 农业经营方式主要有哪几种分类方式？
4. 什么是精细密集农业？试分析其实现的可能性。

前沿动态

刘巽浩、王宏广等专家提出“精久农业”的农业经营方式。“精久农业”，是指以高产、增值、持久为特征，既精致地利用土地、资金、劳动、技术，又持久地提高土地生产力，增加农业后劲的农业经营方式。它强调农业生产过程的精致以及农业可持续发展。靳汉生、刘天福等专家提出“精细化农业”的农业经营方式。“精细化农业”是指对农业生产过程进行精细操作，提高农产品质量和数量。曾福生、周国红、汪懋华等提出发展“精准农业”。强调：① 农作物精确定位，即因地制宜。② 化肥、水等生产要素的精准投入，投入过多则是对生产资料的浪费，投入不足则会影响农作物生长。③ 及时准确地获得农作物生长信息。而本章所讲的“精细密集农业”在强调农业生产过程精细的同时，增加了“密集”的内涵，即在有限的面积里扩展空间，增加内容。我国人均耕地很少，即使发展规模化经营，像美国、加拿大那样的大规模农场也只能是少数，因为我国的农民数量众多，而这在相当长时间内是不可能的。所以，我国绝大部分农场依然是小规模农场，这就需要通过内涵式规模经营增加收益。

世界著名农业经济学家简介

特奥多尔·布林克曼(Theodor Brinkmann)(1877—1951 年)，德国农业经济学家、农业经营经济学派的创始人之一，集德国农业经营经济学之大成。主要著作有《对于集约度学说的论著及其批判的考察》(1909)、《农业经营制度及其位置配设》(1913)、《农业经营经济学》(1914)、《土地利用与用畜饲养之间最理想的关系》(1948)等。

其代表作《农业经营经济学》以屠能的理论为基础，把农业经营学的重心放在经济学方面，围绕农业生产集约度等级、农业经营制度及农业配置问题，论述了边际收益递减规律、投资收益限界、最小限度法则、部门配合理论以及生产规模学说，并把它们连接成一个较完整的体系，为之后的农业生产经济学奠定了理论基础。

第五章　农业产业结构与布局

本章学习目标

1. 掌握农业产业结构的概念；
2. 了解我国农业产业结构的形成与调整；
3. 了解我国农业产业的布局情况。

农业产业结构调整始终是我国农业、农村发展的中心工作之一。近年来，我国对农业产业结构进行了大幅度的调整和优化升级，取得了显著的成效。现阶段农业产业结构中仍然暴露出一些问题，因此有必要进一步优化。

农业产业结构调整与农业产业布局是相辅相成的。农业产业的转型升级和产业布局结构的优化势在必行。

第一节 农业产业结构概述

一、农业产业结构的概念

农业产业结构又称为农业生产结构,指一个国家、地区或者农业企业的农业生产各部门和各部门内部的构成及其相互之间的比例关系。

农业产业结构是农业生产中的基本问题,涉及农业资源如何配置、农业生产要素如何结合等。农业产业结构调整一直是我国农村经济发展中的核心问题之一。合理的农业产业结构,有利于实现农业和农村经济的快速发展和农民的持续增收,有利于国民经济的发展。

二、农业产业结构的特点

(一)多层次性

农业产业结构是多层次的复合结构。农业产业结构中的一级产业结构是农、林、牧、渔各业之间的结构,这也是农业产业结构中的基本关系。在农、林、牧、渔各业内部划分的生产部门,称为二级产业结构。例如,种植业内部又可分为粮食作物、经济作物和饲料作物生产部门,通常称为“粮—经—饲”三元结构;在畜牧业内部又可分为养猪业、养牛业、养禽业、养羊业等。在二级产业结构内部,又可按照产品的品种及用途分为不同的种类,称为三级产业结构。例如,粮食作物中又可分为小麦、水稻、薯类、玉米等;养牛业又可分为肉牛养殖和奶牛养殖等。以此类推,还可分为四级产业结构、五级产业结构。随着社会分工的细化以及农业产业的发展,农业产业结构的划分必将越来越细,层级结构必将越来越复杂。

(二)动态性

农业产业结构是一个动态的结构。它的发展变化受到时间、空间的影响,随着时间、空间条件的变化而不断调整。由于农业产业结构是不断变化的,因此,研究农业产业结构的动态变化规律就成为农业经济学研究的重要内容之一。

(三)相关性

农业产业结构的相关性主要体现在农业各产业之间、各产业内部及各生产要素之间存在一定的相互联系、相互制约的关系。比如,种植业为畜牧业提供饲料,畜牧业为种植业和林业提供肥料,林业为种植业等提供良好的生态环境。

三、农业产业结构的影响因素

农业产业结构是一个动态的结构,它经常处于变动之中。总的来说,农业产业结构由社会经济发展水平决定,并受到自然、经济和社会等多方面因素的影响和制约。影响农业产业结构发展变化的主要因素有:

（一）资源禀赋和自然环境条件

资源禀赋和自然环境条件是农业产业结构形成的自然基础。无论是农、林、牧、渔各业构成的部门类型结构还是不同地域构成的农业生产结构，都受到资源禀赋和自然环境条件的影响和制约。在不同的资源禀赋和自然环境条件下，农业生产的效率差异很大。因此，资源禀赋和自然环境条件在很大程度上决定了农业产业结构的构成，尤其是在科技不发达的情况下。

知识链接

干旱河谷地区农业产业结构的调整

汉源县是典型的干旱河谷地区。农村经济改革前，汉源县虽然具有发展农业的得天独厚的优势，但光照、热量、土地、水和劳动力等优势资源一直没有得到合理配置和利用。农业结构单一，种植业以粮食作物为主，而粮食生产由于降水稀少、蒸发量大等自然条件的限制产量不高，经济效益低下。汉源对农业产业结构进行合理的调整产生了良好的经济效益，由生产粮食为主的农业结构逐渐转向粮食作物、经济作物和其他作物的共同发展。农业产业结构调整后，果蔬等经济作物在汉源得到广泛的推广。汉源以其优质的汉源金花梨和色鲜、肉厚、味香的清溪花椒而驰名全省，梨的收入占家庭总收入的60%以上。汉源地区对本地的资源给予最充分的认识和最正确的开发，利用当地独特资源，发挥地区优势，做到地尽其力、物尽其用、人尽其才。

资料来源：向晶，唐亚.干旱河谷地区农业产业结构的调整对环境及经济的影响分析：以汉源地区为例.四川环境，2006(1).

（二）农产品需求结构

农产品需求结构是影响农业产业结构的重要因素，也是农业产业结构变化的动因之一。农产品需求的变化将导致农业生产资料的重新配置，从而使农、林、牧、渔各业之间及各业内部发生变化。例如，人们对畜产品需求的增长，促使畜产品生产不断扩张，畜牧业比重不断增长，而种植业内部结构也受到影响，饲料作物的比重增长。

（三）社会经济条件

与农业产业结构相关的社会经济条件包含人口数量、劳动力的数量和质量、交通运输条件、消费结构等因素，这些因素都对农业产业结构的形成和发展具有重要的影响和制约作用。它们不仅影响农业生产资料供给的数量和质量，还对农产品需求的结构产生直接或间接的影响，并由此形成不同的农业产业结构。

（四）经济政策

国家在财政、税收、金融等方面的政策，将影响农业资源在农业各产业之间、各产业内部、农业企业之间的配置，从而影响着农业产业结构，并促进农业产业结构的变化和发展。

四、农业产业结构的作用

农业产业结构的形成与发展受到资源、环境、经济、社会等因素的影响；反之，一定的农业产业结构又会对资源、环境、经济、社会等方面产生一定的作用。其作用主要体现在以下方面：

（一）自然资源利用影响

从自然资源利用的角度看，不同的农业产业结构就意味着生产不同的产品，就意味着需要不同的自然资源；从农业产业结构的角度看，不同的自然资源所能生产的产品不同，自然就会产生不同的农业产业结构。如果农业产业结构不能与自然资源条件相适应，必然会造成自然资源的浪费或闲置。如一个地区土地资源丰富，就适合种植土地密集型农产品，这样不仅有利于土地资源的充分利用，也会产生更好的经济效益。

（二）劳动力资源利用影响

不同的农业生产部门，不同的农业项目需要使用的劳动力资源数量和质量不尽相同，因此，农业产业结构与劳动力资源利用有着十分密切的关系。如果农村的劳动力资源与农业产业结构不相适应，就会导致劳动力资源不能被充分合理地利用。例如，蔬菜生产是劳动密集型生产，需要更多有专业技术的劳动力，同时需要受过专门训练的劳动力进行管理。

（三）农产品需求满足程度影响

经济社会发展，需要农业提供数量充足、种类多样、优质安全的农产品。而农业能否满足人们对农产品的需求，以及能够在多大程度上满足人们的需求，都与农业产业结构是否合理有着密切的关系。

第二节　农业产业结构调整

一、合理农业产业结构的主要标志和评价指标

合理的农业产业结构是与自然、社会、经济条件和要求相适应的，是一个发展变化的动态概念。从时间轴看，以前合理的农业产业结构，现在未必合理；从空间格局看，对一个国家和地区来说是合理的农业产业结构，对另一个国家和地区而言未必合理。农业产业结构受到诸多因素的影响，不断发展变化，因此必须从多方面进行定性和定量的分析。具体来说，评价农业产业结构是否合理的标志和评价指标主要包含以下方面的内容：

（一）资源利用的程度

合理的农业产业结构能够使农业各生产部门的发展规模和速度与各种资源和经济社会条件相适应，能够充分利用各种资源。资源利用程度的评价指标包括各类土地资源、生物资源、水资源的利用率和利用方式，劳动力利用率、农副产品利用率等。

（二）市场需求的满足情况

合理的农业产业结构能够较好满足社会对农产品的需求。我国的农产品市场已经由卖方市场转变为买方市场，市场竞争越来越激烈，因此要求农业生产部门必须以市场需求为导向，

合理利用各种生产要素,生产出社会需要的农产品。农业生产部门要对市场需求的变化做出及时的反应,并对生产目标和行为进行适应性的调整,即产业结构调整的过程。市场需求的满足程度的评价指标主要包括市场供求规模、农产品商品率、市场占有率、农产品销售增长率、市场供求结构等。

(三)生态环境的改善程度

改善生态环境,不仅可以提高人们的生活品质,而且可以提高农业的产出水平。因此,生态环境的改善程度是评价农业产业环境的重要指标之一。其评价指标包括森林覆盖率、土壤有机质含量、自然灾害发生概率和频率、土壤和水中有毒有害物质含量等。

(四)经济效益的高低

合理的农业产业结构一定是在兼顾生态效益、社会效益的情况下,取得更好的经济效益。其评价指标包括土地生产率、劳动生产率、单位产品成本、投入产出率、单位投资收益率、单位面积净产值、人均收入等。

二、农业产业结构的演进趋势

一个国家或地区的农业产业结构受到多种因素的影响,但是其发展变化也存在一定的内在规律。很多国家的农业产业结构演进的历史表明了农业产业结构的演进存在以下几个趋势:

(一)在农、林、牧、渔各业中,畜牧业所占比重逐渐增大

从食品的需求收入弹性看,大部分植物类产品的需求收入弹性较小,而动物类产品的需求收入弹性较大。因此随着收入水平的提高,人们会减少对植物类食品的需求,增加对动物类食品的需求。消费需求的变化必然导致农业产业结构的变化,因此,在农、林、牧、渔各业中,畜牧业所占比重会逐渐增大。从发达国家农业产业结构调整的历程看,畜牧业生产会逐渐取代种植业生产在农业中的主导地位,并逐渐成为整个农业中最重要的产业。

(二)在种植业中,饲料作物的比重逐渐增大

畜牧业的比重逐渐增大,将导致社会对饲料的需求增加,进而推动饲料作物种植业迅速发展。种植业的结构由原来的粮食作物和经济作物的二元结构逐渐转变为粮食作物、经济作物和饲料作物的三元结构。2012 年我国食用粮约占 30%,饲料用粮约占 40%。① 在经济发达国家饲料用粮甚至要占到 70%~89%,而经济不发达国家的饲料用粮比例最低仅为 10%左右。

(三)在种植业中,经济作物所占比重逐渐增加

随着经济社会的发展,工业对棉花、油料、天然橡胶、糖料等原料性经济作物的需求逐步增大;随着生活水平的提高,人们对蔬菜、水果、花卉等园艺类经济作物的需求也在增长。对经济作物需求的增长,将会导致种植业中经济作物的比重逐渐增加。

---

① 人均粮食消费逼近 500 千克大关意味着什么?.中国国土资源报网,2012-02-21.

（四）粮食生产的基础性地位受到国家保护

民以食为天，从古至今粮食安全问题都是关系国计民生的重大战略问题，粮食生产部门也因此具有特殊的重要地位。这是因为，首先，粮食是人们最基本的生活资料，人们只有在满足了粮食需求的基础上，才能将多余的耕地、劳动力、生产资料等用于种植业的其他生产部门；其次，畜牧业及渔业的发展必须建立在粮食及饲料作物发展的基础之上；最后，粮食安全关系到整个社会经济的稳定。因此，当种植粮食的比较利益下降，导致粮食生产在种植业中的比重下降时，很多国家都会对粮食生产采取保护性的政策措施。例如，价格支持和保护政策、粮食生产者的直接补贴、农业生产资料的补贴、农业基础设施建设补贴等。

（五）林业受到国家的特别支持和保护

森林不仅具有经济功能，还具有非常重要的生态功能和社会文化功能。森林的经济功能主要体现在为人类提供多种林产品。在整个生态系统中，森林是地球表面陆地生态系统的主体，具有涵养水源、调节气候、防风固沙、保持水土、净化空气、固碳放氧等多种生态功能。同时森林是人们休闲和旅游的重要场所，因此衍生出其社会文化功能。由于森林的生态功能和社会文化功能具有很强的正外部效应，其经营者无法通过市场机制获取足够的收益，因此国家必须对林业进行支持和保护，稳定和提高森林覆盖率，促使森林所有者和经营者的经营行为能够符合社会发展和生态环境保护的需要。

三、我国农业产业结构的演变

（一）改革开放前的我国农业产业结构状况

长期以来，中国的农业产业结构比较单一。农业产业结构始终以种植业为主，而种植业又以粮食生产为主。新中国成立时，种植业所占比重在80%以上，而粮食面积占到种植业总面积的90%以上。

在改革开放之前，我国的农业产业结构基本延续了新中国成立前的单一状况。由于片面强调“以粮为纲”，综合经营发展受到严重抑制。在改革前的近30年间，我国农业产业结构变化较小。这一时期的农业产业结构突出了“三个中心”，即农业以种植业为中心，种植业以粮食为中心，粮食生产以高产粮食作物为中心。由此可见，改革开放前的农业产业结构的核心就是追求粮食产量的增长。这一时期的农业产业结构可以被称为单一的粮食型结构。

改革开放前，我国的农业产业结构（见表5-1）呈现出以下几个方面的特征：

1. 从农业各部门之间及其内部结构看，比例关系极不协调

改革开放之前，我国提出了农、林、牧、副、渔业五业并举的方针，但在实际安排中仍片面强调种植业的单一结构，林业、畜牧业、渔业、副业的比重有所提高，但比例仍偏低，除种植业之外的其他农业生产部门仍处于从属地位。在种植业内部，虽然提出了粮、棉、油、糖、茶、茧、菜、果、麻、烟、药、杂12项发展内容，但长期只重视粮食生产的发展，忽视经济作物的发展。农业产业结构基本停留在“农业—种植业—粮食”的低级阶段，各产业发展极不协调，农业发展的整体绩效受到影响。

表 5-1　改革前的中国农业产业结构　　单位:%

产业＼年份	1949	1952	1957	1965	1972	1978
种植业	82.5	83.1	80.6	75.8	74.7	67.8
林业	0.6	0.7	1.7	2.0	2.2	3.0
畜牧业	12.4	11.5	12.9	14.0	12.9	13.2
渔业	0.2	0.3	0.5	1.7	1.5	1.4
副业	4.3	4.4	4.3	6.5	8.7	14.6

注:1. 农业产业结构是各部门的产值比例。2. 1993 年起取消对副业的统计。

资料来源:1982 年中国统计年鉴.北京:中国统计出版社,1983.

(1) 种植业比重过大,林业、畜牧业、渔业比重过小。1978 年我国农业产业结构中,种植业比重仍然高达 67.8%,远高于同期美国和苏联的水平。

(2) 在种植业内部,重粮食生产,轻经济作物种植。1978 年粮食作物播种面积占种植业播种面积的 80.4%,经济作物仅占种植业播种面积的 9.6%。

(3) 在林业内部,用材林所占比重过大,经济林、防护林、薪炭林所占比重较小。1978 年我国林地中用材林面积占森林面积的 80.3%,经济林、防护林、薪炭林的面积分别占森林总面积的 7.1%、6.5%和 2.7%。森林覆盖率仅为 13.92%,远低于当时 22%的世界平均水平,在 160 多个国家和地区中仅列第 120 位。

(4) 在畜牧业内部,重视养猪业的发展,忽视养牛业、养羊业等的发展。1978 年年底,我国大牲畜存栏数量为 9 389 万只,生猪存栏数量为 30 129 万头,羊存栏数量为 16 994 万只,三者之比大致为 1∶3.2∶1.8,也就是说牛、羊的存栏总和仍低于猪的存栏数量。

(5) 在渔业内部,重海水产品,轻淡水产品。1978 年,海水产品总产量为 360 万吨,是淡水产品产量的 3.4 倍。在海水产品生产中,重捕捞,轻养殖。海水产品中的 87.5%来自于捕捞,仅有 12.5%来自于海水养殖。

2. 资源利用极不合理,各地比较优势难以发挥

我国的农业产业结构长期以粮为纲,破坏了农业内部各部门之间的相互配合和协调发展。首先,偏重粮食的农业产业结构严重地影响了多种经营和综合发展,严重制约着农业资源开发的深度和广度。其次,农业劳动力资源优势难以发挥。过多的劳动力资源被用于粮食生产,不仅劳动报酬低下,劳动生产率很低,而且造成了大量劳动力资源的浪费。最后,单一的农业产业结构严重制约了不同地区比较优势的发挥。例如,有的地区为了发展粮食生产,毁林开荒、围湖造田等,不仅造成原有资源的浪费,而且在一定程度上造成了生态环境的恶化。

3. 农产品供应全面紧张,农业经济效益下降

在传统的计划经济体制下,单一的农业产业结构难以合理配置资源,农产品数量少,品种单一,难以满足社会的需求,农业产业结构与整个社会经济发展的需求不相适应。尽管以粮食生产

为核心，但是粮食供应仍然紧张。其他主要农产品，如棉花、油料、糖料等人均占有量有所下降，供不应求。农民收入受到单一农业产业结构的影响，长期难以提高。

改革开放前，我国单一的农业产业结构难以改变，是因为受到了当时特定的社会经济条件的制约。首先，我国当时处于计划经济时代，计划是配置资源的唯一手段，因此农业产业结构的调整无法按照市场的需求进行调整，资源未能得到有效配置；其次，在长期的短缺经济条件下，人民生活水平低下，人口压力大，严重制约了农业产业结构的调整。具体来说，一方面由于宽松的人口政策，人口增长过快，导致粮食需求增长很快，而粮食供给长期不足；另一方面，农业基础设施较差，抵御自然灾害的能力较差，粮食生产较不稳定。加之当时我国经济实力差，对外开放程度低，不具备从国外大量进口农产品的能力和条件。

（二）改革开放后我国农业产业结构的状况

20 世纪 70 年代末，我国农村率先进行改革。随着农村经济体制改革的全面推进，农业产业结构调整的步伐也加快。农业产业结构已经实现由单一的种植业为主的传统农业向农、林、牧、渔业全面发展的现代农业转变，种植业由以粮食作物为核心的一元结构向粮食作物、经济作物、饲料作物共同发展的三元结构转变。

1. 农、林、牧、渔业之间及其内部结构比例趋于合理

（1）种植业比重显著下降。种植业比重从 1978 年的 80%下降到 2013 年的 53. 1%，畜牧业比重由 15%上升至 29. 3%，渔业由 1. 6%上升至 9. 9%（见表 5-2）。

表 5-2 1978—2013 年中国农业产业结构状况 单位：%

年份	种植业	林业	畜牧业	渔业
1978	80. 0	3. 4	15. 0	1. 6
1980	75. 5	4. 2	18. 4	1. 7
1985	69. 2	5. 2	22. 1	3. 5
1990	64. 7	4. 3	25. 7	5. 4
1995	58. 8	3. 5	29. 7	8. 4
2000	55. 7	3. 8	29. 7	10. 8
2005	49. 7	3. 6	33. 7	10. 2
2006	52. 7	3. 9	29. 6	9. 7
2007	50. 4	3. 8	33. 0	9. 1
2008	48. 4	3. 7	35. 5	9. 0
2009	51. 0	3. 6	32. 3	9. 3
2010	53. 3	3. 7	30. 0	9. 3

续表

年份	种植业	林业	畜牧业	渔业
2011	51.6	3.8	31.7	9.3
2012	52.5	3.9	30.4	9.7
2013	53.1	4.0	29.3	9.9

注：由于从2003年起，国家统计局的国民经济行业分类标准中的农、林、牧、渔业总产值中包含了农、林、牧、渔、服务业的产值，因此从2003年至2013年各年的农、林、牧、渔业各产值之和小于农业总产值，相应的农、林、牧、渔业的比例之和也小于100%。

资料来源：2014年中国统计年鉴.北京：中国统计出版社，2015.

（2）在种植业内部，粮食作物的播种面积和产值比重呈递减趋势，经济作物的比重迅速上升；在粮食作物内部，玉米等饲料作物的比重迅速增加，种植业逐渐由粮食作物和经济作物的二元结构转变为粮食作物、经济作物和饲料作物的三元结构。

（3）畜产品结构更趋合理。在肉类总产量中，猪肉所占比重已经下降至64.4%，牛羊肉所占比重提高至12.7%，禽肉所占比重提升至22.5%。

（4）在林业发展由以木材生产为主向以生态建设为主转变。林产品的产值比重逐步提高，其占林业产值的比重提升至35%以上；由于实行退耕还林等措施，林木培育和种植的产值比重也达到了30%以上。

（5）渔业快速发展，实现了从以捕捞为主向以养殖为主的转变。我国是世界上主要渔业国家中唯一的养殖产量超过捕捞产量的国家，渔业产值中养殖产值占60%以上。同时养殖品种向多样化、优质化发展，除了传统的鱼类之外，虾、蟹、鲍鱼、鳗鱼等高价值特色养殖也迅速发展，极大地改善了水产品结构。

2. 资源利用趋于合理

农村经济制度改革，使农民成为独立的经营主体和生产要素的支配者。农民可以根据市场需要合理地配置各种资源和生产要素，因地制宜地发展农业生产，开展多种经营。农业生产呈现出多样化的格局，专业化、社会化和商品化程度得到提升，并朝合理的方向发展。原有的“四荒”地也得到了综合利用，土地资源利用更加充分。

3. 经济效益得到提升，农产品供给结构不断优化

2013年，农民的人均纯收入已经达到8 895.9元，是1978年的66.6倍。[①] 农产品供应已经由短缺走向总量基本平衡，部分农产品出现了结构性过剩。农产品供应的数量和质量都得到了很大提高。人们对农产品品质和质量安全的追求，将促使农产品生产朝优质、安全的方向发展。

在改革开放之后，我国的农业产业结构变化较快的原因可以归结为：第一，农业经营体制的

① 我国农业科技进步贡献率达55.6%.人民网，人民日报，2015-01-04.

改变为农业产业结构的迅速调整提供了制度基础和前提条件。改革开放后,农村实施家庭联产承包责任制,形成了有效的激励机制,促进了各种生产要素的有效配置,提高了土地利用效率,增加了农产品的供给,并使得农业产业结构迅速调整成为可能。第二,收入水平的提高和市场需求的诱导拉动了农业产业结构的快速变化。改革开放以来,我国人民的收入水平有了较大提升,带动了消费水平的提高,居民直接的粮食消费相对减少,对间接的粮食消费,例如,动物性食品、酒类等的需求增长较快,消费结构变化明显。市场需求的变化带动了农业产业结构的变化。第三,技术进步支持了农业产业结构调整。我国农业的发展,离不开技术的进步和支撑。20 世纪 70 年代,中国农业科技贡献率不到 30%,在 2014 年该数值预计提升至 55.6%①,可见科技进步对于农业发展已经越来越重要。科技进步提高了农作物的单产和总产,提高了资源的利用效率和经济效益,也支撑了农业产业结构调整。

四、我国农业产业结构调整的原则和方向

改革开放之后,我国农业产业结构调整取得了很大的成就,农业产业结构已经实现了从量变到质变的转变。

(一)我国农业产业结构战略性调整的原则

1. 市场化导向

农业产业结构调整要以市场为导向,根据需求的变化,优化农产品的品种和品质结构,使农产品的数量、质量、比例都符合市场的需求。调整农业产业结构不能仅局限于当地的市场,要面向全国,放眼全球,适应国内外对农产品的需求。不仅要瞄准现实需求,也要研究潜在的需求,把握市场需求的发展趋势和规律。政府要充分发挥宏观调控的职能,加强农产品信息服务体系和农产品流通体系的建设,为农业和农民提供更好的服务。

2. 因地制宜

调整农业产业结构,应当充分发挥各地的资源优势和有利条件,因地制宜地确定农业产业结构调整的方向和重点,因势利导,做到宜粮则粮、宜牧则牧、宜渔则渔。因地制宜地利用各地区的比较优势,能够有效降低农产品生产成本,使当地的资源优势转变为产品优势和经济优势。每个地区都应当发挥当地的资源、技术、市场、经济等方面的优势,发展具有本地特色的优势农产品,逐步形成具有区域特色的主导农业产业和主导农产品。

3. 依靠科技

加快农业产业结构调整和升级,必须依靠科技。农业科技研发和技术进步应当以市场需求为导向,将农业科技进步的重点由农产品产量的提高转向农产品品质、效益和安全的提升。加快农业科研成果的转化速度和转化率,将先进的农业科技成果应用到农业生产中,推动农业科技成果与农业生产的有效结合,提高农民收入,增强农业竞争力。

---

① 我国农业科技进步贡献率达 55.6%.人民网,人民日报,2015-01-04.

4. 创新发展

在农业产业结构调整的过程中，面对不断出现的新机遇、新情况、新问题，要坚持创新发展，创新理念和方法，创新机制体制，在创新中求变，在创新中发展，努力在优化农业产业结构上开辟新途径。要通过延伸农业产业链条，形成第一、第二、第三产业的互动型、融合型发展模式，向农业的深度和广度进军。要在强化农业传统经济功能的基础上，进一步发挥农业就业增收、保护生态环境、传承历史文化等多重功能。

5. 宏观调控

在农业产业结构调整过程中，要以市场为导向，以市场机制作为资源配置的基本方式，但是市场在环境保护、食品质量安全等方面存在失灵，需要政府从可持续发展和国家全局的高度，运用法律、经济、行政等手段来解决市场失灵问题。优化农业产业结构要坚持政府主导，完善顶层设计，规范有序推进。

6. 农民自愿

在农业产业结构调整中，要坚持以农民为主体，充分尊重农民意愿，把自主权真正交给农民，让农民按照市场导向进行决策。要在尊重农民的利益和权利的前提下，加强政府的组织引导，并通过政策倾斜和资金支持，引导农民做出符合自身利益和国家利益的选择。

（二）农业产业结构战略性调整的方向

我国农业已由过去资源的单一约束变为资源和市场的双重约束，农产品的供求关系的主要矛盾也由供不应求转变为需求约束。这就决定了新一轮农业产业结构调整的方向必须是根据国内外市场的需求和我国的资源禀赋状况，对农、林、牧、渔业进行调整，实现农业产业结构的升级转型，实现农民增收和农业增效。

1. 优化农、林、牧、渔业之间的比例关系

其基本思路是继续发展种植业，加快发展畜牧业，充分利用自然资源发展林业和渔业。提高农、林、牧、渔业之间的多层次综合利用水平，实现农牧结合、农林结合、牧渔结合，更加合理地利用各种农业资源。

（1）调整农、林、牧、渔业之间的结构。随着经济发展，种植业在农业中的所占份额会继续下降，但是其绝对量会持续增长。特别是随着畜牧业发展，对饲料用粮的需求会进一步增加。因此，必须继续发展种植业，加快发展畜牧业，提高畜牧业所占比重。这是农业发展的基本趋势。我国69%的国土面积是山区，拥有林地43亿亩，但林地产出还不到耕地的1/3[①]，林业发展的潜力巨大。我国适于海水和淡水养殖的资源比较丰富，综合开发和利用这部分资源，将使我国渔业得到很好的发展。

（2）提高农、林、牧、渔业之间的多层次综合利用水平。优化农业产业结构应当努力实现农、林、牧、渔业相结合，实现农业资源的循环利用，提高农业资源的综合利用效率。种植业可为畜牧业和渔业提供饲料，畜牧业和渔业则以畜、禽、鱼粪便还田形式为种植业和林业提供肥力支撑，畜

① 公共政策执行的中国经验.中国社会科学网，2012-09-05.

牧业还可以为种植业、林业提供畜力,林业为种植业、畜牧业和渔业提供生态保障,对保障农、牧、渔业发展具有重要的作用。

2. 调整种植业结构

种植业结构调整总的方向是在确保粮食安全的前提下,大力发展经济作物,实现种植业结构上由粮食作物—经济作物的二元种植结构转变为粮食作物—经济作物—饲料作物三元种植结构。首先要保证粮食安全,我国是人口大国和农产品消费大国,这就决定了粮食安全始终是现代农业发展的头等要务。其次是促进经济作物进一步朝区域专业化、产业化、品牌化方向发展。最后,实现饲料生产的独立化,形成区域化和专业化的生产,提高生产效率。

3. 优化畜牧业内部结构

随着人们生活水平的提高,人们对畜产品的需求增长将快于对粮食的需求增长,因此畜产品的发展空间将会更大。生猪养殖相对于牛、羊和家禽来说,可以较好地利用闲散劳动和农民的生产生活剩余物,由此我国长期以来形成了以养猪为主的耗粮型畜牧业结构。但我国人多地少,非粮食型饲料资源丰富,这就决定了我国适于发展耗粮少、转化率高的畜禽产品,特别是能够较好利用秸秆和饲草料的牛、羊、鹅、兔等品种,因此应大量发展草食型畜禽品种的商品生产。对于中国居民需求量较大的猪肉、鸡鸭肉和禽蛋等,应加快其品种改良速度,重点发展优质猪肉、禽肉及禽蛋。应根据区域资源的特点,建立不同品种的畜牧业专业化产业带;大力发展饲料加工业和畜产品加工业,推进畜牧业的产业化发展。

4. 调整林业结构

林业生产具有很强的正外部性,我国未来的林业产业结构调整,首先,要从过去以林业产业体系为主转变为以林业生态体系为主,实施生态优先的战略,优先发展生态林业。其次是要努力满足社会经济发展的需要以及人们对木材和林产品的需求。再次,优化林种结构和树种结构,合理安排用材林、经济林、防护林和薪炭林等比重,以及各树种的比例结构,重视营造不同树种的混交林,特别是针阔混交林。最后,加强对各种林木产品、林副产品的开发和综合利用程度,提高林业经济效益。草、灌、乔相结合,长、中、短周期相结合,加强林业生产及资源利用的多层次性。

5. 调整渔业结构

我国渔业包括利用水域进行的捕捞作业和水产养殖业,主要产品包括鱼类、虾类、蟹类、贝类、藻类等。我国渔业结构调整的方向是:保护和合理开发滩涂、水面等宜渔资源,发展名、优、特、新品种养殖;调整养殖模式,大力发展高效生态型养殖、高科技工厂化养殖等先进的水产养殖模式;充分利用水库、稻田等发展水产养殖;加强近海渔业资源的保护,完善休渔制度,控制捕捞强度,适当减少捕捞量;大力发展远洋捕捞,扩展海外作业海域;大力发展水产品的精深加工和综合利用,提高水产品的附加值,增加渔业产值。

第三节　农业产业布局与专业化

一、农业产业布局的内涵

农业产业布局即农业生产布局，是指农业生产的地域分布，是农业各部门、各生产项目在空间上的动态组合和布局。它是由农业地域分异规律所决定的农业生产在地域上的分工形式。农业地域分异规律是农业生产在地域之间形成差异的规律。农业生产在很大程度上依赖于自然环境，并与一定的社会、经济等条件相联系。在不同地区，自然环境、经济条件、社会条件、技术条件等不同，农业生产部门和农业生产项目也不尽相同。而在同一区域，由于农业生产条件、社会经济条件等趋同，农业生产部门和生产项目也会相似或相同。根据农业生产的具体情况，归纳其共性，区分其个性，划分出不同类型、不同等级的农业区域，将不同的农业生产部门和农业生产项目，分别配置于不同的区域，就形成了农业产业布局。

随着经济、社会、技术水平的变化以及人类生产力水平的提高，农业的生产布局也会改变。虽然自然环境条件是农业合理布局的基础，但对农业产业布局起决定作用的是社会生产力水平。技术进步会引致社会生产力水平的提高，增强人们利用自然和改造自然的能力，促进农业生产专业化和社会化的发展，从而促进农业产业布局的优化。

农业产业布局与农业产业结构之间有着密切的联系。农业产业结构是农、林、牧、渔各业之间及其内部的比例关系。农业产业布局是农业生产力在空间的分布和组合，在一定程度上反映了某一地区或国家的农业产业区域结构和规模，农业产业结构的调整必须与相应的农业产业布局相适应，以实现农业产业结构的合理化。农业产业布局是农业产业结构调整的结果，它会随着农业产业结构的调整而变化。农业产业布局既依赖于农业产业结构，又会对农业产业结构产生影响。因为农业产业结构表现为各部门之间的比例关系，而这种比例关系则是通过产业布局体现出来的。因此，从广义上来讲，农业产业布局与农业产业结构的关系是相辅相成的，不能把农业产业结构和农业产业布局割裂开来，孤立地、主观地安排某一生产部门或某一生产项目的发展。

二、农业区位理论

农业区位理论诞生于 19 世纪初，其奠基人是德国的经济学家屠能。1826 年，屠能在其著作《孤立国同农业和国民经济的关系》（简称《孤立国》）一书中，提出了第一个实践性较强的农业区位理论，该理论也是最早阐明农业生产空间分布规律的经济理论。如图 5-1 所示。该理论认为，农业的土地利用类型和农业土地经营的集约化程度，不仅仅取决于土地的天然特性，更重要的是依赖于当时的经济状况和生产力发展水平，特别取决于农业生产用地到农产品消费地（市场）之间的距离。屠能认为，以城市为中心，农业生产应当由近及远依次划分为以下几个圈层分布：第一圈为自由农作区,它紧接中心城市,主要生产蔬菜、牛奶、鲜花等集约型、单位面积产值较高的农产品;第二圈为林业区,主要为城市提供产品量大、运费高的木材和燃料;第三圈为轮作式农业区,主要种植谷物和饲养牲畜;第四圈为谷草式农作区,主要向城市提供谷物和畜产品;第五圈为三圃式农作区,向城市提供经过加工的畜产品及极少数的谷物;第六圈为畜牧区;第六圈以外被认为土地已经没有开发价值,只能是荒地。屠能的农业区位理论是以单因子孤立化的方法研究农业区位的,被称为古典农业区位论。其重要意义就在于首次确立了两个基本概念,即土地利用方式(或者农业类型)的区位存在客观规律性和优势区位的相对性,它们已经成为农业经济学和农业地理学的基本概念。农业区位理论说明了市场距离对农业生产的集约程度和土地利用类型有着很重要的影响。

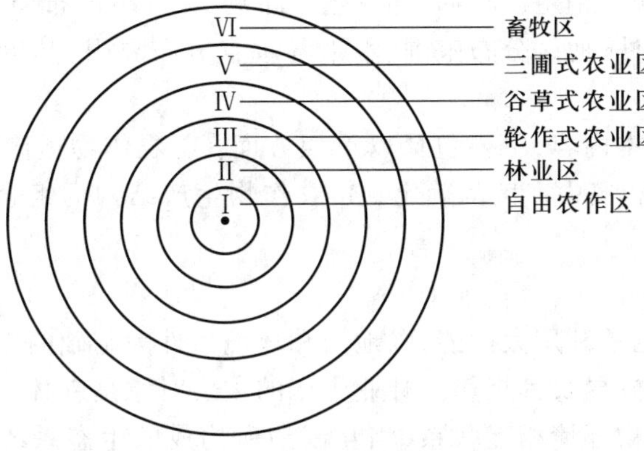

图 5-1 屠能的农业区位理论示意图

由于现代交通运输的发展以及科学技术的发展,运费大幅度降低,市场距离已经不是决定土地利用方式的最重要因素,而土壤、地形、气候等自然条件,以及经济、社会、技术水平等对农业类型的影响更加显著。屠能的农业区位理论更多的是揭示了大范围区域内宏观农业区位的不同,现代农业区位理论更多的是研究具体农业企业的生产决策。影响农业决策过程的因素,不仅有各种经济因素、社会因素、技术因素、自然因素,而且包括农场主的行为因素,如个人偏好、业务能力等。通过农业决策的研究,不仅可以解释现存的农业区位,还可以预测其变化和发展。

三、农业部门布局原理

农业部门布局是农业布局的重要组成部分,它以农、林、牧、渔业或单项农业生产为对象进行农业布局研究。

农业包含的生产部门、生产门类和生产项目很多,而每一个部门、门类或项目都要求不同的生产条件,因此表现出来的布局特点或布局规律也不尽相同。对农业生产各部门,尤其是对主要农业部门及重要农作物的布局进行研究,对于阐明农业生产的地域分异规律,因地制宜地进行农业生产合理布局是非常必要的。

（一）种植业布局

种植业布局是农业部门布局的一个重要分支。它主要依据地表空间分布的差异及其规律，研究农作物的生产条件，探究与当地生态环境、经济社会发展水平相适应的农作制度、作物布局及其发展潜力，以便能够因地制宜，充分利用自然资源和经济资源，扬长避短，发挥地区比较优势，从而获得稳产、高产。

种植业是主要从事农作物栽培的农业生产部门。人类栽培的农作物种类繁多，包括粮食作物、经济作物、饲料作物等，约有600种。种植业是农业的基础，其发展和布局状况会对国民经济各部门产生直接的影响。因此，种植业又有第一性生产之称。由于种植业布局比林业、畜牧业、渔业生产布局的内容更加多样和复杂，因此除了对种植业布局进行一般论证外，还应当按照不同作物种类分别进行研究，如水稻生产布局、棉花生产布局、大豆生产布局、油菜生产布局等。它们各有其不同的生态适应条件、地区分布范围、水平与垂直分布界限，其生产基地的形成和发展趋势也存在差异。

农作物布局研究的基本内容，主要包括以下四方面：① 农作物适应区域的划分和适应地的选择；② 农作物生产基地和集中产区的确定；③ 农作物生产结构的组合；④ 农作物种植方式和耕作制度的确定。

（二）林业布局

与种植业相似，林业也是利用太阳能，以地力和环境条件为基础的生物生产部门。林业布局主要研究林业生产的地域分异及其规律。林业生产的主要对象是森林。森林是以木本植物为主的植物群落与周围的非生物环境相互联系、相互制约所构成的生态系统。森林经营的目的不仅在于获得木材及其他林副产品，更重要的是获得森林的生态效益，如涵养水源、保持水土、防风固沙、调节气候、净化空气、减少噪声、防止污染、保护和美化环境以及保护生物种类资源等。林业生产的发展与布局，既取决于自然因素，又取决于社会经济因素。

林业布局研究的内容主要有：森林的类型、特征及地理分布规律；森林资源的数量、质量评价及地区分异；不同地区森林的经营类型和经营方针；林业分区研究；等等。

（三）畜牧业布局

畜牧业布局主要研究动物养殖业在地表空间的分布现象及其规律。该现象及其规律受自然、社会和经济等因素的制约。狭义的动物养殖，主要包括哺乳动物及一些禽类，如牛（黄牛、水牛、牦牛等）、马、驴、骡、驼、山羊、绵羊、猪、兔、骆马、羊驼、驯鹿、亚洲象以及鸡、鸭、鹅、鸽等，广义的动物养殖还包括一些特种动物，如蜜蜂、蚕、牛蛙、蛇等。这些动物为人类提供肉、乳、毛、皮革、蛋、丝与蜂蜜等产品，以及畜力、动力和部分药材原料。家养动物的再生产与各种生态地理环境和社会经济条件关系十分密切。其中，生态地理环境包括光、热、水、土壤、植被、其他动物与微生物等，社会经济条件包括劳动力、民族、交通运输、市场供求、产品价格、加工技术及人工选育技术等。饲养动物与其生态环境构成了统一的畜牧业生产系统。因此在研究畜牧业布局时，必须同时树立地域、生态学和系统论这三个理念。

畜牧业布局的主要研究内容包括：① 饲养动物种群的分布，及其与生态环境诸因素的关系以及种群生态地理规律性研究;② 对与畜牧业生产发展相关的自然条件、自然资源及社会经济条件(包括技术水平)的评价;③ 畜牧业生产的地域性及其特点的研究;④ 畜牧业分区、区划与布局的研究,着重研究区域(或地区)的畜牧业如何因地制宜地选择与确定畜牧业生产发展方向,可能的生产前途与规模,存在的主要矛盾和问题,以及解决途径与措施等。

(四) 渔业布局

渔业是指利用各种可利用的水域或开发潜在水域(包括低洼地、废坑、故河道、坑塘、沼泽地、滩涂等),采集、栽培、捕捞、养殖、加工水生经济动植物的生产部门。渔业生产一般可分为海洋渔业和淡水渔业,也可按经营方式分为捕捞渔业和养殖渔业。捕捞渔业是以一定水域的天然水生动植物作为劳动对象,通过捕捞作业获取水产品。养殖渔业是在天然水域或人工水域进行水生动植物的养殖而获取产品,所以它具有与种植业和畜牧业相似的特点。渔业布局主要研究渔业生产地域分异规律,为因地制宜发展渔业生产和实施合理布局提供科学依据。

渔业布局的主要研究内容包括:① 对在渔业生产地理分布和渔业地域特征形成中自然、技术和经济条件的具体作用及其地域表现形式进行评价。特别要研究各地区不同自然条件和自然资源条件所提供的发展渔业的可能性,以及在渔业生产上合理利用自然条件和改造不利条件的途径和方式。② 分析、研究渔业中捕捞业、养殖业、栽培业、冷藏加工业等各部门的发展条件和地域分布规律,研究渔业生产水平的地域差异及其原因、增产关键和途径。③ 研究水域资源、潜在水域资源、水生经济生物资源、饵料资源等利用的条件和方式,探索和预测各地区水域资源未来发生变化的趋势。④ 研究渔业生产地域类型和渔业区的形成、结构和发展变化的规律,制定渔业区划,研究渔业商品生产基地的类型、布局和建设途径。

(五) 城郊农业布局

城郊农业是指城市行政辖区内的市区外围地区以提供蔬菜、副食品满足城市居民需要为主要目的的农业。它主要由园艺业(包括蔬菜、瓜类、果园、花卉等)、牲畜和家禽饲养以及部分耕作业组成。

城市郊区的范围大小与城市规模、所处地区环境和市界范围大小有关。通常城市规模越大,郊区也就越大。大城市由于郊区面积大,在土地利用上具有显著差异,可分为近郊区和远郊区两种城郊农业类型。近郊区一般以肉、乳、禽、蛋、蔬菜、水产品、果品、花卉等生产为主;远郊区以粮食、经济作物等生产居多。

城郊农业一般具有农产品种类多,生产周期短,运输量大,易损耗,商品量大,商品率高等特点。在农业布局上要根据城市规模的不同,选择范围不同的城市近郊区和远郊区,建立规模合理的蔬菜和各种副食品生产基地,以便保质保量、及时均衡地满足城市居民生活和部分生产需要。未来城郊农业将朝机械化、集约化、设施化及高效化的方向发展。

四、农业生产专业化

(一) 农业生产专业化的含义

农业生产专业化也叫农业生产专门化,是指各地区或农业生产单位逐步改变小而全的生产结构和经营方式,根据自然条件和社会经济条件的特点,以及农业生产各部门和各种农作物的生态适应性,专门从事某一种或几种产品(或生产环节)的生产,使生产活动趋于专一化的过程。

农业生产专业化是社会分工深化和经济联系加强的必然结果,也是传统农业向现代发展转变的必由之路。

(二)农业生产专业化的类型

农业生产专业化可以分为农业企业专业化、农艺过程专业化和农业地区专业化三种类型。

农业企业专业化是指农业企业之间实行明显的社会分工,各企业逐渐改变小而全的生产结构,生产项目由多到少,由分散到集中,由自给自足转变为专门生产某种(类)农产品,其他生产项目降为次要地位,或者成为从属、辅助的生产部门,甚至完全消失。反映农业企业专业化程度的指标包括农业企业的商品产值构成、农业用地和播种面积的构成等。此外,劳动力和资金的构成也可以从不同侧面反映农业企业的专业化程度。农业企业专业化有利于充分发挥企业的比较优势,有利于机械化的实施,有利于农业技术水平的提高,同时有利于取得规模效益。

农艺过程专业化又叫农业作业过程专业化,即把生产某一种农产品的全部作业过程分解为若干阶段,分别由不同的专业化农业企业完成。例如,在畜牧业生产中,有的企业专门生产仔畜或者孵化鸡雏;有的企业专门饲养幼雏、中雏;有的企业专门从事育肥;有的企业专门从事饲料生产、屠宰、加工、运销等,使得畜牧业生产成为产前、产中、产后分工协作的体系。农艺过程专业化主要表现为围绕农业的各种专业服务的兴起,为农业提供产前服务,如为农业生产者供应农资等;在农业生产过程中,专门为农业生产者提供某项技术作业服务,如提供农机服务、植保服务、农技服务等;在农业生产后端,为生产者提供加工、包装、运销等服务。

农业地区专业化又称为农业生产区域化,是指农业生产在较大的区域之间实行较明显的分工,日益集中于生产某些农产品的专业化区域,它是各地逐步摆脱千篇一律、自给自足的生产结构的结果。它是农业生产的分工在更大范围内的发展。随着市场经济的发展,我国的农业地区专业化的发展步伐正在加快,目前已经形成的有新疆的长绒棉种植区、中原的小麦种植区、东北的大豆种植区、长江流域的水稻种植区、青藏高原的牦牛饲养区等。这些专业化生产区域,是人们在长期的生产实践中以及市场选择的基础上逐渐形成和发展起来的。

(三)农业生产专业化的意义

农业生产专业化是现代农业的分工形式,是传统农业向现代农业发展的必然趋势。农业生产专业化的重要意义体现在以下几个方面:

1. 农业生产专业化有利于充分合理地利用自然条件和社会经济条件

农业生产是自然再生产和经济再生产的有机交织,自然条件对农业生产的影响很大,应根据各地区和农业企业的具体情况,以及农业生产项目的生态适应性,合理布局,实现农业生产的专业化,可以充分发挥各地区、各企业的自然条件优势及经济优势,以获得更大的经济效益。

2. 农业生产专业化有利于采用先进的农业科学技术

传统农业的生产规模小,生产项目多,农业主要依赖世代积累并相传的传统的农业经验和技术。现代的农业生产建立在科技进步的基础之上。实现农业生产专业化可以使一个地区、一个企业的生产项目减少，生产规模扩大，有利于农业科学技术的推广和应用，也有利于农业生产经营者提高劳动熟练程度和科学技术水平。

3. 农业生产专业化有利于使用现代农业物质装备

农业机械等现代农业物质装备对作业条件有较强的选择性，在传统农业的小而全的生产经营方式下，很难大面积使用农业机械。农业生产专业化使得生产活动相对单一，有利于农业机械等现代物质装备的使用，能够大幅度地提高农业生产率，节省劳动力。

4. 农业生产专业化有利于农业产业化的实现

农业生产专业化使得农业生产经营者专注于农业生产过程，而农业生产资料的生产，农产品的销售、加工等则由农业产前和产后部门完成。这样有利于农业生产者与产前、产后的部门实行经济联合，实现产业化经营，使产、供、销相互衔接，密切配合，共同完成农业最终产品的生产。

五、我国主要农产品的区域布局规划

我国是农业大国，也是人口大国，应坚持在发挥区域比较优势的基础上，立足国内，实现主要农产品基本自给。因此，我国逐步推进并形成了主要农产品的区域专业化生产。

（一）水稻

水稻是我国口粮消费的主体，依靠国际市场调剂国内需求的余地极为有限，战略地位十分重要。我国的水稻优势区包括东北平原、长江流域和东南沿海。其中，东北平原水稻优势区主要位于三江平原、松嫩平原、辽河平原，主要包括黑龙江、吉林、辽宁 3 个省的 82 个重点县，主要发展优质粳稻；长江流域水稻优势区主要位于四川盆地、云贵高原丘陵平坝地区、洞庭湖平原、江汉平原、河南南部地区、鄱阳湖平原、沿淮和沿江平原与丘陵地区，主要包括四川、重庆、云南、贵州、湖南、湖北、河南、安徽、江西、江苏 10 个省（直辖市）的 449 个重点县，主要稳定发展双季稻面积，逐步扩大江淮粳稻生产，提高单季稻产量水平；东南沿海水稻优势区主要位于杭嘉湖平原、闽江流域、珠江三角洲、潮汕平原、广西及海南的平原地区，主要包括上海、浙江、福建、广东、广西、海南 6 个省（自治区、直辖市）的 208 个重点县，稳定水稻面积，重点发展优质高档籼稻。

（二）小麦

小麦是我国的基本口粮作物。我国的小麦优势区域包括黄淮海、长江中下游、西南、西北、东北 5 个。其中，黄淮海小麦优势区包括河北、山东、北京、天津全部，河南中北部、江苏和安徽北部、山西中南部以及陕西关中地区，主要包括 336 个重点县，重点发展优质强筋、中强筋和中筋小麦；长江中下游小麦优势区包括江苏、安徽两省淮河以南、湖北北部、河南南部等地区，主要包括 73 个重点县，重点发展优质弱筋和中筋小麦；西南小麦优势区包括四川、重庆、云南、贵州等省（直辖市），主要包括 59 个重点县，重点发展优质中筋小麦；西北小麦优势区包括甘肃、宁夏、青海、新疆，陕西北部及内蒙古河套土默川地区，主要包括 74 个重点县，重点发展优质强筋、中筋小麦；东北小麦优势区包括黑龙江、吉林、辽宁全部及内蒙古东部，主要包括 16 个重点县，重点发展优质强筋、中筋小麦。

（三）玉米

玉米是我国重要的粮食、饲料和工业原料兼用作物。我国玉米重点建设北方、黄淮海和西南3个优势区。其中，北方玉米优势区包括黑龙江、吉林、辽宁、内蒙古、宁夏、甘肃、新疆，陕西北部、山西中北部、北京和河北北部及太行山沿线的玉米种植区，主要包括233个重点县，重点发展籽粒与青贮兼用型玉米；黄淮海玉米优势区包括河南、山东、天津，河北、北京大部，山西、陕西中南部和江苏、安徽淮河以北的玉米种植区，主要包括275个重点县，重点发展籽粒玉米，积极发展籽粒与青贮兼用和青贮专用玉米，适度发展鲜食玉米；西南玉米优势区包括重庆、四川、云南、贵州、广西及湖北、湖南西部的玉米种植区，主要包括67个重点县，重点发展青贮专用和籽粒与青贮兼用玉米。

（四）棉花

我国加入世贸组织以来，纺织品出口快速增长，带动纺织工业迅速发展和纺织用棉需求大幅增加，棉花供求关系已由基本平衡进入供不应求阶段，未来依靠大量进口满足国内纺织工业需求的市场风险进一步增大。我国棉花重点建设黄河流域、长江流域、西北内陆3个优势区。其中，黄河流域棉花优势区包括天津、冀东、冀中、冀南、鲁西南、鲁西北、鲁北、苏北、豫东、豫北、皖北、晋南、陕西关中东部地区，主要包括146个重点县；长江流域棉花优势区包括江汉平原、洞庭湖、鄱阳湖、南襄盆地、安徽沿江棉区、苏北灌溉总渠以南地区，主要包括60个重点县。黄河流域和长江流域两个优势区重点提高棉花品质一致性，有效控制异性纤维混入。西北内陆棉花优势区包括南疆、东疆、北疆和甘肃河西走廊地区，主要包括98个重点县，稳定发展海岛棉，着重提高纤维强力和原棉一致性，扩大异性纤维治理成效。

（五）大豆

大豆是我国进口量最大的农产品。我国重点建设东北高油大豆、东北中南部兼用大豆和黄淮海高蛋白大豆3个优势区。其中，东北高油大豆优势区包括内蒙古东四盟和黑龙江的三江平原、松嫩平原第二积温带以北地区，主要包括59个重点县；东北中南部兼用大豆优势区包括黑龙江南部，内蒙古的通辽、赤峰及吉林、辽宁大部，主要包括22个重点县；黄淮海高蛋白大豆优势区包括河北、山东、河南，江苏和安徽两省的沿淮及淮河以北、山西西南地区，主要包括36个重点县。

（六）马铃薯

马铃薯是我国第五大粮食作物，粮、菜、饲兼用，加工用途多，产业链条长，增产增收潜力大，因其营养丰富，被誉为“地下苹果”和“第二面包”。我国正实施马铃薯主食化战略，重点建设东北、华北、西北、西南、南方5个优势区。其中，东北马铃薯优势区包括东北地区的黑龙江和吉林2省、辽宁北部和西部、内蒙古东部地区，主要包括34个重点县，重点发展种用、加工用和鲜食用马铃薯；华北马铃薯优势区包括内蒙古中西部、河北北部、山西中北部和山东西南部地区，主要包括44个重点县，重点发展种用、加工用和鲜食用马铃薯；西北马铃薯优势区包括甘肃、宁夏、陕西西北部和青海东部地区，主要包括51个重点县，重点发展鲜食用、加工用和种用马铃薯；西南马铃薯优势区包括云南、贵州、四川、重庆4省（直辖市）和湖北、湖南2省的西部山区、陕西的安康地区，主要包括 182 个重点县，重点发展鲜食用、加工用和种用马铃薯；南方马铃薯优势区包括广东、广西、福建 3 省，江西南部、湖北和湖南中东部地区，主要包括 82 个重点县，重点发展鲜食用薯和出口鲜薯品种。

（七）油菜

油菜是我国最重要的油料作物之一，菜子油占国产植物油总量的 40%以上。重点建设长江上游、中游、下游和北方 4 个优势区。其中，长江上游油菜优势区包括四川、贵州、云南、重庆和陕西 5 省（直辖市），主要包括 101 个重点县，重点发展高产、高含油量、耐湿、抗病"双低"油菜；长江中游油菜优势区包括湖北、湖南、江西、安徽 4 省及河南信阳地区，主要包括 166 个重点县，重点发展早熟、多抗、高含油量的"双低"优质油菜；长江下游油菜优势区包括江苏、浙江两省，主要包括 24 个重点县，重点发展高含油量、抗病、中早熟、耐裂角和耐渍优质油菜；北方油菜优势区包括青海、内蒙古、甘肃 3 省（自治区），主要包括 27 个重点县，重点发展抗旱、抗冻的优质甘蓝型特早熟春油菜。

（八）生猪

猪肉是我国最主要的肉类产品。根据各地区资源优势和发展现状，选择沿海地区的江苏、浙江、广东和福建 4 省，东北地区的辽宁、吉林、黑龙江 3 省，中部地区的河北、山东、安徽、江西、河南、湖北和湖南 7 省，西南地区的广西、四川、重庆、云南和贵州 5 省（自治区、直辖市），共 19 个省（自治区、直辖市）为优势区域。依据 19 个省（自治区、直辖市）生猪生产的优势布局，共优选出 437 个生猪生产优势县（团、场）。

（九）奶牛

我国人均奶制品消费量仅相当于世界平均水平的 1/4、发达国家的 1/12，发展空间广阔。我国重点建设京津沪郊区、东北内蒙、中原、西北 4 个奶牛优势区。其中，京津沪郊区奶牛优势区包括北京、上海、天津 3 市的 17 个郊县，重点提高奶业现代化水平，加快产、加、销一体化进程，保障市场供给；东北内蒙奶牛优势区包括黑龙江、辽宁和内蒙古 3 省（自治区）的 117 个县，重点发展规模化、标准化奶牛养殖；中原奶牛优势区包括河北、山西、河南、山东 4 省的 111 个县，重点发展专业化养殖场和规模化小区，大力提高奶牛单产；西北奶牛优势区包括新疆、陕西、宁夏 3 省（自治区）的 68 个县，重点发展舍饲、半舍饲规模化养殖，大力提高饲养管理水平。

本章小结

农业产业结构和布局始终是农业发展的核心问题之一。本章首先介绍了农业产业结构的内涵、特点、影响因素、作用，然后阐释了农业产业结构调整的相关内容，包括合理的农业产业结构的主要标志和评价指标、演进趋势，以及我国农业产业结构演变的历史及发展趋势，最后对农业产业布局的相关理论和原理进行了阐述，并对我国的主要农产品生产的区域专业化进行了介绍。

长期以来，农业产业结构调整一直是我国农村经济发展的重要工作。面对新形势、新挑战，我国农业产业结构的转型升级迫在眉睫，通过合理的农业产业和主要农产品生产的区域专业化布局，有利于扬长避短，充分发挥各区域的比较优势。

即测即评

加描二维码，做单项选择题，检验对本章内容的掌握程度。

复习思考题

1. 农业产业结构有哪些特点？其影响因素是什么？
2. 请论述我国农业产业结构调整的方向。
3. 农业产业转型升级的背景和要求是什么？简述农业产业转型升级与产业结构调整的关系。
4. 为什么要合理布局农业生产？
5. 简述农业区位理论的基本内容。
6. 我国农业区域布局的依据是什么？

案例分析题

农业产业结构调整，实现多渠道增收致富

初春的尉犁县各乡村，随处可见一幅幅美丽画面：温室大棚里，新鲜的蔬菜瓜果长势正旺；现代化标准化养殖圈舍内，罗布羊、荷斯坦奶牛欢快地吃着饲草；田地里，三三两两的农民栽种着新引进的枸杞苗。

尉犁县是巴州（巴音郭楞蒙古自治州）的棉花出产大县，过去棉花产业一枝独大，农业产业结构单一。2013 年 1 月，尉犁县委、县政府出台了《尉犁县农业结构调整、转型升级促增收实施方案》，鼓励农民逐步调整农业产业结构，多渠道实现增收致富。同时实施“千户增收民生工程”，由县级领导对口帮扶农牧民，探索出了农业产业结构调整、促进农民增收的新途径。

1. 从单一产业到“一主多辅”的华丽转型

2013 年，尉犁县将古勒巴格乡和墩阔坦乡作为试点，实施农业产业结构调整转型升级。通过近三年的探索，如今，这两个乡已初步实现了从单一产业到“一主多辅”的华丽转型。

46 岁的养殖户依马木·艾山家有 100 亩土地，过去一直把种植棉花作为家里的主业。2013 年，该县出台鼓励发展养殖业的优惠政策，鼓励农民调整农业产业结构。盖标准化养殖圈舍每平方米补贴 60 元，购买牲畜还给贴息贷款。2013 年，他建了座占地 1 350 平方米的标准化养殖圈舍，并将 50 亩地改种青贮玉米，还买来饲料机，轰轰烈烈地开始了转型之路。现在，依马木·艾

山的牛存栏200余头，收入也比单一种棉花翻了一番。

村民艾买提·吾甫尔将自家的地承包出去，投资31万元建起了720平方米的鹅舍。养的鹅以每只100元的价格销往乌鲁木齐等地，供不应求。

尉犁县古勒巴格乡党委书记王作雷介绍，通过这几年的积极引导，农牧民的人均纯收入中，来自棉花种植业的比重正在下降，养殖业、设施农业和特色林果业的比重正逐步上升。

2. 多项措施并举推进农业产业结构调整

2014年年底，尉犁县召开了调整农业产业结构促增收优惠政策兑现大会，农户秦伦昌领到了20万元的补贴。当天，该县共兑现2014年度农业优惠政策补贴资金264.479 5万元，其中设施农业补贴资金249.490 5万元，西甜瓜等特色农作物补贴资金14.989万元。

“新建标准化温室大棚，每亩地可以得到补贴1.5万元；发展特色种植，每亩地补贴100元；种植青贮玉米，每亩地有150元的补贴。”尉犁县农业局副局长亢恩斌说，2013年，该县拿出2 000万元资金用于农业产业结构调整和产业化经营，并出台了一揽子优惠政策，鼓励农民“多条腿”走路，补贴涉及设施农业、特色种植、畜牧品种改良等。

除了发展设施农业和种植特色农作物外，尉犁县还广泛组织农牧民进大棚、入工厂、上课堂，参观学习交流，为实现农业结构稳步调整、农牧民收入稳步增长奠定基础。

2014年春节前夕，尉犁县拿出16.3万元专项资金，选派94名养殖大户和分管畜牧工作的乡镇、村干部到新疆农业大学进行为期一周的培训。学员学习、住宿等费用全部由县政府买单。

3. 农民转变思想主动作为

董建设是尉犁县部分从传统种棉大户到设施农业能手转变的农民的缩影。他感慨，这要归功于县里的正确引导。而在调整农业产业结构的过程中，他的思想意识也在悄然发生着变化。

“以前种棉花，一亩地平均纯收入1 500元；现在建了温室大棚，一亩地的收入是过去的10倍，虽然辛苦但特别有干劲。”董建设说，以前种植结构单一、收入增长受限，现在尝到了调整农业产业结构的甜头，对以后增收致富充满了信心。

尉犁县除了大力扶持设施农业、特色种植、养殖业等产业外，还通过扶持标准棉田建设、推广棉花精量播种、高标准节水灌溉、机采棉种植模式和废旧地膜回收等，提高棉花单产，稳固棉花主产区优势。

三年来，尉犁县的农业产业结构正逐步从单一走向多元化，通过“千户增收民生工程”的实施，干群关系也更加密切。如今，在尉犁县，以棉花产业为主导，畜牧业、设施农业、特色林果业等多种产业百花齐放的形势正在显现，尉犁县力争在“十二五”期末，形成“乡村有特色、产业有互补、收入有主副、增长有亮点”的农业产业发展格局。

资料来源：新疆尉犁县优化农业产业结构，实现多渠道增收致富．亚心网，2015-05-05.

讨论：

1. 尉犁县对农业产业做了哪些方面的调整？
2. 尉犁县农业产业结构调整的结果如何？
3. 尉犁县的农业产业结构调整的经验有哪些？

世界著名农业经济学家简介

林毅夫(1952—),我国著名经济学家,出生于中国台湾地区。毕业于美国芝加哥大学经济系,博士,师从诺贝尔经济学奖获得者舒尔茨。曾任北京大学中国经济研究中心主任、教授,博士生导师,第三世界科学院院士(2005 年),世界银行首席经济学家兼负责发展经济学的高级副行长。主要著作有:《制度、技术和中国农业发展》(1993)、《中国的奇迹:发展战略与经济改革》(1994)、《中国农业科研优先序》(1996)、《充分信息与国有企业改革》(1997)、《再论制度、技术与中国农业发展》(1999)等。

作为最早接受现代经济学训练并学成归国的经济学家之一,林毅夫用现代经济学的方法深入研究中国的经济改革和发展问题,并从中国的实践经验教训中总结、提炼出一般性的经济发展理论,不仅对农业经济学、发展经济学、制度经济学、技术经济学的理论发展作出了重要贡献,也为中国改革过程中经济政策的制定提出了许多科学的决策依据,同时积极推动了规范化的经济学研究方法在国内的运用。

第六章　农业经济制度及其演变

本章学习目标

1. 掌握制度变迁理论的基本内容；
2. 了解中国农业经济制度的演变历程；
3. 了解土地制度和土地产权的基本内涵；
4. 掌握中国农村土地制度的演变及现行中国农村土地制度的内容；
5. 掌握农业家庭经营广泛存在的原因；
6. 掌握中国农业家庭承包经营制度的内涵、特点以及存在的问题。

制度是推进农业经济增长的重要因素。中国现行农业经济制度越来越缺乏张力，对农业经济的激励作用也十分有限。只有不断地完善和创新农业经济制度，才能使中国农业突破“天花板”、“地板”的双重挤压和“红灯”、“黄线”的双重约束[①]，实现农业经济的持续稳定发展。

① “天花板”：农产品最高价格。“地板”：农产品成本。“红灯”：资源环境的红灯。“黄线”：农业生产和价格补贴的黄线。

第一节　制度理论概述

一、制度的含义及功能

（一）马克思主义经济学对制度的认识

在马克思理论体系中，制度最初来自物质生产条件，以后才上升为法律。此外，社会制度由经济基础和上层建筑两个相互联系的层次组成。经济基础是社会的经济结构，包括生产资料所有制、社会生产组织制度和生产成果分配制度。而上层建筑是建立在一定经济基础之上的社会意识形态以及相应的政治法律制度、组织和设施的总和。经济基础决定上层建筑，上层建筑反作用于经济基础且必须适应经济基础发展状况。马克思认为，制度的本质就是在社会分工协作体系中不同集团、阶层和阶级之间的利益关系。因此对制度的研究，首先要分析作为整个社会制度基础的生产力以及与之相适应的生产关系，以对建立在这一基础之上的道德和法律等上层建筑作出说明。在解释制度起源时，马克思从人类与自然界的矛盾出发，从生产力的发展引出了第一个层次的制度起源，即社会生产关系的形成过程，进而又从社会生产关系中不同集团和阶级的利益矛盾出发，从社会生产关系中引出第二个层次的制度的起源，即包括政治、法律、道德规范等在内的上层建筑。马克思从生产这一人类最基本的实践活动出发，将生产方式以及与之相适应的生产关系定义为社会经济结构或经济基础，并将立足于经济基础之上的法律、政治及意识形态的上层建筑视为真正的社会制度。

（二）新制度经济学对制度的认识

约翰·康芒斯(John R.Commons)从经济活动中人与人之间的关系来理解制度。他把人与人之间的关系概括为“交易”，把交易分为买卖的交易、管理的交易和配额的交易三种基本类型，分别对应于市场、企业和政府三种制度安排。他认为制度就是遵循着同一规则的交易活动的集合。

道格拉斯·诺思(Dauglass C.North)提出的制度定义被普遍接受。诺思认为，制度是一个社会的游戏规则，是为调整人们的相互关系而人为设定的一些制约。他将制度分为三种类型，即正式规则、非正式规则和这些规则的执行机制。这三部分构成完整的制度内涵，是一个不可分割的整体。众多经济学家对制度的定义虽然并不完全一致，但基本内涵是相同的。制度的基本含义是：制度是关于人们（个人和组织）行为的规则，是关于人们的权利、义务和禁忌的规定。权利规定人们可以采取什么行为，义务规定人们必须采取什么行为，禁忌规定人们不准采取什么行为。任何一项制度，从国家宪法到乡规民约，都是为了约束人们行为制定的一系列规则，抑制人际交往中可能出现的机会主义行为。

一个社会的制度多种多样。根据不同的标准，可以对制度进行不同的分类。

1. 正式制度与非正式制度

从制度的形式和执行机制来看，是否有成文规则且是否有权威机构执行是其判断的标准。

如果制度以成文形式存在，且有权威机构付诸实施，就是正式制度。如果制度是以非成文的形式存在的，或虽有成文形式，但没有权威机构执行，就是非正式制度。

正式制度主要是通过国家政府和有关组织制定和实施的法律、政策、规章等形式表现出来，是由人有意识地设计并有组织强制实施的规则。在现代社会，正式制度具有重要作用。当然，观察一个社会的制度，既要看到正式制度，还要看到正式制度在多大程度上被付诸实施。

非正式制度通常是在人类社会发展中通过自然演化形成的规则，包括社会中存在的道德规范、宗教信仰、惯例、习俗等。非正式制度是正式制度的实施基础和补充，且具有不可替代的作用。正式制度和非正式制度相互配合为社会提供规则并维持秩序，二者缺一不可。

2. 内在制度与外在制度

依据制度的产生方式或起源的不同，可以把制度分为内在制度与外在制度。

如果一种制度以渐进式反馈和调整的演化方式产生，包含随经验产生的规则，被称为内在制度。制度演化的过程是人类经验积累的过程。在这一过程中，人们逐渐发现某些能使他们避免冲突和更好合作的行为规则，这些规则为越来越多的人所采用；当采用这些规则的人数超过临界点时，这些规则就会成为社会传统而被长期保持下去。内在制度大多具有自动实施性，例如，人们很多时候自愿、自觉地遵守和执行各种伦理和习惯。非正式制度往往是内在制度。

如果一种制度是被理性设计出来的、强加于社会并付诸实施的，就称为外在制度。外在制度被清晰地制定在法规和条例之中，并由诸如政府、组织等机构来执行。正式制度都是有目的被理性设计的。外在制度和内在制度的区分标准仅在于起源不同，外在制度并不一定与内在制度冲突，也不一定就比内在制度优或劣。在分析外在制度时，应着重看是谁或哪个集团设计了这套制度、制度要达到的目标是什么、依靠何种手段来实施。

3. 基本制度与具体制度

根据制度所处地位和所起作用不同，制度可分为基本制度与具体制度。一个社会的制度是一个整合的体系，制度体系中的各个具体制度应是相互协调的，并且服务于该制度体系的同一个基本目标。在制度体系中处于核心和基础地位的制度，属于基本制度；作为基本制度的具体化和可操作化的其他制度是具体制度。

就经济制度而言，生产资料或生产要素的所有制作为最基本的制度是区分不同社会经济制度的根本标志。生产要素的配置规则是与经济运行、决策机制等相关的规则，属于中间层次的制度。经济组织制度与决定生产要素由何种组织投入生产过程密切相关，属于具体制度。当然，上述制度的层次划分是相对的，与现实中的更具体的各种制度相比，生产要素的所有制、经济组织制度、要素配置规则等都是基本制度。

（三）制度的功能

不同层次的制度具有不同的具体功能。总体来说，制度具有以下功能：

1. 降低交易成本

交易成本是交易各方在达成协议和遵守协议过程中所发生的成本，包括信息搜寻成本、协商与决策成本、契约成本、监督成本、执行成本等。威廉姆森认为，交易成本的主要决定因素是交易要素和人的要素。交易要素强调市场的环境特点，指市场的不确定性和潜在交易对手的数量。人的要素强调谈判双方的个性特点，主要体现在有限理性和机会主义。有效的制度能降低市场交易中的不确定性，抑制个人的机会主义行为倾向，从而降低交易成本。有效的制度变迁将产生足够的激励机制且逐步降低交易成本，促使总产出不断提高。从这个角度来看，经济增长的过程就是不断出现新的降低交易费用的制度的过程。所以，建立和变革适应农业生产力进一步发展的产权制度和有效率的经济组织形式，能够有效降低农业的交易成本，促进农业生产力的不断发展。

2. 创造合作条件

传统经济学强调了经济当事人之间的竞争，而忽视了他们之间的合作。从这一角度看，制度就是人们在社会分工与协作过程中经过多次博弈而达成的一系列的契约。制度为人们在广泛的社会分工中的合作提供了基本的框架，制度通过配置影响生产要素所有者之间的风险（如合约、分成制、合作社、公司、保险和社会安全计划等），规范人们之间的相互关系，减少信息成本和不确定性，从而促进合作的顺利进行。有效的农业经济制度能够保证农业经济组织的高效运行，将农民个人的经济效益最大化和组织的经济效益最大化结合起来，例如，农业合作社的建立、农业企业和农民的合作等。

3. 提供激励机制

激励，就是要使经济活动当事人达到一种状态，使他具有从事某种活动的内在动力。通俗地说，激励就是调动人的积极性。一个有效的制度应明确界定行为主体获取与其努力相一致的收益权利。进一步推动社会生产力发展，就要对生产资料所有制、社会生产经营组织制度和生产成果分配制度进行变革，以调动作为社会生产力能动因素的劳动者的积极性和创造性，在更高水平上提高社会分工效率和社会成员协作效率。新中国成立初期，建立了以农民土地所有制为基础的农村基本经济制度，使得广大农民从封建土地所有制的沉重负担中解放出来，极大地激发了农民的生产积极性，中国的农业生产力迅速恢复。因此，有效的农村基本经营制度能够促进农业生产力的不断发展。

4. 使外部性内部化

外部性是指经济主体的经济活动对社会上其他成员造成了影响，而又没有为此付出代价或得到补偿的现象，实质是私人收益与社会收益、私人成本与社会成本不一致的现象，从而导致社会资源配置不当。而明晰的产权制度可以实现外部利益和外部成本内部化，实现资源的有效配置。例如，农业为经济、社会提供了稳定的基础环境，为工业部门提供了积累资金、原材料和市场，为人类提供了自然景观以及生态环境价值等，这些额外的益处由非农部门无偿享受了，但农民不能从中获取收益。通过农业环境保护与支持政策等补贴项目，以现金补贴和技术支持的援助方式给予农民补偿，就是将农业的正外部性内部化。

二、制度变迁

制度变迁是制度的替代、转换与交易过程,制度变迁也可以称为制度创新。它既可理解为一种效率更高的制度对另一种制度的替代过程,也可理解为一种更有效率的制度的产生过程,还可理解为制度结构的改善过程。制度变迁理论的内容比较丰富。其主要内容包括:

(一)制度变迁的根本原因

制度变迁的根本原因是人们(个人和组织)可以从制度变化中获得利益,在制度均衡的状态下,不可能再有更优的制度安排和制度结构取代现有的制度,人们没有动力去改变现状。然而随着时间的变化,相对条件的改变(如要素的相对价格、交易各方的谈判力量,或者个人或组织偏好发生变化等),原有制度逐渐变得无效率,当行为个体发现制度变迁的预期收入大于维持现有制度的成本时,他们就会从利益最大化目标出发采取行动改变旧制度,建立新制度,或者对旧制度进行修正、完善。

(二)制度变迁的方式

制度变迁的方式是制度变迁的形式、速度、时间路径、范围等的总和。制度变迁方式的选择主要与社会利益集团之间的权力结构和社会偏好结构相关。制度变迁方式可以从不同的角度进行划分:

1. 从制度变迁的主体来划分,可分为诱致性变迁与强制性变迁

诱致性变迁是由一个(群)人在响应由制度不均衡引致的获利机会时,自发倡导、组织和实行的制度变迁。强制性变迁是通过政府命令和法律实现的制度变迁,它的主体是政府。政府之所以采取强制方式变革制度,一是因为它是垄断者,通过权力垄断和其他资源的垄断,可以比竞争性组织以更低的成本提供制度;二是有些制度是公共物品,而公共物品由政府提供比私人提供更有效,且具有规模经济的优势。

2. 从制度变迁的速度来划分,可分为渐进式变迁与突进式变迁

渐进式变迁就是变迁过程相对平稳、新旧制度之间平滑过渡、衔接度高的变迁方式。这种方式从启动到完成需要较长的时间,一般不会引起大的社会震荡。突进式变迁也可称为激进式或革命式变迁,也就是在短时间内,采取果断的措施废除或破坏旧制度、进行制度创新或变革。这种方式从启动到完成需要的时间较短,但往往会引起社会震荡。绝对时间的长短不是判断渐进式变迁和突进式变迁的依据,不能把突进式变迁理解为在极短的时间内完成变迁的全部任务,突进式变迁应侧重变迁的果断性。

3. 从制度变迁主体的态度来划分,分为主动式变迁与被动式变迁

主动式变迁是一些主体从自身利益出发对现存制度进行的主动变革或创新。当一个(些)利益集团发现通过制度创新能获得更多的利益时,它们会主动进行制度创新。制度创新会引起利益格局的变化,那些原来缺乏变革动力的利益集团,在制度变革导致利益结构变化的条件下,为了保护自己的利益不受损害,不得不随着其他主体一起进行制度变革,这种变迁就是被动式变迁。

4. 从制度变迁的范围来划分，分为局部变迁与整体变迁

局部变迁是指某个方面或某个层次的制度为了独立于其他制度而进行的变革，一个国家的某些地区的制度为了独立于其他地区而进行的变革也属于局部变迁。整体变迁是指特定社会范围内的各种制度相互配合、协调一致的变迁。

三、产权制度

（一）产权的含义

产权即财产的权利，对财产的任何权利都由权能和利益两个部分构成，产权是二者的有机统一。权能是产权主体对财产的权利或职能，即“产权主体能干什么”；产权的利益是产权对产权主体的效用或带来的好处，即“产权主体能够得到什么”。权能和利益相互依存，产权是二者的内在统一：一方面，利益是权能的目的，即产权主体的行为动机，有权是为了有利；另一方面，权利则是获得利益的手段或充分条件，有权才能有利。

（二）产权的权属

特定财产的完整产权不是单项的权利，而是一组权利或一个“权利束”。从理论上看，其中每一项权利都可以分割和独立出来。一般来说，特定财产的权利可以分为“五权”，即所有权、占有权、使用权、收益权和处置权。

一是所有权。所有权表明的是财产归属关系，是指对财产独占性的支配权利和排斥他人随意侵夺的权利。所有权是财产所有者在法律规定的范围内对财产的最高支配权，它是产权的基础。财产所有者的权利决定其他各种派生权利的性质和状况。

二是占有权。占有权是依法对财产进行实际控制、支配的权利。财产占有权可以由财产所有权人行使，也可以依据法律或财产所有权人的意志由他人行使。因此，财产所有权与占有权既可以结合也可以分离。占有权从所有权中分离出来，只要所有权人对此规定一定的期限，所有权就不会丧失。

三是使用权。使用权指产权主体使用财产的权利。财产使用权有广义和狭义之分。狭义的财产使用权是依法对财产的实际使用，与财产占有权和财产处置权是并列关系；广义的财产使用权是独立在财产所有权之外的含有财产占有权、狭义的财产使用权和不完全处置权的集合。

四是收益权。收益权是指当事人获取基于所有者财产而产生的经济利益的可能性，是人们因获取追加财产而产生的权利义务关系。收益权是所有权或其他权能在经济上的实现形式。

五是处置权。处置权是指当事人依法处置财产的权利，主要包括财产的买卖、出租、抵押、入股、馈赠等，通常由财产所有权人行使财产处置权，在某些情况下，也可由财产所有权人授权财产使用者行使部分处置权。

在上述“五权”中，所有权是最根本的权利，是产权的核心和基础。一方面，所有权的主体状况决定了产权关系的性质（私人产权、公有产权还是国有产权）；另一方面，所有权在某种程度上

决定了其他三项权利的状况(各项产权的分布或分离状况)。但所有权不能取代或包含其他三项权利。因为在所有权一定的情况下,其他三项权利可以有不同的运行方式。

需要注意的是,有学者认为收益权可以从属于其他"五权"的任一产权,并不能作为独立的产权形式。其理由是,"五权"及其具体形式都有各自的权能和利益,也就是说每一项产权的拥有者都需要和可能在产权客体上对象化个人的意志,并将这种意志转化为一种特定的行为,依靠这种意志化行为获取相应的利益。无论如何,收益权是拥有产权的最根本目的。

此外还需注意两点:第一,产权权利的划分对于任何财产来说在理论上都是可行的,但只有当产权由完整变成分离时才有现实意义。当产权作为一个整体属于某个主体时,虽然理论上也可以划分开来,但实际上很难操作,也没有必要。第二,对产权作"五权"划分以及更具体的细分,其理论意义和现实意义主要体现在经营性财产即生产要素的产权上。当社会的发展导致生产要素的产权分离时,这种划分的意义就更为重要。由于生产要素是需要经营的财产,因而理论上常把生产要素的占有权、使用权和部分处置权统称为"经营权"。

知识链接

佃农理论

《佃农理论》主要是以现代新制度经济学的观点对分成租佃制度作出了新解释,推翻了以往的传统理论,建立了"新佃农理论"。其理论的要义是透过某些因素的变动,不管是分租、定租或地主自耕等,其土地利用的效率都是一样。如果产权弱化,或是政府过度干预资源配置,将导致资源配置的无效率。如果能够定土地为私人产权,明晰产权制度,允许土地自由转让,这是使生产要素与土地发挥最大效率的不二法门。张五常教授深入地研究了市场经济条件下合约的本质以及交易费用的关系。现代合约经济学的研究已经渗透到经济学研究的各个领域,并成为现代经济学最热门的论题,张五常的《佃农理论》功不可没。

资料来源:张五常的博士论文《佃农理论》(1969),当年在JLE(Journal of Law and Economics)上连载四期。

(三)产权制度

产权制度是国家所提供的一种基础性的制度安排,是划分、确认、界定、保护和行使财产权利的一系列规则,是制度化的财产权利关系,不仅对经济效率有重要影响,还是其他许多制度安排的构成基础。产权制度的确立可以维持良好的交易秩序,确定相应的交易规则。

在法律层次上清晰界定产权后,人们才知道什么权利可以交易,哪些权利不可以进入交易,以及在交易过程中如何来协调当事人之间的相互利用关系。交易只有在既定的产权制度下才能顺利进行。同时在法律层次上清晰界定产权,可将成本和收益的外部效应内部化,减少谈判对象,降低谈判费用。产权制度的建立和发展便利了人与人之间的交易,减少了交易成本,推动了经济的发展。

知识链接

产权制度发展的三个阶段

人类社会发展过程中产权及其制度的产生、演变、发展大体上经历了三个阶段:一是建立排他性的产权制度,人类社会早期的历史在某种程度上就是一个建立排他性的产权制度的历史;二是建立可转让性的产权制度,产权的交易、转让是与社会分工、市场经济制度的发展联系在一起的;三是与各种组织形式创新联系在一起的产权制度,如股份公司制度的建立使产权的分割、转让、交易等更加容易,从而使产权制度效率不断提高。

资料来源:卢现祥.西方新制度经济学.北京:中国发展出版社,1996.

第二节 中国农村土地制度演变

一、土地制度和土地产权

土地是人类生存之本,是农业最基本的生产资料。农业的发展在很大程度上取决于人们对土地的利用,而土地能否合理有效地利用又在很大程度上取决于所实行的土地制度。因此,农村土地制度是农业经济制度的基础与核心。

(一) 土地制度的概念

土地制度的概念有广义和狭义之分。广义的土地制度是指人们在一定的社会经济条件下,由于土地的归属和利用问题而产生的所有土地关系的总称。它是所有关于土地的生产力和生产关系的一切制度,包括土地所有制度、土地使用制度、土地管理制度、土地利用技术制度、土地金融制度等。狭义的土地制度仅包括土地所有制度、土地使用制度和土地国家管理制度。土地制度既是一种经济制度,又是一种法权制度,是土地经济关系在法律上的体现,是上层建筑的有机组成部分。

(二) 土地制度的特点

土地作为一种财产,与其他财产相比具有明显的特点,因此土地制度与其他财产制度相比,也具有明显的特点。

1. 地位的基础性

在农业社会中,土地是最基本的生产要素,因而成为最主要的财富形式。当时土地的占有形式基本上决定了社会财富的占有和分配形式,从而土地制度成为最基础的社会经济制度。当农业社会发展到工业社会后,由于物质财富被大量创造出来,土地在财富构成中不再占据决定性地位。但是,在许多国家,特别是发达国家,由于人口膨胀和城市化进程加快,城市土地日渐稀缺和昂贵,而在农村,土地仍是最重要的财富。由此决定了土地制度在国家财富的占有和分配中仍居于十分重要的地位。

2. 构成的复杂性

相对于一般财产来说，土地财产关系要复杂很多。土地作为一种财产，其所有、占有、使用、收益、处分和管理等构成一系列复杂的财产关系与产权体系。

3. 各国（或各地区）的差异性

就一般财产而言，西方各国的占有形式比较单一，而唯独土地占有形式在各个国家之间存在明显的差异。这是因为土地制度除了受一国生产关系与生产力水平的决定性影响外，还受土地资源状况、民族、经济、文化发展、历史等多种因素的影响。

（三）土地制度的构成

土地制度是由许多不同层次、不同方面制度构成的一个制度体系。在此仅介绍狭义的土地制度，即土地所有制度、土地使用制度和土地国家管理制度。

1. 土地所有制度

土地所有制度即土地所有制，是指在一定的社会经济制度下，人们拥有土地的经济法律形式。土地所有制是土地制度的核心，是土地关系的基础。一个国家的土地所有制的具体形式最终由社会生产力状况决定，此外，还受到社会经济条件和历史发展特点的影响，因此，即使社会制度相同的国家，其土地所有制形式也会有所不同。土地所有制可区分为两大类型，即土地公有制和土地私有制，但在有些国家，公有制与私有制是并存的。

迄今为止，人类历史上共经历了五种土地所有制度：原始公社土地所有制、奴隶主土地所有制、封建土地所有制、资本主义土地所有制和社会主义土地所有制。在人类社会初期，生产力水平很低，以采集和渔猎为主要生产方式，没有固定的生产、生活场所，谈不上如何开发利用土地，因此也就不存在土地所有制问题。到了游牧时代后期，随着生产力的发展，逐步形成了天然草地的轮牧制度，各氏族部落间逐渐形成各自的土地利用范围，从而出现了土地制度的萌芽。之后，随着社会的发展，人类有了固定的生活、生产用地，土地所有制才开始出现。

2. 土地使用制度

土地使用制度是对土地使用的程序、条件和形式的规定，是土地制度的另一个重要组成部分。土地使用制度由土地所有制决定，每一种社会形态都存在与土地所有制相适应的土地使用制度及其具体形式。土地使用制度既是土地所有制的体现，又是实现和巩固土地所有制的有效手段。如在封建土地制度下，地主阶级占有大量土地，必然产生封建土地租佃使用制，即广大无地、少地的贫苦农民被迫租种地主阶级的土地。这种租佃制度，既是封建土地所有制的反映，也是实现和巩固封建土地所有制的形式与手段。当然，土地使用制度也有其相对独立性。同一种土地所有制也可以有多种不同的使用制度及其具体形式，如现阶段中国农村的土地既可以由集体经济组织自己经营，也可以承包给集体经济组织成员经营，但不同的土地使用制度对土地所有制的实现和巩固、对土地资源的利用会产生不同的影响和作用。

根据土地所有制与土地使用制度的相互关系不同，土地使用制度可以分为两种类型：一类是“两权”合一型，即土地所有权与土地使用权都由一个产权主体行使。例如，中国土地改革前的自耕农、经营地主，土地改革后的个体农民，人民公社时期的农村集体经济组织等。另一类是“两权”分离型,即土地所有权与土地使用权分别由不同的产权主体行使。例如,封建社会的地主与佃农、资本主义社会里的土地所有者与租地农业资本家、中国目前的农村集体经济组织与土地承包农户等。从各国实际情况看,“两权”分离的土地有偿使用制度比较普遍,其实质是土地租赁关系。中国农村目前实行的家庭承包经营制,把集体土地承包给农户耕种,虽然成为承包关系,但就土地关系的实质而言,也是一种租赁关系。在封建社会和资本主义的土地私有制下,土地所有者与土地使用者之间往往会围绕着土地租赁期的长短、土地租金的高低而进行争斗。在社会主义土地公有制条件下,土地所有者与使用者虽然不存在根本的利害冲突,但因属不同的利益主体,也会产生一定的矛盾。在实行土地租赁制度的情况下,土地所有者与土地使用者双方要签订土地租赁契约(或承包合同),以明确双方的权利和义务。

3. 土地国家管理制度

土地国家管理制度是指国家政权以社会代表的身份,对全国土地在宏观上进行管理、监督和调控的制度、机制和手段的集合。土地的国家管理由中央政府和地方政府来实施。土地国家管理制度的产生,是由土地的特殊重要性、土地供给的稀缺性和土地利用强烈的社会性等因素决定的。作为“社会代表”的国家政权,必须通过对全国土地的宏观管理、监督和调控,保证土地在不同群体之间的管理分配、在不同部门之间的合理配置,通过消除或减少土地利用中的外部性或市场失灵来维护生态环境,实现土地的可持续利用。

土地国家管理的基本目的是维护已经确定的土地所有制和土地使用制度,主要内容通常包括土地权属管理和土地利用管理。具体任务包括:保护土地所有权和使用权,调整土地关系,对土地所有权和使用权进行必要限制,保证土地资源的合理配置,征收土地税等。

实施土地国家管理制度,必须设置一定的政府管理机构,并明确其职能分工。在许多土地私有制国家,一般采用分类分级管理模式,即中央政府不设统一的土地管理机构,而由政府各部委和地方行政机构设立土地管理机构,分层次各负其责,分别管理各自地区范围所属土地。而在一些人多地少的国家或地区,则采用了城乡土地统一垂直管理的模式,对土地实行严格管理。

土地国家管理制度的手段有四种:① 法律手段,通过制定完备的土地法律、法规,对土地所有者和使用者及其他相关人的行为进行强制规范;② 经济手段,通过有偿使用、征收税费等手段,提高土地配置效率;③ 行政手段,通过依法行政,采用行政的直接作用管理土地资源,如土地登记、土地利用规模和土地利用计划等;④ 技术手段,采用一系列先进的技术措施,如土地调查、土地信息与土地评价等技术手段,提供土地面积、类型、质量、分布、价格和权属等方面的基础信息,提高土地管理的效率。

(四)土地产权的含义与权能构成

1. 土地产权的含义

土地产权问题是土地制度的核心问题。土地产权是指关于土地的排他性完全权利。土地产权具有两种形态:一种是土地经济性产权;另一种是土地法律性产权,即土地法权。只有当土地产权从经济产权上升到法权时,即当土地产权得到法律的认可并受法律保护时,土地产权才具有较强的稳定性,才真正地产生了比较完备的产权概念。例如,某组织通过欺诈性交易占有了一块土地,并不表示该组织真正拥有该地块的土地产权。

2. 土地产权的权能构成

土地产权一般包括土地所有权、土地占有权、土地使用权、土地收益权和土地处置权五项基本权能。

(1) 土地所有权。它是土地所有者在法律规定的范围内自由地占有、使用、收益和处理其土地的权利。包括三层含义:第一,土地所有者可以自由地使用和处理其所有的土地并有权获得收益;第二,受法律的确认和保护;第三,权利在法律范围内行使。

(2) 土地占有权。它是依法对土地进行实际支配、控制的权利。土地占有权由土地所有权人行使,也可依据法律或土地所有权人的意志由他人行使。也就是说,土地所有权与占有权可以统一,也可以分离。当占有权从所有权中分离出来时,所有权人应向占有权人收取一定的报酬,或限定一定的占有期限,以避免其丧失所有权。

(3) 土地使用权。它是依法对土地加以利用并取得收益的权利,有广义和狭义之分。狭义的土地使用权是依法对土地的实际使用,土地占有权、收益权和处分权是并列关系;广义的土地使用权是独立在土地所有权能之外的含有土地占有权、狭义的土地使用权、部分收益权和不完全处分权的集合。

(4) 土地收益权。土地收益权是基于拥有或使用土地所应取得经济收益的权利,包括收获土地上生长的农作物,收取地租等。这是拥有土地产权的最根本的目的。

(5) 土地处置权。它是指当事人依法处置土地的权利,包括土地的买卖、出租、抵押、入股、馈赠等。通常由土地所有权人行使土地处置权,在某些情况下,也可经土地所有权人授权,由土地使用者行使部分处置权。

知识链接

国外农地制度

国外现行农地制度,从所有权制度看有三种类型:一是以农地国家控制为主,如日本、英国;二是以农地私有制为主,如美国、法国;三是以农地公有制为主,如苏联、多数社会主义国家。从经营制度看,国外农地制度有四种分类:一是按所有制结构分为自有自营、租佃经营、自有兼租佃、经理人农场;二是按生产者组织形式分为家庭经营、合伙经营、雇佣经营;三是按经营规模大小分为大、中、小农场;四是按经营内容划分为单业经营,兼业经营,农、工、贸一体化经营。从管理制度看,有三种类型:一是集中统一管理,如美国设土地管理局、日本设国土厅、新加坡设土地局等对土地集中宏观管理;二是分类管理,如英国根据土地权属、利用等分设部门管理;三是分散管理,如荷兰和德国等依据土地职能分别由各部门管理。

资料来源:胡长明.国外农地制度改革对我国农地制度创新的启示.农业经济问题,2005(9).

二、中国农村土地制度

农村土地制度的核心是农村土地产权制度,包括农村土地所有制度、使用制度和管理制度。

农村土地产权制度是关于农村土地资源内含的各种权利设置以及权利的分配、收益和转让的规则，是存在于农村土地中排他性的权利束，它包括农村土地所有权、农村土地占有权、农村土地使用权、农村土地收益权和农村土地处置权等。

中国农村土地制度的演变过程大致可分为以下四个阶段。

（一）古代社会的农村土地制度

1. 原始社会时期

土地产权制度为氏族公社公有制。氏族公社成员共同占有土地，任何个人、群体、部落都无权占有土地。土地经营制度是共有共耕与共有私耕并存。在共同占有土地的前提下，共同劳动、统一耕作与分散劳动、家庭耕作并存。土地粗放、分散配置，且配置规模狭小。土地收益分配实行平均分配，共享成果，即所谓的“原始共产主义分配制度”。

2. 奴隶社会时期

奴隶社会时期的农村土地制度的特点是：

（1）土地产权制度为国王“王有”的土地国有制。国王除留部分土地归自己直接占有与支配管理外，其余的土地与奴隶一起层层分封给各级奴隶主使用，但各级奴隶主只享有土地的使用权和收益权，可以继承但不能买卖土地，所有权归国家君王所有。

（2）以井田制形式的集体共耕为主的土地经营制度。

（3）土地收益分配形式主要表现为“助耕公田”，即农民在公田上为奴隶主贵族从事集体劳动，但公田上的劳动产品作为劳役地租被奴隶主贵族无偿占有。

3. 封建社会时期

土地产权制度形成了以地主土地私有制为主导的多元化结构。中国封建社会的土地所有制有三种形式，即封建国家土地所有制、地主土地私有制和自耕农土地小私有制。其中，地主土地私有制是封建土地所有制的主体，封建国家土地所有制和自耕农土地小私有制是长期存在的两种次要地位的土地所有制形式。土地经营使用制度以租佃经营和自耕农经营为主，此外还有雇工经营、地主庄园经营和屯田经营等。农村土地的买卖、兼并、转让、出租、抵押等流转活动成为普遍现象。

（二）近现代社会的农村土地制度

中国近现代社会的农村土地制度主要特点有：

1. 土地所有权集中

近现代的土地所有制主要包括地主土地所有制、富农土地所有制、自耕农土地所有制与国家土地所有制四种形式。其中，地主土地所有制一直居于农村经济的主导地位，自耕农和依靠租佃地主土地进行经营的佃农则处于从属地位。从土地的所有关系来看，农村土地的所有权集中在封建地主、富农手中。资料表明，占农村人口约10%的地主、富农占有50%～60%的土地，占农村人口约90%的自耕农只占有40%左右的土地（郭德宏，1993；张红宇，2002）。

2. 土地使用权分散

从农村土地的实际使用来看，占有农村土地的地主、富农一般并不直接经营土地，而采用雇工经营或将土地出租给无地或少地的农民耕种。以雇农、佃农、自耕农为主体的小规模的家庭经营成为农业生产的主要组织形式,形成了集中的农村土地所有权与分散的农村土地使用权、租佃关系并存的格局。

3. 高额的地租

从农村土地的收益来看,佃农租种地主和富农的农村土地,用自己的生产工具从事生产和经营,但要将农村土地一半甚至更多的收获物作为地租交给地主和富农。

(三)新中国成立后的农村土地制度

新中国成立后中国农村土地制度的演变过程大致可分为以下四个阶段:

一是土地改革(1950—1952 年)。这一时期土地改革的目标是"耕者有其田"。农民拥有了包括土地所有权和使用权在内的完整土地产权,极大地激发了农民的生产积极性,农业生产得到了迅速恢复和发展。

二是农业合作化(1953—1957 年)。首先是成立互助组,由农户自愿组织起来进行生产协作,规模由几户到十几户不等,土地和其他生产资料仍属个人私有,组员之间通过交换使用生产工具和劳动力,实现生产互助,充分发挥了生产协作的作用。之后,在互助组基础上成立了初级农业合作社,规模为几十户,社员以土地入股,生产用牲畜和大型农机具归合作社有偿使用,统一经营,共同劳动,以按劳分配为主,社员的土地分红和其他生产资料的报酬另行支付。农村土地虽由合作社统一使用,但农民对土地仍拥有所有权,且可按股分红,因而农民仍有较高的生产积极性。随后,在初级社基础上组织建立高级农业合作社,规模为几百户,土地无偿归集体所有,生产用牲畜和大型农机具全部作价入社,集中劳动,共同经营,统一分配,取消了土地的分红制度,剥夺了农民的土地所有权,使其利益受到了严重侵害,影响了农民的生产积极性。

三是人民公社(1958—1978 年)。受激进思想的影响,1958 年把全国 74 万个高级农业合作社合并为 2.6 万个"政社合一"的人民公社。土地等生产资料的产权完全集中于人民公社集体和国家,实行共同劳动,统一经营,统一分配。在这一制度下,土地等财产集体所有,集体中每个人的利益享有份额基本一致,由于缺乏退出机制和有效的管理,分配不公,使人民公社缺少有效的激励与监督,其结果是农业生产效率低下,农民普遍贫困。

四是家庭承包责任制(1979 年至今)。党的十一届三中全会以后,农村普遍实行家庭承包责任制,土地仍归集体所有,而经营权交给了农民,实行"保证国家的、留足集体的、剩下都是自己的"分配制度,极大地调动了农民的生产积极性,使农业生产得以迅速发展,到 1984 年农民的温饱问题得到基本解决。此后,农村土地制度在市场化取向的改革中继续完善。

(四)现行中国农村土地制度

1. 农村土地所有制

根据《中华人民共和国宪法》、《中华人民共和国土地管理法》和《中华人民共和国物权法》(简称《物权法》)等法律的规定,农村土地归国家所有,即全民所有和农村集体所有。农村和城市郊区的土地,除由法律规定属于国家所有的以外,属于集体所有;宅基地和自留地、自留山,也属于集体所有。农民集体所有土地所有权的权利主体有三类:村民小组、村农民集体和乡镇农民集体。《物权法》第 60 条规定，对于集体所有的土地和森林、山岭、草原、荒地、滩涂等，属于村农民集体所有的，由村集体经济组织或者村民委员会代表集体行使所有权；分别属于村内两个以上农民集体所有的，由村内各该集体经济组织或者村民小组代表集体行使所有权；属于乡镇农民集体所有的，由乡镇集体经济组织代表集体行使所有权。农村土地所有权不能进行交易。

2. 农村土地使用制度

家庭承包经营制度是中国农村土地使用的基本制度，它以农村土地所有权与使用权的分离为基础，将农村土地的使用权承包到户，将获得的劳动剩余与劳动努力程度直接挂钩，形成有效的激励机制，提高了农民的生产积极性。随着农村经济的发展，农民以承包形式获得土地使用权的制度内容也在不断丰富。目前，农民所拥有的使用权实质已包括现代产权体系中所概括的各项权能，即土地的占有权、使用权、收益权及部分处置权。具体表现为农民占有土地，对土地可以直接支配和控制，可以在土地限定的用途内，根据土地的自然性质，享有生产经营决策权、产品处分权和土地收益权，并可根据需要将土地的使用权依法有偿转让。目前，农村土地使用制度的主要内容有以下几个方面：土地承包期长期不变；实行“大稳定、小调整”；提倡“增人不增地，减人不减地”；允许农村土地使用权依法有偿转让；有条件的地区实行土地适度规模经营；“四荒”地使用制度；林业用地使用制度；牧草地使用制度；土地承包权的继承制度；等等。

3. 农村土地承包经营权流转制度

土地承包经营权包含承包权和经营权两个要素。其中，承包权是经营权的先决条件，经营权是在承包权取得的基础上的延伸，即承包权完成后，承包方依法对承包地行使经营权。

（1）土地承包经营权流转的主体及其权利。

① 土地承包经营权流转主体是承包方，而不是发包方，承包方有权依法自主决定土地承包经营权是否流转以及流转方式。

② 发包方不得干涉、侵害承包方的土地承包经营权。在承包期内，发包方不得单方面解除承包合同，不得假借少数服从多数原则强迫承包方放弃或者变更土地承包经营权，不得以划分“口粮田”和“责任田”等为由收回承包地搞招标承包，不得将承包地收回抵顶欠款。

③ 承包方有权获得土地承包经营权流转的转包费、租金、转让费等流转收益。任何组织和个人不得擅自截留、扣缴。土地承包经营权依法流转时承包方对其在承包地上的投入，有权获得相应的补偿。具体补偿的数额及方式等事项由双方当事人协商确定。

（2）土地承包经营权流转的原则。

① 平等、自愿、有偿原则。土地承包经营权流转的转让方和受让方作为土地承包经营权流转的双方当事人，是平等的民事主体交易关系，法律地位平等。双方当事人可以就土地承包经营权流转形式、内容、条件和期限等相关事宜进行平等的协商。土地承包经营权的流转行为必须出于双方当事人完全自愿，不受对方或者第三方的强迫或者胁迫。

土地承包经营权流转时，农户应当获得一定的报酬。其具体内容、数额、支付时间和方式等由双方协商决定。当然，也不排斥双方当事人基于平等、自愿协商约定无偿转让。

② 土地所有权性质和土地用途维持原则。我国农村土地属于农民集体所有，土地的所有权性质不因土地承包经营权的流转而发生改变。承包地的用途也仅限于农业，经流转取得土地承包经营权的单位和个人不能擅自改变土地的农业用途，也不得将承包地用于非农建设。

③ 土地承包经营权流转期限受限制原则。土地承包经营权流转的期限要受土地承包合同的约束，不能超过承包合同尚未履行的剩余时间，即流转期限最长到承包期满时为止，承包方拥有的土地承包经营权只在承包期内有效。

④ 受让方资格限制原则。法律规定土地承包经营权流转的受让方必须具有从事农业生产的能力。如果受让方不能或不愿从事农业生产，就不能成为土地承包经营权流转的当事人。这是保护耕地资源所必需的原则。

⑤ 优先原则。赋予本集体经济组织成员在同等条件下享有土地流转的优先权。因为承包方所流转的土地属于集体经济组织所有。

（3）农村土地承包经营权流转的方式。《中华人民共和国农村土地承包法》第 32 条的规定，通过家庭承包取得的土地承包经营权可以依法采取转包、出租、互换、转让或者其他方式流转。在农村流转的实践中，人们还采取了土地承包经营权转让、入股、托管、反租倒包等多种方式。

新闻链接

农村土地流转新政策

2014 年，中共中央办公厅、国务院办公厅印发了《关于引导农村土地经营权有序流转发展农业适度规模经营的意见》（简称《意见》），针对农村土地流转和规模经营中出现的问题，用“三权分离”、两个“适度”、四个“严禁”立下新规。

“三权分离”，即坚持农村土地集体所有权、稳定农户承包权、放活土地经营权。

两个“适度”，即两个“相当于”。现阶段，对土地经营规模相当于当地户均承包地面积 10~15 倍，务农收入相当于当地二三产业务工收入的农业经营者，应当给予重点扶持。

四个“严禁”，即针对一些违规、违法行为屡屡吞噬耕地面积的现象，严禁借土地流转之名搞非农建设；严禁在流转农地上建设或变相建设旅游度假村、高尔夫球场、别墅、私人会所等；严禁占用基本农田挖塘栽树及其他毁坏种植条件的行为；严禁破坏、污染、圈占闲置耕地和损毁农田基本设施。

资料来源：土地政策首次明确“三权分离”能给农民带来什么实惠：透视中央农地流转意见三大突破.新华网，2014-11-21.

4. 农村土地利用与管理制度

农村土地利用是人类占有农村土地的最终目的，农村土地管理是为了更有效地利用土地。农村土地利用与管理的主要内容包括：农村土地利用规划，农村土地开发、整理与复垦，农村土地合理利用与耕地保护，农村土地用途管制，农村土地征用等。具体说来包括：

（1）土地利用总体规划。土地利用总体规划是根据经济社会发展总目标，为合理开发利用土地资源，协调分配国民经济各部门用地，保护农业土地资源，妥善安排各项建设工程用地而提出的合理组织利用土地的方案。

（2）农村土地开发、整理与复垦制度。政府鼓励单位和个人按照土地利用总体规划，开发未利用的土地；复垦因挖损、塌陷、压占等破坏的土地；对田、水、路、林、村综合整治，改造中、低产田，整治散地和废弃地，提高耕地质量，增加有效耕地面积，改善农业生产条件和生态环境；开发、整理与复垦的土地优先用于农业。

（3）合理利用和保护耕地制度。耕地保护是通过一系列经济、技术和制度的手段，保护有限的耕地资源，实现耕地资源的可持续利用。合理利用和保护耕地的制度规定主要包括以下内容：国家实行基本农田保护制度，严格控制耕地转为非耕地；实行占用耕地补偿制度；提高土地利用率等。

（4）农村土地用途管制制度。它是指国家为保证农业土地资源的合理利用，实现经济、社会和环境的协调发展，通过编制土地利用总体规划，划定农业土地用途区，确定土地使用限制条件，土地所有者和使用者必须严格按照国家确定的用途利用土地的制度。我国土地用途管制政策的总方针是：强化土地利用总体规划在土地用途管制中的地位与作用；严格实行农用地转用用途管制；规范建设用地审批管理。

（5）农村土地征用制度。农村土地征用是国家依照法律规定的条件，将农村集体经济组织所有的土地收归国有，以满足国家企事业单位及发展公益事业需要。农村集体土地被征用后，土地所有权属于国家，用地单位只有使用权。农村土地征用应当符合土地利用总体规划和土地利用年度计划中确定的农村土地转用指标。国家征用农用地实行审批和登记制度，国家征地实行补偿和安置补助制度。

第三节　中国农业家庭经营制度的演变

一、农业家庭经营的含义与历史演变

（一）农业家庭经营的含义

农业家庭经营是指以农民家庭为生产经营单位，以家庭劳动力为主，独立或相对独立地从事农业生产经营活动，自负盈亏的一种经营制度。它可分为农户经营和家庭农场经营两种形式。

农业家庭经营的主要经营范围是农业，而不是其他产业；经营主体是农民家庭，在生产经营中实行家长制或户主制管理，不存在管理分层的内部治理结构；强调以使用家庭劳动力为主，而不是以雇工经营为主。

（二）农业家庭经营的历史演变

在漫长的历史中，农业家庭经营在各个历史阶段有着不同的发展条件，表现出不同的特点。

在原始社会，进入新石器时代以后产生了原始的农业和畜牧业。农业生产资料由社会的基本经济单位——氏族公社所公有，成员共同劳动、共同消费。原始社会后期，父权制时代出现了夫妻制小家庭经营。起初，小家庭经营从属于氏族公社的公有制，以氏族公社经济为主，小家庭经营为辅。后来，随着私有财产的增多，小家庭经营活动也逐渐增多，成为了独立的经营单位。

在奴隶社会，起初是由原始社会家庭经营发展而来的家长奴隶制，家庭生产经营首先表现为作为奴隶主的家长支配着全部家产，支配着妻子、儿女和奴隶，家长自己也参加生产劳动。随后是社会范围内的奴隶制，即奴隶主大规模地使用奴隶进行劳动生产成为一种普遍现象，但奴隶主的经营仍然属于家庭经营。

进入封建社会，以家庭为单位进行农业生产成为普遍的形式。封建社会里的劳动者家庭经营有两种情况：一种是自耕农，他们耕种自己的土地，在自己的土地上进行自给自足的生产；另一种是佃农，他们耕种的土地是向地主租用的，因此收获的产品首先要向地主交纳租金，余下的才能由自己支配。另外，大部分地主也亲自经营一定数量的土地，而不是把全部土地都出租给佃农。佃农与地主之间除了单纯的租佃关系外，还保持着宗法式的主仆关系。

在资本主义社会，欧美国家出现了农业家庭经营的更高级形式——家庭农场。家庭农场是独立自营的农民所经营的农场，农场主既是所有者、经营者，又是劳动者；农场主要依靠家庭劳动力，雇工一般不超过总劳动量的一半。由于经济效益显著，家庭农场在当今一些发达国家仍大量存在。

社会主义制度在苏联诞生后，苏联首先在农村建立了集体农庄，中国等其他社会主义国家纷纷效仿，试图以合作化、集体化、国有化来代替农业的家庭经营，结果经济效率普遍低下，不得不进行改革。中国于20世纪70年代末开始实行农业家庭联产承包责任制，在土地集体所有制不变的前提下，把土地承包给农户经营，重新确立了农户的经营主体地位。农民由于有了经营自主权，生产积极性得到了充分发挥，再加上对农业的投入加大、农业科技的进步，农业生产得到了快速发展。中国成为所有经济转型国家中农业改革绩效最好的国家。

知识链接

美国的农业家庭经营

在人少地多、农场面积大的美国摆脱英国殖民者独立后，由于实际的国情限制，首先发展的就是农业经济。美国政府将公有土地进行了大规模的出售，奠定了农场主自己掌握土地的家庭农场制形成的基础。从20世纪的数据来看，美国的家庭农场数量正在减少，而规模却在不断扩大，呈现出经营规模化和组织方式多样化的特点。美国划分了10个“农业化生产区域”，家庭农场的生产和经营很专业化，基本上每个家庭农场只生产农业区内最常见的一两种农产品。在土地权利方面，美国的土地产权制度比较清晰，农场主拥有的土地权利比较稳定并且很有保障，所以，在美国土地纠纷的案例是很少的，并且农场主对于自己的土地拥有收益分配和处分的权利，这就便于农场主对自己农场的管理，实现土地利用的最大化。

资料来源：刘佩.国外家庭农场的发展以及对我国的启示.经营管理者，2015(13).

由上述可见,农业家庭经营可以适应不同的生产力水平、不同的所有制形式以及不同的社会制度。但传统农业下的家庭经营与现代农业条件下的家庭经营却有很大差别。传统农业条件下的家庭经营是以自给自足、小而全、使用手工工具、物质和能源封闭性循环为基本特征的。现代农业条件下的家庭经营已具备了商品化、企业化、规模化和社会化的特征,把农业生产建立在现代科学技术发展的基础上。

二、中国的农业家庭承包经营制度

(一)农业家庭承包经营制度的产生

农业家庭承包经营就是在坚持土地等生产资料集体所有的前提下,把土地承包给农户,由农户家庭独立经营的一种制度。农户通过承包本集体经济组织的土地,得到对本集体经济组织土地的经营权。

1. 家庭承包经营的萌发阶段(1978 年秋—1980 年 9 月)

1978 年秋,安徽省部分地区率先恢复包产到组、包产到户责任制,揭开了中国农村经济体制改革的序幕。之后的大半年,围绕着农业生产责任制改革展开了赞成和反对两种思想的争论。但这一改革深受农民的欢迎和拥护,理论的模糊与政策的不明确并没有妨碍家庭承包经营制度的推进。据统计,到 1980 年 3 月,全国实行不联产的各种包工责任制的核算单位,占到全国生产队总数的 55.7%,包产到组的占 28%,以安徽、四川、贵州、云南、广东等省的试验发展到全国。[①]

2. 家庭承包经营的全面发展阶段(1980 年 9 月—1981 年年底)

1980 年 9 月中共中央下发了“75 号文件”,即《关于进一步加强农业生产责任制的几个问题》,在包产到户问题上指出,在那些边远山区和贫困落后的地区,由于群众对集体丧失信心,因而应当支持群众包产到户的要求,既可以包产到组,也可以包产到户;在一般地区,已经实行包产到户的,如果群众不要求改变,应允许继续实行。该文件为包产到户正了名,全国各地多种形式的联产责任制迅猛发展。至 1981 年 10 月,全国农村基本核算单位建立的各种责任制形式已占 97.7%,其中包产到户占 10.9%,包干到户占 39.1%。

3. 家庭承包经营的确立阶段(1982 年春—1984 年年初)

1982 年 1 月中共中央发布了《全国农业工作会议纪要》(即 1982 年一号文件)。文件指出,目前实行的各种责任制,包括包产到户、包干到户,都是社会主义集体经济的生产责任制。政策上的肯定,农民的认可,使得包产到户、包干到户在联产责任制中的比重在 1982 年年底达到了 78.7%。1983 年 1 月中共中央在《当前农村经济政策的若干问题》(1983 年一号文件)中进一步肯定了包产到户责任制,并宣布对人民公社体制进行改革。到 1983 年年底,全国实行联产承包的生产队数达到 586.3 万个,占生产队总数的 99.5%。《中共中央关于一九八四年农村工作的通知》(1984 年一号文件)中提出,土地承包期应在 15 年以上,生产周期长的项目可以更长一些,消除了农民担心政策会变的顾虑。1984 年年底,家庭承包经营在全国全面铺开,农业生产取得了前所未有的增长。

---

① 宰闻.大包干总进军.东北之窗,2008(5).

1992 年,党的十四大明确提出了建立社会主义市场经济体制的改革目标。1993 年,全国人大常委会制定了《中华人民共和国农业法》,修订了《中华人民共和国宪法》,在法律层面上肯定了家庭联产承包经营体制。1999 年年底,全国除了第一轮承包尚未到期的农村地区外,基本上完成了第二轮承包工作,土地承包期为 30 年。2002 年全国人大常委会通过了《中华人民共和国农村土地承包法》,对农村土地承包中的一系列问题作出了详细的法律规定。2008 年,十七届三中全会明确提出农民土地承包经营权长久不变,进一步完善了家庭承包经营制度。

(二)家庭承包经营制度的特点

改革开放以来,中国废除了人民公社制度,确立了以家庭承包经营为基础、统分结合的双层经营制度。双层经营制度是指在一定的农村集体经济组织内部,在集体统一经营层次与农户家庭成员的分散经营层次之间,根据宜统则统、宜分则分的原则,实现两者有效结合,以实现效益最大化的一种经营制度。实践证明,这种双层经营的农业基本经营制度,符合中国农村生产力水平,调动了广大农民的积极性,促进了生产力的发展。

家庭承包经营制度的基本特点是:

1. 以农村土地集体所有为基础

集体经济组织坚持了农业中最重要的生产资料——土地公有制,具体表现为土地由农村集体所有。这从根本上保证了土地的合理利用和防止土地私有制下农民的两极分化。

2. 土地的所有权和经营权相分离

家庭承包经营制度通过承包使土地的所有权和经营权相分离,赋予农民家庭土地的承包经营权。农民通过承包公有土地,成为了自主经营、自负盈亏的相对独立的经营者,也拥有自己积累起来的属于个人的经营资产。

3. 统一经营和农户分散经营相结合

统一经营与农户分散经营二者相辅相成,对农业生产力的发展具有较强的适应性。在生产经营过程中,“统”即集体统一经营,是为了发挥协作优势,解决家庭承包经营无法解决的问题;“分”是指农户分散经营,即家庭承包经营,是在统一经营层次指导下进行的,家庭承包经营必须维护和促进集体经济的发展。实践证明,通过统一经营和分散经营的有机结合、相互补充,有效克服了人民公社高度集中统一和平均主义“大锅饭”的弊端,克服了小农经济分散经营的局限性,充分调动了集体经济组织和农户的积极性,有效推动了农村经济发展。

(三)农业家庭承包经营制度存在的问题

随着社会经济的发展,农业家庭承包经营制度面临一系列问题,主要表现在:

1. 农民的经营自主权经常受到侵犯

农业家庭承包经营的实质是将集体土地的所有权与使用权相分离,集体土地的所有权不变,农民获得土地的承包经营权。农民获得了土地承包经营权以后,可以根据市场供求和所拥有土地的具体情况来安排农业生产。但现实中由于种种原因,农民的经营自主权经常遭到侵犯,某些乡村随意频繁地调整农民承包的土地,使得农民对土地承包经营权缺乏稳定感,在生产与投资上产生短期行为和掠夺经营现象。

2. 经营规模细小分散

由于中国人多地少，且农村的社会保障体系不健全，因此各地在分包土地时都贯彻了"公平优先、兼顾效率"的原则，按人口、劳动力或"人劳比例"平均分配土地。同时，根据土地的土质、水利条件和距离远近等进行分等定级，实行好地、坏地平均搭配分配，导致农户土地经营规模细小分散。据中央政策研究室和农业部1997年对全国农村固定观察点20 267个农户的调查，平均每户耕地经营面积为0.51公顷，分为6.1块，平均每块0.084公顷。其中，耕地面积0.33公顷以下的农户占54%，0.2公顷以下的占34%。2006年的第二次农业普查显示，平均每户农户经营耕地0.61亩，每个农民经营耕地仅0.35亩。农户经营规模过小产生了一系列问题，如家庭劳动力资源不能充分利用，农业从业人员素质较低，农业劳动力出现老龄化和妇女化的倾向；农户经营农业的收入少，缺乏技术进步的动力和能力；农户难以采用现代物质技术装备；农技推广部门服务困难；实施标准化生产难；农产品质量难以监控等。这些问题造成了中国农业生产力水平不高，农产品在国际市场上缺乏竞争能力。

3. 农民组织化程度低

千家万户的农民虽然获得了市场主体地位，但随着农业市场化程度的提高，农户在进入市场过程中遇到了诸多障碍：一是农户在市场交易中处于弱势地位。因为农户经营规模小且极为分散，掌握的市场信息既不充分又不准确，与农业产前、产后部门所掌握的市场信息在质与量方面严重不对称，因而常常承担了大部分市场风险而得不到利益保证。二是农户的交易成本高。由于集体经济组织在联结农户与市场方面乏力，合作经济组织发展不普及，千家万户的农民家庭直接进入市场，虽然交易频率高，但交易批量小，因此产生了极高的交易成本。这对农民来说是一种沉重的负担，从整个社会来说，则是社会资源的巨大浪费。

（四）农业家庭承包经营制度的完善与发展

1. 稳定家庭承包经营，依法正确处理农地产权关系

《中华人民共和国农业法》和《中华人民共和国农村土地承包法》已经就农业家庭承包经营，特别是土地承包问题做出了较明确的规定，依法进行家庭承包经营将会使这一类的农业微观经济组织发挥更大的作用。农业家庭承包经营的核心是对农地产权关系的处理，认真贯彻和执行农村土地承包法，不允许个别人以自己的主观偏好来干扰家庭承包经营。同时，建立健全包括承包合同取得权利、登记记载权利、证书证明权利在内的土地承包经营权登记制度，推进土地承包经营权确权登记颁证工作。为稳定家庭承包经营、促进土地经营权流转奠定基础，为调解、处理承包纠纷，开展抵押担保，落实征地补偿提供重要依据。

2. 鼓励土地流转、培育新型农业经营主体，推进农业规模经营

随着农村劳动力的转移，土地撂荒现象严重，应进一步推进和规范农村土地经营权有序流转，提高土地利用率，保证农产品供给。具体内容有：鼓励创新土地流转形式；严格规范土地流转行为；加强土地流转管理和服务；合理确定土地经营规模；扶持粮食规模化生产；加强土地流转用途管制。

引导土地资源流向专业大户、家庭农场、农民合作社、农业产业化龙头企业等新型农业生产

经营主体,使愿意种地的人能获得更多的土地经营权。具体来看,应鼓励各地整合涉农资金建设连片高标准农田,并优先流向家庭农场等进行规模经营的经营主体;有条件的地方可将土地经营权入股组建合作组织,通过自营或委托经营等方式发展农业规模经营;允许农民以承包经营权入股发展农业产业化经营;工商企业可以适度租赁土地发展良种种苗繁育、高标准设施农业、规模化养殖、开发农村"四荒"资源等现代种养业。

专家观点

新型农业生产经营主体还是农户吗?

中央农村工作领导小组副组长、办公室主任陈锡文毫不迟疑地说,不管农业经营体制怎么创新,真正的主体还是农户。农业选择以家庭经营为基础,既是历史现象,也是世界性的普遍现象,这是由农业自身的产业特征决定的。就全世界来看,基本没哪个地方的农业不搞家庭经营,只是规模大小不同而已。

陈锡文强调,2013 年一号文件提出创新农业经营体制,不是要去搞一个新制度,而是要在稳定和完善农村基本经营制度基础上,通过机制创新,更好地激发家庭经营的活力。

资料来源:关注中央一号文件:创新经营体系不是另起炉灶.人民网,人民日报,2013-02-01.

3. 完善农业社会化服务体系,提高农民组织化程度

社会化服务体系可以解决农民单家独户在产前、产中、产后以及生产经营中难以解决的问题,如产前的生产资料采购,产中的新技术采用和农业机械化操作,产后的加工、运输、销售,以及经营过程中的决策咨询、会计核算、法律服务、资金融通、保险服务等。因此,农业社会化服务体系是农业家庭经营能够在社会化大生产中发展的重要支撑。当前,中国的农业社会化服务体系还不能满足家庭经营体制下的现代化农业发展的要求。因此,必须坚持主体多元化、服务专业化、运行市场化的方向,充分发挥公共服务机构的作用,加快构建公益性服务与经营性服务相结合、专项服务与综合服务相协调的新型农业社会化服务体系。

本章小结

制度经济学意义上的农业生产资料所有制和农业部门有效率的经济组织,具体体现为农业土地产权制度和农业基本经营制度。中国农业经济制度历经演变,建立了以集体所有制为主、多种所有制形式并存的农村土地产权制度,建立了以家庭承包经营为基础,统分结合的农业基本经营制度。农业家庭经营在漫长的历史时期中存在并发展着,展示了强劲的生命力。这是由农业生产的特殊性和家庭经营的社会经济特性所决定的。中国所推行的农业家庭承包经营对推动农业和农村经济发展做出了重要贡献,但目前也面临着农民经营自主权经常受到侵犯、经营规模细小分散、农民组织化程度低等问题。随着经济的发展,应稳定家庭承包经营,依法正确处理农地产权关系;鼓励土地流转、培育新型农业经营主体,推进农业规模经营;完善农业社会化服务体

系，提高农民组织化程度。

即测即评

扫描二维码，做单项选择题，检验对本章内容的掌握程度。

复习思考题

1. 简述土地产权和权能构成。
2. 请举例说明有效的农业经济制度具有哪些功能。
3. 中国现行农村土地基本制度有哪些？
4. 简述中国农业家庭承包经营制度的演变历程。
5. 为什么农业中家庭经营会大量广泛存在？
6. 你认为中国农业家庭承包经营存在哪些问题？如何加以完善？

案例分析题

一个整村土地流转的成功范例

2009 年 8 月，在外打拼了 19 年的博爱县金城乡南庄村村民孙永利回到了家乡。他回乡的第一个举动，就是投入 120 多万元成立了博爱县金城农机合作社。9 月份，他又投入 100 多万元一次性流转全村土地 1 160 亩。

南庄村有 200 多户农民，900 多口人，土地 1 400 多亩。没有整村流转土地前，长年在外打工的劳力有 100 多人，其中有 20 多户长年在外打工农民的近 100 亩土地撂荒。

当孙永利提出合作社要流转全村土地的时候，那些长年在外打工或半在外打工的农民积极响应。村民王海生是该村第一个把土地流转给该合作社的。与此同时，那些靠土地生存的村民则心存疑虑：我们靠种地过日子，把土地流转给合作社，等于把命根子交了出去，以后的收入和生活有保障吗？

面对部分村民的疑虑，金城农机合作社采用了目前该市土地流转最高的标准对农民进行补偿。一是农民把土地转包给该合作社后，每年可以得到每亩 800 元的补偿金，国家给农民的各种补贴仍归农民所有。二是农民按每年每亩 800 元的酬金付给该合作社，由合作社代为种地，农民不用动手每年可得到每亩 500 千克小麦、500 千克玉米的收益。这种“800 元土地转包”和“双千斤土地托管”的土地流转形式，最大限度地保证了农民利益。三是全部负责安置土地流转后没有能力找工作的农民就业。面对丰厚回报的诱惑,在不到一个星期的时间内,全村90%的农户与全城农机合作社签订了土地转包合同和土地托管合同,共计1 160亩,占全村土地的近90%。

孙永利说,一家一户进行土地种植,机械化程度低,投入少,加上种植思路狭隘、科技程度低,使得土地产出高效的路子狭窄。他进行土地流转,就是要用经商的理念来经营土地,让“土地生金”成为现实。整村土地流转为合作社成片经营土地奠定了基础,而该合作社拥有的宽裕资金又为实现高效农业提供了保障。合作社聘请了农业专家为种植顾问,每月给社员上课。

整村土地流转前后就业状况的对比。该村900多人中劳力占300多人。没有整村流转土地前,长年在外打工的劳力有100多人,剩下的200多个劳力在家务农。整村土地流转后,该村又输出打工人员100多人,剩下的100多个半劳力在农机合作社打工。一年算下来,土地流转后,该村增加了300多万元的收入。

资料来源:一个整村土地流转的成功范例:博爱县全城农机合作社创新土地流转模式调查.焦作网,焦作日报,2010-04-26.

讨论:

1. 什么是农村土地流转?中国为什么要推进农村土地流转?土地流转有哪些方式?

2. 土地流转的目的之一在于实现农村劳动力转移,为实现城乡统筹、缩小城乡差距创造条件。土地流转后农村劳动力如何转移?

3. 判断土地流转成功与否最重要的标准是什么?

世界著名农业经济学家简介

拉坦·弗农(Ruttan Vernon)(1924—),美国农业发展经济学家,芝加哥大学博士,美国人文科学院院士。曾任美国总统经济顾问委员会执行局局长和专职经济学家、菲律宾国际水稻研究所洛克菲勒基金会农业经济学家、农业发展委员会主席、明尼苏达大学教授兼农业经济系主任。主要著作有:《1954—1980年对灌溉面积的经济需求》(1965)、《种植科学:世界作物导论》(合著)(1969)、《农业发展的国际观点》(合著)(1971,1985)、《农业研究政策》(1982)、《诱导的创新:技术、制度和发展》(合著)(1982)等。

弗农的主要贡献在农业发展理论方面。他与日本农业经济学家速水佑次郎长期合作,提出了一个著名的农业发展模型——诱导的技术与制度发展模型。该模型把技术和制度的变革看作是由要素禀赋的相对稀缺性诱导的。这一理论在经济学界影响甚广,改变了发展经济学长期以来的结构主义倾向。

第七章　农户与家庭农场

本章学习目标

1. 掌握农户经济的概念、特征，农户兼业化的概念，家庭农场的内涵、特征与理论；
2. 了解农户经济理论，农户兼业化的原因，家庭农场的发展。

当前，我国农业发展正处于从传统农业向现代农业转型升级的关键时期，农业劳动力数量不断减少、素质结构性下降的问题日益突出。党的十八大报告提出培育新型农业经营主体的战略举措，“家庭农场”作为新型农业经营主体首次出现在中共中央一号文件，并得到各级政府的重视，培育和推动农户经济转型、大力发展家庭农场，具有较强的理论价值和重要的实际指导意义。

第一节 农户经济概述

一、农户经济及其特征

（一）户与家庭

人类学家对家庭(Family)一词有着明确的界定,它是指包括父母及未成年子女在内的生物学单位。家庭强调的是父、母、子之间的三角社会关系。户(Household)是在地域上共同居处的基本单位,这一基本单位里不仅有父、母、子三角社会关系,还有扩大了的血缘关系,或朋友关系。所以,户也是一个扩大了的家庭。但与家(Home)有着严格的区别,户明显强调的是共同居处这一特性。家则不然,婚姻和血缘的两缘关系是家形成的核心。

（二）农户与农户经济

农户概念至少有两重含义:一是对户的职业划分,农户是以从事农业为主的户,与之对应的是从事工业、运输业、商业等的非农业户,其英文表述为 Farming Household;二是对户的经济区位划分,农户是居住在农村的户,与之对应的是城市户或城镇户,其英文表述为 Rural Household。当然,农户的概念是动态的而非静止的,是相对的而非绝对的。它会随着社会的发展和人们对农户的认知改变而发生变化。

农户经济就是以农户家庭为基本单位,主要利用自有生产资料进行自主性生产经营的一种经济形式,也包括由它决定的交换、分配和消费等活动及其关系。农户经济是随着社会的发展而发展变化的,社会生产力的发展必定推动农户经济形式的变化,反过来又推动农户内部关系的变化,从而使农户经济在不同的社会发展阶段带有不同的历史印迹。小农经济是人类发展历史长河中,在某一特定时期长期存在的一种传统的农户经济。它是以自给自足的自然经济为基本特征的,在农户内部发生的农业经营全过程的经营方式,生产技术、方式以及生产要素长期保持不变,是一种固定不变的非正式制度,是进行整个农业生产活动的一种特殊的低水平的经济均衡状态。我国曾经试图用集体化的办法来改造小农经济,以实现农业现代化目标。而事实上,小农经济仅仅是农户经济的低级形态,我国正处于并将长期处于农户经济从低级形态向更高级形态过渡阶段。为实现农业的发展,我国必须冲破小农经济的束缚,发展更高级的农户经济。

（三）农户经济的特征

1. 生产与消费的双重性

农户作为一个经济主体,较其他经济主体有着明显的特殊性。在经济社会中,一个典型的农户兼有生产者和消费者双重属性。作为消费者,农户消费着农业、工业、第三产业的商品;作为生产者,农户通过进行农业生产,提供着农产品。

农户的生产者和消费者双重身份,也表明其经济行为的双重性。农户作为企业性经营单位,追求利润最大化;农户作为消费单位,追求产品量最大化。事实上,由于发展中国家的农户很难做到追求利润最大化，并且在生产能力、要素禀赋、知识结构等方面处于弱势，因而多数农户的追求目标是产量最大化。

2. 经营日趋市场化

随着市场经济的不断发展，农产品商品化程度不断加深，农户以市场为导向，瞄准消费者需求，不断调整生产结构，提升农产品在国内外市场的竞争能力。

3. 理性的有限化

有限理性理论即是有意识的理性，而这种理性又是有限的。赫伯特·亚·西蒙在《管理行为》一书中提到现实中的人是介于完全理性和非理性之间的“有限理性”状态。农户的有限理性决定着农户经济表现出来的理性有限化。由于知识、信息、经验和能力等方面有限，受到多元化的价值取向和目标的影响，且受到自然条件的限制，农户在从事生产经营活动，作出生产经营决策时，不完全追求效益最大化，而只是尽力寻求一个较满意的均衡点。

4. 经济行为短期化

农户经济行为短期化取决于农户对眼前利益的关注，并且受农业季节性特征的影响。农户经济行为短期化主要表现在生产投入的短期化、资金借贷的短期化和农产品销售的短期化。

5. 成本核算不完全市场化

受农业季节性、周期性和有序性，以及劳动成果体现在最终产品等特点的影响，农业生产操作具有不可分割性、生产环节贡献率模糊性等特征。这些特征导致农户在进行成本核算时面临两个困难：第一，难以详细核算各个生产环节所付出的劳动力、生产资料、技术等成本；第二，难以核算各个生产环节所付出的成本对最终产品的贡献率。农户经济现有的成本核算精度与强度难以满足市场化的需求。

二、农户经济理论的发展及演变

农户经济理论是农村研究的重要分支领域，斯密和马克思有关农民学的研究是农户经济研究的经典理论。斯密是自由资本主义市场经济的倡导者，马克思则主张对资本主义进行彻底改造，实现共产主义理想社会。他们都认为市场化和商品化会导致小农经济的衰落和消亡，为资本主义大农场所取代。尽管斯密和马克思的农民学研究都受到一定程度的质疑，但是其中的理论精髓和方法为后来的学者所继承。

现代农户经济理论大致被归为两大类，以舒尔茨为代表的形式经济学派和以恰亚诺夫为代表的实体经济学派。

（一）形式经济学派

该学派强调农户的理性动机，从分析传统农业的特征入手来研究农户决策行为，主张把农户看成与资本主义企业一样具有经济理性的经济人，因此完全可以用解释资本主义企业的逻辑来解释农户行为。其代表性人物是美国的西奥多·舒尔茨，他在代表作《改造传统农业》中指出，在完全以农民世代使用的各种生产要素为基础的传统农业中，农民和资本主义企业家有同样的经济理性，他们实现了对现有生产要素的良好组合，改造传统农业的正确途径是提供给小农可以合理运用的现代生产要素,并对农民进行人力资本的投资。

(二)实体经济学派

该学派明确反对经济学把经济理性普遍化的做法,强调农户既是生产单位也是消费单位,其经济行为的目的是满足家庭成员的消费需求,因此不能用资本主义企业的利润最大化逻辑来解释,而应遵循"家庭效用最大化"原则。

1. 恰亚诺夫的农户经济理论

苏联著名经济学家恰亚诺夫是实体经济学派的先驱,他通过对俄国小农的研究,指出农户经营与资本主义企业在经营目标、收益核算方法等方面都存在差异,肯定了农户家庭农场长期存在的合理性,提出了"劳动—消费均衡理论",认为家庭农场的经济投入量和劳动力的自我开发程度取决于需求满足程度和劳动辛苦程度之间的基本均衡状况。

2. 巴纳姆(Barnum)和斯奎尔的农户经济理论

恰亚诺夫之后的学者基于他的"劳动—消费均衡理论",借鉴贝克尔(Gary Bacher)新家庭经济学的思想,把时间作为限制因素引入农户经济分析中,进一步深化了对农户家庭内部经济行为的分析。巴纳姆(Barnum)和斯奎尔(Squire)在《农场户模型:理论和实证》(1979)中,提出了一个既包括生产者又包括消费者的完整的农户模型,把新家庭经济学的核心概念"Z 商品"引入农户经济行为研究中,构建了一个完整的包括生产和消费的农户经济模型,认为农户经济行为就是"通过购买性商品(X-goods)和生计性消费品(Z-goods)的组合来实现家庭效用的最大化"。

3. 黄宗智的农户经济理论

黄宗智通过对中国 20 世纪 30 年代至 70 年代中国部分地区小农经济的大量调查研究,指出中国的农户经济行为受到"家庭劳动结构"的限制、"市场经济"的冲击以及劣势社会阶层地位的影响。中国农民既不完全是恰亚诺夫式的生计生产者,也不是舒尔茨式的利润最大化的追逐者,必须在形式经济学派和实体经济学派的基础上,结合马克思主义阶级小农的思想来分析小农的动机与行为。他指出中国农业是"没有发展的增长"和"过密型的商品化",由人口增长导致的劳动力边际报酬递减产生的经济增长可称为"内卷化增长"或"过密化增长",他以此为基础研究了中国农户经济的发展问题。之后,农户经济理论的经济学"形式主义"与"实体主义"开始显露出综合的迹象,并且更加注重理论与现实社会的结合。

三、农户经济的经济学分析

农户是生产与消费相结合的社会经济微观实体,农户的多重市场主体身份特征已经超出传统经济学理论(厂商理论和消费者理论)所研究的范畴。考虑到农户追求目标的多样化,从经济学视角分析有利于农户经济研究的深化。

(一)收入效用最大化

农户花费一定的收入从市场购买商品和劳务并自己生产一定的农副产品,以实现其效用最大化。设农户效用函数为 U,其表达式如下:

$$U=U(x_i,y_i)\quad(i=1,\cdots,n\quad j=1,\cdots,m)\tag{7.1}$$

式中：x_i——农户从市场上购买的商品和劳务；

y_i——农户自己生产的农副产品。

预算约束条件为：

$$\sum p_i x_i+\sum p_j y_j=M\tag{7.2}$$

式中：p_i——第 i 个商品 x_i 的价格；

p_j——第 j 个自产农副产品的价格；

M——农户总收入。

农户从市场上购买的商品和自产的产品一部分用于家庭生活消费，另一部分用于扩大再生产。式 7.2 可进一步分解为：

$$\sum PC_iXC_i+\sum PI_iXI_i+\sum PC_jYC_j+\sum PI_jYI_j=M\tag{7.3}$$

式中：PC_i 和 PI_i——第 i 个用于生活消费和再生产的商品的价格；

XC_i 和 XI_i——第 i 个消费商品和生产资料商品；

PC_j 和 PI_j——第 j 个用于生活消费和再生产的自产品的价格；

YC_j 和 YI_j——第 j 个自产的生活品和再生产资料品。

式 7.3 中，M 是一个限定值，因为农户总收入是有限的。因此，农户生活消费品和生产资料物品是此消彼长的，在既定收入条件下农户不可能同时实现生活消费品和生产资料物品及其效用最大化，只能实现一定消费水平的生产资料及其效用的最大化，或一定生产水平的消费品及其效用的最大化。

根据市场均衡法则可以推知，每种商品和自产品的边际效用 MU 与其价格成一定比例：

$$\frac{\partial U}{\partial x_i}=MU_i=\lambda p_i\quad(i=1,\cdots,n)\tag{7.4}$$

$$\frac{\partial U}{\partial y_i}=MU_j=\lambda p_j\quad(j=1,\cdots,m)\tag{7.5}$$

式中：λ——收入边际效用。

式 7.4 和式 7.5 表明，农户对某种商品的边际效用取决于其收入效应的大小，而收入需求效应的大小又与该种商品的价格成反比，在一定的收入条件下，商品的需求量与其价格呈负相关关系，即商品的价格越高，农户对其需求量越少；反之，商品的价格越低，农户对其需求量越多。这是市场需求定理的反映。

收入提高会增加对多数商品的需求，提高农户家庭消费水平。根据总支出等于总收入，可以得出如下方程式：

$$\sum S_i\eta_i+\sum S_i\eta_i=1\tag{7.6}$$

式中：S_i和 S_j——花在第 i 个生活消费品和第 j 个再生产资料物品的金额占总收入的比例；

η_i和 η_j——该物品的需求收入弹性，其值分别为：

$$\eta_i=(\partial x_i/\partial M)\cdot(M/x_i)$$

$$\eta_j=(\partial x_j/\partial M)/(M/x_j)$$

在一般正常情况下，生活必需品的需求收入弹性小于奢侈品的需求收入弹性。随着收入水平提高，生活必需品的需求收入弹性逐渐降低，而奢侈品的需求收入弹性逐渐增高。由于平均需求收入弹性等于1，所以，奢侈品的需求收入弹性（$\eta_i>1$）必然与必需品的需求收入弹性（$\eta_i<1$）来均衡。

（二）时间效用最大化

农户收入是其时间花费的产物。农户的劳动时间花费在市场上得到货币收入，花费在田间地头收获农产品，而花费在吃饭、睡觉、看电视、健身运动，以及从事园艺、文艺和参加其他活动的时间也能获得一定的效用，但此项效用在经济计量中一般不计入。因此，农户经济效用函数可以表达如下：

$$U=U(tw_i,th_j)\quad(i=1,\cdots,n\quad j=1,\cdots,m)\tag{7.7}$$

式中：tw_i——第 i 项在市场中花费的时间；

th_j——第 j 项在家庭生产经营中耗费的时间。

时间条件为：

$$\sum tw_i+\sum th_j=t\tag{7.8}$$

式中：t——农户某段时间内工作和劳动时间，如每周5天，每天8小时。

收入是由时间配置决定的，农户收入约束与时间约束是融通的：

$$\sum p_ix_i+\sum p_jy_j=M=Wtw_i=Uth_j+V=S\tag{7.9}$$

式中：W——工资率；

U——家庭经营工时收入报酬；

V——财产收入；

S——全部收入或潜在收入。

等式左边的项目说明，全部收入中一部分直接花费在市场商品上，而另一部分消耗在农户自产的农副产品中。农户总收入一部分来源于市场工资收入，另一部分来源于自产的农副产品，余下部分是农户的财产等收入。

根据市场均衡条件，效用函数最大化应包括如下等式：

$$MUtw_i/MUth_j=1\tag{7.10}$$

$$MUtw_i/MUx_j=W/p_i\tag{7.11}$$

$$MUth_j/MUy_j=U/p_j\tag{7.12}$$

在上述均衡等式中显示，所有时间的利用所产生的边际效用都相等，说明农户在市场中的工资率等于家庭经营单位劳动的报酬，即 $W=U$，并且时间和每种商品之间的边际替代率等于工资率与该种商品的价格的比值，而时间和每种农产品的边际替代率等于家庭经营劳动报酬率与该农产品价格比值。

这些均衡条件实际是市场需求定理的又一种表述。式7.9表明，任何商品价格 P_i 的上升，都会突破原收入 M 的预算值，如果要保持 S 不变，只能压缩该商品的需求量 X_i，或者增加财产收入

V值，由于市场商品价格提高，意味着市场工资率在降低，这必然减少市场工作时间，而增加非市场的家庭经营劳动时间。同样，市场工资率上升会增加工作时间，扩大商品需求，而减少配置在多数商品和家庭活动上的时间。当工资率保持不变时，全部收入的增加会减少工作和劳动时间，而增加对多数商品和家庭活动以及休闲时间的需求。

确定农户家庭经营劳动时间的价格U是一难题。U值的确定通常有三种方法：① 市场均衡法。根据市场均衡原理，在完备的市场中，农户家庭经营劳动时间价格U等于市场工资率，即$U=W$。此为U的理论值，一般情况下，$U<W$，因为完备的市场均衡条件是不存在的。② 劳动净产值（或净收入）法。按照产值构成，劳动价格为可变成本，其价值等于总产值与不变成本的余额。不变成本包括生产性资产的折旧和当年全部转移其价值的生产资料，如化肥、农药、地膜等。因此，农户家庭经营劳动时间价格为单位劳动时间的净产值（或净收入）。③ 劳动边际报酬法。在生产经营中，各生产要素的报酬等于其边际产品的价格，它通过线性规划和回归系数计算而得到，亦被称为影子价格。

（三）利润最大化与产品量最大化

农户是一个生产与消费合一的经济和社会单位，兼有纯粹生产者（如现代企业）和纯粹消费者（如城市家庭）的双重特征，也表现出明显的经济行为双重性。农户作为企业性经营者，追求利润最大化；农户作为消费者，追求产品量最大化。当农户追求利润最大化时，农户生产达到均衡点处的要素边际产出为0，表明在利润最大化的目标推动下，农户能够高效率地利用自身生产要素来进行生产。当农户追求产品量最大化时，农户生产达到均衡点处的要素边际产出必定为正值。由此可见，以产品量最大化为目标的农户，利用生产要素的效率比以利润最大化为目标的农户差。事实上，由于发展中国家中的农户很难做到追求利润最大化，并且在生产能力、要素禀赋、知识结构等方面处于弱势，因而多数农户的追求目标是产量最大化。

第二节 农户兼业化

一、农户兼业化的概念界定

（一）农户兼业的定义与不同划分标准

农户兼业是指农户为追求家庭效用最大化，将部分劳动力投入工业或服务业等非农部门，既从事农业生产又从事非农业生产的现象。相应地，兼业农户是指既从事农业生产又从事非农业生产的农户。与兼业农户相对的是专业农户，即专门从事农业生产的农户。目前，兼业农户和专业农户的定义和划分标准并不统一，但一般来说区分专业、兼业农户的指标有两个：一是总收入中非农业收入的比例；二是总劳动投入中非农业劳动的比例，有时这两种指标会结合使用。由于兼业农户的兼业程度存在很大差异，许多国家根据农户的兼业程度不同对兼业农户进行了具体划分。一般把兼业农户分为两类：一类是以农业为主要收入的农户（Part－time Main Incoming Farmers），也叫第一类兼业（Class Ⅰ）；另一类是以非农业为主要收入的农户（Part－time Supplementary Incoming Farmers），也叫做第二类兼业（Class Ⅱ）。这两类兼业农户的划分标准，各国有较大的差异。在德国，第二类兼业农户是指超过50%的收入来自非农职业，并且有超过50%的时间用来从事非农职业的农户。在澳大利亚，第二类兼业是指农场主及其妻子的超过50%的劳动时间用来从事非农职业的农场，而在荷兰则只考虑农场主的时间，而不涉及其妻子。

（二）我国对农户兼业的划分标准

目前，我国对农户兼业的定义没有统一的标准，学术界有不同的看法，这也造成了各种来源数据的可比性受到影响。第一类分歧是农户类型的划分，有些学者把农户类型划分为纯农户和兼业农户，其中兼业农户又分一兼农户和二兼农户；有学者把农户类型划分为农业户和非农业户，而农业户又包括纯农户、农业兼业农户和非农业兼业户。第二类分歧是具体划分标准的不同，有的学者认为纯农业户应是所有收入都来自农业的农户，而有的学者却认为农户可以有极少一部分的收入来自非农业。而对这“极少一部分”的定义又有所差别，有学者认为这一部分的标准应为10%，有的学者认为应为5%。我国学者对第一类兼业和第二类兼业的认识基本一致，即认为农业收入为主（50%以上）的兼业农户应为第一类兼业农户，而非农业收入超过农业收入的兼业农户为第二类兼业农户。

比较权威的定义是全国农业普查办公室进行第二次农业普查时所采用的标准，即按照住户总收入的来源划分住户类型，具体分为纯农户、农业兼业户（一兼户）、非农兼业户（二兼户）、非农户。

1. 纯农户

这是指住户家庭总收入中95%及以上的收入来源于第一产业收入的住户。

2. 农业兼业户

这是指住户家庭总收入中50%~95%（不包括95%）的收入来源于第一产业收入的住户。

3. 非农兼业户

这是指住户家庭总收入中5%~50%（不包括50%）的收入来源于第一产业收入的住户。

4. 非农户

这是指住户家庭总收入仅有5%以下（不包括5%）的收入来源于第一产业收入的住户。

二、农户兼业的原因剖析

农户兼业化是世界各国工业化、城市化过程中的必然产物。农户兼业可归纳为以下原因：

（一）农户是理性人

“经济人”假设，即认为人具有完全的理性，可以做出让自己利益最大化的选择。家庭承包责任制、农地股份合作制等“自下而上”的诱致性制度变迁对我国农业、农村、农民影响重大，而农民在其中起到至关重要的作用。这说明农民能够利用每一个能够增加资源使用效率的机会，理性地进行积极的创新，以达到资源的最有效利用。

（二）农村存在自由的劳动力市场和土地市场

1. 农村存在自由的劳动力市场

近年来，随着国家对农村剩余劳动力转移的重视，农村劳动力向城市转移所受到的限制逐渐减少，基本形成劳动力自由流动的格局。此外，农村的市场经济也日趋完善，农村的劳动力可以自由进行劳动的转换，可以从事农业，也可以从事非农产业；农民可以在自己的土地上劳作，也可以受雇于其他农户进行生产。当农村收入较高时也可能吸引部分城市劳动力进入农村劳动力市场，许多劳动力也会转移到农业中来。

2. 农村存在自由的土地市场

2003 年 3 月 1 日开始实施的《中华人民共和国农村土地承包法》指出，承包方之间可以自愿联合将土地承包经营权入股，从事农业合作生产。土地承包经营权可以依法采取转包、出租、互换、转让、入股或者其他方式流转。十八届三中全会通过的《中共中央关于全面深化改革若干重大问题的决定》，提出"稳定农村土地承包关系并保持长久不变，在坚持和完善最严格的耕地保护制度前提下，赋予农民对承包地占有、使用、收益、流转及承包经营权抵押、担保权能，允许农民以承包经营权入股发展农业产业化经营"。这些规定为农村的土地流转提供了法律保障，土地的可流转性、农村土地市场的开放性大大降低了农户的兼业成本，促进了农户兼业化。

（三）推力—拉力学说

国外学者对农户兼业经营产生的原因进行了诸多研究，比较有影响的是以福格特为代表，后经日本学者嘉田良平完善的推力—拉力学说。该学说认为，农户的兼业程度直接与农外就业机会的多少呈正相关关系，而与农业机会的多少呈负相关关系（G.B.Fuguitt，1959）。农户在获得农业以外就业机会以后，仍然不放弃农业，受到来自农业外部的推力和来自农业内部的拉力两类因素的影响。导致农民家庭成员谋求农外就业的推力因素包括：① 经营农业机会有限或收入不足以维持较好的生活水平；② 扩大农场规模有困难；③ 节省劳动力的农业技术的广泛采用，导致了家庭劳动时间或劳动力剩余；④ 妇女在农业中起到更积极的作用；⑤ 农业家庭成员文化水平的提高，增大了劳动力的机会成本。导致农户兼业的拉力因素包括：① 工业化和城市化的迅速扩展，使得农村人口的非农就业机会日益增多；② 交通运输的发展减少了通勤的时间；③ 大众媒介的普及使农村劳动力更容易获得非农就业的信息；④ 劳动制度的改变（如计时工的出现）和劳动条件的改善；等等。来自农业内部的拉力因素主要有：① 继续经营农业可以获得廉价和安全的食品，由于西方各国大都对农业实行补贴政策，继续经营农业可以得到更多的实惠；② 农村地区的生活费用低于城市；③ 土地不仅是一种生产要素，更具有财产的功能，土地价格的不断上涨，强化了农民的惜售心理，农民把占有土地视为一种财产保险手段；④ 在发达国家，农村生活的精神价值日益重要，完全放弃农业和农村生活并迁入城市则要付出代价。

（四）农业自身的特点

农业生产具有明显的季节性和周期性，在生产时间上有相对固定的顺序，忙闲相间，农闲时间较长，因而农业劳动力有季节性剩余和长年性剩余两种形式。农业生产的特殊性使得农户在农事安排完毕后的农闲季节可以外出务工、经商，充分利用剩余劳动时间，增加家庭收入，满足家庭日益增长的消费需要，长此以往便出现了兼业农户。兼业农户可以利用工余时间、节假日以及农忙季节回家从事农事，有的还成了"工业三班倒、农业早中晚"的工人农民。

（五）风险规避动因——收入增长和收入稳定的两难抉择

作为一个经济实体，农户的投资决策目标具有明显的二重性：一是希望收入的稳定性；二是期望能得到更高的预期收益，使收入能更快地增长。农户现实的抉择是在收入稳定的基础上期望获得收入的增长。长期处在自给自足的自然经济中的农民风险意识较强，他们普遍希望降低风险，哪怕是牺牲一部分收入。目前，农民尚无法以从事一个经营项目或一个职业，同时满足收入增长和收入稳定的双重目标。风险与收入成正比，符合收入稳定目标的项目，风险较小，但难以获得较高收益。而符合收入增长目标的，风险较大，收入又极不稳定。面对两难局面，农户的基本经营决策是将相对稳定的低收入项目同相对不稳定的高收入项目结合起来，这就是农户的"稳一块"与"活一块"的经营策略，将这种"边缘冒险"方针推广到非农产业领域，便出现了农户的兼业化倾向。

（六）攀比动因：绝对收入差距与相对经济地位

引入"攀比"的概念可以更好地理解农户的兼业动机。攀比（Catching up with Joneses）是人类社会中的一个不容忽视的重要现象，最早被杜森贝利（1952）正式引入经济行为分析中，之后被用来解释很多经济现象。人们的快乐及效用程度如何，不仅与自己的消费水平有关，往往也会与其他人的消费水平有关。同样，一个人的效用水平不仅与自己的收入水平有关系，还与其他人的生活水平有关系。经济地位较高者，会得到更大的效用，而经济地位较低者，即使消费水平较高，其效用也将较低。

把攀比引入人口流动的框架中可以解释许多难以理解的现象。农村劳动力迁移与否，不仅取决于他们与城市劳动力之间的收入差距，还取决于他们在家乡感受到的相对经济地位，以及迁移之后按照接收地的期望生活标准感受到的相对经济地位。农户一旦迁移到城市，他们用以对比的将不再是村里乡亲们的收入水平，而是城市的生活标准。因此虽然在城市的收入较高，农民也不愿意选择永远留在城市，因为这会将自己较长时间或永远置于一个群体的最底层，对他的效用有较大的负面影响。而如果在城市工作一段时间后，利用得到的收入在农村生活，那么他将处于较高的经济地位，虽然其收入不如在城市高，但其在攀比中所得到的效用将弥补甚至超过这种差距。这也是许多农民愿意外出打工，而又不愿意永远留在城市生活的原因之一。这种攀比动因会影响农民的决策，使农民不愿意彻底转移至城市生活，而更愿意从事兼业经营。

三、农民兼业化对农业发展的影响

（一）对农业劳动供给的影响

农业劳动力的供给是农户兼业化对农业发展的首要影响。农业劳动力的供给包含数量的供给和质量的供给。从数量上看，农户从事非农化工作使农业劳动数量及其在总人口中的比重日益下降。根据《中国统计年鉴》①,第一产业从业人员由 1978 年的 28 318 万人减少到 2013 年的 24 171 万人,第一产业从业人员在总就业人员中的比重也相应从 70.5%下降到 31.4%。从质量上看,兼业农户在配置户内劳动时,一般把青壮年劳动力转移到收入较高的非农行业,而将老、弱、病、残、孕、幼等劳动力较弱的家庭成员留守经营农业。这导致了农业劳动的妇女化、老龄化。因此,农户兼业化导致的农业劳动力流失不仅是量的流失,更是质的外流。

(二)对农业土地利用的影响

由于农户兼业化的不稳定性和不彻底性,大量农户都维持小规模的兼业经营,既占用着土地,又从事非农产业,土地难以在农户之间流动和转移。这在一定程度上固化了农户兼业的状态。由于土地经营规模偏小,农业难以实现规模效益,农户对农产品商品化生产的积极性还不高,导致了土地利用效率低下,一些地区甚至出现了撂荒和部分撂荒的现象。同时,由于土地的细碎化和兼业农户的大量存在,土地承包经营权向种田能手和纯农业户流转存在一定的制度障碍,而相对分散的农村工业和城镇化发展道路也在一定程度上固化了农户分散兼业的现象,故农户适度规模经营的道路还很漫长。因此,农户兼业化和农业土地利用之间尽管互相制约,但只要在制度层面不断创新,就能化互相制约为互相促进,实现农户经济的现代化。

(三)对农业资本投入的影响

一般而言,农户通过兼业实现收入的增加,有助于他们追加农业投资,进而提高农业的产业效率,最终获得更多的收入。但是,由于农业生产周期长、投资收益效率低,农户往往不愿意将兼业收入投资到农业生产上。这主要体现在户内短期农业投入和社区农业基础设施的投资两个方面。一方面,由于兼业农户在农药、化肥、机械等农业生产资料方面的投入能力和投入意愿上出现了较大差异,很多兼业农户对农业生产缺乏有效投入,导致了农业产出水平下降。另一方面,兼业后的农户对农业基础设施的需求出现了巨大差异,而“搭便车”的心理导致了农户对公共性农业设施的投资不足。即使在国家加大农业基础建设力度的情况下,很多地方的农业基础设施依然因欠账过多而无法起到应有的作用。同时,兼业化的不均衡性导致了不同地区的农户在农业资本投入上的不均衡性。这些最终都会影响农业产出的数量和质量,尤其对粮食增产提出了严峻的挑战。

(四)对农业科技应用的影响

农户是现阶段农业生产的主体,也是农业科技需求的主体。但随着农户的兼业化,对农业科技的需求呈现多样化特点,农户对农业科技的接受和应用能力也参差不齐。这对农业科技应用产生了重要影响。其一,影响了农户对农业科技的采纳效率。由于农户兼业,从事农业生产的往往是“386199 部队”(即妇女、儿童和老人),他们对新型农业科技的接受能力较差。并且农户兼业使得有支付能力的科技需求不足,科技采纳效率低下。其二,影响了农业科技的推广效率。在市场经济条件下,各种农业科技供给主体都追求自身利益的最大化。而由农户兼业带来的农户农业生产经营特征的多样化,加大了农业科技推广部门的工作难度,降低了工作效率,同时影

---

① 2014 年中国统计年鉴.北京:中国统计出版社,2015.

响了推广部门的经济效益。因此,农业科技供给主体的积极性不高,进而导致了推广效率的低下。

(五)对农业生产组织化的影响

我国确立家庭承包经营体制后,农户是农业经营的主体。分散的小规模经营主体在参与市场过程中有着自身的缺陷,如产品竞争力差、市场谈判力弱、交易成本高、缺乏规模效应等。农户兼业化进一步放大了农户分散经营的不足。因此,农业生产的组织化在农户兼业化条件下显得更为迫切。随着农户的分化,农业妇女化、老龄化导致农户在农业产业链中的分工地位不断弱化,参与组织化进程的能力持续下降。同时,农户兼业和劳动力转移造成的农户经济特征的多元化与农业社会化服务需求的多样性,大大提高了现阶段农业组织化的难度。这也制约了农业双层经营体制中"统"的功能的有效发挥。

总之,农户兼业化对农业劳动供给、农业土地利用、农业资本投入、农业科技应用和农业生产组织化等方面的影响,最终都会体现在农业产出的数量和质量以及农业生产的外部环境的变化上。当然,农户兼业化对农业发展的影响并不都是消极的。从长远来看,现阶段出现的消极影响或许正是未来转化为积极影响的基础。因此,应对农户兼业化是当前我国推进农业现代化的重要任务之一。

第三节 家庭农场概述

一、家庭农场的内涵与特征

(一)家庭农场的内涵

2008 年,党的十七届三中全会决定首次将家庭农场写入中央文件,2013 年中央一号文件进一步将家庭农场明确为新型农业经营主体的重要形式,十八届三中全会明确提出坚持家庭经营在农业中的基础性地位,并再次肯定了家庭农场的作用。在中央文件正式提出大力发展家庭农场之前,国内学者对家庭农场内涵的理解主要集中在农地流转的规模化和市场化经营。2013 年中央一号文件出台后,学术界对家庭农场定义的解读变得更加具体与丰富。高强(2013)等认为,家庭农场是以家庭经营为基础,融合科技、信息、农业机械、金融等现代生产因素和现代经营理念,实行专业化生产、社会化协作和规模化经营的新型微观经济组织。这一解读突出了家庭农场的现代化经营特征。徐会苹(2013)对家庭农场的定义突出了其与企业化生产的差别,认为家庭农场是以家庭成员为主要劳动力,自己经营(而非雇佣劳动工人经营)并以农业收入为家庭主要收入来源的有一定规模、一定土地面积和一定技术含量的新型农业经营主体。从经济利润的角度,黄新建(2013)等认为,家庭农场应当是以家庭经营为基础,以适度规模经营为目标,以高效的劳动生产率从事农产品的商品化生产活动,获取与农户从事非农产业收入相当甚至略高的经济利润的经济单位。钟甫宁等编写的农业经济学教材(2013)认为,家庭农场是以家庭为基本经营单位,农户拥有生产资料的使用权或所有权,能够自主经营管理并具有一定规模的农业经营组织。

国外对家庭农场的定义有所不同。以美国为例,按照美国的法律定义,家庭农场应满足以下条件:能够生产足够数量的农产品用于销售,以至于在社区被认作为农场而不是农村居民;获取足够的收入以支付家庭和农场运作费用、支付债务及维护财产;由经营者进行管理;经营者及其家庭能够提供足够数量的劳动力;在农忙时节可以利用季节性劳动力及雇用合理数量的长期雇工。

我国对于家庭农场还没有一个统一的定义,但普遍认为,家庭农场是指以家庭为单位,以法人形式存在,以家庭成员为主要劳动力,从事农业规模化、集约化、商品化生产经营,并以农业收入为家庭主要收入来源的新型农业经营主体。它是一个新兴的农业生产经营载体,将在不断探索中发展、完善。

(二)家庭农场的特征

作为重要的新型农业经营主体,家庭农场与普通农户、专业大户、农业产业化龙头企业、农民合作社等主体不尽相同,有着自身的特征。我国农业部对家庭农场作出界定,必须具有以下四个特征:一是农场经营者应具有农村户籍;二是以家庭自有劳动力为主;三是农业经营收入是家庭的主要收入来源;四是经营规模达到一定的标准并相对稳定。其中,农村户籍是政府对家庭农场的认定标准之一,其他三项则是家庭农场的经营性特征。

1. 以家庭自有劳动力为主

家庭农场应主要依靠家庭劳动力完成基本的经营管理,不雇用或很少雇用家庭成员之外的劳动力。由于农业生产的季节性、周期性,家庭农场可能会在特定产销环节或特定的时间部分地雇用家庭成员之外的劳动力,但相对于农业经营的产业链和全过程而言,这种“雇佣”关系具有短期性和补充性。劳动力的家庭性是家庭农场区别于以雇佣劳动力为主的雇工农场、工商资本农场的主要特征之一。

2. 农业经营收入是家庭的主要收入来源

农业经营收入为家庭全部或主要收入来源,该收入既是家庭成员参与生产所耗费劳动的工资报酬,也是利润报酬,能确保经营者获得与当地城镇居民相当的收入水平。

3. 经营规模达到一定的标准并相对稳定

这是家庭农场区别于普通农户的主要特征。其经营规模的下限是足以获得满足家庭成员消费的收入所达到的规模;其上限是在现有技术条件下,家庭成员所能经营的最大规模,即通常为不常年雇工即可完成的规模。

此外,家庭农场是新时期产生的农业生产经营主体,还具有一些时代性的特征。家庭农场具有市场性,以市场为导向,市场交换为目的,进行商品生产,而非主要满足自身需求。经营主体是有文化、懂技术、会经营的新型职业农民,他们以农业生产、经营或服务为主要职业,以农业收入为主要生活来源。家庭农场所需资本主要来源于家庭内部,是自身经营收益或利润的资本化,只有在内部资本难以满足需要的时候才会考虑外部融资。

二、家庭农场的类型

（一）按照经营内容，可分为专业型和综合型

专业型是指农场只经营单一产品，依据产业的不同可细分为种植型、渔业型、林业型和畜牧养殖型四种。综合型是指农场经营多种产品，一般以种养结合为主。

（二）按经营方式，可分为雇工型和不雇工型

雇工型是指农业生产的作业与管理除主要依靠家庭成员外，还需要雇用一定数量的劳动力，但雇工量一般不超过劳动力总量的一半。不雇工型是指家庭农场的农业生产作业与管理不雇用他人，只依靠家庭成员进行，其特点是管理简便，组织成本和监督费用低。

（三）按照从事工作的产业性质及收入构成，可分为专业型和兼业型

专业型是指家庭农场成员全部从事农业活动，农业收入是农场收入的唯一来源。兼业型是指家庭农场至少有一名劳动力从事非农经营。兼业农场可分为第一类兼业农场和第二类兼业农场。第一类兼业农场是指从事农业为主，兼做非农产业（包括外出务工），农场收入以农业收入为主，即农业收入在总收入中所占比例超过 50%的农场。第二类兼业农场是指以从事非农为主（包括外出务工），兼营农业，农场收入以非农业收入为主，即非农业收入在总收入中所占比例超过 50%的农场。

（四）按经营规模和销售额，可分为小型家庭农场、中型家庭农场和大型家庭农场

美国依据家庭农场的销售额来划分家庭农场的类型，年销售额高于 25 万美元的农场为大型家庭农场，其中包括大型家庭农场和超大型家庭农场；年销售额低于 25 万美元的为小型家庭农场，其中包括资源有限型、退休休闲型、居住生活型和耕种型四种类型。澳大利亚依据土地经营规模来划分家庭农场类型，土地经营规模在 150～200 $hm^2$①的农场为小型家庭农场；土地经营规模在 300～800 hm^2的农场为中型农场；土地经营规模在 1 000 hm^2或数千公顷甚至数万公顷的农场为大型农场。

据农业部经管司统计，2012 年我国家庭农场平均经营规模 200.2 亩，是全国承包农户平均经营耕地面积的近 27 倍。其中，经营规模 50 亩以下的占总数的 55.2%，50～100 亩的占 21.6%，100～500 亩的占 19.5%，500～1 000 亩的占 1.8%，1 000 亩以上的占 1.9%。从经营范围看，全国从事种植业的家庭农场占 46.7%，养殖业的占 45.5%，种养结合的占 6%。

三、家庭农场的理论分析

（一）农业产业特点与农业家庭经营

1. 农业生产的分工协作与农业家庭经营

农业的劳动对象是有生命的动植物和微生物，它们有着自身的生长发育规律。这决定农业

① 此为国际农业常用计量单位，即平方百米（square hectometer）。

生产具有季节性、周期性、有序性和地域性等特点，决定了农业生产不能像工业生产那样进行社会化分工，只能按照季节时序，依次进行各种作业。农业生产过程中的协作多为简单协作。简单协作在许多劳动者共同完成一项不可分割的操作时效率优于独立劳动，如播种、抢收、抗灾、兴修水利设施等生产活动，通过协作，可以及时完成作业，不误农时，做到丰产丰收。但在完成可分割的操作时，简单协作的效率往往不如单个劳动者，因为在这样的协作中劳动者往往会产生偷懒行为，既降低效率，又增加监督成本。法国农业经济学家罗歇・韦利指出："真正的农业、卓有成效的农业一定要以个人负责为基础。"在现有农业生产条件下，农业生产的大部分作业不能实现严格的分工。因此，家庭农场成为最有效率的农业生产经营形式。

2. 农业自然环境、社会环境的特性与农业家庭经营

农业生产的地域广阔，自然环境复杂多变，不可控制，市场信息瞬息万变。若要在市场竞争中立于不败之地，则要求农业的经营活动及时、灵活。种植决策、生产决策、经营决策都要因地制宜、因时制宜、与时俱进。只有将农业生产经营管理的决策权分到直接生产者，即将劳动者、管理者、所有者结合起来才能更有效地让农业生产适应农业自然环境、社会环境和变化，而家庭农场的农场主（户主）既是生产者，又是所有者、管理者，其组织形式更适合农业生产的发展。

3. 农业生产的内部激励、监督成本与农业家庭经营

农业生产基本没有中间产品，劳动成果大都表现在最终产品上，劳动者在生产过程各环节的劳动支出状况，只能在最终产品上表现出来，很难计量各个劳动者在不同劳作环节所付出的劳动对最终产品的贡献。只有将农业生产者在生产过程中的各项劳动与最终劳动成果及其分配直接挂钩，才能充分调动劳动者的生产积极性。

4. 家庭的社会经济特性与农业家庭经营

家庭既不是单纯的经济组织，也不是单纯的文化或政治组织，维系家庭存在的绝不仅限于经济利益这一纽带，而且有血缘、感情、心理、伦理和文化等一系列超经济的纽带。因此，家庭无须依靠纯经济利益的激励就能保持对其自身的目标和利益的基本一致性。家庭的婚姻、血缘关系，使得家庭经营组织具有较持久的稳定性。上一代对下一代多方面的寄托所形成的继承机制，使得家庭经营一般具有较长的预期，并能为实现这种预期而长时间地自愿协作。家庭农场具有其他经济组织所不具有的激励机制。比较而言，家庭农场节约了大量的监督成本和激励成本。

5. 农业的技术进步使家庭经营成为可能

农业技术进步表现为机械技术进步和生物技术进步。机械技术包括各种机械设备，使生产过程机械化、自动化。生物技术包括种子、化肥、农药、生长激素等，这些技术改变生物本身，为动植物创造良好的生产环境，通过提高土地生产率和动物的生产率来增加经济效益。农业技术的进步使得这些农业技术的使用可以由单个人进行，技术的运用可以不受家庭经营规模的限制。

（二）规模经济与农业家庭经营

农业规模经济是根据耕地资源条件、社会经济条件、物质技术装备条件及政治历史条件的状况，确定一定的农业经营规模，以提高劳动生产率、土地产出率和农产品商品率，农业规模经济的主要目标是扩大生产规模，使单位产品的平均成本降低、收益增加，从而获得良好的经济效益和

社会效益。

农业家庭经营可以实现规模经济，农业家庭经营不等于小规模经营。从经济学角度看，农业家庭经营也存在适度规模，农业经营规模并非越大越好，它受规模效益曲线的限制，即规模经济曲线或长期平均成本曲线（见图 7-1）的限制。曲线呈 U 形，最低点是家庭农业经营的最佳规模。这条曲线表示随着全部投入物的增加，单位成本的变动情况。最初，成本随规模的扩大急剧下降，随后成本的变动率减小直至达到最低点。当规模足够大时，成本又会随之增加。这已为世界各国农业发展的实践所证明。

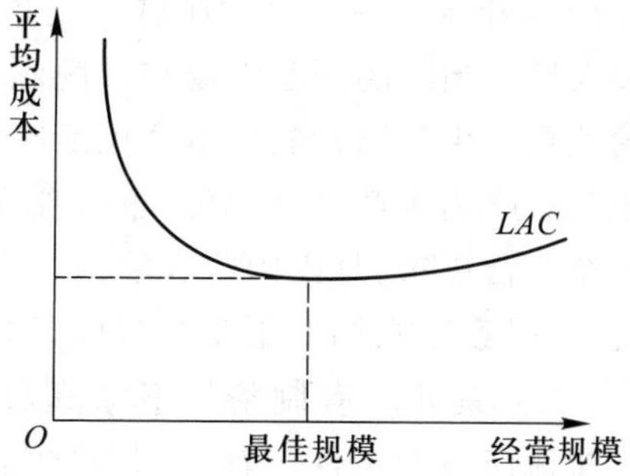

图 7-1　农业家庭经营规模经济曲线

第四节　家庭农场的发展

一、家庭农场的发展历程

土地是农业发展的根本，农场的发展和土地制度密切相关。根据《中华人民共和国宪法》和《中华人民共和国土地管理法》的规定，中国现行的土地所有制为社会主义土地公有制，分为社会主义全民所有制和社会主义劳动群众集体所有制两种。按照土地的全民所有和集体所有的区分，我国农场的历史回顾可按全民所有制条件下的国营（国有）农场和集体所有制条件下的集体农场两部分分析。

（一）全民所有制条件下家庭农场的产生

1. 家庭农场的历史基础

我国农场的雏形出现在秦汉时期，当时主要是移民垦荒和军屯。之后历朝历代都十分重视屯垦特别是军屯。国民政府统治时期，曾兴办过垦殖场和机械化农场。抗日战争时期，中国共产党领导的革命武装曾在延安等革命根据地开展大生产运动，也有“农场”的性质。

2. 国营农场的产生与发展

新中国成立后，在全国各地相继建立了大批的国营农场。国营农场的建立对促进国家农业发展，保障粮食安全，安置转业军人，促进社会就业，保障国家边境安全和民族地区稳定等起到了非常重要的作用。但多重的功能也给国营农场带来了角色定位不清、社会负担重、经济亏损、职工贫困、效益低下等问题。

改革开放前，国营农场实行统收统支政策，农场吃国家的“大锅饭”、职工吃农场的“大锅饭”现象较为普遍，严重挫伤了农场和职工的积极性，农场长期摆脱不了低产亏损的局面。改革开放后，国家对国营农场实行财务包干、联产承包责任制的改革，在一定程度上解决了两个“大锅饭”

问题。之后,国营农场在大包干的基础上开始兴办职工家庭农场。

3. 家庭农场概念的提出

1984 年中央一号文件中曾明确指出:国营农场应继续进行改革,实行联产承包责任制,办好家庭农场。当时的国营农场与家庭农场在行政上是领导与被领导的关系,在经营管理上是统与分的关系。由于国营农场是全民所有制的农业企业,家庭农场是在承包部分国营农场的基础上以职工家庭为生产经营单位,进行独立核算、自负盈亏、相对独立的经济实体,所以它是国营农场的一个经营层次,是由国营农场进行以家庭承包经营为主的改革发展而来的。受计划经济体制制约,当时家庭农场的主要经营形式有独家经营、联合经营和雇工经营三种形式。

(二)集体所有制条件下家庭农场的产生

集体所有制条件下农场的发展与我国农村土地流转制度的变迁密不可分。新中国成立以来,我国农村土地制度经历了三次大的变迁,形成了三种不同的农地制度:1953 年前的农村土地私有制;1953—1978 年集体土地所有制条件下的农业合作社和人民公社制度;1978 年之后集体土地所有制条件下的家庭联产承包责任制。相应地,农村土地流转出现了政策(法律)上的"允许—不允许—再允许"三个大的阶段。

1983 年中央一号文件明确了家庭联产承包责任制的合法地位。家庭联产承包责任制的建立,使我国农村土地制度从集体所有、集体经营向集体所有、家庭经营的模式转变,土地所有权和土地经营权发生了分离。1984 年中央一号文件明确了土地承包期一般应在 15 年以上,稳定了农民的土地预期,同时鼓励土地逐步向种田能手集中,这是我国农村土地流转政策的一大突破,大大地激发了农民的生产积极性。1987 年中央文件《把农村改革引向深入的决议》指出,过小的经营规模会影响农业进一步提高积累水平和技术水平,提出有条件的地区可以兴办适度规模的家庭农场,探索土地集约经营的经验。这是中央明确提出在集体土地上兴办家庭农场。从此,家庭农场开始在上海、苏南等地区的集体土地上出现。

2008 年中共十七届三中全会再次明确土地制度是农村的基础制度。允许农民发展多种形式的适度规模经营,有条件的地方可以发展专业大户、家庭农场、农民专业合作社等规模经营主体,家庭农场再次引起了人们的关注。尤其是 2013 年中央一号文件鼓励支持承包土地向专业大户、家庭农场、农民合作社流转。家庭农场再次出现在中央一号文件中,并且主要针对农村集体所有的土地。此后,家庭农场迅速发展。截至 2012 年年底,全国已有 87.7 万个家庭农场,经营耕地面积 1.76 亿亩,占全国承包耕地面积的 13.4%。[①]

集体所有制条件下家庭农场的出现和发展更多地反映了生产关系适应生产力发展的客观规律。新中国成立初期,为加快建设社会主义,打破了封建剥削的土地所有制,建立了社会主义制度的农业生产关系,实现了劳动者和生产资料的结合,促进了生产力的发展。但在当时我国社会主义生产力还比较落后的条件下,过于强调纯公有制的社会主义生产关系超越了生产力的发展阶段,导致了生产关系与生产力的割裂,最终还是阻碍了生产力的发展。改革开放后,实行家庭

① 农业部 2013 年对家庭农场的统计调查。

联产承包责任制的农业生产关系,适应了当时生产力的发展,取得了农村改革的巨大成功。但因持续上升的大规模非农就业、持续下降的人口自然增长以及持续转型的食物消费和农业结构,家庭联产承包责任制的缺陷暴露明显,而随着城镇化限制的放宽,越来越多的农户放弃土地,依法自愿流转承包地,促进了规模农业的形成,新型农业经营模式不断被创造出来,家庭农场就是在这样的背景下出现的。

从我国家庭农场的演化进程看,无论是国家所有制还是集体所有制条件下的农业经营,都向家庭农场演化。究其原因是以家庭经营为主要特征的家庭农场更符合农业生产的特点,也更适应当前我国农业生产力发展的要求,是农业生产经营的有效组织形式。

二、家庭农场发展的障碍

(一)家庭农场的认定、考核标准不明

家庭农场的界定不明确,使得一些农户即使自己经营了家庭农场也不知道,难以享受家庭农场的优惠政策。另外,一些农户的农场不符合家庭农场的标准,却宣称是家庭农场。国内许多地区对家庭农场认定和考核标准不明确,这是政府制定培育支持政策应首要解决的问题。

小资料

中国家庭农场的规模

成都市2013年界定的家庭农场规模,依据种养业务的不同而有所不同:粮油集中连片规模达50亩以上,蔬菜集中连片规模达50亩以上,水果集中连片规模达30亩以上,花卉苗木集中连片规模露天生产达50亩以上、设施栽培达30亩以上等。江苏省把农户家庭经营规模超过30亩的定义为家庭农场,黑龙江海伦市规定农村家庭农场适宜经营规模应为300亩以上,经营年限不得低于5年。

(二)农村土地流转制约了家庭农场的发展

土地承包关系不稳定制约着生产经营主体的生产投入。由于农民收入低、社会保障差、缺乏安全感,担心流转出去的土地不能再收回,对转出土地特别是长期流转的意愿不强。家庭农场难以获得长期稳定的土地经营权,不但影响其对土地的长期投资,反而导致大部分家庭农场以损害土地的可持续生产能力为代价进行掠夺性的生产。同时家庭农场无力建设大的农田水利设施,产量也不会提高。

土地流转程序不规范容易产生纠纷。目前我国已经开展了农村土地承包经营权确权登记颁证工作,但覆盖面还比较小,且土地承包仲裁建设缓慢。一部分家庭农场租赁承包耕地仍然是口头协议多,没有签订书面合同,乡镇村社也未能及时在土地承包经营证书上进行变更登记。一些私下转出土地的农户,提前收回原有承包地自己耕种而引发纠纷,增大了农场主通过流转土地进行农业生产的风险。

(三) 农村金融限制了家庭农场规模的扩大

资金筹措难是家庭农场发展中最需突破的瓶颈。家庭农场实现规模经营、引进先进的农业技术、投入先进的农业设备,就需要大量的现金投入支持,由于自有资金严重不足,有较强的贷款需求。但小额信贷等扶持性贷款规模较小,远不能满足其资金需求。对家庭农场来说,资金来源受限和持续巨额资金需求之间的矛盾制约了经营规模的扩大和设施农业的发展,部分经营主体因资金链断裂,难以为继,陷入进退两难的境地。

农业保险的作用有限。农业保险尚处于不断完善的发展阶段,覆盖面小、保障水平低、赔付水平低、农民参保积极性和基层政府支持农业保险发展积极性低等问题还比较突出,难以充分发挥风险保障的作用。因为自然灾害频发、勘察成本高,保险公司不愿涉足农业保险。基层政府资金紧张,拿不出相应农业保险补贴的部分,因此也缺乏积极性。

(四) 农业社会化服务体系难以满足家庭农场发展需求

公益性服务组织与经营性服务组织发展不完善。种粮大户、家庭农场的最大优势在于能够抓好生产管理,其他重点环节的生产性服务应该由合作社、专业公司、公共服务机构等承担,如技术推广、农资配送、机械作业、统防统治、抗旱排涝、信息服务、产品销售等。但是乡镇农技服务机构人员断层、经费不足、设施落后、体系断网,农业技术公益性服务难以全面落实到位。而农业龙头企业、专业合作组织等社会化服务的规模总体偏小,组织带动能力不强。各类新型农业生产经营主体蓬勃兴起,对社会化服务的需求越来越大,这方面的工作有待提高。

(五) 农民职业化程度不高制约新型生产经营主体素质提升

生产经营主体素质偏低。家庭农场理论上的经营主体是新型职业农民,而家庭现有农场主的技术水平、市场意识和管理能力都相对不足。现阶段,家庭农场生产经营者普遍处于依靠经验种植阶段,年龄较大、文化水平较低的农民,传统农业生产方式的意识根深蒂固,对机械化作业认知程度还不够。受新技术的学习能力、文化程度等方面的限制,农场主的现代经营管理理念不够强,缺乏对家庭农场发展壮大的驾驭能力。

缺少吸引后继人才的有效措施。受薪酬、交通、住宿、周边环境等因素的共同影响,难以吸引人才加入职业农民的队伍中。因此,如何营造有利于农村年轻一代面向农业就业和创业的环境,加快家庭农场主的培育与发展,应提到政府的重要议程上来。

三、家庭农场发展的基本原则与发展方向

我国家庭农场发展的总体思路应是加快扶持发展家庭农场。尽快制定不同生产领域家庭农场的认定标准,积极引导有一定规模的种养大户成立家庭农场,建立家庭农场注册登记制度,支持符合条件的家庭农场办理法人登记。加大扶持力度,分级分类指导,鼓励和支持承包土地向家庭农场流转,稳定农民土地经营预期,实现适度规模经营和标准化生产。

(一) 基本原则

在加快培育家庭农场的过程中,需要坚持以下四方面的基本原则:

一是坚持土地流转自愿的原则。土地能不能集中起来发展规模经营,主要取决于农村的人

口能否向城镇二、三产业流动,并且能够稳定地就业,即农民是不是有稳定的非农就业。因为现阶段农业的非农就业不稳定,在土地流转中要切实尊重农民意愿,不应超越经济社会发展的规律和社会现实状况去推动土地的集中。坚决制止和纠正强迫或限制农民流转承包地等行为,依法落实和维护农民承包土地的各项权利。

二是坚持适度规模经营的原则。土地适度规模经营是现代农业发展的必然,没有规模经营将很难实现农业现代化。“适度”就是说土地规模过大、过小皆不宜。如果主体的生产经营规模超过自身经营能力,则资源利用率、土地产出率和经济效益都可能下降,因此应根据不同地区发展的实际情况,因地制宜地确定出最佳效益的经营规模。

三是坚持以农民为主体、为农民服务的原则。农民是农业生产经营的直接参与者,充分尊重农民生产经营自主权,使他们能够完全自主地根据市场情况从事生产经营活动,成为真正的生产者、经营者、决策者,让农民平等参与农业现代化进程、共同分享农业现代化成果。同时,多渠道培育新型职业农民,选择一批有志于农业、年纪轻、市场意识强、文化程度高的农民,培养一支有文化、懂管理、善经营的新型职业农民队伍。

四是坚持家庭承包经营制度不动摇的原则。以家庭承包经营为基础、统分结合的双层经营体制,是我国农村的基本经营制度,是农村社会稳定、国民经济稳步发展的基础。农户是农业生产经营的基本单元,家庭是双层经营体制的基础层次,农业搞得再好也要以农民家庭为主,农业生产经营体制不管如何创新,都不能脱离这个基本点。

(二) 发展方向

1. 明确家庭农场的认定标准

搞好家庭农场,首先要明确界定其定义。根据农业部和各地对家庭农场的界定标准,建议各地家庭农场的认定标准如下:家庭农场经营者应具有农村户籍(即非城镇居民);以家庭成员为主要劳动力;家庭以农业收入为主,农业净收入占家庭农场总收益的80%以上;经营规模达到一定的标准并相对稳定(连续承包3年以上),按照规模大小分为小型家庭农场、中型家庭农场和大型家庭农场,具体的面积认定标准分别为200~500亩、500~1 000亩、1 000亩以上;家庭农场经营者应接受过农业技能培训;家庭农场经营活动有比较完整的财务收支记录;对其他农户开展农业生产有示范带动作用。但因各个地区的实际情况不同,要因地制宜,有针对性地、灵活地制定标准。

2. 加快农村土地流转方式创新

按照“稳定所有权、维护承包权、放活经营权”的总体思路,创新方式加快土地流转,促进规模经营。一要加快农村集体土地确权颁证步伐;二要完善土地管理的有关法律法规;三要赋予村级集体对土地承包经营权流转的调配权;四要建立土地流转激励机制;五要发展土地流转中介服务组织和纠纷仲裁机构。在条件成熟的区、县(市)启动农村集体产权交易平台的建设试点工作。

3. 加大对家庭农场的政策倾斜力度

(1) 财政政策。一是探索建立政府支持的农业巨灾风险补偿基金,建立财政立项补贴和奖励，通过贴息、奖励、补贴（良种补贴、高于普通农户的农机补贴、按种粮规模进行农场生产补贴）等形式，支持家庭农场的培育和发展，对达不到目标要求的实行退出机制。二是将农村土地整理、标准农田建设、农业综合开发、农业产业化等涉农项目，与土地流转规模经营相结合，优先且重点安排项目资金。对于积极引进推广新品种新技术、进行无公害绿色产品生产、拥有商标品牌认证的家庭农场给予奖励，对取得国家驰名商标、省著名商标、中国名牌农产品的在项目和资金上给予重点扶持。三是加大对农村基础设施建设的财政投入，改善农田灌溉，改良土壤，修建烘干、仓储设备等基本设施，加快乡村道路建设，为农产品流通提供方便。

（2）税收政策。税务部门将家庭农场作为单独纳税主体，在税务登记、纳税申报、发票领用等环节，为家庭农场提供优质、便捷的服务。适当地对家庭农场进行税收减免，以调动农场主规模生产的积极性。

（3）金融政策。在金融贷款、金融信贷和农业融资等方面，放宽对家庭农场的要求，鼓励家庭农场主通过融资的方式进行农业生产经营。设立家庭农场专项保险，鼓励保险机构推出家庭农场专项保险等新险种，合理设定保费，提高保险额度，积极受理灾后理赔，确保险后理赔工作，降低家庭农场的风险。

4. 加强家庭农场发展的风险规避

可以探索建立农产品销售合同制，搞特色产品生产，绿色产品、有机产品生产，利用合同来生产和经营家庭农场。运用现代网络通信、计算机技术建设农产品信息平台，打破农产品积压、销售难的局面。由政府牵头成立农业合作社、行业协会或其他涉农社团，指导家庭农场进行生产经营活动，促进各类经营主体在联合体内部融合，形成紧密的利益共同体。同时，政府应该出台相应的家庭农场抵抗市场风险的政策，从宏观上做好农产品市场行情预测工作，以指导家庭农场做好产业结构调整，完善国家农业相关法律法规，使家庭农场在购买农业生产资料、销售农产品、土地流转等签订合同时做到有法可依，降低风险。

5. 大力推进新型农业社会化服务体系建设

加强基层农业公共服务体系建设。增强公益性机构的科技服务能力，鼓励涉农科研机构、高等院校和科技人员面向基层研发、推广农业技术，与家庭农场对接，实现“一农场，一顾问”。加强乡镇、村屯农业生产资料配送供应服务，扩大农资连锁经营覆盖。强化农业信息化服务，建设农业科技成果、农业气象、水文数据库以及网上专家服务平台，建立多渠道、多层次的农产品市场信息网络，满足新型主体对农业信息的需求。完善家庭农场中介服务机构建设，特别是完善农地流转中介服务体系及制度性金融服务体系，引领家庭农场之间的相互合作，把家庭农场同大市场联结起来，开展农产品的收购、储存、运输、加工和销售的配套服务。

激发经营性服务组织的活力。支持龙头企业提高辐射带动能力，重点引进农产品加工企业，提升农产品商品化水平，提高农业产出效益。倡导“公司+家庭农场”、“公司+基地+家庭农场”、“公司+合作社+家庭农场”等多元社会化服务模式，稳固利益联结机制，以服务带动家庭农场的发展。引导和鼓励龙头企业开展面向家庭农场的代耕、代种、代收，病虫害统防统治，肥料统配统施，集中育苗育秧、灌溉排水、贮藏保鲜等经营性社会化服务。

6. 加大力度培育新型职业农民

新型职业农民是家庭农场的主体，培养新型职业农民，首先要确保人们愿意成为新型职业农民。这就需要进行理念方面的宣传，在全社会掀起兴办家庭农场的热潮，让人们认识到家庭农场是维护生态环境、增加农民收入、实现农业现代化的有效途径。同时通过宣传来引导、调动农民学技能、强素质的主观能动性，积极主动加强自身学习，增强自身的综合素质。

设立新型职业农民资格考试制度。只有科学管理知识和农业生产技术均合格者，才可以获得新型职业农民资格证书，有该证书的农民才可以申请创办家庭农场。对家庭农场主还要定期开展培训讲座、参观学习等，进行知识补充，并在每个地区设立农业专业技术咨询中心，开通农业专业技术咨询热线，以便于家庭农场主在生产经营中遇到难题可随时向咨询中心咨询，得到解答。

本章小结

农户经济是以农户家庭为基本单位，主要利用自有生产资料进行自主性生产经营的经济形式，也包括由此决定的交换、分配和消费等活动及其关系。我国正处于并将长期处于农户经济从低级形态向高级形态过渡阶段。农户兼业是指农户为追求家庭效用最大化，将部分劳动力投入工业或服务业等非农部门，既从事农业生产又从事非农业生产的现象。农户经济和农户兼业的存在是家庭农场发展的基础。基于农户经济、农户兼业化和家庭农场的基本理论，本章梳理了家庭农场的发展历程，分析了家庭农场在经营规模、辐射带动、盈利能力、资金来源、市场导向、品牌建设、销售渠道等方面的发展情况以及在融资、土地获得、服务体系、政策效率、后继人才等方面的发展约束，明确了加快发展家庭农场要明确认定标准、加快农村土地流转方式的创新、加大政策倾斜力度、加强风险规避、推进社会化服务与城镇化进程、培育新型职业农民并充分发挥地方政府的作用。

即测即评

扫描二维码，做单项选择题，检验对本章内容的掌握程度。

复习思考题

1. 农户兼业化的概念与划分标准是什么？

2. 剖析农户兼业对农业发展的影响。

3. 家庭农场的内涵是什么？

4. 家庭农场的类型、特征是什么？

5. 结合理论分析、论述家庭农场的发展。

案例分析题

家庭农场带动山区贫困村致富

巡头村，是湖南省邵阳市城步县最典型的贫困村，海拔900多米的巡头村就夹在界山与南山之间。2014年，湖南省决定培育扶持10 000户家庭农场。陈立锋觉得这是一个千载难逢的机会。在他看来，巡头村海拔高，土地分散，要发展规模农业实在不容易，但家家屋后有山地，屋前有水田，正适合发展家庭农场。

"家庭农场，不能光有'场'，没有'农'，否则会让群众'竹篮打水一场空'。"陈立锋深知，乡亲们既不了解家庭农场，也不晓得该往"场"里装什么"农业产业"，更怕有风险，担心一旦搞砸会连"家"都整垮了。"说千道万，不如甩开膀子带头干。"2014年，陈立锋发起成立五团"高山"家庭农场和蔬菜种植专业合作社，联合7家本村农户，利用自家田地，并流转一部分土地，创办家庭农场，开展适度规模经营。田地有了，到底用来种什么？陈立锋带头用"两块地"盘活"两个市场"：屋后山地用来种植高山果蔬，屋前水田用来种植生态水稻，果蔬和水稻直销到较近的南山旅游市场，并通过龙胜县远销至广西、广东等地，甚至卖到香港市场。

2015年，陈立锋等7户家庭农场的山地主要栽植西红柿。由于今年行情看好，每斤①批发价均价在1.5元，每亩西红柿纯收入就达11 000元，西红柿一年可长夏、秋两茬，光这一块的收入就有近200万元。村民舒陈华是家庭农场的受益者，屋前种水稻，屋后流转土地种起西红柿，还利用自家山地栽植30亩青梨，一年纯收入就达20多万元。

资料来源：陈立锋返乡办农场，贫困村靠大山兴业.中国农业新闻网，农民日报，2015-09-25.

讨论：

1. 陈立锋成立家庭农场成功的因素有哪些？

2. 专业合作社和家庭农场的异同有哪些？

3. 家庭农场对农户的收入有何影响？

世界著名农业经济学家简介

加里·斯坦利·贝克尔(Gary Stanley Becker)(1930—2014年)美国著名经济学家、芝加哥大学经济与社会学教授。他是首位将个体经济学方法应用到社会学分析的经济学家，以理性选择及效用理论为出发点，对于家庭经济学的发展有重大贡献，1992年获得诺贝尔经济学奖。其主要著作有：*Human Capital*：*A Theoretical and Empirical Analysis*、*The Economic Approach to Human Be-*

① 1斤=500克。

havior 等。

20 世纪 70 年代,以贝克尔为代表的经济学者通过创建农业家庭模型,试图用经济理论和分析方法分析人类行为。该模型以农户既是生产单位,又是消费单位的双重性质为基础,说明农业政策在影响农业生产和农民消费等方面具有双重作用。该模型表明:当一种农产品价格提高时,该种农产品提供给市场的剩余可能是减少而不是增加,因为价格上升使此时作为生产者的农民收入增加,而作为消费者,在收入增加的情况下,农民将对该种农产品消费得更多。

第八章　农业合作经济组织

本章学习目标

1. 了解合作经济思想的起源与发展以及不同阶段的代表性理论；
2. 掌握农业合作经济组织的概念、类型及存在价值；
3. 掌握我国农民合作社的制度安排以及与其他合作经济组织的区别；
4. 了解农民合作社在国内外发展的不同模式与趋势，进行相关对比；
5. 掌握我国农民合作社发展面临的困境以及应对措施。

20世纪70年代末，我国农业合作经济组织开始萌发。1984年，我国首次在正式文件中提出了“农民专业合作经济组织”。2007年，《中华人民共和国农民专业合作社法》规定了农民专业合作社的内涵，赋予了其法人地位。2013年，中央文件将农民专业合作社改称为农民合作社，拓展了农民合作的领域。

第一节　合作经济思想与农业合作经济组织

一、合作经济思想的起源与发展

（一）合作经济思想的起源

1. 酝酿阶段

16 世纪初，英国的毛纺织业迅速崛起，引发羊毛价格快速上涨。畜牧业变得比种植业更加有利可图，贵族、地主争相扩大牧场，甚至不惜采取暴力手段掠夺公用土地、赶走佃户，圈起大片土地发展畜牧业。这就是历史上著名的“圈地运动”。空想社会主义奠基人托马斯·莫尔(Thomas More)出版了《乌托邦》(1516)，对英国当时的社会和国家制度做了深刻的揭露，并设想出一个消灭资本主义和私有制的理想社会——“乌托邦”。随后，意大利的托马斯·康柏内拉(Thomas Companelle)出版了《太阳城》(1623)，虚幻地描述了一个人人过着幸福生活的理想社会。在他们的理想社会中，完全废除了私有制，一切财产归全体成员所有，产品和财富可以按需得到公平分配，人人都要义务参与劳动。“乌托邦”、“太阳城”等早期空想社会主义设想的提出，尽管存在不科学的成分，但合作经济思想由此萌芽，并对后来的合作经济运动产生了重大影响。

2. 萌芽阶段

19 世纪的欧洲，与资本主义制度相伴而生的机器大生产带来了社会生产力高速发展、社会财富剧增。但是劳动者生活、经济状况不断恶化，引发了工人、农民和手工业者与新兴资本主义制度之间的对立。

法国的昂利·圣西门(Henri Saint-Simon)、沙尔·傅立叶(Charles Fourier)，英国的罗伯特·欧文(Robert Owen)三位 19 世纪中叶伟大的空想社会主义者，明确提出了合作经济思想，构想了理想社会制度，企图通过宣传、教育、典型示范、小型实验等方式推行空想方案，并将合作经济组织作为资本主义私有企业的代替物和建立理想社会的组织基础。

（二）合作经济思想的发展

1. 以蒲鲁东为代表的无政府合作经济组织理论

蒲鲁东主张废除以特权和垄断造成的不平等，建立交换银行，使个人和家庭按生产产品的劳动时间进行以物易物的公平交换，获得全部劳动果实。他的这些理论思想对合作经济运动有很大影响。

2. 马克思主义的合作经济组织理论

(1) 马克思、恩格斯的合作经济组织理论。马克思、恩格斯主张走合作化的道路，认为无产阶级政党在引导广大工人和农民开展生产合作化运动时，要适应现行的社会和经济条件。他们认为，国家政权对合作经济组织性质起决定作用；现代合作经济组织产生的条件是资本主义的工厂制度和信用制度；合作经济组织应为公有制；生产合作是合作制的主要形式；合作制是向共产主义过渡的中间环节。他们主张通过合作经济组织促使土地私有制向集体所有制过渡。第一，在坚持自愿互利的前提下，把小农的私人生产和私人占有逐步过渡为合作社的生产和占有；第二，关注和改善合作社社员的切身利益，并提供社会帮助；第三，引导工人和农民走合作化道路，逐步消除雇工剥削；第四，剥夺大土地所有者的土地所有权；第五，实行按劳分配制度，进行民主管理，可以有限制地保留一定的股息分红，如按农民入股土地、预付资本和付出劳力的比例分配。

（2）列宁和斯大林的合作经济组织理论。列宁的合作经济组织理论集中地体现在《论合作制》中。其主要观点是：合作经济组织的性质取决于社会生产关系的性质；合作经济组织适合农民的特点；使全体居民都加入合作经济组织需要很长时间；国家要从各个方面帮助合作经济组织发展，在经济、财政、银行方面给合作经济组织以优先权；完成合作化，要进行文化革命。

斯大林继承了列宁的合作思想，通过集体农庄制度，把农民引上了社会主义道路。但斯大林重生产合作，轻流通合作。斯大林的农业集体化模式对其他社会主义国家的农业合作化产生了深刻影响。

3. 新古典、新制度经济学的合作经济组织理论

新古典经济学家认为，工人参与管理的经济都要比其他制度优越，至少具有同等效率。新制度经济学家认为，合作经济组织能够存在，是因为它利用了其成员固有的信息资源和信任资本，以及自我雇佣优势，从而可以降低信息、监督和执行的交易成本，给成员带来更多的利益。合作经济组织只能停留在小企业的规模，或归于破产，或转化为资本主义企业。

4. 社会改良主义学派的合作经济组织理论

社会改良主义学派作为空想社会主义合作经济理论发展的代表，认为合作经济组织是改造资本主义经济体系、建设新社会的有效途径。他们站在修正资本主义制度即部分改造的立场上来提倡合作经济运动。属于该学派的有社会主义学派和合作联邦学派。前者认为社会主义是合作经济运动的最终目标，合作经济组织仅仅是为达到这一目标的手段或准备阶段；后者则认为合作经济组织应该是在社会中起支配作用的经济体制。

5. 以美国学派为代表的进化学派的合作经济组织理论

20 世纪以来，一些美国学者把合作经济组织看作资本主义内部的一种进化发展形势，更注重经济目标，成为与强调社会目标的社会主义学派相区别的进化学派，因代表人物多为美国人，也称为美国学派。该学派最终目标是完善资本主义制度，可细分为竞争尺度学派、萨皮罗学派和埃米里扬诺夫学派。

知识链接

世界上第一个合作社——罗虚代尔公平先锋社

罗虚代尔公平先锋社是以接受过欧文教诲的 28 名工人为中心创立起来的。因此，欧文被人称为“合作社之父”，而罗虚代尔公平先锋社则被称为“合作社之母”。欧文之后的合作运动

组织者，吸取了空想社会主义者的失败教训，转而注意合作社的经济取向。他们从改善群众生活、抵制中间商盘剥入手，在消费和流通领域把劳动人民组织起来，成立消费合作社和信贷合作社，如英国的公平先锋社，它所制定的合作社八大原则，大部分仍然是各国合作社遵守的主要原则。在德国，由海尔曼·舒尔茨·德利奇和弗里德里希·莱弗埃森分别创立的信贷合作社，对加强农业生产者的地位和使其免受高利贷的剥削具有重要作用。

二、农业合作经济组织概述

（一）相关概念

合作经济组织是劳动群众联合起来、自愿结合、使用共同占有的生产资料、共同进行劳动的经济组织，其目的是维护自身经济利益，谋求改善生产条件和生活条件。它是社会经济结构的重要组成部分，具有两重性：既是具有法人地位的生产企业或经营企业，又是劳动群众组成的服务性社团组织。

合作经济制度是以合作经济组织为基础形成的一种经济运行形式。其本质是劳动者为了共同的利益，按照合作经济组织的原则和规章制度联合起来共同经营的自助经济制度，由共营制、约定性和劳动者三个基本要素构成。

农业合作经济组织，是指农民尤其是以家庭经营为主的农业小生产者为了维护和改善生产以及生活条件，在自愿互助和平等互利的基础上，遵守合作经济组织的法律和规章制度，联合从事农业经济活动所形成的组织形式。

（二）农业合作经济组织的类型

1. 按合作领域划分

（1）生产合作，包括农业生产全过程的合作、农业生产过程某些环节的合作等。

（2）流通合作，包括农业生产资料和农民生活资料供应、农产品购销储运等合作。

（3）信用合作，是农民为解决农业生产和流通中的资金需要而成立的合作金融组织，如我国现阶段的农村信用合作社等。

（4）其他合作，如消费合作社、合作医疗等。

2. 按合作组织形式划分

（1）农业专业合作。它是生产项目相同的农户为解决农业生产中的技术问题或农产品的销售问题等，联合组建的专业协会、专业合作社等。

（2）社区性合作。它是以农村社区为单元组织的合作，如现阶段我国农村的村级合作经济组织。由于社区性合作经济组织与农村行政社区结合在一起，因此它不仅是农民的经济组织，还是社区农民政治上的自治组织，是连接政府与农民、农户与社区外其他经济组织的桥梁和纽带。

（3）股份合作。它是农民以土地、资金、劳动等生产要素入股，用产权联结建立的紧密型合作经济组织。股份合作不受单位、地区、行业和所有制的限制,是劳动联合与物质要素联合的结合体,在组织管理上以公司制组织形式为参照体系,实行股份制与合作制的运行机制相结合,分配上实行按劳分配与按股分红相结合。

3. 按创办主体划分

(1) 大户牵头型,即由种养大户或经营能手牵头,农户以会员身份加入,在组织内部开展产前、产中、产后系列服务,形成"农业合作经济组织+农户"的模式。这种类型是全国最普遍也是比重最大的农业合作经济组织类型。

(2) 龙头企业带动型,即以龙头企业为依托,以生产同类产品为基础,与农户签订购销合同,形成"龙头企业+农业合作经济组织+农户"的农业产业化运行模式。这种模式下企业与农户之间的利益联结方式是合同契约,利益分配主要有保护价让利、纯收益分成等方式。

(3) 农技服务站带动型,主要由原来乡镇的"七站八所"转制后组建的,为会员提供技术咨询、培训等各方面的服务。目前这种类型也比较多。

(4) 实体合作组织型,即"合作社(龙头企业)+农户"。其基本做法是:根据市场经济发展的客观要求,培育各种合作社,当合作社发展到一定的规模,拥有相当的经济实力时,由合作社直接建立龙头企业,或者购并其他加工企业,以此带领农户走向产业化轨道。

三、农业合作经济组织存在的价值

合作制产生170多年,至今长盛不衰,农业合作制被世界各国广泛采用,有其广泛的思想基础、经济基础、制度基础和法律基础。

(一) 农业合作经济组织具有民主体制和政治价值

合作经济组织作为资本主义制度的对立物而产生,提高了劳动者参与社会事务的程度,成为他们寻求政治地位和谋求经济利益的保障。

(二) 农业合作经济组织具有经济价值与保护竞争价值

农业合作经济组织以自由、平等、民主的参与机制促成合作的安全和有效,在组织生产、联合销售、拓展加工的同时,实现规模经济和品牌优势,增加收益;它形成"风险共担,利益共享"的经济共同体,形成一种竞争力量,提高农户谈判地位,有效地防止了大公司的市场垄断倾向,对有序竞争市场拓展具有重要作用。

(三) 农业合作经济组织具有文明制度和伦理价值

合作制代表着一种民主先进体制和关心他人的道德文化,是区别于公司制、股份制文化的本质所在。这对净化小农经济的保守、依赖、散漫、各自为政等不良意识和行为意义重大。它构成了成员团结的精神基础,将其运用于农村社区的自治,可有效地推动社会的文明进步。

(四) 农业合作经济组织具有促进和谐社会的价值

合作经济改变了弱者的市场地位,在经济上保障成员利益,增进社会和成员的福利,促进更公平社会秩序的形成,起到社会稳定器的作用。

（五）农业合作经济组织在促进人类可持续发展上具有重要价值

合作制的本质是劳动者的联合和合作，强调以人为本，劳动支配资本；始终把社会目标和同社会发展协调一致放到首位，其发展原则与人类可持续发展的基本精神相一致。

第二节 农民合作社的制度安排

一、农民合作社与农民专业合作社的定义

（一）农民合作社

1995 年，国际合作社联盟（ICA）第 31 届大会对合作社作出的定义是："合作社是自愿联合起来的人们通过联合所有民主控制的企业来满足他们共同的经济、社会、文化需求与抱负的自治联合体。他们按企业资本公平出资，公正地分担风险、分享利益，并主动参与企业民主管理"。荷兰的农业合作社定义为："长期从事经营活动的农民组织，共同核算，共同承担风险，同时保持农业活动的独立性以及使有关的经济活动尽可能多地获得利润。"在瑞典，合作社就是农民拥有和控制的公司。

（二）农民专业合作社

"农民专业合作社"是我国特有的称谓。2007 年 7 月实施的《中华人民共和国农民专业合作社法》第 2 条第 1 款中明确界定："农民专业合作社是在农村家庭承包经营基础上，同类农产品的生产经营者或者同类农业生产经营服务的提供者、利用者，自愿联合、民主管理的互助性经济组织。"农民专业合作社以其成员为主要服务对象，提供农业生产资料的购买，农产品销售、加工、运输、贮藏以及与农业生产经营有关的技术、信息等服务。

二、农民合作社的定位与作用

（一）农民合作社与其他合作经济组织的区别

1. 与农村集体经济组织的区别

（1）建立背景不同。农民合作社是农户根据自身发展需要自愿联合而成的互助性组织，以经济取向为基准。而农村集体经济组织是社区性公有制经济组织，以公有土地、农业设施和其他公有财产为基础，以村落为中心，按区域组织，以政治取向为基准。

（2）产权归属不同。农民合作社在保留生产资料个人所有权的前提下，实行成员对生产资料的联合所有，并承认个人资产的收益权。而农村集体经济组织是在取消其成员的生产资料个人所有权的前提下强调对生产资料的共同所有，并未确定个人份额的所有权，集体财产的所有权不可分割。

（3）成员吸纳方式不同。农民合作社成员一般是同类或相关农产品的生产经营者，实行入社自愿、退社自由、民主管理的原则，具有开放性特征。而农村集体经济组织一般以行政村为单

位，按户籍关系产生，具有明显的社区性。

(4) 履行职能不同。农民合作社的服务主要围绕专业生产提供技术、土地、资金、信息等服务。农村集体经济组织的主要职能包括：为社区全体成员的生产、生活提供服务，经营和管理集体资产，土地的发包和管理，维护治安，发放福利，社区公共建设等，承担了较多的社区管理功能。

(5) 分配方式不同。农民合作社成员凭其入股金额和与合作社的惠顾交易量获得盈余返还。传统的农村集体经济组织成员按完成的工作量评工记分，实行平均化的收益分配。

(6) 承担风险不同。农民合作社确定了成员的股金在合作社资产总额中所占份额，成员要承担一部分资产风险。而农村集体经济组织中的资产在整体上虽属全体成员共同所有，但每个成员所占份额模糊，成员不承担资产风险，如表 8-1 所示。

表 8-1　农民合作社与农村集体经济组织的区别

区别	农民合作社	农村集体经济组织
建立背景	农民自发建立	政社分设、社区性
产权归属	保留生产资料个人所有权，实行成员对生产资料的联合所有，并承认个人资产的收益权	集体财产所有权不可分割
成员吸纳方式	入社自愿、退社自由、民主管理	以行政村为单位，按户籍关系自然产生
履行职能	主要为生产提供全程服务和要素服务	承担较多的社区管理功能
分配方式	凭其入股金额和与合作社的惠顾交易量获得盈余返还	评工记分，收益分配平均化
承担风险	要承担部分资产风险	不承担资产风险

2. 与公司的区别

(1) 公司以营利为目的，而合作社是一种互助性的经济组织，营利非其主要目的。

(2) 办合作社的门槛比办公司要低得多。农民入合作社可以出资也可以不出资，但是公司则有最低注册资本的要求。

(3) 成员（股东）的要求不同。合作社的成员中，农民至少应当占成员总数的 80%。公司只对公司股东的数目作出了要求，而没有对股东成分作出限制。

(4) 公司股东不能抽回出资，合作社实行“退社自由”的原则。公司法不允许股东在公司成立后抽回出资。股东如果想与公司脱离关系，只能向其他人转让公司的股份。而合作社实行退社自由原则。

(5) 登记要求不同。法律规定，合作社到当地的工商行政管理部门办理登记且不收费。而公司登记则是按照注册资金总额的比例收取登记费,最低为 50 元。

3. 与农产品行业协会的区别

(1) 性质不同。农民合作社是企业法人;协会是社团法人,在民政部门注册登记,属于非营利组织。

(2) 基本原则不同。农民合作社采用入社自愿、退社自由、民主控制、盈余返还原则;协会则没有盈利返还原则。

(3) 职责不同。农民合作社的职责是为成员的生产经营提供各项服务;行业协会的职责主要是协调和自律。

(4) 人数限定不同。农民合作社的入社成员一般为个体农民 5 人以上;协会的参加者为个体会员,一般为 50 人以上。

(二) 农民合作社的作用

1. 有助于促进社会分工与生产专业化

一方面,成员可以将自己做不好或做不了的事情交给合作社经营,专注于某项产品或某个生产环节;另一方面,合作社为农民提供农业技术、农用生产资料、信息和农产品加工、贮藏和销售等服务。

2. 有助于减少农产品交易的不确定性

农民合作社将外部市场内部化,农民的交易行为被内化到合作社当中进行。由于合作社是社员自己的企业,合作社和社员的利益高度一致,社员按照合作社要求进行农产品生产,并将符合要求的农产品交售给合作社,大大降低了农产品交易的不确定性。

3. 有助于减少农产品和农业专有资产的损失

大部分农产品具有易腐性,农民经常因销售的时效性遭受巨大损失。因而农民有合作的愿望,以解决农产品不耐贮藏的问题。此外,农业生产中所购买或建设的许多资产带有专有性,如农民饲养畜禽所建的棚舍、种蔬菜所盖的大棚等,难以转为他用,同时处理的价值非常低廉,为了减少由此所造成的损失,农民也在寻求长久的合作。农民加入合作社后,建立了长久的合作关系,农产品有了可靠的销路,各种农业专有资产可以得到长期的充分利用。

4. 有助于节约交易成本和寻求规模经济

合作社以整体力量进入市场,借助外部交易规模的扩大来节约交易成本,提高在市场竞争中的地位,形成某种程度的垄断,以获得利润。合作社还通过扩大外部经营规模来提高农业机械等设备的利用率,寻求规模经济。

5. 有助于农业技术推广,促进农业科技进步

农民合作社开展农业技术推广,发挥科研机构、政府的技术推广部门与农民之间的桥梁作用,成为农业科技推广服务体系的有机构成部分。农民合作社既为科研机构提供研究课题,又把先进适用的技术推广、应用到生产中去,有利于科技进步。

6. 有助于发展品牌农业,提高农产品的市场竞争力

组织农民合作社利用自身优势,及时掌握市场动态,组织、指导广大农户生产适销对路、技术

含量较高的新品种，并形成规模化生产，从而促进了一批名牌产品和主导产业迅速崛起，有利于在市场竞争中取胜。

三、农民合作社的原则和特点

（一）农民合作社的原则

1. 国际合作社联盟的合作社原则

"合作社之母"罗虚代尔公平先锋社的原则是：门户开放（入社自由）、民主管理、按交易额分配盈余、股本利息应受限制、对政治和宗教中立、现金交易、促进社员教育。在此基础上，1966 年国际合作社联盟提出了合作社入社自由、民主管理、资本报酬适度、盈余返回、合作社的教育与合作社之间的合作六项原则。

1995 年，国际合作社联盟在曼彻斯特大会上确定了合作社的七项原则：

（1）自愿与开放的社员。合作社是自愿的组织，对所有能利用合作社服务和愿意承担社员义务的人开放，无性别、社会、种族、政治和宗教信仰的限制。

（2）社员民主管理。合作社由社员进行民主管理，合作社的方针和重大事项由社员参与决定。在基层合作社，社员拥有平等的选举权（一人一票），其他层次的合作社也要实行民主管理。

（3）社员经济参与。社员要公平入股，并民主管理合作社的资金，但入股只是作为社员身份的一个条件，若分红，则要受到限制。分配盈余时，公积金首先用于合作社的进一步发展，其次按交易量进行分红，最后用于社员（代表）大会通过的其他活动。社员既有权利也有义务决定合作社盈余如何分配。

（4）自主和自立。合作社是由社员管理的自主、自助的组织，合作社若与其他组织包括政府达成协议，或从其他渠道募集资金，必须保证社员的民主管理，并保持合作社的自主性。

（5）教育、培训与信息。合作社要为社员、社员代表、管理者和雇员提供教育和培训，以更好地推动合作社的发展。社员有权获取合作社的信息，了解合作社的情况，以参与合作社的决策。

（6）合作社间的合作。合作社通过地方的、全国的、区域的和世界的合作社间的合作，为社员提供最有效的服务，并促进合作社的发展。合作社要充分发挥其优势，必须加强合作社之间的合作，重视建立在合作社支持系统的组织和活动。

（7）关注社会。合作社在满足社员需求的同时，有责任保护和促进所在地区的经济、社会、文化、教育、环境等方面的可持续发展。

2. 中国农民合作社原则

《中华人民共和国农民专业合作社法》规定，我国农民专业合作社应遵循以下原则：

（1）成员以农民为主体。农民应占成员总数的 80%，并对合作社中企业、事业单位、社会团体成员的数量和比例做了明确限制。

（2）以服务成员为宗旨，谋求全体成员的共同利益。加入合作社后，可以享受合作社提供的产前、产中、产后服务，改变单个农民进入市场的弱势地位。

（3）入社自愿、退社自由。农民可以自愿加入一个或者多个合作社，入社不改变家庭承包经营;农民可以自由退出合作社。

(4) 成员地位平等,实行民主管理。成员在合作社享有平等的地位,成员大会选举和表决,实行一人一票制,每个成员享有一票基本表决权,可以通过章程规定对本社实行民主决策、民主管理和民主监督,参与决定本社的生产经营活动。

(5) 盈余主要按照成员与合作社的交易量(额)比例返还。农民专业合作社可以按照章程规定或者成员大会决议从当年盈余中提取公积金,余额部分按成员与本社的交易量(额)比例返还,返还总额不低于可分配盈余的60%。

(二) 农民合作社的特点

1. 组织的开放性

组织的开放性即自愿组合与自主分离相结合,农民自愿入社,自愿组合,不受外界干预,社员在合作过程中也拥有重新选择离社或加入新社的权利。

2. 联合形式的双重性

联合形式的双重性即实行劳动联合与资本联合相结合,农民共同出资、共同劳动,组织起互助合作组织。在合作社里既有资本的联合,又有劳动的联合,出资者与出劳者融为一体。

3. 管理的民主性

管理的民主性即民主与集中相结合。农民合作社实行民主管理,其方针和重大事项由社员共同参与决定,成员的地位不因出资多少而有差别。按照民主控制的原则,社员大会选举和表决,实行"一人一票"制,民主决定合作社的经营内容、经营方式以及收益分配。

4. 经营目标的双重性

经营目标的双重性即服务性与营利性相统一。合作社可以为社员提供有偿、低偿甚至无偿的服务,力求经营成本最小化,不以追求利润为目标。但合作社与外部发生经济往来时,必须追求利润最大化。只有如此,它才能够生存发展,才能够更好地为社员服务。

5. 经营结构的双层性

经营结构的双层性即统一经营与分散经营相结合。农民合作社构筑在家庭经营基础之上,并为其提供有效的服务。一般来说,凡适合于合作经营的生产、加工、储藏、营销和服务项目,由合作社统一经营;对某些生产要素的使用和某些生产环节的协调,也由合作社统一安排。在非合作的项目上,家庭经营仍保持其独立性。

四、农民合作社的治理结构

根据威廉姆森(1979)的定义,治理结构是指一些组织性框架,一种契约关系的完整性和可靠性在其中得以决定。具体而言,它是指一组联结并规范经济组织中所有者、支配者、管理者各相关主体之间的权力、责任、利益的系统制度安排。

(一) 农民合作社的设立

由符合农民合作社法律规定数量的发起人发起成立,制定合作社章程,召开社员大会,然后向法律规定的机关登记即可。具体程序如下:

(1)进行可行性分析。对本地区、本行业农民群众专业合作的需求状况进行认真调查研究,确定要设立的合作社的经营范围。根据农业部下发的《农民专业合作社示范章程(试行)》的规定,各农民专业合作经济组织可根据实际情况,选择以下几项作为本组织的业务范围:

① 提供本组织成员在生产和生活方面所需资金;② 对成员进行技术指导和服务,引进新技术、新品种,举办技术培训、示范,开展技术交流,组织内外经济技术协作;③ 采购和供应成员所需的生产资料和生活资料;④ 从事农产品的运输、加工、贮藏和销售业务;⑤ 对外签订合同,开展与经济部门、科研单位及其他经济组织的合作;⑥ 向成员提供有关经济、技术信息;⑦ 本组织需要的其他业务。

(2) 明确发起人。发起人就是发起并创办农民合作社的人。在合作社的设立准备阶段,发起人可对外代表设立中的组织。发起人可以是自然人或法人,包括龙头企业、社区合作经济组织、各级政府及其他经济组织。

(3) 起草农民合作社章程和细则。合作社章程是合作社最重要的法律文件,是申请有关部门注册的主要文本。在农民合作社的设立过程中,章程的制定是一项比较复杂的工作。章程的起草工作由发起人负责。合作社章程的主要内容包括:合作社所在场址,合作社目标,经营区域,营业期限,合作社的权力和限制,社员的权利义务及分配问题的原则规定。

合作社的组织细则是合作社经营管理的准则。主要内容包括:社员(取得或失去会员资格的条件,确定社员的权利和义务,股金或股票转让的限制)、社员大会(确定召集社员大会的条款)、董事和董事会领导(资格和任期)、董事的职责、董事会领导和经理的职责、执行委员会和其他委员会的职责、关于社员证书、关于成本经营与惠顾者资本(合作社收入的处理和分配)、关于合作社解散和社员财产等。按要求,细则的制定必须与相关法律保持一致,并在大多数社员同意下可以修改和补充。

(4) 吸收社员。按照国家有关规定,本着自愿原则,在本地区或者本行业吸收合作社社员。凡是认同本合作社章程、交纳入社股金的农户和农业生产经营组织都可以成为本合作社社员。

(5) 召开成立大会。当社员人数和入社股金达到社章所规定的数额以后,就可以召开成立大会。由全体社员民主选举合作社的理事会、监事会,讨论通过合作社的各项规章制度。

(6) 依法进行登记,取得法人资格。

(二) 农民合作社的组织机构

在一般意义上,农民合作社内部治理结构,是指由成员所有者(体现为会员代表大会)及其选举产生的理事会与监事会以及高级执行人员即高级经理人员所组成的一种组织结构。理事会设理事长(会长)、副理事长(副会长)、秘书长、常务理事。成员所有者借此实现对合作社的经营管理和绩效进行监督和控制,如图 8-1 所示。

(三) 农民合作社的管理机构

根据我国合作社法的规定,农民合作社下设专门的管理机构,如市场部、技术部等,使合作社功能得以发挥。机构运作管理一般采取直线职能制的科层组织,如图 8-2 所示。

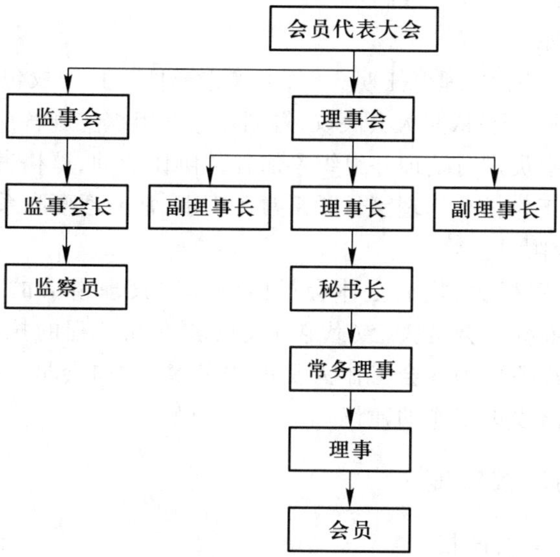

图 8-1　农民合作社组织机构图

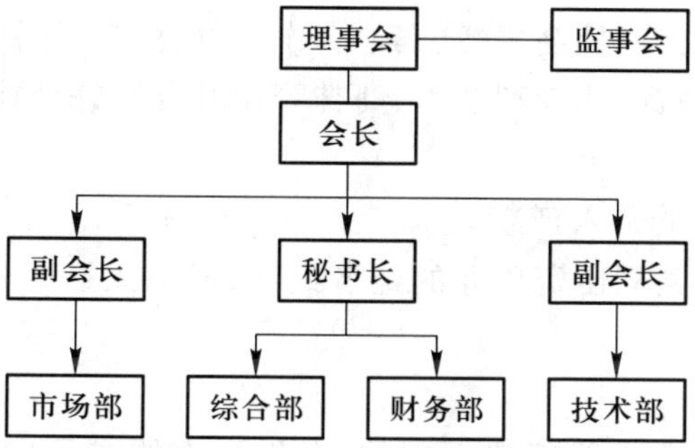

图 8-2　农民合作社的管理机构图

（四）“三会”职能与权限

1. 会员及会员大会制度

会员的主要权利是：参加会员大会，并有表决权、选举权和被选举权；享有接受本会提供的各种技术经济服务和优先权；享有在本会内购买物资和销售产品的权利；享有本会共有成果的受益和分配权；有权对本会的工作提出询问、批评和建议；有权建议召开会员大会或会员代表大会；有权提出退会申请。会员的主要义务有：遵守本社章程和会员大会的决定；维护本会利益，保护本会的共有财产；积极参加本会活动，支持理事会、监事会履行职责、改进工作；发扬互助协作精神，交流经验和技术，共同发展本专业生产。

会员大会是合作社的最高权力机构，会员大会选举理事会、监事会。召开会员大会有困难时可召开会员代表大会，执行会员大会职权，代表由会员直接选举，代表任期可规定若干年，允许连选连任。大会表决事项,实行一人一票制。

2. 理事会及其职责权限

理事会是合作社的执行机关,理事任期3年,可连选连任。其职权包括:执行会员(代表)大会决议,组织召开会员(代表)大会;依照大会决议,筹划业务并组织实施各项工作任务;对外代表本会签订协议、合同和契约;对会员进行培训并组织参加各种协作活动;严格遵守各种报告制度,按期向会员大会报告业务和财务工作情况。理事长联系常务理事,常务理事联系理事,理事联系会员。

3. 监事会及其职责权限

监事会是合作社的监察机关,代表全体会员监督和监察理事会的工作,由会员大会选举产生。其职权包括:监督理事会对会员大会(代表)决议和本社章程的执行情况;监督检查本会的经营业务和财务情况;监督理事和本会工作人员的服务情况;向会员大会提出监察工作报告;列席理事会议,向理事会提出改进工作的建议。

五、农民合作社的产权制度

(一) 农民合作社的法人产权

农民合作社的法人产权是由出资入股加入合作社的成员所有,由合作社依法占有、使用、处分的具有排除国家、其他组织或合作社以外任何人的权利。其主要体现为对成员出资、由成员出资形成的公积金、国家财政支持、社会捐赠、其他合作社收益和合作社的房屋、设备等有形资产和以合作社名义取得的专利、商标、非专利技术、商誉等无形资产,依照法律规定和章程约定享有占有、使用、收益和处分的权利。

(二) 农民合作社的成员个人产权

农民合作社是全体成员共同出资创办的经济组织,成员入社时的出资额及其增值始终是成员所有者的权益。

1. 成员出资的所有权

农民合作社是由农民出资入股组建而成的,合作社中的成员出资属于该出资的成员所有。成员认购股金可以货币出资,也可以实物、技术、商标等有形资产或无形资产作价出资。成员无论以何种形式出资,都必须经过合作社成员(代表)大会的批准确认,均享有同等的权利,并承担相同的义务。

2. 盈余分配权

盈余返还是合作社区别于其他经济组织的重要特征。成员的盈余分配权是成员出资所有权和经济参与权的最终体现。一般情况下,合作社返还成员的盈余比例不应少于可分配盈余的60%。返还盈余既可给成员现金,也可以转赠成为成员个人账户内的股金份额。

3. 国家扶持资金和社会捐赠资金的收益权

2004年中央一号文件指出:“从2004年起,中央和地方要安排专门资金,支持农民专业合作组织开展信息、技术、培训、质量标准与认证、市场营销等服务。”随着合作社的发展,社会团体或个人会对农民合作社给予捐赠扶持。这些财政扶持资金和社会捐赠资金是合作社的财产,应该按国家扶持和社会捐赠时的成员人数，量化为每个成员的份额，记入成员账户，由合作社统一经营使用，成员对这部分资金享有收益权。

4. 公积金的分割收益权

由农民合作社的公积金及未分配盈余形成的公共积累，在农民合作社存续期间，应该根据国家政策、法律法规的规定和合作社章程的约定，按照成员的出资比例及利用合作社设施、服务的贡献，量化为每个成员所有的份额，记入成员个人账户，并享受这些公共积累增值带来的收益。如果农民合作社解散，这部分盈余的公共积累也应当按成员出资入股的比例和成员与合作社产品交易量（额）分配给合作社成员。

第三节 农民合作社的发展

一、农民合作社在国外的发展

（一）发展模式

自 1844 年，英国罗虚代尔诞生了世界上第一个真正意义上的合作社组织——罗虚代尔公平先锋社至今，国外合作社发展已有 170 多年的历史。纵观国外的农民合作社，由于各国国情和农业发展道路的不同，因而合作社的发展模式也有很大区别。总结起来主要有三种模式：

1. 以美、加为代表的跨区域合作社

其主要特点是跨区域合作与联合，共同销售为主。美国合作社从发展销售合作社开始，继而扩大到供应和食品加工，因此美国销售合作社较发达，规模大，在牛奶、水果、蔬菜等领域占有较大的市场份额，涌现了不少国际驰名品牌。

2. 以德、法为代表的专业合作社

其主要特点是专业性强，即以某一产品或某种功能为对象组成合作社，如奶牛合作社、小麦合作社，或销售合作社、农机合作社等。合作社一般规模都比较大，为了形成规模优势保障合作社利益，合作社之间的联合或合作逐步增强，形成了比较完整的合作社体系。

3. 以日本为代表的综合性合作社

日本农业协同组合简称农协，是根据 1947 年颁布的《农业协同组合法》建立的由农民自愿联合、遍布城乡、自成系统的庞大的经济合作组织。日本农协的业务几乎涉及农民生产、生活的各个方面，已发展成一个组织网络化、参与广泛化、管理民主化、服务多元化、职能专业化的农村合作经济组织体系。韩国、印度、泰国的合作社也属于此类。

（二）发展趋势

1. 政府加强对农业合作社的支持和保护

无论是发展中国家，还是发达国家，都普遍重视和扶持本国农业合作社的发展。除了政治上的支持和制定专门的法律进行保护外，各国政府还通过税收减免和财政补贴等方式对农业合作社实行特殊的优惠政策。二战以后,发达国家进入了对农业实行保护政策的阶段。乌拉圭回合以后,各国特别是发达国家政府对农业合作社实施了更多的优惠政策,或者通过农业合作社来落实农业保护政策,特别是绿箱政策。

2. 农业合作社的运行越来越注重效率的提高

随着经济全球化和区域经济一体化,农业合作社与各类企业之间的竞争越来越激烈。为了提高效率和自身的竞争力,合作社与其社员之间的交易越来越市场化。合作社对其社员提出了越来越严格的交易条件,通过严格的合同条款,明确交易责任,确保所交易农产品符合加工和销售的需要。为了充分利用合作社现有的资源和设施,通过规模经营降低生产成本,合作社开始和非组织成员或非成员企业进行交易。竞争机制的引入和外部力量的介入使合作社的效率和竞争力大大提高。

3. 农业合作社的横向一体化与纵向一体化态势明显

在发达国家,农业合作社出现了明显的横向一体化,规模更大的区域性甚至全国性的合作组织开始出现,而新产生的联合可能采取合作制也可能采取股份制。美国合作社大约有 20 家企业年营业额超过 10 亿美元。法国合作社打破地域限制,跨区域整合的趋势不断加剧,近几年法国合作社数量约减少 700 个,单个合作社的规模越来越大。[①] 英国、意大利合作社也呈现联合化经营趋势。农业合作社发展的另一个趋势是纵向一体化,即农业合作社可能先在农产品销售领域发展,之后开始向农产品的生产、农业技术服务、农用生产资料的供给发展,以及可能向农产品的储藏、加工和国际贸易发展,使得农业的产业链条不断延长,获利能力增强。

4. 农业合作社管理的专业化与现代化发展

农业合作社在运行初期一般由社员充当管理者,当合作社经营规模扩大以后,社员作为合作社的管理者将难以胜任,聘任外部的企业家来管理成为很多合作社的选择,即合作社的所有者与经营者发生分离,社员专心于农产品生产,而合作社的日常经营管理权交给了专业的企业家,以提高合作社的决策效率。比如,瑞典部分专业合作社已经取消地区性合作社机构,建立起全国统一的专业合作社。法国的合作社企业普遍采用了计算机管理,生活消费品的经营引入连锁、配送、代理等经营业态与方式,牛奶、肉类的生产、加工已高度自动化。

二、农民合作社在中国的发展

(一) 我国农业合作经济组织的发展历程

在农村土地改革完成后,中国开始了农业合作化运动。其发展历程可分为四个阶段:

1. 农业生产互助组

它是以小农经济为基础的互助合作组织的初级形式,在生产资料私有制和个体经营基础上,实行劳动互助,产品归农户自己所有,生产资料和劳动力在互相交换中使用,因数量和质量不等不能完全相抵的部分,则根据当地的社会工资或习惯以实物或现金形式补足。

---

① 张宝华,何启生,刘友洪.农村新型合作经济组织发展事务.北京:中国农业出版社,2005.

2. 农业生产初级合作社

土地以及大部分耕畜农具都是私有的,但土地和主要生产资料交给合作社统一使用。实行有计划的经营,产品统一分配。公积金、公益金和管理费用由合作社集中掌握、统一使用。社员收入分为两部分:一部分按入社时的生产资料数量和质量取得股份分红;另一部分按社员投入的劳动多少取得报酬,即采取了按资与按劳相结合的分配形式。

3. 农业生产高级合作社

土地等生产资料归集体共同占有,社员完全失去了生产经营自主权,一切生产经营活动听命于高级社的统一安排,实行完全的按劳分配。高级社是以生产资料公有、集中统一经营为特征的产权结构和组织制度安排,农户除保留少量的自留地(占土地的5%)使用权外,土地等大型生产资料完全集体化,农户失去了对土地的私有产权。

4. 农村人民公社

1958年,中国政府决定在农村建立人民公社制度。该制度产权功能弱化、劳动激励缺乏、监督成本高昂、限制农业劳动力流动和不允许市场机制发挥作用,最终解体。

中国的农业合作化运动总的来说是不成功的。20世纪70年代末,国家不得不解散人民公社,推行家庭联产承包责任制。农业合作化运动的经验和教训表现在以下几个方面:一是严重违背了自愿互利的合作原则;二是否认了农业的家庭经营;三是农业合作化演变成了农业集体化。农村经济发展的实践证明,人民公社制不适合中国的国情。

(二)农民合作社的形成与发展

1. 萌芽阶段:20世纪70年代末到90年代初期

1978年,党的十一届三中全会推行以家庭联产承包责任制为主的各种生产责任制,使农民的利益与土地产出直接挂钩,受到了普遍欢迎,生产积极性空前高涨,农业生产快速发展。与此同时,一批农村能人和专业户开始联合农民发展专业生产,形成了最初形态的专业合作社。其中,大多数称为“专业技术协会”,以技术合作和交流为主,其特点是合作领域窄、规模小、数量少、层次低。

2. 起步阶段:20世纪90年代初期至末期

20世纪90年代,我国农产品流通的市场机制初步建立。政策环境的好转、政府支持力度的加大和非粮食经济的迅速扩张,为农民专业合作社的多元化发展提供了良好条件。1993年,国务院明确以农业部作为指导和扶持农民专业合作组织与联合组织的行政主管部门。1994年,国家财政部和税务总局的有关文件规定对农民专业合作社暂不征收所得税。1997年,财政部文件规定,对农民专业合作社销售农产品免征增值税。此后,从事农产品销售的合作经济组织大量兴起,专业协会、专业大户、农村经济组织、农业龙头企业纷纷牵头兴办,活动范围逐步扩大。这一时期的农民专业合作社在协作基础上新增了许多服务内容。

3. 深化发展阶段:21世纪初至今

21世纪初,农业发展进入新阶段,农户面临着国内、国外两个市场的竞争压力,增强了农民组织化发展的重要性和紧迫性。我国农业和农村经济结构调整的加快和深入推进,为合作社的发展提供了良好的契机。为此,国家加大了对"三农"的投入力度,积极支持农民联合起来,发展各类专业合作经济组织。2003 年 7 月 1 日起实施的《中华人民共和国农业法》明确提出国家鼓励农民自愿组成各类专业合作经济组织,支持农民专业合作经济组织参与农业产业化经营、农产品流通和加工以及农业技术推广等。2007 年 7 月 1 日,《中华人民共和国农民专业合作社法》的出台,不仅明确了农民专业合作社的市场主体地位,而且将国家对农民专业合作社的扶持政策法律化。在这一时期,我国地方政府也都制定了扶持农民专业合作社发展的政策措施,尤其是地方性农民专业合作社条例的出台,全面促进了合作社的快速发展,我国农民专业合作社的发展进入全面推进和深化的阶段。

截至 2014 年 12 月底,全国依法注册登记的农民合作社达 128.88 万家,实有入社农户约 9 227 万户,约占全国农户总数的 35.5%。[①] 合作社产业分布涉及种植、养殖、农机、林业、植保、技术信息、手工纺织、乡村旅游等农村各个产业,服务内容从生产领域逐步向生产、流通、加工一体化经营发展。农民合作社已发展成为农村地区的第四大市场主体。

(三) 农民合作社的发展模式

1. 市场推动模式

它就是农民在共同的市场需求下,为了提高市场竞争力,获取合理的市场交易利益,自我联合起来组成自己的服务组织。属于内生性合作社这一类型的合作社始终坚持"民办、民管、民受益"原则,不以承担政府赋予的任务为主要职能。

2. 政府推动模式

它是指政府在合作社产生和发展过程中起到了决定性的推动作用,属于外生性合作社。这一类型的合作社,其组织体系、经济功能等都是在政府的直接推动下实现的,政府的作用至关重要。

三、我国农民合作社发展的制约因素及其对策

(一) 农民合作社发展面临的制约因素

1. 农业土地制度不健全

《中华人民共和国宪法》和《中华人民共和国土地管理法》规定,我国农村土地为集体所有,所有权的权利主体有乡镇集体、村集体和村民小组三类。但这样的界定造成在实际操作中产权关系并不清晰,一方面容易造成乡镇、村委会随意处置土地,甚至与民争利,严重损害失地农民权益,导致征地纠纷不断;另一方面,农地流转不畅、农民土地浪费严重与农民合作社等新型农业经营主体的用地需求得不到满足的矛盾并存,严重制约农民合作社的发展与壮大。

2. 农业合作化相关法规制度不完善

《中华人民共和国农民专业合作社法》还不能完全有针对性地涵盖合作社的所有类型。近年来各级政府制定的农民合作社发展的政策制度在具体实施中,还存在配套政策不够完善、运行

---

① 全国农民合作社发展部际联席会议第三次全体会议召开.中国政府网,2015-03-19.

机制不够健全、产权责任不够明确、具体措施不好操作等问题。

3. 财政金融支持力度有限

我国的农民合作社资金来源渠道有限，除少量政府财政扶持资金外，大多是社员自筹，加之我国商业银行实施了严格的信贷担保和抵押制度，大多数农民合作社没有固定资产用于抵押贷款，仅有的房产也因政策原因无法抵押，被很多涉农金融机构拒之门外，造成贷款困难，使得农民合作社始终面临资金短缺的困局，严重制约、影响了组织的发展和自身的壮大。

4. 农业基础设施和物质技术根基薄弱

农业基础薄弱、后劲不足的问题仍然十分突出。水利基础设施功能老化、能力下降；机械化发展不平衡，服务能力不强；肥料、农药、农膜等产品品种单一，质量不高，不适应现代农业要求；农业科研投入不足，转化率不高，科技贡献率较低；等等。这些都严重制约和影响了合作社的规模化和农业一体化发展。

5. 农业社会化服务不完善

我国农业社会化服务体系仍然处于发育阶段。其不足主要表现在：农业社会化服务体系结构紊乱，功能不健全，覆盖面小，供给不足；社会化服务的基础条件和服务手段落后，服务内容与社会需求相差甚远；农技、农机、种业等重点服务项目力量薄弱，功能不全，综合能力差；合作社社会化服务机构发展缓慢，管理不力，缺乏健全的内部管理制度等制约和影响了农民合作社的健康发展。

6. 优秀人才匮乏

合作社社员普遍素质不高，缺乏有文化、懂技术、善经营、会管理、能合作、肯奉献的优秀带头人；通法律、懂政策、会监管的行业管理人员较少，影响和制约了农民合作社的健康、持续发展。

（二）农民合作社深化发展的趋势

1. 强强联合，发展联社

合作社联合社是合作社发展到一定阶段的产物。与公司等市场主体相比，合作社的竞争力量仍然有限。成立联合社，不仅可以通过横向一体化实现规模经济、范围经济，并最大限度地降低合作社的交易成本，提高议价能力，改善服务质量，解决单个合作社无法解决的问题，而且可以促进纵向一体化经营，拓展合作社的业务范围，向农产品深加工领域延伸，巩固和增强合作社的市场地位。目前，已有不少地区建立了合作社联合社，在联合经营维护合作社权益、加强行业自律、开展信息交流等方面发挥了重要作用。

2. 转向企业化经营

部分合作社在不放弃为成员服务的宗旨下，转向企业化经营。其原因包括：一是竞争加剧迫使合作社为了增强对农民的吸引力，提高经营效率和竞争力。二是转向企业化经营是合作社提高经营效率和竞争力的关键。三是目前已具有转向企业化经营的可能性。一方面，农业产业化经营的龙头企业需要合作社来协调，否则，龙头企业要面对千家万户，生产难控制，交易费用高，契约关系不牢固，农户与企业的利益都得不到保证；另一方面，农民有积极性，并有购买交货权的实力。

3. 引入股份制,发展股份合作社

股份合作社兼有合作社与股份公司的优点,它坚持民主管理、一人一票的原则,二者的结合不改变合作社的性质。有的企业按股计票只能注册为“合作股份公司”,而这并非股份合作社,不属于合作经济组织的范畴。股份合作社在分配上采用税后利润分配制,即年盈余按比例分配,一般10%~15%留作储备金或公积金,其余部分按惠顾比例返还给社员,小部分作为股金分红。股份合作社的股金不论储备金和个人股,都为死股,不得抽股或转让,可以继承,享受股份分红。股份合作社的股东必须是社员,使所有者和惠顾者达到“两统一”。

4. 发展行业合作组织

根据我国农村实际,应积极鼓励、大力发展区县级乃至市级围绕主导产业、特色产品的农业行业合作组织。他们在加强行业服务,规范交易行为,调解或仲裁有关贸易纠纷,保护农业生产者和经营者等方面发挥积极的作用。同时,农业行业合作组织具有为会员服务、保护会员利益、培训示范以及互助合作的职能。

5. 积极参与、推动可持续发展将成为合作社的主要选择

随着21世纪经济全球化和贸易自由化的发展,加之人口增长,贫困问题、资源问题将越来越突出,合作社作为非营利性组织,理应关心周围环境与生态的恶化、自然资源的过度消耗,在生态环保上尽一份力。农业合作社的重要任务之一是教育社员不滥伐山林,不滥垦山坡地,不过量使用化肥和农药,并朝着农产品“有机化”绿色方向发展。

(三)发展农民合作社的对策思路

1. 发挥政府的帮扶作用

要在吸取过去的经验教训和借鉴世界各国发展农业合作经济组织成功经验的基础上,加强各级政府对农民合作社的指导和帮扶,研究解决其发展过程中遇到的困难和问题,积极引导农民合作社沿着正常、有序的轨道发展。

2. 完善农业土地制度

要通过明晰农村土地产权关系,保障农民对土地的承包权和使用权,完善农民对土地使用权的处置相关法规体系,规范土地承包经营权流转行为,严格界定公益性和经营性建设用地的范围,建立和完善与农业发展相适应的现代农村土地制度。使农民更愿意对土地进行投资,改善生产条件,实现土地产出率和农业效益的提高。

3. 重视政策法规体系建设

一是制定合作社基本法,将各类型合作社共同的问题进行统一规范,确立合作社的基本原则,以基本法指导各类合作社的发展。二是针对特殊领域制定单行专门法如《供销合作社法》、《保险合作社法》等,全方位多侧面形成完整配套、上下衔接的农民合作社法律法规体系。

4. 加大财政金融支持力度

通过财政补助、贴息、政策性信贷、政策性保险等手段,支持农业合作经济组织的发展。完善农业银行、信用社、邮政储蓄等金融机构的支农功能,转换经营机制,提高贷款覆盖面和农业贷款比例;发挥农业保险在化解自然和市场双重风险方面的重要作用,积极推行农业保险制度。

5. 改善合作的物质技术条件

加强农田水利建设，提高水利保障能力；要提高机械化服务水平，重点扶持农业合作经济组织的生产机械化；加快技术转化和自主创新步伐，提升我国农用工业的总体水平；加快农业科技成果转化，促进产、学、研，农、科、教结合；健全农业信息网站，充分利用现代化生产要素和管理技术。

6. 健全农业社会化服务体系

从需求出发，适应合作经济组织要求，不断丰富和创新服务内容。完善农业科技服务体系，健全县（市）农技推广中心和乡（镇）农业技术服务站，直接服务农业合作经济组织；完善农村信息综合服务体系，整合信息资源，强化涉农部门之间农业基础信息实时交换和共享，形成服务便捷、功能完善的农业网站体系。完善农机化服务体系，积极引进、推广新机具，依托农机购置补贴项目建设，拉动社会投资，培育以农机专业合作组织、农机大户、农机管理部门相互结合的农机化作业服务，提升农业机械化作业水平。

7. 加强合作社人才培养

制定长期稳定的人才培养规划，探索以政府为主导，行业组织及社会各方面广泛参与、多元投入、共同协作的人才培养机制。鼓励有才干的外出务工人员返乡发展合作社。创新内部用人机制，对急需人才面向社会实行公开竞聘；鼓励各级各类科研、农技推广人员和大中专毕业生到农民合作社任职、兼职。完善合作经济人才资质认定机制，对长期从事农业项目管理、农业经营管理和在农业合作经济组织工作的农业科技人员、大中专毕业生给予必要的资质认定，创造人才成长的体制环境。

本章小结

合作思想起源于西欧。农业合作经济组织已有200多年的发展历史，其类型多种多样。农业合作经济组织发展已成为世界潮流。它具有民主体制和政治价值、经济价值与保护竞争价值、文明制度和伦理价值、促进和谐社会以及促进人类可持续发展的必要价值。

农业合作社具有促进社会分工与生产专业化、减少农产品交易的不确定性、减少农产品和农业专有资产的损失、节约交易成本和寻求规模经济、有利于农业科技进步、发展品牌农业以及提高农产品市场竞争力的作用。

国外农民合作社有三种经典的发展模式。国内农民合作社主要由市场推动型和政府推动型两种模式构成。目前，我国农民合作社面临着农业土地制度不健全、相关法规制度不完善、财政金融支持力度有限、农业生产物质依托薄弱、农民权益组织缺失、农业社会化服务不完善、优秀服务人才匮乏的困境与挑战，具有强强联合、企业化经营、引入股份制等发展趋势。因此，需要从发挥政府的帮扶作用、完善农业土地制度、重视政策法规体系建设、加大财政金融支持力度、改善合作物质生产条件、健全农业社会化服务体系、加强合作社人才培养几个方面努力突破瓶颈。

即测即评

扫描二维码，做单项选择题，检验对本章内容的掌握程度。

复习思考题

1. 简述合作思想的起源与发展，以及主要代表人物（学派）及其观点。
2. 比较国际合作社联盟对合作社的定义与中国对农民专业合作社的定义的异同。
3. 如何理解农民合作社的基本特征？
4. 简述农民合作社的组织原则和特点。
5. 简述国内外农民合作社的发展趋势。
6. 根据中国的实际，如何推进农民合作社的发展？

案例分析题

开展林地股份合作试点，深化集体林权制度改革

大邑县位于成都平原西部，悦来镇民集村面积 6.1 平方千米，其中林地 4 996 亩，是典型的丘陵村，林地均已确权；有 16 个村民小组、1 532 人，其中，常住人口 840 人，主要为 60 岁以上的留守老人和未成年人。该村以水稻、玉米、蚕桑、家畜养殖等传统产业为主。2010 年，该村农民人均收入 4 530 元，属市级贫困村。村民靠传统劳动增收致富困难，致使村内林地利用率不高，甚至出现撂荒现象。

（一）试点成效

2011 年 3 月，大邑县在悦来镇民集村开展林地股份合作试点。该村 500 亩林地入股，入股农户 80 多户。2012 年，该村农民人均纯收入 7 450 元，入股社员人均年收入达 1.15 万元以上，摘掉了贫困村的帽子。基本实现资源增长、农民增收、生态良好、林区和谐的目标。

（二）具体做法

该村林业合作社的成立以深入村（社）林区实地调查，了解林地构成、村民意见等基本情况为前提，按照“农户入社自愿、退社自由、利益共享、风险共担”原则，制定村级实施方案和林地合作社具体实施方案，引导农户以林地承包经营权折资折股而组建。重点是制定林地入股章程，明确入股林地使用范围、林地量化措施、林地入股的标准、入股后的林地管理、入股核算及分配等内容，做到权责清晰，合理保护、利用资源。召开村、组党员干部会和村民代表大会，对林地合作社

章程进行充分的讨论和完善。

在具体操作方面，一是村级实施方案、林地合作社具体实施方案由村民代表大会讨论，经2/3以上村民同意方可生效。二是村民在自愿的前提下，递交林地入股申请书，由村民代表、村党支部书记、林地合作社代表等组成的“五人”勘界评估小组，对拟入股林地进行勘界评估。三是村民签订入股林地勘界评估确认书，经合作社对入股农户情况登记造册并进行公示后，发放入股土地股权证。四是组建林地合作社，由成都悦丰农业开发有限公司发起，同林地入股农户组建大邑县禾邦花卉种植专业合作社，依法到工商部门注册登记。五是建立健全林地合作社管理制度，加强内部管理，保障合作社社员的合法利益。

在利益分配方面，股份合作社采用了“入股保底分红+利润分红+劳务收入”的机制。一是入股保底分红，合作社按社员的股权证，初步核定每年每股保底分红值，有收益时按每年每股保底分红值进行兑现。二是种植利润分红，入股林地合作社的农户同大邑县悦来镇禾邦金银花种植专业合作社在签订股份合作时，约定将金银花种植阶段的纯利润10%分给土地合作社。三是劳务收入，合作社组织社员参与金银花种植劳务活动，获取劳务收入。四是未参加林地合作社的群众，如要种植金银花，可申请加入金银花种植专业合作社，以金银花产品为纽带，形成新的合作关系。

资料来源：开展林地股份合作试点深化集体林权制度改革，大邑县林业和园林管理局。

讨论：

1. 结合资料，从农民合作社的设立、组织机构、管理机构、产权制度构成等方面谈谈林地股份合作社的治理结构。

2. 指出该林地股份合作社的创新和可借鉴之处，简要谈谈应如何有效地推广这种模式。

世界著名农业经济学家简介

亚历山大·恰亚诺夫(A.B.Chayanov)(1888—1937年)，苏联经济学家，“组织—生产”学派主要理论家，曾任彼得罗夫农业科学院农业经济研究所所长、农业人民委员部部务委员。他是农业合作社运动社的积极倡导者、社会主义农业发展道路的探索者，在深化马克思主义农业经济学的研究上作出了开创性贡献。主要研究方向为农户经济、农业合作组织、农业调查和地政等，主要著作有《非资本主义经济制度理论》、《农民经济组织》、《预算研究》等。

主要贡献是提出了劳动—消费均衡论、家庭生命周期说等理论，他以单个农民家庭经济的内部组织为基本细胞，对大量农户的经济行为特征进行解剖，揭示出农户经济活动中的劳动和消费均衡决定家庭经济活动量。他吸收了边际分析原理、主观评价方法，回答了马克思关于农民家庭劳动农业(小农)长期牢固存在于不同社会经济制度的命题。他开创了一门新学科——“农民学”。他从农民的心理出发分析农民经济行为，跳出了以“经济人”为前提的古典经济学原理；采用参与观察的人类学方法对农民进行调查，从原理和方法上为“经济人类学”的建立创造了条件。

第九章　农业产业化经营

本章学习目标

1. 了解农业产业化经营的内涵、基本特征、组织原则与组织形式；
2. 掌握农业产业化经营的运行机制；
3. 掌握运用农业产业化经营的相关理论，结合中国农业产业化经营的现状进行分析的方法。

随着我国经济的发展和改革的深化，分散的农户小生产与大市场之间的矛盾、农户经营规模狭小与提高农业劳动生产率之间的矛盾、农业专业化生产与社会化服务滞后之间的矛盾、农业社会效益高与经济效益低之间的矛盾普遍存在。农业产业化经营就是针对改革开放以来我国农业发展中积累的这些深层次矛盾而提出的一个根本性举措，是一场“真正的农业产业革命”。

第一节　农业产业化经营概述

一、农业产业化经营的内涵和特征

（一）农业产业化经营的内涵

1. 产业概念

产业是具有某种同类属性的企业经济活动的集合。它是一种社会分工现象，随着社会分工而产生和发展，是社会生产力不断发展的必然结果。西方发达国家从 18 世纪开始的工业革命，引导出了“产业革命”的内涵。随着时间的更替，产业经济理论在社会经济实践中广泛运用，并孕育出“产业化”和“产业化经营”的理念。这一理念下，生产经营活动广泛引入和使用现代自然科学和社会管理科学的研究成果，以及现代工业和现代农业的科技成果，在行业中形成生产、交换、分配、消费的完整经济形态。在经济运行过程中形成了从市场化资源高效配置到成果合理分配的运行体系，生产达到规模经济状态，管理形成企业式的规范化和有序化，分工发达且高度细化，生产效率和生产能力高度提升。

2. 经营的内涵

经营是经济组织根据外部环境和内部条件，确定经济活动的目标、内容、方式，以及为实现这个目标而采取的一系列重大措施和决策计划及其实施的全部活动。也就是经济组织根据其资源状况和所处市场竞争环境对自身的长期发展进行规划和部署、制定远景目标和方针的战略层次活动。

一般地，经营活动应具备四个最基本的要素：① 经营者，即经营活动的主体；② 经营对象，即经营的客体；③ 经营权，即实现经营的手段；④ 经营的载体，即经营活动得以进行的组织。经营组织的经营应包含决策、管理、监督、改进四个承前启后的职能。经济组织的经营对象是物质资料，经营的最终目的就是用最少的资源获得尽可能多的产出和尽可能高的经济效益，并为社会创造尽可能多的物质财富。

3. 农业产业化经营的含义

不同的经营形式在经济活动过程中会产生不同的效果。经营形式的选择，最重要的是要依据经济形势，即根据经济组织所处内部条件和外部环境条件，作出准确判断。农业产业化经营形式是人类社会经济发展到一定的历史阶段对农业经营形式作出的选择。

西方国家“农业产业化经营”理念起始于 19 世纪后半叶，但学界并没有明晰的界定。其实质内容是指农业生产企业与工商部门在业务上或组织上进行某种形式的合作或联合，把农业生产的供、产、销三方面有机结合起来。1957 年，哈佛大学工商管理学院的戴维斯（John H.Davis）和戈尔德伯格（Roy A.Goldberg）将这一现象称为“农业一体化”（Agricultural Integration）。20 世纪 50 年代农业一体化在美国产生后，很快在西欧和日本等发达地区和国家兴起。

中国的农业产业化经营缘起于20世纪90年代初。对于什么是农业产业化经营，是否称为农业产业化经营，在国内学界曾存在很大的争议。目前达成的共识是：农业产业化经营是以市场为导向，以效益为中心，以利益为纽带，以农户为基础，以龙头企业为核心，以经济效益为中心，以系列化服务为手段，围绕支柱产业和主导产品，实行种、养、加，供、产、销，农、工、商一体化经营，将农业的产前、产中、产后各环节联结成一个完整的产业系统，引导分散的农户小生产转变为社会化的大生产的组织形式，是多方参与主体自愿结成的经济利益共同体，是市场农业的一种基本经营形式。

（二）农业产业化经营的特征

1. 生产布局区域化

对生产经营要有科学的部署和谋划，也就是要在区域、行业进行科学合理的安排。按照区域比较优势原则，进行资源、要素配置，确立主导产业，实行连片开发，建立高标准生产基地，将一家一户的分散种养联合成千家万户的规模经营，形成规模化的农业生产区域，目的在于充分合理、有效利用不同区域和行业的现实和潜在资源、区域的产品优势和市场优势。

2. 生产经营集约化

农业实现高效率和高生产力，需要充分引入和利用农业、工业及其他行业相关的科技成果和物质资料。不论是种养业，还是农产品加工和运销，均应根据不同情况，分别采取不同形式的集约经营，充分发挥科技进步的巨大作用，实现高投入高产出，创造尽量多的物质财富和价值，提高整体经营效益。

3. 资源配置市场化

经济运行过程遵循市场法则，服从等价交换原则和价格驱动原则，生产的目的是交换，变产品为商品，变商品为资本，实现盈利。整个生产经营过程——从生产要素的取得到“产品”的一系列活动，都必须服从市场法则，以充分有效地配置资源与产品，降低运行成本，获得最大利润。

4. 生产方式专业化

农业产业的各个环节、领域、分支系统，在一体化协同的状态下，实行工厂化流水线作业、区域专一作业、专一领域作业。要求生产规范，产品质量稳定，且能最大程度降低中间运行成本，使资源得到最合理的利用。

5. 生产产出规模化

农业的生产资料必须具备一定的规模，为产品的规模化生产、加工、销售奠定条件，力求获得规模效益。同时，在产业系统内形成完整的产业价值链，提升系统的附加值和增值能力，拓展开源渠道，提高农业的比较效益。

6. 运行管理企业化

全部运行过程和范围，应按标准化进行管理，也就是生产运行的每一环节、产品和活动均按科学的标准进行规范，严格分工协作，严格资源的高效配置，严格投资与分配。生产实行程序化、定额化、网络化、规范化。按现代企业制度实行公司制，推行法制化管理，实行合同契约制、参股分红制度、全面核算制，坚持互补互利、自负盈亏、讲求效益的原则。

7. 生产经营一体化

围绕主导产业或主导产品，把产前、产中、产后各环节纳入农、工、商一体，产、加、销一体，资产经营一体，农、科、教一体的经营共同体。共同体按完整的产业链进行产品开发，使农业生产资料的供应、农产品的生产和产后的加工、运输、销售相互衔接。共同体内部的协调取代市场交易，避免市场交易的不确定性，降低交易成本，使外部经济内部化，提高农业的组织效益。

8. 服务社会化

农业产业及其分支系统是一定社会范畴内的生产群落单元，它是社会再生产的组成部分，其服务由社会相应的组织提供。例如，通过一体化组织形式，主导企业、合作社等可发挥其资金、技术和管理优势，提供产前、产中、产后的信息、技术和经营管理等方面的全方位全过程服务。当生产专业化达到一定的程度之后，服务产业也将更多地独立于生产环节之外，形成社会化服务体系。

二、农业产业化经营的意义

21 世纪初，以中国为代表的发展中国家的农业发展面临着许多新的机遇和挑战。选择农业产业化经营形式，具有重大的现实意义和深远的历史意义。

（一）农业产业化经营是农业、农村经济结构战略性调整的带动力量

如何解决分散的农户难以进入市场、适应市场的问题，是农业结构战略性调整的难点和成败的关键。农业产业化经营的主导经济组织具备开拓市场、赢得市场的能力，是带动结构调整的骨干力量。农业产业化经营要求优化农产品品种、品质结构和产业结构，实行农业规模化生产和区域化布局，因此促进了农村产业结构的优化。同时，在产业发展驱动力下，以农业为核心产业的农村获得了快速积累和发展的机会。

（二）农业产业化经营是增加农民收入的重要渠道

发展农业产业化经营，有效地延长农业产业链条，通过对农产品的精深加工，增加农产品的附加值，使农业的整体效益得到提高。同时，农业产业化经营组织通过“利益共享、风险共担”的联结机制，把农业“后续车间”的利润返还到“第一车间”，使参与产业化经营的农民不但从种养业生产中获益，还可以分享加工、流通环节的利润，增加就业机会，增加农民的非农收入。

（三）农业产业化经营是提高国家或地区农业竞争力的有力措施

当今的国际农业竞争已经不是单项产品、单个生产者之间的竞争，而是包括农产品质量、品牌、价格和农业经营主体、经营方式在内的整个产业体系的综合性竞争。农业产业化经营有利于把农业生产、加工、销售环节联结起来，把分散经营的农户联合起来，有效提高农业生产的组织化程度和农业生产能力；有利于按照国际规则，把农业标准和农产品质量标准全面引入农业生产、加工、流通的过程，创出自己的品牌；有利于实施“引进来、走出去”的战略，全面增强农业的国际

竞争力。

(四) 农业产业化经营是农业基本经营体制的重大创新

农业的市场化、国际化和农村分工分业的发展,必然要求跨社区的各类市场主体和组织提供更加广泛的服务。农业产业化经营突破了原有社区的局限,丰富了为农户服务的内容,扩大了服务领域,在更大范围和更高层次上实现了资源的优化配置,使农户找到了在市场经济条件下联合与合作的新形式,有效地推动了农业和农村经济朝规模化、集约化和市场化方向发展。农业产业化经营是家庭经营、中国农村双层经营体制的补充、丰富和完善,是农业基本经营体制的重大创新。

(五) 农业产业化经营是实现农业现代化的有效途径

改造传统农业,实现农业现代化,必须立足国情(区域实情)。发展农业产业化经营,依靠主导企业的带动,在不改变农户家庭经营的前提下,为提高农业的整体规模效益开辟新的道路,为促进农业科技创新、吸纳先进生产要素和科学管理方式,提供适宜的组织载体,有效地解决分散经营的小农户与大市场的对接问题。农业产业化经营,是符合世界农业发展规律和趋势的一种集规模经营和集约经营于一体的形式,有利于实现农业现代化。

三、农业产业化经营的组织原则与组织形式

(一) 农业产业化经营的组织原则

农业产业化经营要求农业产业系统按一定的组织原则运行,包括利益、效率、协调、平衡等一系列的经济组织原则。

1. 利益原则

满足各方面的利益是任何经济组织存在的目标之一,是否实现组织的整体目标与参与主体和个人目标的最佳组合,关系到组织的生存。农业产业化经营组织必须对其参与者有经济利益的吸引力,它通过产业化经营实现稳定的经济利益,实现"风险共担、利益共享",这是农业产业化经营持续发展的首要条件,是农业产业化经营组织的生命线。

2. 效率原则

效率原则就是指农业产业化经营系统按照专业化的分工与协作要求而有规律、有秩序地科学运作,必定会产生规模效应、协同效应,加之参加者对农业产业化经营组织的忠诚和努力,从而产生新的价值。所以,经营组织系统内部能够较好地发挥效率原则,尽可能高效率地利用各种给定的资源强化管理。

3. 协调原则

农业产业化经营实行产业一体化,产业主体由多个系统和个体组成,产业客体由多个经营项构成,产业对象由多种要素构成。生产经营存在庞大的专业分工,同时要求经济活动的整体化和整体效益最大化,以达到共同目标。农业产业化经营组织的行为是群体性的,它不仅需要采取正确的决策,而且需要各个组成部分采取协调一致的决策。因此,在产业内必须遵循协调原则和利用协调手段,规定个体的权利与义务,并付诸实施。

4. 平衡原则

农业产业化经营组织系统存在多个独立的利益主体，组织的各个部分只有在经营活动的某一水平上达到契约、合作诱因和贡献的平衡，才能不断发展和壮大，否则会因失去存在的活力而消亡。同时，在农业产业化经营系统的主体间，必然存在建立在组织共同目标之下的互助互利、合作博弈的经济关系，系统内部应实行分层次的目标管理。为了实现组织系统目标，满足不同主体的利益，一体化组织需要依靠高素质的经营决策者来统筹生产、流通、销售各方面的要素。

（二）农业产业化经营的组织形式

1. 产业化经营组织的一般形式

在组织形式上，国际农业产业化经营组织形式基本上是类似的，呈现出一体化的态势。各地资源结构不同，生产水平、技术水平和社会发育程度不同，致使农业产业化经营组织的形式呈现多样性。

按其联合方向，可分为纵向一体化、横向一体化和综合一体化。

（1）纵向一体化，是指农业同其前部门（包括生产资料的生产与供应等部门）和后部门（包括农产品的加工、储藏、运输、销售等部门）的联合。主要联合方式有：① 合同制，即农业与其相关部门，按照专业化协作的原则，以经济合同为纽带进行的经济联合；② 股份制，即工商企业与企业相互参股或控股，实行风险共担、利益同享的联合方式；③ 公司制，即工业、商业、金融资本直接开办农业公司（称作公司农场），进行工厂化的农产品生产、加工和销售。

（2）横向一体化，是指专业方向相同的农业企业合作兴办农产品加工、储运、销售和其他服务业而进行的经济联合。目的是扩大生产规模、降低成本、巩固企业的市场地位、提高企业竞争优势、增强企业实力；实质是资本在同一产业和部门内的集中。同时横向一体化组织存在一定的缺陷，譬如企业文化的不同会使管理成本增加，产品质量难以保证，协调关系复杂等。

（3）综合一体化，即在一个经营共同体中，存在多方位的参与主体与生产经营主线，也就是在经营共同体中，既有产前、产中、产后部门的参与，也存在生产、加工、营销部门的参与，既有物质资本的参与，也有资金资本、技术等无形资本的参与。属于集团性、广域性的农业产业经营体系。如当今中国逐渐形成的农民专业合作社，它以社区农民为主体，可聚合如高等院校、科研部门、行政管理部门、农资供应部门、金融部门、产品加工部门、产品经销部门，乃至消费群体等多方主体，甚至可进行跨区域的专业性产品生产经济联合，形成集团性、广域性的产业聚群，最终使资源、资金、资本得到高度有效整合，降低中间协调费用与成本，增强产品生产能力与质量保证，增强产业竞争能力。在使社会价值得到极大创造的前提下，使生产经营者获得更多稳定的收益。

2. 中国目前农业产业化经营的组织形式

中国在20世纪90年代之后，对农业产业的经营有过很多的发展实例和经营形式的探讨。大概有以下几种类型：

（1）龙头企业带动型（龙头企业+合作社+农户）。它以农产品加工、冷藏、运销企业为龙头，联合农户，由企业提供种苗、技术、饲料、加工、销售等服务，由农户进行生产，形成公司带农户，产、加、销一条龙经营。

（2）农业企业集团型。此种类型的规模比较大，资金比较雄厚，技术和装备先进，集产品的生产、加工、销售于一身，多见于经营农产品出口的外商农业企业。但这类企业和企业集团需要大量的投资，且受到土地资源稀缺的限制，目前的数量并不多。

（3）市场营销推动型（专业市场+农户）。通过建设农产品的批发市场、专业市场、农贸集市，发展运销专业户和经营实体，为农户提供产品收购、销售和农用物资供应服务，形成农贸结合，带动区域专业化生产和产、加、销一体化经营。

（4）中介组织带动型。通过地区合作经济组织、专业生产合作社和专业协会，或者通过一些中介组织，为农民提供信息、资金、生产资料以及技术服务，帮助农民走向市场。也有的通过建立加工、运销企业，实行产、加、销相结合，帮助农民解决产品流通不畅、买难卖难这类问题。

（5）合作经济组织带动型（专业合作社+农户）。即在农户家庭经营的基础上，建立一系列跨户、跨村、跨乡镇、跨市区，甚至跨国界的农村合作经济组织。以组织产前、产中、产后诸环节的服务为纽带，联系、团结广大农民群众建立起专业合作经济组织，形成种、养、加，产、供、销，贸、工、农一体的利益共同体。

（6）科学技术带动型。首先是利用星火、燎原、火炬计划建立一批科技含量高、辐射面广、示范性强的发展项目。其次是科技部门、科研单位、高等院校创办科技实体和开展科技服务，实施科技产业化，为农民提供良种和先进技术，形成农技结合，科、农、工、贸结合。

（7）主导产业带动型。利用当地资源，从发展特色产业和拳头产品入手，逐步扩大经营规模，改善产品品质，兴建区域性主导产业，实行基地化生产、一体化经营。

第二节　农业产业化经营的相关理论

一、制度变迁理论

（一）制度变迁理论的基本内涵

1. 制度变迁理论的产生及内涵

制度变迁理论（Institution Change Theory）产生于20世纪70年代前后。美国经济学家道格拉斯·C.诺思（Douglass C.North）用制度因素解释经济增长，他认为制度是一个社会的博弈规则，由三个基本部分构成：正式的规则、非正式的约束（行为规范、惯例和自我限定的行事准则）以及它们的实施特征。制度变迁是制度创立、变更及随着时间变化而被打破的过程，实现这一过程的方式就是制度变迁方式。

2. 制度变迁的作用与机理

制度变迁在经济增长中有至关重要的作用。成功的制度变迁会使经济突飞猛进地增长；失败的制度变迁则会使经济陷于停滞，甚至危及国家的安全。

机理在于,制度可以视为一种公共产品,它是由个人或组织生产出来的,这就是制度供给。由于人们的有限理性和资源的稀缺性,制度的供给是有限的、稀缺的。随着外界环境的变化或自身理性程度的提高,人们会不断提出对新的制度的需求,以实现预期收益的增加。当制度的供给和需求基本均衡时,制度是稳定的;当现存制度不能满足人们的需求时,就会发生制度的变迁。

制度变迁的成本与收益之比对于促进或推迟制度变迁起着关键作用,只有在预期收益大于预期成本的情形下,行为主体才会去推动直至最终实现制度的变迁。推动制度变迁的力量主要有两种,即"第一行动集团"(起因推动力——市场利益主体或行为利益主体、政府或利益管理主体)和"第二行动集团"(协同推动力——市场利益主体或行为利益主体、政府或利益管理主体),两者都是决策主体。

(二) 制度变迁理论的理论基石

诺思将制度作为外生变量,把经济增长是资本、劳动和技术参数的函数运用于分析中。他用统计方法分析了历史上一些国家、地区和行业的经济增长过程,并试图对此进行数理化处理。在这个分析上,诺思的发现主要体现在两大例子之上,即:

【例 1】 1600—1850 年,世界海洋运输没有发生技术进步,但此期间的效率却大大提高了,如何解释此现象? 诺思发现,技术没变,但船运制度和组织方式发生了变化,导致运输成本降低,提高了海洋运输生产率。

【例 2】 诺思发现,英国有效的产权结构、专利法的颁布使其得到了快速发展,同时期的法国和西班牙由于没有建立类似的、能有效保护私人财产和限制皇权的制度结构,无法对个人创新提供适当的激励而落后。

诺思在其著作《西方世界的兴起》中,重点阐述了不同制度变革怎样导致不同的经济绩效;在《经济史中的结构与变迁》一书中,提出了制度变迁的三块基石概念:一是描述一个体制中激励个人和集团的产权理论;二是界定实施产权的国家理论;三是影响人们对"客观"存在变化的不同反应的意识形态理论。

在农业系统中,制度就是生产方式、生产法则、管理体制、政策规范等。例如,中国的家庭联产承包责任制的形成与实施,市场经济体制的形成,都无一不给社会经济发展带来了质的飞跃。制度变迁理论成为了中国等国家实行农业产业化经营的理论基石。

二、市场机制理论

(一) 市场机制概述

市场机制(Market Mechanism)是通过市场竞争配置资源的方式,即资源在市场上通过自由竞争与自由交换来实现配置的机制,也是价值规律的实现形式。具体来说,它是指市场机制内的供求、价格、竞争、风险等要素之间互相联系及作用的机理。一般市场机制是指在任何市场都存在并发生作用的市场机制,主要包括供求机制、价格机制、竞争机制和风险机制。具体市场机制是指各类市场上特定的并起独特作用的市场机制,主要包括金融市场上的利率机制、外汇市场上的汇率机制、劳动力市场上的工资机制等。

（二）市场机制的要素构成

市场机制是一个有机的整体，它是由价格机制、供求机制、竞争机制三大主体要素和风险机制要素构成的。

1. 价格机制

价格机制是指在市场竞争过程中，市场上某种商品价格的变动与该商品供求关系变动之间有机联系的运动。它通过市场价格信息来反映供求关系，并通过这种市场价格信息来调节生产和流通，从而达到资源配置。另外，价格机制还可以促进竞争和激励，决定和调节收入分配等。

2. 供求机制

供求机制是指通过商品、劳务和各种社会资源的供给和需求的矛盾运动来影响各种生产要素组合的一种机制。它通过供与求之间在不平衡状态时形成的各种商品的市场价格，引导市场供给量和需求量等市场信号来调节社会生产和需求，最终实现供求之间的基本平衡。供求机制在竞争性市场和垄断性市场中发挥作用的方式是不同的。

3. 竞争机制

竞争机制是指在市场经济中，各个经济行为主体之间为着自身的利益而相互展开竞争，由此形成的经济内部必然的联系和影响。它通过价格竞争或非价格竞争，按照优胜劣汰的法则来调节市场运行。它能够形成企业的活力和发展的动力，促进生产，使消费者获得更大的实惠。

4. 风险机制

风险机制是市场活动同企业盈利、亏损和破产之间相互联系和作用的机制，在产权清晰的条件下，风险机制对经济发展发挥着至关重要的作用。它是市场运行的约束机制。它以竞争可能带来的亏损乃至破产的巨大压力，鞭策市场主体努力改善经营管理，增强市场竞争实力，提高自身对经营风险的调节能力和适应能力。

（三）市场机制的实质分析

1. 市场机制运行的机理

一般意义上的“市场机制”作为市场一种特有的自我调节方式，始终存在并发生作用，只是因市场性质的变更及各种外在制约因素的不同而不同。但总体而言有三大运行机理：① 市场机制是市场三大基本要素互相结合、互相制约的一个循环运动过程；② 市场机制运转循环的原动力只能是市场活动参与者的经济利益；③ 市场机制是开放型的、受多因素影响和制约的一种社会经济机制。

2. 市场机制运行的经济功能

市场机制在其运行过程中实现六大功能：① 自发平衡供求；② 自发调节资源配置；③ 自发传递市场信号；④ 自发促进技术创新；⑤ 自动调节收入分配；⑥ 自发降低交易成本。

3. 市场效率

在市场经济环境中，市场机制发挥着基础性的资源配置功能，是市场经济之所以能最优配置社会资源的根本条件。市场经济长期运行的效果，证明市场机制在以下方面的有效性或称市场效率:① 信息传递;② 利益竞争;③ 优化经济;④ 技术进步;⑤ 效率提高。

市场机制理论是人类经济活动的法则。农业产业化经营必须服从这一法则,以避免经济活动的失误。

三、利益共同体理论

(一) 利益共同体

1. 利益共同体的内涵

共同体,即人们在共同条件下结成的集合体。共同体本质上都是利益共同体,这个利益可以是经济利益、政治利益、文化利益、心理利益等。共同体是个宽泛的概念,一个组织、一个社区、一个地区、一个国家甚至是整个人类社会,都可以看作共同体,都存在自身的利益,因而可以分别被看作利益共同体。人们参与组织的目的是获得比个人活动更多的利益,因此共同利益是指"在组织的总利益中超出单个人正常收益,属于全体成员共同拥有的那部分利益"。

2. 利益共同体的功效

共同体的组成法则就是共同利益,由共同利益形成协调的、优化的利益系统,实现系统功能的最大化,从而达到分支系统(成员)功能的最大化,实现利益的最大化。利益共同体的功效可从已存在并正发挥作用的欧洲共同体略见一斑。

欧洲共同体1965年由欧洲经济共同体、欧洲煤钢共同体和欧洲原子能共同体三个共同体机构合并而成。1968年内部取消关税,外部统一关税;1968年共同农业(市场)形成;1973年共同体扩大;1986年成员国12个,实现人员、商品、资本、劳务的自由流通—欧洲市场统一—欧洲经济基本统一。共同体由一定量的对象组成,为了追求各自的利益而统一行动,具有高效的运作能力。值得一提的是,20世纪70年代世界经济危机爆发,作为超国家组织的欧共体的政治一体化因为其内在矛盾没有实现。1991年,《欧洲联盟条约》签订,成员国各自让渡一部分主权给欧盟,执行共同的经济、外交、防务政策。1993年,欧盟正式成立。1995年,欧盟马德里会议召开,欧元诞生。欧洲一体化的重大进展,促进了整个欧洲的政治、经济的稳定发展,增强了欧洲人——欧洲公民的意识,整体上提高了欧洲的国际地位。

(二) 共同体在农业领域的运用

在农业领域,参与主体之间结成"风险共担、利益共享"的经济利益共同体,是农业产业化经营系统赖以生存和发展的基础。各参与主体对农业产业化经营系统的要素投入及其资产产权得到的认可、回报和收益,是激励其生产积极性和创造性的动力来源。

通过利益共同体与市场关系相结合的利益调节机制和高效率运作,达到系统的共同目标和各参与主体的个别目标;实现这两类目标的最佳结合和交易利益的合理分配,构成了农业产业化经营健康发展所遵循的规律;农业产业化经营系统内的"非市场安排"与系统外的市场机制相结合,形成一种特殊的资源配置方式。

从内部结构上看,利益是经济共同体的核心。围绕这一核心有五大保证要素:① 组织保证;② 制度保证;③ "非市场安排";④ 均衡利益分配机制;⑤ 运营约束机制。这五大要素是相互联结的整体,形成经济利益共同体的基本框架。

农业产业化经营系统内的“非市场安排”是共同体内的特殊服务机制。其优越性体现在:① 资金支持;② 无偿或低偿服务;③ 低价供应或赊销生产资料;④ 保护价格(也是一种制度);⑤ 风险基金制度等方面。

四、价值链理论

(一) 价值链

价值链理论由迈克尔·波特于1985年提出。波特认为,“每一个企业都是在设计、生产、销售、发送和辅助其产品的过程中进行种种活动的集合体,所有这些活动可以用一个价值链来表明”。企业的价值创造是通过一系列活动构成的。

1. 价值链基本原理

产业的经济活动可分为基本活动和辅助活动两类。基本活动包括内部后勤、生产作业、外部后勤、市场和销售、服务等,而辅助活动则包括采购、技术开发、人力资源管理和企业基础设施等。这些互不相同但又相互关联的生产经营活动,构成了一个创造价值的动态过程,即价值链。

价值链在经济活动中无处不在,上下游关联的企业与企业之间存在行业价值链,企业内部各业务单元的联系构成了企业的价值链,企业内部各业务单元之间也存在价值链联结。价值链上的每一项价值活动都会对企业最终能够实现多大的价值造成影响。

波特的价值链理论揭示,企业与企业的竞争不只是某个环节的竞争,而是整个价值链的竞争,而整个价值链的综合竞争力决定企业的竞争力。用波特的话来说:“消费者心目中的价值由一连串企业内部物质与技术上的具体活动与利润所构成,当你和其他企业竞争时,其实是内部多项活动在进行竞争,而不是某一项活动的竞争。”

2. 行业价值链

波特指出,价值链是对增加一个企业的产品或服务的实用性或价值的一系列活动的描述,主要包括企业内部价值链、竞争对手价值链和行业价值链三部分。其中,行业价值链分析是指企业应从行业角度,从战略的高度看待自己与供应商和经销商的关系,可使企业明了自己在行业价值链中的位置,以及与自己同处于一个行业价值链上其他企业的整合程度对企业构成的威胁,寻求利用行业价值链来降低成本的方法。

(二) 价值链理论的农业运用

价值链理论的出现和应用,意味着农业的发展同样具有高度的适从性。丰富的多维延伸的价值链形成,可吸收农业系统的广域资源,创造出更多的社会价值,增强农业的生产能力,形成符合现代要求的农业产业化经营模式。

农业产业价值链的各个组成部分是一个有机的整体,具有联动性。因此,农业产业价值链上各环节的组织协调程度,关系到产业价值链上每一个组织成员的生存与发展。所以,递增报酬来源于专业化程度不断加深、分工链条不断加长、不同专业化分工之间相互协调所带来的最终产品生产效率的提高。农业产业价值链的纵向、横向的拓展,从多方面促进了农业的发展。农业产业价值链包括纵向延伸模式、横向拓宽模式和网络结构模式。

1. 纵向延伸模式

(1) 前向关联延伸模式。前向关联延伸,是指某产业价值链环节的产出促进了其他企业进入该产业的下游环节,从而使产业价值链得到延长。

(2) 后向关联延伸模式。后向关联延伸,是指某产品价值链环节的投入促进了其他企业进入该产业的上游环节,从而使产业价值链得到延长。

2. 横向拓宽模式

产业价值链的纵向具有关联性,横向具有替代性。产业价值链每个环节都是由大量的同类企业构成的。根据企业生产的产品的异质性,可分为无差异拓宽模式和差异拓宽模式。无差异拓宽模式是指在产业价值链的某一个环节的同类企业生产的产品是无差异性的。差异拓宽模式是指在产业价值链的某一个环节的同类企业生产的产品是差异性的。

3. 网络结构模式

随着专业化分工越来越细,以及市场需求的多样性的发展,农业产业价值链的纵向将不断延伸,横向拓宽不仅是同类产品的发展,也将跨行业发展。

第三节　农业产业化经营的运行机制

一、利益分配机制

(一) 松散型机制

松散型机制是指龙头企业与农户之间,以市场为纽带建立的相互协作关系,即龙头企业根据市场行情和加工的需要,凭借自身的信誉,在市场上收购农户生产的农产品,双方自由买卖,价格随行就市。在这种利益联结方式中,各参与主体并没有建立利益共享和风险共担机制,是参与主体之间最松散的利益联结方式。

(二) 半紧密型机制

半紧密型机制是指龙头企业与农户之间,以经济合同为纽带建立的相对稳定的协作关系,实现利益共享、风险共担。龙头企业负责向农户或合作社提供种苗、肥料、农药、生产技术指导等服务,并按合同约定的价格收购农产品;农户或合作社按合同约定的品种、规格、质量和数量生产农产品,并按合同约定的价格把农产品卖给龙头企业。部分企业还与农户或合作社约定利润返还标准,农户或合作社可以根据提供的农产品数量从龙头企业得到农产品加工、流通环节的一部分利润。

(三) 紧密型机制

紧密型机制是指龙头企业与农户或合作社以股份制或股份合作制形式组成新的经济实体,或农户或合作社投资参股到龙头企业,龙头企业与农户或合作社以产权关系为纽带,实现利益共享、风险共担。当然,龙头企业与农户或合作社在生产经营中实行分工。龙头企业负责生产经营决策的制定和实施,并负责生产资料的供应和产品的加工与销售;农户或合作社按龙头企业的要求进行农产品的生产,并参与企业的决策、管理和利润分配。

二、营运约束机制

农业产业化经营系统的正常营运,多主体互利互惠关系的建立必须依靠营运约束机制来实现。对农业产业化经营至关重要的是,参与各方从一开始就界定产权,使企业真正成为产权明晰、自主经营、自负盈亏、自立发展的经济主体,使产业化系统真正成为“风险共担,利益共享”的经济共同体。同时按照现代企业要求,产业化经营企业必须实行公司制,以法人身份在社会上出现,与其他市场主体打交道、做生意。从龙头企业与农户的联结关系和要素组合方式来看,农业产业化经营的营运约束机制主要有以下几种:

(一) 市场约束机制

农业产业化经营初始时期,尤其是松散的联合经营,龙头企业凭借自己的信誉和传统的产销关系,与农户和原料产地通过市场进行交易,价格随行就市。农业产业化经营各参与主体在面对千变万化的大市场时,都有原料供应或产品销售方面的风险。严格地说,这种约束机制只能算作农业产业化经营的初级形式,市场需求、市场价格和市场设置等方面都会约束农业产业化经营。一方面,市场需求的多样化和市场价格的波动性会给农业产业化经营组织和分散农户带来产品销售和原料供应等问题;另一方面,市场设置的偏颇性会影响农业产业化经营者的市场敏感度,影响对市场的开发。

(二) 合同(契约)约束机制

合同或协议一经签订就具有连续性与稳定性,具有法律效力。因此,合同(契约)约束机制是农业产业化经营普遍采用的运行方式。龙头企业与基地(村)和农户签订具有法律效力的产销合同、资金扶持合同和科技成果引进开发合同等,明确规定各方的权、责、利,以契约关系为纽带,进入市场,参与竞争,谋求发展。合同一经签订,应当保持其连续性和稳定性,签约双方必须履约,违约必究。一方面,基地、农户接受龙头企业的指导,搞好农产品的生产,按合同规定向龙头企业交售其产品;另一方面,龙头企业为基地、农户提供服务,按照让利原则保护性地收购签约农户的产品。

(三) 股份合作约束机制

在产业化经营系统中,企业与企业之间、企业与农户之间实行股份合作制,互相参股。有的农户和其他单位以土地、资金、技术、劳动力向企业参股,形成新的资产关系。龙头企业演化成为股份合作制法人实体,运用股份合作制吸收农户投资股,而入股农户则成为企业的股东和企业“车间”型经营单位,凭股分红,低价从龙头企业购到生产资料,使企业与农户以股份为纽带,结成“互利互惠,配套联动”的经济共同体,相互依存,共兴共荣。

(四) 租赁约束机制

租赁约束机制是指农业产业化经营实体之间通过签订租赁合同来维系生产、经营活动的正常进行。一些地方实行的企业“反租倒包”就是租赁方式之一。龙头企业将农村集体已经分包给农户的土地反租回来，作为企业的生产基地再倒包给农户经营，让其成为企业的一个生产车间，而农户生产的产品全部由企业收购。也有一部分龙头企业将从农户手里反租回来的土地进行统一规划、统一使用，实行一体化经营，而租让土地的农民可优先在规划开发区内就业，挣得工资。这两种方式都是农业产业化经营中特殊的租赁合作关系，维系龙头企业与农户关系的纽带就是反租契约和关于租让土地的农民就业安排协议。

（五）专业承包约束机制

有的地方将农业产业化经营分为两大部分：一部分是农产品加工和运销，实行公司制经营，向国内外市场出售其制成品；另一部分是种植业初级产品生产，实行专业承包经营，土地适当集中，通过招标，分包给若干大户。以所属公司为甲方，专业承包大户为乙方，签订专业承包合同，规定甲、乙双方在种植业生产中的责、权、利。甲方为乙方提供各种服务，包括机械化服务，乙方实行科学种田，保证完成生产任务。在此情况下，专业承包合同便成为约束所属公司和承包大户在种植业生产方面行为的机制。

三、基本保障机制

农业产业化经营的目标和机制，需要与之相配套的制度来保障，制度是由组织制定和执行的。

（一）组织保障

是否建有稳定的组织，是判断某个经营实体是否实行农业产业化经营的一个重要标准，组织是制定与执行各种制度的承担者和重要保障。首先，作为农业产业化经营的组织载体，合格的龙头企业尤为重要，因为它是制度的拟订者和主要执行者。其次，合格的农村合作经济组织，如专业合作社、专业协会及其他联合自助组织，同样重要。一般地说，农民组织化程度越高，制度效率和经营效率就越高，经营交易成本也就越低。

（二）制度保障

农业产业化经营系统需要多种制度的支撑。

1. 合同产销制度

合同产销制度是现代市场经济中普遍采用的一种产销制度，是龙头企业联结参与者农户的重要手段。其实质是按预定销售额进行生产，从这个意义上说，产销合同就是市场。实行合同产销制度可以减少生产上的盲目性，因为合同规定了农户向龙头企业交售产品的数量、质量、规格，交货时间和地点，龙头企业按合同规定收购农户的签约产品，提供服务和支付约定的价格，还规定了履约约束和违约罚则。以制度保证合同信誉的兑现，是合同产销制度的生命线。

2. 保护价格制度

保护价格是产销合同的重要内容。保护价格的基准是完全成本加平均利润，以保证抵偿生产者成本和赚得盈利。这一制度保障了签约农户的利益，确保了龙头企业所需原料的来源，提供了正常营运的基础。

3. 风险基金制度

商品性农业面临多种风险，主要有两大风险：自然风险和市场风险。风险的直接影响是引起农业生产率波动，进而引起供求关系波动，影响产业化经营效率和效益稳定增长。为将农业产业化经营的风险控制在最低程度，并对风险损失有所补偿，必须建立风险基金制度。风险基金可采取多种方式建立，包括龙头企业自建、龙头企业与农户共建、政府与龙头企业共建、政府自建、农企共用等方式。

（三）非市场安排

农业产业化经营系统内非市场安排是龙头企业与参与者农户之间的特殊利益关系，也是一种特殊的资源配置方式。这种特殊安排是保证农业产业化经营系统再生产过程连续有效运行，保持系统内各利益主体权益关系稳定的重要手段，因此也是保证市场供需和价格稳定的重要手段，具有重要的宏观意义。

1. 资金扶持

龙头企业对参与者农户的资金扶持因发展需要而定。为适应市场需求，必须进行某种资源开发、产品开发、品牌开发和技术开发，但是农户因缺乏资金而难以启动，这时就需要龙头企业对参与开发的农户给予资金扶持。这是龙头企业对系统整体发展的垫付资金，不是对农户的恩赐，与无息借款相类似。

2. 低价供应或赊销生产资料

农户为产业化经营系统进行初级产品生产，需要某种或几种生产资料，出现资金不足或没有现款支付的情况时，龙头企业往往以低价供应农户所需生产资料，或者将生产资料赊销给农户，待农户交售产品进行结算时再扣除所用费用。这种安排可以避免市场机制引致行为的盲目性，保证产业化经营系统内资源配置及时到位和营运效率的稳定提升。

3. 低偿或无偿服务

龙头企业向农户提供信息、技术、运销等无偿或低偿的系列化服务，以创造更高的劳动生产率和土地生产率。它是维系龙头企业与参与者农户稳定关系以及保证高效营运的重要手段，体现了农业产业化经营系统内“非市场安排”的优势。

第四节　农业产业化经营的发展

一、国外农业产业化经营

农业产业化经营在国际上通常被称作“农业一体化”。西方发达国家早在半个多世纪以前就开始研究、探索农业产业化经营的组织形式和实现途径。目前，许多西方发达国家不仅对产业化经营理论的研究日臻成熟，而且通过实践已经实现了农业产业化经营，澳大利亚、德国、美国、北欧等一些国家和地区已经进入农业产业化经营的高级阶段。

（一）发展历程

农业产业化经营的最早模式是产、加、销一体化，首先在畜牧业领域开展。19 世纪中叶，资本主义商品经济发展较早的英国、法国、瑞典、荷兰等一些国家的农民为了摆脱中间商的压价和从中盘剥，抵御大资本对农业的侵蚀，自发组织生产、加工、销售，实行一体化经营，并不断扩展逐步形成地区性和全国性的农民联盟。19世纪下半叶，德国、丹麦和意大利出现了信用社和消费合作社。后来这些农民联盟受到政府的重视和支持，政府颁布法律予以保护，推动了农业合作社的发展。

从20世纪50年代起，农业产业化经营和社会化服务体系随着生产力的发展逐步形成和健全起来。在这一时期，北美、西欧农业先后推行工业式养鸡，产前、产中的饲料、雏鸡、防疫和产后加工、销售等各项服务一体化。另外，随着机械化、化学化和水利化的发展，一些生产资料服务公司、农产品销售企业和科技信息咨询组织应运而生，对促进农业产业化经营的形成和发展起了巨大的推动作用。

随着科学技术的迅猛发展，农业产业化经营进入了高度发达阶段。首先在完善栽培技术和饲养技术的基础上，采用基因工程、发酵工程和酶工程等生物高新技术，使动植物的单产和产品品质显著提高。随着信息业高度发达，计算机和信息技术在农业上的广泛应用，使农业商品化和国际化程度越来越高，这为农业的大规模化、集约化经营提供了便利。

（二）国外农业产业化经营的主要模式

1. 农业公司模式

20世纪50年代以来，美国许多工商或金融资本直接投资农业，建立大规模农、工、商联合公司，并迅速发展形成产、供、销垂直一体化组织。欧盟各国与美国一样，与农业有关的工商企业如农机制造、化肥生产、农产品加工等企业，直接插手经营农业。到20世纪70年代，一些非农业企业也开始经营农业。

2. 合作社模式

合作社模式主要有农牧业生产合作、生产资料供应合作、产品加工销售合作、经营管理和技术信息咨询合作，以及信贷保险合作等模式。合作社在生产、交易中统一行动，实行资金融通方面的合作，减少中间商和高利贷剥削，共享加工增值的效益。合作社自愿参加，社务由全体社员协商，实行民主、规范、科学、法制、高效的管理，其收入一般是在扣留必要的公共积累后按社员投入多少进行分配。在合作社巩固和发展的基础上，各地合作社自愿按产业联合，逐步组成从地方到中央的联社。

3. 合同模式

合同模式一般是由一个核心企业（如大型农产品加工企业、流通企业或合作社）起带动作用，吸引大批农场与其建立供销合同关系，把农场与有关企业联系在一起形成产、供、销一体化经营。合同种类主要有农产品销售合同、农用生产资料购买合同、农产品销售和生产资料购买相结合的合同等。这种模式在美国农业中占有较大比重。

4. 专业协会模式

专业协会模式是由社会团体牵头把分散的农场或农户通过市场和服务等环节加以连接，形成利益联结、互相依赖的社会化生产和销售服务体系。如日本的农业协同组合（简称农协），澳大利亚的全国羊毛协会、羊毛销售经纪人协会、羊毛出售商协会和羊毛加工者协会。此外，还有韩国的产、学、管、研一体化模式，泰国的“政府+公司+银行+农户”模式等。

二、国内农业产业化经营

我国的农业产业化经营从产生到现在，大致经历了四个发展阶段：

（一）探索阶段（20世纪80年代中后期）

这一阶段的背景是，我国确立了农户家庭经营体制，农产品流通体制开始改革，行政指令性计划减少，农产品集贸市场逐步恢复，国有商业及供销社在农产品流通中的地位下降，国有农产品加工企业开始走下坡路。与此同时，农业多种经营快速发展，农村出现了一批种养专业户，乡镇企业异军突起，民营的农产品流通和加工业快速发展。一些种养专业户探索性地把经营领域从农产品生产延伸到农产品流通和加工领域，出现了所谓的“农、工、商一体化”经营。

（二）确立阶段（20世纪90年代前期）

1992年，市场经济体制确立，国家出台了允许各地因地制宜地选择适合本地情况的粮食流通体制试点方案，大大刺激了农业多种经营、农产品专业批发市场、农产品加工业和流通企业的发展。1992年，山东省潍坊市总结了诸城市贸工农一体化、寿光市依靠专业市场带动农村经济发展、寒亭区“一乡一业，一村一品”和高密市实行区域化种养等做法和经验，首次明确提出了农业产业化经营的概念。此后，农业产业化经营这一概念逐渐被接受，农业产业化经营的实践经验在全国得到推广。

（三）推进阶段（20世纪90年代后期）

在这一阶段，农产品供求形势发生了重大变化，由长期短缺转变为自给有余，千家万户的小生产与大市场的矛盾凸显出来，农产品卖难成为制约农民增收的主要问题。与此同时，一批民营农产品加工和出口企业成长起来，农民专业合作社、农民专业协会、农村经纪人等民间中介组织有所发展。利用农业产业化经营解决农产品卖难问题、提高农业效益、促进农民增收成为社会共识。各级政府将发展农业产业化经营提上议事日程，农业主管部门建立专门负责指导和协调产业化工作的机构，认定了第一批国家级重点龙头企业，出台了支持农业产业化经营的政策。

（四）发展阶段（2001年以后至今）

我国加入了世贸组织，农业对外开放程度加大，农产品的国际竞争加剧。我国农业和农村经济结构进入战略性调整阶段，国家对“三农”的支持力度加大，一系列支持农业增效、农民增收和农村发展的重要政策出台。各级政府也进一步加大了对农业产业化经营的支持力度，一大批国家级和省级重点产业化龙头企业脱颖而出，农业产业化基地建设加快，订单农业逐步兴起，产业化经营组织快速成长，农业产业化经营进入了蓬勃发展阶段。

三、农业产业化经营的发展趋势

我国的农业产业化经营经过20多年的发展，发展的路径越来越清晰，目前呈现出以下发展趋势：

（一）龙头企业朝大型化、集团化、加盟型方向发展

进入21世纪以来，全国亿元以上的农业龙头企业增长速度较快，已涌现出了一批年销售收入10亿元、50亿元以上的龙头企业。一些企业通过兼并、收购、控股等方式，迅速成长壮大；一些中小企业以大企业为核心，组成企业集团；有些同类企业通过品牌加盟、资本或其他要素的联合实现共同发展。农业龙头企业的大型化、集团化发展，必将进一步提高我国农产品的市场竞争力，并带动更多的农户参与到农业产业化经营体系中。

（二）农民合作组织在产业化经营中的地位越来越重要

实践证明，龙头企业和农民的合作，最理想的形式是以农民合作社为中介。因为分散的农户加入农业产业化经营体系，无论对龙头企业还是农户来说，交易成本都比较高，而由合作社把分散的农户组织起来加入农业产业化经营体系，就可以大大减少交易成本。从发展趋势看，随着农民合作社的发展壮大，农民合作社将成为龙头企业，更多的农民合作社会直接兴办农产品加工和流通企业，在合作社内部形成一个完整的产业化经营体系。

（三）农业产业化经营将带动农业生产区域化的发展

龙头企业带动基地发展，促进基地建设的专业化、规模化和特色化，推动优势产业向优势区域集中，必然导致农业生产的区域化。目前，全国各地已呈现出产业带的发展势头，且各地政府在大力推动。比如，2015年国家农业综合开发办公室出台《关于调整和完善农业综合开发扶持农业产业化发展相关政策的通知》，指出有条件的省份，可积极探索采取财政股权投资基金等投入方式，扶持农业产业化发展；拟实行财政股权投资基金扶持方式的省份，需报经国家农发办批准后实施。将进一步完善现行农业综合开发政策，围绕打造区域农业优势特色产业集群，促进农业产业化发展，推进现代农业建设。

（四）农业产业化和农村工业化、城镇化融合发展

农业产业化增强了农业吸引工商资本、技术、人才等生产要素的能力，农业产业化的发展也加快了农产品加工业和流通服务业等第三产业的发展。因此，农业产业化与工业化和城镇化将相互促进、整合发展。

四、农业产业化经营的发展对策

农业产业化经营有利于推进农业现代化、提高农产品的竞争能力，并且能增加农民的收入。因此，在条件具备的地区，应积极推进农业的产业化经营。

（一）选好主导产业

主导产业是指在一国或一个地区的产业结构中比重较大，处于支配地位，与其他产业的关联度高，对整个国民经济或区域经济具有较大带动作用的产业。相应地，农业主导产业是指在一个地区的农业产业结构中比重较大，对区域农业和农村经济具有较大带动作用的产业。实施农业产业化，首先要确定主导产业，一方面要考虑市场需求，根据国内外的市场需求及其发展趋势，选择市场容量大或市场潜力大的产品作为主导产业；另一方面要发挥本地优势，根据本地的自然资

源和社会经济资源状况，选择自己的优势产品，并通过市场手段把相关资源要素整合到优势产品的生产中，扩大生产规模，形成主导产业。

（二）培育龙头企业

龙头企业内联千家万户，外联国内外市场，具有开拓市场、引导生产、深化加工、配套服务的功能，是产业化经营的核心。实践表明，如果一个地区没有龙头企业，农业产业化经营就不可能得到发展。因此，具有一定规模和数量的龙头企业是实行农业产业化经营的重要条件。目前，我国大多数龙头企业规模小，资金实力、技术力量不强，产品技术含量和附加值不高，以农产品初级加工为主，缺乏深度加工的能力，由此造成市场开拓能力有限，无法带动更多的农民和农产品进入国内外市场。因此，政府必须大力培育龙头企业，把龙头企业做大做强，特别是要支持那些与农业关系密切的大中型农产品加工、流通企业充当农业产业化经营的龙头企业，充分发挥它们在资金、技术、人才、管理和市场网络等方面的优势，带动农业产业化经营的发展。

（三）加强基地建设

农产品基地是龙头企业的依托，它使龙头企业所需的农产品数量和质量得到保证，使其生产经营理念和方案得以实施。因此，推进农业产业化经营，要加强农产品基地的建设。在农产品基地的建设中，要充分发挥市场和政府两个方面的力量，围绕龙头建基地，突出特色建基地，连片开发建基地，把基地建设与主导产业的形成结合起来。

（四）发展农民合作社

结合农产品基地建设，在自愿互利的基础上，引导农户成立农民合作社。这对龙头企业来说，一方面有利于减少与农民交易过程中的交易成本，另一方面有利于推广先进的农业生产技术，有利于实施农业生产过程的标准化。对于农民来说，有利于增强与龙头企业的谈判能力，更好地维护自己的利益。

（五）完善运行机制

完善的运行机制是农业产业化经营的重要前提。

1. 完善民主管理机制

一是完善基地农民合作社的民主管理。农民合作社要在经营方向的确定、龙头企业的选择等方面，充分吸收社员的意见。二是完善龙头企业的民主管理。特别是龙头企业在决定与农民利益攸关的利益分享和风险分担方式，以及双方的权利和义务时，要与基地的农户代表或农民合作社平等协商，共同作出相关决策。

2. 完善利益共享和风险共担机制

目前，在产业化经营中，龙头企业与农户之间的利益关系比较脆弱，大多数龙头企业与农户之间以不太规范的合同契约维系合作，有些甚至没有与农户建立合同契约关系，并没有真正形成“利益共享、风险共担”的共同体。当市场供求发生波动时，违反合同的现象十分普遍。这种情况不利于农业产业化经营的持续发展，因此需要建立健全相关的制度。

（六）强化科技支撑

农业产业化经营需要掌握市场和技术两个制高点。这两个制高点相互联系，从某种意义上说，技术水平决定市场竞争力。农业产业化经营涉及整个产业链，农产品生产环节多，每个环节都有相应的产品质量标准和生产技术要求。因此，农业产业化经营必须以科技为支撑，依靠科学技术来解决生产过程中的各种技术问题和产品质量问题。有关科研部门和龙头企业要加强农产品生产、加工、储运、销售等技术的创新和引进，提高产品的技术含量和附加值，提高产品的竞争力。

（七）优化体制和政策

农业产业化经营涉及农业的产前、产中、产后的各个部门，这些部门中的经济主体及其活动一般分别由相应的政府主管部门管理。这种管理体制虽然有专业化管理的优势，但对农业产业化经营来说，往往会造成相互扯皮或者相互推诿的情况，不利于农业产业化经营的发展。为此，需要对农业管理体制进行必要的调整。另外，由于我国的农业产业化经营刚刚起步，产业化经营主体的实力还不强，有些组织的运转还不规范，因此，政府应进行必要的扶持，特别是在发展规划、工商管理、金融税收以及土地流转等方面给予必要的支持，对龙头企业与农民之间的利益矛盾进行必要的协调。

本章小结

本章主要介绍了农业产业化经营的相关概念、基本特征、组织原则、组织形式和运行机制等内容。

农业产业化经营的基本特征是：生产布局区域化、经济运行集约化、资源配置市场化、生产方式专业化、生产对象规模化、运行管理企业化、生产经营一体化、服务社会化。农业产业化经营的组织原则是：利益原则、效率原则、协调性原则、平衡性原则。其一般组织形式主要有：纵向一体化、横向一体化、综合一体化形式，并衍生出龙头企业带动型、农业企业集团型、市场营销推动型、中介组织带动型、合作经济组织带动型、科学技术带动型、主导产业带动型等组织形式。农业产业化经营有诸多作用。农业产业化经营的运行机制主要有：利益分配机制，包括龙头企业与农户之间、合作经济组织内部、股份合作制经济组织与农户之间的利益机制；营运约束机制，包括市场约束机制、合同（契约）约束机制、股份合作约束机制、租赁约束机制、专业承包约束机制；基本保障机制，包括组织保障、制度保障、非市场安排。

我国农业产业化经营要取得长足发展，应在选好主导产业、培育龙头企业、加强基地建设、发展农民专业合作社、完善运行机制、强化科技支撑、优化体制和政策等方面下工夫。

即测即评

扫描二维码，做单项选择题，检验对本章内容的掌握程度。

复习思考题

1. 如何理解农业产业化经营的内涵?
2. 制度变迁理论的机理是什么? 它的理论基础是什么?
3. 价值链理论的经济意义何在? 为什么?
4. 在农业产业化经营中,如何充分发挥各种机制的作用?
5. 如何提高中国农业产业化经营的水平? 应采取哪些措施?

案例分析题

云南昆明斗南花卉市场

昆明斗南花卉市场位于云南省昆明市呈贡区。从1998年8月开始建立,经过十几年的发展,斗南花市的鲜切花交易量、交易额、现金量、人流量和出口额均居全国第一。目前市场占地8 000多平方米,切花基地6 000余亩,每天约有20 000人次进场交易,日均上市鲜切花上百个大类,1 000多个品种(主要有勿忘我、海星、满天星、洋兰、非洲菊、铁炮、马可波罗、金百合、黄百合、锡泊、元帅、索尔帮、唐菖蒲等),500万~1 500万枝鲜花,日成交额600万~1 200万元,每天有300~500吨鲜花通过航空、铁路、公路运往全国60多个大中城市,部分出口日本、韩国及东南亚等周边国家和地区。2008年,斗南花卉市场销售花卉种苗(球)8 000余万株,鲜切花交易量突破41.2亿枝,交易额达29.9亿元;2009年,鲜切花交易量突破44.3亿枝,交易额达32.1亿元;2013年交易量52.1亿支,交易额37.5亿元。这里云集了上千家花卉企业、6 000多位花卉经纪人,加上从事花卉经营、资材、籽种、花艺、包装、餐饮等行业的公司和个体经营户,斗南已经形成相对完善的产业配套和企业集群发展格局。

目前,这个批发市场已经成为中国乃至亚洲最大的鲜切花交易市场,是著名的花都。在全国80多个大中城市中占据70%的市场份额,出口46个国家和地区,全国10枝鲜切花就有7枝产自云南。多年来借助“斗南”花卉这一中国驰名商标的品牌效应和市场优势,斗南已成为中国花卉市场的风向标和花卉价格的晴雨表。

不仅如此,在整个花卉产业链中,几乎每个环节的运行发展都为当地农民创造了致富就业的机会,都和全省从事花卉产业的350万人的利益息息相关。它的繁荣带动了花卉相关产业及旅游业的蓬勃发展,每年到斗南花卉市场参观、旅游的游客近百万人次。斗南花卉市场的建成使用,成为了云南省农业产业结构调整的一个典范,对带动全省花卉苗木种植户的发展,吸纳下岗职工,转移农村富余劳力发挥了重要作用,扩大了再就业渠道,市场的繁荣带动了花卉相关产业的发展,促进了农村小城镇建设。几年来,市场充分发挥了引导示范和辐射带动作用,对云南乃至我国花卉产业的发展壮大、产业结构的优化和农村经济的发展产生了显著的推动作用。

资料来源:昆明斗南花卉市场.百度百科,2015-07-27.

讨论：

1. 您所熟悉的其他农产品专业批发市场与昆明斗南花卉市场有何异同？
2. 结合昆明斗南花卉市场的成功运营说明市场带动型的特点和发展前景。
3. 结合实际谈谈如何保证市场带动型这一组织形式的健康发展。

世界著名农业经济学家简介

泰勒(Henry Charles Taylor)(1873—1969 年)美国农业经济学家，是将美国农业经济学发展为一门独立学科的主要人物之一，被誉为美国农业经济学之父。主要著作有《农业经济学绪论》(1905)、《农业经济学概论》(1925)和《农业经济学史》(1952)。

泰勒的学术活动可分为三个阶段：初期主要从事农业经济理论研究和教学工作，探讨农业中的经济问题，指出组织和管理农场的指导原则是取得最大利润，为此需要着重研究各种生产因素的作用及经济性质；在第二阶段即在农业部任职期间，将农业经济调查研究的基础工作组织为整体性的工作，组织了当时规模最大的农业经济研究课题，极大地推动了美国农业经济学的发展；第三阶段主要是创建了美国农业经济学家协会和美国农场经济学会，组织综合性的农村调查。

第十章　农业社会化服务体系

本章学习目标

1. 了解我国当前农业社会化服务体系的发展历程和现状；
2. 掌握农用生产资料供应的内容和发展趋势；
3. 掌握农业科技服务体系的构成和农技推广的相关内容；
4. 了解我国农业信息化服务的现状、问题与对策。

我国农业发展方式逐步由粗放型向集约型转变，农业生产经营的专业化、集群化态势日趋明显，农业发展对农业社会化服务的需求也变得多元化和具体化，而我国当前农业社会化服务能力仍有待加强，农技推广、农产品质量监管等工作仍需进一步促进，农民专业合作社和龙头企业的凝聚力、带动力也有待增强。党的十七届三中全会明确提出建立新型农业社会化服务体系，以促进农业稳定发展、农民持续增收，加快发展现代农业。

第一节　农业社会化服务体系概述

一、农业社会化服务的理论基础

（一）农业社会化服务及其体系的含义

农业社会化服务是商品农业发展的产物，在商品农业发展的初期，开始出现对农业社会化服务的需求，但需求量少，需求程度较低，难以形成体系。只有在农业商品化和专业化程度高度发达时，农业社会化服务才会发展为规模体系。

1978 年以后，我国农村普遍推行家庭联产承包责任制，农村生产力得到解放，农村经济由产品经济向市场经济转换，农业发展模式由传统农业向现代农业转换。随之，农户家庭的经济职能发生转变，农户不仅要负责农业生产性活动，还要从事农业生产资料购销、农产品加工和销售等经营性活动。伴随着农业专业化和商品化程度的不断提高，单个农户难以承担复杂的生产性经营活动，“社会化服务”应运而生。1983 年，中央一号文件首次提出“社会化服务”概念，我国一些地方开始成立带有服务农民性质的“农业服务公司”，随后相继出现带有“专业化服务”、“一体化服务”、“系列化服务”和“社会服务”等性质的经济组织。为规范和引导这些服务性质经济组织的发展，我国政府相继出台了一系列关于农业社会化服务的法律、决定和纲要。

以家庭联产承包责任制为主、统分结合的双层经营体制的逐渐建立，为农村经济发展注入了新活力，并对农业社会化服务提出了新要求。1990 年，中共中央、国务院在《关于一九九一年农业和农村工作的通知》中首次提出“农业社会化服务体系”，并且将服务主体确定为“合作经济组织、国家经济技术部门和其他各种服务性经济实体”。

农业社会化服务是指与农业相关的社会经济组织为满足农业生产的需要，为直接从事农业生产的经营主体提供各种服务，包括耕、播、浇、收、防疫灭病、技术指导及良种、生产资料供应和产品销售、加工等方面的服务。农业社会化服务体系则是指上述各种服务形成的相互依赖、相互作用的网络体系。它把广大农民联系和组织起来，运用社会各方的力量，形成社会化大生产，是经营规模相对狭小的农业生产经营单位和个人适应商品经济和市场经济发展的需要。农业社会化服务的兴起，进而发展为农业社会化服务体系，对促进农业经济的发展起到了重要作用。

知识链接

自 1983 年中央一号文件首次提出“社会化服务”的概念以来，我国农业社会化服务体系经历了 80 年代的服务内涵拓展期、90 年代的服务体制机制调整期和新世纪以来的战略地位全面提升期等发展阶段，初步形成了以公共服务机构为依托、合作经济组织为基础、龙头企业为骨干、其他社会力量为补充，公益性服务和经营性服务相结合，专项服务和综合服务相协调的基本格局。当前，我国已经进入工业化、信息化、城镇化发展要求农业现代化同步推进的新时期，农业社会化服务的供给和需求面临新的复杂环境，亟待形成一套行之有效的农业社会化服务新机制，进一步完善新型农业社会化服务体系。

资料来源：钟真，孔祥智.着力完善新型农业社会化服务体系.农民日报，2015-01-07.

（二）农业社会化服务的理论基础

1. 结构功能主义理论

结构功能主义理论的主要代表人物有孔德、斯宾塞等。其主要观点是认为社会是由相互依存的各个部分构成的有机系统，各部分在系统中承担着特定的功能，维持整体平衡，在受到外部压力影响时，各组成部分会产生分化和调整，使整个系统重新趋于平衡与和谐的状态。

结构功能主义理论为认识与把握农业社会化服务体系的演变过程提供了一个全新的视角。农业社会化服务体系的出现，正是社会功能不断发生分化导致社会分工扩大的结果。为适应社会生产力的发展，农业社会化服务体系的结构与功能变得越来越复杂，由政府垄断包办服务发展到由多个不同类型组织共同提供服务，从而提高了体系的适应能力，体系的包容性不断增强，服务趋向综合性，在此基础上通过资源整合形成新体系。

2. 交易成本理论

英国经济学家罗纳德·哈里·科斯（R.H.Coase）1937年在《论企业的性质》一文中提出了交易成本（Transaction Cost）的概念，认为使用价格机制是有成本的，这是企业建立的主要动因。科斯在《社会成本问题》一文提出，交易成本是为获得准确的市场信息以及谈判和经常性契约所需要付出的费用。他用交易成本对企业存在的原因和决定企业规模的因素进行了解释，认为企业通过市场"内部化"可以节省交易成本，因为在交易费用为零和对产权充分界定的条件下，外部性因素不会引起资源的不当配置。也就是说，外部性因素的内部化会驱使生产者和消费者互惠互利地进行谈判交易。

交易成本理论对于建立健全农业社会化服务体系具有重要的启发意义。在市场经济中个体农户与其他经济实体打交道时不可避免地会产生交易成本，由于信息不对称，农户经营规模越小，在掌握信息、农资采购、技术指导、销售以及流通等环节所要负担的交易成本也就越高。因为农户生产规模小且具有兼业的特征，他们不可能花费较高的交易成本去提高生产能力和进行农产品营销。所以，通过政府、企业、社会等多方力量发展、完善农业社会化服务体系，能够有效地满足农户在农资供应、技术指导、信息咨询、产品加工及流通等方面的需求，降低市场交易成本，整合农户的生产行为，这对于推进农民组织化和农业现代化具有重要的指导意义。

3. 分工理论

亚当·斯密、马克思、马歇尔等人逐渐发展和完善了分工理论。斯密的分工经济思想主要体现在：① 分工是提高劳动生产率，促进经济增长的源泉；② 分工起源于人们互通有无的倾向，因而分工受到市场范围的限制；③ 资本是在各间接生产部门发展分工的工具。19世纪，马克思在批判继承亚当·斯密分工思想的基础上，提出了自己的分工理论。他指出分工与协作能够产生生产力，分工有多种形式，最基本的两种形式是社会内部分工和工场内部的分工，称为一般分工和个别分工，农业社会化服务属于社会内部的分工。马歇尔在19世纪末将分工经济的思想引入报酬递增与工业组织领域的研究。此后分工理论逐渐从主流经济学中淡出。20世纪中后期，伴随内生经济增长理论的发展，经扬格、斯蒂格勒、罗森、贝克尔、杨小凯等的努力，分工思想才得以在经济学中逐渐回归。

分工理论揭示了农业社会化服务体系建立与发展的重要价值。人类社会的生产活动先后经历了三个阶段：第一阶段是以农业为主的阶段；第二阶段是以工业为主的阶段；第三阶段是服务性行业迅速发展的阶段。最早的农业社会化服务可追溯到第二阶段，有了专业的手工业者打造农具，农民用农产品交换。此后，这种分离过程不断发展，随着技术进步，社会生产总过程的可分性也不断增加。由于专业化可提高生产效率，农业生产者将部分生产环节逐步地转移出去，交给更加专业的服务组织（或个人）去完成，这又刺激了对服务的需求。技术进步成为推动农业社会化服务发展最根本的动力。农业社会化服务的发展已成为一个国家农业生产力水平的重要标志。

（三）农业社会化服务体系的一般特征

1. 服务内容系统化

随着农业分工的演进，农业生产被划分为许多细小的运行单元，各农业社会化服务主体在农业产前、产中及产后的服务上与农户经营有机结合，促进了农业生产效率的提高。农业社会化服务体系所包括的服务内容是系统、全面的，覆盖了农业生产经营的全过程，包括种子、化肥、农机等生产物资的供应，良种推广、动植物疫病防疫等技术服务，资金借贷、农业生产保险等金融服务，农业气象、农产品价格、政策等方面的信息服务，农产品包装、储运、加工及销售，道路、水利等基础设施建设，农产品质量安全、监管等。

2. 服务主体多元化

农业社会化服务体系是由各种社会经济组织构成的一个庞大系统，服务主体是多元化的，包括政府及涉农事业单位（如各级农业技术推广站、水利站、水产站等），村集体经济组织，农业院校、科研院所等教育及科研单位，金融、物资、外贸等部门，合作经济组织及涉农企业等。

3. 服务性质社会化

农业作为社会经济再生产的一个部分，其再生产过程不仅仅依靠农业生产经营者本身，同时需要其他生产部门所提供的服务。农业社会化服务体系所提供的服务完全不同于自然经济条件下农民的自我服务，是以商品交换为基础的。因此，农业社会化服务具有社会化的性质。

4. 服务供给双重化

因农业社会化服务覆盖面广，需要构建公益性服务和经营性服务相结合的供给体系。一方面，部分公共服务是农民解决不了、市场和社会提供不了的，具有非排他性、公益性等特点，需要政府承担服务供给，比如在农业技术推广、动植物疫病防控、农产品质量监管、农业公共信息服务等方面，需要发挥政府主导和引领作用；另一方面，在农业的产前、产中、产后各环节可充分导入市场力量，由经营性服务主体提供服务，比如，农业企业和农民专业合作组织可充分发挥其优势，提供农资供应、技术指导、疫病防治、市场信息、产品营销等各类服务。

二、我国农业社会化服务体系

(一) 我国农业社会化服务体系的发展历程

1. 改革开放之前的农业社会化服务体系

新中国成立后至1978年以前,我国的农业社会化服务体系属于体内循环型,即农业服务作为农业生产单位内部的一个部门,承担着本单位直接生产过程之外的加工、运输、销售、农产品购买等工作。

"大跃进"和人民公社运动对农业社会化服务体系的构建造成了严重冲击,但我国仍建立了从农业的种子、植保、农机到林业、水利、畜牧、兽医等较齐全的服务组织。20世纪70年代,全国建立了包括县、公社、生产大队、生产小队在内的农业科研推广体系,开展科技成果推广。这些服务组织依附于公社体制存在,一般受所在公社管辖,只为所在公社提供服务,缺乏独立生存、自我扩张的能力。这些服务组织作为体制内循环服务的一部分,不仅为国家所完全控制,还负有协助国家完成工业资本积累的使命,如供销合作社。这一时期的农业社会化服务体系建设,囿于服务主体和形式的单一以及计划经济条件下农产品的统购统销,服务的内容和形式单一,经营缺乏活力和可持续性,沦为农业生产部门分工的附属机构。

2. 改革开放之后的农业社会化服务体系

1978年以后,农村推行家庭承包经营,激发了农民的主动性和创造力。随着人民公社的解体,农业服务由体内循环模式为主向体外循环模式转换,传统上由农户承担的某些农具制作、农用物资采购、农产品加工和交换等其他职能,从生产部门分离出去,由某些专门组织负责完成,这些专门组织主要通过商品和劳务交换与生产部门进行联系。

改革开放以来,我国农业服务发展取得一定的成效。以市场方式组建的农业服务实体产生,以市场交易方式为农户提供服务,成为连接小农与市场的桥梁。农业社会化服务体系出现四个明显变化:

(1) 农村服务组织的对象由过去只面向村集体转变为直接面对农户;

(2) 服务项目由过去的以产中服务和单项服务为主扩展到产前、产中和产后综合配套服务;

(3) 由过去以乡政府和村委会支持提供技术服务向多渠道提供服务方式发展,以市场交易方式提供生产性服务正在发展为主流;

(4) 农民以个体或以各种组合的方式积极参与农村服务市场,成为农村服务市场供应者的主体。

(二) 我国农业社会化服务体系的现状

1. 我国农业社会化服务模式

随着工业化、城镇化发展、农业分工分业逐渐细化,社会化服务不断发展,在对农业进行全面系统的服务过程中,衍生出了许多行之有效的农业社会化服务模式。

(1) 以政府公共服务部门为主导,农户为服务对象的服务模式。这是我国传统的服务模式,政府部门利用其天然的行政优势，可以有效地对农户进行一对一的服务。当前，在服务内容和模式上政府有不少创新。例如，现代信息化手段建立农技服务网络咨询平台；培养专业人才队伍，实行农业科技人员入户服务；用人以能，责任到人，建立农技推广责任制等。

（2）村集体经济组织为主的服务模式，主要包括村集体直接服务于农户模式、建立村级综合性服务站的农业社会化服务模式、村集体+中介组织+农户+基地服务模式。

（3）农民专业合作组织+农户的服务模式。专业化合作组织在技术和市场联系上都具有天然的优势，其与农户搭配组合的服务模式被证明是行之有效的，并且很好地解决了分散式经营带来的问题，有效地连接了农户与市场，形成信息技术共享的利益组合，主要包括产前团购与技术培训服务、产中技术指导服务、产后销售和加工服务。

（4）农业产业化龙头企业+农户的服务模式，主要包括“企业+基地+农户”模式、“企业+合作社（协会）+基地+农户”模式、“企业+政府机构+基地+农户”模式、“企业+村委会+基地+农户”模式。

（5）多种民间服务主体+农户的服务模式，主要包括民间村级科技服务站模式、农村经纪人协会服务模式。

2. 我国农业社会化服务体系的发展现状

近年来，我国农业社会化服务体系不断完善，服务领域不断拓展，公益性服务和经营性服务相结合，专项服务和综合服务相协调的服务方式逐渐稳定，各地涌现出多种形式的农业社会化服务模式，在促进传统农业向现代农业的转变过程中发挥了重要作用。

（1）服务主体快速发展，多元化格局基本形成。我国已初步形成以家庭承包经营为基础、以政府公共服务机构为主导、多元化市场主体广泛参与的农业社会化服务体系。第一，公益性服务体系初步形成，建立了从中央到乡镇五级政府公益性服务组织；第二，经营性服务体系初具规模，涌现了大批为农户提供全方位服务的农业企业；第三，合作性服务组织快速发展，即农村社区集体经济合作组织和农民专业合作社在为农户提供服务方面发挥着越来越重要的作用。

（2）服务领域不断拓展，多层次服务格局基本形成。随着农业生产的商品化、专业化程度越来越高，社会化服务开始从生产服务领域向“全要素”领域延伸。

目前我国传统型服务基本覆盖，新型服务领域将不断拓展。我国农业公共服务机构能力逐渐增强，在公共服务方面解决农民解决不了、市场无法提供的服务供给需求，发挥着主导和引领作用。同时，伴随着新型农业经营主体的出现和发展，一些服务主体开始开拓新型服务领域，为新型农业经营主体提供个性化、全程化和综合型服务。这些新型服务领域主要包括市场预测和信息传递、土地流转服务产品开发与推介、人才培训与管理、管理咨询与发展规划、冷链运输及贮藏、金融与保险服务等内容。我国社会化服务体系基本提供了覆盖全程的农业服务。

（3）服务方式与手段不断创新，多形式服务模式基本建立。随着新型社会化服务主体的快速发展，服务方式与手段也不断创新。从被动服务到主动服务、从常规服务到个性化服务、从专项服务到综合服务，各类社会化服务主体相互联合、相互协作，在实践中逐步建立起多形式的农业社会化服务模式。近年来在市场机制的推动下，各服务模式之间相互融合，出现了以下三种趋势：

第一，以利益协调为突破口，以产业化经营推动社会化服务。在农业产业化经营过程中，以利益协调机制为纽带，实现各主体互惠互利、共同发展，从而推动农业社会化服务。

第二，以体系建设为突破口，以产、学、研协作提升服务水平。加强体系建设，强化产、学、研协作，可以激发科技创新与服务系统的活力，促进各个服务主体良好互动，提升农业社会化服务水平。

第三，以农田托管为突破口，开展全程农事服务。随着农业社会分工分业不断加快，充分调动社会化服务资源，开展全程农事服务，可以实现农机农艺融合、良种与良法配套，促进农业生产专业化、经营服务社会化。

三、国外农业社会化服务体系及其经验启示

纵观世界发达国家的农业发展历程，尽管其资源禀赋和社会经济条件各有差异，但随着农业生产过程中社会分工的加深和专业化程度的不断提高，各国都形成了适合各自国情的农业社会化服务体系。其中，具有代表性的是美国和日本的农业社会化服务体系。

（一）美国农业社会化服务体系

美国农业社会化服务体系是在二战后第二次农业科技革命的推动下完成的。它包括三个部分：公共农业服务系统、合作社农业服务系统与私人农业服务系统。

公共农业服务系统主要由政府部门牵头，负责组织农业教育、科研与推广，为农业提供最基本的服务。政府并不直接干预农业生产事务，只是通过教育—技术—推广体系为农业发展提供保障，服务的部门机构具体包括农业部农业研究局、林业局、农业科研中心、联邦农技推广局及州、县农技推广机构、大学农学院及其附属的农业实验站与合作推广站。合作社农业服务系统由农场主根据生产经营需要而组成各种形式的合作社构成，为农户提供购买、销售、信贷、技术、灌溉、运输、仓储、电力、电话等服务。合作社类型主要有四种：生产合作社、销售合作社、购买合作社和服务合作社。同时普遍存在集多种功能于一体的混合型合作社。这些合作社与大学及农业实验站联系紧密，从中得到相应的技术支持。私人农业服务系统主要由各种从事农业生产、加工及运销的私营企业组成，一般通过与农民签订合同将服务送到农民手中，从中盈利。三种服务系统相互补充、共同发展，但以联邦农业科研机构和赠地大学为代表的科研、教育、推广体系最具特色，成为美国农业技术服务的核心力量。

（二）日本农业社会化服务体系

日本农业社会化服务体系主要形成于二战后。该体系主要包括两个相互协调、相互补充的部分：一是由政府组建的相关职能部门，包括农业技术推广、农业科研教育、信息服务等部门；二是由农民自发形成的各级各类农协组织。在政府的鼓励与扶持下，农协已发展成为农业社会化服务体系的重要载体。

日本农协是通过自下而上的方式，按町（村）、都（道、府或县）和中央三个层次逐级建立起来的，并设立了相应主管的农协机构。日本农协作为集多重服务于一体的综合型组织，广泛参与农

业与农村发展中的各项事务,其在经济、政治和社会各个层面上的影响力都非常大。同时,日本农协与政府联系密切,一方面,向农民提供综合服务;另一方面,接受政府的监督指导,并协助实施政府的相关政策。农协对农户所提供的农业社会化服务范围十分广泛,几乎可以涵盖产前、产中和产后的各个方面:一是提供产前的农资供应服务。农协代表农户与农资供应商进行价格谈判,并对农资的质量进行检测,不仅可以确保农户以低价买到所需的生产资料,还能保证其质量。二是提供农技指导与推广服务。针对农业生产遇到的品种、栽培和饲养等问题,开展农业技术指导、交流和培训。三是提供加工、销售与流通服务。农协可以有效地集中分散的农产品,有计划地成批量上市,以解决分散小农由于生产规模小和产品数量不多所导致的零星销售困难等问题,提高农户在农产品市场竞争中的地位,免受中间渠道的利益盘剥。四是提供农村金融与农村保险服务。农协内设有金融部门,用于吸收民间资金,方便农户借贷,还为农户办理农业保险事务。

(三)美、日农业社会化服务体系的经验启示

1. 重视开发科研教育单位的服务功能

科研教育单位作为农业社会化服务的供给主体之一,在从事农业教育、科技研发与创新、农业技术推广与应用等方面扮演着关键角色,在农业社会化服务体系中的地位尤为重要。中国应通过立法明确科研教育院所在农业社会化服务中的职责,发挥其带动作用;加大对科研机构和农业院校的财政投资力度,制定相关政策保障其良性运行;改革现有的科研教育体制,将农业教育、科研和推广紧密连接在一起,改变目前条块分割、相互脱节的现状;努力提高科研教育机构自身发展与资金积累能力,可适度发展一些有偿性技术服务增加服务的经费来源;切实提高农技推广人员的工资待遇,建立有效的激励机制,提高服务的效率与质量,促进农业科技的传播与推广。

2. 加强政府与各供给主体间的协作

发达国家的农业社会化服务体系得到了政府的大力支持,并由政府对整个服务体系的运行进行指导与管理。一般来看,在公益性比较强、投资大而回报低、外部效益较大的服务领域,如农业基础性研究、农业教育、职业教育与培训、科技推广、信息咨询、金融贷款等方面,迫切需要政府服务机构的积极参与,以确保服务到位。而在应用性较强、直接面对个体农户经营性服务领域如农资供应、实用技术推广、农产品流通与销售等,则需要充分发挥龙头企业、农村专业合作组织、个体经销商、农民经纪人等市场化和民间性供给主体各自的优势,完善社会化服务的内容,提高服务的水平与质量。我国应建立有效的组织管理机制,加强政府与各供给主体间的协作与配合,实现政府公共机构与其他供给主体的功能互补,推动农业社会化服务体系网络的健全与完善。

3. 积极发展以合同制为主的工商业服务系统

农工商综合体是农业社会化服务体系的重要组成部分。但规模巨大、一体化经营的农工商综合体投入资金大,且由于其垄断性,极易造成对农户的剥夺和农业资金的外流。美国私人农业服务体系是以合同制形式为主。在我国可以借鉴美国的做法,采取合同制,在企业和农户之间建立稳定的产销关系。一方面,降低工商企业进入农业的成本;另一方面,让农户通过合同的制定,分享农产品加工、销售环节的增值利润。

4. 优先发展以农业合作社为主的农业社会化服务体系

从美、日两国的经验可以看出,合作社在农业社会化服务体系中发挥着重要作用。我国农业建立在分散、小规模农户经营的基础之上,由农民自主联合形成的合作组织,更能代表农民的利益。它能降低服务费用,为农民提供多种服务,使加工、销售环节利润回流,有助于提高农民生产积极性以及促进农业的发展。

第二节　农用生产资料供应体系

一、农用生产资料供应概述

(一) 农用生产资料的构成及特征

1. 农用生产资料的构成

农用生产资料简称农资,是人们在农业生产实践中用以改变和影响劳动对象的物质资料和物质条件的总和。它主要包括种子、化肥、农药、农膜、农用能源、农机具、饲料、兽药、渔具等。农用生产资料是农业生产发展的物质基础,是实现农业产业化、提高农业生产力、加快现代农业发展进程不可缺少的物质条件。

2. 农用生产资料的特征

(1) 品种多、规格多。农用生产资料本身种类较多,涉及种子、肥料、农药等多个种类,且每种具体的农资又有不同的细分品牌和用途,目前国家登记农药品种上万个,肥料品种上千种。不同农资由于自身形态以及包装等的差异也呈现出多种尺寸和规格,如农药既有瓶装的液体型也有袋装的粉末型。

(2) 占地面积大、不易保存。目前市场上出售的农资产品占地面积较大且多以袋装、瓶装等形式作为外包装,导致产品的陈列和码放存在一定的困难。且农药、化肥等危险品多用易碎的玻璃瓶、塑料瓶或铝箔袋包装,在转运和保存过程中容易出现渗漏、变质等情况。

(3) 技术含量较高。农业生产资料作为农业生产的原料,其生产技术含量和应用的技术含量都比较高。特别是化肥、农药以及部分农机具等,如果在使用过程中使用不当,容易给农业生产造成危害和减产甚至对使用者造成人身伤害。

(4) 政策性强。我国将化肥、农药、种子等列为重要的支农商品,政府相关部门对这些商品的质量和价格等有明确的规定和监管,在农资的供应和生产方面也有较强的政策导向。

(5) 季节性、地域性强。我国南北区域跨度大,土壤土质存在较大差异,农作物的种植方式和种类不同,同时农业生产有比较明显的季节性,农资产品也相应受到季节和地域的影响,部分农用生产资料(如特殊农具等)只能在一定的范围内使用。

(6) 售后服务困难。农资使用的最大群体是农民,农村地域面积大、农资产品个体使用量小、农民素质参差不齐等因素直接导致农资产品的技术服务困难和售后保障滞后。

（二）农用生产资料供应的概念及特征

1. 农用生产资料供应的概念

农用生产资料供应，是指农业生产过程中所需农用生产资料由农用工业部门根据实际需求进行生产与调配，再通过商业、物资或其他有关部门，按照合理的市场价格，适时适地供应给农业生产者的过程。随着农业生产力水平的不断提高，自产自用的生产资料逐渐减少，而化肥、农药等高质量、高效率的农用生产资料使用率越来越高。我国现阶段农业生产所需生产资料，除自然资源及农业本身自给部分外，绝大部分是通过商品交换形式由工业、农机、物质和商业等部门供应的。

2. 农用生产资料供应的特征

（1）供应主体多样化。新中国成立以来，我国对农用生产资料的供应一直实行计划管理。对化肥、农药等主要农用物资实行统一生产、调运和定价；其他普通类农业生产资料物资实行计划和产销合同相结合的管理方式。全国供销合作社农资部门受国家委托，承办农贷发放和肥料等农资的经营业务。随着我国社会主义市场经济体制的确立，农用生产资料的供应已由国有商业企业或供销合作社垄断经营变为多渠道、多种经济成分经营，生产和经营企业自主进行购销活动，农技服务系统、外资企业等都积极参与农资市场流通。目前我国农用生产资料供应主体有农资流通企业、农资生产企业、农资供销社、其他农资经营主体等。

（2）流通渠道和方式多元化。我国农用生产资料供应市场已经形成以农资连锁经营为主体，分销、直销、总代理、超市、个体销售等多种经营模式并存的局面。农资连锁经营在乡镇采用加盟和培训的方式吸引地方经营者，由连锁公司总部配送各种农用生产资料，然后由各个经营者分散经营。通过农资的连锁经营，运用电子网络进行大物流、大配送，使农资的经营实现标准化和规范化，实现“一站式购买、一条龙服务”，客观上降低了农资经营者的成本，提高了农资服务水平。

（3）地域性、季节性需求显著。农业是在自然条件下进行生产，各地自然条件、经济条件、耕作制度、栽培技术以及生产结构均有较大差异，不同地区农业生产对农用生产资料的数量、品种、规格、性能等需求也各不相同。农业生产同时具有显著的季节性，农用生产资料的供应必须根据农业生产的规律在相应的时间内完成，否则会影响农作物产量。

（4）农资配套性要求高。农业生产是系统性的生产活动，对农资的供应也提出了配套性的要求。例如，在农用机械的供应过程中，由于农业生产在露天作业，机具极易磨损，需要经常维修、更新零配件。这就不仅要求供应农业生产主机，还要供应其他配套机具和零件。另外，化肥、农药等生产资料在生产活动中需要混合搭配使用、多次性使用，这就要求供应化肥时注重氮、磷、钾等肥料相配合，供应农药时也要供应相应的药械。

（5）农资供应分散程度高。我国农业用地分布较广，农业生产活动遍布全国各地，农业经营又以家庭经营为主，每个个体农户都对农业生产资料有较大的需求，且农业生产、经营结构复杂多样，客观上造成了农业生产资料供应点多面广、极其分散的特点。

二、农用生产资料供应体系的发展和演变

农用生产资料供应体系是指以经营农用生产资料为主，为农业生产提供生产资料的服务，一般是在产前提供种子、化肥、农药、农机、农膜、饲料等农用生产资料的供应服务。

（一）农用生产资料供应体系发展历程

新中国成立初期，我国农业生产资料供应实行高度计划管理和垄断经营，农资通常由省、市、县三级农资公司（或供销社）负责批发，再由农资供销部门的乡镇网点进行零售。1951 年国家将农用生产资料的经营和管理交由合作社承担，全国合作总社立即在供应局内设立了农用生产资料处和粮食经理部。农用生产资料处负责行政管理工作，粮食经理部除经营粮食外，主管杂肥（饼肥、骨粉）、化肥的购销业务。1953 年 2 月，成立供应业务第二批发管理局，主管杂肥、化肥、农药、农药机械的经营业务，并在沈阳、上海、广州、西安等大城市设立批发站。随着业务的扩大，在 1955 年成立生产资料第一和第二总管理局。1957 年，生产资料一局和二局合并成立农业生产资料供应管理局，并在全国各大城市设立批发站，统一负责全国农用生产资料的经营和管理工作。

1998 年国务院下发《国务院关于深化化肥流通体制改革的通知》，逐渐打破垄断农资供应的局面，“农业三站”和一些化肥生产企业开始进入农资市场，农资供应体系经过几年的发展形成了以供销社为主，农技推广部门和生产厂家为补充的局面。

2003 年，中央 3 号文件《中共中央关于做好农业和农村工作的意见》的发布标志着国家正式允许工商企业进入农资市场，大量民间资本以全新的组织方式开始打破原有的农资市场供应格局，基本形成了由供销社农资公司、农资生产企业、农业“三站”、种子公司、个体工商户、农资电商等多种市场主体、多种流通渠道共同参与的农资经营格局。

（二）农用生产资料供应体系现状及问题

1. 农用生产资料供应体系现状

目前，我国农用生产资料供应体系主要由农资供销社、农资生产企业、农业“三站”、种子公司、个体工商户、农资电商等农资供应主体构成，农资连锁经营逐渐发展成为农资供应的主要形式。目前农资店主要经营五类农用生产资料：农药、肥料、种子（苗）、农具、饲料。其中以销售农药和化肥居多，有些农资店还兼营一些粮、油食品和生活用品。此外，农资供应商在销售生产资料的同时主动或被动地为农户提供一些技术咨询、使用指导甚至直接操作指导；有实力的农资商还适时地联系、组织农民进行一些必要的培训。

据统计，我国农资市场规模为 4 000 亿～5 000 亿元。截至 2013 年年底，我国供销合作系统农业生产资料连锁经营企业 2 410 家；配送中心 6 186 个；连锁、配送网点 35.5 万个，其中县及县以下网点 34.7 万个。2013 年，农资销售额 6 664.6 亿元，同比增长 13.1%，其中销售化肥 1.6 亿吨，增长 6%，销售额 5 838.5 亿元，增长 11.5%。①

① 资料来源：2014—2018 年农资连锁行业市场前景调查及投资战略研究报告。

2. 农用生产资料供应体系存在的问题

随着政府对农用生产资料经营政策的放宽，国内的农资供应逐渐走向市场化和现代化，但是农用生产资料供应体系仍存在较多问题。主要体现在以下几个方面：

（1）行政干预较多。近年来，随着政府对“三农”问题的重视，各地政府对农资供应的干预和调控愈发频繁，特别是为了引导某些农产品的种植或者农作物病虫害防治而实行的“统防统治”政策，在一定程度上阻碍了农资供应市场的公平性和开放性，不利于农资供应体系的可持续发展。

（2）品牌、质量意识薄弱。传统的农资供应商、零售商普遍对农资产品的品牌和质量重视程度较低，各类农资违法经营事件和农资坑农害农现象时有发生。农药、化肥等的品牌认证缺乏有效的监管，农资市场充斥着各种冒牌、杂牌甚至一些未经认证的农资产品。加之农业生产周期长、检测取证费用高、难度大，以及相关法律不配套，农民在利益受到侵害时往往很难维护权益、挽回损失。

（3）农资经营主体混杂。随着国家对农资经营政策的进一步放开，农资经营市场由过去供销社、农业“三站”垄断经营的局面已被打破，大多数地区个体农资经营门店遍布。但由于农资经营缺乏必要的准入把关，更没有相关的管理和培训，相当一部分农资经营门店的资质、资金规模、专业技术力量与相关法律法规规定不符，一些未经认证的农资经营门店为招揽顾客，设法挂靠在供销社或农业“三站”名下，在很大程度上误导了农民。

（4）缺乏及时有效的监管。由于农用生产资料的专业性很强，特别是种子、农药市场管理涉及的专业知识和专门的法律法规较多，目前具有农资监管执法权的有农林、工商、质监、物价等多个部门。但是，一方面，农林、工商、质监等部门受执法人数、技能以及执法领域限制，都无法将涉及的农资案件查办到底；另一方面，各职能部门之间缺乏有效配合与合作，只从各自职责出发各自为战，极易造成多头执法、重复检查，甚至发生回避困难、相互推诿的现象。

（三）农用生产资料供应体系发展趋势

随着国内农用生产资料供应市场的发展和完善，农资的市场需求将变得更加具有规律性和合理性，农资的价格不再是决定其需求量的因素。农用生产资料的供应也会朝着服务差异化、销售网络化、供应规模化等方向发展。

1. 农资营销渠道扁平化

农用生产资料的生产、销售必须与农业生产活动紧密联系，农资市场出现的统防统治、专用肥供应等农资供应方式受到热捧，农资营销渠道扁平化趋势逐步加剧，农资产销对接增强，农资生产者、经营者与农业生产者的融合更加密切。农资生产者、经营者不仅要在农资营销上别出心裁，更要以农资为资本资源，进入农业生产的具体环节，从而提高农业生产效率与农资使用效率。同时，农资营销的层级管理模式将发生变化，农资营销逐渐略去中间商直接接触个体农户。

2. 农资供应凸显服务性

农资经销商在进行产品营销的同时，更加注重为农业生产活动提供全程的技术服务并逐渐成为农业生产各个环节上的主体,未来的农资供应市场要求农资经销商在农资产品营销、农业技术培训、农业生产环节的综合服务以及农资产品的风险处置等方面具有前瞻性和计划性。随着现代农业的发展和新型农业经营主体的增加,农资市场对多层面的农资服务、综合性的农资经销商需求旺盛。

3. 农资销售倾向预约式

农业生产者与农资生产者、经营者建立预约销售关系既能降低农资生产者、经营者的库存风险,增加农资生产销售的目的性,又能有效减少农资营销过程的中间环节,最大限度地实现农资买卖环节“节支降本增利”。采用预约式农资营销方式能够最大限度地满足不同农户对农资的差异化需求,并针对实际农业生产活动对农户进行农资技术、售后服务。预约销售还能有效拓展、延伸农资的营销链,增强基层市场的用户忠诚度。

4. 农资销售日益网络化

随着电子商务的飞速发展,农资销售与电商结合的趋势也逐渐凸显。目前种子、化肥、农机具等农资的网络销售逐渐得到农户认可,销量也逐年增加。“保真、低价”的农资电商销售策略拥有着较大的竞争力和吸引力。农资电商模式在减少商品流通环节,降低风险和成本的基础上还能及时地反馈农资市场需求和用户体验,让农户得到实惠、拓展农资企业销售渠道,实现社会公共效益与市场经济效益并举。

第三节 农业科技服务体系

农业科技服务体系包含农业生产技术、生产经营管理、市场信息、农产品加工等生产经营领域,还涉及家庭生活、卫生健康、农村社区建设等农村文化。在坚持以公益性职能为主的前提下,农业科技服务体系将全面提升农民素质作为首要目标。此外,农业科技服务体系是在农业科技成果转化为现实生产力过程中联系政府与农民的重要渠道,一方面,农业科技服务组织是执行国家农业政策的重要载体;另一方面,农民有关生产生活的各种要求、问题不同程度地通过农业科技推广组织得到反馈。

一、农业科技服务体系概述

(一) 农业科技服务体系的概念

在20世纪90年代以前,农业科技服务被称作农业科技推广(Agricultural Research Extension, ARE),它是指通过对农民进行培训来改善农民生产作业方式和技术,进而提高农业生产效率,增加农业收入、推动农村经济发展的一系列活动和过程。农业科技推广主要包含农业科技和农业推广两个体系。20世纪90年代以后,农业科技服务体系被称作农业科技推广服务体系(Agricultural Research Extension Services),它是指农业科技推广的各级组织形式和运行方式以及它们之间的相互联系。

（二）农业科技服务体系的构成

我国农业科技服务体系已基本形成以队伍健全、全面普惠、机制灵活、高效运作为特点的综合性农业科技服务体系。按服务提供主体的不同可以分为以下几个部分：

1. 政府主导的涉农服务

政府主导建立的涉农科技服务机构是由农业主管部门、财政部门、科技局系统以及纯公益性的农业科技推广机构等组成的农业科技服务领导机制，在我国农业科技服务体系中起主导作用（代表模式是“农技 110”）。政府涉农服务机构一般通过给出指导意见和指示的方式来促进农业科技推广、确保财政拨款、落实农业科技成果、解释政策的疑点和难点。改革开放以来，我国逐步建立了从中央到地方乡镇的五级政府指导型农业科技服务机构，同时规划了“星火计划”、“富民计划”、“丰收计划”等指导性方针来落实各项农业科技成果的具体应用。

2. 农业院校和农业科研机构主导的农业科技服务

农业院校和农业科研机构主导的农业科技服务一般是由农业专家、专业人员以及涉农科研机构为当地农村提供技术培训、科技示范等相关农业科技服务（代表模式是农业科技专家大院）。这种服务模式实现了农民与农业科技专家的直接对接，是科技入户的新通道，也培养了拥有实践、了解实际的农业科技人才，还为先进的农业科研项目提供了广阔的研究基地。农业院校、农业科研所主导的农业科技服务体系是我国农业科学技术成果的最主要来源，科研院校、机构参与农业科技服务一方面为农民提供先进的农业技术、增加农民收入，另一方面实现了教学相长、立足实践的科研目的。

3. 基层农业科技服务组织

基层农业科技服务组织是指由农村信用社、供销合作社和各类农民专业合作组织、专业技术协会组成的多以无偿形式为农民提供科技服务的机构（代表模式是农村科技合作社）。这种由农民自发带动组成的各行业协会、合作社是农业生产各环节农户组成的利益共同体，能为广大农民提供最直观、最贴合实际的农业科技咨询、科技培训、市场信息等服务。

4. 农业企业科技服务组织

随着农业龙头企业的进一步发展壮大，其有能力根据市场需求动态引导农业新技术、新品种的研发和试验，指导农户科学种养殖。龙头企业通过合同契约、参股等利益机制来参与农业运作，根据市场动态进行针对性的农业科技服务。在实践中，龙头企业采用“龙头企业+政府+高校+基地+农民”的模式，联合农户实行产、供、销一体化的产业化经营，保证服务于农业生产、科技投入的各个环节。

5. 网络服务平台

随着网络技术在我国的迅速应用和普及，一大批依靠网络运营平台而开发的现代信息服务应运而生，这种迅猛扩张的现代信息服务方式正以前所未有的规模向农村渗透、蔓延。新型农业科技服务体系中包含方便简捷、成本低廉、运营灵活的多种网络服务平台，如音像服务平台、互联网服务平台、无线网络平台等。

二、农业科技推广

农业科技推广是促进农业技术创新形成的重要环节。其根本任务是向农业生产经营者提供先进适用的技术信息，传播农业科学知识等，使农业科技尽快转化为现实生产力。

（一）农业科技推广的概念与内容

农业科技推广是指把先进的农业科学技术传播给农民，并指导农民在生产实践中加以应用，使农业科学技术及时转化为现实生产力的活动。农业科技推广的内容包括：建立农业科技推广体系；制定农业科技推广项目计划；组织试验、示范；培训推广人员，开展推广工作；建立农业技术推广责任制；对农业科技推广的经济效果进行全面评价；开展宣传教育，组织技术培训，提高农民的科学技术水平。

（二）农业科技推广的主体

当前我国农业科技推广的主体有政府、龙头企业、农业院校、科研院所、农业科技示范园区、合作经济组织、农业技术市场等。

1. 政府

政府是农业技术推广的主导者和组织者，农业技术推广离不开政府的引导和推动。其特征是由政府农业部门直接领导，下设推广局、推广站（中心），负责农业技术推广的组织、管理和实施。

2. 龙头企业

农业龙头企业集研发、生产、销售于一体，通过订单与农户连接在一起，既为农民提供农业技术服务又帮农民解决农产品供销问题。农业龙头企业是农业科技创新和推广的排头兵，在农产品品种改良、种养技术和耕作制度改革方面承担着示范和促进作用。

3. 农业院校、科研院所

国内的农业院校和农业科研院所是农业科技创新的重要载体。其特征是集农业教育、科研、推广于一体，在组织科技下乡、培训地方科技人员、推广新型品种和种植技术等方面发挥着重要的作用。

4. 农业科技示范园区

农业科技示范园区是农业科技成果转化与展示的场所，是增强农业生产创新能力、进行农业集约化生产的有效形式。农业科技示范园区主要是宣传、展示农业新品种、新机械、新技术等；引进先进技术并进行应用和推广；带动周边地区发展农业；创新、研发新技术、新方法等。

5. 合作经济组织

合作经济组织在流通领域为农户提供信息，开展购销，保护农民盈利。在生产方面，组织农民进行机耕、灌溉、植保、防疫等方面的合作，达到经济与相互服务的目的。我国农民合作社在对农民的技术教育、培训中发挥着重要的作用。

6. 农业技术市场

农业技术市场是指农业科技成果流通交换的场所，广义则包括农业技术商品交换中供求双方之间各种经济关系和经济活动，是实现农业技术商品开发、流通、应用各个环节的总和。农业技术市场主要为农业生产提供农业技术、供需市场信息、专家指导等农业科技服务。

（三）农业科技推广过程

农业科技推广是通过项目选择、试验、示范、培训、服务、推广、成果评价这7个步骤对广大农民进行农业科学知识的培训、教育并提高其科技水平和技能的过程（见图10-1）。农业科技推广的7个步骤如下：

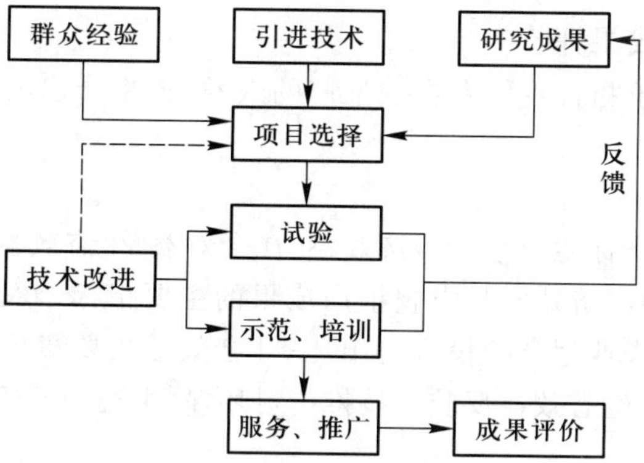

图10-1　农业科技推广过程

1. 项目选择

项目选择是收集信息、制定发展计划、选定发展项目的过程，是农业科技推广工作的前提。农技推广项目的选择决定了农业科技推广工作的最终效果。农技推广项目一般来源于国外先进技术、科研院所的成果、群众经验、农技部门的技术改进等。

2. 试验

农技推广的试验环节一般分为适应性试验和开发性试验。适应性试验主要验证推广项目是否符合当地的自然、生态、经济条件和确定新项目的实际价值和可靠程度；开发性试验是寻求新项目的最佳实施方案和对原有技术成果进行改进。

3. 示范

示范是通过设立样板等对农民、科技人员进行科技宣传、转化思想的过程，并为大面积推广做准备。

4. 培训

培训是农业技术传输的过程，是农民快速掌握新技术的关键，同时是提高农民科技文化素质、转变农民认知的最有效途径之一。

5. 服务

农技推广过程中的服务包括技术指导和物资供应等便民服务，在农业生产活动的产前、产中、产后各环节提供金融、供销等一条龙服务。

6. 推广

推广是指农业技术应用范围扩大的过程，是先进技术转化为现实生产力和效益的过程。目前一般采取技术咨询、技术承包等手段和行政干预、经济干预等方法推广农业新技术。

7. 成果评价

成果评价是对农技推广工作进行阶段总结的综合过程，在农业科技推广结束时进行全面、系统的总结和评价，以便对推广的项目进行再研究和充实完善以及反馈农技推广存在的问题、农民的实际需求等。

（四）农业科技推广成果评价

农业科技推广成果评价指标主要有农技推广的效益、成果产出的商品率、农技推广程度、农技推广劳动生产率等。

1. 农技推广的效益

农业科技推广的效益指标主要包括经济效益、社会效益、生态效益以及农技在农业可持续发展方面所起的作用等，其中经济效益是农技推广成果的主要指标。农技推广的经济效益主要衡量农业产出的经济总量和农业生产的投入产出比；社会效益主要集中于农业技术的普及程度和农技推广体系建设成果等；生态效益反映农技推广对环保、生态平衡等的促进作用。

2. 成果产出的商品率

在现行的市场经济条件下，农技推广的成果也可以通过农产品的商品率反映出来。新型农业技术、种养技术以农业生产为载体最终转化为商品，而商品的市场需求量以及产量的高低则是农技推广成果最好的体现。

$$\text{成果产出的商品率}=\frac{\text{商品化的总成果}}{\text{总成果}}\times 100\%$$

3. 农技推广程度

农业科技推广程度是指在一定的范围内，农业科技推广的总量、相对量以及分布区域等。由于农业技术具有自行扩散的特性，农技推广的地域分布很大程度上影响农技推广的效果。

$$\text{推广度}=\frac{\text{已推广规模}}{\text{应推广规模}}\times 100\%$$

4. 农技推广劳动生产率

它是指农技推广过程中，推广人员单位时间产生的推广成果增长量。一般以农技推广人员的人年指标来衡量。其公式表示为：

$$RL=P\times\frac{R}{L}\times 100\%$$

式中：RL——农技推广劳动生产率；

P——农技成果推广应用后新增的纯收益；

R——新增的纯收益中，技术推广所占份额系数；

L——农技推广投入的人员总数。

第四节 农业信息化服务

一、中国农业信息化服务进展

中国农业信息化服务起步较晚,但发展很快。1979 年我国从国外引进遥感技术并应用于农业,开农业信息化服务先河。1981 年中国农科院建立计算中心,开始以科学计算、数学规划模型和统计方法应用为主的科研与应用研究。1994 年,中国农业信息网开通运行,标志着我国农业信息化服务进入了新的发展阶段。1987 年农业部成立了信息中心,1996 年和 2004 年先后召开了全国性农业信息工作会议,表明政府对农业信息化服务的重视和推动。经过 30 年的建设,我国农业信息化服务取得了一定的成效。其发展可以分为以下三个阶段:

(一)农业信息化服务的起步阶段(1993 年以前)

20 世纪 70 年代后期,我国将 RS、GIS 技术应用于农业发展中,经过"六五"期间的技术、设备引进和人才培训,"七五"、"八五"期间的技术攻关、实验研究和部分应用服务,农业信息技术在作物种植面积调查、监测、作物估产等方面做了大量工作。进入 90 年代初,信息技术在农业气象和灾害预报、资源环境和土地利用情况的调查与动态监测及作物估产等方面获得成功应用。

(二)农业信息化服务的起飞阶段(1994—2000 年)

1994 年农业部首次提出"金农工程",标志着信息技术在农业领域的应用进入快速发展阶段,一批具有实用价值的农业应用信息库和数据库相继成立,各类型计算机应用系统先后开发成功,农业信息网络建设起步。

(三)农业信息化服务的快速发展阶段(2001 年至今)

2000 年农业部主持制定了《农业信息化"十五"发展规划》。随着网络技术的普及和应用,农业电子商务获得广泛应用。伴随着物联网、电子商务、3S 技术在农业生产经营中的推广应用日渐深入,现代农业已经驶入了信息化的快车道。传统农业和万里之外的卫星遥控相连,分散的小农户通过宽带与千变万化的大市场实现对接,全国各地的农业、农村信息化建设不断向基层、农业生产领域、农民生活延伸,不断扩大覆盖面和受益群体。

二、中国农业信息化服务发展现状

(一)农业信息化基础设施建设加快

工信部数据显示,全国实现 99.8%的行政村和 93.3%的 20 户以上自然村通电话,96%的乡镇通宽带,91%的行政村能上网。[①]

① 工信部.99.8%行政村通电话 96%乡镇通宽带.腾讯网,2009-12-03.

（二）农业信息化网络平台初具规模

我国农业信息技术应用研究起步较晚，但发展较快。目前，已在农业、畜牧业、渔业、农垦、农机、农业科技教育、农产品市场等领域建立了一批政府、科研机构、农业院校、企业和社会团体等网站，农业信息网络有了一定的规模和数量，农业信息资源得到了一定程度的开发利用，使得电子政务凸显成效。

（三）农业信息服务模式多样化

常见的农业信息服务模式有中国移动推出的农信通系统，县、乡、村三级信息服务站及信息连锁超市、各种类型的农业专业协会、农民之家服务场所及“三电合一”基建项目等。

（四）信息化技术渗透到整个农业产业

我国正在发展由计算机技术、遥感技术（卫星遥感、航空遥感）、地面接收和分析网络技术构成的技术系统，将网络技术和数据库技术运用于农业产业，农业信息化技术对建设现代农业的贡献逐渐凸显。

（五）农业信息采集与资源开发渠道日趋完善

通过抽样调查、典型调查等方式，建立了基本覆盖农业、市场、资源等重要内容的信息采集系统 36 个，省级农业部门大多建立了定期农业农村经济形势会商会制度，信息资源整合开发工作取得较好进展。①

三、中国农业信息化服务建设存在的问题

中国农业信息化的建设虽然具备了一定的基础，但与经济社会发展的总体要求相比，与农业增效、农民增收、农产品竞争力增强的目标需要相比，还存在较大差距。目前，农业信息化建设存在以下主要问题：

（一）农业信息化基础设施薄弱

信息作为一种重要的资源，正大量、快速地在世界范围内传播，中国网络基础设施正逐步完善，赶上这一趋势。很多农业部门建立了局域网，但不少地区存在设备陈旧和应用软件缺乏的问题，同时运行经费不足等问题制约着信息资源的深度开发、信息服务的广泛开展和技术设备的充分利用。

（二）农业信息服务人才短缺

农业信息服务涉及农业生物技术、气候、地理环境、农产品销售等多个领域及其相关信息的采集、存储、分析、传输等多个环节，这要求服务人员既懂得农业科学技术，又懂得信息技术。目前这样的复合型人才较少，极大地制约着农业信息服务质量的提高。

（三）农业信息资源的开发滞后

当前，网上各种信息繁多，但有特色、实用性强，尤其是具有指导性、前瞻性、预测性、时令性

---

① 张玉香.我国农业信息化建设进入快速发展期.农民日报，2005-05-08.

的信息偏少;农业应用软件的开发,如农业实用技术光盘制作、各种农业数据库的建立、农业管理信息系统、农业决策支持系统和专家诊断系统等的开发尚存大量空白,有待进一步加强。

(四) 农民及基层工作人员的信息意识差

中国农民的文化水平较低,收入水平低,不能使用计算机等信息工具,使得很多农民对信息,尤其是对网上销售信息表现出默然和无知。同时,一些地方的工作人员没有认识到信息对发展农村经济的重要性,因而忽视了对信息的利用。信息有效需求不足,在一定程度上影响了农业信息服务的有效开展。

四、中国农业信息化服务发展趋势与对策

(一) 中国农业信息化服务发展趋势

中国农业信息化服务已经进入快速发展阶段,展望未来,以农业信息化带动农业现代化,通过信息技术改造传统农业、装备现代农业,通过信息服务实现小农生产与大市场的对接,是实现农业现代化和新农村建设的必然选择。

农业信息化服务的战略重点应当是直接面向“三农”的综合信息服务和管理信息化,建设好信息标准化和资源共享的农业信息平台,构建以国家级为核心,由省市、县、乡镇、村、农户以及农业企业、农民协会组成的大型、多级信息服务网络体系,注重信息化的推广和应用。中国农业信息化技术创新步伐将加快,高科技信息技术将不断在现代农业实践中得到推广和应用。随着国家对“三农”问题的日益重视,农业信息化的投入将不断增加,通信和网络技术的进步和普及为农业信息化服务发展提供了强力支持,中国农业信息化服务将进入一个飞速发展时期。

(二) 中国农业信息化服务发展对策

1. 加大基础设施投入

充分调动政府、企业、研究机构以及农民对农业信息化的关注和投入,在基础设施建设和农业信息技术应用等方面加大投入力度,并给予政策支持,以推动农业信息化发展。

2. 开发、完善农业信息应用系统

开发、完善农业和农村经济监测预警、市场监管、市场与科技信息服务 3 大应用信息系统;建设农产品市场预警、农产品质量安全监测预警、动植物疫病监测预警、农业资源环境监测和农村经营管理等信息系统;建设统一的农产品和农业生产资料市场监管信息平台,实现行政审批和市场监管的网络化。

3. 强化人才队伍建设

要把信息培训和信息人才培养作为农业信息化建设的重要内容,要有切实的实施方案,注意对现有技术人才的再教育及知识更新,要依托广播、电视、远程教育培训网络扩大信息的传播和交流。

4. 拓宽信息发布渠道

要根据各地信息化水平,结合农民的需求和习惯,探索一个便捷、廉价、实用的信息进村入户途径。在经济发达、条件许可的地区,可推动农业信息服务体系向纵深发展,建立乡镇信息服务

站、农业龙头企业、产业协会和专业合作社等信息采集点，构建上行下达的网络硬件体系及信息采集发布体系；在农业信息设施不够发达的地区，则要充分利用现有的渠道和手段，因地制宜地采取多样化的农业信息服务方式。

5. 增加农业信息化科研投入

通过增加农业信息化的科研投入，提高信息化技术水平，带动农业现代化。跟踪国际农业信息化发展动态，把握农业信息化发展的趋势，丰富和发展农业信息化建设理论，用于指导实践。

6. 加快推进“三电合一”[①]工程建设

“三电合一”农业综合信息服务平台建设，是农业部门强化信息服务手段、提高服务质量和水平、努力解决农业信息服务“最后一公里”问题的重要举措。

本章小结

农业社会化服务是商品农业发展到一定阶段的产物，它为分散经营农户提供产前、产中、产后的专业化、系列化、全程化的服务。我国农业社会化服务体系不断完善，服务领域不断拓展，公益性服务和经营性服务相结合，专项服务和综合服务相协调的服务方式逐渐稳定。各地涌现出多种形式的农业社会化服务模式。

农资供应是农业社会化服务体系重要的组成部分。农资供应主体由传统的供销社发展为以农资连锁经营为主，分销、直销、总代理、超市、个体销售等多种经营主体并存。农资供应将逐步朝着服务差异化、销售网络化、供应规模化等方向发展。

农业科技服务体系是在农业科技成果转化为现实生产力过程中联系政府与农民的重要渠道。我国现行的农业科技推广体系可以分为政府主导型体系、民营推广组织和私人推广组织三种类型。

我国农业信息化服务经历了起步阶段、起飞阶段和快速发展阶段。当前农业信息化服务发展势头良好，但还存在农业信息化基础设施薄弱、服务人才短缺、资源开发滞后等问题，应采取加大基础设施投入，开发、完善农业信息应用系统，强化人才队伍建设等发展对策。

即测即评

扫描二维码，做单项选择题，检验对本章内容的掌握程度。

① 三电合一，即通过电话、电视、电脑有机结合，实现优势互补，互联互动，充分运用现代通信设施设备服务“三农”。

复习思考题

1. 农业社会化服务体系的内涵是什么？如何推动我国社会化服务体系建设？

2. 农用生产资料的构成有哪些？农资供应的具体内容是什么？

3. 阅读有关农资供应的文献，总结我国农资供应体系的发展历程以及未来的发展方向。

4. 梳理我国农业科技服务体系的现状和存在的问题，并借鉴国外农业科技服务经验，提出我国农业科技服务体系的完善举措。

5. 试述我国农业信息化服务的现状、问题与对策。

前沿展望

新型农业社会化服务体系

自1983年中央一号文件首次提出“社会化服务”的概念以来，我国农业社会化服务体系经历了服务内涵拓展期、服务体制机制调整期和战略地位提升期等发展阶段，初步形成了以公共服务机构为依托、合作经济组织为基础、龙头企业为骨干、其他社会力量为补充、公益性服务和经营性服务相结合、专项服务和综合服务相协调的基本格局。

新型农业社会化服务体系在服务性质上更加注重经营性服务，逐步发展成经营主体通过提供优质的服务来吸引更多的消费者；在服务内容上从原来的注重农业生产相关服务拓展为仓储物流、品牌宣传、电子商务、金融借贷等全方位的农业服务；在服务主体上重点扶持农民合作社、农村经纪人、专业化服务机构等新型农业经营主体。

资料来源：钟真，孔祥智.着力完善新型农业社会化服务体系.农民日报，2015-01-07.

世界著名农业经济学家简介

杨小凯(1948—2004年)，澳大利亚莫纳什大学终身教授。曾经两次被提名诺贝尔经济学奖(2002年和2003年)，是迄今为止华人经济学家中最接近诺贝尔奖的人选。其主要著作有：《专业化与经济组织》、《经济学：新兴古典与新古典框架》、《发展经济学：超边际与边际分析》等。

他最突出的贡献是提出新兴古典经济学与超边际分析方法和理论。其理论贡献首先体现在为经济学界找回了分工与专业化的分析基础；其次是用劳动分工的内生演进解释经济增长，奠定了经济增长的微观基础；最后，建立了新兴古典经济学的框架，将专业化经济、劳动分工和经济组织结构引入经济学的核心部位。他引入专业化经济和交易费用，沿用个人最优化和市场均衡的方法，证明劳动分工内生演进的基础是专业化经济与交易费用之间的两难选择。同时，他证明市场不仅能够有效地配置资源，还能够寻求有效率的专业化水平和分工水平，发现了有效率的市场结构和制度安排，找到有效率的交易层级系统，并且确定了有效率的货币制度和景气循环模式。

第十一章　农产品的供需

本章学习目标

1. 掌握农产品需求与需求弹性、农产品供给与供给弹性及农产品均衡理论的运用；
2. 了解我国农产品供求的发展历程、现状及未来发展趋势。

当前，我国农村经济虽然保持了良好的发展态势，但是农产品价格却时有波动，我国农产品自给率明显下降，未来农产品供求关系趋紧，更有农产品供给结构性矛盾、区域性不平衡等严峻问题。而这些问题主要是农产品的供求不平衡造成的。因此，必须科学分析和掌握农产品供给与需求及其运行规律。

第一节　农产品需求

一、农产品需求的概念和原理

（一）农产品需求的概念

农产品需求是指在某一特定时期内，在一定的价格水平上，消费者愿意并且能够购买的某种农产品的数量。这一概念实际包含了形成农产品需求的两个必备条件：第一，消费者具有购买意愿。第二，在现行价格条件下消费者具备购买（支付）能力。如果消费者对某种农产品只有购买意愿而缺乏一定的购买能力，就不会形成需求；只有具备购买能力支撑的购买意愿，才能形成农产品需求。因此，农产品需求是购买意愿和购买能力的统一。

农产品需求不等于需要。需要是一种主观意愿，不受购买能力的限制。一个贫无立锥的人，仍然具有各种需要，但并不会形成需求。需求的不同在于，它受制于购买能力。需求是以购买能力为前提且愿意实现的需要。

（二）农产品需求的原理

1. 农产品需求函数

如果把影响农产品需求的各种因素作为自变量，以需求量作为因变量，可用函数关系表示影响农产品需求的因素与需求之间的关系，这种函数称为需求函数。如果 Q_D 表示农产品需求，b_1，b_2，b_3，…，b_n 表示影响农产品需求的因素，则需求函数为：

$$Q_D = f(b_1, b_2, b_3, \cdots, b_n)$$

当其他影响因素不变时，如果只考虑需求量和价格之间的关系，若以 P 代表价格，则需求函数可改写为：

$$Q_D = f(P)$$

需求函数也可以用表格来表现，这种把农产品的价格水平与相应的购买数量在表格上对应的方式叫做农产品的需求表。它的优点是直观清晰。表 11-1 显示了某年鸡蛋的需求量与其价格之间的关系。可以看到，当价格为每千克 3.40 元时，需求量为 200 千克；当价格为每千克 3.60 元时，需求量为 150 千克；当价格为每千克 3.80 元时，需求量为 100 千克；当价格为每千克 4.00 元时，需求量为 80 千克；当价格为每千克 4.20 元时，需求量为 50 千克。因此，通过表 11-1 可以看出，农产品的需求量随价格的升高而降低。

2. 农产品需求曲线

农产品的需求也可以用曲线来表示。若把表 11-1 中的每一个“价格-需求量”组合，分别用一个点来表示，那么，把这些点连接起来则可以绘制成一个需求曲线示意图，如图 11-1 所示。在此图中，横轴表示农产品需求量，纵轴表示农产品价格，D 为需求曲线。

表 11-1　某年鸡蛋的需求表

价格-需求量组合	价格(元)	需求量(千克)
A	3.40	200
B	3.60	150
C	3.80	100
D	4.00	80
E	4.20	50

由图 11-1 可以看出,农产品需求曲线是一条从左上方向右下方倾斜的曲线。这表明在一般情况下,农产品的需求量随价格的上升而减少,二者呈反方向变化趋势。

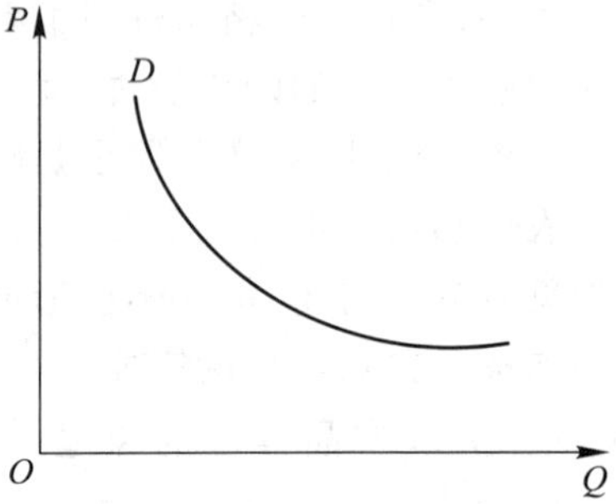

图 11-1　农产品需求曲线

3. 农产品需求定理

农产品需求定理是指在其他条件不变的情况下,农产品需求量与其价格之间的反方向变化关系。这种关系在图上表现出来就是农产品需求曲线向右下方倾斜,这被称作农产品需求向右下倾斜规律,如图 11-1 所示。在这里需要注意,需求定理的假设前提是“其他条件不变”。由此可以推断,若其他条件发生了变化,则需求定理就不成立。

4. 替代效应和收入效应

替代效应是指某种农产品价格变动引起了其他农产品相对价格的变动,进而由相对价格变动所导致的农产品需求量的变动。即某种农产品的价格上涨了,而效用相同的其他农产品的价格未变,这样其他农产品的相对价格就下降了,此时消费者会用其他农产品来替代这种农产品。例如,在消费者购买鸡蛋和鸭蛋两种农产品的情况下,若鸡蛋的价格上升,鸭蛋的价格不变,对消费者来说,鸭蛋比鸡蛋的价格便宜,则会增加对鸭蛋的购买量。

收入效应是指消费者在货币收入不变,但实际收入水平提高的前提下,改变农产品的购买量,以达到更高的效用水平。例如,在消费者购买鸡蛋和鸭蛋两种农产品的情况下,若鸡蛋的价格下降了,对于消费者来说,虽然货币收入没有变,但货币收入的购买力增强了,因此,消费者的实际收入水平提高了。随着实际收入水平的提高,消费者会增加对这种农产品的购买量。此时,效用水平也随之提高。

由此可见,替代效应强调了一种农产品价格变动对其他农产品相对价格水平的影响;收入效应强调了一种农产品价格变动对实际收入水平的影响。农产品需求定理所揭示的是农产品价格与其需求量之间的反方向变动关系,是这两种效应共同作用的结果。

不可否认的是,需求定理也有例外。如炫耀性农产品和吉芬农产品。炫耀性农产品是用来显示消费者身份的农产品。这种农产品的高价格显示了消费者的特殊身份和社会地位,常常在价格下降时消费量反而减少，消费者转而去购买价格更高的农产品。例如，名贵茶叶、人参等。吉芬农产品是指低档生活必需农产品，其价格上升而需求量反而上升。产生这种现象的原因是，若某种农产品价格提高，意味着消费者的实际收入减少，消费者为了维持生活必须降低生活标准，继而就增加了对低档农产品的需求。这种现象，被称为“吉芬之谜”，把产生这种现象的商品称作“吉芬商品”。例如，若农产品价格普遍上涨，消费者会增加对土豆、大饼一类的低档农产品的消费。

5. 农产品需求量的变动与需求变动

在对农产品的分析中，要严格区分需求量的变动和需求变动。农产品的需求量是用在既定的需求曲线的某一点来表示某一特殊价格上为获得该农产品而消费的具体商品量。当影响农产品的其他因素不变，由农产品价格的变动而引起的需求量的变动表现在某一条曲线上的移动，这种变动叫做需求量的变动，如图 11-2 所示。

在图 11-2 中，当价格由 P_0上升为 P_1时，需求量从 Q_0减少到 Q_1，在需求曲线 D 上则是从 b 点向左上方移动到 a 点。当价格由 P_0下降到 P_2时，需求量从 Q_0增加到 Q_2，在需求曲线 D 上则是从 b 点向右下方移动到 c 点。因此，在同一条需求曲线上，向上方移动表明需求量减少，向下方移动表明需求量增加。

农产品的需求变动是指当农产品的本身价格不变时，其他因素的变动所导致的消费者需求量的变动，表现为整条需求曲线的移动，如图 11-3 所示。

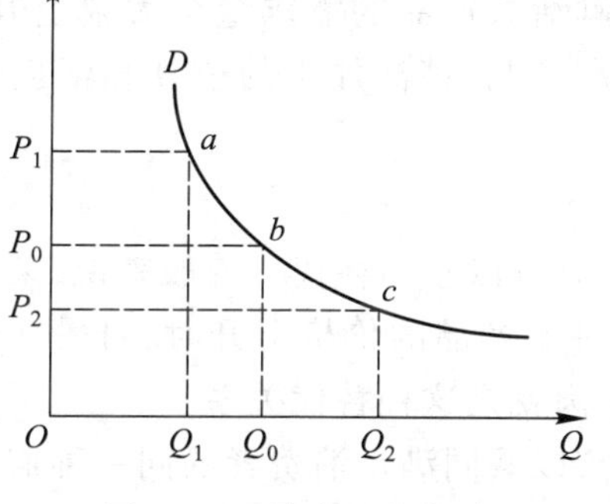

图 11-2　需求量的变动

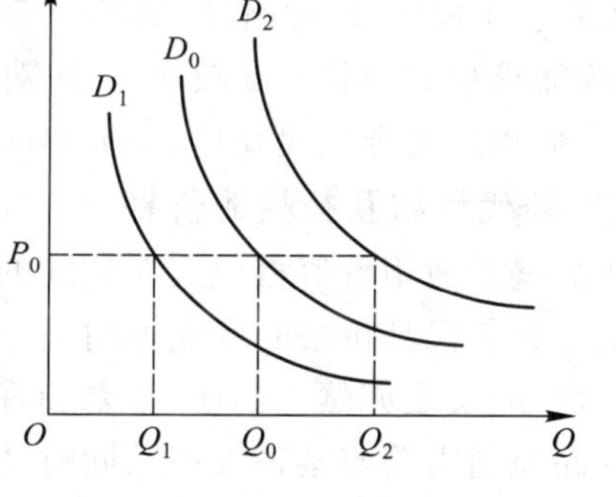

图 11-3　需求变动示意图

在图 11-3 中，价格 P_0不变，由于其他因素变动所引起的需求曲线的移动即是需求的变动。如收入减少，在相同的价格水平 P_0下，需求量从 Q_0减少到 Q_1，需求曲线由 D_0移动到 D_1；如收入增加，在相同的价格水平 P_0下，需求量从 Q_0增加到 Q_2，需求曲线由 D_0移动到 D_2。

二、影响农产品需求的主要因素

由于农产品的需求是一个变量，在现实中除了价格以外，还有诸多因素制约着需求。归纳起来，影响农产品需求的主要因素有以下几方面：

（一）农产品消费人口

消费人口是影响农产品需求的重要因素之一。人口因素由以下几方面组成：

1. 人口总量

人口总量直接影响农产品的需求总量,人口总量越大,对农产品的需求量也就越多。

2. 人口分布

人口的地域分布决定了对农产品的需求存在地区差异性。例如,我国华东地区对糯米的需求量就明显高于西北地区,北方地区对杂粮的需求量要远高于南方地区,城市地区对高端农产品的需求要大于农村。

3. 人口结构

不同的年龄、职业和性别,在对农产品的需求上也差异甚大。通常来说,婴幼儿对牛奶的消费需求明显偏高,而中老年人对蛋白质的需求量比较大;体力劳动者比脑力劳动者要消费更多的农产品。

(二) 消费者的收入水平

人们当前可支配的收入越多,对农产品的消费量就越显著。收入水平与消费需求呈现正方向变化,二者的变动方向是一致的。一般而言,收入水平越高,消费者对一定价格农产品的需求量就越大;相反,收入越低,需求则越小。我们可以将消费者的收入用途进行细分,其中一部分用于维持生活基本需要,另一部分用于享受和发展的需要。相对于农产品而言,虽然其消费目的主要是维持人民的基本生活,但随着国民经济的发展和收入水平的提高,农产品的消费结构也在发生相应变化。主要表现为:① 对营养、绿色、有机、无公害农产品的需求逐渐增加,对低质量农产品的需求将会下降。② 对肉类、奶类、水果、水产品等鲜活农产品的需求量会大幅上升,而对粮食、蔬菜等需求量的增长幅度较小。③ 对丰富、方便、高工艺、精深加工的速食和便捷快餐需求量增大,它们更加契合现代高速、快节奏的生活。

(三) 替代品和互补品的价格

替代品是指使用价值相似或者相同的商品,在消费时可以互相替代。一般来说,某种农产品的需求量与其替代品价格的变化方向是一致的。当一种农产品的价格上升时,对另一种农产品的需求就增加;反之亦然。例如,苹果和香蕉、牛肉和羊肉就是这种替代关系。

互补品是指需要与某种农产品同时使用、互相配合,以共同满足消费者的同一种需要的农产品。通常来讲,某种农产品的需求量与其互补品的价格呈反方向变化。

(四) 农产品的中间需求变化

农产品中间需求是指农产品加工业及相关产业对农产品的市场需求。随着国民经济的发展和农业现代化的进程的加快,食品、饲料、纺织、化工等农产品日益增加,成为农产品市场需求的重要组成部分,农产品加工的规模越大,发展速度越快,对初级农产品的需求越大,轻工业发展规模越大,对棉花、粮食等农产品的需求也相应越多。

(五) 消费观念和消费者偏好

随着经济实力的提升,人们在释放消费欲望的同时消费更加趋于自由化,能够根据自己个人喜好来选择消费的机会增多。多数消费者脱离了追求简单物质满足的层次,对健康、营养等元素更加关注。在消费的过程中,愈加显示出注重个性和求新求变的特点。不同的家庭、不同的消费者对同一食品的偏好不同,势必需求也有差异。例如,有的消费者喜欢吃水果,而不喜欢吃蔬菜;有的喜欢吃肉制品,而不喜欢奶制品等。当消费者对某种农产品的偏好增强时,其需求量就相应上升。在现实生活中,由于消费者偏好的不稳定性和不清晰性,消费偏好会发生变化。

(六)消费者的文化习俗

我国南北地区之间,沿海和内陆地区之间,有着不同的文化习惯,其消费方式和消费结构存在很大的差异。例如,四川是全国的农产品供应大省,是国家粮、油、猪的重要生产基地之一。由于复杂的地形和湿润的气候,所以利用花椒、辣椒、生姜、大蒜等香辛料来提味、祛湿,并且主食为大米;山西地区主产小麦、黍米、高粱等农作物,所以该区域的饮食民俗与面食息息相关。不同民族之间的消费需求也不尽相同,风俗习惯也影响人们的需求。在中国,正月十五要吃元宵;西方的复活节,要吃彩蛋、火腿、羊肉等食物。此外,消费需求在一定程度上还受到宗教信仰的影响。如食素是佛教的传统,牧区的少数民族以牛奶、羊奶为日常饮食。

(七)消费者对农产品未来价格的预期

如果预期未来某一农产品的价格上升,则消费者会增加对此种农产品的现实需求;反之,若某一农产品的未来预期价格下降,该农产品的现实需求将会下跌。由此可见,农产品价格的预期与消费者的现实需求密切相关。

(八)政府的消费政策

若政府采取提高农产品价格的政策,人们就会减少对农产品的需求,尤其是和日常生活相关的生活必需品表现得更加明显。若实行低价政策或对农产品进行不同程度的补贴,则会增加对其的需求量。

(九)突发性事件

农产品作为生活必需品,与人们的日常生活息息相关。一旦发生突发事件,人们对农产品的需求很可能受到影响。例如,近年来禽流感等突发事件影响某些农产品的消费,从而导致消费量减少,这会对价格有一定的压制作用。

三、农产品需求弹性

(一)农产品需求价格弹性

1. 农产品需求价格弹性的概念

农产品需求价格弹性又称农产品需求弹性。它是指某种农产品市场需求量对其价格变化反应的灵敏程度,即指农产品需求量变动的百分率对其价格变动百分率的比率。

不同农产品的需求价格弹性是不一样的,一般用需求弹性系数来表示。需求弹性系数是指需求量变动的比率与价格变动比率的比值。用公式表示如下:

$$E_{\mathrm{d}}=-\frac{\frac{\Delta Q}{Q}}{\frac{\Delta P}{P}}=-\frac{\Delta Q}{\Delta P}\cdot\frac{P}{Q}$$

式中：E_d——需求弹性系数；

Q——需求量；

$\Delta Q/Q$——需求量变动的比率；

P——价格；

$\Delta P/P$——价格变动的比率。

需要注意的是，由于需求量的变动与价格变动的方向相反，需求价格弹性的系数为负值，为了便于比较，在公式中加了一个负号，以便需求的价格弹性系数 E_d 取正值。

例如，某市场牛肉的销售情况如下：当牛肉的价格为每千克 14 元时，需求量为 50 万千克，当其价格下降到每千克 12 元时，则需求量增加到 70 万千克，此时牛肉的弹性系数为：

$$E_d=\frac{(70-50)/50}{(12-14)/14}=-2.8$$

通过分析可以看出，牛肉价格每降低 1%，其需求量会增加 2.8%，说明牛肉需求量的变动率大于价格的变动率。

2. 农产品需求价格弹性的性质

（1）农产品需求价格弹性是一个无量纲的量，具有广泛的可比性。

（2）根据农产品需求规律，农产品价格与农产品需求量通常呈反向变化的关系。因而，农产品需求的价格弹性为负值。但为了方便起见，在实际运用中，通常取其绝对值。

（3）不同的农产品，其需求弹性也不尽相同。其一般规律是：农产品对人们的必需程度越高，其需求弹性就越小；反之，其需求弹性就越大。举例来讲，在众多农产品中，粮食对人而言是最不可或缺的，因此，其需求弹性就明显要小于水果和禽蛋类产品。非基本生活用品的弹性要大于基本生活品的弹性。即便是同一个物品，其需求弹性也会随着同一需求曲线上的不同位置而发生变化。

3. 农产品需求价格弹性的种类

各种农产品的需求弹性不同，根据需求弹性系数的大小可分为以下几类，如图 11-4 所示。

（1）$E_d=0$ 时，称为需求完全无弹性。即无论价格如何变动，农产品需求量都不会变动，此时的需求曲线是一条与横轴垂直的线。在现实生活中，需求完全无弹性的情况很少见，比如大蒜、葱、姜等农产品就属于此种类型。

（2）$E_d\to\infty$ 时，称为需求完全有弹性或弹性无限。即当价格一定时，需求量是无限的，此时的需求曲线是一条与横轴平行的线。它表明价格的任何微小变动都会引起需求量的无穷大变化。

（3）$E_d=1$ 时，称为需求价格单一弹性。表明需求量的变动幅度与价格的变动幅度相同。

（4）$E_d>1$ 时，称为需求富有弹性。表明需求量的变动幅度大于价格的变动幅度，需求曲线是一条比较平坦的曲线。比如牛肉等肉类就属于这类。

（5）当 $0<E_d<1$ 时，称为需求缺乏弹性。表明需求量的变动幅度小于价格的变动幅度，需求曲线是一条较陡的曲线。生活中消费量大的蔬菜属于这一类。

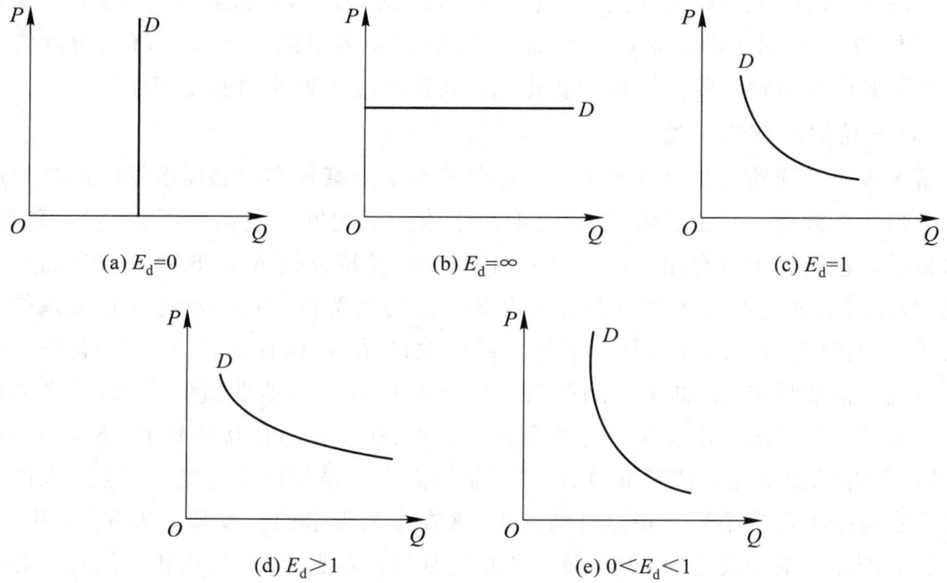

图 11-4 农产品需求价格弹性的类型

(二)农产品需求收入弹性

农产品需求收入弹性是指农产品需求量变动对收入变动的灵敏度。农产品需求收入弹性的实质是:在农产品价格不变的前提下,消费者收入每变动1%,农产品需求量变动的幅度。

通常来说,农产品需求的收入弹性为正值,表明农产品的需求量随消费者收入的增加而同方向变化。对于这种类型的农产品,经济学上称为"正常物品",即正常物品的需求收入弹性为正值。反之,如农产品的需求量随消费者收入的增加而减少,这类农产品在经济学上被称为"非正常物品",其需求的收入弹性为负值。

人们对农产品的需求存在一个饱和点,即一旦达到饱和点后,市场的开拓就难以进行。因此,为了避免此类情况,在农产品市场开发的同时,要注意对新产品的研发。当某种农产品进入市场饱和期时,便向市场投入新开发的农产品。通过这种途径,农产品的市场才会不断扩大和丰富。

农产品需求的收入弹性对于农产品市场开发具有至关重要的意义。一般来讲,对收入弹性越大的农产品,人们的消费越没有接近饱和,其需求的开发潜力也就越大;对收入弹性越小的农产品,由于人们的消费越接近饱和,其市场开发潜力就越小。

在这里需要注意,不仅不同的农产品的收入弹性是不一样的,而且同一种农产品的收入弹性不尽相同。同一种农产品的收入弹性会随着消费者收入水平的变化而异。一般的变化规律是:人们对农产品的消费需求离饱和点越远,需求的收入弹性就越大;当人们的消费需求越来越接近饱和点，需求的收入弹性就越小；当人们对农产品的消费需求达到饱和点时，需求的收入弹性等于0；当过了饱和点后，对于非正常的农产品来讲，农产品需求的收入弹性就变为负值。这个规律充分说明了农产品消费随收入增加的变化趋势及需求收入弹性的变化规律。

（三）农产品需求交叉弹性

农产品需求交叉弹性是指其他相关农产品价格变动对某种农产品需求量的影响程度。农产品需求交叉弹性在数量上有正有负，这主要取决于农产品之间的关系。例如，苹果和香蕉、牛肉和羊肉的关系。它们属于具有相互替代关系的农产品，其特征是A和B两种农产品在消费上可相互替代，增加其中A产品的消费量即要减少B产品的消费量。这种具有互替关系的农产品需求的交叉弹性为正值。此外，还有具有互补关系的农产品，如面包和黄油。其特征是A和B两种商品共同满足消费需求，增加A产品的消费量会引起B产品消费量的增加；反之亦然。这种具有互补关系的农产品的需求交叉弹性为负值。另外，在互替品和互补品中，还存在一种特殊情况，即当B农产品的价格提升或降低时，B农产品的需求量虽然减少或增加，但A农产品的需求数量保持不变或基本保持不变。在这种情况下，该农产品需求的交叉弹性为0。在现实中，此种情况在互替农产品中的表现是：两种互替农产品质量相差甚远，导致价格相差悬殊。如普通低价啤酒与进口高价红酒，普通啤酒价格的降低，会使普通低价啤酒的需求数量增多，但不会引起进口红酒的需求量减少；普通低价啤酒价格的提高，会使其需求量减少，但不会引起进口红酒的需求量增加。此种情况在互补农产品中的表现是：两种互补农产品在价值及数量上相差甚远，如肉类和调料。虽然二者在消费上是互补的，但由于二者在消费组合上数量悬殊，因此，生姜和大料价格的上升或下降，一般不会导致人们对肉类消费量的变化。但反过来说，肉类价格的变化，对生姜、大料的需求量就有明显影响，即肉类价格上升，生姜和大料的需求量会减少；肉类价格的下降，会引起生姜和大料需求量的增加。

判断农产品之间的关系，要依据农产品需求交叉弹性的取值。其规律是：若交叉弹性为正，则农产品之间为互替关系；若交叉弹性为负，则农产品之间是互补关系。

利用农产品需求交叉弹性原理，我们可以更好地配置和调度农产品市场。对于互补农产品，可将开发重点放在互补关系中居于主导地位的农产品上；对于互替农产品，市场开拓的重点应放在农产品替代功能的开发上。

四、农产品需求弹性的影响因素

在现实中，不同农产品的需求弹性差别很大。有多种因素影响农产品的需求弹性，主要表现在以下几方面：

（一）消费者对农产品的需要程度

通常情况下，属于生活必需品一类的农产品需求量相对稳定，受价格、收入等因素的影响较小，其需求一般是无弹性的。如粮食、蔬菜等产品。反之，部分需求程度低的农产品及加工品，如进口水果、高价酒类等，其需求通常随价格的波动而相应变化，因此是有弹性的。

（二）农产品的用途情况

多种用途的农产品需求弹性较大，反之，专用商品需求弹性较小。

（三）农产品的替代与互补程度

当某种农产品的替代品容易获得时，则该农产品的需求就富有弹性。例如，市场上可替代带鱼的黄鱼价格上涨了，那么市场上黄鱼的需求量会减少，从而消费者会购买更多价格较低的带鱼。若某种农产品有效用相同的替代品，则其需求弹性是无限或完全的。

（四）以农产品为原料的工业对某种农产品的依赖程度

一般的规律是：若以农产品为原料的工业对某种农产品的依赖程度大，其价格的变动不会对此类农产品的消费量带来很大影响，需求弹性小；反之，依赖程度小，则需求弹性大。

（五）农产品在消费者预算中所占比重的多少

如某种农产品在消费者支出中所占比重较小，那么，消费者对此种农产品的价格变化反应不灵敏，其需求弹性小；反之，所占比重大，则需求弹性大。

第二节　农产品供给

一、农产品供给的概念和原理

（一）农产品供给的概念

农产品供给是指农产品生产经营者在一定的时间内，在一定的价格条件下愿意并可能出售的某种农产品的数量。从经济学的角度讲，农产品供给的形成必须同时满足两个条件：第一，生产经营者有出售农产品的意愿；第二，生产经营者具备供应能力。如果生产者对某种农产品只有提供出售的愿望，而没有提供出售的能力，则不能形成有效供给，也不能算作供给。

需要注意，农产品供给并不等于农产品生产。如果生产出来的农产品没有在市场上销售而只是储存在仓库里，或只用于生产者的自给性消费，就无法完成农产品的供给。此外，在一定的时期内，农产品的供给总量应包括本期生产的农产品和以前的存货。

（二）农产品供给的原理

1. 农产品供给函数

农产品的供给取决于诸多因素，如农产品自身价格、农产品生产成本、相关农产品价格等。若把影响农产品供给的因素作为自变量，把供给量作为因变量，则可以用函数关系来表示影响因素与供给量之间的关系，这种函数就是供给函数。如果 Q_s 表示农产品供给，$a_1, a_2, a_3, \cdots, a_n$ 表示影响农产品供给的因素，则供给函数为：

$$Q_s = f(a_1, a_2, a_3, \cdots, a_n)$$

在假定其他影响因素不变的情况下，只考虑价格影响因素，若用 P 代表价格，则供给函数可简化为：

$$Q_s=f(P)$$

2. 农产品供给与价格的关系

供给函数体现了农产品供给量与其价格之间的一一对应关系。为了更直观地表现这种关系，可以通过表格或图形来展现。表 11-2 是某种农产品的供给量与其价格的关系表，称作供给表。此表反映了生产经营者在不同价格水平下对某种农产品的供给量。

表 11-2 某种农产品的供给量与价格关系

时间	农产品价格(元)	农产品供给量(t)
A	20.00	5
B	40.00	46
C	60.00	77
D	80.00	100
E	100.00	115
F	120.00	122

由表 11-2 可以看出，农产品供给量随着其价格的升高而不断增加。

3. 农产品供给曲线

如果我们用横轴代表农产品供给量，纵轴代表农产品价格，把图 11-2 中的每一个价格和供给量的组合，在图 11-5 中用一个点表示，并把这些点连接起来，那么，坐标内的曲线就称作供给曲线。它能更生动地呈现出农产品供给量与其价格的关系。可以看出，供给曲线是一条从左下方向右上方倾斜的曲线，这表明农产品的价格与其供给量之间呈同方向变动。

需要注意的是，农产品的供给和供给量并不是一个概念。农产品供给量是指在某一特殊价格水平，为销售而提供的农产品数量，它由既定的供给曲线的某一点来表示。假定影响农产品供给的其他因素不变，农产品自身价格出现变动，由此导致的供给量的变动表现为在同一条曲线上移动，这种变动即为供给量的变动。

农产品供给是指在每个价格水平供给量的所有关系。供给是由整个供给表和供给曲线来表示的。当农产品本身的价格不变时，由于其他因素的变化而引发的供给量的变动表现为整条供给曲线的移动，这种变动称为供给的变动。图 11-6 即是对供给变动的形象描述。在图 11-5 中，供给曲线由 S_2 移至 S_1，或至 S_3，表示供给的变动；当曲线 S_2 移向右下方时，即形成了供给曲线 S_3，表示供给的增加；当供给曲线 S_2 移向左上方时，形成供给曲线 S_1，表示供给的减少。

4. 农产品供给定理

农产品供给定理也称作农产品供给规律，其反映了农产品价格与其供给量之间的关系。一般来说，农产品的价格水平与生产者愿意且能够出售的农产品数量之间存在正向关系。农产品供给定理的基本内容是:在其他条件不变的前提下,某种农产品的供给量与其价格呈同方向变化。也就是说,在一般情况下,农产品的供给量随其价格的升高而增加,随其价格的降低而减少,如图 11-6 所示。

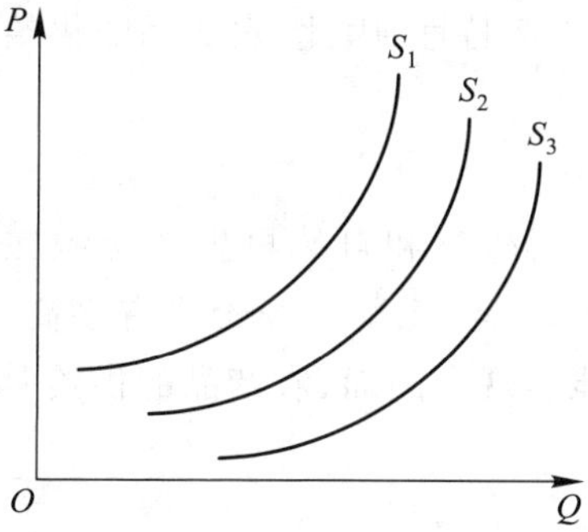

图 11-5 农产品供给变化示意图

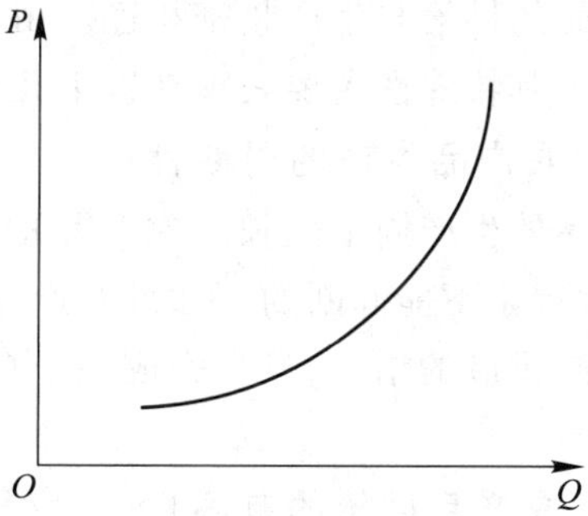

图 11-6 农产品供给曲线

应当注意,农产品的供给定理存在例外情况:当某些农产品价格上升时,其供给量反而会减少;当价格降低时,生产供应量反而增加。产生此类现象的主要原因是:第一,由于农业资源的专用性比较强,生产用途范围狭窄,因此,实现转移和流动可能不是很顺畅。当生产者生产的农产品价格下降后,为了维持正常收入水平,反而会努力增加产量。第二,生产者对农产品的未来预期价格存在不确定性。当预计未来某种农产品价格上升时,为了将来获取高额收益,即便当前价格较高,仍会减少农产品的供应量;反之,在产品价格降低时,若预计未来商品农产品的价格持续下跌,就会采取把全部产品抛售的做法,即增加了现实供应量。

农产品的供给量与市场价格之间之所以呈现正方向变化,原因在于:

首先,农产品价格上升,将带来新的生产者。即在原来的价格水平下能够生产但不能盈利的生产者变成了实际的生产者,生产者人数增多,从而增加了生产和出售的产品数量。例如,当苹果价格很低时,只有部分生产水平较高的生产者才能保持必要的盈利水平,才会生产和出售苹果;在苹果价格上升后,许多在原来价格水平上不盈利的生产者,由于价格走高而盈利,从而加入生产和出售苹果的行列,成为新的生产者。反之,如果苹果价格下降,会导致生产和出售苹果的盈利减少,从而使从事苹果生产的人数降低,苹果的生产和出售量降低。

其次,农产品价格上升,导致原来的生产者增加生产量。例如,当牛奶价格较低时,为了保持生产收益,部分生产者可能只生产和出售较少的牛奶。当牛奶价格上升后,生产牛奶的盈利空间增大,这会刺激既有的牛奶生产者增加牛奶的生产量;反之,若牛奶的价格下降,生产牛奶的盈利空间缩小,那么原来的生产者会压缩生产量。因此,价格和供给数量的同方向变化,决定了农产品供给曲线向右上方延伸。

农产品市场价格与农产品供给量之间的这种同方向变化的规律,为农产品市场开发提供了一个基本的理论指导:提升农产品价格,有利于增加农产品生产量和供应量,扩大农产品供给能力。因此,保持一个适当的农产品价格水平,有利于调动农业生产者的生产积极性,对于增加农产品供给,满足社会对农产品的需求,具有不可估量的作用。

二、农产品供给的特殊性

农产品的供给与生产紧密相连。由于农业生产有其生产特性,因此,农产品的供给也不同于一般商品。其特殊性主要表现在以下几个方面:

(一) 农产品生产的周期性

农产品的生产周期较长。农产品的生产过程是经济再生产和自然再生产交织在一起的过程,这一过程是不能间断的。如果农产品出现突发性供给不足,无论市场价格有多高,都无法在短期内刺激供应的增长,只有完成一个自然生长周期才能实现。因而,农产品的供给具有明显的周期性。

(二) 农产品供给的有限性

由于土地是农产品生产最不可替代的基本生产资料,而土地又属于有限的稀缺资源,因而,在一定的地域和一定的技术条件下,农产品的供给总量是有限的,供给量不易迅速调整。即与一般商品不同,农产品不会随市场价格的提升而呈现出无限增长的趋势。农产品价格的提高只能在有限的范围内刺激农产品供给量的增多,这个范围是十分有限的。

(三) 农产品供给受自然环境的影响较大

农产品供给存在明显的季节性和地区性。此外,农产品的生产是有生命的动植物的再生产过程。因此,与动植物再生产有关的诸多因素,如气候、光照强度、降水量、土壤肥力等都对农产品的生产产生影响,会直接影响农产品的生产量。由于自然条件会出现明显的变化趋势,从而增加了农产品生产的机遇和挑战,也给农产品的供应带来了较大的不稳定性和不可控性。

(四) 农产品供给的政府调控程度较大

由于农产品的供给与国计民生密切相关,政府对农产品的生产和供给进行调控是必要的。一旦农产品的供给出现不稳定,就可能影响社会安定。因此,农产品的供给不仅受到自然因素和经济因素的影响,也受到政治因素和社会因素的制约。

三、影响农产品供给的因素

在现实经济生活中,分析并掌握农产品供给的影响因素,有利于把握农产品市场。具体来说,影响农产品供给的主要因素有价格、生产者数量、商品化程度、生产结构、农业资源及其开发利用的技术水平、生产者预期和其他因素。

(一) 价格因素

1. 农产品自身价格

农产品自身价格是农产品供给的决定性因素。在通常情况下,农产品市场价格会影响农民的收入,从而影响农民生产的积极性,进而影响农产品的市场供给。也就是说,当农产品价格下跌时,农民生产积极性降低,会减少生产;当价格升高时,农民生产积极性高涨,增加生产,农产品的市场供给则要增多。由于农产品生产具有明显的季节性,即农产品生产价格的波动相对滞后,这种滞后给农产品供给带来了一定的波动性。

2. 相关农产品的价格

某种农产品的供给,不但取决于其自身的价格,还取决于其他相关农产品的市场价格。相关农产品主要有两种情况:① 互替农产品,是指在资源利用上存在相互替代关系的一组农产品。即在特定的资源条件下,多生产 A 种农产品就要减少对 B 种农产品的要素投入量,则 B 种农产品的生产量就会降低;多生产 B 种农产品就要减少用于 A 种农产品的要素投入量,则 A 种农产品的生产量就会降低。因此,当其中一种农产品的价格不变时,另一种农产品价格发生变化,就会使前一种农产品生产的供给量发生相反方向的变化。② 互补农产品,是指在生产上具有相互补充关系的一组农产品。即在特定资源条件下,多生产 A 种农产品也会多生产 B 种农产品,若要减少生产 A 种农产品则 B 种农产品的产量也会降低。对于这种关系的农产品,A 种农产品的供给数量与 B 种农产品的价格呈同方向变化。即 B 种农产品价格升高将使 A 种农产品的供给数量增加;或者 B 种农产品价格下降,会使 A 种农产品的供给数量也相应减少。

3. 生产要素的价格

若生产要素的价格上升,就会使农产品的生产成本增加,从而在农产品市场价格不变的情况下,利润出现降低,导致供给量减少;反之,若农产品生产要素的市场价格下降,会使农产品的市场成本降低,从而在农产品价格不变的情况下,利润上升,供给量增加。因此,降低生产成本是增加农产品供给的一个重要措施。

(二) 农业生产者数量

农业生产者数量是影响农产品供给的一个重要因素。通常来说,生产者数量与农产品供给量呈现同方向变化。在其他条件不变的情况下,若农产品的生产者越多,则农产品供给量也就越多;生产者不足,农产品供给量就满足不了社会需求。生产者数量对农产品供给量的影响,不仅表现在农产品供给的绝对数量上,而且表现在农产品供给的相对结构上。例如,绿豆生产者数量增加而赤豆生产者数量减少,则会使农产品总供给中绿豆供给增加而赤豆的供给减少;或使绿豆的供给相对增加而赤豆的供给相对减少。从这个意义上讲,调整农业结构实际上是调整农业生产者结构。

(三) 农产品的商品化程度和生产结构

农产品的商品化程度,是指农民生产的农产品在多大程度上可以出售给非农消费者。农产品商品率越高,可出售的农产品就越多,为市场提供的农产品的数量就越多。提高农产品的商品率,是发展现代农业的必然要求,也是增强农产品市场竞争力的有效举措。此外,农产品的生产结构决定了农产品的供给结构,进而影响某些农产品的供给量。例如,A 村的生产结构中偏重于粮食作物,B 村的生产结构中偏重于经济作物。则 A 村的粮食作物,如玉米等农产品的供给量要多于 B 村;反之,B 村的经济作物,如蔬菜、水果等农产品的供给量就要大于 A 村。

(四) 农业资源及其开发利用的技术水平

在其他条件相同的情况下,农业资源的优劣对农产品生产的绝对数量具有直接影响。应当看到，农产品的供给总量是与社会需求联系在一起的，即社会需求与农产品的供给呈现同方向变化趋势。农产品的增长可以通过土地集约、资金集约或劳动集约来实现，但是土地、资金、劳动集约相对于农产品产量的增加是有限的。若要继续增加农产品的产量，就要依靠农业科技。既定的资源条件下，农业技术的提高和更新会使资源得到更充分利用，从而提高农产品附加值、增加供给。实际上，科学技术对农业的持续发展具有举足轻重的支撑能力。

（五）生产者对未来市场走向的预期

在其他因素保持不变的情况下，如果生产者预期未来某种农产品市场价格会不断升高，则生产者就会减少本期农产品的出售量以备价格提高后再出售，赚取更多的利润。这说明对未来价格上升的预期会导致生产者和经营者产生一定程度的囤积行为，会减少本期农产品的供给数量，增加未来农产品的供给数量。反之，若生产者预期未来某种农产品价格会不断下降，就会增加本期农产品的供给量，同时会尽量减少农产品的日常存储和生产量，从而增加本期农产品的供给数量，减少未来农产品的供给总量。

（六）其他因素

农产品供给除了受上述因素的影响外，在实际中还要受制于其他一些因素的影响。例如，社会经济环境、政府的法令和宏观政策等。在农业发达国家，政府为了减少农产品过剩而采取限制生产的政策；在限产政策下，农业生产者必须配合政府的规划而按照配额进行生产，使农产品供给相应减少。在实际经济环境中，影响农产品供给的因素是复杂的。因此，应该把各种影响因素综合起来考虑。

四、农产品供给弹性

（一）农产品供给弹性的概念

农产品供给弹性是指农产品的供给量对其价格变动反应的灵敏度。也就是说，农产品供给量变动率对其价格变动率的比率，其大小用供给弹性系数来表示。其公式为：

$$E_s=\frac{\frac{\Delta Q}{Q}}{\frac{\Delta P}{P}}=\frac{\Delta Q}{\Delta P}\cdot\frac{P}{Q}$$

式中：E_s——供给弹性系数；

Q——供给量；

ΔQ——供给变化量；

P——价格；

ΔP——价格变化量。

（二）农产品供给弹性的特点

农产品供给弹性的特点表现在以下几个方面：

（1）对于同一种农产品，在经济发达地区的供给弹性较大，在落后地区的供给弹性较小。产生这种现象的原因是，在经济发达地区，生产者同市场联系密切，市场信息透明度高，市场变化对生产者决策影响大。

（2）占用土地面积大的主要农产品供给弹性小，占用土地面积小的非主要农产品供给弹性大。

（3）农产品价格上升时供给弹性大，价格下降时供给弹性小。当农产品价格上升时，农业生产者为了增加农产品产量，会采用更先进的农业生产管理技术，即使后来农产品价格下降，这些采用的先进技术仍会保留下来，发挥其增加产量的效力。此外，农业中所投入的资源要素（如土地、建筑物、农机、农业劳动力）专用性强，在农业以外的部门利用价值低。当农产品价格下降时，它们不能及时退出农业部门，必须承受更多的价格损失，因此只能继续投入农产品的生产和供给。

（4）农产品临时供给弹性小于短期供给弹性，短期供给弹性小于长期供给弹性。农业产品在短时期内完全无弹性；时间稍延长，可以挖掘内部潜力，节约生产成本，提高生产效率，其供给弹性增大；如果时间更长，调节农产品供给就可能有更多的余地。

（5）畜牧产品和林产品的短期供给弹性可能小于零。譬如，在畜牧业中的养牛业，正常的生产必须有合理的种群结构，种牛、仔牛和育肥牛数量比例关系要保持协调。在市场上牛肉价格上升时，生产者追求眼前利益，大量宰杀育肥牛，这样就会造成后期育肥牛数减少，市场牛肉供给量下降。导致这种现象的原因，是它们的生产周期长和种群结构变化的特点。

（三）农产品供给弹性的种类

若用曲线来表示农产品供给弹性的大小，如图 11-7 所示，一般可以分为 5 类：

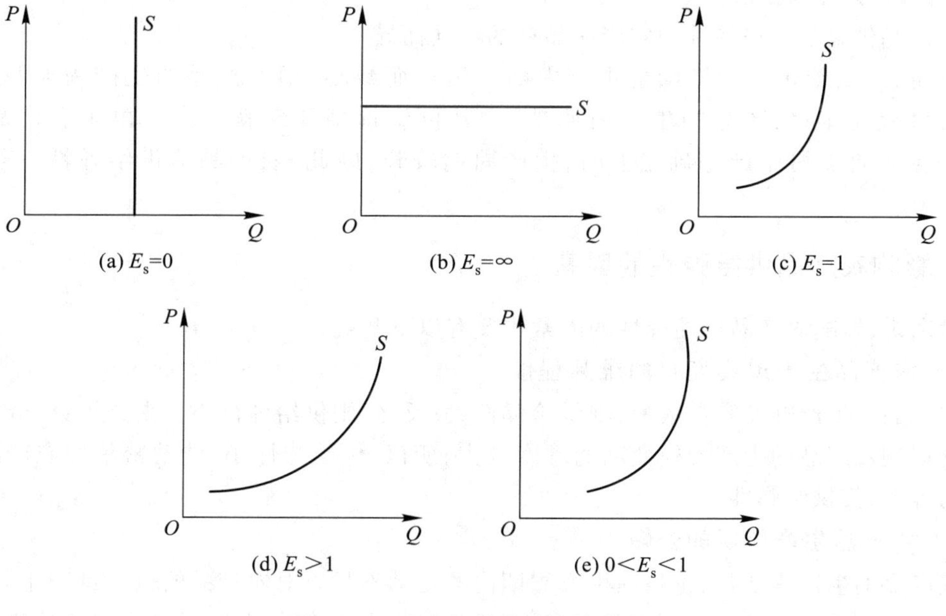

图 11-7　农产品供给弹性的种类

(1) $E_s=0$ 时,称为供给完全无弹性。表明价格的变化对供给量的变化无影响。

(2) $E_s=\infty$ 时,称为供给完全有弹性,即当价格为既定时,供给量为无限。

(3) $E_s=1$ 时,称为同一供给弹性,表明供给量变动的幅度等于价格变动的幅度。

(4) $E_s>1$ 时,称为供给富有弹性,表明供给量的变化幅度大于价格变动的幅度。

(5) $0<E_s<1$ 时,称为供给缺乏弹性,表明供给量变化的幅度小于价格变动的幅度。

例如,某市场出售香蕉,每千克香蕉 0.8 元,供给量为 50 万千克;当每千克香蕉价格下降为 0.6 元时,供给量为 40 万千克。其供给弹性为:

$$E_s=[(40-50)\div 50]\div[(0.6-0.8)\div 0.8]$$
$$=(-0.2)\div(-0.25)=0.8$$

上述计算结果表明,该市场上香蕉价格每降低 1%,其供给量也下降 0.8%,香蕉的供给缺乏弹性。

(四) 农产品供给价格弹性的性质

1. 农产品供给的价格弹性是一个无量纲的量,具有广泛的可比性

例如,粮食的供给价格弹性与肉类、水果、棉花、花卉等的供给价格弹性可以直接进行比较,农产品的供给价格弹性与电视机、汽车、住房等的供给价格弹性也可以直接进行比较。

2. 农产品供给的价格弹性一般为正值

在其他条件不变的情况下,某种农产品的供给量与其价格呈同方向变化,说明农产品供给的价格弹性为正值。但是,在一个农业生产周期内,某些易腐不易保存的农产品,随其价格上升而供给量减少,则供给价格弹性为负值;耐贮存而不易腐烂的农产品随其价格的上升而供给量增加,则供给价格弹性为正值。

3. 农产品供给的价格弹性因农产品品种的不同而异

一般而言,供给价格弹性随着生产周期的延长而减小,即农产品的生产周期越长,其供给价格弹性就越小;农产品的生产周期越短,其供给价格弹性就越大。由于农产品生产是建立在动植物自然再生产基础之上的,生产周期较长,因此,农产品的供给弹性一般小于非农产品。

五、影响农产品供给弹性的因素

一般来讲,影响农产品供给弹性的因素主要有以下几类:

(一) 农产品生产规模变化的难易程度

若农产品的生产规模容易改变,则供给弹性大;反之,则供给弹性小。由此可见,资金密集型或技术密集型农产品的生产规模变动的难度较大,所以,供给弹性小;劳动密集型农产品的生产规模变动容易,其供给弹性小。

(二) 农产品生产周期的长短

若农产品的生产周期长,价格在生产周期内的变动不足以对农产品的供给量产生影响,因而供给弹性小。由于生产者未来要调整生产规模,引起生产能力的变化,导致未来的价格可能发生

变化，但不影响本期的供给量。若农产品的生产周期短，在价格变动的周期中，生产者可能调整生产规模，改变农产品的供给量，供给弹性较大。

（三）农产品价格变动影响周期的长短

若价格变动的影响周期长，生产者就能及时做出生产调整，改变供给量，就说明供给弹性大；若价格变动的影响周期短，就没有足够的时间供生产者做出相应的调整措施，则供给弹性小。

（四）农产品成本随产量增加的程度

例如，产量增加的幅度大于成本增加的幅度，则供给弹性大；反之，供给弹性小。在通常情况下，由于土地报酬递减规律的存在，随着农业生产规模的扩大，其生产成本增加较快。这样，与工业产品相比，农产品的供给弹性较小。

如前所述，农产品的供给由于受到自然条件的影响大，生产周期一般较长，且多为鲜活产品，储存不易，加之受制于土地面积等因素的影响，不可能迅速或无限度扩大生产，形成有效供给。因此，农产品的供给弹性普遍较小。

掌握农产品供给弹性可以帮助我们预测市场上某种农产品的供给数量，或者根据市场情况及时调整农产品供给数量。应当说明的是，对于供给弹性较小的农产品，要注意市场上供给量一定幅度的变化，就会引发市场价格的大幅度波动；对于供给弹性较大的农产品，要注意到，价格的细微变化会引发农产品供给数量的较大波动。

第三节 农产品供求均衡

一、农产品供求均衡理论

（一）农产品供求均衡的含义

农产品供求均衡，是指在某种价格条件下，市场上某种农产品的供给量与需求量恰好相等。此时的价格称为均衡价格，其数量称为均衡数量，如图 11-8 所示。在图 11-8 中，横轴表示农产品数量，纵轴表示农产品价格，D 表示农产品的需求曲线，S 表示农产品的供给曲线。两条曲线的相交点称为均衡点，用 E 表示，P_0为均衡价格，Q_0为均衡数量。

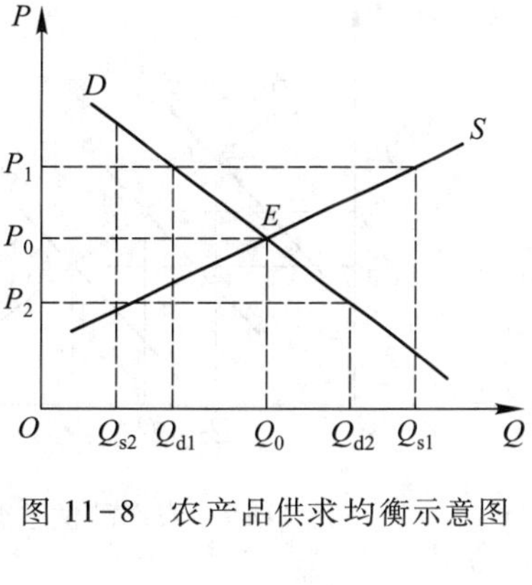

图 11-8 农产品供求均衡示意图

农产品供求均衡主要是价格机制作用的结果，由供给和需求之间的相互影响而实现。当农产品的市场价格为 P_1时，由于其价格较高，农产品的生产者为了赚取高利润，就会开始大量生产，导致供给量达到 Q_{s1}，由于价格维持在较高水平，消费者的购买需求被约束在 Q_{d1}，从而在市场上形成供大于需的情况，表现在大量的农产品卖不出去而发生滞销。此时，供给大于需求的数量，称为市场剩余。在这种状况下，生产经营者为了降低经济损失，采取以低价售卖多余农产品的策略，致使农产品价格由 P_1 向 P_0 移动，价格下降会导致供给量减少，需求量增加，最终供给和需求会趋于均衡。

当农产品的价格下降至 P_2 时，此时价格太低，生产者因无利可图而不愿多生产，其供应量被限制在 Q_{s2}；当低价格刺激需求，消费者将增加需求量至 Q_{d2}，此时，市场上会出现供不应求的现象。供给小于需求的数量，称为市场短缺。在农产品供不应求的情况下，消费者的消费意愿上升，导致农产品价格随之增长，上升的价格反过来抑制了消费，需求量会出现下降，由 Q_{d2} 移向 Q_0 方向。这样，农产品价格上升，生产者为了增加利润会扩大农产品供给量，致使供给量由 Q_{s2} 移向 Q_0 方向，供给与需求会趋于平衡。

（二）农产品供求变动

在实际中，农产品的供求均衡并非是常态，市场上任何一个相关影响因素的变化，都会引发供求关系的改变，从而打破原有的均衡。在市场价格机制的作用下，供求经过重新调节又达到新的均衡。总的来说，农产品的供求会处于由非均衡到均衡，再由均衡到非均衡的运动。农产品的供给和需求存在特殊性，就意味着生产者和消费者可能因此而付出较大代价。

供求均衡理论的前提是假定在其他条件不变的情况下，农产品自身价格变动引起供求变化，并达到均衡价格和供求均衡，如图 11-9 所示。

在图 11-9 中，若需求曲线 D 不变，供给量增加，供给曲线从 S 移向 S_1，均衡点从 E_0 降至 E_1。此时，均衡价格从 P_0 降至 P_1，均衡数量从 Q_0 增至 Q_1。这样，意味着原有的均衡被破坏，形成了新的平衡。同理，若需求曲线 D 不变，当供给量减少时，供给曲线从 S 移向 S_2，均衡点从 E_0 提高至 E_2。此时，均衡价格从 P_0 提高到 P_2，均衡数量从 Q_0 降至 Q_2。此时原有的均衡被破坏，形成了新的均衡。

若其他条件发生变化，整个供求曲线也会随之发生移动，形成新的均衡价格，从而达到新的均衡，如图 11-10 所示。

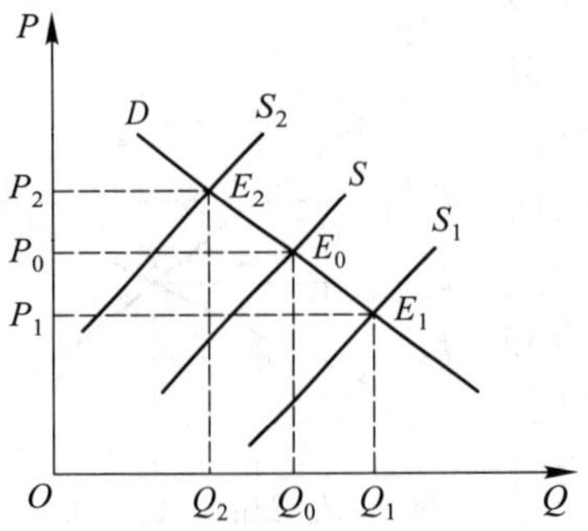

图 11-9 农产品供求变动

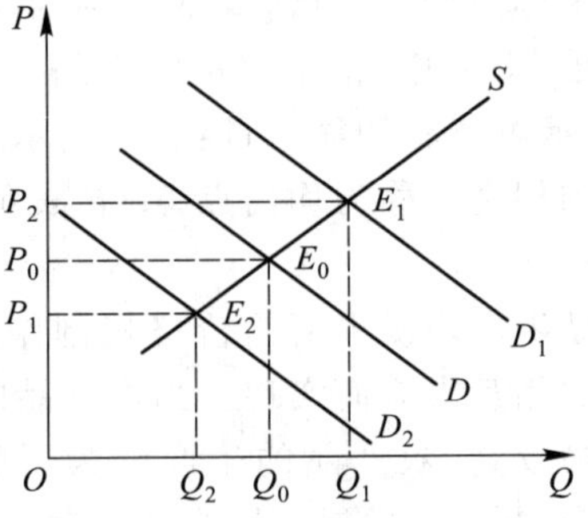

图 11-10 农产品供求变动图

在图 11-10 中，若供给曲线 S 不变，需求增加，则需求曲线从 D 移至 D_1，均衡点从 E_0 提高至 E_1，均衡价格从 P_0 提高到 P_2，均衡数量从 Q_0 增加到 Q_1。此时，说明原有的均衡被破坏，形成了新的均衡。同理，若供给曲线 S 不变，需求减少，则需求曲线从 D 移至 D_2，均衡点从 E_0 降至 E_2，均衡价格从 P_0 降到 P_1，均衡数量从 Q_0 减少到 Q_2。此时，原有的均衡被破坏，形成了新的均衡。

二、需求弹性与总收益

总收益又称总收入，是指农产品生产经营者出售一定数量的农产品所得的全部收入，它等于价格与销售量的乘积。若用 Q 代表销售量，TR 代表总收益，P 代表价格，那么有：

$$TR = P \times Q$$

需要说明的是，这里的总收益并非利润，它不是出售农产品所赚到的钱，而是出售农产品之后所得到的钱。不同农产品的需求弹性存在差异，因此总收益的变动也不尽相同。

以下通过分析富有弹性的和缺乏弹性的这两类农产品，来说明农产品的需求弹性与总收益的关系。

（一）需求富有弹性的农产品

若某一农产品的需求是富有弹性的，其弹性系数为 $E_d = 2$。当每千克该产品的价格为 50 元，销售量为 10 千克时，则总收益为 500 元。若假定该农产品价格下降了 10%，即价格下降至 45 元时，因 $E_d = 2$，故而销售量增加了 20%，销售量增至 12 千克，此时，总收益为 540 元。

在上述条件下，农产品的价格虽然下降了，但总收益增加了 40 元。这是现实中生产经营者以低利而扩大销售的原因，薄利多销的农产品是需求富有弹性的。反之，当该农产品价格升高时，总收益会降低。

可见，需求富有弹性的农产品价格与总收益呈反方向变动的趋势。即价格升高，则总收益降低；价格下降，总收益回升。这个规律可用图 11-11 表示。

（二）需求缺乏弹性的农产品

在多数情况下，农产品是缺乏需求弹性的。若假定大米的需求弹性系数 E_d 为 0.5，当每千克大米的价格为 2 元，销售量为 10 千克时，则总收益为 20 元。若大米的价格下降了 10%，即价格降至 1.8 元时，因 $E_d = 0.5$，故而销售量增加了 5%，即销售量升至 10.5 千克。此时总收益为 18.9 元。

在上述条件下，虽然每千克大米的价格下降了，但总收益反而减少了 1.1 元。这就能解释“谷贱伤农”现象的经济含义，即纵然粮食丰收了，但因粮价的下跌，农民的收入反而缩水。其主要原因就在于粮食属于生活必需品，其需求缺乏弹性。故而，因丰收而导致的粮食低价并未使需求量上升，致使农民受到经济损失。反之，该农产品的价格上升时，其总收益会增加。

可见，需求缺乏弹性的农产品价格与总收益呈同方向变化，即价格升高，则总收益增加；价格下降，总收益降低。这个规律可用图 11-12 表示。

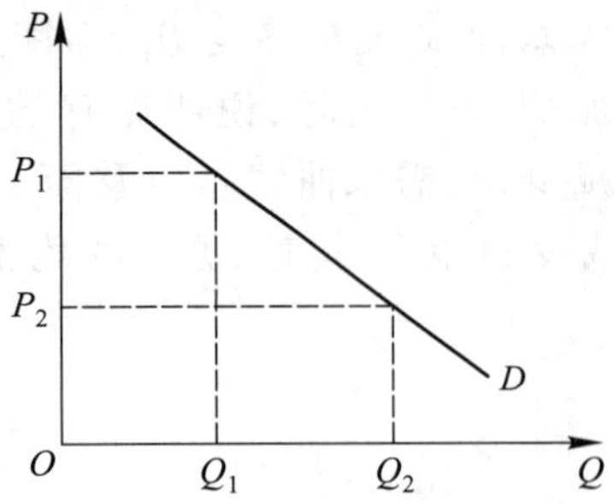

图 11-11 需求富有弹性与总收益

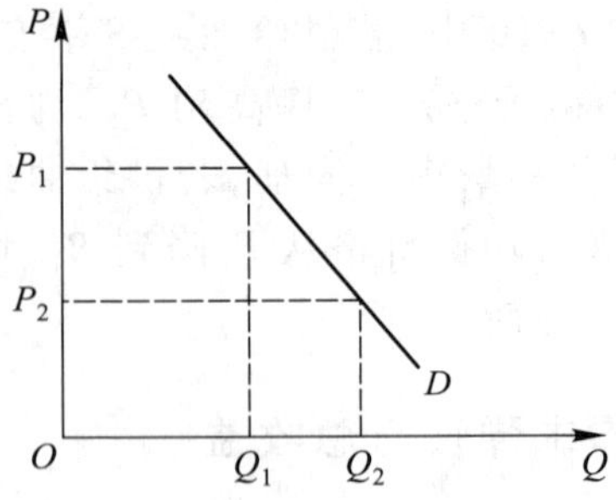

图 11-12 需求缺乏弹性与总收益

三、农产品供求均衡的蛛网理论

蛛网理论,是指随着市场价格的变动,农产品的供给量和需求量围绕均衡点呈蛛网状波动的规律。这一理论是 1934 年由英国经济学家 N.卡尔多命名的。

蛛网理论旨在说明在市场机制的自发调节下,农产品市场经常发生蛛网状波动,从而影响农业生产的稳定性。由于农产品的生产周期普遍较长,且生产规模一旦确定,在生产过程未完成前,不能中途改变。若农产品的市场价格出现变动,需求会立即做出反应,但供给却未能立刻随之调整,只能影响下一周期的产量。因此,需要引入时间变化的因素,对农产品进行动态均衡分析。

由于农产品的需求和供给弹性不同,随着市场价格的变动,需求和供给必将发生波动,因而形成各有特点的蛛网类型。

(一) 收敛型蛛网

当某种农产品的供给弹性小于需求弹性时,生产者对市场中的变化做出反应,如对其生产进行调整,调整生产的路线呈收敛状的蛛网,又称为收敛变动。收敛型蛛网的价格变动对供给的影响程度小于对需求的影响程度。假定某种农产品第一生产周期的产量为 Q_1,此时,农产品供给量大于需求量,出现供过于求,则消费者只愿意以较低的价格 P_1购买,导致价格 P_1远低于均衡价格 P_0,于是生产者决定在下一个生产周期将产量减至 Q_2。此时,因产量降低,市场出现供不应求,消费者以高于均衡价格的价格 P_2购买。这样,价格提高至 P_2。由于价格再次提高,生产者又决定在第三个生产周期将产量增加至 Q_3。如此反复,价格最终收敛于均衡点 E,如图 11-13 所示。

(二) 发散型蛛网

当某种农产品在生产中的供给弹性大于需求弹性时,生产者对市场中的变动做出反应,对其生产进行调整,调整生产的路线呈发散状的蛛网。发散型蛛网的价格变动对供给的影响程度大于对需求的影响程度。其波动的过程与前一种情况大致相同,只是在连续时期内价格和产量的变动愈发增多,距离均衡点越来越远,即震荡呈发散趋势,不再回归均衡,无法恢复至均衡点。这表明,均衡是不稳定或不存在的,如图 11-14 所示。

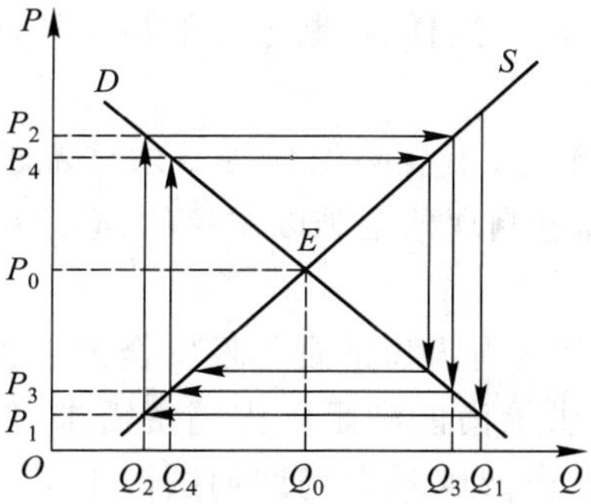

图 11-13　农产品收敛型蛛网模型

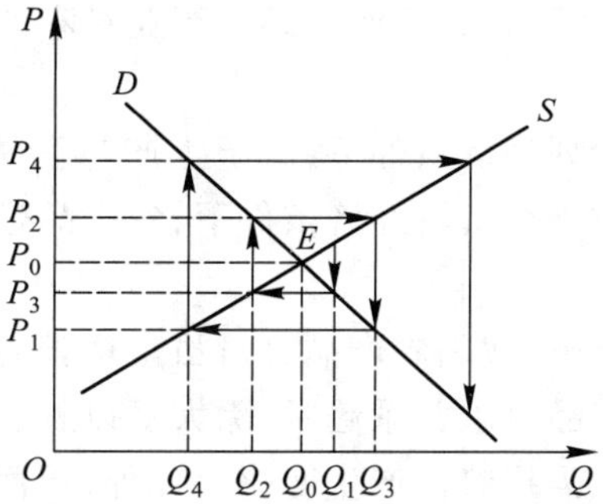

图 11-14　农产品发散型蛛网模型

（三）封闭型蛛网

当某一特定农产品的供给弹性等于需求弹性时，其价格变动对供给和需求的影响相等。也就是说，价格变动对供给和需求的影响相同时，价格与产量的波动始终保持相同的程度，既不远离均衡点，也不趋向均衡点。当价格下降时，需求增加的幅度与供给减少的幅度相等；当价格上升时，需求下降的幅度与供给增加的幅度也相等。这样，产量与价格呈现出对等的变动，即形成了循环的封闭型蛛网，如图 11-15 所示。

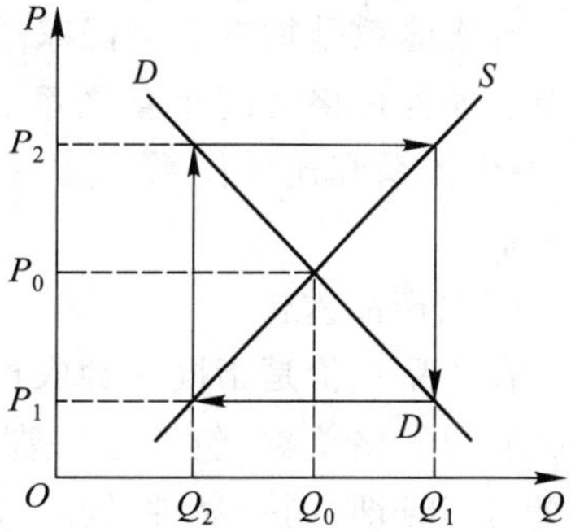

图 11-15　农产品封闭型蛛网模型

当前，我国的农产品市场已形成了买方市场，了解和掌握农产品蛛网理论，有利于优化农产品供给，以需求指导生产，加快农产品的流通和调节。消除或减轻农产品在市场上经常出现的这种蛛网状波动的现象，一般有两种方法：第一，由政府运用支持价格或限制价格之类经济政策对市场进行干预；第二，利用市场本身的调节作用机制进行调整。

四、农产品供求与价格政策

（一）我国农产品供求的历程和现状

在改革开放以前，我国的农产品长期处于供不应求的局面。由于当时人口增长较快，城乡居民的购买力提高等原因，对农产品的需求与日俱增。但在供给方面，由于当时农业技术水平低下，以及当时农业严重落后于工业，农产品供应的增长落后于需求的增长。为了解决农产品供不应求的局面，一方面采取了以农为基础，着力发展农业生产，以求增加供给；另一方面，对重要农产品实行统购统销等手段以控制产品货源和保障供应。通过上述措施，虽然对保障供给起了一定的作用，但也产生了明显的消极作用。

通过改革开放，我国农产品的供求状况在 90 年代末发生了根本性变化。农产品已由长期短缺变为总量基本平衡，市场供应充分，价格稳定。出现这种变化的主要原因是解放了生产力，农业综合产能提升，农、林、牧、渔业全面发展，农产品供给呈现大幅度增长。需求方面的变化表现为人口持续增长,工业与其他产业对农产品需求大幅度提高。这样,不断上涨的需求拉动了农业的增长。

在计划经济条件下,由于生产与消费不存在对抗性矛盾,不会必然地导致农产品的过剩危机。但在当今市场经济条件下,农产品过剩的现象或局部过剩现象是难以避免的,必须引起高度重视。

近年来,我国农产品总量虽呈增长趋势,但总供给保障所有人口的食物及安全的能力并不宽裕。农产品供求关系趋紧,除大豆以外,谷物类粮食作物供给尚能满足国内消费需求,但小麦和玉米的供需形势已产生变化。此外,更面临着区域性不平衡及国际市场调剂国内市场难度增大等严峻形势。未来我国农产品生产能力仍需进一步提高。随着经济的快速发展和城市化进程的推进,土地资源紧缺、种植收益偏低、市场主体发育不平衡、市场调控措施不完善等问题突出,农产品价格呈现短期内频繁波动但总体呈上升趋势。在上述约束条件下,未来我国农产品供求达到市场供求均衡的目标,还需做出长期而持续的努力。

(二)农产品价格体系

价格体系是指在一个国家或地区内各种商品、服务和生产要素的价格相互关联的有机整体,体现了各种价格之间相互联系、相互制约的内在关系。它由三部分构成:各种商品和服务的价格、差价体系和比价体系。其中差价体系反映价格体系的纵向关系;比价体系反映价格体系的横向关系。

1. 农产品差价

农产品差价是指同一种农产品在流通过程中,由于地区、季节、质量和流通环节等条件不同而形成的价格差额,包括地区差价、购销差价、批零差价、质量差价、季节差价。农产品地区差价是指同一时期、同一品种、同一流通环节上的农产品在不同地区之间的价格差额。农产品购销差价是指同一时期、同一地区、同一质量的农产品购买价格与销售价格之间的差额。农产品批零差价是指同一市场、同一时间、同一品种、同一质量的农产品,批发价格与零售价格之间的差额。农产品质量差价是指同一地区、同一时间、不同质量的同一品种或同类农产品价格之间的差额。农产品季节差价是指同一种农产品在同一地区不同季节之间的价格差额。

2. 农产品比价

农产品比价是指同一市场、同一时间不同农产品价格(主要指收购价格)之间的比例关系,主要包括粮食作物与经济作物产品之间、粮食产品与畜产品之间、粮食产品与土特产品之间、各种不同粮食产品之间收购价格的比例关系。农产品之间的比价关系合理与否,关系到农业生产中各产品互相争地、争劳力、争肥料等问题的正确处理,也关系到农业生产乃至整个国民经济的协调发展。

3. 工农产品交换的剪刀差

剪刀差是指在工农产品的交换中,工业品的价格高于其价值,农产品价格低于其价值,二者的差额呈剪刀状的变化趋势。在我国,这种差额是由于工农业劳动生产率的增长快慢程度不同形成的,它不同于过去的剪刀差,所以,应称为工农业产品交换差价。剪刀差是农业部门为工业部门提供积累的主要形式。剪刀差在我国新中国成立前就已经存在，新中国成立后一个时期不仅没有缩小反而日益扩大，发展成为我国工农业之间、城乡之间以及工人和农民之间的一个重大政治经济问题。剪刀差过大，会削弱农业扩大再生产的能力，不利于城乡差距的缩小，是造成城乡之间二元经济结构的原因之一。由于剪刀差的存在，农产品商品化、社会化的进程缓慢，阻滞市场经济的发育。

（三）价格政策

在一般情况下，市场机制侧重于通过价格的调节作用实现供给与需求的平衡。但也存在例外，即基于某些特定目的，政府会制定并执行有管制的农产品价格，即最高限价和最低限价。该价格既可能高于也可能低于没有干预情况下的市场均衡价格。

若农产品市场均衡数量为 Q_0，均衡价格为 P_0。在特定情况下，例如为了抑制通货膨胀或农产品的价格上涨，政府可能采取最高限价政策。政府通常对某种产品规定一个低于市场均衡价格 P_0的最高价格 P_H。结果表明，当价格为 P_1时，需求量 Q_{d1}大于供给量 Q_{s1}，意味着农产品会出现供不应求的局面。可见，最高限价政策会导致农产品短缺，出现消费者抢购、排队，黑市等现象，如图 11-16 所示。

在实际经济环境中，政府为了保护某些行业的利益，也可能对相应的产品规定最低限价，如巴西政府对黑豆、玉米、木薯、牛奶等农产品所实行的保护价。政府通常对某种特定农产品规定一个高于市场均衡价格 P_0的最低价格 P_L。结果表明，当价格为 P_2时，农产品的供给量 Q_{s2}大于需求量 Q_{d2}，意味着农产品会出现供过于求的局面。可见，最低限制价格会导致农产品过剩。这种情况可通过政府收购市场过剩农产品来缓解，如图 11-17 所示。

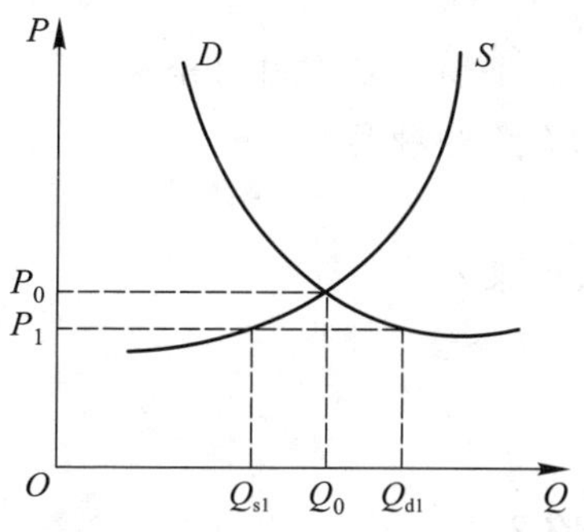

图 11-16　最高价格限制政策

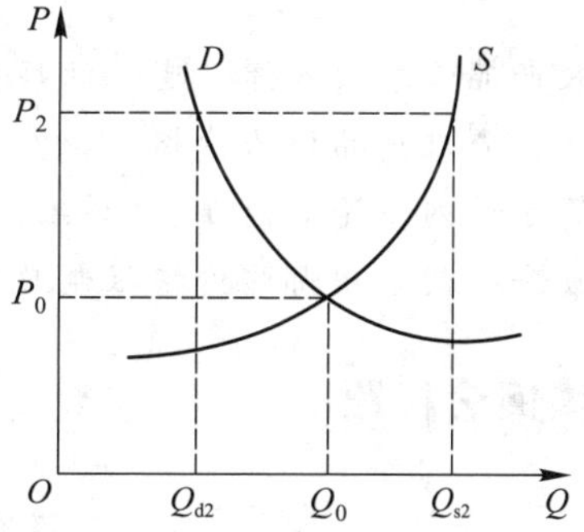

图 11-17　最低限制价格政策

本章小结

农产品需求指在某一特定时期内，在一定的价格水平上消费者愿意并且能够购买的某种农产品的数量。它可用需求曲线表示，需求曲线一般向右下方倾斜，表示农产品的需求量与价格呈反方向变化。

农产品供给指在某一特定时期内，在一定的价格水平上生产者愿意并且能够提供的某种农产品的数量。它可用供给曲线表示，供给曲线一般向右上方倾斜，表示农产品的供给与价格呈同方向变化。

农产品需求弹性、供给弹性分别描述农产品的需求量和供给量对其价格变动反应的灵敏度，进一步讲述了需求弹性和供给弹性的类型及其影响因素。

农产品供求在相互作用下达到均衡，其收益受到需求弹性的影响。由于农产品的特点，其供求均衡符合典型的蛛网理论。最后，回顾了我国农产品供给和需求的发展历程，并指出了当今的发展现状与今后面临的问题，介绍了在现实当中政府价格政策的运用。

即测即评

扫描二维码，做单项选择题，检验对本章内容的掌握程度。

复习思考题

1. 什么是农产品需求？实现农产品需求要满足什么条件？简要谈谈影响农产品需求的因素。
2. 农产品需求收入弹性变化的规律是什么？它对农产品市场开发有何启示？
3. 什么是农产品供给价格弹性？农产品供给价格弹性有哪些种类？
4. 简述蛛网理论的内涵，并详细阐述其形成机制。
5. 政府一般采用哪些价格限制政策？它们导致了什么结果？

案例分析题

猪肉价格还会“任性”多久？

“瘦肉 21.98 元/斤[1]，五花肉 16.98 元/斤……”武汉光谷天地沃尔玛超市肉类专柜里，各种标价最近不断变换。管理员介绍，现在的猪肉价格比 3 月份涨了 35%，“猪肉价像武汉气温一样，一个劲儿往上蹿”。

做了 16 年猪肉生意的许姓摊主说：“从 4 月份开始，猪肉的价格每天都在上涨，一天涨几角，有时候涨一元多，现在被挑选完剩下的肉也能卖到每斤 10 元。8 月份的猪肉价格涨幅跟 2011 年

① 1 斤 = 500 克。

涨幅差不多，其中排骨涨得最厉害，从16元一斤涨到了26元一斤。”虽然猪肉价格出现了上涨，但是猪肉的销售量却一直很少，市场里一天能卖10头猪就已经很好了。“之前卖一头猪的话，除摊位费、水电费等经营成本外，差不多能赚一两百元钱，而现在收入反而减少了。”

养猪大户徐芳养了5 000多头猪，她告诉记者，前几年行情不好，亏了200多万元，今年猪价上涨，让快撑不下去的她终于松了一口气。“涨得太快了，已经突破9元/斤，一头猪赚近700元，生猪的合理价格应该在8元/斤。”徐芳说，自2012年上半年肉价开始下跌，此后生猪价格持续低迷，养猪户每头猪亏损两三百元，导致好多养殖户倒闭，有的养殖场养三年猪亏损上百万元，有的亏损高达上千万元。如今，受高额利润驱使，很多养殖户蠢蠢欲动补栏，明年猪价可能又会下跌。

“根据以往经验，春节前生猪应该卖个好价钱，没想到今年春节生猪价格不升反降，只有5.7元/斤，我们养殖户可赔惨了。到了夏季，生猪价格却不降反升，真是一头雾水，琢磨不透。”养殖大户韩洋说，以当前1.15元/斤的玉米价格、以5.5∶1的猪粮比保本价格计算，生猪价格超过7元/斤，养猪就可以盈利。而现在的生猪价格已上涨至9元/斤，抛开其他因素，生猪养殖的利润可以说是较为可观。

资料来源：猪肉价格还会“任性”多久?.今日湖北网，2015-09-30.

讨论：

1. 收集近10年全国猪肉价格，绘制价格趋势图，并运用蛛网模型来解释猪肉价格的变动原理。

2. 有哪些因素导致武汉市猪肉价格上涨?

世界著名农业经济学家简介

乔瓦尼·费德里科(1954—　)，意大利经济史学家，2002—2010年任比萨大学历史系经济史教授，同时在欧洲大学研究所(EUI)历史与文化系任经济史教授；2010年至今改任欧洲大学研究所历史与文化系高级研究员，担任欧洲研究委员会(ERC)项目“市场一体化和欧洲福利”的项目主任。

主要著述有《丝绸产业经济史》(1830—1930)、《意大利经济增长》(1830—1960)、《养活世界：农业经济史》(1800—2000)等。

主要贡献是完成了著述《养活世界：农业经济史(1800—2000)》。该书主要描述了最近200年世界农业发展取得的成就，并分析了影响农业绩效的所有因素：环境、技术进步、体制变化、商业化等。在选参考文献时，作者偏向于把观点构筑进经济理论并且有数据支撑的文献，提出了一些与众不同的新观点。例如，最近50年中，农业部门全要素生产率的增长要快于其他经济部门；包括资源配置在内的技术进步是农业增长的主要源泉，19世纪的技术进步局限于工具改良、植物品种和作业方式的优化，20世纪前半叶的农业增长主要靠机械、化肥和高产品种的投入，而现代技术进步(从创新到采用)更多的是依靠有组织、有目标的技术研发和推广。

第十二章　农产品市场与流通

本章学习目标

1. 掌握农产品市场的含义、要素和特点，各种市场形式的特点、功能和分类；
2. 了解农产品市场类型；
3. 掌握对农产品批发市场、零售市场、电子商务、期货等市场形式进行分析的方法；
4. 掌握农产品流通的含义、功能、特点和模式。

2010年我国农产品价格大幅度上涨，引起社会普遍关注。“豆你玩”、“蒜你狠”、“姜你军”、“糖高宗”等词语的盛行，形象地反映了农产品价格疯涨的现象。时隔不久，这些农产品价格又大幅度跳水。菜贵伤民、菜贱伤农，农产品市场与人民生活息息相关，需要把握其运行规律。

第一节 农产品市场概述

一、市场的含义

(一) 市场定义

市场有狭义和广义之分。狭义的市场是指在一定时间商品交换的场所;广义的市场是指商品交换过程中反映出来的各种交换关系的总和。市场是人类商品交换活动的产物。

在现代社会中,随着电子商务的发展,市场已经超出了时间和空间限制,其空间概念已经很模糊。越来越多的产品交易活动在生产过程中就已经开始,交易场所仅成为市场的一个环节。因此,在现代经济社会中,市场已经演化为以货币和价格为媒介联系在一起的商品供求关系,是一个整体市场的概念。

(二) 农产品及农产品市场定义

农产品的概念有很多不同的解释。《现代汉语词典》将"农产品"解释为:农业中生产的物品,如稻子、小麦、高粱、棉花、烟叶、甘蔗等。我国2006年正式实施的《中华人民共和国农产品质量安全法》规定,农产品是指"来源于农业的初级产品,即在农业活动中获得的植物、动物、微生物及其产品"。它包括食用和非食用两个方面。① 农产品与工业产品相比具有其内在的特点,即消费时限性、难标准化、质量隐匿性、效用滞后性、价格有限性和测定毁灭性等。②

农产品市场也有狭义和广义之分。从狭义上讲,农产品市场是指进行农产品买卖的场所;从广义上讲,农产品市场是指一系列相关农产品交换关系的总和,包括生产、运输、交易、售后服务等综合因素。

随着我国农村经济体制改革的深化,逐步取消了粮、油、棉等的统派统购制度,农产品市场有了较快发展,各种农产品的零售、批发、专业市场遍布全国大小城镇。值得注意的是,近年来随着电子商务在农产品市场领域的逐步应用,网上交易、供求信息匹配成为农产品交易的重要形式。以无时空约束的网络为依托的农产品网络营销,突破了传统交易的空间、时间、地域甚至是国籍限制。因此,现代农产品市场的内涵不仅包括传统的农产品市场,还应包括基于农村电子商务平台形成的新型的农产品市场,如网上农贸市场、数字农家乐等。③④

二、农产品市场及其要素

农产品市场体系是指由市场主体、市场客体、市场机制、市场组织和市场类型等构成的综合

---

① 马晓丽.我国农产品市场信息不对称问题研究.泰安:山东农业大学,2010.

② 冯忠泽,李庆江,任爱胜.中国农产品及农产品市场特点分析.中国农学通报,2008(9).

③ 数字农家乐是在传统农家乐的基础上,将其成功地集成到新农村电子商务平台中,农村可以通过网络信息平台直接对旅游产品进行宣传和销售,通过套餐的形式给消费者带来一条龙的旅游体验服务。

④ 骆巧巧.新农村背景下的农村电子商务平台建设研究.南昌:江西财经大学,2013.

体,是流通领域内农产品经营、交易、管理、服务等组织系统与结构形式的总和,是沟通农产品生产和消费的桥梁和纽带,是现代农业发展的重要支撑体系。[①] 简而言之,农产品市场体系主要包括主体要素、客体要素以及辅助要素。

(一) 主体要素

市场主体是指交换客体进入市场并使之发生市场关系的当事人,包括买方、卖方以及中间商,他们构成了市场运行的基础。其中,卖方即生产者和经营者,他们是主要从事商品生产和交换活动的企业或个人(农户),决定着商品生产、交换的规模和方向;买方是消费者和使用者,购买农产品用于满足自身需求或用于满足进一步加工生产的需要;中间商或中间人不是直接的买卖方,而是在买卖农产品的过程中赚取差价以补偿买卖活动中的费用并实现利润的企业或个人。

(二) 客体要素

农产品市场客体指当事人之间发生交换关系的媒介物。包括实物形态的商品、知识形态的商品、以等价物形态出现的资金商品,以及以活劳动形态出现的劳动力商品,具有有用性、有限性、相关性和伸缩性的特点。

(三) 辅助要素

辅助要素包括政府的调控管理以及必要的交易设施等。市场的有序运行固然应遵循其内在机制的作用,但市场机制调节作用不是万能的,因为市场机制最佳功能发挥所依赖的市场条件在现实经济生活中无法实现。因此仅仅依靠“看不见的手”来调节市场,必然导致市场失灵。为弥补市场失灵,政府必须参与经济调节,政府的调控管理如政策法规的制定实施,有助于实现有效的市场配置,促进农产品市场的有序、平稳运行。

三、农产品市场的特点

农产品市场的特点是由农产品生产的特性所决定的。与工业品市场相比,农产品市场的特点如下:

(一) 具有明显的季节性和周期性

农业生产的季节性决定了农产品收获上市的季节性。农业生产的周期性特点使农产品产出在一年或几年之内呈现出规律性的淡季、旺季和大年、小年,农产品市场也随之表现出周期性。但农产品消费是常年的、普遍的,解决农产品生产的季节性和消费的全年性之间的矛盾,要求农产品市场必须具备满足农产品贮藏、销售要求的基础设施和技术条件。[②]

(二) 市场经营具有显著的地域性

我国幅员辽阔,自然条件各异,决定了各地的农业生产具有很大的差异性,形成了各具特色的农业区域,从而使农产品市场经营具有明显的地域性。为此,应注意解决生产的局部性与消费

---

① 方天堃.农业经济管理.北京:中国农业大学出版社,2013.

② 冯忠泽,李庆江,任爱胜.中国农产品及农产品市场特点分析.中国农学通报,2008(9).

全局性的矛盾，因地制宜做好不同农产品市场的经营，兼顾产区和销区、生产者和消费者的利益。

（三）市场风险较大

由于农产品是具有生命的生物体，在运输、储存、销售中容易发生糜烂、霉变和病虫害，因而在销售过程中面临很大的市场风险。除储运过程中的损耗风险外，市场风险还包括农产品价格风险、农产品滞销风险、农户收益风险、农业资源配置风险等。①

（四）不同层次的农产品市场并存

由于各地的经济发展水平不同，形成了初级市场（“马路市场”、“扁担市场”、农村集市）、中级市场（农产品批发市场）以及高级市场（农产品交易所、期货市场、电子交易市场）呈网络式并存的局面。值得注意的是，农村电子商务的兴起，使农产品市场越来越突破了交易时空的限制。可以预计，未来以电子商务方式交易的农产品市场将占据越来越重要的地位。

四、农产品市场的类型

按照不同的分类标准，农产品市场有不同的分类方法。

（一）按照农产品类别分类

按照市场交易的农产品类别划分为粮食市场、棉花市场、油料市场、蔬菜市场、水果市场、肉类市场、禽蛋类市场、水产品市场、奶类市场、茶叶市场、糖料市场、林产品市场、园林花卉市场等。

（二）按照交易场所性质分类

按照交易场所的性质不同可分为：产地市场、集散与中转地市场和销地市场。产地市场是指农产品集中生产地形成的，汇集农产品的定期或不定期的农产品市场，如山东寿光蔬菜批发市场就是典型的产地市场。集散与中转地市场指的是将分散生产的农产品集中起来，经过加工、储藏与包装，再通过批发市场分销到全国各地而形成的市场。该类市场多设在交通便利、大城市和小城镇人口比较密集的地方。销地市场指直接向广大农产品消费者销售农产品的市场。

（三）按照农产品交易形式分类

农产品交易形式有现货交易和期货交易之分，因此农产品市场可以分为现货市场和期货市场。

（四）按照农产品交易方式分类

根据我国农产品交易方式可将农产品市场分为：组织化实体市场、非组织化实体市场、契约化非实体市场和非契约化非实体市场四种类型。② 组织化实体市场是指有固定销售场所并且有经营管理主体，经过工商注册的法人实体。其主要特点是具有明确的经营主体，能够承担一定的法律责任，便于责任的直接追溯，主要包括农产品批发市场、超市、农副产品商店、连锁店等。非组织化实体市场是指有固定的交易场所，但没有经营管理主体的市场。契约化非

---

① 杨军.试论农产品市场风险及对策.计划与市场探索，1995(2).

② 冯忠泽，李庆江，任爱胜.中国农产品及农产品市场特点分析.中国农学通报，2008(9).

实体市场是指没有固定实体交易场所，以合同、信用等契约形式为基础建立的交易方式。这类交易主要包括企业与农户订单交易、连锁配送、直销、信用承诺等方式。非契约化非实体市场是指既没有契约，也没有固定场所的销售交易行为。这类交易主要包括走街串巷、沿街叫卖、街头临时摊点。

第二节　农产品现货市场

一、流通与农产品流通

（一）流通的含义

流通是指商品从生产领域向消费领域转移的过程。流通是联结生产和消费的纽带。为了消除生产与消费的分离状态，需要生产部门和流通部门之间的流通流，它由商品商流、物流、信息流、资金流构成。这些流通流的连通实现了商品从生产到消费的转移。

农产品流通笼统地说是除了农产品生产和消费之外的与农产品有关的市场活动，是农产品从生产领域向消费领域的转移。在这一转移过程中，伴随着农产品的商流、物流、信息流和资金流的运动过程。

（二）流通的产出与流通机构

前面提到的各种流通流的构成形态只有得到流通机构的认同才会持续产生。这就需要关注流通部门与消费部门的连接点，只有当消费者认同流通机构提供的服务的价值时，流通流才能到达终点。所以，要以消费者眼中的流通产出来衡量流通机构提供的服务的价值。我们把流通体系所创造的价值叫做流通产出。日本流通学者田村正纪提出了流通产出的具体内容，如表 12-1 所示。

表 12-1　流通产出的内容

流通产出的水平	定义	与产出的关系
选址分散化	特定区域内交易点的数量和分散程度，此区域由相互竞争的生产商供给商品	+
配送时间	消费者对某商品发出订单至收到商品的等待时间	-
备货的宽度	在地理位置独立的流通机构内，能够见到的不同种类商品的数量	+
最小批量	特定商品在零售店的最小销售单位	-
购物舒适度	购物场所为消费者带来的舒适度	+

注："+"表示正相关；"-"表示负相关。

流通产出不是凭空产生的，只有承担流通活动的流通机构存在，流通产出才可能产生。流通机构不仅包括生产者、流通者，还包括消费者。比如消费者自己驾车到超市买菜，消费者承担了一部分流通活动，即从超市到消费者家里的商品运输活动。

（三）农产品流通的特点

1. 农产品在流通领域停留的时间较长

农产品生产周期长、季节性强，而人们对农产品的需求是刚性的。不管是人们的日常消费，还是工业生产消费，都不可能因为农产品生产和供应的季节性而只在农产品成熟时消费，这就导致了农产品的生产与消费在时间上的矛盾。这种矛盾客观上要求建立必要的农产品储备，以平衡和满足农产品的常年消费。

2. 农产品流通具有广域性

农业生产不仅受农时季节的制约，而且受地理环境条件的影响。不同地区的地理环境特点，形成了不同的农业生产区域优势，使农产品的生产呈现出明显的地域特性，而人们对农产品的需求是普遍的。某一地区的人并不会因为本地不生产某种农产品而放弃对这种农产品的需求，有时甚至会对该种农产品产生更强烈的欲望。这就要求在产区与非产区之间合理地组织农产品的流向，以满足不同地区的消费需求。

3. 农产品流通具有较强的技术性

农产品易腐败，易损，不耐储藏，在收购、包装、贮藏、运输、销售等环节上具有一定的难度。农产品的这一特点，要求在农产品流通过程中采用一定的贮藏保质技术，并尽可能减少运输过程中的在途时间，以避免由此带来的运销风险。

4. 农产品流通渠道具有多样性

农产品往往是由分散的农户生产的，这种小规模的生产比较适合近距离的销售。但随着商品经济的发展，市场范围日益扩大，农产品需要远距离销售。这种小生产与大市场的矛盾需要通过适当的流通渠道加以解决，因此，农产品流通的渠道往往是多样的。

二、农产品批发市场

（一）农产品批发市场概述

1. 农产品批发市场的含义

农产品批发市场是指为买卖双方提供经常性的、公开的、规范的农产品批发交易，并且有信息、结算、运输等配套服务功能的场所。

2. 农产品批发市场的特点及分类

（1）农产品批发市场的特点。农产品批发市场以现货、现金交易为主，批零兼营相对普遍。现有的批发市场大多是实物交易，产品堆放在市场，买主在验货基础上讨价还价，现金收付完成结算。

我国农产品批发市场总量保持稳定，市场规模不断扩大。改革开放以来，我国农产品批发市场的数量曾经历过高速增长期。但是进入 21 世纪以来，情况开始发生变化。据国家工商行政管理总局的统计数据，2001 年农产品批发市场在数量上首次出现负增长，2000 年为 4 532 个，2001 年减少到 4 351 个，减少了 181 个。2000 年以来，全国农产品批发市场数量稳定在 4 100~4 500 个，亿元以上的批发市场数量稳定在 1 142~1 708 个，总量已基本保持不变。从市场规模看，亿元以上的农产品批发市场的总成交额 2000 年仅为 3 665 亿元，2013 年已经增长到 22 621 亿元，市场规模不断扩大（见图 12-1）。

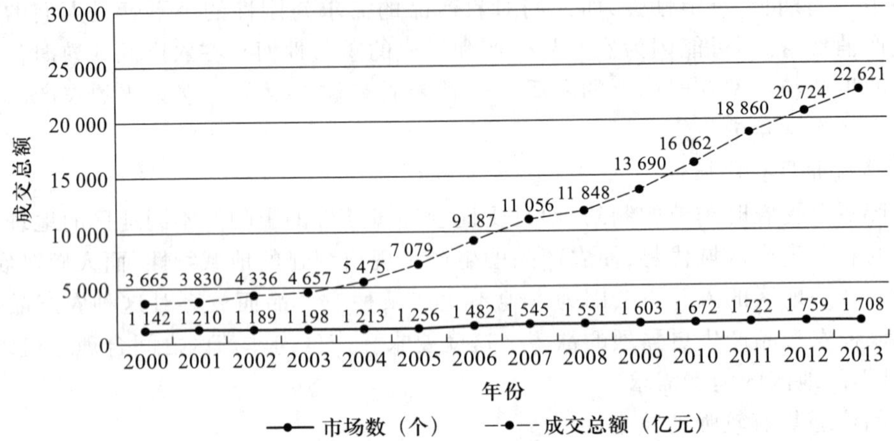

图 12-1 我国亿元以上批发市场的基本情况（2000—2013 年）

注：市场数为综合批发市场与专业批发市场加总；为确保统计口径一致，包含部分零售市场。

资料来源：根据《中国商品交易市场年鉴》（2001—2014 年各卷）计算整理。

随着城市化推进和城市居民生活水平提高，批发市场功能进一步完善。从早期的提供产品集散场所扩展到实现农产品安全的高效检测，而部分批发市场由于汇集了全国各地的批发商，更是成为特定产品价格形成的重要场所，市场的批发价格成为指导各集贸市场零售价格、批发商采购价格甚至生产者决定来年生产计划的重要指标。

（2）农产品批发市场的分类。

① 按交易商品种类分类，可分为：综合性农产品批发市场和专业性农产品批发市场。综合性农产品批发市场是指经营多种类的农产品的批发市场，甚至有些批发市场也附带经营一些日用工业小商品等。专业性农产品批发市场是指主要经营一类或一种农产品的批发市场，如蔬菜批发市场、果品批发市场、水产品批发市场等。

② 按所处地理位置分类，可分为：产地批发市场、销地批发市场和中转地批发市场。产地批发市场是指位于农村地域的批发市场，在农产品集中生产地区，批发市场承担着将当地农产品向销地市场转运、辐射扩散的功能。销地批发市场是指位于城市地域的批发市场，是保证城市居民日常生活消费需求的菜篮子。中转地批发市场是指位于产销地之间，具有明显的集散双重功能的农产品批发市场。

③ 按市场营业时间分类，可分为：常年性批发市场、季节性批发市场和临时性批发市场。销地批发市场以及绝大多数中转地批发市场一年四季开业，属于常年性批发市场。而一些产地批

发市场受当地农产品收获季节的限制，只在上市季节形成集中交易，属于季节性批发市场。还有一些由于农产品上市季节较短，就在路边等空闲场所设立临时批发市场，以解决大量农产品上市时出现的销售难问题。

④ 按农产品批发市场的规范化程度分类，可分为：中央批发市场、地方批发市场和自由批发市场。中央批发市场，又称国家级批发市场，是规范化程度最高、交易规模最大的一种农产品批发市场组织形式，普遍采取会员制度，主要采取拍卖的市场公开竞价方式，有系统规范的管理条例。地方批发市场，又称区域性批发市场，是指中央批发市场以外能达到法定规模的批发市场，一般是指省级批发市场，交易规模和规范化程度能达到地方政府规定的标准。地方批发市场一般设在产地，有露天市场，也有的设在建筑物内，并配有一定量的仓储设备，其兴办者可以是当地政府，也可以是各种经济合作组织。自由批发市场是对除中央和地方批发市场以外的农产品批发市场的统称。其规范性较差，申办较简单，不需特别批准，只要登记注册领取执照便可开办；交易规模较小，甚至进行少量的零售交易。

⑤ 按市场治理模式分类，可分为：一是国有商业部门创办的农产品批发市场；二是国家工商行政管理部门创办的农产品批发市场；三是乡镇村集体创办的农产品批发市场；四是完全由私人投资创办的农产品批发市场。

3. 农产品批发市场的功能

（1）商品集散功能。农产品批发市场可以吸引和汇集各地的农产品，在较短的时间内完成交易过程，然后把农产品发散到各地。在实行家庭联产承包责任制后，一方面，一家一户从事农业生产的规模变小；另一方面，农产品消费主要是以一家一户为单位，规模小且分散。如果没有农产品批发市场这一中间环节，就会出现交易次数极多、批量极小、交易成本极高、效率极低的情况，从而使农产品的“卖难”和“买难”交替出现，造成严重的社会和经济问题。

（2）价格形成功能。大量的农产品和信息在批发市场汇集，使之具备了价格形成的功能。农产品批发市场建立之后，集散较大范围的农产品，来自全国各地的商品同台竞争，同一种农产品可以通过比较来按质论价，市场信息的传播时间短、范围广，市场内各类农产品的交易能够比较好地反映其供求状况，从而形成一种能真实反映农产品价值的市场均衡价格。

（3）供求调节功能。农产品批发市场具有调节市场供求的功能。农产品受自然条件的影响大，它的供给有很多不确定性，而农产品的消费却相对稳定。因此，保持农产品供求平衡是一件非常困难的事情。农产品批发市场正是一个可以调节市场供求的场所。批发市场大批量、大规模集散农产品，使得某特定区域由自然原因产生的供给问题可以在其他区域得到协调，所以它能很好地调节农产品的供求关系，同时可以通过市场均衡价格等信息来平衡生产与消费。

（4）信息中心功能。批发市场是农产品供给信息和需求信息的汇集中心。信息对于农产品生产者和经营者都极为重要。批发市场连接着产、需两头，信息来源比较多，加之批发市场拥有多样化的信息传递手段，因此是一个良好的收集、整理、发布信息的场所，批发市场的存在大大减少了供、需双方获取有效信息的成本，起到信息中心的作用。

（5）综合服务功能。综合服务功能是指批发市场通过自身的运营为交易者提供各种方便于交易过程的功能。批发市场的各项服务可以由批发市场本身提供，也可以吸纳一些企业单位进场提供。交易者进入批发市场后，批发市场能提供交易场地、通信、邮电、结算、信息、装卸搬运、包装、加工、分级、贮藏等各项服务。能否提供全面、周到的服务，是批发市场能否兴旺发达的关键因素。

（二）农产品批发市场的发展历程

1. 自发萌芽阶段(1978—1983 年)

1978 年 12 月，十一届三中全会召开，改革开放政策实施后，城乡集市贸易快速恢复和发展起来，一些传统集市向批发市场发展，从而在集市母体中孕育出了我国最初一批农产品批发市场。

2. 建设起步阶段(1984—1989 年)

农业生产的快速发展，使农产品产量大幅度增加，而城乡的集贸市场又无法满足农产品大规模生产、大区域流通的客观要求，农产品“买难、卖难”现象出现。《中共中央关于 1984 年农村工作的通知》规定：大中城市在继续办好农贸市场的同时，要有计划地建立农副产品批发市场，有条件的地方要建立沟通市场信息、组织期货交易的农副产品贸易中心。1984 年，我国第一家农产品批发市场——武汉皇经堂农产品批发市场成立。随后，中共中央和国务院有关部门继续出台、发布了一系列政策和文件，抓紧建设农产品批发市场，逐步加大培育农产品批发市场的力度，建立各种形式的蔬菜和副食品批发市场。

3. 农产品市场体系的建立与完善阶段(1990—1994 年)

随着农产品市场网络的建设，农村经济体制改革不断深入，农产品的生产与消费的快速发展更加强烈地要求在全国范围内形成农产品大市场、大流通格局。1991 年，国务院下发了《关于进一步搞活农产品流通的通知》，要求逐步完善以批发市场为中心的农产品市场体系。在一系列政策的作用下，中国农产品批发市场的数量和规模飞速发展，市场经营主体和市场投资建设主体的规模也发展和壮大起来，推动了农产品批发市场的发展。

4. 国家级农产品批发市场建立阶段(1995—1999 年)

在进一步加强以批发市场为中心的农产品市场体系建设的基础上，国家开始在重点产销区建立一批国家级农产品批发市场。1997 年，国务院下发《关于进一步加强“菜篮子”工作的通知》，要求在国家宏观指导下，各地政府对批发市场的建设因地制宜、统筹规划，在重点产销区建立一批国家级批发市场，逐步形成以国家级批发市场为主体，以区域性、地方性批发市场为基础的市场网络。在这一时期，各类批发市场和各类农产品流通的中介组织也发展起来。

5. 全国性的农产品统一市场建立阶段(2000—2008 年)

我国加入 WTO 后，新的经济形势要求农产品批发市场提高其国际竞争力。我国的经济发展客观上也要求农产品交易市场进一步实现规范化、制度化和法制化。2003 年，国家发展和改革委员会下发《关于 2003 年农村批发市场试点项目建设的实施意见》，提出通过试点批发市场的重点建设，逐步形成布局合理、功能完备、安全卫生、机制健全、信息灵敏、交易方式先进、运行规范、统一高效、竞争有序、现代化的农产品批发市场体系。2004 年，农业部又下发了《农村批发市场建设与管理指南》，以加强对农产品批发市场建设与管理工作的指导，推动农产品批发市场的规范化、现代化进程。

6. 集团化发展阶段(2009 年至今)

2009 年起,我国农产品批发市场从单体经营向集团化发展,即一些有实力的批发市场通过多种方式,在全国各地投资建设批发市场和物流园。2012 年 12 月,商务部出台《关于加快推进鲜活农产品流通创新指导意见》,其中提到"鼓励鲜活农产品流通企业跨地区兼并重组和投资合作,提高产业集中度",进一步推动了批发市场集团化发展的步伐。

(三)农产品批发市场存在的问题

随着近些年的发展,农产品批发市场的建设与功能日渐完善,基础设施得以完善,经营秩序得以规范。但批发市场发展中仍存在一些问题,主要表现在以下几个方面[①]:

1. 市场结构不平衡现象仍然存在

首先,销地批发市场与产地批发市场之间,大中城市的批发市场与县及县以下的批发市场之间,存在明显的不平衡;其次,农产品批发市场在地区之间发展不平衡,中西部地区市场发展普遍滞后。

2. 部分市场的基础设施仍然薄弱

经过多轮升级改造,我国农产品批发市场的基础设施总体上有了长足进步。但是,与城乡居民对农产品流通的需求以及现代农业的要求相比,基础设施有待进一步改善。农村市场与中西部地区的市场,普遍缺乏必要的冷藏保鲜设施、质量检测设施和信息收集发布设施,不少市场的交易场地都未硬化,缺乏遮阳挡雨设施,部分仍停留在马路市场和占道经营的层次。

3. 批发市场交易秩序仍缺规范

农产品批发市场的交易秩序存在的问题主要表现在:① 有些地方农产品批发市场建得过多,出现已建成但使用率极低,甚至从未投入使用的"空壳市场","有场无市"与"市场间恶性竞争"并存;② 极少数批发市场由于地理位置、交通条件等方面的原因,占据了极不相称的批发市场份额,形成事实上的垄断地位;③ 部分农产品批发市场仍然存在黑恶势力和欺行霸市等行为,影响批发市场正常交易秩序;④ 作为农产品质量安全的关键控制节点,批发市场质量安全监管仍待进一步加强。

4. 信息收集发布质量有待提高

在很多大型批发市场,动用大量国家财政资金建设的包括电子结算体系、市场信息收集发布系统等在内的信息化系统,利用率低,甚至废弃不用。虽然有关网站和电视台等媒体几乎每天都发布各种鲜活农产品市场信息,但发布的信息质量偏低。

5. 农产品冷链设施应用不足

尽管国家对冷链设施投入很多,但"断链"问题依旧严重,不少在生产、屠宰、储藏环节采用低温处理的产品,在运输销售阶段出现"断链"。现有冷冻冷藏设施普遍陈旧老化,且区域分布不平衡,大型农产品批发市场、区域性农产品配送中心等关键物流节点缺少冷冻冷藏设施。全国

① 中国农产品批发市场发展研究报告——2014 年。

果蔬、肉类、水产品冷链流通率仅达到5%、15%、23%。[①]

（四）农产品批发市场的国际模式比较

1. 以日本为代表的政府主导型批发市场模式

日本大多数农产品批发市场都采取了拍卖制度。各批发市场都设有计算机和特定的通信路线联网，交易者可以看到全国各拍卖市场的行情，并可以购买其他市场上的产品，形成了全国统一的大市场，进一步节约了交易时间和交易费用。

日本批发市场都是销地批发市场，通过中央批发市场流通的蔬菜数量占整个日本蔬菜供给量的80%左右。其建设主体和经营主体一般是分离的，批发市场的开设一般是政府主导、筹集资金、划拨土地建设的，但是政府只派出机构（中央批发市场事务所）负责监督和管理，其经营主体是由进场的批发公司或中间批发公司组成，政府一般不干涉经营。

2. 以美国、加拿大为代表的市场主导型批发市场模式

美国农产品批发市场建立之初多位于自然地理位置优越且水路、铁路运输发达的大城市。随着经济发展，位于大城市终端的批发市场的中心作用越来越小，经由批发市场流通销售的果蔬类农产品仅占20%左右。[②] 但是美国和加拿大实行批发市场自由、适度竞争的方针，为农产品批发市场运行提供了良好的内在动力和外部环境。其农产品批发市场运行模式的特点是：① 农产品批发市场多由企业或私人投资兴建。② 市场内的批发商数量并不多，但每个批发商的经营规模都很大。

3. 以荷兰、比利时为代表的联合型批发市场模式

（1）进行全国性的联合拍卖。荷兰、比利时农产品批发市场的最突出特点是进行全国性的联合拍卖。各大批发市场通过计算机和待定的通信路线进行全国统一联网，极大地节约了交易费用与交易时间。全国统一拍卖的运行基础是对进入批发市场的农产品实行全国统一的质量和规格标准，不允许出现不同批发市场采用不同标准的做法。

（2）由农民或种植公司联合开办市场。主要采用生产者入股的方式，大部分的种植业生产者本身就是农产品批发市场的股东，拍卖市场真正变成了生产者共同拥有的公共交易平台，而市场管理委员会则由股东们选举产生的董事会任命。

三、农产品零售市场

（一）农产品零售市场的含义

农产品零售市场位于流通的最终环节，是通过零售方式直接为消费者提供农产品服务的最终交易场所，反映着农产品的生产者、加工者、经营者和消费者的多方面经济关系。农村的集市、城市的农贸市场和超级市场等都是农产品零售市场。

---

① 张琳，庞燕.农产品冷链物流模式比较研究.物流工程与管理，2010（10）.

② 资料来源：小林康平，甲斐谕，福井清一，等.体制转换中的农产品流通体制.北京：中国农业出版社，1995.

（二）农产品零售市场的特点

零售市场直接面对消费者，市场上的零售商是卖者，消费者是买者，商品到达消费者手中即为流通的终点。农产品作为人们每天都要消费的生活必需品，其零售市场有如下特点：

1. 分布特点

农产品零售市场数量多、分布广，但辐射范围较小，主要服务周边的居民消费并与中心集散市场接近。

2. 消费特点

零售市场上农产品种类丰富，购买者也多，交易频率高，以现货交易为主，但每一位顾客购买的数量都较少。因此成本也随之增加，这也就是农产品零售市场的运销费用比农产品批发市场高的主要原因。

3. 经营特点

农产品零售市场的商品周转率较低，商品的损耗大，经营的费用多，承担的风险也高。

（三）农产品零售市场的业态

1. 农产品集贸市场

农产品集贸市场又称农贸市场，是指在城乡设立的可以进行自由买卖农副产品的市场。如今的农贸市场是中国20世纪80年代改革开放的产物，主要销售蔬菜、瓜果、水产品、禽蛋、肉类及其制品、粮油及其制品、豆制品、熟食、调味品、土特产等各类农产品和食品，是我国最古老、最原始、最基础的交易场所和市场形态。

农贸市场数量曾经一度连年增长，如图12-2所示。随着消费习惯和生活方式的转变，在经济发达的地区或城市，传统农贸市场将逐步退出市场舞台。在今后一段时间，农贸市场在城市里仍将发挥其独特的作用，而在城镇、市郊等区域发挥主导作用。

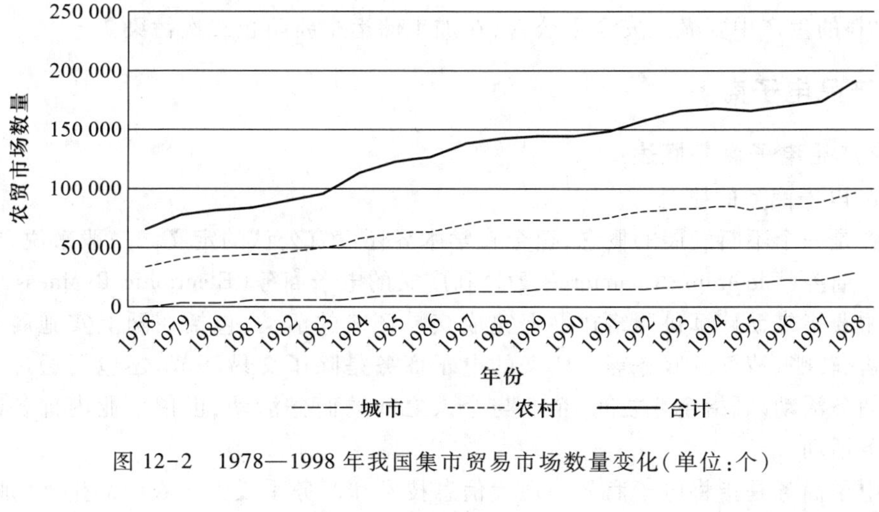

图12-2　1978—1998年我国集市贸易市场数量变化（单位：个）

2. 超级市场

（1）超级市场的定义。超级市场简称超市，是指以消费者自选方式经营食品、家庭日用品为主的大型综合性零售商场。

（2）农产品超市的发展。第一阶段，超市出租柜台经营生鲜农产品，以扣点方式收取租金；第二阶段，超市从批发市场采购生鲜农产品自营；第三阶段，超市与销地农产品批发商建立固定的合作关系；第四阶段，超市直接从产地的农产品供应商采购农产品；第五阶段，即 2005 年以后，一些超市开始建立自己的生产基地，对农产品的品质和安全性进行控制。

3. 农产品专业连锁经营

（1）连锁经营的定义。连锁经营是指经营同类商品或服务的若干个企业，以一定的形式组成一个联合体，在整体规划下进行专业化分工，并在分工基础上实施集中化管理，把独立的经营活动组合成整体的规模经营，从而实现规模效益的经营模式。

（2）农产品连锁经营的条件。

① 实行农业产业化经营。农业中普遍实行家庭经营，但分散的家庭经营难以与规模化的连锁经营相对接，因此，必须在农户和连锁经营之间构建中介组织。农业产业化经营是一种较理想的组织方式。农业产业化经营既可以调动农户的生产积极性，又可以发挥大公司的优势。通过龙头企业对农产品进行分类、加工、包装，就可以满足连锁销售的要求。

② 建立农产品配送中心。配送中心通过高度集中的采购与配送活动，使流通规模扩大，实现规模经营，降低流通费用，减少门店库存，加速鲜活农产品流转，从而增强农产品连锁经营的竞争优势。

③ 建立农产品品牌。有品牌的农产品相对于无品牌的农产品，在市场竞争中处于相对优势地位。农产品连锁经营的竞争优势不仅体现在价格上，更重要的是体现在质量和品牌上。

④ 建立健全农产品质量标准和安全体系。只有这样，不同等级的农产品才能实行不同的定价，同一等级的农产品在不同的连锁店中才能统一价格。农产品的质量安全必须从源头抓起，环环相扣，在原料的生产中要做到安全无公害，在加工储运中要防止二次污染。

四、农产品电子商务

（一）农产品电子商务概述

1. 农产品电子商务的概念

电子商务是一个不断发展的概念，至今在学术界还没有公认的定义。一般来说，电子商务分为狭义的电子商务（Electronic Commerce，EC）和广义的电子商务（Electronic Business，EB）。狭义的电子商务主要指借助计算机网络在网上完成交易环节的活动，包括在网上实施展示、查询、订货、促销、销售、转账、清算及服务等。广义的电子商务是除了交易环节，还包括通过互联网进行的其他各种商务活动，既指企业之间、企业与个人之间的商务活动，也指企业内部各部门之间发生的一切商务活动。

农产品电子商务是指将电子商务的现代信息技术和商务手段引入农产品生产、加工、流通和交易过程中，实现企业内外部业务流程的电子化的商务活动。内部流程主要指企业的农产品市场调研、农产品生产管理信息系统、客户关系管理、供应链管理等。通过农产品物流、电子商务系统的动态联合，提高农产品信息收集与处理的效率，建立适合网络经济的农产品高效营销体系。外部流程主要指农产品的网络营销、物流配送、电子支付等。

农产品电子商务利用先进、便捷的技术搭建农业信息应用平台，对各种资源进行整合，实现农产品在网络上的买卖，对改善我国农业生产经营状况有着极大的促进作用。发展农产品电子商务不仅能突破传统的产销模式，拓宽农产品销售渠道，还能培养农民的订单意识和品牌意识，促进农业的产业化、现代化发展。

2. 农产品电子商务的发展

电子商务这种新型商务模式的应用，给我国农产品流通注入了新的生机和活力。20 世纪 90 年代中期以来，农产品电子商务呈蓬勃发展之势。我国农产品电子商务的发展可概括为三个阶段[①]：

(1) 第一阶段　粮食网上交易探索阶段(1995—2005 年)。

1995 年 12 月，郑州商品交易所集成现货网成立，探索粮食网上交易，2000 年中华粮网成立，2005 年 10 月探索中央储备粮网上交易。1999 年全国棉花交易市场成立以来，通过竞卖交易方式采购和抛售国家政策性棉花和国家储备糖。

(2) 第二阶段　生鲜农产品电子商务产生阶段(2005—2012 年)。

2005—2008 年，出现了一些针对小众市场的生鲜电子商务企业，比如易果网、沱沱工社等。随着食品安全事件频发，2009—2012 年，涌现了一大批生鲜电子商务企业，但因对市场认识不足和缺乏创新，导致很多企业倒闭。

(3) 第三阶段　农产品电子商务进入成长期(2012 年至今)。

2012 年年底，生鲜电商企业“本来生活”凭借“褚橙进京”等事件引起社会对生鲜农产品电子商务的关注，各企业对生鲜农产品电子商务的模式展开了进一步探索。部分企业倒闭，某些企业获得强大的资金注入，各企业各具优势，在新的互联网技术和营销工具下展开探索和竞争。

2014 年国内农产品电子商务网站接近 4 000 家，全国农产品电子商务交易额超过 870 亿元。[②][③] 近年来，农产品电子商务的发展呈现一定的特点，涉农电子商务从开始的零散农户在网上卖土特产形式，发展到形成以村、镇、县为单位的产、供、销产业群；新农人群体迅速崛起，农产品电子商务网站快速增长，多种农产品在网络上热销，诸如“储橙、柳桃、潘苹果”等个性化农产品成为时尚健康的代名词；农产品电商开始走向规范化、品牌化、平台化。数据显示，至 2014 年，阿里平台上经营农产品的卖家数量为 76.21 万个，完成农产品销售 483.02 亿元，较 2013 年增长 69.83%。[④]

---

① 洪涛，李春晓，等.我国农产品电子商务模式发展研究.商业时代，2014 (16).

② 中国电子商务研究中心，http://www. .100ec.cn.

③ 洪涛，张传林. 2014—2015 年我国农产品电子商务发展报告.中国商贸，2015 (5).

④ 张瑞东，蒋正伟.阿里农产品电子商务白皮书(2014).杭州：阿里研究院，2015.

在政策方面,2014 年中央一号文件出现了加强农产品电子商务平台建设的论述;2015 年中央一号文件提出“创新农产品流通方式”;2015 年《政府工作报告》提出要制定“互联网+”行动计划,推动移动互联网、云计算、大数据、物联网等与现代制造业结合,促进电子商务、工业互联网和互联网金融健康发展。

随着农产品电子商务行业的迅速发展,许多传统服务商向涉农电子商务领域转型,同时许多新型服务商发展起来,专业化涉农服务商和本地化综合服务商成了农产品电子商务发展中的重要推动力量。

(二) 农产品电子商务模式

农产品电子商务模式是指构成农产品电子商务的诸要素不同的组合形式及其运作方式和盈利模式。按照交易对象分类,目前应用较广的模式主要有企业对企业的电子商务(B2B)、企业对消费者的电子商务(B2C)、消费者对消费者的电子商务(C2C)等。

1. B2B 电子商务模式

农产品的 B2B 电子商务模式是指农产品生产企业、加工企业、销售企业之间利用互联网技术或各种商务网络平台,进行产品、服务及信息的交换的商务活动过程。按照企业参与方式划分,B2B 电子商务模式可分为以卖方为主的模式、以买方为主的模式和第三方交易市场模式。以卖方为主的模式是最普遍的,提供产品和服务的企业占主动地位,由卖方企业公布信息,等待买方企业在网上交易,此模式可降低销售成本、扩展销售渠道;在以买方为主的模式中,需要产品或服务的企业占据主动地位,由买方企业发布需求信息,等待卖方企业在网上交易,此模式比较适合某些大型企业采购物品;第三方交易市场模式是指由第三方企业为买卖双方提供一个交易平台,在交易市场中,买卖企业双方相互接触和交易,出现纠纷由交易市场统一管理,提高风险防范能力。

B2B 电子商务模式中参与的双方都是企业,分布相对集中,购买频率较低,但有较大的订单量和交易金额,需要商业洽谈,按照固定合同条款和商业规则进行交易,是典型的信用交易。因为 B2B 电子商务模式主要在农产品流通环节中的企业与企业间进行,是目前电子商务交易额中占比最大、最具发展潜力的模式。农产品生产企业、加工企业和销售企业间通过这种方式可以共享信息,加快信息传输的速度,提高农产品交易的效率。

小资料

1688 的农产品网络批发

1688 是阿里集团下属的小企业国内贸易电子商务平台,主营国内网络批发业务。2013 年,其在农产品及食品领域做了特产馆和品牌城两个项目,帮助有潜力、有生产能力(或有产品)的企业做品牌渠道拓展布局,为企业实现批发。

在特产馆项目中,1688 着力拓展有辨识度的市场,以此带动商品丰富度和完整性;开展培训,提升商家软实力;具体经营中则贯彻竞争机制。这些举措取得了不错效果,以建德馆和遵义馆为例，在开馆当天在线交易均取得了千万元以上的交易额。

在品牌城项目中，1688 则严苛控制进入品牌商城的客户资质，挖掘实力商家。目前已经入库品牌商家近 300 家，300 家品牌商交易贡献由原来的 10%左右提升至 40%左右，充分激发出了批发买家对品牌市场的强烈诉求。

资料来源：张瑞东，陈亮.2013 阿里农产品电子商务白皮书.杭州：阿里研究院，2014.

2. B2C 电子商务模式

B2C 电子商务模式是企业对消费者的电子商务模式，通过互联网技术，使用电子化、信息化的手段将企业提供的农产品和农业服务直接传递给消费者的模式。B2C 电子商务模式具有消费者人数多，市场空间广阔、交易批量小、对物流配送要求较严格等特点。

在 B2C 电子商务模式下，农产品供应商和消费者借助于网络完成与农产品交易相关的所有环节，因企业直接面向消费者，所以能够及时、准确地掌握消费者的需求，提供适销对路的农产品，减少库存，提高经营效益。但因农产品具有易腐烂变质的特点，B2C 电子商务模式的优势发挥受限。

3. C2C 电子商务模式

C2C 电子商务模式是指消费者与消费者通过网络开展农产品交易，电子商务网站为买卖用户提供在线交易平台，使卖方可以在平台上发布出售的产品信息，买方可以选择和购买。C2C 电子商务模式具有用户数量多且复杂、商品信息多且参差不齐、交易次数多且单次成交额较小、价格机制和交易方式灵活、配套服务丰富等特点。但农产品本身价格较低，且具有易腐易烂的特点，加上诚信等因素，使得在此模式下，目前交易对象多为特色农产品。

4. 农产品电子商务其他模式

随着农产品电子商务的不断发展，除了 B2B、B2C、C2C 几种主要的模式，还有其他模式也在实践和发展，如 O2O 电子商务模式、政府信息服务模式、服务于大宗商品的农产品电子拍卖模式等。同时，在激烈竞争和快速创新的环境下，农产品电子商务模式处于不断变换的过程中，应以发展的眼光看待。

（1）O2O 电子商务模式。O2O(Online to Offline)电子商务模式是线上渠道和线下渠道有机结合的电子商务模式，是指把线上的消费者带到线下商店中消费，即在线浏览、购买、支付线下的商品和服务，再到线下去接受服务和接收商品。此模式实现了线上虚拟经济和线下实体经济的连接。农产品作为特殊的商品，在产品标准化、物流配送、消费者消费习惯等方面还不成熟的情况下，O2O 电子商务模式面临着机遇和挑战。

新闻链接

“青年菜君”O2O 卖半成品菜获得千万投资

一家开业仅半年的“卖菜”公司竟然能够获得千万元级的天使投资。8 月中旬，中国人民大学毕业生任牧、陈文、黄炽威创办的“青年菜君”获得了梅花天使创始合伙人吴世春与九合创投创始合伙人王啸联合提供的千万元级 pre A 轮投资。他们为白领们设计的晚饭程序是：下班回家出地铁口，到门店取上预订好的半成品菜，到家炒炒、煮煮，半个小时之内就能吃上可口的晚餐。

在“青年菜君”购买菜品的方式之一是顾客登录网站或在微信的公众账号上下订单，第二天到门店提货。另一种方式是直接到门店购买，他们选择在住宅区集中的地铁口设立门店，这可以让顾客把菜拿回家的时间最短，也可以精确地向目标人群做广告。他们认为青年菜君是在用互联网的方式改造传统行业，是为了让生活更好。

资料来源：“青年菜君”O2O 卖半成品菜获得千万投资.中青在线，2014-09-01.

（2）政府信息服务模式。政府信息服务模式是指通过涉农政府网站、农产品生产企业和加工企业及农产品经销公司等为农产品交易提供信息服务，促进农产品交易的模式。这种模式主要提供农产品网上需求信息、农产品价格信息、市场信息、政策法规、产品推广信息、农产品交易信息以及农产品市场分析预测信息等服务。政府信息具有权威性和多渠道性，同时政府网站及一些涉农网站提供的产品供求信息、交易信息大多是免费的，多数交易只存在搜寻信息的成本，为农产品交易提供了便利。

（3）农产品电子拍卖模式。农产品电子拍卖模式是农产品的供货商委托拍卖中介对特定的农产品进行公开竞价，由出价最高的承销商获得购买权的一种交易方式，包括竞买交易和竞卖交易。电子拍卖克服了现场拍卖地域性小、选择范围小的局限，有效消除了生产者和消费市场的距离，并且有可信任的第三方的拍卖中介的检测，具有交易规模大、交易成本低、交易风险小、交易效率高等优势。

（三）农产品电子商务的支撑条件

1. 农产品标准化体系

电子商务的重要特征之一就是标准化，而农产品品种多、级别多、地域差异大、品质评价的主观性强、标准化程度低，若没有一套权威而完善的农产品标准体系，会为交易带来不便。因此，应当完善和执行与农产品电子商务有关的农产品质量等级标准、重量标准和包装规格等标准体系。

2. 物流体系

物流是电子商务实体运行的基础保证。农产品具有明显的地域性、季节性，且生产区域和生产者相对分散，要将生产单位小、品种多、数量大、易腐烂的农产品高效快捷地送至分散的消费者手中，对供应链管理系统和物流配送系统提出了很高的要求。需要大量投资，建设高质量的运输设备、保鲜设备、冷链设备等，同时需要建立农产品绿色通道、扶持农产品流通企业、培育农产品流通合作组织、提高农产品包装技术，提升我国物流管理的整体水平。

3. 电子商务基础设施

计算机和互联网的普及，是电子商务迅速发展的保证。先进的计算机通信网络能够使农业生产者更及时、准确、完整地获取市场信息，减少农业生产经营的风险。发展农产品电子商务，需要由政府主导，政府和企业共同努力，加快农村电子商务基础设施建设，解决基层信息传递问题，推进全国性的农产品网络信息系统的建设，并利用现有通信资源构建覆盖乡村的多级农业信息网络。

4. 网络营销

农产品网络营销是指在农产品销售过程中全面导入电子商务系统，利用信息技术对需求、价格等信息进行收集和发布，以网络为媒介，依靠生产和物流系统，提高农产品品牌形象，提升客户服务质量，以增加农产品网上销售量。企业应充分重视和利用农产品网络营销，以获取市场信息，降低农产品市场交易成本，打造农产品品牌，开拓国际、国内市场，管理客户关系等。

5. 法律体系

我国农产品商品率较低，加工业不发达，大多出售初级产品。但是电子商务的交易更倾向于标准化的产品，要求农产品品质分级标准化、包装规格化以及产品编码化，以便为网上交易提供便利。但是，目前我国的社会化信用体系还很不健全，商业交易缺乏必要的自律和严格的社会监督，农产品的交易过程缺乏规范性。因此，需要加快构建和完善有关农产品电子商务的法律法规体系，以支撑农产品电子商务的健康发展。

6. 安全体系

随着电子商务普及和推广，其所涉及资金流、信息流等的安全问题也越来越引起人们的关注。现有的网络通信计算机系统在技术上还不够完善，有关电子商务的行业法规和法律法规还不健全，电子商务的全球性特点又增加了管理的难度，使得电子商务还存在很多安全隐患。因此，要建立一个完整的综合保障体系来预防问题的发生以及制定问题发生后的补救方案，保证农产品网上交易的顺利进行。

7. 电子支付系统

电子支付系统是电子商务系统的重要组成部分，电子支付指从事电子商务交易的单位或个人通过电子终端发出指令，实现货币支付与现金转移。电子支付系统是融购物流程、支付工具、安全技术、认证体系、信用体系以及金融体系为一体的综合系统。农产品电子商务的发展，必然离不开电子支付系统的建设。支付是交易的基础，只有消费者能够放心地使用电子支付，交易才能进行。

五、农产品流通模式

农产品流通模式是指为了促进农产品或服务的实体流转以及所有权的转移，流通主体之间形成的交易结构以及由此形成的流通活动运作方式。

（一）直接流通模式

直接流通模式，就是生产商不经过中间商，直接把商品销售到顾客手中的减少中间环节降低销售成本的一种销售模式。农产品的直接流通模式主要有社区直销、农产品专业连锁、农产品直销所、农产品网络营销等。

1. 社区直销

社区直销模式，就是生产者省去中间环节直接将蔬菜销售给社区消费者的销售方式。归纳起来有以下三种形式。[①]

(1) 社区周末蔬菜直销市场。它是一种蔬菜企业/合作社直接面向社区居民大规模销售应季大众蔬菜的模式。模式的运作方式为,蔬菜企业/合作社提前一天采摘蔬菜,连夜将蔬菜运输到指定社区,在社区中铺开一定的区域进行大规模售卖。

(2) 社区销售站模式。它是在社区中设立销售站,长期向社区消费者销售一定量的应季大众蔬菜,并且提供定制蔬菜配送服务的销售模式。操作过程中由蔬菜企业/合作社负责各个服务站点蔬菜供应,并且根据各个站点反馈的消费信息安排生产。蔬菜企业/合作社会建立配送中心,按照各个服务站的需求进行分拣配货,之后物流中心将蔬菜送往各个社区,最终通过社区服务站提供给居民。

(3) 网络销售配送模式。它是一种为满足居民特殊需求而开展的网络订菜、智能配送模式。居民通过互联网或电话向企业信息协调中心提交订单,信息中心将接到的订单转达给生产基地,生产基地接到订单后再将产量和品种信息反馈给信息中心,信息中心及时更新商品信息,信息中心向居民发送订单确认信息。生产基地将蔬菜运输到物流中心,物流中心按照订单对商品进行分装后向社区居民配送。

2. 农产品专业连锁

近年来,参与农产品连锁经营的主体,如农产品生产者、批发商、零售商和配送中心、储运公司、出口企业、交易所建设者等已具备规模化发展的基础,我国农产品连锁经营已经初具规模。随着近年来的发展,我国形成了以下三大类的农产品专业连锁经营模式:[②]

(1) 生产企业主导型模式。生产企业主导型模式,即由一定的生产规模和雄厚资金的农业企业向下延伸从事农产品销售。这些企业既要通过基地生产农产品或兼并收购大小型农户的农产品,进行深度加工,又要向市场供应农产品。在经营模式上,不仅向农产品经营中间商提供农产品货源,而且直接在大中城市投资开设农产品超市,如图 12-3 所示。

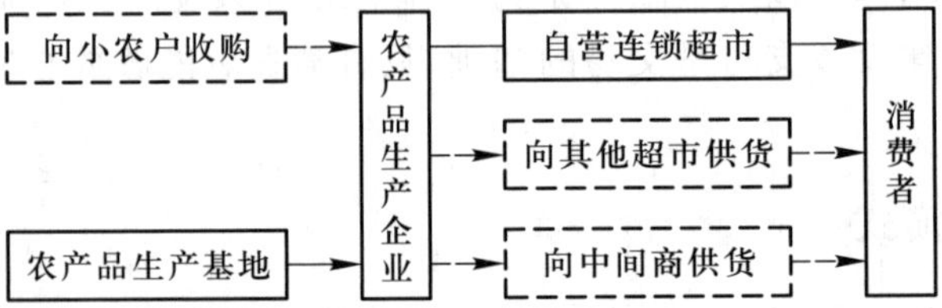

图 12-3　生产企业主导型模式

(2) 加工企业主导型模式。这是由处于农产品流通的中间环节的农产品加工企业直接经营销售业务的模式。具有一定规模的加工企业,在全国的大中城市可以建立自己的连锁店,直接经营连锁店面,如图 12-4 所示;通过直接的经营销售,快速地获得消费者和农产品市场的第一手信

① 古川. 社区蔬菜直销模式的形成与运作机制研究——以北京绿富隆合作社为例.农业经济问题,2013 (1).

② 张贵华. 发展农产品连锁经营的研究. 长沙:湖南农业大学, 2013.

息。采用这种模式,可以使农产品连锁企业集中精力专注于市场经营业务,提高驾驭市场的能力与企业管理水平。

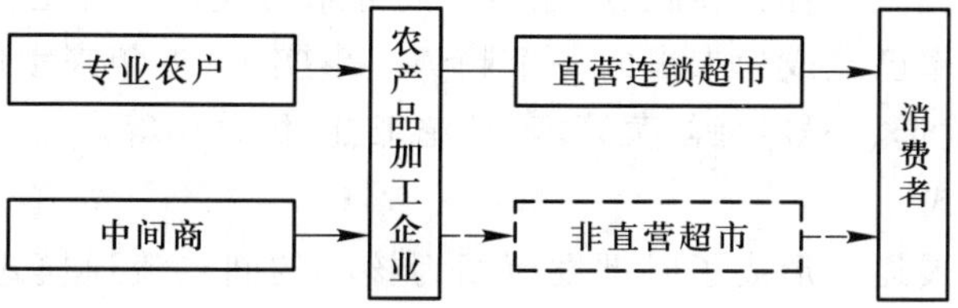

图 12-4　加工企业主导型模式

(3) 零售商主导型模式。零售商主导型模式是指由连锁零售商直接建立自己的农产品生产或加工基地,生产的农产品供自己的门店销售,如图 12-5 所示。由于连锁经营企业直接生产或加工农产品,便于企业掌握稳定的货源,控制农产品质量。这种方式也减少了流通环节,缩短了流通渠道,大大地节约了收购成本,有效降低了农产品价格,从而增加企业利润,增强企业的竞争能力。例如福建永辉超市,拥有自己的现代食品工业园,建立了蔬菜生产基地,形成了以现代物流为支撑,以食品业和现代农业为两翼,以农业实业开发为基础的大型企业集团。2012 年永辉连锁超市在 17 个省设立了连锁超市 360 多家,成为国内大型农产品连锁经营企业,2012 年列全国连锁超市第 13 名。永辉连锁超市拥有自身的连锁品牌,实行生产、加工、销售一体化,经营成本降低了 15%。采用这种模式,有利于农产品生产、加工、销售及货源的稳定和质量的保障。

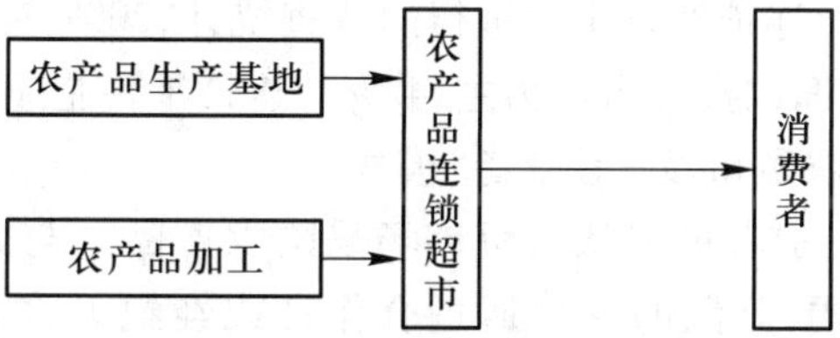

图 12-5　零售商主导型模式

3. 农产品直销所

农产品直销所是日本比较流行的一种农产品直销模式。直销所是一个固定的销售场所,由特定的主体(生产主体、行政主体)组织设立,实行会员制和委托销售制的非营利性经营体。生产者通过交纳一定的会费取得直销所会员资格方能入场,在直销所内生产者和消费者直接面对面进行交易。直销所实行会员自治的管理模式,由会员大会共同制定经营管理的各项制度,并共同遵守执行。会员将自己的产品分拣、包装、贴标签和价格条码等,直至摆放到直销所的货架。直销所只负责缺货提示和统一收银、结算。直销所定期召开生产协议会,根据店面销售情况共同协商制定生产计划,调整生产品种、生产数量,真正实现以需求为导向的生产。产品定位以"地产"农产品及其加工品为主,其中生鲜农产品以当日晨采为主。现在,直销所已经发展成为一种固定的零售业态,最大限度地降低了流通成本。

4. 农产品网络营销

2014 年中央一号文件在论及加强农产品市场体系建设时,明确指出要启动农村流通设施和农产品批发市场信息化提升工程,加强农产品电子商务平台建设。可见,通过网络交易和信息化建设提高农产品流通效率已经成为未来的一个趋势。事实上,近年来生鲜电商已逐渐兴起并进入人们的生活,如顺丰优选、一号生鲜、菜管家、沱沱工社、优菜网等。

(二) 间接流通模式

我国通过多年的发展逐步形成了以批发市场为核心的间接流通模式。具体来说,我国农产品的间接流通模式分为以下三种:①

1. "生产者+批发市场+零售企业+消费者"模式

此种模式中,生产端分散的农户通过经纪人和合作社将蔬菜等农产品集聚起来,进入流通环节。经纪人或者合作社与批发商在批发市场进行产品交易,批发商将获得的农产品与中间商进行交易,中间商再销售给零售企业,最后进入消费环节,完成蔬菜流通的一个生命周期,如图 12-6 所示。

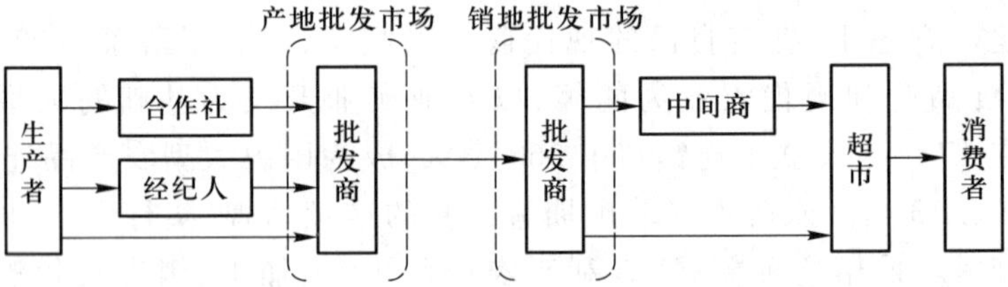

图 12-6 "生产者+批发市场+零售企业+消费者"模式

根据中国连锁经营协会对连锁经营企业进行的调查统计,2009 年生鲜类商品多数采用总部统一采购方式,蔬菜采购渠道依旧以批发市场为主,42%的连锁零售企业以批发市场为主要采购渠道。

2. "生产者+批发市场+农贸市场+消费者"模式

与超市相比,目前我国消费者更多从农贸市场采购农产品。与之相对应的是"生产者+批发市场+农贸市场+消费者"模式:分散的农户通过合作社或经纪人将农产品卖给产地批发市场的批发商,再由产地批发商销往销地批发市场或销地批发市场的批发商到产地批发市场采购。农贸市场的零售商从销地批发市场进货并将其销售给最终消费者,如图 12-7 所示。

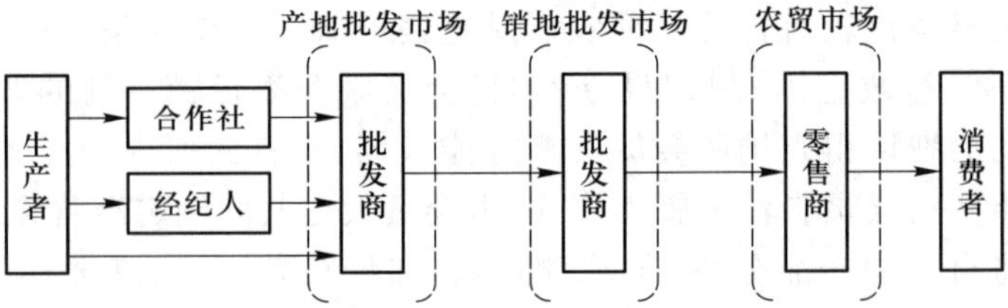

图 12-7 "生产者+批发市场+农贸市场+消费者"模式

① 杨青松. 农产品流通模式研究.北京:中国社会科学院研究生院,2011.

3.“生产者+超市+消费者”模式

在这种模式中，生产者（农户、合作社或种植公司）将农产品直接销售给超市，再由超市销售给消费者，实现“农超对接”，如图 12-8 所示。以超市为核心的“农超对接”的根本目的是减少流通成本，使利润向生产端和消费端回流。经营理念是市场化取向，企业化运作。2010 年，亚太地区农产品经“农超对接”模式销售的比重占 70%以上，美国高达 80%，在中国还不到 10%①，可见我国的农超对接还有很长的路要走。

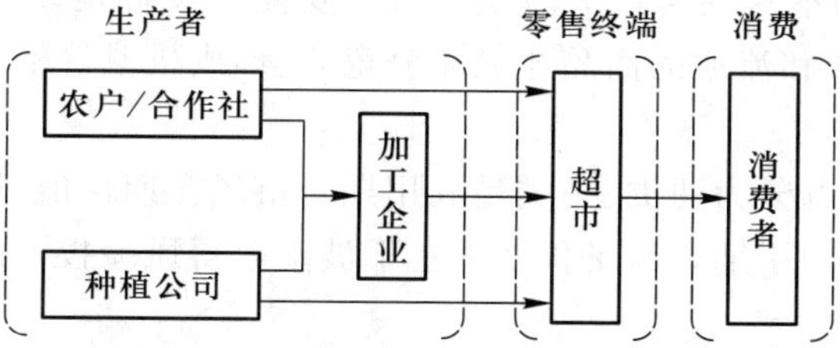

图 12-8　“生产者+超市+消费者”模式

第三节　农产品期货市场

一、农产品期货市场的概念与特点

（一）农产品期货市场的概念

期货交易是指按照一定的条件和程序，由买卖双方在交易所预先签订产品买卖合同，而货款的支付与货物的交割则要在约定的远期进行的一种贸易形式，属于信用交易范畴。

农产品期货市场是市场经济发展过程中围绕农产品期货合约交易而形成的特殊经济关系。狭义的农产品期货市场指农产品期货交易的场所，特指农产品期货交易所。广义的农产品期货市场是指农产品期货合约交易关系的总和，是由期货交易所、期货交易结算所、期货经纪公司以及期货交易者组成的一个完整体系。

（二）农产品期货市场的特点

1. 交易对象的特殊性

农场品期货市场交易的是农产品期货合约。农产品期货合约是由期货交易所制定的标准化合约。在合约中，规定了农产品商品的种类、数量、质量、交货时间和地点，唯一的变量是价格。在期货交易中，实物商品不直接进出期货市场，买卖双方成交的是期货合约。

① 陈春园：“农超对接”采购模式改变农产品流通方式.北京农业，2010(22).

2. 交易农产品的特殊性

进入农产品期货市场交易的农产品需要具备一定的条件或属性,包括:① 品质等级易于标准化。期货合约对交割商品的质量有明确规定,只有期货商品在质量、规格、等级方面有统一的标准,才能便于期货合约的买卖和交割,于是要求农产品易于分级和标准化。② 能长期贮藏且适于运输。期货商品一般为远期交割,因此需要商品耐贮藏、便于运输,保证交割顺利进行。③ 价格波动大。只有价格波动大的商品,交易主体才有规避价格风险和投机获利的动机,期货交易才得以进行。④ 商品本身供需量大。期货市场功能的发挥是以商品供需双方广泛参与交易为前提的,只有大量生产和流通的商品才能充分竞争,形成权威价格。

3. 交易目的的特殊性

期货市场交易的目的可分为两类:一类是利用期货市场套期保值,以规避现货市场价格波动的风险;另一类是投机,即利用期货市场价格的上下波动获得风险投资的利益。

4. 交易制度的特殊性

期货交易必须在期货交易所内进行,且具有委托交易性质。期货交易所实行会员交易制度,非期货交易所会员只能委托会员或持有执照的经纪人代理交易。所有期货交易必须在期货交易所内以公开、公正、公平、竞争的方式进行,并形成公开、充分竞争的期货价格。期货交易的正常运行需要期货市场的会员制度、保证金制度、涨跌停板制度、持仓限额制度、每日无负债结算制度等制度来保障。

5. 交易机制的特殊性

期货交易有到期实物交割和对冲平仓两种履约方式,期货交易机制的特殊性主要表现在双向交易和对冲机制。双向交易指期货交易者既可以买入期货合约作为交易开端,也可以卖出期货合约作为交易开端。对冲机制指交易人可在期货合约到期前将交易冲销或平仓来解除履约责任,而不需要到期时进行实物交割。

二、农产品期货市场的产生与发展

(一) 农产品期货市场的产生

具有现代意义的期货市场通常被认为是在19世纪中期产生于美国芝加哥,是在现货市场的基础上演变而来的。芝加哥农产品期货交易所(CBOT)见证了美国乃至全世界期货交易的发展。

19世纪40年代,随着美国中西部地区农业的商品化生产,以及运河、铁路、公路的发展,芝加哥成为农产品的集散中心,大量农产品存放于此再销往其他地区。粮食生产的季节性和仓库、交通的不完善,使得粮食供求数量和价格随季节变化而波动极大,即在谷物收获季节价格大跌而在谷物短缺的春季价格飞涨,伤害了粮商和消费者的利益。因此,粮商建立仓库在收获季节收购粮食,来年发往外地,缓解了粮食供求的季节性矛盾,但粮商承担着价格下跌和资金不济的风险。为此,粮食收购商在谷物购进后立即到芝加哥与加工商和销售商签订第二年供货合同,确定销售价格以确保利润,合同还可通过抵押获得银行贷款,保证资金的周转。在长期经营中摸索出了一套远期交易的方式。

为解决农产品购销范围扩大造成的供求信息不对称的问题，1848 年，芝加哥 82 位商人发起并组建了芝加哥期货交易所。该交易所初期只是一家为促进芝加哥工商业发展的商会组织。1951 年，芝加哥期货交易所引进了远期合同交易，远期交易在一定程度上排除了即期交易的偶然性和不确定性，并在一定程度上转移了价格波动的风险。但远期交易方式在商品品质、价格、交货时间和地点方面的非标准化为交易带来困难，同时远期交易的履约主要依靠交易方的信誉，使交易的风险增大。为此，芝加哥期货交易所在 1865 年推出了标准化期货合约，并实行保证金制度，现代意义上的期货交易诞生。

（二）农产品期货市场的发展

1. 国外农产品期货市场的发展

（1）美洲农产品期货市场。在 1865 年以后，美国形成了芝加哥期货交易所（CBMOT）、芝加哥商业交易所（CME）、堪萨斯期货交易所（KCBT）、纽约商业交易所（NYMEX）、明尼阿波利斯谷物交易所（MGE）等一批国际著名期货交易所。上市交易的农产品期货合约和期货期权合约涉及范围十分广泛，包括谷物、畜产品、林产品、经济作物，基本涵盖所有适于期货交易的农产品，如表 12-2 所示。凭借悠久的历史、发达的期货交易技术和完善的市场网络，美国农产品期货市场在全球市场居于领先地位。

表 12-2 芝加哥期货交易所农产品期货交易情况 单位：张

品种	2010 年	2011 年	2012 年	2013 年
小麦期货合约	23 090 255	24 283 331	27 379 403	24 993 158
小麦小型期货合约	91 560	149 102	95 600	125 944
玉米期货合约	69 841 420	79 004 801	73 184 337	64 322 600
玉米小型期货合约	237 394	363 832	267 482	206 491
燕麦期货合约	344 587	349 316	279 570	254 958
大豆期货合约	36 933 960	45 143 755	52 041 615	46 721 081
大豆小型期货合约	412 732	394 119	359 324	299 308
豆粕期货合约	14 052 845	16 920 194	18 187 433	20 237 181
豆油期货合约	20 791 164	24 156 509	27 627 590	23 805 912
稻谷期货合约	448 724	555 854	388 936	280 048

资料来源：李经谋．2014 中国粮食市场发展报告．北京：中国财政经济出版社，2014.

加拿大温尼伯商品交易所（WCE）也是美洲重要的农产品期货交易所之一，可交易多种农产品期货品种。其油脂类期货交易在国际油脂类期货交易中占据重要地位。

（2）欧洲农产品期货市场。目前欧洲进行农产品期货交易的交易所主要有伦敦国际金融期货期权交易所(LIFFE)、伦敦商品交易所(LCE)、阿姆斯特丹交易所(AEX)、西班牙柠檬类水果和商品期货交易所(SMFEX)等。其中,伦敦国际金融期货期权交易所成立于 1982 年且发展迅速,其所形成的糖价与纽约期货交易所的糖价一起被称为“国际糖价”。

(3) 亚太农产品期货市场。亚太农产品期货市场以日本、新加坡、马来西亚、泰国、中国等国家为主,日本开展农产品期货交易的交易所主要有东京工业品交易所、东京谷物交易所、日本关西商品交易所和日本中部商品交易所。新加坡开展农产品期货交易的新加坡商品交易所主要交易天然橡胶,是东南亚最大的天然橡胶交易所。马来西亚的吉隆坡期货交易所主要交易棕榈油,其期货价格为国际棕榈油的权威价格。泰国的农业期货交易所由政府出资建立,主要交易大米、橡胶、木薯淀粉等。

(4) 中南美洲及非洲农产品期货市场。中南美洲及非洲的农产品期货交易以巴西和南非为代表,巴西商业期货交易所主要交易咖啡、活牛、棉花、玉米、大豆、糖等。南非期货交易所主要交易玉米、葵花籽、小麦等农产品期货品种。

2. 中国农产品期货市场的发展

自 1990 年郑州粮食批发市场(1993 年变更为郑州商品交易所)正式开业以来,我国相继成立了一批以农产品期货为主业的期货交易所。我国期货市场经历了自由发展、清理整顿、规范发展等几个阶段。特别是 1994 年和 1998 年,为规范期货市场,国务院进行了两次清理和整顿,创造了较稳定的发展环境。目前,由国务院批准提供农产品期货合约交易的期货交易所有三家,分别是郑州商品交易所、上海期货交易所和大连商品交易所。其中,大连商品交易所是我国最大的农产品期货交易所,如表 12-3、表 12-4 所示。

表 12-3　中国期货交易所上市的农产品期货品种情况

交易所	上市品种
郑州商品交易所	普通小麦、强筋小麦、早籼稻、晚籼稻、粳稻、棉花、油菜籽、菜籽油、菜籽粕、白糖
上海期货交易所	天然橡胶
大连商品交易所	玉米、玉米淀粉、黄大豆 1 号、黄大豆 2 号、豆粕、豆油、棕榈油、鸡蛋

资料来源:根据三家期货网站资料整理,截至 2015 年 1 月。

表 12-4　2013 年中国三大期货市场农产品期货交易情况

交易所名称	品种名称	2013 年累计成交总量(手)	2012 年同期成交总量(手)	2013 年累计成交总额(亿元)	2012 年累计成交总额(亿元)
上海期货交易所	天然橡胶	72 438 058	75 176 266	145 267.8	154 493.5

续表

交易所名称	品种名称	2013 年累计成交总量(手)	2012 年同期成交总量(手)	2013 年累计成交总额(亿元)	2012 年累计成交总额(亿元)
郑州商品交易所	棉花	7 452 068	21 016 438	7 405.9	20 927.96
	早籼稻	872 946	3 838 320	354.28	1 043.99
	甲醇	3 497 627	3 797 412	5 551.77	5 384.98
	菜籽油	12 699 869	6 248 568	9 551.82	3 187.29
	油菜籽	1 172 724	137 084	633.59	72.3
	菜籽粕	160 100 373	421 207	39 194.2	99.96
	白糖	69 788 050	148 278 025	36 305.78	84 087.5
	普通白小麦	1 894	6 262	2.35	7.12
	优质强筋小麦	2 903 378	25 802 102	1 293.12	6 535.23
	粳稻	40 480	/	24.83	/
大连商品交易所	黄大豆一号	10 993 500	45 475 425	5 062.5	21 451.63
	黄大豆二号	7 236	10 400	3.06	4.94
	玉米	13 313 633	37 824 356	3 174.63	9 059.27
	鸡蛋	1 951 323	/	789.38	/
	豆粕	265 357 592	325 876 653	88 418.63	115 866.8
	棕榈油	82 495 230	43 310 013	50 846.34	32 414.47
	豆油	96 334 673	68 858 554	72 191.89	64 307.44

资料来源:李经谋.2014 中国粮食市场发展报告.北京:中国财政经济出版社,2014.

三、农产品期货市场的功能与作用

(一)农产品期货市场的功能

1. 规避风险功能

规避风险是指农产品生产经营者在农产品期货市场上通过套期保值业务,有效地规避或分散现货市场上农产品价格波动的风险的行为。套期保值交易是指在期货市场上买入(卖出)与现货市场数量相同但交易方向相反的期货合约,以期在将来通过卖出(买入)期货合约来抵偿因现货市场价格变动带来的实际价格风险。套期保值的目的是把经营活动中面临的价格风险转移出去。之所以能回避价格风险,是因为对同一商品来说,在同一时空期货价格和现货价格一般受相同经济因素的影响和制约，使得价格变动方向和幅度基本一致。套期保值是通过利用期货和现货两个市场的价格关系，在期货市场上采取与现货市场交易数量相同但交易方向相反的交易，取得在一个市场亏损，另一个市场盈利，亏损额与盈利额大致相等，两相冲抵，从而转移价格变动的风险。

2. 价格发现功能

价格发现是指通过公开、公平、公正、高效、竞争的期货交易机制形成具有真实性、连续性、权威性、预期性价格的过程。期货价格是在有组织的规范化期货市场形成的。期货市场众多的买方和卖方，通过经纪人把自己所掌握的对某种商品的供求关系及其变动信息集中到交易所，按照场内公开竞价的方式进行交易，使得买方和卖方能表达自己的真实意愿，进而形成能够比较准确地反映真实供求状况和变动趋势的期货价格。期货价格对未来价格走势有很好的预测作用，且此价格具有连续性和公开性，被视为一种权威价格，为现货市场提供重要参考。

3. 风险投资功能

风险投资主要是指期货投机者通过参加期货交易，利用期货商品的价格波动来获取风险收益。实现风险投资有以下几个原因：第一，期货交易中价格频繁波动，为投资者提供了风险投资的机会；第二，期货市场高度组织化、规范化，完善的交易规则为投资者提供了平等高效的投资环境；第三，期货交易一般以5%～10%的保证金作为担保交易，投资者可用少量的资金进行大宗交易，使有限的资金做高速周转，通过杠杆操作获取高报酬。

4. 资源配置功能

期货市场具有杠杆作用，间接调配商品物资在期货市场外流转。期货市场快速的信息传递、严格的履约保证、公开公平的竞价机制、便捷的成交方式，能有效地降低区域性不合理价差，为企业回避风险创造了条件，促进资本的有效配置，进而实现资源的优化配置。

（二）农产品期货市场的作用

1. 调节市场供求，减缓价格波动

充分发挥农产品期货市场发现价格的功能，有利于降低市场价格的波动幅度。当某种农产品期货价格上升，在现货市场上生产者会增加供应，当供应量增加到一定程度，市场供求关系会发生变化，价格将趋于下降，使得供给不再继续增加。反之，当某种农产品期货价格下跌时，在现货市场上生产者会减少产量，供应减少，进而促使价格回升。因此，期货市场能很好地起到维持供求基本平衡、减缓价格波动的作用。

2. 增强企业经营的计划性，锁定经营成本或利润

农产品期货市场具有规避风险和发现价格的功能，企业通过期货交易，利用期货市场的套期保值锁定农产品价格，规避现货市场价格波动的风险。企业也可通过参考期货市场公开、权威的供求和价格信息来指导生产经营，同时可以减少储备资金的占用，降低成本。

3. 有助于政府实行宏观调控

农产品期货市场与现货市场紧密联系，政府可充分利用期货市场的功能和特点对现货

市场进行调控。一方面,期货价格具有预期性和权威性,可为国家宏观调控提供超前的价格参考,政府可利用信息制定应对供求变化和价格波动的政策措施,同时期货市场价格传导效率高,可强化调控效果;另一方面,因国家拥有一定的商品储备,是期货市场最大的潜在交易者,国家可以通过向期货市场释放权威的供求和价格信息来引导期货市场交易者调整交易行为。所以,政府能通过利用和影响期货市场的供求和价格变化,达到对现货市场的供求调节。

4. 有利于促进农产品市场向国际化发展

农产品期货市场具有公开、公平、公正和竞争的特点,某一农产品期货市场功能得到较好发挥后,能传导到全世界,成为国际贸易中的基准价格。同时期货交易所在全球范围的发展使得市场交易高度集中,可汇集全球的交易人员和交易信息,扩大相应品种期货价格的影响力,推动农业的国际化。

四、我国农产品期货市场的完善

(一) 完善期货市场监管机制

加快农产品期货市场政策法规修订工作,完善粮食收购市场准入和退出制度,增强期货现货市场联动性。遏制过度投机交易,打击违法违规交易,提高市场规范化运作水平。

(二) 增加农产品期货上市品种

国内农产品期货品种、数量与国际市场差距较大,不能满足国内实体经济的发展要求,需要加大农产品期货品种创新力度,提高期货品种上市效率。

(三) 建设农产品现货市场体系

期货市场功能的有效发挥是建立在较发达、成熟的现货市场基础上的。要支持建立全国性和区域性的现代农产品批发中心和物流中心,保障农产品供应,使期货价格接近真实价格。

(四) 完善期货市场投资主体结构

与国际相比,国内期货市场投资者结构不合理,个人投资者数量过多,机构投资者发展不足,使得投机性强,缺乏稳定性。因此,需稳步发展机构投资者,推动现货企业进入期货市场,采取政策鼓励企业利用期货市场套期保值,创造有利于期货市场发展的外部环境。

(五) 提高对期货市场的认识和利用水平

针对目前不少企业和农民对期货市场的认识不足的问题,深入开展投资者教育,普及期货知识,让更多主体认识期货并提高操作技能。

本章小结

本章介绍了农产品市场的定义、特点、分类及构成要素,农产品现货市场和期货市场。

现货市场主要分为批发市场和零售市场。批发市场按 5 种不同的标准可分为 15 类。本章对比分析了日本的政府主导型批发市场模式，美国、加拿大的市场主导型批发市场模式，荷兰、比利时的联合型批发市场模式。它们的发展对我国有重要启示。

零售市场主要有农贸市场、超市以及农产品连锁经营，不同的业态发挥着各自的作用，把小农户与大市场联系起来。随着信息技术的发展，农产品电子商务也快速成长起来，对农产品电子商务发展模式和支撑条件的清楚认识有助于抓住时代的机遇。

农产品流通模式分为直接流通模式和间接流通模式。这两大类流通模式在我国将长期共存，它们以互为补充的方式承载着农产品的流通任务。

农产品期货市场具有规避风险和价格发现等功能，发展农产品期货市场对企业、政府和农业有重大的意义，应该不断完善我国农产品期货市场。

即测即评

扫描二维码，做单项选择题，检验对本章内容的掌握程度。

复习思考题

1. 农产品市场有哪些特点？具体可以分为哪几类？
2. 简述农产品批发市场的功能。
3. 试分析如何完善农产品零售市场。
4. 农产品的流通模式有哪几种？企业应如何选择适宜的农产品流通模式？
5. 简述农产品期货市场的特点。
6. 简述农产品 B2B 电子商务模式。

案例分析题

蔬菜卖不出去怎么办？

炎炎夏日，正是西红柿、茄子等时令蔬菜大量上市的季节。然而，白马镇刘店村农民老傅却犯了愁：他家种植的 10 多亩蔬菜遇到了销售难题，眼看成熟的西红柿、茄子挂满枝头，却卖不出去。一家人为此一筹莫展。

在老傅的成片的蔬菜地里，饱满、新鲜的西红柿、茄子、秋葵等时令蔬菜挂满枝头，还有不少西红柿和茄子已经糜烂。老傅说，受前段时间的阴雨天和这几天高温晴热天的影响，地里的西红柿和茄子大量成熟，出现严重的滞销，看着蔬菜溃烂在地里，自己心如刀割却只能干着急。

老傅现在的烦恼源于他所尝试走的转型之路。

年逾六旬的老傅是当地远近闻名的两头乌养殖户，养殖两头乌已有32个年头，现今养殖规模达到500多头。去年该县推进农村畜牧养殖污染整治工作后，老傅开始探索自己的转型之路。“养殖场的猪粪等土肥是天然的有机肥，它既是污染物也是宝贝。”老傅说，把土肥运送到蔬菜地里就是变废为宝。

从去年开始，老傅从承包的土地里拿出一亩地，试着用自家猪粪发酵的天然有机肥种植丝瓜、辣椒、番茄等蔬菜，种养结合，实现了排泄和利用的平衡。一年下来，老傅的腰包里多了8 000多元钱。今年，初尝甜头的老傅扩大了蔬菜种植规模，种植了20多个品种的蔬菜。老傅在村里承包了50多亩地，其中15亩为水塘，养殖清水鱼。考虑到节约人力成本，吃苦耐劳的老傅没有雇用小工，和两个儿子一起种植10多亩蔬菜。“利用自家猪粪做蔬菜地的土肥料，合理利用了资源，变废为宝，节省成本。”老傅向记者算了一笔账，用吸污车运输养殖场的猪粪到别处需要40元一趟，运输到自家蔬菜地里是30元一趟，量一大就能节约不少成本。

目前，上市的应季蔬菜有10多个品种。老傅说，蔬菜都是当天地里采摘当天拿到市场上售卖。“早上摘了就拿到位于环城西路卖两头乌猪肉的店里卖，一天下来，1/3的蔬菜都卖不掉，晚上只能拿回来喂猪。”老傅苦笑着说，“幸好猪栏里还养着500多头猪啊！”

原本对自家用土肥种出来的绿色无公害蔬菜信心满满的老傅，如今却碰到了转型的烦恼。“用土肥种出来的蔬菜，比起市场上的大棚蔬菜、高山蔬菜等，在卖相上不占优势，没吃过的老百姓会觉得是蔬菜质量不好，但是吃过的都说好吃。”言语中，老傅显得有些无奈和着急，因为地里的蔬菜正在溃烂。

“可能我用土肥种植的生态蔬菜还得不到市场的认可吧！”老傅说，最近一位义乌籍采购商给他带来一些信心。“义乌老板明天又要订30斤番茄，说味道比市场上卖的番茄好吃。”

资料来源：金健宇.蔬菜烂在地里卖不出去.浦江新闻网，2014-07-11.

讨论：

1. 老傅家蔬菜卖不出去的原因有哪些？
2. 如何应对蔬菜卖不出去的情况？
3. 老傅是否应该转型？如果要转型，如何转型才是最佳的呢？

著名农业经济学家

拉阿南·韦茨（Raanan Weitz）（1913—1998年），以色列人，参与以色列大量区域发展活动，在以色列指导并领导建立了上百个新村庄和定居点。他是从自给农业向高科技、专业化、外向型农业过渡地区和新地区的发展与规划的先驱。主要著作有：*From Peasant to Farmer*、*Rural Development in a Changing World*、*New Roads to Development* 等。

其学术贡献是提出了著名的“韦茨农业发展阶段论”。他将农业发展划分为三个阶段：一是以自给自足为特征的维持生存农业阶段；二是以多种经营和增加收入为特征的混合农业阶段；三是以专业化生产为特征的现代化农业生产阶段。在雷霍沃特的方法中，他指出一个区域的发展必须考虑横向和纵向两个方面。横向分析包括区域中农业、工业和服务业部门；基本生活条件、教育、保健、福利水平；市场内部和外部的操控潜力，包括基础设施、采购、地理条件等。纵向分析包括了政府部门宏观层面的规划；政府的目标、政策以及执行情况；基层住户的愿望和需求。同时应该考虑负担能力、社会效应和组织结构。

第十三章　农产品国际贸易

本章学习目标

1. 掌握农产品国际贸易的基本理论以及农产品国际贸易规则；
2. 了解世界农产品国际贸易的发展阶段和特点；
3. 了解对外开放条件下农业产业和粮食安全问题；
4. 了解我国农产品国际贸易状况。

随着经济全球化的不断发展，世界各国纷纷参与农产品国际贸易。为了打破农产品国际贸易壁垒，促进农产品国际贸易的自由化，世界贸易组织通过多轮谈判制定了《乌拉圭回合农业协议》，该协议成为农产品国际贸易遵循的主要规则。

第一节　农产品国际贸易的基本理论

一、传统的农产品国际贸易理论

（一）绝对优势理论

18 世纪中叶,英国国内资本主义市场经济发展迅速。与此同时,英国取得了海上霸主地位,拥有了大量的海外殖民地。新兴资产阶级要求扩大对外贸易,获取廉价的原料,占领海外市场。但是,此时推行重商主义的一系列贸易保护政策,使对外贸易受到了严重的束缚。因此,打破重商主义的政策束缚,建立新的自由经济的学说体系,成为时代的要求。

亚当·斯密正是在批判重商主义的基础上提出了新的国际贸易理论。1776 年,亚当·斯密在其代表性著作《国民财富的性质和原因的研究》(简称《国富论》)中提出了"绝对优势理论"(Theory of Absolute Advantage),用以解释国际贸易产生的原因、方式以及效果。其主要内容是各个国家都应该集中生产并出口其在劳动生产率和生产成本上具有绝对优势的产品,进口其具有绝对劣势的产品,其结果比自己生产所有的产品更为有利。

知识链接

重商主义的主要观点有:第一,作为贵金属的金银是财富的唯一形式,获取金银是一切经济活动的目的。国际贸易是获取金银的渠道之一,如果一国在国际贸易中出口大于进口,就会导致贵金属的净流入,国家就会富强。因此,政府应当鼓励出口,不主张甚至限制进口。第二,在某一时点上金银的数量总是固定的,而且不可能所有参加贸易的国家净出口都大于零,因此,一个国家的获利总是基于另一个国家损失的基础上的,即国际贸易是一种"零和游戏"。第三,国家应该积极干预国际贸易,大力发展出口品工业,利用税收等手段保护国内工商业。

亚当·斯密认为分工可以提高劳动生产率,增加国民财富。他以制针业为例进行了说明:分工前,每个工人每天可能连一枚扣针都生产不出来;分工后,平均每个工人每天可制造 4 800 枚扣针,劳动生产率得到了极大的提高。斯密进而分析到既然分工可以极大地提高劳动生产率,那么每个人只需生产自己最有优势的产品,然后彼此进行交换,则会对每个人都产生益处。将这种理论推广到国与国之间,如果每个国家都专业化地生产本国具有绝对优势的产品,并在国际市场上同其他国家具有比较优势的产品进行交换,而不是自己生产,那么这种在国际分工基础上开展的国际贸易,不仅会对每个国家产生良好的效果,整个世界的财富也会因此而增加。所以,通过国际贸易,进口和出口同样会给国家带来利益。与此同时,斯密认为国际分工应该建立在各国有利的自然禀赋或者后天形成的有利条件的基础之上,因为只有这样才能使一国生产的某种产品的成本绝对低于其他国家,从而使得该国在此种产品的生产和交换上具有绝对优势。各国按照各自有利的自然禀赋或者后天形成的有利条件进行专业化的分工、生产和交换，将会使资源得到最有效的利用，大幅度提高劳动生产率的同时，增加整个世界的物质财富，并使贸易国获取利益。

为了更加清晰地表达这一理论，下面以毛呢和葡萄酒的生产为例进行说明。假设只有英国和法国两个国家，只生产毛呢和葡萄酒两种产品，只有劳动一种生产要素，生产量即需求量，但是两国的生产技术不同，如表 13-1、表 13-2 和表 13-3 所示。

表 13-1　分工前英国和法国的生产状况

国家	毛呢		葡萄酒	
	产量（匹）	所需劳动力数量（人/年）	产量（桶）	所需劳动力数量（人/年）
英国	100	40	100	60
法国	100	80	100	20

表 13-2　分工后英国和法国的生产状况

国家	毛呢产量（匹）	葡萄酒产量（桶）
英国	250	0
法国	0	500

表 13-3　交换后英国和法国的产品数量

国家	毛呢（匹）	葡萄酒（桶）
英国	150	100
法国	100	400

依据绝对优势理论，只要一国生产某种产品的成本低于其他国家，国际分工与贸易的基础便产生了。从表 13-1 可以看出，英国在生产毛呢方面具有绝对优势，而在生产葡萄酒方面具有绝对劣势，法国的情况正好相反。于是，两国进行分工生产，英国专业化生产毛呢，法国则专业化生产葡萄酒。在现有劳动力资源的基础上，英国生产的毛呢数量比分工前两国生产的毛呢总和（200 匹）多 50 匹，而法国生产的葡萄酒数量比分工前两国生产的葡萄酒总和（200 桶）多 300 桶（见表 13-2），整个世界的物质财富增加。假设一匹毛呢可以交换一桶葡萄酒，在进行贸易后，英国拥有的毛呢数量比分工前多 50 匹，拥有的葡萄酒数量不变，法国拥有的毛呢数量与分工前相比不变，而葡萄酒数量多 300 桶，两个国家都获得了利益（见

表 13-3)。

通过表 13-1 至表 13-3,可以看出绝对优势可以在促进国际分工和贸易,增加世界财富的同时,使贸易国获取利益。但是绝对优势理论隐含一个前提,即每个国家都至少在一种产品的生产上具有绝对优势,这可以解释生产条件差异较大的国家间的对外贸易,但是这只是国际贸易的一种特殊情形。在现实的国际贸易中,经常出现在所有产品的生产上都具有绝对优势的国家同在所有产品的生产上都具有绝对劣势的国家之间进行贸易。很显然,绝对优势理论无法解释这一现实问题,由此推动人们寻求新的理论对这种现象加以解释。

(二) 比较优势理论

随着资本主义的发展,新兴资产阶级要求自由贸易的呼声越来越强烈。而英国谷物法的颁布阻碍了谷物的自由贸易,损害了新兴资产阶级的利益。加之绝对优势理论的局限性,新兴资产阶级急需从理论上寻找依据破除法律限制,一种新的国际贸易理论应运而生。

1817 年,大卫·李嘉图出版了《政治经济学与赋税原理》一书,提出了以自由贸易为前提的比较优势理论。同斯密一样,李嘉图也认为通过国际贸易可以在增加物质财富总量的同时,使贸易双方获得利益。但是与斯密不同,李嘉图认为国际分工与贸易的基础在于"比较成本"的不同,即各个国家在商品生产上的相对成本的不同,而不仅仅局限于绝对劳动生产率的差别,这也是比较优势理论的核心。在此理论中,李嘉图指出即使一个国家生产的商品的成本都低于另一个国家,只要商品的生产成本不同,两个国家依然可以进行国际分工,展开国际贸易。在所有产品的生产上都具有优势的国家可以专门生产优势较大的商品,在所有产品的生产上都具有劣势的国家可以专门生产劣势较小的商品。在此种分工的基础上,通过国际贸易,各个国家仍然可以从中获利。由此可见,李嘉图的比较优势理论克服了斯密绝对优势理论的局限性,只要生产产品的成本存在差异,即使一国在所有产品的生产上都处于优势或者居于劣势,国际贸易仍然可以展开,并且使贸易双方获利。

仍然以绝对优势理论中毛呢和葡萄酒的生产为例,英国和法国同时生产这两种商品,不同的是分工前英国在两种产品的生产上都具有比较优势,而法国在两种商品的生产上都处于劣势地位(见表 13-4)。尽管如此,法国在两种商品的生产上所具有的比较成本是不同的,法国生产毛呢的成本是英国的 2 倍,而生产葡萄酒的成本是英国的 1.2 倍,相比较而言,法国在葡萄酒的生产上比较成本较低,劣势较小。就英国而言,其生产毛呢的成本为法国的 1/2,生产葡萄酒的成本为法国的 5/6,所以英国在生产毛呢方面的比较成本较低,优势较大。依据比较优势理论,通过国际分工,英国应专业化生产毛呢,而法国应该专业化生产葡萄酒。分工前,英国和法国的毛呢总产量为 200 匹,葡萄酒总产量为 200 桶;分工后,毛呢产量增加了 25 匹,葡萄酒产量增加了 100/3 桶,物质财富总量增加(见表 13-5)。假设一匹毛呢可以交换一桶葡萄酒,通过国际贸易,英国拥有的毛呢数量和法国拥有的葡萄酒数量分别比分工前多了 25 匹和 100/3 桶,而英国拥有的葡萄酒数量和法国拥有的毛呢数量与分工前比较不变,双方均从国际贸易中获得利益(见表 13-6)。

表 13-4　分工前英国和法国的生产状况

国家	毛呢		葡萄酒	
	产量(匹)	所需劳动力数量(人/年)	产量(桶)	所需劳动力数量(人/年)
英国	100	40	100	50
法国	100	80	100	60

表 13-5　分工后英国和法国的生产状况

国家	毛呢产量(匹)	葡萄酒产量(桶)
英国	225	0
法国	0	700/3

表 13-6　交换后英国和法国的产品数量

国家	毛呢(匹)	葡萄酒(桶)
英国	125	100
法国	100	400/3

比较优势理论自提出以来便成为国际贸易理论的基础,作为发达国家进行对外贸易的政策依据,为国际贸易的发展做出了积极的贡献。但是比较优势理论存在致命的缺陷,例如,比较优势理论建立在一系列严苛的理论假设之上,经济必须处于完全自由的竞争状态,生产资料在国内自由流动和在国际完全不能自由流动以及资源充分利用、充分就业,这些假设与现实的经济状态相差太远。这些缺陷限定了比较优势理论的解释能力和范围,招致了后续许多经济学家的批判,推动了比较优势理论的研究,使比较优势理论在实践中不断完善,国际贸易理论不断发展。

(三)要素禀赋理论

绝对优势理论和比较优势理论均建立在"劳动价值论"的基础之上,即认为劳动是创造价值和形成生产成本的唯一要素,但是实际生产中往往有多种要素参与。在比较优势理论中,各国比较成本不同的主要原因在于技术差异。但是在 20 世纪初期,随着欧美各国之间频繁的交流,技术的传播已经相对容易。拥有相似生产技术的国家在生产同种产品的生产成本上仍然存在较大差异,所以有其他因素影响着产品的生产成本。赫克歇尔和俄林认为,除了技术差异以外,各国要素禀赋以及在产品的生产上使用的要素比例的不同是决定各国产品的生产成本的最重要的因素,进而也决定了各国在不同产品上的比较优势,这就是要素禀赋理论,也称为资源禀赋理论,简称赫—俄理论,即 H-O 理论。

1919 年,赫克歇尔出版了《对外贸易对收入分配的影响》一书,提出了要素禀赋理论。为了剔除技术因素的影响,他假设在不同的国家既定产品的生产技术是相同的,从而相互进行交换的国家之间生产要素的相对稀缺程度(即生产要素的相对价格)和不同产品中所用生产要素的不同比例是产生国际贸易的前提条件。在此基础上,赫克歇尔又进一步推断出贸易对要素价格的可能影响,即如果所有国家的生产技术都是相同的,贸易的最终结果会使得各国相对稀缺的生产要素的价格出现均等化。同时,他指出这是贸易不可避免的结果。由此,赫克歇尔不仅揭示了要素禀赋和使用比例构成了国际贸易的基础,还说明了国际贸易对要素价格的影响。

俄林继承了赫克歇尔的观点,完善了要素禀赋理论。首先,他揭示了区域贸易与国际贸易产生的原因。认为,商品相对价格的不同直接导致了区域贸易的产生,生产要素的供给及其价格决定了商品的价格,所以地区生产要素相对价格的差异(或其稀缺程度的差异)是贸易关系成立的必要条件。因此,某一地区应出口大量使用本地丰富而廉价的生产要素生产的商品,而进口大量本地稀缺而昂贵的生产要素生产的商品。地区贸易的另一条件是生产要素具有不完全可分性。因为生产要素的这种特性,只有专业化的规模生产才能带来规模经济。因此,各地区发挥其要素的相对优势并追求规模经济导致了区域贸易关系的形成和发展。另外,在一定的条件下,生产要素和商品的流动可以相互替代,所以生产要素的价格将会随着生产要素和商品的进一步移动而呈现均等化。其次,他指出国际贸易只是区域贸易在地域上的扩展。但是国际贸易中生产要素的流动受到更多的阻碍,所以更应该重视生产要素禀赋的差异问题。同区域贸易相似,在国际分工和国际贸易体系内,各个国家应该生产和出口需较多耗用其供给相对充裕的生产要素的产品,而进口在本国生产需较多耗用其供给相对短缺的生产要素的商品。

赫克歇尔和俄林的要素禀赋理论克服了李嘉图的比较优势理论的局限,除劳动外,还将资本和土地等其他生产要素作为影响劳动生产率和产品生产成本的因素。此外,他们还注意到,不同的商品生产要素配置不同,有些商品需要投入较多的劳动,有些商品需要投入较多的资本。另外,各个国家生产要素的丰裕程度不同,有的国家人口众多,劳动充裕,有的国家资本雄厚,资本充裕。由于产品的生产需要投入多种要素,除技术以外,产品的相对成本也由产品生产中使用要素的稀缺程度和要素比例决定。通常,劳动充裕的国家,劳动力价格会偏低,生产中劳动投入比例较高,生产劳动密集型产品。而资本充裕的国家,资本的价格会较低,生产中资本投入比例较高,生产资本密集型产品。因此,劳动充裕的国家,一般拥有生产劳动密集型产品的比较优势。而资本相对充裕的国家,则具有生产资本密集型产品的比较优势。根据要素禀赋理论,各国应集中生产并出口密集使用本国充裕要素的产品,进口密集使用本国稀缺要素的产品。

(四) 里昂惕夫悖论

要素禀赋理论提出以后,成为解释国际贸易的主要理论。这与人们直接观察到的国际贸易中货物的流动方向相一致,比如地域广阔并且土壤肥沃的国家往往生产并且出口粮食,石油资源丰富的国家往往出口石油。但是在 20 世纪 50 年代,要素禀赋理论在实践的检验中受到了挑战。

1953 年,里昂惕夫运用美国的相关数据对要素禀赋理论进行了检验。通常人们认为美国是资本充裕的国家,但是劳动资源相对短缺,按照要素禀赋理论,美国应当出口资本密集型产品,进口劳动密集型产品。然而检验的结果是,美国进口的是资本密集型产品,出口的是劳动密集型产品,与人们的普遍认知正好相反。这就是著名的“里昂惕夫之谜”,或称“里昂惕夫悖论”。

“里昂惕夫之谜”的出现使得人们开始怀疑要素禀赋理论。到 20 世纪 60 年代,出现了许多学说试图对“里昂惕夫之谜”加以解释。

1. 熟练劳动说

一般劳动可以区分为熟练劳动和非熟练劳动。其中，熟练劳动是指通过教育、培训等方式积累起来的具有一定技能的劳动。熟练劳动的获得需要大量的资本投入，美国通过教育、在职培训等措施培养的熟练劳动力较多，所以从有效劳动的角度来看，美国是劳动相对充裕的国家。这样，就可以用要素禀赋理论进行解释，“里昂惕夫之谜”也就消失了。

2. 贸易保护说

赫克歇尔和俄林的要素禀赋理论假设贸易是自由的，但是现实中几乎所有国家都或多或少地实行贸易保护政策。罗伯特·鲍德温的研究表明，美国对产值中劳动力含量（或称为就业含量）高于平均水平的产品的进口限制是最多的。这在一定程度上限制了美国对劳动密集型产品的进口。另外，与其他国家相比，美国在生产资本密集型产品方面处于优势地位。同样，其他国家处于贸易保护，会限制对它们来说缺乏竞争力的资本密集型产品的进口，从而减少了美国资本密集型产品的出口量，于是“里昂惕夫之谜”便出现了。如果贸易是完全自由的，“里昂惕夫之谜”便不复存在了。

3. 要素密集类型逆转说

某一商品是劳动密集品还是资本密集品没有绝对的标准，因为每个国家要素的相对价格不一样。假设一种商品本来是劳动密集型产品，但是在另外一个国家，因为资本要素充裕，生产此种商品时就可能用资本来代替劳动，从而使此种商品变为资本密集型产品，由此在这种商品上便出现了要素密集类型逆转。里昂惕夫在对赫克歇尔和俄林的要素禀赋理论进行检验时，使用的是美国的投入产出数据。对于美国进口的商品，使用的也是美国生产同类产品时所需的资本劳动比率，而不是这一商品在出口国国内生产时实际使用的资本劳动比率。所以，就有可能出现美国进口资本密集型产品，出口劳动密集型产品的情况。很显然，这只是因为产品的密集类型在美国和出口国不同而已。

4. 国内需求说

在赫克歇尔和俄林的要素禀赋理论中，消费者的偏好被假设是完全相同的，所以国际贸易只取决于要素禀赋的差异。但是现实中，国际贸易的决定因素不仅来自于供给方面，也来自需求方面。假设美国是资本充裕的国家，而美国消费者对于资本密集品具有独特的偏好，那么美国就有可能进口资本密集品以满足国内消费者的需求，从而出现了“里昂惕夫悖论”。

“里昂惕夫悖论”推动了国际贸易理论的重大发展，由此引出的对于“里昂惕夫悖论”的种种解释补充了赫克歇尔和俄林的要素禀赋理论，增强要素禀赋理论对于国际贸易状态解释力的同时，为后续国际贸易理论的出现奠定了基础。

二、农产品国际贸易理论的新发展

传统的国际贸易理论往往都假定市场具有完全竞争性以及规模报酬不变。随着国际贸易的发展，一些国际贸易理论学家认为应当考虑市场的不完全竞争性以及规模经济问题，由此产生了一些新的理论来解释国际贸易,如规模经济理论、技术差距论以及产品生命周期理论等,但是这些理论的解释力却不尽如人意。直到20世纪90年代,国家竞争优势理论的出现,新的国际贸易理论范式才正式建立。

1990年,迈克尔·波特出版了《国家竞争优势》一书。他认为一国的国家竞争优势决定了该国的产业在国际市场上的竞争力,而国家竞争优势是由四个基本因素和两个辅助因素的相互作用决定。其中四个基本因素包括:要素条件,需求条件,相关与辅助产业的状况,企业战略、结构和竞争行为。两个辅助因素由偶然事件和政府行为组成。这被称为"国家竞争优势理论"或者"钻石理论"。

(一) 要素条件

波特在继承赫克歇尔和俄林的要素禀赋理论的基础上对其进行了修正。一方面,他认为一国的要素禀赋在决定一国的竞争优势方面所起作用通常要比所认为的更复杂。另外,要素是动态的,是可以被创造、被升级以及被特定化的。由此他得出结论:要素通常是投资的产物。如何有效地配置生产要素决定了生产要素所带来的竞争优势,并且将要素配置在该国的哪一地区也会对竞争优势的形成产生重要的影响。因而,与单纯拥有要素相比,有效配置和利用生产要素对于一国产业竞争优势的形成更为重要。与其他产业相比,自然资源、气候、区位、非熟练或半熟练劳动力等基本要素对农业竞争优势的产生仍具有一定的作用,但是其作用越来越小,而比较稀缺的高级人才、现代交通、通信系统、研究机构等高级要素对竞争优势的作用越来越大。要想保持产业的国际竞争力,只有不断创造出新的更高级的且更加专业化的要素。

(二) 需求条件

国内需求条件直接影响产业的国际竞争优势。国内需求由需求构成、需求的增长规模和形式、国内需求的国际化三方面构成。其中,国内需求构成对产业的竞争优势的影响主要表现为三个方面:第一,多样化的国内需求结构有助于企业形成有效的竞争策略,发挥规模经济和学习效应;第二,成熟和挑剔的买者会对企业产生压力,迫使企业提高产品和服务质量;第三,预示性的买方需求可以为企业提供未来买者需求信号。需求增长的规模和形式则主要从国内需求的规模、独立买者的数量、国内需求的增长率、早熟的国内需求以及国内市场的先行饱和五个方面影响国家的产业竞争优势。国内需求的国际化则是通过形成将国内需求转向国际,将产品和服务推向国外市场的一种机制来影响国家的产业竞争优势。

(三) 相关及辅助产业的状况

一国特定产业的国际竞争力在很大程度上会受到相关及辅助产业的影响。如果相关及辅助产业具有国际竞争力,那么特定产业就更容易具有国际竞争优势。但是为了使某一产业具有国际竞争优势,没有必要要求所有供给产业都具有国际竞争力,那些对创新和该产业的发展没有重要影响的投入品可以从国外进口。对某一产业的竞争优势具有重要影响的相关产业包括可以与之相协调和共享某些活动的产业,或者互补产品的产业。共享活动可以是技术开发、制造、配送系统、营销和服务等。

（四）企业战略、结构与竞争行为

产业的国际竞争力受到企业战略、结构以及竞争行为的直接影响。企业的管理和组织受各国环境的影响，只有适应本国具体环境的管理和组织实践才有利于该国产业的国际竞争力。同时，企业国内竞争的形式对创新过程有重要影响。企业在国内竞争中产生压力，迫使自身进行创新，改善技术。由此增强了竞争力的企业，在国际竞争力中也能获得较强的竞争优势。国内竞争还会将竞争优势从某些产业扩大到整个民族的产业，从而在整体上增强一国产业国际竞争力。

（五）偶然事件

产业竞争优势有时会受到一些偶然事件和机会的影响。其中特别重要的有：纯粹的发明活动、重大技术的非连续性（如生物技术、微电子技术的出现）、投入成本的非连续性（如石油冲击）、世界金融市场和汇率的重大变化、世界或地区需求的高涨、外国政府的政治决策、战争等。偶然事件造成的非连续性可以使竞争地位发生变化，以前的竞争优势失效，能够适应新形势的国家和企业才有机会获得竞争优势。但是，偶然事件所提供的机遇并不是一国产业获得国际竞争优势的充要条件。在不同的国家，因为各种条件的差异，同样的机遇可能产生非常不同的结果。

（六）政府行为

波特认为在保持产业竞争优势方面，政府的作用不是决定性的。只有在那些决定国家优势的根本因素业已存在的产业中，政府政策才能保持有效。政府政策可以增加获得竞争优势的可能性，但如果没有其他有利条件，政府政策创造优势的力量是微弱的。

第二节　农产品国际贸易规则

农产品国际贸易受到国际贸易规则的约束，在世界贸易组织（World Trade Organization，WTO）成立之前，农产品贸易的国际规则主要来源于关税与贸易总协定（General Agreement on Tariffs and Trade，GATT）。但是 GATT 并未就制成品和农产品加以区分，也没有分别制定不同的约束规则。GATT 一开始便对初级产品规定了一些例外的条款，而绝大多数农产品均可被认定为初级产品。因此，在很大程度上，农产品贸易并没有受到 GATT 法律框架的约束。

1995 年 1 月 1 日，WTO 取代 GATT 正式运转。与此同时，《乌拉圭回合农业协议》（以下简称《农业协议》）正式生效，旨在建立一个公正、市场导向的农产品贸易体制，并且主要通过谈判建立起有效的贸易规则，进而推动国际农产品贸易的不断发展。《农业协议》具体规定了 WTO 成员方的权利和义务，构成了农产品贸易规则的主要内容，发达国家的承诺应在到 2000 年止的 6 年内完成，发展中国家的承诺应在到 2004 年止的 10 年内完成。它主要涉及四个领域，即市场准入、国内支持、出口补贴承诺和动植物卫生检疫。

知识链接

1994 年 4 月 15 日，在摩洛哥的马拉喀什市举行了关贸总协定乌拉圭回合部长会议，会议上决定成立更具全球性的贸易组织，以取代成立于 1947 年的关贸总协定，即后来的世界贸易组织（WTO）。截止到 2015 年 7 月，世界贸易组织拥有 160 个成员国，是当代最重要的国际经济组织之一，成员国贸易总额达到全球的 97%，有“经济联合国”之称。

一、市场准入规则

各个国家对农产品的进口限制，主要是通过关税及非关税壁垒来实现的，这也造成了农产品国际贸易的扭曲。因此，将非关税措施关税化，约束和削减关税水平，是增加农产品市场准入机会的有效措施，《农业协议》也正是由此出发制定了市场准入规则。

（一）关税化

关税化是指将非关税措施转换为关税等值并予以约束的制度。《农业协议》规定，各成员不得维持、采取或重新使用已经被要求转换为普通关税的任何非关税措施，即“强制约束税率”规则。其中“任何措施”包括进口数量限制、进口差价税、最低进口价格、任意性进口许可证、经营国家专控产品单位所保持的非关税措施、自愿节制出口以及普通关税以外的边境措施。

（二）关税化的例外

对非关税措施的关税化，《农业协议》规定了四种例外：

（1）以维护国际收支平衡为目的而采取的措施。

（2）依据 GATT 1994 的普遍义务或 WTO 其他协定而采取的、与农业无关的措施得以保留。

（3）在关税化改革过程中遇到进口产品的数量激增或者价格骤跌到一定的程度时，允许进口国对之加征附加税。

（4）对所有国家而言，非关税措施的关税化在 1995—2000 年的实施期内，将不适用于符合下列条件的初级农产品及其转型产品、加工产品：① 在 1986—1988 年三年“基期”中进口的上述产品仅占国内该产品消费量的 3%以下。② 在三年“基期”中，未向上述产品提供任何出口补贴。③ 对初级农产品采取了有效的限产措施。④ 在成员方减让表中被指明属于享受粮食保障、环境保护等特别待遇的产品。⑤ 上述产品的最低市场准入机会在市场准入开始实施时相当于国内消费的 4%，此后在实施期内每年增加 0.8%。发展中国家如果要对其传统饮食中主要食品的初级农产品在实施期内继续维持现有的非关税措施，除了满足以上条款列明的对有关产品的适用条件外，还应当将其最低市场准入机会限定在国内消费量的 1%，并在 10 年内逐渐增加到 4%，而且要为其他农产品提供适当的市场准入机会。

（三）特殊保障条款

为了使原来保护程度高的农产品免受巨大冲击，《农业协议》中规定了农产品特殊保障措施，即成员国在将非关税措施转化为普通关税后，在减让表中用特殊保障措施表明作为减让对象的农产品,允许该成员在该产品进口数量突增,或者进口价格骤跌达到规定的水平时,征收一定的附加关税,以保护国内相关产业。

《农业协议》中规定实施特殊保障措施的农产品必须经历关税化过程,必须是一国关税减让表中注明可使用特殊保障措施的产品,必须达到进口数量或者进口价格触发标准。进口数量触发,即当农产品某年的进口数量超过前3年进口量的平均水平,则该成员可动用此特殊保障条款,但税额最高只能达到约束税率的1/3,且加征期仅以当年为限。进口价格触发,即当进口产品价格下降且低于1986年至1988年进口参考价格平均水平的10%时,可实施此特殊保障措施。

(四)关税减让

关税减让是各成员承诺在议定的实施期限内,将各自的农产品关税(包括关税化过程后产生的关税)按一定的幅度进行削减。具体的减让承诺为从1995年开始分年度进行关税减让。包括:① 以1986—1988年为基期,按简单算术平均法计算,发达国家的平均税率削减36%,发展中国家削减24%。② 发达国家每项农产品的平均关税税率至少削减15%,发展中国家至少削减10%。③ 约束所有关税(包括关税化后的关税),各成员的任何农产品的进口关税,均不得超过其所承诺的减让水平。关税减让的实施从1995年开始,发达国家在6年内完成,发展中国家在10年内完成,最不发达国家不需要进行削减。

(五)最低市场准入

为了解决一些国家在实施非关税措施关税化的过程中遇到的困难,《农业协议》中规定了最低市场准入条款,允许一些成员国在某些产品上的非关税措施暂时不实行关税化,但是同时规定必须确定最低市场限入量,以促进农产品贸易自由化。其条件为:① 以1986—1988年为基期,在该时期内,某产品的进口数量低于国内消费量的3%;② 从1986年起,未对该产品进行出口补贴。③ 若该产品为初级产品,则需要对其实行有效的生产限制措施。最低市场准入通过关税配额来实现。

二、国内支持

国内支持是指各成员方对农产品实施的直接支持、价格支持以及其他补贴形式的国内保护措施。以政府执行的农业政策和计划是否对生产和贸易产生扭曲作用为标准,《农业协议》将各种国内支持措施划分为可免除减让承诺的国内支持措施和要求减让承诺的国内支持措施两大类。

(一)可免除减让承诺的国内支持措施

《农业协议》中规定的可免除减让承诺的国内支持措施包括:"绿箱"政策;"蓝箱"政策;符合"最低减让标准"的措施;符合"特殊和特别待遇"的措施。

1.“绿箱”政策

“绿箱”政策是指政府在执行某项农业计划时,其费用通过包含政府财政在内的公共基金资助,而不是从消费者身上转移而来,没有或仅有最微小的贸易扭曲作用,对生产影响很小的支持措施，以及不具有给生产者提供价格支持作用的补贴措施。“绿箱”政策的具体措施包括：

(1) 政府的一般性农业生产服务。其内容包括农业科研、病虫害控制、农业科技人员和生产操作者培训、技术推广和咨询服务、检验服务、市场促销服务以及农业基础设施建设。

(2) 为保障粮食安全而提供的储备补贴。协议允许政府直接以财政开支来维持粮食安全储备或为私人储备提供财政补贴。但这类开支或补贴均不得表现为高价收购或低价销售储备粮，并且储备性补贴必须保持充分透明和符合储备需要（即粮食储备性补贴不得过度）。

(3) 国内粮食援助补贴。赈济本国（地区）饥民是每个政府所必须承担的责任，粮食援助补贴只能采取向符合受援资格的居民提供粮食或以补贴价格供应粮食的方式，政府所援助粮食必须按市价采购（即不得高价采购），并且粮食援助行动必须保持充分透明。

(4) 对生产者的直接支付。包含以下八类直接支付：与生产不挂钩的收入补贴、农业收入保险补贴、自然灾害救济补贴、农业生产者退休或转业补贴、农业生产资源储备补贴、农业生产结构调整性投资补贴、地区发展补贴（扶贫补贴）以及农业环境补贴。

2. “蓝箱”政策

“蓝箱”作为“黄箱”[①]和“绿箱”之间的一种过渡政策，是一种有条件的“黄箱”支持。《农业协议》规定，一些与生产限制计划有关的“黄箱”政策支持可以放在被称为“蓝箱”的特殊政策中来得到免除减让。其条件是必须满足下列要求之一：① 按固定面积或者产量提供的补贴；② 根据基期生产水平 85%以下所提供的补贴；③ 按牲口的固定头数所提供的补贴。

3. 符合“最低减让标准”的措施

《农业协议》要求各成员方以综合支持量为削减尺度做出削减承诺，如果在计算某一特定农产品综合支持量时，计算结果不超过该产品生产总值的 5%（发展中国家为 10%），则计算结果不必计入综合支持总量中，该特定农产品可免除减让。在计算非特定农产品的综合支持量时，其计算结果不超过全部农业生产总值的 5%（发展中国家为 10%），其计算结果也不必计入综合支持总量中，该非特定农产品也可免除减让。也就是说，最低减让标准规定了对特定农产品和非特定农产品支持的最高限度为 5%或者 10%。

4. 符合“特殊和特别待遇”的措施

为了促进发展中国家农业的健康发展，《农业协议》规定：在政府为鼓励农业和农村发展所提供的直接或间接的援助措施中，发展中国家的一些发展计划可以免予减让。例如：① 发展中国家成员可以普遍获得的投资补贴；② 发展中国家中低收入或资源贫乏的生产者可以普遍获得的农业投入补贴；③ 鼓励发展中国家生产者不生产违禁麻醉作物而提供的支持。

（二）要求减让承诺的国内支持措施

《农业协议》规定的要求减让承诺的国内支持主要是指对生产和贸易产生扭曲作用的“黄箱”政策。为了促进贸易自由化和改变政策对贸易的扭曲程度，《农业协议》规定各成员方要对

① 对生产和贸易产生扭曲作用的政策称为“黄箱”政策。

农产品的国际贸易的国内支持做出相应的承诺。《农业协议》要求以1986—1988年为基期，计算综合支持总量。自1995年开始，发达国家在6年内以每年相同的比例逐步削减20%的综合支持总量，发展中国家在10年内以每年相同的比例逐步削减13%的综合支持总量，最不发达国家无须减让。其中，《农业协议》规定需要减让承诺的“黄箱”政策包括下述范围：① 价格支持；② 营销贷款；③ 面积补贴；④ 牲畜数量补贴；⑤ 种子、肥料、灌溉等投入补贴；⑥ 某些有补贴的贷款计划。

三、出口补贴承诺

出口补贴是一种对农产品国际贸易产生严重扭曲作用的政策措施。《农业协议》规定，成员国原来有对农产品实行出口补贴的，要削减出口补贴；对于原来没有出口补贴的，则不能再实施补贴。出口补贴承诺主要包含预算支出削减承诺和出口数量削减承诺。在实施期结束时，成员国出口补贴预算支出和得益于此类出口补贴的数量的累计总和，发达国家分别不高于1986年至1990年基期水平的64%和79%，发展中国家成员分别不高于1986—1990年基期水平的76%和86%。以1986—1990年出口补贴的平均水平为基期，或在某些出口补贴已经增加的条件下，以1991—1992年的平均水平为基期，从1995年开始每年等量削减，发达国家成员在6年内削减出口补贴预算开支的36%，发展中国家成员在10年内削减24%；发达国家成员在6年内削减享受补贴的农产品出口数量的21%，发展中国家成员在10年内削减14%，最不发达国家成员无须进行削减。

四、动植物卫生检疫

卫生和植物检疫与农产品国际贸易紧密相连。在《农业协议》中，卫生和植物检疫措施以独立的法律文件的形式存在，即《卫生和植物检疫措施协议》。

协议中规定卫生和植物检疫措施的目的在于：第一，保护成员国境内的动物或植物的生命或健康免受虫害、病害、带病有机体或致病有机体的传入、定居或传播所产生的风险；第二，保护成员国境内的人类或动物的生命或健康免受食品、饮料或饲料中的添加剂、污染物（包括农药和兽药残留以及其杂质）、毒素或致病有机体所产生的风险；第三，保护成员国境内的人类的生命或免受进口动物、植物或动植物产品携带的病害或虫害的传入、定居或传播所产生的风险；第四，防止或限制成员国境内因虫害的传入、定居或传播所产生的其他损害。成员国所采用的卫生和植物检疫措施必须建立在国际标准、准则和建议的基础之上，如果成员国制定的措施高于国际标准、准则和建议对于动植物的保护水平，必须有充分的科学依据。协议要求采取的措施必须进行风险评估，需考虑的因素包括：现有的科学依据；有关的检验、测样和测定方式；有关的工序和生产方式；有关的生态和环境条件以及检疫和其他处理方式、病虫害非疫区的存在等。除此之外，协议还对卫生与植物卫生措施的等同待遇、控制检验和批准程序、检疫规定的透明度、非疫区和低度流行区条件等问题做了规定。其目的在于不断推进贸易自由化，避免卫生和植物检疫措施成为农产品国际贸易的壁垒。

第三节　农产品国际贸易的发展

《乌拉圭回合农业协议》正式生效以来，经济全球化和贸易自由化进程不断推进，各个国家在制定和调整本国农业政策促进农业产业发展的同时，积极参与农产品国际贸易，使世界农产品贸易得到了长足的发展。

一、农产品国际贸易发展的阶段性

农产品出口贸易额是世界农产品贸易规模的标志。从整体上看，世界农产品出口贸易额呈现出增长的趋势，但是农产品出口受到了多种因素的影响。首先，出于农业生产的自身特点，农产品的生产受气候等自然因素的影响较大，导致农产品的供应具有不稳定性；其次，农产品的需求弹性较小，其价格受供给量的影响较大，价格波动时有发生；最后，同其他产品的国际贸易一样，农产品的国际贸易受到世界局势以及各个国家农业政策的影响。因此，农产品的国际贸易的发展没有延续递增的趋势，而是呈现出一定的阶段性。1995—2013 年，世界农产品的国际贸易呈现出五个阶段，如图 13-1 所示。

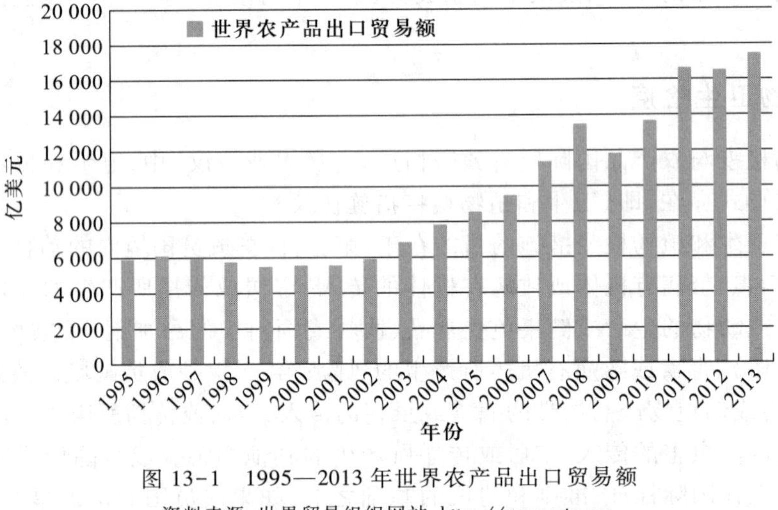

图 13-1　1995—2013 年世界农产品出口贸易额

资料来源：世界贸易组织网站，http://www.wto.org.

第一阶段，1995—1996 年，缓慢增长阶段。这一阶段农产品国际贸易的缓慢增长主要是因为《乌拉圭回合农业协议》正式生效，促进了农产品贸易的自由化。

第二阶段，1997—2001 年，负增长阶段。1997 年，亚洲金融危机爆发。受此影响，世界经济增速放缓，国际贸易萎缩，农产品贸易额逐年下降。

第三阶段，2002—2008 年，持续增长阶段。农产品贸易额年平均增长率达 14.92%。这一阶段的增长主要得益于经济全球化和贸易自由化的持续推进。

第四阶段,2009 年,增长谷底阶段。受美国次贷危机的影响,2008 年年底发展成为世界性的金融危机,各个国家的进出口贸易受到严重影响。2009 年,世界农产品贸易额减少了 12.17%。

第五阶段,2010—2013 年,恢复性增长阶段。金融危机之后,世界各国纷纷将政策调整到发展本国经济,促进对外贸易上来,农产品的贸易额出现了增长。2011 年,其增长幅度达到了 21.74%。此后,世界农产品贸易额变化相对平稳。

二、农产品国际贸易的特点

(一) 世界农产品贸易额占世界商品贸易额的比重下降

农产品贸易额占全部商品贸易额的比重下降是经济发展水平提高的重要标志。随着世界范围内工业化的不断推进,各个国家的产业结构不断转化,第一产业所占比重下降,第二产业、第三产业所占比重上升,农业产业占整个国民经济的比重下降,这也必然导致世界农产品贸易额占商品贸易额的比重下降。这一趋势在经济发达国家早已显现,在发展中国家也愈发明显。

从长期来看,世界农产品贸易额占世界商品贸易额的比重将不断下降,这一趋势符合当今世界经济发展趋势。从图 13-2 可以看出,1995 年,世界农产品贸易额占世界商品贸易额的比重为 11.4%。到 2013 年,这一比重下降为 9.27%。

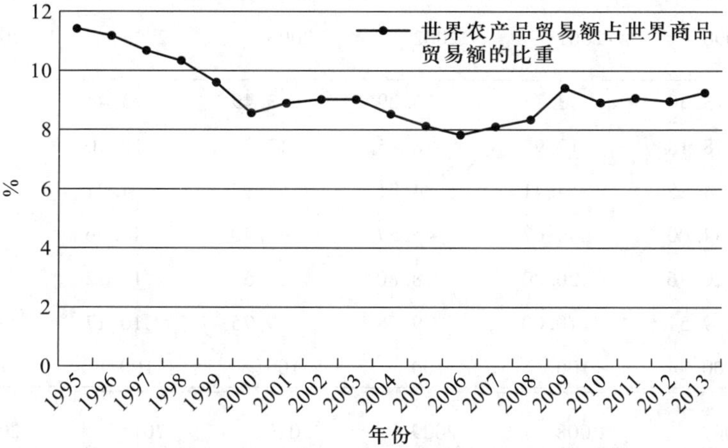

图 13-2　1995—2013 年世界农产品贸易额占世界商品贸易额比重

资料来源:世界贸易组织网站:http://www.wto.org.

(二) 农产品国际贸易的产品结构中以食物为主

在 WTO 关于农产品国际贸易的数据统计中,将农产品分为食物和农业原材料两大类,其中食物又包含鱼类和其他食物产品。从 2000—2013 年农产品国际贸易产品结构中可以看出,食物贸易占农产品国际贸易额的 75%以上,而其中除鱼类以外的其他食物产品占到了食物贸易额的 85%以上,农业原材料的贸易额占农产品国际贸易额的比例保持在 10%左右。

众所周知,粮食是最基本的食物。随着全球粮食安全问题的加剧,对于粮食相对短缺的国家来说,发挥比较优势,通过对外贸易获取粮食是有效途径之一。而对于粮食充裕的国家,通过出口粮食可以获取外汇。因此,包含粮食在内的其他食物产品在食物贸易中所占比例较大,也直接导致了食物贸易在农产品国际贸易中所占比例居高不下。另外,由于鱼类等食物自身的特点,难以长期保存和运输,所以其在食物贸易中所占比例较小。农业原材料则由于产品的附加值比较小,对外贸易获取的利润较少,因此,在农产品国际贸易中所占比例较小并且趋于稳定。

(三)农产品国际贸易的地区结构中以欧洲、北美洲以及亚洲为主

通过各大洲的农产品贸易额占农产品国际贸易额的比例变化,可以看出农产品国际贸易在世界范围内的分布情况。由表 13-7 可以看出,2000—2013 年,欧洲的农产品出口份额保持在40%以上,是世界农产品最主要的出口地区,荷兰、法国、德国、比利时、卢森堡等都是欧洲重要的农产品出口国。到 2003 年,亚洲出口农产品的市场份额已超过北美洲,居于世界第二位。其中,中国是亚洲出口农产品最多的国家,泰国、马来西亚的农产品出口量也较大。2003 年后,北美洲的农产品出口的市场份额居于世界第三位,美国、加拿大、墨西哥是农产品出口大国。中南美洲的农产品出口市场份额有所增长,其中巴西是世界重要的农产品出口大国。受地理位置、自然资源等因素的影响,非洲、大洋洲的农产品出口量占世界农产品出口总量的份额均较小。

表 13-7 2000—2013 年各大洲农产品出口市场份额 单位:%

洲 \ 年份	2000	2001	2002	2003	2004	2005	2006
非洲	3.30	3.28	3.29	3.49	3.44	3.35	3.29
亚洲	18.18	17.95	18.45	17.89	18.10	18.52	19.04
大洋洲	4.25	4.41	4.31	3.90	4.21	3.99	3.76
欧洲	44.00	44.07	45.57	47.40	47.36	47.27	46.82
北美洲	20.76	20.20	18.80	17.57	16.72	16.18	16.19
中南美洲	9.51	10.09	9.58	9.75	10.17	10.69	10.90
世界	100	100	100	100	100	100	100

洲 \ 年份	2007	2008	2009	2010	2011	2012	2013
非洲	3.10	3.16	3.74	3.87	3.67	3.63	3.62
亚洲	19.27	19.94	19.60	21.81	23.47	23.40	22.75
大洋洲	3.44	3.39	3.46	3.59	3.89	3.95	4.09
欧洲	46.88	45.74	45.63	42.58	40.94	40.44	41.33
北美洲	15.98	15.99	15.48	15.92	15.36	15.92	15.55
中南美洲	11.33	11.78	12.09	12.24	12.67	12.66	12.66
世界	100	100	100	100	100	100	100

在进口方面，通过表 13-8 可以看出，2000—2013 年，欧洲农产品进口份额始终占据一半左右。近年来虽然略有下降，但始终占据各大洲农产品进口市场份额的首位。其中，德国、法国、意大利、荷兰等国家是此地区主要的农产品进口国。亚洲的农产品进口份额居于世界第二位，并且呈逐渐增长趋势，日本、韩国是主要的农产品进口国。另外，中国的农产品进口量也比较大。近年来，北美洲的农产品进口市场份额有所减小，美国、加拿大、墨西哥是此地区主要的农产品进口国。中南美洲的农产品进口市场份额始终较小。非洲的农产品进口市场份额略有增长。大洋洲农产品出口市场份额始终占世界农产品进口额的 1%左右，居于最末位。从以上分析也可以看出，农产品国际贸易的格局业已形成，在各大洲中其分布具有不均衡性。

表 13-8　2000—2013 年各大洲农产品进口市场份额　　单位：%

洲＼年份	2000	2001	2002	2003	2004	2005	2006
非洲	3.74	3.92	4.03	3.92	4.03	4.20	4.32
亚洲	24.76	24.34	23.81	23.36	23.43	23.26	23.42
大洋洲	0.91	0.86	0.99	1.00	0.98	1.01	1.02
欧洲	49.45	49.69	50.59	52.60	52.54	52.46	52.01
北美洲	17.22	17.22	17.06	15.93	15.80	15.80	15.78
中南美洲	3.92	3.97	3.52	3.20	3.22	3.27	3.45
世界	100	100	100	100	100	100	100

洲＼年份	2007	2008	2009	2010	2011	2012	2013
非洲	4.82	5.34	5.36	5.73	6.17	6.36	6.23
亚洲	23.55	24.22	25.59	28.38	29.94	30.69	30.74
大洋洲	1.04	1.05	1.08	1.12	1.12	1.18	1.23
欧洲	52.46	51.71	50.60	47.30	45.47	43.88	44.27
北美洲	14.34	13.28	13.25	13.22	12.95	13.39	13.07
中南美洲	3.79	4.40	4.12	4.25	4.35	4.50	4.46
世界	100	100	100	100	100	100	100

三、对外开放条件下的农业产业和粮食安全

在对外开放的条件下，各个国家积极加入农产品国际贸易中来，在促进农产品国际贸易朝更深、更广的方向发展的同时，会或多或少地影响一国农业产业的发展。

由于每个国家国情不同，因此对外开放对于农业产业发展形成的影响也各不相同。就我国而言，在实行对外开放的政策以后，特别是在我国加入世界贸易组织（WTO）以后，农业产业发展

面临的环境发生变化，在其发展中既有机遇也面临挑战，农业产业的发展呈现出新的特点。在对外开放的条件下，我国可以出口具有比较优势的农产品，比如水果、蔬菜以及畜产品，利用国际市场调剂余缺，减少对于生态环境损害较严重的农产品的生产，从而扬长避短，达到调整农业产业结构的目的。另外，通过广泛的国际交流与合作，能够加速提高农业科技水平和农业科技含量，促进农业产业结构的转型升级。但是，国内农产品市场同时面临开放的压力。例如，小麦、大豆、玉米等比较利益较低的农产品可能受到较大的冲击。加之我国农业产业链并不完善，使得农业产业的整体竞争力的提高受到制约，我国促进农业产业发展的政策也可能被迫调整，其发挥作用的空间也会受到限制。

农业产业的发展在对外开放的条件下会调整变化，而全球的粮食安全问题在一定程度上也会受到各个国家对外开放的影响。粮食安全，是指任何人在任何情况下都能获取足够、安全的粮食。一方面，随着各个国家对外开放程度的进一步提高，贸易自由化进一步推进，有助于解决粮食安全问题。这是因为贸易能促进增长，而增长有助于减轻贫困。伴随贸易壁垒的减少，资源能够得到更有效的利用，有限的资源能生产出更多的产品，社会总体福利得到改善，穷人就能改善自己的健康、营养甚至文化水平，从而形成良性循环。另一方面，对外开放的条件下会对粮食安全形成潜在威胁。贸易进一步自由化只会给出口型的大农场主带来好处，从而导致追求大规模经营，而小农往往被边缘化，造成失业和贫困。而且贸易自由化中不能确保人人均能从中获益，使得收入分配差距扩大，很可能导致贫困人口的收入增长明显落后于整体经济增长水平甚至出现负增长，进而使其粮食安全水平降低。这样，对外开放条件下，粮食安全问题出现了新的威胁。特别是对于粮食安全问题较严重的发展中国家，在对外贸易中保证粮食安全是其重要的目标之一。以上也说明在对外开放的条件下，不论是农业产业的发展还是粮食安全问题的解决，都需要国家宏观经济政策，特别是收入分配政策和相关产业政策的配合。

四、中国的农产品国际贸易

中国是农业大国，农业发展历史悠久。新中国成立以来，中国的农产品贸易得到了长足的发展，大致可以划分为以下四个阶段：

第一，1949—1977 年的起步发展阶段。在这一阶段，我国农产品对外贸易规模小，增长缓慢，贸易伙伴和市场较为单一，农产品是主要对外贸易商品。

第二，1978—1993 年的快速发展阶段。党的十一届三中全会以后，农产品国际贸易发展迅速，规模不断扩大，实现稳定增长，贸易伙伴增多，市场呈现多元化，劳动密集型产品的比较优势突出，出口规模扩大，贸易顺差明显。

第三，1994—2001 年的波动发展阶段。农产品贸易规模有所扩大，增长出现徘徊。出口规模基本稳定，进口规模变动较大，顺差幅度增加，农产品对外贸易额占我国对外贸易总额的比重下降，水果、蔬菜等具有比较优势的产品出口总额进一步增加，而小麦进口不断减少，大豆进口急剧增加。

第四，2002 年至今的迅速发展阶段。随着我国加入世界贸易组织，农产品的国际贸易进入迅速发展阶段，在贸易总额激增的同时，贸易结构发生变化，农产品进口大幅度增加，由贸易顺差转变为贸易逆差。

根据海关统计，2014 年，我国农产品进出口额为 1 945 亿美元。其中，出口 719. 6 亿美元，进口 1 225. 4 亿美元，贸易逆差 505. 8 亿美元。从农产品贸易的品种结构来看，中国出口农产品以水果、蔬菜等劳动密集型产品为主，进口农产品以棉花、大豆等土地密集型产品为主。在农产品国际贸易的地区结构方面，中国农产品主要出口国家有美国、日本、欧盟和韩国等，进口产品主要来源于美国、东盟、巴西、阿根廷以及欧盟等。

随着世界农产品贸易的进一步发展，我国农产品国际贸易的规模将继续扩大，农产品贸易格局基本稳定，出口以劳动密集型产品为主，进口以资源密集型产品为主，农产品国际贸易逆差将会持续存在并向着不断扩大的态势发展。随着美国、欧盟等成为我国农产品主要的进出口市场，农产品结构将会不断优化升级。

本章小结

本章以农产品国际贸易理论为基础，介绍了世界贸易组织农产品国际贸易的规则以及农产品国际贸易的发展。传统的农产品国际贸易理论主要有亚当·斯密的绝对优势理论、大卫·李嘉图的比较优势理论、赫克歇尔和俄林的要素禀赋理论、里昂惕夫悖论及其解释。为了突破传统贸易理论的局限性，使国际贸易理论更具有实用性，20 世纪 90 年代，出现了国家竞争优势理论，该理论成为国际贸易领域最具解释力的主流理论。为了推进经济全球化和贸易自由化，《乌拉圭回合农业协议》从市场准入、国内支持、出口补贴承诺与卫生和植物检疫四个方面制定了农产品国际贸易规则，促进了当今世界农产品国际贸易的长足发展。通过分析可以看出，农产品国际贸易的发展具有一定的阶段性，世界农产品贸易额占世界商品贸易额的比重下降，农产品国际贸易的产品结构中以食物为主，其地区结构中以欧洲、北美洲以及亚洲为主。在对外开放的条件下，农业产业发展和粮食安全将会面临机遇和挑战。我国农产品国际贸易的发展同样具有阶段性，不同阶段呈现出的特点不同，未来会沿着现有特点继续发展。

即测即评

扫描二维码，做单项选择题，检验对本章内容的掌握程度。

复习思考题

1. 简述传统国际贸易理论的主要内容。

2. 国家竞争优势理论的主要内容有哪些?
3. 简述《乌拉圭回合农业协议》的主要内容。
4. 什么是WTO的“绿箱”政策、“黄箱”政策、“蓝箱”政策?
5. 简述要素禀赋理论的核心观点和逻辑。
6. 试分析农业国际化对中国农业的影响,以及中国应如何应对。

案例分析题

入世10年中国农产品国际贸易的变化

2011年12月11日中国正式加入WTO已满10年。这段时期中国农产品贸易经历了前所未有的机遇与挑战,逐渐开放的国内市场使得国际上的优势产品不断大量涌入,与此同时我国的优势农产品不断出口。

随着贸易规模不断扩大,到2008年,中国农产品贸易总额达985.5亿美元,成为世界第四大农产品贸易国。受2008年、2009年全球金融危机的影响,我国农产品贸易曾一度低迷,进出口额均有不同程度的萎缩。2010年后,金融危机的影响渐行渐远,我国农产品贸易继续呈不断增长的趋势。统计数据显示,2011年我国农产品国际贸易额高达1 556.2亿美元,增长26.7%,为2001年的5.6倍,逆差额高达341.2亿美元,同比增长47.2%。

在农产品进出口市场方面,2011年我国农产品出口市场非常集中,亚洲、欧洲和北美洲占出口总额的90%,其中亚洲是最大的市场,其次是欧洲和北美洲。与2000年相比,出口市场集中度发生变化。2011年中国农产品出口到欧洲、北美洲、南美洲和大洋洲的市场份额均有不同程度的提高,农产品出口市场多元化趋势日益凸显。入世前后中国农产品进口市场有所变化,来自美国的农产品所占比重比较稳定,来自澳大利亚的进口份额不断降低,2000年占农产品进口总额的12.2%,2011年仅为6.8%。巴西在我国农产品贸易格局中的地位不断上升。东盟作为我国重要的贸易伙伴,来自东盟的农产品所占比重不断上升。

在产品结构方面,我国出口农产品较为集中,劳动密集型产品的出口较多。蔬菜、水果等中国最具国际竞争力的园艺产品增长迅速。入世以后,中国进口农产品的结构发生较大变化,由20世纪90年代中期的粮食、植物油、棉花和畜产品为主转变为现在的食用油籽、植物油、畜产品和棉花为主。2011年油籽类产品进口规模最大,进口额高达314.9亿美元;其次是畜产品,棉、麻丝和植物油,进口额均在百亿美元以上。

纵观入世10年来中国农产品贸易的变化,一方面,在WTO多边贸易谈判搁浅,世界经济衰退的多重压力之下,中国农产品的国际贸易继续保持良好的发展势头,农产品进出口市场格局、农产品的产品结构方面均适应形势调整变化。另一方面,农产品贸易逆差额却迅猛扩大,在一定程度上表明农产品的国际竞争力有待提升。

资料来源:张琳,李慧,孙东升.入世10年中国农产品国际贸易回顾与展望.农业展望,2012(5).

讨论：

1. 入世 10 年，中国农产品贸易的变化验证了哪些农产品国际贸易理论？
2. 未来的中国农产品贸易发展会呈现怎样的特点？

世界著名农业经济学家简介

D.盖尔·约翰逊（David Gale Johnson）（1917—2003 年），北京大学名誉教授、中国经济研究中心学术顾问、芝加哥大学教授。曾任美国经济学会会长、美国农业经济学会会长、芝加哥大学副校长等职，是享誉国际的农业经济和发展经济学界的泰斗。

他是国际经济学界研究苏联和中国农业经济问题的权威，所著《农产品期货价格》是期货理论的奠基之作。

约翰逊的主要研究领域有农业政策、农产品的国内和国际贸易、人口和经济发展理论等。他提出了许多现在为农经学界普遍接受的理论观点，例如，提高农产品价格对农民收入的增长贡献甚微；增加农业补贴的结果是提高地租、增加农业产量、强化政府对农业的干预，但对增加农民收入的作用其实很有限；要素市场的调整是使农民收入随国民经济增长的主要渠道。

1950 年发表于《政治经济学杂志》的《分成地租和资源配置》，提出在存在土地市场并且地主可以自由选择佃农时，“分成地租”是一种和固定地租或雇佣劳动同等有效的制度安排。他的研究比张五常教授在 1968 年用科斯定理来解释这一现象早了 18 年。

第十四章 农业宏观调控

本章学习目标

1. 了解农业宏观调控的概念；
2. 掌握实行农业宏观调控的依据；
3. 掌握如何实行农业宏观调控、农业宏观调控的内容，以及所要达到的目标。

我国农业已进入增长方式转变、经营制度深化改革以及全面建设小康社会阶段，对全球农业的影响不断加深，表现出一系列大国农业的产业特征。为此，农业宏观调控的理念、手段、方式、能力等也需要随之变化。

第一节　农业宏观调控的依据

市场机制的缺陷是政府在市场经济中进行调控的基本原因。仅仅依靠市场调节难以保持农业生产的持续、稳定发展，政府实施农业宏观调控，不仅可以优化农业资源配置，弥补市场机制不足，还可以抑制通货膨胀，保障农民利益，增加农村社会福利。因此，在发挥市场机制对农业调节的同时，应当加强农业的宏观调控，保证农业快速、稳定、健康发展。

农业宏观调控是国家按照社会经济发展的客观要求，以政府为主体，着眼于经济运行的全局，运用经济、法律和必要的行政手段，对农业资源的配置从宏观层次上进行的调节和控制，以促使农业经济总量均衡，结构优化，要素合理流动，保证农业的持续、稳定、协调发展。农业宏观调控实质上是市场经济条件下的政府行为之一，是政府干预农业的一种表现形式。

一、政府干预经济理论演变

在市场经济发展的历史长河中，是实行经济自由主义还是政府干预主义一直是各国经济发展面临的严峻问题，也是各经济学领域争论的热门话题。如何处理好政府与市场的关系是经济学家重点关注的问题。经济自由主义主张经济活动自由放任、反对政府干预；政府干预主义强调市场失灵、政府干预经济的重要性。但随着历史的发展，两者呈现相互融合的趋势，经济自由主义逐步从彻底的自由放任向承认国家干预的合理性转变；政府干预主义则在强调政府干预的必要性时更加注重市场机制作用的发挥。政府干预经济理论一直处于不断的改革之中，不同历史时期的经济学家对政府干预经济的必要性、范围、程度、方式、效果等方面的认识都存在很大的差异。在何种程度上进行干预以及如何进行干预成为重中之重的问题。依据西方经济学家对政府与市场关系的认识，其理论演变大致分为以下五个阶段：

（一）重商主义（15—17 世纪中叶）

重商主义是最早的关于政府干预经济的理论和政策主张，是资本主义曙光时期即工业革命以前的经济纲领。15 世纪下半叶，西欧地区民族国家的兴起强烈地要求以专制的中央集权的国家取代封建制的地方诸侯，实现国家的强大和统一。此时，早期的以商业资本为代表的新兴资产阶级也迅速崛起。新兴的民族国家需要财政力量来维持庞大的开支，商业资产阶级则需要借助国家权威，统一和开拓国内外市场，扫清市场发展障碍，加快原始积累，因此重商主义逐渐形成。

重商主义体系的基本内容是出口垄断主义、外汇管制和贸易顺差。在重商主义者看来，国家干预经济是保障财富增长的重要手段，也是国家致富的可靠保证。要想外国货币大量流入国内，就必须发展对外贸易，必须由国家来控制国民经济的活动，因此重商主义者极力主张国家采取各种立法手段和行政措施，制定工商业政策，保证整个国民经济活动符合扩大出口和货币输入的要求，在对外贸易上则是建立高关税壁垒，实行关税保护政策。

重商主义的国家干预经济的目标是单一的，即增加金银货币，保持贸易顺差，其手段多为贸易保护主义政策。因此它是一种不发达的原始国家干预主义。

（二）自由放任主义思想（1776 年—20 世纪 20 年代）

1776 年"经济学之父"亚当·斯密的《对国民财富的性质和原因的研究》（简称《国富论》）的出版，猛烈抨击了重商主义学说，提出反对政府干预经济，主张自由放任的经济思想。他认为，资本主义经济的发展"受着一只看不见的手的指导"。因此要充分发挥市场的自由竞争、自由调节的作用，把国家这只"看不见的手"收回来。政府在自由竞争时期的职能有限，在市场机制发挥作用的地方政府不应涉及。

萨伊则提出了著名的供给自动创造需求的"萨伊定律"，并对亚当·斯密的经典理论进行细化。"萨伊定律"与亚当·斯密的"看不见的手"的原理一并成为西方资本主义国家自由放任政策的理论基础。虽然自由竞争时期反对国家干预，但是经济自由主义的国家理论贴近资本主义市场经济发展的实际，因而对资本主义的发展具有巨大的促进作用。

（三）国家干预主义（20 世纪 30—50 年代末期）

1929—1933 年的经济危机使西方各国的经济受到极大的摧残。凯恩斯于 20 年代中期开始致力于寻找英国长期慢性萧条的原因和解决对策。在这个过程中，凯恩斯由相信和传播古典经济学转变为怀疑，最后攻击了这种学说。1924 年，凯恩斯发表《失业需要猛剂吗》、《英国政府与失业》等多篇论文表明他的政策思想，明确地由自由放任转向政府干预。1936 年，凯恩斯的《就业、利息与货币通论》（简称《通论》）的出版，意味着凯恩斯革命的开始。此书明确提出市场经济需要政府干预的主张。凯恩斯政策主张的特点在于，以扩张为主要政策方向，主张通过扩张性财政政策和货币政策增加有效需求，实现充分就业和经济增长。

（四）新自由主义（20 世纪 70 年代）

20 世纪 60 年代末，西方国家经济因石油危机陷入"滞涨"的泥潭，以调节需求为核心的凯恩斯主义政策束手无策。而"滞涨"是由多种原因所致，包括：技术进步使生产率提高，且在资本追求剩余价值（利润）最大化过程中导致失业增加；经济过度开发导致能源极度短缺和成本的迅速上升；政府过度干预导致政府膨胀、政府开支增加、企业税赋加重等。因此，以货币主义、供给学派为代表的新自由主义登上了西方经济学理论的前沿阵地，强调市场机制的作用，主张减少政府干预经济。新自由主义强调自由化、私有化和市场化。自由化，主张推行自由贸易，放松甚至取消金融管制，全面开放金融领域；私有化，主张一切财产应属于私人，对国有企业及公共服务实行普遍私有化；市场化，反对政府干预，主张让市场机制自发调节包括生产要素、私人产品和公共产品在内的一切社会资源。

（五）新凯恩斯主义（20 世纪 70 年代以后）

新凯恩斯主义经济学继承了凯恩斯的有效需求理论，强调经济中的需求方面在决定就业和国民收入水平中的作用,因而其政策主张也是以调节需求为核心的。因此,新凯恩斯主义是在凯恩斯扩张性财政政策的基础上,提出扩张性政策与紧缩性政策的相机抉择以及财政政策与货币政策的综合。在经济萧条时期实施扩张性财政和货币政策,增加有效需求,刺激就业和经济增长;在通货膨胀时期实施紧缩性财政和货币政策,减少有效需求,降低通货膨胀,以平稳经济周期性波动,实现经济的稳定增长。

新凯恩斯主义与旧凯恩斯主义的不同主要体现在:① 新凯恩斯主义强调工资和价格的黏性而非完全刚性,并试图对这种黏性从微观的角度进行合理的解释,在此基础上说明非自愿失业、普遍生产过剩的可能性以及政府经济政策的作用;② 新凯恩斯主义强调并从微观角度入手,阐明市场机制的不完善性,他们从垄断竞争的市场结构出发,研究经济中存在的实际刚性、风险和不确定性、经济信息的不完全性和昂贵性、调整的成本因素等,从而说明了企业的最优定价行为及其宏观经济含义;③ 新凯恩斯主义与旧凯恩斯主义相比更强调政府干预经济的必要性。

二、农业宏观调控的理论依据

农业宏观调控的理论依据是市场失灵。市场失灵是指市场无法有效地分配商品和劳务的情况,即在资源配置的某些领域完全依靠市场机制的作用无法实现帕累托最优状态,包括狭义和广义两层含义。狭义的市场失灵主要是指在外部负经济效应、垄断生产和经营、公共产品的生产、信息不对称情况下的商品交易以及社会收入分配不均等问题的调节上运作失灵。广义的市场失灵除了包括狭义的市场失灵外,还包括由宏观经济总量失衡导致的经济波动。

由于农业本身所具有的特性导致市场在某些方面失灵,依靠市场机制本身无法有效地解决这些问题,因此,需要政府在市场配置资源的基础上,采取一定的政策手段进行宏观调控弥补和克服市场的缺陷。

(一)农业的外部性

外部性是指某种经济活动能够使社会上的其他成员得到附带的利益或者受到损害,而经济主体却不能获得相应的报酬或无须承担相应的赔偿,也称外部效应。外部性可分为外部经济和外部不经济。外部经济是指一些人的生产或消费使另一些人受益而又无法向后者收费的现象;外部不经济就是一些人的生产或消费使另一些人受损而前者无法补偿后者的现象。

农业外部性可分为农业对生态的外部性、农业对社会的外部性、农业对经济的外部性。从农业对生态的外部性来看,正的外部性包括形成农业景观、保持水土、吸收二氧化碳、控制洪水、保持生物多样性等;负的外部性包括水土流失、土壤沙化、水资源污染、大气污染、野生动物栖息地遭到破坏等。从农业对社会的外部性来看,正的外部性包括稳定社会、增加农村就业、替代社会福利、增加农民收入、缩小城乡差距等;负的外部性包括增加农业生产成本等。从农业对经济的外部性来看,正的外部性包括起到经济缓冲作用、确保农村活力等;负的外部性包括土地价格上涨、农地大量流失等。

农业正的外部性表现在农业发展在为农业投资者和农产品购买者带来利益的同时，给全社会带来好处。而农业负的外部性则表现在农业生产者在根据市场信号进行生产活动的时候，也会给其他部门带来负面影响。在没有特殊的政策干预和制度安排的情况下，农业经济活动主体并没有获得正的外部经济补偿，也没有承担相应的费用，即经济活动的全部成本和收益并没有在市场和市场机制中反映出来，整个社会的资源配置未达到最优状态，引起社会福利下降。若任由市场对农业进行调节，则造成农村贫困加剧，农村劳动力就业不足等问题，此时需要借助市场外部力量——政府调控来调节农业经济活动的外部性问题。

（二）农业的公共物品性

公共物品是指具有非排他性和非竞争性的产品。非排他性，是指即使某一经济主体没有支付相应的费用，也无法将他排除在对这一产品的消费之外。如法律秩序，一个公民拒绝为法律秩序支付费用，也可以享受法律秩序的好处。非竞争性，是指增加消费者不会减少其他消费者对提供的该产品的消费数量和质量，即增加消费者的边际成本为零。如公园内不会因为多一个人而妨碍原有行人的行走。同时具有非排他性和非竞争性的产品被称为纯公共物品，而只具备其中一个特性的产品则被称为准公共物品。

由于公共物品的非排他性和非竞争性，其不适合通过市场来供给，必须以政府为主导进行调控。农业具有多功能性。农业多功能性是指农业除了具有提供食物和植物纤维等农产品的商品功能外，还能为人类提供环境、社会、文化等方面的非商品产出。由于农业的非商品产出不同于商品产出，因而很难对其进行产权界定和价值量化，而且其溢出效应对生产者以外的其他人产生影响或使其他人受益，并在其作用范围内难以排除他人的享用，具有非排他性；农业的粮食安全带来的社会稳定，良好的环境带来的生活质量的提高等决定了农业具有非竞争性，并且不会因为一个人对这些的消费影响其他人对其消费，即具有不同程度的非竞争性，不应该排除任何人消费这一产品的权利。由此可见，农业产出具有的非排他性和非竞争性需要政府作为主导力量进行调节，保障农业的正常发展。

（三）市场的不完全性

只有在完全竞争的市场上，市场机制才能有效地配置资源，在完全竞争市场众多的买者和卖者都可以自由地进入，并完全掌握信息，没有扭曲的价格并且要素价格能够充分反映要素的稀缺程度，产品价格完全体现产品的供求。但是在实际的市场中都具有一定程度的不完全性，市场本身不能调节这种不完全性，使得市场对资源配置的调节受到限制。在这种情况下则需要政府充当“看不见的手”，对市场进行宏观调节，将不完全性控制在最小的限度内。

（四）市场机制调节的事后性

市场不是万能的，市场机制调节往往存在自发性、盲目性和滞后性。在市场活动过程中，市场调节是一种事后调节，从价格形成、价格信号传递到商品生产的调整均具有一定的时间差。而市场自身的调节往往是在一瞬间完成的，但是农业生产是一个生产周期较长的过程，使得农业生产者在市场中处于被动的位置，不能有效地对未来发展进行预测和估计，所以农业生产者的市场行为具有一定的局限性和盲目性，难以保障国民经济的协调发展。这种市场机制的事后调节造成的后果，需要政府进行宏观调节以达成事前调节、纠正错误。

三、农业宏观调控的现实依据

（一）农业的脆弱性

在与其他产业的竞争中，农业处于相对不利的地位。随着经济的发展，城市和非农业用地的不断增加，地价不断上涨，土地用于非农产业的报酬远远高于农业，使农地的流失不断增加；农业的比较利益低下，使得农业中的资金和较高素质的劳动力流向非农产业，造成农业的资金短缺和高素质劳动力缺乏，农业发展后劲不足；相对于新兴的非农产业来说，农业科研周期较长，技术进步较慢，农业剩余劳动力的转移又相对滞后于非农产业产值份额的增加，使得农业劳动生产率较低；农产品的需求价格弹性较小，且由于恩格尔定律的作用，消费者收入增加但食品支出的比重下降，加之农产品不耐储运等特点，使得农业的贸易条件不断地恶化，农民收入增长乏力，农民与非农民就业者的收入差距拉大。这就说明农业具有天生的脆弱性，要解决这些问题必须依靠政府的宏观调控。

（二）农业的波动性

首先，由于农业的自然再生产与经济再生产交织在一起，农业受自然条件影响很大。而自然条件是变化无常的，因此农业生产相对不稳定。农业生产本身具有周期性，且生产周期长，生产不易调整，也会导致农业的波动。

其次，宏观经济环境的变化或不景气，对农业造成冲击。如加入世贸组织以后，农产品贸易趋于自由化，国内农业受到国际市场的冲击而出现较大的波动；经济不景气时，劳动力市场受到冲击，农业剩余劳动力转移困难，农民收入减少；在经济景气时，又出现大量劳动力涌向非农产业，由于比较利益的驱使可能出现耕地的荒废。

再次，土地等自然条件的限制、动植物本身生物学特性的制约，使得农产品短期供给的弹性比较小。但由于人们对农产品的需求刚性，价格对供给量的反应非常敏感，同时，农产品的需求弹性更小，难以实现农产品的市场供需均衡。当某些因素导致价格和产量一定程度的波动时，会产生蛛网效应。另外，农产品价格与供给间的互动关系还受动植物生理机能的影响，由于农业的生产周期较长，许多农民对价格的反应又具有滞后性，市场的自行调节难以使农产品的供给及时追随市场价格的变化，因此，会造成农产品的短缺和过剩效应的放大，使农业生产产生较大的波动。

最后，农产品大多具有易腐性，不耐储存，且储存费用高，所以收获后应立即出售，即使市场价格低廉也必须出清。反之，产品稀少时，虽然市场价格高，但在短期内无多余的库存立即供应市场，无法满足市场需求。因此，农产品一经产出，其供给即已固定。农业的不稳定性要求政府建立农业保障机制和农业市场调控机制。

（三）我国农业的具体国情

1. 取得的进展

改革开放以来，特别是党的十六大以来，在深入贯彻落实科学发展观的基础上，中国政府全面推进“三农”实践创新、理论创新和制度创新，全面确定重中之重、统筹城乡、“四化同步”等思想战略，制定一系列多予、少取、放活以及工业反哺农业、城市支持农村等多方面的重大政策，全面构建农业生产经营、农业支持保护、农村社会保障、城乡协调发展的制度框架，农业生产得到发展，农民群众得到实惠，农村面貌得到改善，“三农”发展实现历史性跨越，迎来新的黄金期，探索出一条具有中国特色的农业现代化道路。

2. 存在的问题

（1）我国的农业发展仍然处于劣势，农产品在国际市场上缺乏竞争优势；

（2）传统的农业生产观念和生产模式根深蒂固，农民习惯于小而全、多而杂和粗放的农业生产方式，农业规模化、产业化、标准化、机械化水平较低；

（3）农业产业化经营水平不高，龙头企业数量少、规模不大，产业链条短，农产品附加值不高，有些产业还没有龙头企业带动；

（4）以水利为主的农业基础设施建设和管养滞后，农业抗风险机制不健全，致使农业抗御自然和市场双重风险的能力较差，农业生产盲目性、短期性、脆弱性还没有得到根本转变。

第二节　农业宏观调控的目标、内容和手段

一、农业宏观调控的目标

农业宏观调控的目标是政府对农业进行调节、控制、引导所要达到的基本目的。正确的目标是进行农业宏观调控的基础，它反映了国家干预农业的基本意图，对农业宏观调控体系建设起着纲领性作用。在市场经济条件下，农业宏观调控的基本目标包括：

（一）保证农产品有效供给，农产品市场供求平衡

自改革开放以来，虽然我国粮食产量有了巨大的增长，但是粮食安全问题仍为重中之重的议题，中长期粮食安全仍有很大的压力，因此保证农产品的有效供给，农产品市场供求平衡是农业宏观调控的首要目标。这种平衡包括总量平衡以及结构平衡。要保证农产品的有效供给，就必须在农业人口和耕地面积增长停滞，甚至下降的情况下，不断地提高农业生产率水平，做到稳定面积、提高单产、改善品质。农产品总量平衡是指在一定时期内农产品的供给数量与该时期内农产品的需求数量平衡，而结构平衡是指农产品供给结构与需求结构之间的平衡。总量平衡、结构平衡是相互联系、相互制约的，总量平衡是结构平衡的前提，结构平衡是总量平衡的基础。因此既要保证农产品的总量平衡，又要保证农产品的结构平衡。

目前，中国农产品总量供需矛盾已经得到缓解，城乡居民的温饱问题也得到解决，居民对农产品消费质量的要求已远远超过对农产品消费数量的要求，并且国际市场的发展带来了新的竞争。这就要求农产品生产在保证数量的同时，必须优化资源配置，实现农产品市场在数量以及质量上的动态平衡。

（二）促进农民增收，提高农民生活水平

农业生产经营者是独立的经济利益主体，收入预期是农民从事生产经营活动的前提依据，只有在收入增加的前提下农户才会扩大生产。若农民收入长期处于停滞状态，一方面直接影响农户对农业生产投入的能力，直接制约着农业对经济增长的贡献能力；另一方面直接影响农户的生活水平和消费能力，农民收入和农村购买力停滞不前，不仅会严重影响农民对农产品的消费支出，也会制约工业品的市场需求，即农民的生活水平若长期处于同一水平线，则无法真正做到扩大内需，从而影响整个国民经济的协调发展。农民属于边际消费倾向高、潜力大的消费群体，一旦收入大幅度增长，消费必然快速增长，生活水平便随之提高。促进农民增收，提高农民生活水平是农业和农村工作的出发点和重心。在进行宏观调控的同时，要重视城乡收入差距、地方收入差距。

（三）保护农业资源，改善生态环境

农业是与自然资源和生态环境关系最密切的产业。一方面，农业的发展离不开良好的生态环境，离不开自然资源的支撑；另一方面，农业生产对自然资源和生态环境产生很大的影响，不当的生产方式会损害生态系统的平衡，造成自然资源的破坏和浪费。自然资源及生态环境系统的损害，则会影响农业的可持续发展。良好的生态环境是一种稀缺的资源，具有巨大的正外部效应。因此，政府对农业的宏观调控还必须十分注意保护各种农业资源，如土地资源、水资源、林业资源、海洋资源、各种生物资源等，保护环境，维护生态平衡，实现资源的可持续利用和农业的可持续发展。以自然资源的可持续利用和农业的可持续发展为内容的生态环境目标，应该是政府对农业进行宏观调控的基本目标之一。

（四）实现农业的可持续增长

在全球气候变化的大背景下，把实现农业可持续发展作为我国农业宏观调控的主要目标，不仅是充当负责任大国的需要，也是我国国情和整个社会经济发展的需要。1991 年的《登博斯宣言》将可持续农业定义为："管理和保护自然资源基础，并调整基数和机构改革方向，以便确保获得和持续满足目前几代人和今后世世代代人需要。这种（农业、林业和渔业部门）持续发展能保护土地、水资源、植物和动物遗传资源，而且不会造成环境退化，同时技术上适当、经济上可行，能够被社会接受。"要实现农业可持续增长就必须实现经济可持续性、社会可持续性以及生态可持续性。

农业可持续发展是建设有中国特色的农村发展道路的新阶段。农业是国民经济的基础，农村是社会的基本社区。农业可持续发展是整个社会可持续发展的基础。因而在实践我国可持续发展的战略时，必须研究农业的可持续发展问题，以加强农业的基础地位，促进经济社会的可持续发展。

二、农业宏观调控的主要内容

要达到农业宏观调控的目标必须从以下几个方面对农业进行宏观调控，这也就构成了农业宏观调控的内容：

（一）优化农业产业结构

农业产业结构优化是指通过农业产业结构调整，使结构效率、结构水平不断提高的过程。农业产业结构优化是一个动态的过程，它不是指静态的农业产业结构水平的高低，而是指通过对农、林、牧、副、渔等结构的不断调整，使农业资源配置效率达到最优化的过程。纵观世界农业发展进程，农业产业结构优化包括两个方面的含义：一是农业产业结构效益优化，即农业产业结构演进过程中经济效益不断提高；二是转换能力优化，即农业产业结构对技术进步、社会资源供给状况和市场需求状况变化的适应能力的优化，包括传统农业向现代农业转换的能力，以及农业在国民经济中的地位不断加强和比重不断降低的过程。

现阶段优化产业结构的重点应放在：在中央财政上对农业作出相应的倾斜，大力发展农村基础设施建设，对农产品价格补贴和农业保险立法，规定相应的究责条款，让真正属于农民的利益落到实处，同时大力普及科技知识，提高农民的文化素质，引进新技术、新思想，用先进的物质装备来发展现代农业，把农业的产前、产中、产后统一为一个整体，努力实现农业的产业化经营，并大力发展农村信息服务业。调整、优化产业结构必须以市场为导向，加快农产品质量标准体系建设。

（二）保障农产品质量安全和质量检测体系建设

农业质量标准和农产品质量检测检验体系的建设，对于提高农产品的市场流通效率和市场竞争力，使农产品的生产者和经营者有序、公平竞争，使消费者吃到安全卫生的食品，都是至关重要的。政府需制定严格的标准和法律、法规，建立完善的监测队伍，配备先进的检测手段，并实行农产品原产地制度和商品标志制度，对农产品从田间到厨房各个环节跟踪监测。目前，中国农业和农产品质量标准体系还很不完善，产品标准不能适应市场需求多样化、产品用途多样化的要求。因此，要借鉴发达国家农业宏观调控的经验，加快农业行业标准和重要农产品质量标准的制定与修订完善，创建一批农产品标准化示范区和标准化生产示范基地。同时，要完善农产品、农用生产资料和农用生态环境质量安全的检测手段，提高监测能力和技术水平。加快农产品质量安全的立法，并加强其执法监督。

（三）提高农业信息服务能力

信息是现代社会一种非常重要的经济资源，信息准确及时与否，决定着决策的成功与失败。由于农村交通、通信和广播电视等新闻媒介相对不发达，加之农业生产者经营规模狭小、生产与生活地域分散，农民处于一个相对闭塞的生产与生活环境之中。并且农民一般文化水平比较低，自我收集、整理和加工信息的能力较差，农民难以及时得到有用的信息。随着市场化和现代化程度提高，农民迫切需要得到相关的市场与技术信息，因此农业信息体系的建设与服务十分重要。中国农业信息服务体系虽然具备一定的发展基础，但仍然存在很多的问题。一是信息管理部门分割，政府信息管理部门垄断信息，将信息作为自有商品出售，来谋取本部门的利益，缺乏信息共享机制，农民难以无偿得到有用的信息。二是农业信息服务基础设施建设投入严重不足，一方面是硬件短缺、简陋，技术手段落后；另一方面是用于软件开发和维护的经费缺乏保障。三是信息的准确性和及时性较差，大多数指标仍采用层层上报的全面调查方式，人为的随意干扰太大，影响了信息的准确性和代表性。四是信息加工分析能力不足，许多信息不经加工即行发布、使用，降低了信息的使用价值，造成信息资源的浪费。在目前农业信息化程度低，存在严重的信息不对称、不完全的情况下，政府必须加强农业信息体系的建设与服务，以更好地发挥政府对农业宏观调控的作用。

（四）加强农业的科研、教育和技术推广

农业科技进步和人力资本积累都具有市场需求诱导性。由于农业比较利益低下，因而一般农民的收入低于非农产业人员的收入，农业中素质较高的劳动力外流，造成农业中人力资本积累严重不足。农业技术推广离不开国家的支持，政府加强对农业科研、教育和技术推广的支持，可以提高农业的综合生产能力和市场竞争力。不仅可以增加农业生产者的剩余，而且会增加消费者的剩余。目前的主要任务包括：第一，实行农、科、教，产、学、研结合，加快农业科学成果的转化。第二，要调整农业科研的方向和重点，在重视提高产量的同时，更加注重产品质量和服务，从主要为农业生产服务，转向为生产、加工、销售的全程服务，从以资源消耗型技术为主，转向为以资源节约型技术为主。第三，在政府增加对农业科研、教育和技术推广财政拨款的前提下，加强各级农业技术推广机构建设，鼓励科研院所、大中专学校、企业及农业科技人员，以技术开发、技术咨询、技术入股和技术转让等多种形式，从事技术推广与服务工作，将政府的政策支持与市场机制有机结合起来。第四，加强农村的基础教育，使更多的青年人走出农业和农村，并为现代农业提供更高素质的接班人；通过各种渠道和形式，对现有农民进行技术培训和转岗培训，使农民能够掌握现代农业技术，适应现代农业发展的要求，使剩余的农业劳动力能够转移出去，并增加农民的收入。

（五）加强农业基础设施的建设

政府对农业基础设施的支持，意味着扩大农业的综合生产能力，降低农民的生产成本，增加农民收入，提高农产品的国际市场竞争力，也符合 WTO“绿箱”政策的要求。中国农业的自然灾害频繁，农业基础设施还比较薄弱，因此加强农业基础设施建设显得尤为重要。中国农业基础设施建设的重点是：第一，加强以水利为重点的农业基础设施建设。以提高防汛抗旱能力为中心，加快大江、大河、大湖治理，搞好大型灌区更新改造和配套工程建设，注意将设施建设搞好、推广节水灌溉、改革小型水利投资和改革管理体制有机结合起来，国家财政支持与启动后，使农田水利设施逐步走上自我发展、良性循环的轨道。第二，加强以植树种草为重点的生态环境建设。在生态脆弱地区全面停止天然林采伐，有计划、分步骤地实行退耕还林、还草。第三，加强农村公共设施建设。以农村的道路、电网、引水、通信、广播、电视和农产品市场设施为重点，加强农村公共设施建设，改善农村的生产条件和农民的生活居住环境，推动农村经济社会的全面发展。

（六）健全农业保护制度和粮食储备制度

适应农业进入高投入、高成本、高风险发展时期的客观要求，必须更加自觉、更加坚定地加强对农业的支持保护。加强对农业的投入支持，可以提高农业的生产能力和竞争能力，提高农民的收入水平和生活水平，改善农村生活环境，实现农业现代化。

当前，要在稳定、完善、强化行之有效政策的基础上，着力构建“三农”投入稳定增长长效机制，确保总量持续增加、比例稳步提高。达成此目标，需要从以下方面着手：① 加大农业补贴力度。增加农业补贴资金规模，新增补贴向主产区和优势产区集中，向专业大户、家庭农场、农民合作社等新型生产经营主体倾斜。落实好对种粮农民直接补贴、良种补贴政策，扩大农机具购置补贴规模，推进农机以旧换新试点。完善农资综合补贴动态调整机制，逐步扩大种粮大户补贴试点范围。② 改善农村金融服务。加强国家对农村金融改革发展的扶持和引导，切实加大商业性金融支农力度，充分发挥政策性金融和合作性金融作用，确保持续加大涉农信贷投放。创新金融产品和服务，优先满足农户信贷需求，加大新型生产经营主体信贷支持力度。探索农业银行服务"三农"新模式，强化农业发展银行政策性职能定位，鼓励国家开发银行推动现代农业和新农村建设。支持社会资本参与设立新型农村金融机构。支持符合条件的农业产业化龙头企业和各类农业相关企业通过多层次资本市场筹集发展资金。③ 鼓励社会资本投向新农村建设。引导国有企业参与和支持农业、农村发展。鼓励企业和社会组织采取投资筹资、捐款捐助、人才和技术支持等方式在农村兴办医疗卫生、教育培训、社会福利、社会服务、文化旅游体育等各类事业，按规定享受税收优惠、管护费用补助等政策。

随着我国社会主义市场经济体制改革的不断完善和粮食流通体制改革的不断推进，探索和完善国家粮食储备制度，不仅意义重大，而且势在必行。粮食储备是指在新的作物年度开始时，可以从上一年度收获的作物中得到（包括进口）的粮食储备量，也称作结转储备或缓冲储备。粮食储备包括周转储备和后备储备两个部分。周转储备主要是克服了粮食生产的季节性矛盾，弥补不足。后备储备通常是在青黄不接的年头，解决作物歉收，供需不平衡的问题。

为了国家粮食储备和维护的安全保障，为了粮食市场稳定和繁荣，目前主要任务是：① 进一步完善粮食储备制度，大力增强宏观调控能力。② 进一步调整省级粮食储备规模，大幅度收缩县级储备规模，快速形成中央一级粮食储备体系。③ 优化粮食储备区域结构，完善储备体系。④ 建立粮食储备管理的信息系统。

（七）严格保护和治理农业自然资源和环境

对农业自然资源和环境的保护和治理，是实现经济和社会可持续发展的战略措施。在市场经济条件下，国家应坚持不懈地开展农业自然资源和环境的保护和治理，依法保护并合理开发土地、水、森林、草原、矿藏和海洋资源，不断完善自然资源有偿使用制度和价格体系，建立资源更新的经济补偿机制。目前，我国农业自然资源和环境的保护和治理重点为：① 依法实行各项农业资源和环境保护制度，加强对其的监测体系建设，强化环境监测力度，建立高速、高效的预警体系和检测体系，提高检测水平。② 加强对农业自然资源和环境的管理，保护耕地、草地、水域、森林等农业自然资源和环境，特别是对土地资源进行保护。耕地的减少将难以满足人口增长和生活水平提高对农产品不断增长的需求，粮食安全和社会稳定将受到威胁。因此保护农地，一是要严格控制各种非农占地；二是建立和完善基本农田保护区；三是防止土壤污染；四是防止水土流失。对草地而言，应减缓草地退化，防止沙化、盐碱化，减少破坏草地的行为；加强对水域的治理，杜绝乱排乱放、不达标排放等造成的水污染；加强各类防护林体系建设，严格执行森林采伐限额，要依法实行凭证采伐制度和凭证运输制度。③ 加强农业创新，大力开发和利用农业可再生资源，减少环境污染。④ 强化法治建设。⑤ 进一步加强农业生物资源、水土资源和生态环境合理开发和保护研究力度。

（八）建立健全农业法律体系

法律是农业宏观调控有效运行的保障。农业宏观调控法律建设的重点包括：一是健全法律体系，形成一套系统的、适合市场经济发展的农业宏观调控法律体系。二是完善法律条款，使法律结构严谨、条款严密，具有更强的可操作性。三是加强执法监督和检查，对于违法的行为要及时进行查处，确保依法进行宏观调控。

三、农业宏观调控的手段

政府的宏观调控手段必须是强制有力的，从上至下自成体系，影响市场交易的大致走向，及时纠正市场自发调节引起的偏差，使市场运行回到正常轨迹。目前在市场经济条件下，政府农业宏观调控手段包括：

（一）经济手段

经济手段，是指政府在自觉依据和运用价值规律的基础上借助于经济杠杆的调节作用，引导经济主体的经济活动，达到宏观调控目的的调控手段。经济杠杆作为经济利益的调节者从不同的方面影响着经济主体的经济利益，促使各经济主体从各自的实际情况出发，自觉地按照经济杠杆所引导的方向调整自己的经济活动，起到宏观调控工具的作用。经济手段是宏观调控的最主要手段之一，对分散的农业尤为重要。

在农业中，最主要的经济手段有农业财政政策、农业货币政策、价格政策等。

1. 农业财政政策

农业财政政策是促进农村社会经济协调发展的财力保障。农业财政政策是指通过政府收支总量和结构调整的变化调控农业经济运行的方法和策略，包括农业财政支出政策和农业税收政策。农业财政支出政策是通过财政再分配对农业的直接投入。现阶段，农业财政支出政策的着力点应放在农业和农村基础设施建设，新型农村合作医疗制度的改革，改善农村义务教育经费保障机制，加大科技投入力度等方面。农业税收政策是利用税收手段进行宏观调控，即根据农业生产发展的实际需要，采取减免税收和降低税率等手段，鼓励农民进行农业生产，优化产业结构，保障农业比较利益的提高，同时利用差别税率和税种的合理增减，加强政府在农村国民收入分配和再分配中的地位，消除农业收益分配不均，实现农村经济的合理化发展。

2. 农业货币政策

农业货币政策是指，中央银行为实现其特定的经济目标而采用的各种控制和调节货币供应量或信用量的方针和措施。农业货币政策主要包括：一是调控农业信贷总量，按照国家产业政策和区域政策，保证农业贷款用于政府鼓励发展的农业产业项目等。二是调控农业贷款结构，发挥商业银行和政策性银行贷款投入的异向性，使贷款布局由分散到集中，支持农业产业化经营，形成集约化、规模化经营，支持农业科技推广和社会化服务建设，增强信贷的牵引和辐射作用。

3. 价格政策

农产品价格是反映农产品市场供求状况的主要信息，是市场进行资源配置的最重要的决策信息，也是宏观调控最敏捷、最有力的杠杆。运用价格手段主要是为了稳定农产品市场、保障农民收入、保护消费者利益、提高市场营销效率等。目前最常见的价格政策手段有：一是稳定价格政策，通过产业政策力求供需平衡，使农产品价格不出现大起大落现象，保障农民收入和生产的积极性。二是支持价格政策，即当农产品价格过低时，政府对农产品市场价格予以支持，如最低收购价政策。三是限价政策，即当某种农产品的价格过高，政府可以限制农产品最高物价，稳定价格。四是补贴政策，即需要刺激某种农产品进行生产时，政府则采取价格补贴的政策予以支持。

（二）法律手段

法律手段是指政府依靠法制力量，通过经济立法和司法，运用经济法规来调节经济关系和经济活动，以达到宏观调控目标。以法律手段实行农业宏观调控，可以减少政府行为的随意性和盲目性。

目前政府农业宏观调控法律手段主要表现为：① 运用法律形式保护农业要素资源，保护和合理利用土地、水、森林、草原等自然资源，防治结合。② 运用法律制度保障农民的合法权益，提高农民的生活水平，实现其经济利益。③ 运用法律制度规范市场秩序，保障农产品交易的正常进行，逐步实现农业的现代化，创造公平合理的市场环境。为了达到以上目标，一方面政府应该从资金、技术、市场、农民等各个方面完善法律体系，做到有法可依，除此之外，提高监控监管体系，做到有法必依；另一方面，强化农民的法律意识，使其从根本上保护自己的合法权益。

（三）行政手段

行政手段是指国家通过行政机构，采取带强制性的行政命令、指示、规定等措施，来调节和管理经济的手段。具有权威性和强制性，按照下级服从上级的要求执行原则，直接制约经济活动，控制经济运行。

在市场经济条件下，政府对农业经济活动的政府干预应减少到最低限度，但必要的行政调控是必不可少的。当然，在运用行政手段时，必须尊重市场经济规律，一切从实际出发，禁止在法律范围外进行，杜绝瞎指挥。建立一个高效权威的农业行政部门和机构，保证有效地实施农业宏观调控，独立完成指导农业宏观调控的任务。另外，行政手段和经济手段、法律手段应结合起来综合运用。

（四）计划手段

在市场经济中，政府制定经济发展计划是对经济发展目标、发展途径的规划，是对一定时期内经济发展目标的具体化，是通过市场机制和政府调控的各种手段，使市场主体的自主选择和政府发展目标相符合。

农业中的计划手段包括制定和颁布农业发展战略、农业发展计划和农业规划。农业发展战略是指一国或地区在一定时期内具有全局性、决定性、长远性的有关农业发展重大问题的筹划与决策。农业发展计划是指党和政府制定的农业年度发展计划、中期发展计划和长期发展计划。农业规划是更加全面的、长期的农业计划和部署。

第三节　农业宏观调控的政策框架

一、我国农业宏观调控政策的演进

在 1985 年之后,我国农业宏观调控政策大致分为两个阶段:

1. 第一阶段(1985—2004 年)

第一阶段主要是通过农业宏观调控政策逐步提高我国农业的市场化水平。土地家庭联产承包责任制全面推开之后,紧接着进行了农产品流通市场化改革。从 20 世纪 80 年代中期开始,逐步放开水果、蔬菜、禽畜产品等的购销价格,直到 2004 年粮食购销价格的全面放开,我国农产品实现全面的市场化。

(1) 1985—1991 年。这一阶段改革的主要内容为:取消农产品统购统派制度、实行粮棉合同订购政策和生产资料奖售政策以及预购定金发放政策、压缩平价粮油供应、增加议价粮油供应、取消粮油凭证。

(2) 1992—2004 年。这一阶段改革的主要内容为:进一步深化国有粮食流通体系和供销合作社改革、加强市场体系建设、建立国家专项储备基金和建立粮食收购保护价、建立粮食和副食品风险基金制度。

2. 第二阶段(2004 年至今)

第二阶段主要是通过宏观调控政策实现对我国农业的支持和保护。世界各国尤其是发达的市场经济国家发展的经验表明,农业的发展离不开政府的支持和保护,因而我国农产品市场化改革的同时伴随着农业宏观调控政策的调整和优化。2004 年以来,连续 12 年发布以“三农”为主题的中央一号文件,不仅强调了“三农”问题在中国的社会主义现代化时期“重中之重”的地位,也表明了政府在农业宏观调控方面的决心以及对农业的支持和保护。

二、我国现行农业宏观调控政策的框架

改革开放以来,我国全面制定了一系列多予、少取、放活和工业反哺农业、城市支持农村的重大政策,全面构建农业生产经营、农业支持保护、农村社会保障、城乡协调发展的制度框架,使农业生产得到很大发展、农村面貌得到很大改善、农民群众得到很大实惠,农业、农村发展实现历史性跨越。

目前我国农业宏观调控的政策框架由农业支持政策和农业保护政策两部分构成。其中,农业支持政策涉及农业结构调整、农产品质量安全、税收和补贴、农产品市场流通、农业科技与基础设施、农村金融、农业劳动力转移就业等方面,农业保护政策涉及农产品价格保护、农产品贸易、农业资源与环境保护以及农村扶贫开发等方面。框架如图 14-1 所示。

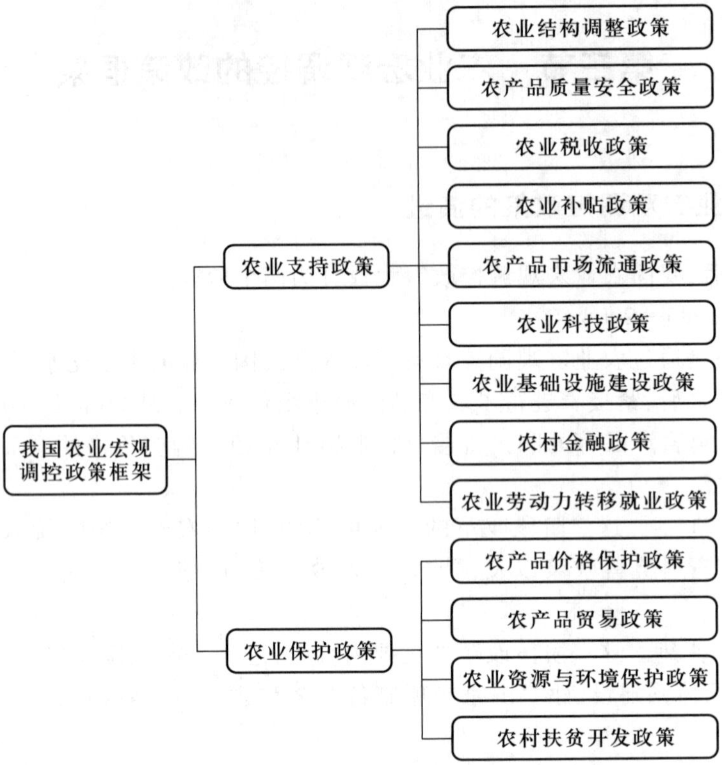

图 14-1　我国当前的农业宏观调控政策框架①

（一）农业支持政策

1. 农业结构调整政策

20 世纪 90 年代以前，农业结构调整政策主要是决不放松粮食生产，积极开展多种经营。1992 年以后，实现农业结构调整政策的转变，中央明确宣布要以市场为导向，加快发展高产、优质、高效农业，推进农业生产的区域化、专业化、商品化。农业结构调整的重点是抓好粮食生产和“菜篮子”工程，增加农产品有效供给。2000 年以后，中央指出要把发展农产品加工、保证农产品质量安全纳入农业结构调整的重要内容，把提高质量和效率、实现农业可持续发展作为农业结构调整的目标。

进入 2013 年，我国开展了以国际市场为导向的新一轮农业结构调整，农业结构调整进入一个新阶段。其政策的主要内容是：① 粮食生产要坚持稳定面积、优化结构、主攻单产的总要求，确保丰产丰收。支持优势产区棉花、油料、糖料生产基地建设。加大新一轮“菜篮子”工程实施力度，扩大园艺作物标准园和畜禽水产品标准化养殖示范场创建规模。推进种养业良种工程，加快农作物制种基地和新品种引进示范场建设。② 坚持家庭经营在农业中的基础性地位，推进家

① 资料来源：张红宇，赵长保.中国农业政策的基本框架.北京：中国财政经济出版社，2009.

庭经营、集体经营、合作经营、企业经营等共同发展的农业经营方式创新,鼓励承包经营权在公开市场上向专业大户、家庭农场、农民合作社、农业企业流转,发展多元化经营规模。③ 任何时候都不能放松国内粮食生产,严守耕地保护红线,划定永久基本农田,不断提升农业综合生产能力,确保谷物基本自给、口粮绝对安全。更加积极地利用国际农产品市场和农业资源,有效调剂和补充国内粮食供给。在重视粮食数量的同时,更加注重品质和质量安全;在保障当期供给的同时,更加注重农业可持续发展,优化区域布局和品种结构。

当前的政策重点应体现在以下几个方面:① 提升小规模农户竞争力,提高集约化水平。② 发展农户联合与合作,提高农业组织化程度。③ 培育、壮大农业产业化龙头企业,完善利益联结机制。④ 加大"三农"投入力度,构筑农业支持保护新机制。[①]

2. 农产品质量安全政策

21 世纪以来,我国制定了一系列相关法律法规,也出台了有关农产品质量安全的各项规定。2006 年 4 月,第十届全国人民代表大会常务委员会第 21 次会议通过的《中华人民共和国农产品质量安全法》是我国农产品质量安全管理史上的重要里程碑,规定"国家建立健全农产品质量安全标准体系"。2005 年中央一号文件对农产品质量安全工作进行了全面部署。2008 年中央一号文件提出"加强农业标准化和农产品质量安全工作"。2009 年 2 月 28 日第十一届全国人民代表大会常务委员会第 7 次会议通过了《中华人民共和国食品安全法》。2010 年中央一号文件提出"加快农产品质量安全监管体系和检验检测体系建设,积极发展无公害食品安全监管体制,落实从田头到餐桌的全程监管责任","健全农产品质量安全和食品安全追溯体系"。2012 年《全国现代农业发展规划(2011—2015 年)》提出"增强农产品质量安全保障能力",大量推进农业标准化,加强农产品质量安全监督。2014 年中央一号文件提出"强化农产品质量监管",建立最严格的覆盖全过程的食品安全监管制度,完善法律法规和标准体系,落实地方政府属地管理和生产经营主体责任,并于 2015 年 4 月 24 日经由第十二届全国人民代表大会常务委员会第 14 次会议修订了《中华人民共和国食品安全法》,自 2015 年 10 月 1 日起施行。

3. 农业税收政策

农业税是国家对一切从事农业生产、有农业收入的单位和个人征收的一种税。改革开放以后,农民负担问题开始显露,中央多次出台政策要求切实减轻农民负担,强调制止对农民的不合理摊派。1993 年,国务院授权农业部宣布取消 43 项要求农民出钱、出物、出工的达标升级活动,纠正了 10 项错误收费和管理办法。同年 6 月,国务院宣布取消 37 项涉及农民负担的集资、基金、收费项目,提出 17 项收费项目进行修改。2000 年起,中国开始以减轻农民负担为中心,取消"三提五统"等税外收费,改革农业税收为主要内容的农村税费改革。到 2003 年在全国全面铺开。2005 年,全国 28 个省份全面免征农业税,河北、山东和云南也将农业税率降到 2% 以下。2005 年 12 月 29 日,第十届全国人民代表大会常务委员会第 19 次会议通过决定,自 2006 年 1 月 1 日起废止《农业税条例》,取消除烟叶税以外的农业特产税、全部免征牧业税。从 2010 年 12 月

① 高强,孔祥智. 中国农业结构调整的总体估价与趋势判断. 改革,2014(11).

1日起，全国所有收费公路全部纳入鲜活农产品运输“绿色通道”网络范围，对整车合法装载运输鲜活农产品的车辆免收车辆通行费。自2012年1月1日起，免征蔬菜流通环节增值税。

4. 农业补贴政策

党的十六大以来，出台了大量针对农业、农村和农民的补贴政策，初步形成一个围绕粮食生产、农民增收和保护生态环境为目标，综合补贴与专项补贴相结合，覆盖基础设施建设、种子、农业机械、生产技术、农产品、灾害救助等环节和内容的农业补贴政策体系。

2004年，粮食等主要农产品生产的目标收入补贴政策在全国推开，通过对农民收入低于城镇居民收入的部分补贴，拉平城乡居民的收入差距。2007年开始，我国在四川、内蒙古、吉林、江苏、湖南和新疆六省区开展中央财政农业保险保费补贴试点。2012年进一步完善农业保险补贴制度，扩大补贴范围，提高补贴的准确性、指向性，在现有的14个中央财政补贴险种的基础上，将糖料作物纳入中央财政农业保险保费补贴范围，提高保险补贴力度，促进农民参保积极性的提高。

5. 农产品市场流通政策

一般来说，市场机制能自发地调节商品的供求使之实现平衡。但由于市场调节具有滞后性，完全依赖市场机制的自发调节会引起商品供求和价格的大幅波动。因此，对农产品流通进行宏观调控尤为必要。

农产品市场流通政策主要包括：培育多元化市场主体，促进流通形式多样化；加强各类市场建设，构建全国性流通网络；加强农产品质量监管，提高市场宏观调控能力等。2012年中央一号文件指出“提高流通效率，切实保障农产品稳定均衡供给”。2012年8月，国务院出台《关于深化流通体制改革，加快流通产业发展的意见》，提出支持建设和改造一批具有公益性质的批发市场、农贸中心、菜市场、社区菜店、农副产品平价商店和重要商品储备设施、大型物流配送中心、农产品冷链物流设施等。2013年中央一号文件提出“提高农产品物流效率”，继续实施“北粮南运”、“南菜北运”、“西果东送”、万村千乡市场工程、新农村现代流通网络工程，启动农产品现代流通综合示范区。2014年中央一号文件提出“加强农产品市场体系建设”，着力加强促进农产品公平交易和提高流通效率的制度建设。

6. 农业科技政策

科技是第一生产力，我国在加强农业现代化发展中，出台了一系列促进农业科技发展的政策。主要包括：2012年中共中央在《关于加快推进农村科技创新，增强农产品供给保障能力的若干意见》中提出“依靠科技创新驱动，引领支撑现代农业建设”；明确农业科技创新方向，力争在世界农业科技前沿领域占有重要位置；稳定支持农业基础性、前沿性、公益性科技研究；打破部门、区域、学科界限，有效整合科技资源，建立协同创新机制，推动产、学、研，农、科、教紧密结合；改善农业科技创新条件，推进国家农业高新技术产业示范区和国家农业科技园区建设；着力抓好种业科技创新等。2013年中央一号文件提出“加强农业科技创新能力条件建设和知识产权保护”。2014年中央一号文件提出“明晰和保护财政资助科研成果产权，创新成果转化机制”。

7. 农业基础设施建设政策

强化农业基础设施，是推动农村经济发展、促进农业现代化的重要措施之一。我国在加强以农田水利设施为重点的农业基础设施建设，加大对农业基础设施建设的投资力度方面，出台了一系列政策措施，主要有加大财政对农业基础设施建设的投资力度、实施农业综合开发、引导社会资金投入农业基础设施建设、促进区域均衡发展、改革农村小型基础设施产权制度等。2010 年的中央一号文件提出，突出抓住水利基础设施建设，大量建设高标准农田，构筑牢固的生态建设。2013 年的中央一号文件提出"加强农村基础设施建设"，加大公共财政对农村基础设施建设的覆盖力度，逐步建立投入保障和运行管护机制。2014 年中央一号文件提出"推进城乡基本公共服务均等化"，指出我国是一个发展中国家，城乡之间基本公共服务均等化是一个长期动态的过程，只能通过制度创新和政策完善，逐步缩小差距并最终向均等化迈进。

8. 农村金融政策

改革开放以来，我国制定了一系列建设农村金融体系的政策措施，主要包括完善农村金融的财税支出政策和货币支出政策，积极发展农村保险业和农村合作基金会，逐步建立农村灾害补偿制度，加强农村金融法律制度建设，将农村金融政策以法律的形式予以明确，使财政、税收、货币支出政策、农业保险等系统化、规范化。2008 年中央一号文件提出"加快农村金融体制改革和创新"，建立健全农业再保险体系等；2009 年中央一号文件提出"增强农村金融服务能力"；2010 年提出"提高农村金融服务质量和水平"；2012 年中央一号文件提出"提升农村金融服务水平"，加大农村金融政策支持力度；2013 年中央一号文件提出"改善农村金融服务"，充分发挥政策性金融和合作性金融的作用，创新金融产品和服务，加强财税杠杆与金融政策的有效配合，支持社会资本参与，设立新型农村金融机构，建立多层次、多形式的农业信用担保体系等；2014 年中央一号文件提出"强化金融机构服务'三农'职责"，稳步扩大农业银行"三农"金融事业部改革试点，增强农村信用社支农服务功能，保护县域法人地位长期稳定。

9. 农业劳动力转移就业政策

21 世纪以来，我国对农业劳动力转移就业政策发生了积极变化，主要包括农业劳动力转移就业服务、农民工权益保障、农业劳动力转移就业培训、改善农民工生活条件、解决农民工子女教育等。2003 年 9 月，农业部等部门启动了农业劳动力转移就业培训"阳光工程"。2006 年出台的《国务院关于解决农民工问题的若干意见》指出，严格执行劳动合同制度，逐步实行城乡平等的就业制度。2008 年开始实施的《中华人民共和国就业促进法》，明确提出实行城乡统筹的就业政策。2009 年中央一号文件提出"积极扩大农业劳动力就业"。2010 年中央一号文件提出"努力促进农民就业创业"。2012 年中央一号文件提出"加强教育科技培训，全面造就新型农业农村人才队伍"。2013 年中央一号文件提出"有序推进农业转移人口市民化"。2014 年中央一号文件提出"加快推动农业转移人口市民化"。

（二）农业保护政策

1. 农产品价格保护政策

20 世纪 90 年代，我国开始实施粮食等主要农产品保护价收购政策，逐步建立粮食等主要农产品的价格保护政策，实行最低价格。2008 年中央一号文件提出"切实保障主要农产品基本供给"。2009 年中央一号文件提出"保持农产品价格合理水平"，继续提高粮食最低收购价。2013

年中央一号文件提出“完善农产品市场调控”，健全重要农产品市场监测预警机制。2012 年《全国现代农业发展规划(2011—2015 年)》提出，完善农产品市场调控机制。稳步提高稻谷、小麦最低收购价，完善玉米、大豆、油菜籽、棉花等农产品临时收储政策。完善主要农产品吞吐和调节机制，健全重要农产品储备制度，发挥骨干企业稳定市场的作用。继续加强生猪、棉花、食糖、边销茶①等调控预案，制定鲜活农产品调控办法，坚持“米袋子”省长负责制和“菜篮子”市长负责制。

2. 农产品贸易政策

农产品贸易政策主要包括进口政策、出口政策和区域自由贸易政策等。2004 年中央一号文件提出“扩大优势农产品出口”，要进一步完善促进我国优势农产品出口的政策措施。鼓励和引导农产品出口加工企业进入出口加工贸易区。加强对外谈判交涉，签订我国与众多市场国家和地区的双边检验检疫与优惠贸易协定。加快建设健全禽肉、蔬菜、水果等重点出口农产品的行业和商品协会。2009 年中央一号文件提出把握好主要农产品进出口时机和节奏，支持优势农产品出口，防止部分品种过度进口冲击国内市场。2010 年中央一号文件提出“提高农业对外开放水平”，支持优势农产品扩大出口，提供出口通关、检验检疫便利和优惠。2012 年国务院出台的《全国现代农业发展规划(2011—2015 年)》提出，“提高农业对外开放水平”，促进农产品国际贸易，强化多双边和区域农业磋商谈判与贸易促进，做好涉农国际贸易规则制定工作。进一步强化贸易促进公共服务能力，积极推动优势农产品出口。建立符合世界贸易组织的外商经营农产品和农业生产资料准入制度。积极应对国际贸易摩擦，支持行业协会维护企业的合法权益。进一步完善农业产业损害监测预警机制。运用符合世界贸易组织的相关措施，灵活有效调控农产品进出口。2014 年中央一号文件提出“合理利用国际农产品市场”，加强进口农产品规划指导，优化进口来源地布局，建立稳定可靠的贸易关系。

3. 农业资源与环境保护政策

改革开放以来，我国高度重视农业资源利用和环境保护，将农业资源利用和环境保护工作纳入整个经济社会发展的重要议程，在耕地、淡水、草原、渔业及废弃物等农业资源的合理开发和有效保护，以及节能减排等方面制定了一系列政策措施，形成了农业资源环境保护政策框架。其主要内容包括：水资源合理利用与保护，草原资源合理利用与保护，渔业资源利用与生态保护，退耕还林(还草)工程，农田防护林网建设，农村可再生能源开发，农村生产生活节能，循环农业发展等。2010 年中央一号文件提出“构筑牢固的生态安全屏障”，继续推进重点林业生态工程建设，大力增加森林碳汇，加强农业面源污染治理，发展循环农业和生态农业。2013 年中央一号文件提出“推进农村生态文明建设”，加强农村生态建设、环境保护和综合治理，努力建设美丽乡村。2012 年《全国现代农业发展规划(2011—2015 年)》提出“加强农业资源和生态环境保护”，科学保护和合理利用水资源，加强农业生态环境治理，大力推进农业节能减排，树立绿色、低碳发展理念。2014 年中央一号文件指出“建立江河源头区、重要水源地、重要生态修复治理区和蓄滞洪区生态补偿机制”。

---

① 边销茶，又叫边茶，因是一种专供边疆少数民族饮用的特种茶而得名，属黑茶类，多为紧压茶，少量散茶。

4. 农村扶贫开发政策

21世纪以来，中国政府根据全面进入建设小康社会新阶段和农村依然贫困问题的基本国情，制定了新的扶贫战略。2001年公布了《中国农村扶贫开发纲要(2001—2010年)》。2004年中央一号文件提出“继续做好扶贫开发工作，解决农村贫困人口和受灾群众的生产生活困难”，完善扶贫开发机制。2006年中央一号文件提出“加强扶贫开发工作”，对农村低收入人口全面实施扶贫政策。2011年，中共中央、国务院印发《中国农村扶贫开发纲要(2011—2020年)》，这是今后一个时期我国扶贫开发工作的纲领性文件。其目标是到2020年，稳定实现扶贫对象不愁吃不愁穿，保障义务教育、基本医疗和住房，贫困地区农民人均纯收入增长幅度高于全国平均水平，基本公共服务主要领域指标接近全国平均水平，扭转发展差距扩大趋势。全国农村扶贫标准从2000年的865元逐步提高到2010年的1 274元。2011年，全国农村扶贫标准提高到2 300元，相较于2010年的标准提高了约81%。2014年中央一号文件提出“创新扶贫开发工作机制”，提高扶贫精度，抓紧落实扶贫开发重点工作。

本章小结

农业宏观调控是以政府为主体，着眼于经济运行的全局，运用经济、法律和必要的行政手段，对农业资源的配置从宏观层次上进行调节和控制，以促进农业经济总量均衡、结构优化、要素合理流动，保证农业的持续、稳定、协调发展。农业宏观调控实质上是一种市场经济条件下的政府农业行为，是政府干预农业的一种表现形式。

从理论上讲，市场机制的缺陷与农业本身的产业特征，导致农业宏观调控的必然。市场失灵在农业中具体表现为公共物品性、农业的外部性、市场的不完全性、调节的事后性。

在市场经济条件下，农业宏观调控的基本目标是：保证农产品有效供给，农产品市场供求平衡；促进农民增收，提高农民生活水平；保护农业资源，改善生态环境；实现农业的可持续增长。

农业宏观调控的主要内容有：优化农业产业结构；保障农产品质量安全和质量检测体系建设；提高农业信息服务能力；加强农业的科研、教育和技术推广；加强农业基础设施的建设；健全农业保护制度和粮食储备制度；严格保护和治理农业自然资源和环境；建立健全农业法律体系。

农业宏观调控的手段以经济手段、法律手段为主，辅之以行政手段和计划手段。农业宏观调控政策包含支持政策、保护政策。

即测即评

扫描二维码，做单项选择题，检验对本章内容的掌握程度。

复习思考题

1. 农业宏观调控的内涵是什么？
2. 结合我国具体国情，论述农业宏观调控的必要性。
3. 农业宏观调控的基本目标有哪些？为什么？
4. 农业宏观调控的主要内容是什么？
5. 结合我国实际，论述如何健全我国农业支持保护政策。
6. 论述农业宏观调控的经济手段及其运用。

前沿展望

宏观调控应与现代农业产业政策相结合

宏观经济的稳定离不开现代农业的发展，加强政府宏观调控职责和能力，离不开重要农产品的总量平衡和生产力结构优化，离不开农产品市场的平稳运行。从服务于宏观经济发展全局出发，探讨现代农业的战略定位，近年来有三个问题值得关注：

一是以产值论英雄，农业基础地位有所松动。随着农业占国民经济的比重逐年下降，社会上对农业保障食物供给的基础性地位的认识有所动摇，农业投入"只增不减"的持续增长机制难以确立，农业投入很容易成为财政"紧缩"的对象。

二是宏观调控"一刀切"，农业易受伤。例如，当采取稳健的财政政策和紧缩的货币政策时，尽管农业投入品价格涨幅趋缓，但农产品价格往往低迷，甚至出现"卖难"，农户、合作社和农业企业"贷款难"明显加剧。

三是社会关注 CPI，农产品易成替罪羊。由于我国 CPI 构成中食品所占比重较大，每当农产品价格出现短期随机波动，CPI 就会在第一时间出现夸张性反应，容易使人将 CPI 上涨与农产品价格上涨等同起来。而政府为了平息物价波动，便会立刻出台各类农产品价格调控措施。实际上，农产品价格短期波动与通胀并没有必然的联系，政府以此进行宏观调控，可能错失调控的良机。

围绕加强政府宏观调控职责和能力，在促进现代农业发展上，建议：

一是从保障国家粮食安全和重要农产品有效供给出发，形成农业稳定增长的投入机制。粮食生产如果出现滑坡，宏观经济的系统性风险将被放大，实现经济持续健康发展的目标就有可能成为泡影。因此，必须建立农业投入稳定增长的机制，并以法律而不仅仅是中央一号文件的形式固化下来，避免出现财政收入波动就压缩农业投入的现象发生。

二是从农业的特殊性出发，将宏观调控与现代农业的产业政策相结合。农业生产具有周期性，是自然再生产与经济再生产相互交织的过程，农业生产经营者在转移成本、管理风险、稳定收入等方面应对宏观经济变化的能力普遍较弱。宏观调控应充分考虑农业的产业特征，在收入补贴、农业投资、金融支持等方面给予一定的"绿色通道"政策，将财政政策、货币政策与农业价格、产业政策结合起来，提高调控的灵活性，避免农民利益和农业产业发展受调控影响过大。

三是从提高调控的科学性和创造良好的农业发展环境出发，建立CPI调整优化机制，逐步降低食品权重。由于随着国民经济总量的快速增长，食品消费占收入的比重越来越低，因此，世界大多数国家均适时对CPI构成进行调整，以更加真实地反映物价水平的变化。应尽快建立我国CPI构成的定期调整优化机制，逐步降低食品权重，以更加科学地衡量通胀水平，更好地服务于国家宏观调控的要求。

资料来源：赵卓.宏观调控与现代农业产业政策.农民日报，2014-08-19.

世界著名农业经济学家简介

布莱克(J.Black)(1883—1960年)，美国近代著名农业经济学家，农场管理学、农业生产经济学的开拓者。1926年，布莱克在其所著《农业生产经济学导论》中第一次使用农业生产经济学的名词。布莱克成为研究美国农业问题有影响的经济学家，在他的建议和主持下拟订了宏大的研究计划，开展了农产品运销、土地垦殖、土地价格、农业信贷、土地租佃以及农产品价格等方面的研究。

第十五章　农业现代化

本章学习目标

1. 掌握原始农业、传统农业与现代农业的特征；
2. 了解农业现代化的内涵、特征、主要内容以及发达国家实现农业现代化的基本路径和经验；
3. 掌握由传统农业向现代农业发展演变的基本规律。

马克思曾指出，“资本主义生产方式开始于工业，只是到后来才使农业从属于自己”。这里所指的农业就是近现代意义上的农业。就世界近现代经济史的发展历程来看，农业最终从属于工业，也就是一个国家、民族经济现代化的过程。在经济规律的作用下，传统的农业生产方式必然要为更先进的生产方式所取代。

第一节 农业的发展阶段及其特征

农业是人类社会最早出现的生产部门,也是最古老的经济部门。人类农业的发展经历了漫长的岁月,以生产工具、劳动者的生产技能和生产力各要素的配置方式的不同为标志,一般可划分为原始农业、传统农业和现代农业三个历史阶段。它们在生产力水平上存在本质区别。

一、原始农业

(一) 原始农业的概念

原始农业是人类农业的初级阶段,始于史前文化后期的新石器时代,经历了奴隶社会的兴起和青铜器的出现,止于铁器工具出现之前。

(二) 原始农业的特征

1. 劳动对象

以动植物自然物种为劳动对象,最初是采摘、收集植物的果实,或人工饲养捕获的畜禽。随着对自然认识的深化,人类通过驯养的方式扩大种养殖范围。生产力发展到一定的阶段,则用播种或人工繁殖方式获取农产品。

2. 生产工具

原始农业时期所使用的生产工具十分简单。早期是简陋的石器和木棒等,后来逐渐出现了比较简单的石木结构、铜石结构及青铜工具。农业的动力主要是人力,农业的生产方式是刀耕火种。人们以部落或氏族为单位进行生产,在劳动中仅存在松散、临时而简单的协作。

3. 生产目的

原始农业时期,因为农业劳动生产率低下,人类主要靠采集、狩猎获取食品,仅可以维持自己的生存和繁衍后裔的需要。生产目的是维持最低的生活需要或带有掠夺性的经营。

4. 人类生产与自然的关系

原始农业时期,人类对自然的开发和支配能力极其有限。不得不依赖自然界直接提供的食物和其他简单的生活资料,抵御各种盲目自然力的肆虐。人类抵御自然的能力很低,经常忍受饥饿、疾病、寒冷和酷热的折磨,受到野兽的侵扰和危害。原始农业是人类掠夺自然、攫取自然的农业。

二、传统农业

(一) 传统农业的概念

传统农业开始于石器时代末期和铁器时代初期,经由奴隶社会、封建社会,在发达国家一直延续到 18 世纪 60 年代。目前,一些发展中国家的农业仍处于传统农业阶段。

传统农业初期,农业生产工具比较简单,一般是铁木结构的农具,农业动力主要是人力和畜力。传统农业后期逐渐出现了农业机器,一般由工具机、发动机和传动机等部分组成。直接的动力源是发动机,直接的控制源是机器本身,但是整个机器还是由人脑控制。开始对天然产物进一步筛选,也就是选择物种。两千多年的传统农业,人类基本上是根据长期积累的经验,通过形态学和生态学的观察和比较,运用人工选择的方法,加工并选择适合人类需要的动物和植物。传统农业时期是以家庭为单位进行生产的,经营内容一般取决于家庭的需要,是自给自足的小型农业。随着生产的发展,有了少量供交换用的商品,依靠丰富的经验和一定的科学技术精耕细作。这时劳动生产率可满足家庭需要,并有余。

美国经济学家西奥多·W.舒尔茨对传统农业的研究具有广泛且深远的影响,他在其代表作《改造传统农业》一书中,将传统农业定义为"完全以农民世代使用的各种生产要素为基础的农业可以称为传统农业"[①]。舒尔茨否定了从文化价值的视角得出的关于传统农业社会人们的行为特征的结论,另辟蹊径,把与经济活动相关的工作、节约和勤劳作为经济变量,用经济学方法作出令人满意的解释:促使这些人去做更多工作的刺激是微弱的,因为劳动的边际生产率非常低;促使这些人进行更多储蓄的刺激同样是微弱的,因为资本的边际生产率也非常低。文化特征、制度结构和生产要素的技术特征都没有为区分传统农业与其他类型的农业提供一个基础。在上述分析的基础上,舒尔茨指出,传统农业应该被作为一种特殊类型的经济均衡状态。这种均衡状态的特点是:一是技术状况保持不变;二是持有和获得收入来源的偏好和动机状况保持不变;三是这两种状况保持不变的持续时间,足以使获得作为收入来源的农业要素的边际偏好和动机作为一种对持久收入流投资的这些来源的边际生产力,以及同接近于零的纯储蓄达到一种均衡状态。传统农业所代表的特殊经济均衡状况是以再生产性生产要素基础的技术状况,构成对收入来源基础的偏好和动机状况以及一定时期内这两种状况保持不变为基础的。

(二)传统农业的特征

1. 生产力水平

传统农业的产量增加主要依靠两种途径:一是开垦荒地扩大耕地面积,由于地球上可供开垦的荒地是有限的,扩大耕地面积的粗放式增长方式越来越失去了发挥作用的余地;二是增加单位面积土地上的劳动投入,形成劳动密集型的精耕细作,但是由于技术停滞和劳动力剩余,土地报酬递减规律发挥作用,劳动生产率呈下降的趋势。尽管传统农业的生产率低,但舒尔茨认为"在传统农业社会中,生产要素配置效率低下的情况是比较少见的",传统农业的资源配置已经达到了最优,依靠重新配置传统农业的生产要素不会使农业生产有显著的增加,传统农业是一种处于低水平的均衡。

2. 生产工具

在传统农业中,农民以传统的直接经验技术为基础,使用简陋的铁木农具和人力、畜力、水力、风力进行生产。原始的生产工具和生产技术迫使农民在小块土地上耕作,生产方式和耕种作

---

① 舒尔茨.改造传统农业.北京:商务印书馆,2003.

物常年没有变化。

3. 能量循环

传统农业是生计农业，是封闭的、自我循环发展的、自给自足的自然经济。在传统农业中，主要投入要素是劳动和土地，很少有外部生产要素的投入，农民很少利用从市场上购买的投入物，劳动力主要由家庭成员构成；所生产的农产品主要是满足自己的生产和生活需要，产品剩余很少，农业生产基本处于自我循环状态。

三、现代农业

（一）现代农业的概念

现代农业是广泛应用现代科学技术和现代工业提供的生产资料，积极提升农业劳动者素质，采用科学管理方法的社会化农业，是科学技术、组织管理以及劳动者的现代化，是从资本主义产业革命到20世纪初，特别是第二次世界大战以来的农业。发达国家的现代农业开始于18世纪末19世纪初，到20世纪60—70年代基本完成。其生产是商品化生产，为他人和社会提供生产、生活所需商品。

现代农业阶段的工具组成逐渐复杂化、精密化，机器代替了体力劳动和畜力耕作，机器由工具机、传动机构、发动机和控制机等部分组成，直接的动力源是发动机，直接的控制源是控制机（电子计算机）。开始采用科学的方法来加工物种，并逐步走向创造物种。随着生产的社会化，生产的规模较大，需要集体或社会的协作。经营的主要目的是满足社会的需要，经营的内容是利用资源和保护资源辩证统一的结果。由于生产的社会化和专业化不断发展，生产力水平显著提高，农产品商品率迅速增长，这时劳动生产率最高，产品的绝大部分用于满足社会需要。

（二）现代农业的特征

1. 生产科学化

现代科学技术是现代农业发展的第一核心要素。现代科技正迅速地向农业生产、加工流通等领域渗透，科技进步日益成为农业发展的主要推动力。现代农业的生产和组织管理依靠深入揭示客观规律的自然科学和管理科学。现代农业形成以自然科学为基础的现代农业技术体系和推广体系，以植物学、动物学、遗传学、物理学、化学等现代自然科学为依托，形成了育种、栽培、饲养、土壤改良、植物保护等新技术和新生产方法，大规模采用以现代科学技术为基础的生产工具，培育和使用动植物新品种。农业经营管理的科学化程度和水平也空前提高，劳动者素质不断提高。

2. 要素集约化

要素的集约投入与高效产出是现代农业的生产特征与追求目标。集约化主要是指现代农业的增长方式由粗放型向集约型的转变，包括三方面的内容：一是由单纯地注重数量和速度增长，转向主要依靠优化产业和产品结构，提高农产品的质量和效益；二是由单纯地依靠资源的外延开发，转到主要依靠提高资源利用率和可持续发展能力的方向上来；三是由单纯注重物质、资金投入，转为在增加物质、资金投入的同时，主要依靠科技进步，提高物质和资金利用率来实现农业增长。集约化地投入生产要素，改变了农业粗放经营的状况，也使农业集约程度不断提升，由劳动集约到能量、资金、技术、经营和管理的集约，有效提高了资源产出率、劳动生产率和农业的经济效益。

3. 经营商品化

市场经济体系是现代农业发展的制度基础和前提。与传统农业自给自足的自然经济不同，市场经济条件下的现代农业，从生产手段到成果普遍实现了商品化，各种中间产品、劳务和消费品以及其他农业生产要素，包括各种农业机械、肥料、农药、兽药、良种等，农民的生活消费也普遍成为商品性消费，进入大市场的交换领域，农业打破了内部物质与能量循环的局限性进而实现与全社会物质与能量的开放性循环，农产品商品率得到前所未有的提高，从传统的自给农业转变为市场交换的商品型现代农业。

4. 服务社会化

完善的社会化服务体系是现代农业的重要标志。现代农业突破了传统农业的产、加、销脱节，部门相互割裂，城乡界限明显等局限性，通过公司、合作社+农户（家庭农场）等生产组织形式，使农产品的生产、加工、销售等各环节一体化，农业与工业、商业、金融、科技等不同领域相互融合，农业产业链条大大延伸，生产环节分工细化，协作加强，形成了一个比较完整的农业社会化服务体系，农业大量的产前、产中、产后活动由各种专业化服务组织来完成，形成了农业区域化布局、专业化生产、企业化经营和社会化服务的新格局。

5. 发展可持续化

追求产业与生态环境、社会发展的统一与协调，是现代农业发展的基本趋势。在现代农业发展的中期，由于石油工业革命带来的化学石油投入品的普遍大量使用，能源消耗不计成本。现代农业在取得巨大成就的同时，带来了资源过度消耗、成本居高不下、破坏生态平衡、污染生存环境、威胁消费者健康等不可持续发展的突出问题。近年来，世界各国在农业发展中更加注重生态环境的保护和治理，调整城乡产业布局，重视土、肥、水、药和动力等资源投入的节约和使用的高效化，“有机农业”、“生态农业”、“绿色农业”、“循环农业”、“观光农业”等新的现代农业形态不断涌现，可持续农业受到广泛重视，成为全球农业发展的必然趋势。

第二节　农业现代化的内容、目标与衡量指标

一、农业现代化的内涵

（一）农业现代化的概念

农业现代化是指用现代科学技术和现代工业产品来装备农业，用有现代科技和新经营理念的劳动者从事农业，用现代经济经营管理方法和手段来管理农业，不断提高农业劳动生产率、资

源产出率和利用率，使传统农业逐步转化为具有当代先进水平的现代农业的过程。

（二）农业现代化的性质

1. 动态性

农业现代化是一个长期动态变化的过程，其内涵会随着技术经济和社会的进步而变化。因此，作为动态历史进程的农业现代化，只有阶段目标，而没有终极目标，在不同时期应根据国情和现状选择不同的阶段目标。农业现代化一般可划分为准备阶段、起步阶段、初步实现阶段、基本实现阶段及发达阶段。

知识链接

农业现代化是一个相对的、不断发展的概念。由于社会生产力和科学技术发展水平的差异，在我国不同历史时期，农业现代化的内涵明显不同。20世纪五六十年代，农业现代化是指“四化”，即机械化、电气化、水利化和化学化。70年代末至80年代中期，把农业现代化的基本内涵延伸至经营管理现代化，即将农业的生产和管理逐步建立在生态科学、系统科学、生物科学、经济科学和社会科学等基础上。80年代中期至90年代初期，农业现代化的内涵被概括为科学化、集约化、社会化和商品化。20世纪90年代初至中期，农业现代化的内涵向商品化、技术化、产业化、社会化、生态化等多方面变革的集合体发展。进入21世纪，可持续发展理念提出注重从经济、社会、生态多方面研究农业现代化，而不是简单地谈论农业产业自身的现代化。

2. 区域性

农业现代化的具体内容和标准会因不同的自然条件和社会经济基础而存在差异，即使在同一个国家的不同区域、同一区域的不同地区，农业生产的条件都不尽相同。例如，美国农业现代化首先从提高劳动生产率的农业机械化开始，因为美国土地资源十分丰富而劳动力资源相对不足；日本土地相对稀缺而劳动力相对充足，就更加注重提高土地生产率的生物技术现代化。我国地域辽阔，各地的经济发展水平和自然条件差别巨大，这就决定了我国农业现代化必须充分考虑区域的自然经济状况。

3. 世界性

农业现代化是一个世界性的概念。在一定的时期，农业现代化有共同的国际标准，反映世界上最先进的农业生产水平。衡量一个国家是否实现了农业现代化，不能只与过去相比，本国已达到的技术、经济等水平只有赶上、接近或超过了当时世界先进国家的水平，才算实现或基本实现了农业现代化。因此，应将农业现代化放在全球化的高度来审视，以世界既有的最高水平为参照体系，依据国际公认的标准来判断农业现代化的战略目标是否实现。

4. 整体性

农业现代化是一个多层次的整体性概念。农业现代化不仅包括农业生产条件的现代化、农业生产技术的现代化、农业劳动者的现代化和农业生产组织管理的现代化，也包括资源配置方式的优化，以及与之相适应的制度安排。农业现代化既要注重提高农业的产出水平，又要注重环境改善、资源永续利用和农业的可持续发展；既要注重农业产业的现代化，又要注重农民生活水平的改变、农村的全面进步和城乡的协调发展。农业现代化还需和农村现代化、农民现代化同步进行，农业现代化要与工业化、城镇化、信息化协调发展，与农地制度改革、农业社会化服务体系建设以及市场经济体制建设相配套。

知识链接

就农业现代化内涵的本质而言，概括起来主要有三种观点：① 持续发展论。该理论从历史演进的角度，将农业现代化定义为传统农业通过不断运用现代先进科学技术，不断调整农业结构和农业的专业化、社会化分工，来实现农业总要素生产率水平的不断提高和农业持续发展的过程。② 资源配置论。资源配置论认为农业现代化是通过有效的资源配置来提高土地生产率、劳动生产率和资源利用率。③ 综合论。综合论指出农业现代化是技术、经济、社会条件相互促进又相互制约的发展过程。上述三种观点各有不同，但都无一例外地将推动农业科技进步、提高农业生产率作为推动农业现代化的核心任务。

二、农业现代化的内容

（一）农业生产手段现代化

农业生产手段现代化是指用现代工业的技术装备武装农业，实现农业机械化、电气化、水利化、园林化等。农业机械化是指在农业生产中广泛地使用机器，以代替人力、畜力和传统手工工具的过程，包括农、林、牧、渔各部门生产过程中的各项作业机械化、产品储藏运输和加工机械化，以及农业基本建设施工机械化等。农业电气化是指农业中广泛使用电能的过程，包括以电力为农业机械的动力，如采用电气装置进行增温、加热、冷却、通风、照明等，把电子设备用于生产、加工等。提高农业电气化程度，是实现农业高产、高效、低耗、少污染的重要手段。农田水利化是指建立完善的农业灌溉、防洪排涝等水利基础设施，保证农业灌溉和牲畜饮用水，合理利用水资源。农业园林化是指大力开展以整治土壤、植树种草为主要内容的农业基本建设，对山、水、林、田、路进行统一规划和综合治理，防风固沙，涵养水源，保护自然资源，改善生态环境。

（二）农业生产技术现代化

农业生产技术现代化就是用现代科学技术指导和装备农业，在农业生产上广泛采用农业机械和电子信息技术、生物技术、化学技术、耕作与栽培技术以及饲料技术等，包括良种化、化学化和改革耕作技术等。良种化就是运用现代科学技术如基因工程、生物技术、杂交育种、人工授精等技术，培育、推广和使用优良品种。农业化学化就是在农业生产的各个环节，广泛采用化学产品或化学方法来实现农业产出量的增长，或提高农业相关部门的经济效益。改革耕作技术指通过轮作、间套复种、移栽覆膜、温室栽培、工厂化设施农业等技术，改善农业生产条件，创造有利于动植物、微生物生长发育的空间，提高资源的利用效果，提高土地生产率和经济效益。

（三）农业劳动者的现代化

劳动者是农业生产过程中的关键因素之一。农业劳动者的现代化就是要提高劳动者的素质，主要包括身体素质、文化素质、技术素质、管理素质、法律素质等。第一，身体素质的提高能够使农业劳动者拥有健康的体魄，以适应农业相关劳动，同时有助于自身的身体健康。第二，文化素质的提升将使农业劳动者形成一种内在的、较稳定的性格品质，有助于农业劳动者的情感形成，并表现与之相适应的行为。简而言之，良好的文化素质有助于农业劳动者形成良好的行为。第三，技术素质的提升能够有效地提升劳动生产率。第四，管理素质的提升能够使得农业劳动者更好地组织劳动中物质、人力等资源，让资源的利用更加有效率。第五，法律素质的提升有助于劳动者法律意识的形成，了解权利与义务的关系，约束自己的行为。与此同时，现代农业劳动者需要梳理市场经济意识和开放意识等，顺应农业现代化、国家化发展潮流，增强自我学习的意识和能力，更加深入地学习现代农业专业知识，提升自身的技术能力、决策管理能力等，以适应和引领现代农业的发展。

（四）农业生产管理现代化

农业生产管理现代化指在农业中建立科学的生产组织，建立合理的产业结构，逐步提高农业生产的社会化水平，并采用现代化管理手段和方法，对农业生产全过程的经济活动进行组织、指挥、监督和调节，以提高工作效率和经济效益的过程。它主要包括农业产业组织现代化和农业企业经营管理现代化。农业产业组织现代化是指提高农业生产的专业化和社会化水平，延伸农业产业链条，农业的产前、产中和产后经济活动由不同的专业化组织分别完成或实现一体化经营，形成比较完整的农业社会化服务体系。农业企业经营管理现代化是指农业经济组织实行企业化经营管理，包括建立和健全符合市场经济规则的经营管理体制和运行机制，采用先进、科学的管理方法和管理手段，注重经济效益、社会效益和生态效益。

农业现代化的上述四方面内容是相辅相成、缺一不可的。一定的生产技术总是与一定的生产手段相适应，只有依靠现代化的管理和现代劳动者的参与，才能使技术现代化和生产手段现代化合理组合。因此，在实现农业现代化的过程中，应使四方面内容协调进行，防止片面性。

三、农业现代化的发展目标

（一）建立高产、优质、低耗、高效的农业生产系统

农业现代化的"高产"包括两方面的内容：第一，提高土地生产率以及劳动生产率；第二，优化农业产业结构，使得各产业协同发展。"优质"则要求农业发展既高产又保质，使得农产品的数量和质量保证满足社会需求。"低耗"要求在农业生产过程中尽可能地减少生产要素特别是不可再生生产要素的投入，以降低成本和减少环境污染。"高效"要求农业的发展提高生产要素的投入产出比，保证生产要素的利用效率。

(二)建立科学、合理、稳定、良性循环的农业生态系统

农业生态系统则是由生物系统与非生物系统构成的复杂的、循环的综合系统,生物系统和非生物系统二者缺一不可。农业生态系统的"科学"是指生物系统和非生物系统之间的匹配要符合规律;"合理"是指生物系统与非生物系统的协同发展;"稳定"指生物系统与非生物系统之间的物质循环和能量转换要保持相对平衡和均衡;"良性循环"则要求生物系统与非生物系统相互循环、相互促进。农业生态系统的建立需要尊重客观自然规律,同时要依靠现代科技、管理等,将农业生态系统科学与合理、稳定、良性循环的发展目标有机结合。

(三)建设繁荣、富庶、美丽、文明的新农村

现代农业的发展与社会主义新农村的建设是相辅相成的。现代农业的发展是新农村建设的基础,农村的繁荣、富庶、美丽、文明有助于推动农业的持续、健康发展,缩小城乡差距,提高农民收入水平,改善农民生活质量,提高幸福指数。

四、农业现代化的衡量指标

众多学者都对我国农业现代化的衡量指标进行了研究,主要分为两类:一是着眼于全国,以宏观经济数据为主的指标体系,主要为我国现代农业的整体发展提供参考。柯炳生(2000)将农业现代化评价指标体系分为三部分,即农业外部条件指标、农业内部条件指标以及农业生产效果指标,并具体制定了10项基本内容,给出了农业现代化发展的阶段衡量标准。杨万江(2001)将农业现代化评价指标体系分为农业发展水平评价和农业保障系统评价两个部分。其中,农业发展水平评价包括了农业生产条件、农业投入水平和农业生产力水平三个部分,共包括11个单项指标;农业保障系统评价则包括了经济结构和农民收入及生活水平两部分,共包括5个单项指标。辛岭、蒋和平(2010)将农村现代化方面的评价纳入,将农业现代化评价指标体系分为农业投入水平、农业产出水平、农村社会发展水平以及农业可持续发展水平四个一级指标,共计12个单项指标。王国敏、周庆元(2012)完善了农业现代化发展的评价指标,从农业生产投入条件、农业综合产出水平、农村社会发展水平和农业资源环境条件四个方面来评价农业现代化,具体分为21个项目。二是根据各个地区的不同情况,着眼于不同省份的现代农业评价指标体系,为各省现代农业的整体发展提供参考。如山东省社会科学院参照国际标准和山东省的实际状况制定了山东省农业现代化评价指标体系,具体分为6大项,26小项。上海市统计局根据上海市的具体情况制定了都市型农业现代化评价指标体系,包含6大项,22小项。①

各地的农业现代化评价指标体系富有地方特色,但普遍适用性较差,而早期的农业现代化评价指标体系缺乏对农村现代化方面的评价,评价不够全面。辛岭、蒋和平(2010)将农村现代化方面的评价纳入,形成了以农业投入水平、农业产出水平、农村社会发展水平以及农业可持续发展水平为一级指标的农业现代化评价指标体系,如表15-1所示。

---

① 陈春霞. 我国农业现代化评价指标体系研究评述. 改革与战略,2009(6).

表 15-1　农业现代化评价指标体系

指标	一级指标	二级指标
	农业投入水平	1. 劳均资金投入
		2. 农业科技投入水平
		3. 劳动力受教育的程度
		4. 单位耕地面积总动力数
		5. 有效灌溉率
农业现代化发展水平	农业产出水平	6. 农业人均 GDP
		7. 劳动生产率
		8. 土地生产率
	农村社会发展水平	9. 农民人均纯收入
		10. 恩格尔系数
		11. 农业劳动力就业率
	农业可持续发展水平	12. 森林覆盖率

资料来源：辛岭，蒋和平. 我国农业现代化发展水平评价指标体系的构建和测算. 农业现代化研究，2010（6）.

根据上述评价指标可构建农业现代化评价模型，模型组合包括农业现代化综合水平测评总模型（AT）以及子模型（包括农业投入子系统模型、农业产出子系统模型、农村社会发展子系统模型和农业可持续发展水平子系统模型，分别用 B_1、B_2、B_3、B_4表示）。农业现代化综合水平评估模型的构成和数学表达式如下：

$$AT_t = W_1B_1 + W_2B_2 + W_3B_3 + W_4B_4 = \sum_{i=1}^{4} W_iB_i$$

式中：B_i——一级子系统指数；

W_i——各级子系统权重；

T_i——评价区域；

t——时期。

根据以上评价体系，农业现代化的发展分为起步、发展和成熟三个阶段，农业现代化起步阶段 $AT<0.4$；农业现代化发展阶段 $0.4\leqslant AT<0.8$；$AT\geqslant 0.8$ 为农业现代化成熟阶段。2008 年，我国投入指数为 0.358，产出指数为 0.362，社会发展水平指数为 0.730，可持续发展指数为 0.268，综合发展指数为 0.446，处于农业现代化发展阶段。就各个省份（自治区）来看，除了云南（AT：0.390）、宁夏（AT：0.372）、山西（AT：0.371）、青海（AT：0.354）、西藏（AT：0.339）、甘肃（AT：0.326）、贵州（AT：0.315）处于农业现代化起步阶段以外，我国其他省份（自治区）均处于农业现代化发展阶段，但并没有省份（自治区）处于农业现代化成熟阶段。

王国敏、周庆元（2012）深化了农村现代化方面的评价，完善了我国农业现代化评价指标体系方面的研究。其所完善的农业现代化评价指标，是目前较权威的农业现代化评价指标。表 15-2 为该指标体系的具体内容。

表 15-2　农业现代化评价指标体系

指标	一级指标	二级指标
农业现代化水平	农业生产投入条件	1. 人均农村固定资产投资额
		2. 农业科技人员占农业劳动力比重
		3. 耕地有效灌溉率
		4. 旱涝保收率
		5. 单位耕地面积农机总动力
		6. 劳均农机总动力
		7. 单位耕地面积有效化肥使用量
	农业综合产出水平	8. 农产品综合商品率
		9. 耕地产出率
		10. 农业劳动生产率
		11. 劳均肉、奶、蛋、鱼类产量
	农村社会发展水平	12. 城镇化率
		13. 农村居民家庭人均纯收入
		14. 农村恩格尔系数
		15. 千人拥有医务人员数
		16. 农村居民家庭劳动力文化状况
		17. 千人拥有乡村(街道)文化站数
		18. 农村信息化水平
	农业资源环境条件	19. 森林覆盖率
		20. 农业成灾率
		21. 沼气使用率

资料来源：王国敏，周庆元.我国农业现代化测评体系的构建与应用.经济纵横，2012(2).

根据上述指标体系的设置及指标层次分析，构建农业现代化评价模型。其计算公式为：

$$Z = \sum_{j=1}^{4} W_j Y_j$$

式中：Z——农业现代化综合评价指数，反映某一地区、某一阶段的农业现代化总体水平，综合指数的大小与现代化水平正相关；

W_j——各主体指标的权重；

Y_j——各主体指标的数值。

根据指标体系和评价模型，可以确定各群体指标的权重，各群体指标的原始数值经过标准处理后，可以分层加权计算主体指标的数值，最后计算得出农业现代化综合评价指数。综合评价指数采用百分制，满分为100分，农业现代化综合评价指数的数值介于0~100。根据农业发展的特点，农业现代化可划分为准备阶段、起点阶段、初步实现阶段、基本实现阶段及发达阶段。其综合评价指数分值范围分别为0~30分、30~50分、50~70分、70~90分、90分以上。根据这个算法，我国从2008年开始迈入农业现代化初步实现阶段（50~70分），到2009年，全国农业现代化综合评价指数为52.07。同时，我国内地农业现代化水平表现为西部地区、中部地区、东北地区、东部地区的梯度提高趋势。其中，北京（81.75）已经达到了基本实现阶段，部分省区（如贵州:35.43；西藏:34.92等）还处于起点阶段。

可见，不同的农业现代化评价指标体系所评价的结果是不同的，根据不同的算法所得出的我国农业现代化阶段也不同，应当根据具体情况选用适合的评价指标体系对我国的农业现代化进行评价。

第三节　农业现代化的模式及发展路径

一、国外发展农业现代化的主要模式

20世纪上半叶，西方发达国家基于本国国情对传统农业进行了全面改造。美、英、法等国于20世纪60年代前后成功实现了向现代农业的转型，日、韩、以等国紧随其后，一些发展中国家也致力于传统农业的升级改造，并取得了长足的进展，农业现代化已成为世界农业发展的必然趋势。由于资源禀赋及社会经济环境不同，各国农业现代化的道路有很大差别。具有代表性的农业现代化模式主要有三种：美国模式、日本模式和西欧模式。

（一）美国模式

美国地广人稀，人均土地资源丰富，属于人少地多的资源丰裕型国家，工业化的生产和资源禀赋特征使得机械相对价格长期下降，而劳动力相对价格不断上升，农场主不得不采用机械代替人力、畜力。凭借其发达的现代工业体系及低价能源优势，在政府干预和保护下，美国以市场为主，以现代科学技术为基础，大力发展农用机械替代人力和畜力，实现了规模化生产，有效提高了劳动生产率，实现了农业资源的高效配置。

美国推行农业现代化的主要做法有五点：第一，制定和修订农业基本法，规定了土地休耕、农产品储备、限额销售、农业信贷支持等制度。第二，加强农业土地利用和开发，保持农业土地资源的最佳综合利用。第三，注重农业投入，健全农业信贷机构，完善了农业信贷体系，有力地保障了农业生产的投入。第四，加强农产品价格支持和保护，制定了包括目标价格、抵押贷款和差价补

贴等价格支持计划支持农产品的生产、销售和贸易，同时实行农业合同制以加强农场主与工商业及合作社的联系，提高了农业的市场化程度。第五，加强自然资源和环境保护立法，有效地保护了农业资源，维护了生态平衡，实现了农业的可持续发展。

知识链接

美国是世界上最早实现农业机械化的国家。早在18世纪末，美国就改良、发明了按机械原理设计制造、以人力和畜力驱动的耕田机、割草机、收割机等农机具取代传统农具。20世纪40年代，美国在耕地、耙地、播种、收割、脱粒等主要农业生产环节已基本实现机械化。随着农业科技的不断进步，许多精细农活也普遍实现机械化。20世纪70年代，美国农业生产全面实现机械化。同时，20世纪60年代后，美国大力推广化肥及现代生物技术在农业中的应用，美国农业生产中使用的商品肥料从1960年的273万吨，迅速增长至1980年的5 280万吨。此外，美国还高度重视农作物及畜禽种质资源的改良和培育，并从国外积极引进作物和畜禽优良品种。加大农业科研和推广力度，形成了教育、研究、推广“三位一体”的科技服务体系。

（二）日本模式

日本是典型的人多地少的国家，土地资源贫乏，人均耕地面积在1～3公顷，土地价格与工资价格较高。日本农业现代化以节约土地为核心，运用生物技术从良种化、化学化、兴修水利等方面着手，重点提高土地生产率，在生物技术现代化基本完成后，再转向运用机械技术提高劳动生产率。日本农业现代化发展以小农经济为基础，政府主导、市场为辅，通过大量的资本投入及农业技术引进、创新，形成了“小农经济+农协组织+政府保护”的运行模式。

日本推行农业现代化的主要做法有四点：第一，通过立法指导农业现代化，通过法律引导分散的小农经济归于国家统一指导，推动农业现代化。第二，加大政府投入扶持农业现代化。日本政府投入大量资金用于农田水利建设、农产品价格补贴及各种农民福利，同时通过国家金融机构对农业实行长期低息贷款。第三，搭建教育、科研、推广相结合的农业科技体系。第四，加强农业协作，通过引导、组织等措施将小农与市场对接。

（三）西欧模式

以英、法、德为代表的西欧国家其资源禀赋状况介于美国和日本二者之间，中等经营规模的农户耕地面积在15～30公顷，人均耕地不多，也缺乏足够的劳动力，土地和劳动力资源都不富足。其农业现代化走的是介于美、日之间的中间道路，即农业生产手段的现代化与生产技术的现代化并重，既重视利用机械化、水利化和信息化等现代工业技术手段来装备农业提高农业劳动生产率，又注重在农业生产中推广、普及作物及畜禽良种，通过生物技术现代化提高土地生产率，逐步实现农业现代化。

法国是欧洲农业现代化的典范。第二次世界大战（以下简称“二战”）后，法国农业面临着土地分散和农场经营规模小的突出问题。为推进农业现代化，法国政府采取了一系列措施：第一，推行土地规模经营。第二，鼓励合作社发展。第三，推行农业一体化，实现以工哺农。将工商业资本与农户建立联系，组成利益共同体。第四，加大政府支农投入。以税收、财政补贴和信贷等方式资助农民购买生产资料，资助农村水利、道路、电气化和土地整治等农村基础设施建设，确保农业竞争力。第五，重视农民的教育和培训，发展农民职业培训。

二、国外农业现代化的经验

（一）完善的市场机制为农业现代化搭建了优良的平台

1. 产权完整的市场主体

农业生产经营者对土地等生产资料具有明确、完整的所有权，是独立、自由的微观经济主体。土地、资本、劳动等农业生产要素可以自由流动，生产经营权受法律严格保护，政府只能通过补贴等方式影响其行为，而不能直接控制其生产经营。这就激励农业经营主体不断增加先进生产要素的投入，提高农业生产效率，推动传统农业向现代化农业转变。

2. 良好的市场环境

经过 200 多年的发展，发达国家的市场经济制度逐渐完善，平等、竞争、法制等成为市场经济的基本运行规则，包括农业产品市场及要素市场在内的各类市场运行有序。良好的农业市场环境催生了农业合作社等农业中介组织，将农业的产前、产中、产后各个环节有机地连为一体，为农民提供技术、生产作业、供销、信贷、保险等各类农业社会化服务。美国的农工联合公司和农业合作社，日本的农协以及法国的农业社会化服务体系，都是在良好的市场环境中自发成长起来的，并在不断发展演化过程中使农业生产资料供给、机械设备投入以及农产品的储藏、加工、运输、营销等形成一个有机的整体，推动农业生产经营朝一体化方向发展。

3. 完备的市场设施

由于农产品不易储存，且供求大都呈现刚性，迅捷的运销体系对现代农业的发展至关重要，因此，西方发达国家都建设了完备的市场设施。在硬件方面，建立起了由外贸市场、中心市场、批发市场、超级市场、零售市场等组成的多层次、网络化的农业市场体系。在软件方面，一方面通过颁布一系列法律法规保障公平、有序的市场竞争秩序；另一方面摸索建立起了以私营专业运销公司为主体，销售合作社、国营商业企业、自销商为辅的多成分、多渠道、分散经营和集中运销结合的购销体系，有效地解决了农民和市场容易脱节的矛盾，为实现农业现代化提供了良好的外部条件。

（二）科学技术是推动农业现代化的引擎

1. 农业机械化

自 1910 年起美国便开始推广应用农业机械设备，仅用 30 年时间便基本实现农业机械化，役畜动力占农田总动力的比重由 75.5%下降到 1940 年的 6.96%。20 世纪 60 年代全面实现机械化后，农业劳动生产率比 19 世纪提高了 10 倍多。[①] 日本从 1946 年起逐步提高水稻生产中除插

① 韩光华. 国外农业现代化建设的基本经验及启示.山东社会科学，1997(4).

秧外的各环节机械化水平,1967 年基本实现农业机械化,80 年代进入全面机械化阶段,有效地提高了劳动生产率。

2. 农业电气化

19 世纪后半叶和 20 世纪初,西方国家步入电气化时代,开始在农业生产中使用电气化技术,如早在 20 世纪初美国农村电力系统已经向约 3 000 万个农村居民供电,输电线长达 305. 8 万千米。电气化为农业机械化和自动化搭建了广阔而稳固的技术平台。20 世纪 50—60 年代,西方发达国家基本实现了农业电气化,极大地改善了农业生产条件。

3. 农业水利化

20 世纪初,西方发达国家开始推广应用喷灌技术。喷灌与传统的地面沟灌和漫灌相比节水、节地、节劳效果显著,至 20 世纪 40 年代已普遍应用于多种农作物的生产。20 世纪 60 年代以后,喷灌面积迅速扩大,基本实现了农业水利化。20 世纪 70 年代后,一些发达国家开始采用滴灌技术,主要用于水果、蔬菜及一些经济价值较高的作物,尤其在水资源短缺、蒸发量大的地区优势明显。农业水利化摆脱了水资源短缺对农业发展的束缚,有效地改善了农业生产条件,极大地拓展了农业发展空间。

4. 农业化学化

19 世纪下半叶以来,西方国家开始在农业生产中推广使用化肥。随着化肥品种的多样化与施肥方法的日益科学化,农业生产中土壤资源的耗竭能够快速得到补偿,成为农业增产的重要物质基础。联合国粮农组织指出,1850—1950 年,世界农作物产量增长中的 50%应归功于化肥的使用。此外,农药的推广使用,为农业病虫害及杂草防治提供了有效的技术手段。尤其是近年来,一些高效、低毒、广谱性农药,对防治病虫害,减少农业损失发挥了极为重要的作用。至 20 世纪中叶,西方国家先后实现了农业化学化,不仅大幅提高了土地生产率和劳动生产率,也减轻了劳动强度。

(三) 政府的宏观调控保障了农业现代化的顺利实现

1. 立足基本国情,选择正确的农业现代化道路

不管是美国,还是日本与法国,都是基于本国资源禀赋的现实条件,因地制宜地选择农业现代化道路,逐步推进,最终取得成功的。

2. 协调工农关系

发达国家农业现代化的共同特点是:在农业的支撑下,工业化得以起步和加速,而当工业化发展到一定的阶段,适时实施以工补农政策,利用工业积累起来的资本、技术和设备反哺农业,并带动第三产业服务农业,为农业发展提供新装备、新的制度管理及新的市场运行机制,不断提高农业生产效率,逐步实现农业现代化。

3. 土地改革促进农业经营规模扩大

美国、日本及欧洲各国根据本国农业机械化的进展采取各种政策推行土地集中,鼓励中小农户转让土地,对规模大的农场实行政策倾斜。如德国政府 20 世纪 50 年代中期实施《土地整治法》,调整零星小块土地,使之连片成方,农场规模由 1949 年平均 8 公顷扩大到 2002 年超过 30

公顷,农场数量则从 1949 年的 165 万个减少到 2002 年不到 50 万个。①

4. 加大农业投入

20 世纪上半叶,西方主要发达国家相继完成了工业化进程,并开始反哺农业,二战后力度不断加大,其中主要是通过财政及信贷手段为农业现代化提供资金支持。1977 年,美国政府农业投资占当年农业总产值的比重达到 10%,日本为 23%,法国达到 36%。此外,发达国家普遍实行了农产品支持价格等补贴制度,如美国对农产品的价格支持补贴在 1970 年达 37 亿美元,占其当年农业纯收入的 26.7%②,1962 年西欧建立了"欧洲农业指导和保证基金"保护农产品价格。日本则除实行农产品价格支持外,还投入大量资金帮助农民建设农田水利等基础设施。农业投入的不断增加,极大地改善了农业生产条件,为农业现代化奠定了坚实的物质基础。

5. 建立农业风险保障机制

西方发达国家普遍建立了农业风险保障机制。一是向农业保险提供财政补贴,并对一些保障面宽、出险率高、保险费率较高的多重险采取强制性保险,如日本和瑞典实行农业强制保险,保险补贴分别达到保险费的 60%和 66%。二是信贷支持,主要由政府信贷机构直接向农民提供低息或优惠贷款,对向农业提供低息贷款服务的金融机构或合作组织予以利息补贴;政府对私人银行或合作社发放的各种农业贷款提供资金担保等。

三、中国的农业现代化发展路径

(一)中国农业现代化发展进程回顾

中国农业现代化的发展起步于新中国成立之前,大体可分为三个阶段。

1. 探索与初步构想阶段(1949—1978 年)

早在新中国成立前夕,毛泽东就强调农业在社会发展中的地位。1945 年,在党的七大报告中,毛泽东将工业化和农业现代化作为革命的重要任务。新中国成立后,国民经济基础薄弱,党和政府依据当时形势,提出了现代化建设的客观设计。1954 年第一届全国人民代表大会首次提出了"四个现代化",其中就包括了农业现代化。这一时期对农业现代化的研究和探索集中体现在运用农业机械化来替代人力。但因我国对于农业现代化的内涵理解还不全面,没有形成完整的理论框架,农业现代化建设也仅限于农业机械化。

2. 发展与完善阶段(1978—2002 年)

1978 年,党的十一届三中全会将工作重心转移到经济建设。党的十一届四中全会通过了《关于加快农业发展若干问题的决定》,阐明了我国农业现代化的方针政策以及发展途径。1980 年,邓小平提出要走具有中国特色的农业现代化发展道路。由此,我国的农业现代化发展开始注重与我国国情相结合,农业现代化也由之前单一的农业机械化开始向农业生产手段现代化、农业生产技术现代化、农业劳动者现代化、农业组织管理现代化等方面发展。20 世纪 90 年代,中国农业科学院开展

① 刘英杰.德国农业和农村发展道路的启示.世界农业,2004(2).

② 王万山.国外现代化农业的主要模式和规律.调研世界,2005(5).

了“中国农业现代化建设理论、道路、模式研究”，我国农业现代化发展的理论框架初步成型。

3. 发展新阶段（2002 年至今）

进入 21 世纪，我国已经步入工业化中期，工业反哺农业显得愈发重要。中共中央审时度势，在党的十六大报告中提出“统筹城乡发展”，指出统筹城乡经济社会发展，建设现代农业，发展农村经济，增加农民收入，是全面建设小康社会的重大任务。2004 年，胡锦涛在党的十六届四中全会上提出了“两个趋向”①的论断，明确中国已经进入以工促农、以城带乡的阶段。2005 年党的十六届五中全会的《十一五规划纲要建议》中提出要按照“生产发展、生活宽裕、乡风文明、村容整洁、管理民主”的要求，扎实推进农业现代化。该阶段，我国对农业现代化的重视程度明显加强，同时将农村的发展纳入农业现代化进程当中，体现了农业、农村、农民的协同发展。

（二）中国农业现代化的特点

1. 坚持农村土地家庭承包经营的基本制度

农户家庭承包经营为基础、统分结合的双层经营体制是我国农村的基本经营制度。家庭承包制赋予农民独立经营的权利，确保农民对于土地的产权。坚持农村土地家庭承包经营制度，保护农村土地承包关系的长期稳定，是中国农村政策的基石，也是中国特色农业现代化道路的制度基础。

2. 坚持劳动密集与技术、资本密集相结合，兼顾土地生产率和劳动生产率

我国的国情决定了我国农业现代化发展不同于美国，亦不同于日本。我国农业发展的特色是资源相对稀缺，同时劳动力相对富余，农业生产力水平不高，因此我国必须走出一条既能保证农产品产出，又能吸收劳动力的中国特色农业现代化道路。这就势必要求我国的农业现代化发展在坚持劳动密集与技术、资本密集相结合的基础上，兼顾土地生产率和劳动生产率。

3. 实施农村城镇化和工业化的发展道路

发达国家的农业现代化发展是在城市化和工业化充分发展的条件下进行的，农业劳动力向非农业转移较为顺利。我国农业劳动力数量基数较大，同时城镇化和工业化程度相对于发达国家较低，因此决定了我国的农业现代化发展着眼于农村，以农村为基础，带动农村产业结构的调整，并且坚持工业反哺农业的政策，大力发展二三产业，以分流农业剩余劳动力，同时能够提高农民收入，以此解决“三农”问题。

4. 积极推进农业产业化经营

加大对龙头企业的培育和扶持力度；加强农产品基地建设，围绕主导产业建基地，围绕龙头企业建基地；完善龙头企业与农户的利益联结机制，逐步形成“利益共享，风险共担”的共同体。

（三）中国农业现代化道路面临的难题

中国地域幅员辽阔，东、中、西部地区不仅自然环境差异明显，而且经济与社会发展不均衡，呈东、中、西递减的格局。因此，中国农业现代化道路模式选择不能一刀切，要在积极推进农业规模经营的基础上针对各地区在农业资源禀赋、经济发展水平、生态环境等方面的差异因地制宜、

① “两个趋向”指：在工业化初始阶段，农业支持工业，为工业提供积累是带有普遍性的趋向；在工业化达到一定的程度以后，工业反哺农业，城市支持农村，实现工业与农业、城市与农村协调发展，也是带有普遍性的趋向。

突出地域特色，走出有中国特色的农业现代化道路。总体来讲，中国农业现代化道路面临的难题有以下几个：

1. 资源条件约束

中国农业资源禀赋总体而言人多地少，不同于美国的地广人稀，也不完全等同于日本的土地资源紧张。中国人口约占世界总人口的21%，但耕地面积仅占世界总耕地面积的7%。这决定了中国农业现代化发展既不同于欧、美以机械化为主导的大规模经营模式，也不完全等同于日、韩等东亚国家以生物、化学技术为主导的集约、小规模经营模式。此外，中国水资源总量虽大，但人均水资源严重不足。从水资源拥有量看，中国平均每年可更新的淡水资源量为2.812万亿立方米，占世界约42.75万亿立方米可更新淡水资源的6.6%[①]，也加大了中国农业现代化发展的压力。

2. 环境条件约束

我国农业现代化的发展面临较大的环境压力，我国水土流失严重，同时土地荒漠化是抑制我国农业现代化发展的因素之一。"全国第二次水土流失遥感调查"的结果显示，目前我国水土流失的总面积为365万平方千米，占国土面积的37.1%。另外，我国土地荒漠化面积10多年来呈不断扩大的态势，沙漠化面积已经达到267.4万平方千米，占国土面积的8%。[②] 并且，部分人急功近利地追求经济发展的思想使他们忽视了对环境的保护，形成了治理赶不上污染，环境改善赶不上农业发展的局面，致使农业环境污染依然严重。再者，化肥、农药、农业固体废弃物的污染，以及大气污染、酸雨、水体污染等也对农业生态环境的保护构成了严重的威胁。

3. 经济条件约束

我国作为发展中国家，2014年全国国内生产总值达到63.65万亿元人民币，仅次于美国的10.48万亿美元。虽然我国经济总量位居世界第二，但是我国人口数量众多，人均收入仍然较低，经济基础较为薄弱，特别是农村地区，这大大限制了我国农业现代化的发展。据统计，2014年我国城镇居民人均可支配收入为28 844元人民币，而农村居民人均可支配收入仅为10 489元人民币，均远低于世界发达国家的水平。例如，美国2014年人均可支配收入为43 017美元，日本2014年人均可支配收入约为94 329元人民币。[③] 此外，由于农业产业本身投资回报率并不高，虽然政府对于农业、农村的预算比例较高[④]，但是民间资本并没有展现出足够的兴趣，因此我国农业相关的投入占总体投资比例较少，并不足以支撑我国农业现代化的发展。

（四）因地制宜，走有中国特色的农业现代化路径

1. 东部地区

东部地区国土资源辽阔，包括北京、河北、天津、浙江、上海、广东、江苏、福建、山东、广西、海

① 何安华，等.中国农业发展的资源环境约束研究.农村经济，2012(2).

② 党福江.水利部公布全国第二次水土流失遥感调查结果.水土保持科技情报，2002(2).

③ 世界经济信息网.http://www.8pu.com.

④ 2013年中央财政预算中对农业和农村的投资比例达到了50.6%。

南 11 个省、自治区、直辖市，地形地貌多样，属湿润、半湿润地区，横跨热带、南亚热带、中亚热带、亚热带、暖温带等气候带，降水丰富，适宜多种作物生长。此外，东部地区地处沿海，有众多优良港口与国际市场相连，是我国经济最发达的地区，产业基础雄厚，科教发达，劳动力资源丰富，劳动力素质高。要结合区位优势、技术优势、资源禀赋优势，在稳定发展粮食生产的前提下，大力发展外向型现代农业，主动与国际市场衔接，积极参与国际分工，发展国际标准化专业生产，实现产业配置的国际化。结合不同区域，采取技术密集和劳动密集并行的战略，利用资本和科教优势，开发生产适于家庭使用的自动化程度高的小型农业机械，实现农业生产手段的设施化；利用资本和管理优势，实行产业化经营，延伸产业链条，推进农、工、贸，产、加、销一体化经营，实现农业产业组织的一体化及生产管理企业化。

2. 东北地区

东北黑龙江、辽宁、吉林三省地广人稀，土壤肥沃，水资源、生物资源丰富，生态环境良好，交通便利，地缘优势显著，农业机械化程度高，具有综合的工业体系、完备的基础设施、丰富的农产品资源、优良的生态环境和雄厚的科教人力资源等优势。东北地区还是中国对东北亚地区开放的窗口，毗邻俄罗斯、朝鲜、韩国、日本等国，这些国家在农业资源、市场、资本、技术和先进的管理经验等方面各有所长。因此，东北地区可与邻国进行交流，取长补短。综上所述，东北地区是一片极具潜力的富饶之地，是我国发展大型农业机械推进农业化的最理想地区，可借鉴美国经验发展机械化现代大农业，利用现代化农业机械装备提高劳动生产率、土地生产率及资源利用率，尤其是三江平原和松嫩平原可建成中国发展现代农业的最先进地区，为我国的粮食供给提供保障。

3. 中部地区

中部地区包括湖北、湖南、河南、山西、安徽、江西 6 省，处于亚热带和温带，气候温和，日照充足，雨量充沛，有平原、山地、草地和湖泊等多种不同类型的农业自然生态系统，农业资源和劳动力资源丰富，是我国的粮食主产区。此外，中部地区地处我国地理区位中心，交通方便，拥有四通八达的综合交通网络，是我国重要的人流、物流、商流、信息流中心。经多年发展，中部地区农业生产的商品化、专业化、社会化程度有很大提高，农业社会化服务体系也逐步完善。但与东部地区相比，农业产业一体化发展仍然相对缓慢，城乡一体化进程相对滞后，制约了中部地区农业现代化进程。中部地区农业现代化要加强农业基础设施建设，提高农业综合生产能力，在保障粮食生产的基础上，结合各平原、湖泊、丘陵、山区特点发展特色农业，大中城市郊区全力打造都市农业，生态脆弱山区着力发展生态农业，景观旅游区营建观光农业。大力发展农业科技体系、农业装备与现代物流体系，加快农产品深加工和转化，打造集约持续农业、加工型农业和无公害农业。以市场为导向，以农户为基础，以龙头企业或合作组织为依托，培育农民的市场主体地位，完善种、养、加，产、供、销，农、工、商一体化的社会服务体系，促进农业产业一体化发展。

4. 西部地区

西部地区包括四川、重庆、陕西、甘肃、贵州、西藏、新疆、云南、宁夏、青海、广西、内蒙古 12 个省、自治区、直辖市，是我国少数民族主要聚居区。西部地区幅员辽阔，人均耕地面积大于中、东部，且拥有大面积的天然林场、牧场和草地，地形、气候条件复杂，动植物资源丰富。与中、东部地区相比，西部地区工业发展相对滞后，工业污染较小，大气环境、水环境与土壤环境优于中、东部地区。西部地区适宜发展以特殊资源和气候条件为基础的现代生态特色农业，生产精、特、名、新、优的绿色或无公害农产品。突出气候特色，发展土特产品；突出草原特色，发展草牧产品；突出民族特色及文化特色，发展清真产品等民族饮食产品。此外，西北地区属干旱、半干旱地区，水资源短缺，湖泊河流少，沙漠和沙地面积大，土质差，发展现代农业必须紧紧依靠科技，提高水土资源利用率，发展节水、节地型农业。

本章小结

人类经历了从原始农业到传统农业，再到现代农业的转变。现代农业与传统农业相比，呈现出生产科学化、要素集约化、经营商业化、服务社会化以及发展可持续化等特征。农业现代化的发展要兼顾动态性、区域性、世界性以及整体性，具体内容包括农业生产手段现代化、农业生产技术现代化、农业劳动者的现代化以及农业生产管理现代化。农业现代化的发展目标是：建立高产、优质、低耗、高效的农业生产系统，建立科学、合理、稳定、良性循环的农业生态系统以及建设繁荣、富庶、美丽、文明的新农村。农业现代化的发展水平通常用农业现代化评价指标体系来评价。

20 世纪，西方发达国家对传统农业进行了全面改造，实现了由传统农业向现代农业的转型。其主要模式有美国模式、日本模式和西欧模式。当前，我国正处于现代化发展的关键时期，必须立足国情、农情，选择生产技术先进、经营规模适度、市场竞争力强、生态环境可持续的农业现代化道路。

即测即评

扫描二维码，做单项选择题，检验对本章内容的掌握程度。

复习思考题

1. 试述农业的发展阶段及其基本特征。
2. 试述农业现代化的概念和特点。
3. 简述发达国家农业现代化的经验。
4. 简述我国农业现代化的路径选择。

案例分析题

黑龙江现代化农业发展的成功实践

1. “大水利”、“大机械”，夯实农业生产的基础，挺起现代农业的脊梁

水利是农业的命脉，是确保粮食高产、稳产的基础。黑龙江水资源丰富，但由于多年来水利工程建设滞后，水资源没有得到充分利用，1 亿亩中、低产田需要改造，严重制约了黑龙江从传统农业迈向现代农业的步伐。2009 年黑龙江加大了水利工程建设，3 年累计投资 350 多亿元，建设了西部松嫩平原地区 5 个灌区工程和东部三江平原地区 14 个灌区工程，新增蓄水能力 8 700 多万立方米，新增灌溉面积 400 多万亩。同时为提高水资源利用率，因地制宜地推广喷灌、滴灌等高效节水灌溉技术。

2. 科技不仅仅提升了粮食产能，更是农业现代化进程的助推器

在黑龙江垦区，保护性耕作、模式化栽培、测土配方施肥、健身防病、GPS 导航、集中浸种催芽、智能化育秧、毯式育苗机插和奶牛性控冻胚等技术连续创造着增产奇迹。严格坚持统一供种、农机管理、田间作业三个标准化，从秋整地开始，到浸种芽、工厂化育秧、机械插秧，再到航化作业、田间管理，每一个环节都实现了标准化、精准化。北大荒完成了从传统农业到现代化大农业的提升，开始进入以工厂化、信息化、网络化为标志的农业工业化时代。

3. 大合作应对大市场，产业化经营起航，生产方式变革推动现代化农业稳步前进

为发挥黑龙江垦区大机械、大科技的农业生产优势，黑龙江省推进“场县共建”，全省有 66 个县(市、区)528 个村与垦区 105 个农场开展了合作共建，垦区为周边农村代育、代耕、代种、代灌、代管、代收。4 000 多万亩农田从中受益。

据统计，黑龙江垦区 3 年催生了 100 多个孵化企业金蛋的围城——垦区工业园区，数千个分散的垦区企业找到了产业集聚的“梧桐树”，飞进了集群发展的“大鸟巢”。垦区食品加工与制造业增加值由 2008 年的 44.3 亿元增加到 2011 年的 85 亿元；工业利润由 2008 年的 5.2 亿元增加到 2011 年的 16 亿元。

4. 城乡统筹发展，人与自然和谐，“新农村”、“新市镇”呼之欲出

2008—2011 年，垦区新建改造住宅及配套设施 2 600 万平方米，人均住宅面积 28 平方米，楼房化率、自来水普及率均达 98%，集中供热率超过 50%，城镇绿化率达到 35%。垦区城镇化率达 80%以上，已接近甚至超过一些发达国家平均水平，在广袤的黑土地上，星罗棋布的农村新市镇如雨后春笋般悄然屹立。随着垦区城镇化的快速发展，服务业和第三产业迅速兴起，商服网点业就增加 10 多万户。一批批懂文化、懂经营、懂管理的黑龙江农民，站在现代农业转型升级的潮头。

资料来源：现代化大农业的壮美画卷——黑龙江现代化农业发展的成功实践. 人民日报，2014-04-20.

讨论：

1. 黑龙江农业现代化的成功做法有哪些？

2. 黑龙江垦区农业现代化实践有哪些启示？
3. 总结现代农业发展的内涵和性质，概括黑龙江垦区现代农业发展的模式。
4. 试指出黑龙江垦区现代农业发展的不足之处。

世界著名农业经济学家简介

约翰·梅勒(J.W.Mellor)，美国农业经济学家，主要著述是《农业经济发展学》。

其主要贡献是20世纪60年代针对发展中国家提出了一种农业发展理论：资源互补论。梅勒按照农业技术的性质，把传统农业向现代农业的转变过程划分为三个阶段：第一阶段是技术停滞阶段。农业基本上是静态的，农业生产的增长取决于传统要素供给相称的增加，而且，由于技术停滞，农业生产的扩张必然伴随着人均收入和土地生产率的下降。第二阶段是劳动密集型技术进步阶段，或者低资本技术动态农业发展阶段。第三阶段是资本密集型技术进步阶段，或高资本技术动态农业发展阶段，其主要特点是资本对劳动的替代。梅勒的阶段划分，对如日本、韩国等土地资源贫乏、人多地少的国家和地区具有重要意义。

第十六章　农民收入与消费

本章学习目标

1. 掌握农民收入的概念及其构成，基尼系数和恩格尔定律的概念及运用，农民生活消费水平和结构的含义；
2. 理解增加农民收入的意义及措施，农民生活消费结构的分类，开拓农民生活消费市场的意义和策略；
3. 了解改革开放以来我国农民收入发展变化情况，我国农民生活消费的基本特征。

2004—2015 年，党中央连续 12 年颁布以“三农”为主题的一号文件，其核心就是千方百计促进农民收入增加。农民收入过低不仅导致社会收入差距拉大，引发社会矛盾，而且使农民购买能力不能迅速提高，影响内需战略的实现。

第一节 农民收入理论

一、农民收入的概念

农民收入是个综合性的概念,有总收入、纯收入等,还可以从不同角度将农民收入分为不同的类型。

(一) 总收入

总收入是指农村住户全年从各种渠道得到的全部实际收入(包括现金收入和实物收入,但不包括储蓄借贷性收入)。按收入的性质,农民收入可划分为工资性收入、家庭经营收入、财产性收入和转移性收入四个部分。

1. 工资性收入

工资性收入是指农村住户成员受雇于单位或个人,靠出卖劳动而获得的收入。包括在乡村组织、企业和其他单位劳动得到的报酬收入。

2. 家庭经营收入

家庭经营收入是指农村住户以家庭为生产经营单位进行生产和管理而获得的收入。农村住户家庭经营活动按行业划分为农业、林业、牧业、渔业、工业、建筑业、交通运输业、邮电业、批发和零售贸易、餐饮业、社会服务业、文教卫生业和其他家庭经营。

家庭经营产品的计价方式为:凡是出售部分,按实际出售价格计算;非出售部分(包括自用的和结存的)按出售该产品的市场综合平均价格计算。

3. 财产性收入

财产性收入是指金融资产或有形非生产性资产的所有者向其他机构单位提供资金或将有形非生产性资产供其支配,作为回报而从中获得的收入,包括利息收入、股息收入、租金收入、出让特许权收入、集体财产收入、其他财产收入。

4. 转移性收入

转移性收入是指农村住户和住户成员无须付出任何对应物而获得的货物、服务、资金或资产所有权等,不包括无偿提供的用于固定资本形成的资金。一般情况下,指农村住户在二次分配中的所有收入。包括在外人口寄回和带回的收入、农村以外亲友赠送的收入、调查补贴、保险赔款、救济款、退休金、抚恤金、五保户的供给、奖励收入、土地征用补偿收入和其他转移性收入。

在实际统计调查中,农民收入往往会被低估。主要原因有两个:一是农民自产自销农产品的价值问题。采用不同的价格计算农产品的价值会直接影响农民收入的高低。二是农民自有住房的租金问题。住房作为一种家庭财产,既可以在市场上出租获得租金,也可以自住。农民自住的效用和在市场上出租的租金效用是相等的,然而自住所带来的效用并没有被当作住户收入的一部分。

（二）纯收入

纯收入是指农村住户当年从各个来源得到的总收入相应地扣除所发生的费用后的收入总和。它是反映农村居民家庭实际收入水平的综合性的主要指标，含农村居民全年从事生产性和非生产性的经营收入，在外人口寄回、带回和国家财政救济、各种补贴等非经营性收入；既包括货币收入，又包括自产自用的实物收入，但不包括向银行、信用社以及向亲友借款等属于储蓄、借贷性的收入。

纯收入的计算方法为：

农村居民家庭纯收入＝总收入－家庭经营费用支出－税费支出－生产性固定资产折旧－赠送农村内部亲友

此外，根据收入的形态，农民收入还可以分为现金收入和实物收入。现金收入是指农村居民在调查期内得到的以现金形态表现的收入，实物收入是指以实物形态表现的收入。

新闻链接

全国居民人均可支配收入："城乡一体化"的人均收入数据

一直以来，我国的人均收入数据都处于"城乡二元化"阶段，分为"城镇居民人均可支配收入"和"农村居民人均纯收入"两种数据。最近，这一现象被首次打破。

2月24日，国家统计局首次发布"全国居民人均可支配收入"数据。《2013年国民经济和社会发展统计公报》显示，根据从2012年四季度起实施的城乡一体化住户调查，全国居民人均可支配收入18 311元，比上年增长10.9%，扣除价格因素，实际增长8.1%。

2013年以前，我国城乡居民收入统计是城乡分别进行的。城镇居民收入数据来源于城镇住户调查，农村居民收入数据来源于农村住户调查；对城镇居民按可支配收入统计，对农村居民按纯收入统计。虽然，这分别反映了城乡的居民收入及变化，为过去制定相关政策提供了重要的参考依据，但是，没有全体居民收入数据，很难准确把握我国居民收入分配全貌，适应城乡统筹发展的需要。

党中央、国务院高度重视民生问题，提出了统筹城乡发展、改善收入分配格局、让全体居民共享发展成果等战略要求。这就迫切需要统计部门提供城乡一体化的居民收入统计数据，为推动城乡一体化、建立城乡统一的社会保障体系、逐步实现农民工市民化和城乡基本公共服务均等化等提供科学依据。

2012年四季度，国家统计局实施了城乡一体化住户调查改革，统一了城乡居民收入名称、分类和统计标准，在全国统一抽选了16万户城乡居民家庭，直接开展调查。

国家统计局分布在各地的直属调查队根据统一方案和工作流程，组织调查户进行记账，及时记录调查户工资、补贴、家庭经营收支、红利、租金、利息、养老金以及缴纳个税和社保费用等现金和实物收支。在每个调查点还聘请了一位辅助调查员指导调查户记账。在季末和年末调查员都要对调查户进行访问,用统一问卷对其人口、财产、社保、就业等收支相关情况进行访问登记。

各地基层调查队对调查户的记账和访问调查基础数据进行审核、录入并直接上报国家统计局。每个季度,国家统计局在全国随机抽选6 000个调查户直接进行电话回访,核实重要收支数据的真实性和准确性。最后,根据审核后的16万调查户的分户数据汇总出全国居民人均可支配收入数据。

全国居民人均可支配收入数据,一方面,可以更加准确地反映全体居民收入分配全貌,为国家制定统筹城乡发展和调整收入分配格局政策提供全面可靠的信息;另一方面,可以用统一标准监测城乡居民收入增长和差距变化,更加准确地反映不同群体居民对经济发展成果的分享情况,同时填补了我国缺少全体居民收入数据的空白。

国家统计局官员表示,今后一段时间,为保持数据的年度可比性,还会继续按老口径调查和计算农村居民人均纯收入、城镇居民人均可支配收入。新老口径过渡一段后,预计到“十三五”初,将正式统一并轨到城乡住户调查一体化新口径。[①]

二、基尼系数与收入分配

(一) 洛伦兹曲线

为了研究国民收入在国民之间的分配,美国统计学家M.O.洛伦兹提出了著名的洛伦兹曲线(Lorenz Curve)。洛伦兹首先将一国总人口按收入由低到高排队,然后考虑收入最低的任意百分比人口所得到的收入百分比。最后,将这样得到的人口累计百分比和收入累计百分比的对应关系描绘在图形上,即得到洛伦兹曲线。

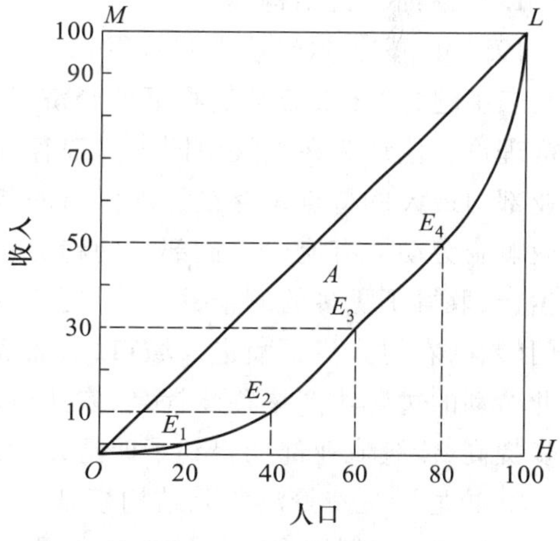

图 16-1 洛伦兹曲线

如图16-1所示,横轴 OH 表示人口(按收入由低到高分组)的累计百分比,纵轴 OM 表示收入的累计百分比,弧线 OL 为洛伦兹曲线。

洛伦兹曲线的弯曲程度反映了收入分配的不平等程度。弯曲程度越大,收入分配越不平等;反之则越平等。如果所有收入都集中在一人手中,而其余人口均一无所获,收入分配达到完全不平等,洛伦兹曲线为折线 OHL。若任意人口百分比均等于其收入百分比,从而人口累计百分比等于收入累计百分比,则收入分配是完全平等的,洛伦兹曲线为通过原点的45度

① 全国居民人均可支配收入:“城乡一体化”的人均收入数据.中国经济周刊,2014-03-04.

线 OL。

（二）基尼系数

基尼系数(Gini Coefficient),是 20 世纪初意大利经济学家基尼根据洛伦兹曲线所定义的判断收入分配公平程度的指标。图 16-1 中将洛伦兹曲线与 45 度线 OL 之间的部分叫做"不平等面积",完全不平等折线 OHL 与 45 度线 OL 之间的面积就是"完全不平等面积",则基尼系数 G 为:

$$G=\frac{A}{A+B} \qquad 0\leqslant G\leqslant 1$$

G 为 0,表示收入分配完全平等;G 为 1,表示收入分配绝对不平等。根据国际通用标准,基尼系数低于 0.2 表示收入分配非常平均,0.2~0.3 表示比较平均,0.3~0.4 表示基本合理,0.4~0.5 表示差距较大,0.5 以上表示收入差距悬殊。通常把 0.4 作为收入分配差距的警戒线。

三、农民收入的经济理论

（一）二元经济结构理论

经济增长的阶段性特征与经济结构的转变密切相关,一些经济学家通过对发展中国家二元结构的形成、特征及表现形式的考察研究,形成了二元结构理论,比较有代表性的是刘易斯的二元结构理论。在刘易斯经典的二元结构模型提出后,许多经济学家在此基础上修正并建立了若干个二元经济理论模型,主要包括拉尼斯—费景汉模型、乔根森模型以及托达罗模型。

下面主要介绍刘易斯二元结构模型和拉尼斯—费景汉二元结构模型。

1. 刘易斯二元结构模型

1954 年,诺贝尔经济学奖获得者、发展经济学家刘易斯在《曼彻斯特学派经济和社会研究》上发表了题为"无限劳动供给下的经济发展"的论文,提出了发展中国家经济结构中存在的二元结构理论。他认为在发展中国家一般存在二元经济结构,即传统农业部门和城市工业部门;传统农业部门最大的特点是存在无限供给的剩余劳动力;由于工农业之间的收入水平存在明显差距,农业剩余劳动力有流向工业部门的趋势;城市现代工业部门吸收农业剩余劳动力的结果是扩大了生产,取得了更多的剩余,积累了更多的利润;上述过程往复进行,农业剩余劳动力不断向工业部门转移,农村人口不断进入城市,从而实现工业化和城市化;伴随农业剩余劳动力的不断流出,农业劳动的边际生产率逐步提高,农业劳动报酬的水平逐步与工业工资水平接近,农民生活水平逐步提高,传统农业部门得到了改造,二元经济结构的特征慢慢消失。

2. 拉尼斯—费景汉二元结构模型

1961 年,古斯塔夫·拉尼斯和费景汉在刘易斯模型的基础上,根据农业和工业两部门发展的对应关系,把二元经济结构转换过程分为三个阶段:

第一阶段:农业劳动边际生产率等于零。这一阶段,农业部门存在大量的显性失业的过剩劳动力,劳动力供给弹性无限大。劳动力从农业部门流入城市工业部门,不会影响生产,而且他们的流出使农业部门形成剩余产品。这些剩余产品正好成为流入工业部门的就业人口的粮食供应。

在这一阶段,农民仅仅局限于土地的粮食经营,因此,农民收入几乎都来源于家庭经营收入。由于农村存在大量的剩余劳动力,在土地的优势得到相对充分利用之后,作为理性的市场主体,为了使自身利益达到最大化,农民具有提高收入的需求。由于农业生产效率较低、城乡收入存在差距,激励农业劳动力开始向城镇、非农产业转移,农民逐渐获得了一定的工资性收入,增收渠道增加,并且随着剩余劳动力的不断转移,工资性收入逐渐增加,呈现出赶超家庭经营收入的趋势,但是始终低于农民家庭经营收入。当转移出的农业剩余劳动力部分转换为市民,农村人口逐渐减少,在农村资源禀赋一定的前提下,农民家庭经营收入也将会进一步增加。与此同时,国家为了强化农业的基础地位,对农业财政支持力度以及农民补贴力度会逐渐加大,农民在二次分配中得到的转移性收入会不断增加。随着城镇化、工业化进程的加快,金融制度、产权制度等逐渐完善,农民获得的财产性收入也将日益增加。总之,在这一阶段,农民各部分收入都将增加,家庭经营收入是农民收入的最主要来源,工资性收入其次,转移性收入和财产性收入比重则较小,但也呈现出增长趋势。

第二阶段:农业劳动边际生产率大于零但低于制度工资水平。这一阶段农业部门存在隐蔽性失业的过剩劳动力。这部分劳动力继续流入城市工业部门,而农业总产量却不能与工业部门的劳动力同步增长。粮食短缺引起农产品价格相对上涨,因此,工业部门不得不提高工资。由第一阶段进入第二阶段的转变点被称为“粮食短缺点”。

在此阶段,随着城镇化进程的加快,农民工资性收入将大幅提高,比重会超过农民家庭经营收入,成为农民收入的最主要来源。另外,农民转移性收入和财产性收入也会显著增加,但是在农民收入中所占比重的变化可能不会太明显。

第三阶段:农业劳动边际生产率高于制度工资水平。在这一阶段,农业部门已不存在剩余劳动力,农业部门的劳动力收入不再取决于制度工资,而是取决于农业劳动力的边际生产率,这意味着传统农业已商业化。因此,第二阶段向第三阶段的转变点被称为“商业化点”,由此开始进入稳定增长的发达经济,二元结构特征消失。

在这一阶段,农业基本达到了规模化、专业化经营,实现了农业现代化,农业生产率也达到了比较高的水平。前两个阶段城乡收入差距激励着农村劳动力大幅向城镇转移,农村人口减少,人均家庭经营收入快速提高,与工资性收入水平相当。这时城乡收入基本不存在差距,促进农民向城镇转移的激励消失。如果城镇工业部门想雇用更多的工人,工资水平必须远高于农业部门边际生产水平与转移、生活成本之和。在此阶段,政府对种粮农民的直接补贴和其他政策扶持力度都达到前所未有的高度,再者农村社会保障体系比较健全,农民转移性收入仍会进一步增加。同时,农村金融体制比较完善,金融市场上可供农民选择的安全性、流动性和营利性匹配较好的金融产品也比较多,农民通过金融市场可获得的财产性收入也比较可观,如果考虑到农民通过房屋出租、土地流转等途径获得的收入,农民财产性收入将占农民收入的较大比重。

（二）需求弹性理论

谷贱伤农是我国流传甚广的一句成语，意思是粮食丰收了，农户的收入却反而减少了。推而广之，农业的好消息会是农民的坏消息吗？造成这种现象的根本原因在于粮食是生活必需品，它的需求价格弹性很小。如果让粮食的价格和产量由市场供求关系来决定，则会存在谷贱伤农的情况。

如图 16-2 所示，对于有生产周期的粮食，在一定的生产周期内粮食产量是一个常数，因此，粮食的供给曲线是一条垂线。假设上一年的粮食产量为 Q_0，对应的均衡价格为 P_0。本年度粮食丰收后，供给曲线从 S_0 右移至 S_1，均衡价格下降至 P_1。由于粮食丰收增加的收入为四边形 $Q_0Q_1E_1M$ 的面积，而由于粮价下降减少的收入为四边形 $P_0P_1ME_0$ 的面积。显然，减少的收入大于增加的收入，因此，粮食丰收后农民的收入反而减少了。这就是平常所说的谷贱伤农，也就是增产不增收的道理。

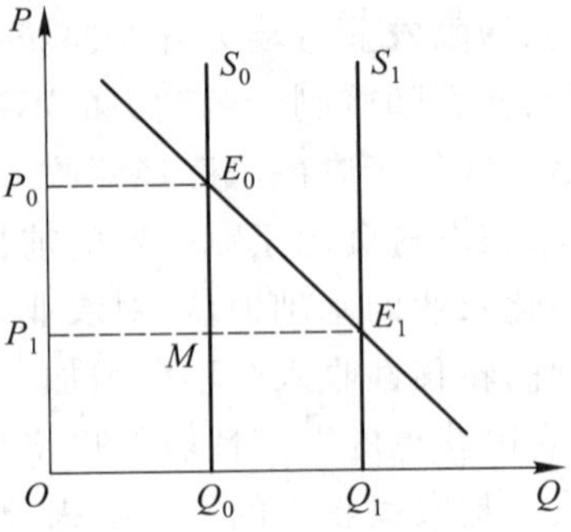

图 16-2 谷贱伤农经济模型

（三）人力资本理论

20 世纪 60 年代，美国经济学家舒尔茨创立了人力资本理论，他被称为人力资本之父。该理论认为，蕴含在人身上的各种生产知识及劳动与管理的技能是人力资本的表现，而人力资本是经济增长和社会进步的决定性因素。人力资本的积累是投资的结果，人力资本投资的主要部分是教育投资，其经济收益会远远高于物质资本投资的经济收益。贝克尔、丹尼森、明赛尔等也从不同角度阐述了人力资本。舒尔茨只分析了教育对经济增长的宏观作用。贝克尔弥补了这一缺陷，并进行了微观分析，同时研究了人力资本与个人收入分配之间的关系。贝克尔的学术研究特点是将经济学和表面上与经济学无关的现象联系在一起，并运用经济数学方法分析它们。丹尼森修正了舒尔茨论证的教育对美国经济增长的贡献率问题，他把经济增长的余数划分为规模经济效应、资源配置和组织管理改善、知识应用上的延时效应及资本和劳动力质量本身的提高等。明赛尔最早将人力资本投资和收入分配联系在一起，同时给出完整的人力资本收益模型，开创了人力资本研究的另一分支并研究了在职培训对人力资本形成的贡献。

（四）制度变迁与经济增长理论

制度变迁是为了获取现有制度安排结构内无法获取的潜在利益而导致出现新制度安排的一种制度结构变化的过程，是社会成员共同作用的结果。新制度经济学派代表人物诺思认为：许多经济学家将创新、规模经济、教育、资本积累和知识进展等归入经济增长的原因，其实就是经济增长本身，而引起经济增长的真正原因是制度的变迁。在各种因素使潜在的外部利润在现有的制度安排下无法实现时，新的制度就有可能降低营运成本。除非现行的经济组织或制度安排是有效率的，否则，经济增长不会简单发生。诺思进而对制度的供给和需求进行分析，当制度的供给和需求相一致时，达到制度均衡，这种制度均衡的实现条件是制度供给者的边际收益等于边际成本。

不同学者从不同的视角就制度变迁对经济增长的作用机制进行了剖析，得出了一致的结论，即制度变迁对经济计划增长的作用越来越重要。改革开放以来，家庭联产承包责任制的确立，改变了过去计划经济体制下统一分配的局面，农民成为了市场的主体，极大地调动了农民的生产积极性，农民收入大幅增加。另外，随着计划经济体制向市场经济体制逐步转变，我国收入分配制度、农村社会保障制度日益完善，农民在二次分配中得到的收入逐步提高，这对农民收入的增长无疑起到了较大的拉动作用，并且这种拉动作用表现出了日益增强的趋势。

第二节　提高农民收入的途径

一、"三农"问题的关键：农民增收

"三农"问题是制约我国实现全面小康社会和整个国民经济良性循环的主要障碍之一。"三农"问题的根本在于农民问题，而解决农民问题的关键核心是农民增收。

20 世纪 80 年代，我国农民收入增长速度比城市居民约快一倍。但进入 90 年代后，农民收入增长比城市慢了一倍。20 世纪 90 年代中后期，粮食产量丰年有余，粮食价格持续低迷，农民收入增幅连续下降，农民来自农业的收入出现了四年负增长。而这一时期我国城市居民收入增长较快，直接导致了城乡收入差距不断扩大。农民收入缓慢增长带来的结果是农民购买力低下，农村消费市场持续低迷。当前，我国一再强调要坚持实行扩大内需的战略，但面临着两方面的矛盾：一方面是城市居民收入增长迅速而消费倾向迅速下降，他们将越来越多的收入存入银行，导致银行储蓄越来越多；另一方面是农民收入增长缓慢，有很大的消费需求潜力，但却没有购买能力，这就造成大量工业品缺乏消费出路，形成越来越多的积压。面对银行的高储蓄和工业品的大量积压，国家既通过发行国债形式从银行吸收剩余资金，又通过退税政策鼓励企业出口。于是就形成了 20 世纪 90 年代末期以来的高储蓄、高投资、高出口、低消费的局面。显然，要扩大内需就必须首先提高农民的购买能力，而农民购买能力的提高又必须以增加农民收入为前提。因此，增加农民收入，不仅是新阶段农业发展的要求，而且对于扩大内需、拉动国民经济增长具有非常重要的意义。

20 世纪 90 年代中期以来，中央历次重要会议也都强调要把农民增收问题放在重要的位置。2004 年中共中央提出《中共中央国务院关于促进农民增加收入若干政策的意见》：集中力量支持粮食主产区发展粮食产业，促进种粮农民增加收入；继续推进农业结构调整，挖掘农业内部增收潜力；发展农村二、三产业，拓宽农民增收渠道；改善农民进城就业环境，增加外出务工收入；发挥市场机制作用，搞活农产品流通；加强农村基础设施建设，为农民增收创造条件；深化农村改革，为农民增收减负提供体制保障；继续做好扶贫开发工作，解决农村贫困人口和受灾群众的生产、生活困难；加强党对促进农民增收工作的领导，确保各项增收政策落到实处。这九个方面阐述了增加农民收入的要求。这也充分说明了：增加农民收入是我国农业现阶段发展的一项基本国策。

而且,增加农民收入是促进农业持续发展的需要。

二、改革开放以来我国农民收入状况

(一) 农民收入整体呈增长态势

1978 年以来,我国农民收入持续增长。如表 16-1 所示,从绝对数来看,1978—2014 年,我国农民年均纯收入从 133.6 元增加到 9 892 元,增长了 73.04 倍,年均增长 12.7%。36 年来,我国农民收入水平的提高具有明显的阶段性特征。

表 16-1　改革开放以来我国农村居民人均纯收入

年份	人均纯收入(元)	年份	人均纯收入(元)
1978	133.6	2003	2 622.2
1980	191.3	2004	2 936.4
1984	355.3	2005	3 254.9
1985	397.6	2006	3 587.0
1990	686.3	2007	4 140.4
1991	708.6	2008	4 760.6
1995	1 577.7	2009	5 153.2
1996	1 926.1	2010	5 919.0
1997	2 090.1	2011	6 977.3
1999	2 210.3	2012	7 916.6
2000	2 253.4	2013	8 895.9
2001	2 366.4	2014	9 892
2002	2 475.6		

资料来源:根据历年《中国统计年鉴》中有关数据整理。

1. 超常规增长阶段(1978—1984 年)

农民年均纯收入从 1978 年的 133.6 元增加到 1984 年的 355.3 元,扣除物价因素实际年均增长率为 16.5%。这一增长速度远远高于同期农业总产值的增长速度,扭转了改革以前农民年均纯收入增长速度始终低于农业发展速度的局面。

农村家庭联产承包责任制调动了广大农民的生产积极性,推动了农业总产值连续 6 年的高速增长,同时农副产品价格大幅度提高,使农民家庭经营纯收入快速增长,从 1978 年人均 35.79 元提高到 1984 年的人均 261.69 元。另外,乡镇企业的异军突起也对增加农民收入发挥了重要作用,农民从非农产业得到的收入快速提高。

2. 波动性缓慢增长阶段（1985—1990 年）

农民年均纯收入从 1985 年的 397.6 元增长到 1990 年的 686.3 元，扣除物价因素实际年均增长率为 2.96%。其中 1985 年和 1988 年出现了两个峰值，分别为 7.9%和 9.3%，而随后就出现连续两年的低谷，1986 年和 1987 年分别为 2.9%和 2.8%；1989 年更从 1988 年接近 10%的增长率跌为 1.6%的负增长，1990 年有所回升，增长幅度也仅为 1.8%。

这一阶段农民收入增长缓慢的主要原因有：第一，经济体制改革为农业发展带来的巨大推动作用逐渐减弱；第二，这一时期自然灾害多发；第三，1985 年开始，农产品购销体制改革，取消了超购部分的加价；第四，农业生产资料价格和农村居民消费价格大幅上涨，分别达到 64%和 61%；第五，为抑制通货膨胀，1989 年开始进行宏观调控紧缩银根，乡镇企业发展受到抑制。

3. 反弹回升阶段（1991—1996 年）

农民年均纯收入由 708.6 元升至 1 926.1 元，扣除物价因素年均增长率为 5.67%，其中除 1993 年为 3.2%以外，其余各年均在 5%以上，1996 年更是达到 9%的高速增长，基本上保持了回升的势头。

造成该反弹的主要原因有：第一，经过 3 年的治理整顿，国民经济发展实现软着陆；第二，1992 年邓小平同志南方谈话以后，中国转向市场经济体制，农村经济形势更趋好转；第三，粮食丰收，平均年增长为 3%；第四，国家先后两次提高农产品价格，提价幅度达到 40%左右；第五，农村非农产业发展及农民外出打工增加，农民收入中来自非农产业的收入呈不断增长趋势。

4. 增长困难阶段（1997—2003 年）

此阶段，农民年均纯收入由 2 090.1 元升至 2 622.2 元，扣除物价因素年均增长率为 2.59%。

这一时期农民收入增长缓慢的主要原因有：第一，农产品价格持续低迷；第二，受东南亚金融危机影响，我国国民经济增长放缓，增速持续回落；第三，失业增长，需求不足，乡镇企业效益下降，发展缓慢；第四，非农产业收入占农民收入比重持续增长，农业增产不增收现象明显。

5. 恢复增长阶段（2004—2014 年）

我国农民年均纯收入从 2 936.4 元增长到 8 895.9 元，扣除物价因素年均增长率为 9.8%。

这一时期收入增长恢复到较高水平的主要原因有：第一，我国国民经济持续高速发展；第二，中央政府高度重视“三农”问题，连续 11 年颁布关于农业的一号文件，并出台一系列包括减免税费、加大补贴力度等的惠农政策；第三，农产品价格稳定在较高水平；第四，农业生产经营方式的转变。

（二）农民收入结构发生变化

农民收入结构是指按照一定标准划分的农民的各种收入在总收入中的比例关系。分析收入变化不仅可以通过总量反映经济与收入的增长，还可以通过分析收入结构的变化来反映经济与增长结构的优化。分析农民的收入结构，不仅有助于认识农民收入的来源，而且有助于认识农村产业结构和非农产业发展的程度。

从表 16-2 可以看出，就绝对数而言，在农民收入结构中，各项收入均呈现增长态势。工资性收入从 1978 年的 88.3 元上涨到 2013 年的 4 025.4 元，上涨了 46 倍；家庭经营收入从 1978 年的 35.8 元上涨到 2013 年的 3 793.2 元，上涨了 106 倍。1995 年前国家统计局资料中，财产性收入和转移性收入是合在一起进行统计的，1978 年两项合计为 9.5 元，2013 年达到 1 077.3 元，上涨了 113 倍。

表 16-2　改革开放以来我国农民收入结构的变化

单位：元

年份	人均纯收入	工资性收入		家庭经营收入		财产性收入		转移性收入	
		绝对数	比例(%)	绝对数	比例(%)	绝对数	比例(%)	绝对数	比例(%)
1978	133.6	88.3	66.1	35.8	26.8	—	—	—	—
1985	397.6	71.7	18.0	296.0	74.4	—	—	—	—
1990	686.3	138.8	20.2	518.6	75.6	—	—	—	—
1995	1 577.7	353.7	22.4	1 125.8	71.4	41.0	2.6	57.3	3.6
2000	2 253.4	702.3	31.2	1 427.3	63.3	45.0	2.0	78.8	3.5
2005	3 254.9	1 174.5	36.1	1 844.5	56.7	88.5	2.7	147.4	4.5
2006	3 587.0	1 374.8	38.3	1 931.0	53.8	100.5	2.8	180.8	5.0
2007	4 140.4	1 596.2	38.6	2 193.7	53.0	128.2	3.1	222.3	5.4
2008	4 760.6	1 853.7	38.9	2 435.6	51.2	148.1	3.1	323.2	6.8
2009	5 153.2	2 061.3	40.0	2 526.8	49.0	167.2	3.2	398.0	7.7
2010	5 919.0	2 431.1	41.1	2 832.8	47.9	202.2	3.4	452.9	7.7
2011	6 977.3	2 963.4	42.5	3 222.0	46.2	228.6	3.3	563.3	8.1
2012	7 916.6	3 447.5	43.5	3 533.4	44.6	249.1	3.1	686.7	8.7
2013	8 895.9	4 025.4	45.3	3 793.2	42.6	293.0	3.3	784.3	8.8

资料来源：根据历年《中国统计年鉴》中有关数据整理。

就相对数而言，20 世纪 80 年代后，农民家庭经营收入占比不断下降，已由 1985 年的 74.4% 下降到 2013 年的 42.6%，而工资性收入占比则从 1985 年的 18.0%上升到 2013 年的 45.3%。工资性收入占比的提高是引起我国农民收入结构变化的最重要因素，也反映了收入结构变化的长期趋势。2013 年，工资性收入首次超过家庭经营收入成为农民收入的第一大来源。相比较而言，转移性收入占比稳步上升，从 1995 年的 3.6%上涨到 2013 年的 8.8%，而财产性收入占比基本保持在 3%左右。

（三）农民收入差距扩大

1. 城乡居民收入差距增大

如表 16-3 所示，1978 年，我国城镇居民可支配收入为 343.4 元，而当时农民人均纯收入只有 133.6 元，城乡收入比值为 2.57∶1。改革开放后，城乡居民收入差距进一步扩大，2007 年这一比值达到 3.33∶1。随着国家深化收入分配制度改革，近些年来城乡居民收入差距有了一定程度的缩小，2013 年城镇居民可支配收入为 26 955.1 元，同期农民人均纯收入为 8 895.9 元，城乡收入比下降至 3.03∶1。

表 16-3 我国城乡收入对比

年份	城镇居民家庭人均可支配收入	农村居民家庭人均纯收入	城乡收入之比
1978	343.4	133.6	2.57 : 1
1985	739.1	397.6	1.86 : 1
1990	1 510.2	686.3	2.20 : 1
1995	4 283.0	1 577.7	2.71 : 1
2000	6 280.0	2 253.4	2.79 : 1
2005	10 493.0	3 254.9	3.22 : 1
2006	11 759.5	3 587.0	3.28 : 1
2007	13 785.8	4 140.4	3.33 : 1
2008	15 780.8	4 760.6	3.31 : 1
2009	17 174.7	5 153.2	3.33 : 1
2010	19 109.4	5 919.0	3.23 : 1
2011	21 809.8	6 977.3	3.13 : 1
2012	24 564.7	7 916.6	3.10 : 1
2013	26 955.1	8 895.9	3.03 : 1

资料来源：根据历年《中国统计年鉴》中有关数据整理。

2. 农村内部收入差距拉大

随着农户分化，不同群体之间收入差距逐步扩大。把农户按收入水平五等分，2003 年低收入组农户收入水平相当于高收入组农户的 13.6%，绝对差距为 5 490 元；2011 年这两个数字分别变为 11.9%和 14 783 元，差距进一步扩大。2011 年，还有 48.1%的农户家庭人均纯收入不到 6 000 元，有 7.4%的农户家庭人均纯收入在 2 000 元以下。

总体看，农村居民内部收入分配状况在不断恶化。以中国农村住户调查年鉴（2004 年）提供的基尼系数值为例，改革开放以来，1978—1985 年我国农村地区基尼系数略有浮动，由 0.21 上升到 0.23，最高年份达到 0.25。1986 年基尼系数突然上升至 0.30。其后，在小幅波动中上升，1999 年达到 0.34。1999 年后，上升趋势十分明显，2004 年达到 0.37。根据国家统计局发布的数据，2011 年我国农村居民的基尼系数上升为 0.389 7，比 2000 年提高 0.036 1，已经逼近 0.4 的警戒线。

三、增加农民收入的总体思路和政策措施

（一）总体思路

按照科学发展观和统筹城乡经济社会发展的要求，坚持“多予、少取、放活”的方针，调整农

业结构,扩大农民就业,加快科技进步,深化农村改革,增加农业投入,强化对农业支持保护,从而实现农民收入较快增长,尽快扭转城乡居民收入差距不断扩大的趋势。

(二)政策措施

1. 支持粮食主产区发展粮食产业,促进种粮农民增加收入

(1) 加强主产区粮食生产能力建设。抓住了种粮农民的增收问题,就抓住了农民增收的重点;调动了农民的种粮积极性,就抓住了粮食生产的根本;保护和提高了主产区的粮食生产能力,就稳住了全国粮食的大局。从2004年起,国家实施了优质粮食产业工程,选择一部分有基础、有潜力的粮食大县和国有农场,集中力量建设一批国家优质专用粮食基地。着力支持主产区特别是中部粮食产区重点建设旱涝保收、稳产高产基本农田。扩大沃土工程实施规模,不断提高耕地质量。加强大宗粮食作物良种繁育、病虫害防治工程建设,强化技术集成能力,优先支持主产区推广一批有重大影响的优良品种和先进适用技术。围绕农田基本建设,加快中小型水利设施建设,扩大农田有效灌溉面积,提高排涝和抗旱能力。提高农业机械化水平,对农民个人、农场职工、农机专业户和直接从事农业生产的农机服务组织购置和更新大型农机具给予一定的补贴。

(2) 支持主产区进行粮食转化和加工。按照国家产业政策要求,引导农产品加工业合理布局,扶持主产区发展以粮食为主要原料的农产品加工业,重点是发展精深加工。

(3) 增加对粮食主产区的投入。现有农业固定资产投资、农业综合开发资金、土地复垦基金等要相对集中使用,向主产区倾斜。在此基础上,开辟新的资金来源渠道,进一步加强产、销区的联系。

2. 继续推进农业结构调整,挖掘农业内部增收潜力

(1) 全面提高农产品质量安全水平。在保护和提高粮食综合生产能力的前提下,按照高产、优质、高效、生态、安全的要求,走精细化、集约化、产业化的道路,向农业发展的广度和深度进军,不断开拓农业增效、增收的空间。加快实施优势农产品区域布局规划,充分发挥各地的比较优势。农产品市场和加工布局、技术推广和质量安全检验等服务体系的建设,都要着眼和有利于促进优势产业带的形成。

(2) 加快发展农业产业化经营。各级财政要安排支持农业产业化发展的专项资金,较大幅度地增加对龙头企业的投入。给能带动农户,与农民建立合理利益联结机制的龙头企业以财政、税收、金融等方面的支持。

(3) 加强农业科研和技术推广。围绕增强我国农业科技的创新能力、储备能力和转化能力,改革农业科技体制,较大幅度地增加预算内农业科研投入。深化农业科技推广体制改革,加快形成国家推广机构和其他所有制推广组织共同发展、优势互补的农业技术推广体系。积极发挥农业科技示范场、科技园区、龙头企业和农民专业合作组织在农业科技推广中的作用。建立与农业产业带相适应的跨区域、专业性的新型农业科技推广服务组织。支持农业大中专院校参与农业技术的研究、推广。

3. 发展农村二、三产业，拓宽农民增收渠道

（1）推进乡镇企业改革和调整。发展乡镇企业是充分利用农村各种资源和生产要素，全面发展农村经济、拓展农村内部就业空间的重要途径。要适应市场需求变化、产业结构升级和增长方式转变的要求，调整乡镇企业发展战略和发展模式。加大对一定规模的乡镇企业技术改造的支持力度，促进产品更新换代和产业优化升级。引导农村集体企业改制成股份制和股份合作制等混合所有制企业，鼓励有条件的乡镇企业建立现代企业制度。

（2）大力发展农村个体私营等非公有制经济。法律法规未禁入的基础设施、公用事业及其他行业和领域，农村个体工商户和私营企业都可以进入。在税收、投融资、资源使用、人才政策等方面，对农村个体工商户和私营企业给予支持。

4. 改善农民进城就业环境，增加外出务工收入

（1）保障进城就业农民的合法权益。进一步清理和取消针对农民进城就业的歧视性规定和不合理收费，简化农民跨地区就业和进城务工的各种手续。引导更多的农民进入小城镇，逐步形成产业发展、人口聚集、市场扩大的良性互动机制，增强小城镇吸纳农村人口、带动农村发展的能力。

（2）加强对农村劳动力的职业技能培训。这是提高农民就业能力、增强我国产业竞争力的一项重要的基础性工作。要根据市场和企业的需求，按照不同行业、不同工种对从业人员基本技能的要求，安排培训内容，实行定向培训，提高培训的针对性和适用性。

5. 发挥市场机制作用，搞活农产品流通

（1）培育农产品营销主体。鼓励发展各类农产品专业合作组织、购销大户和农民经纪人；积极推进有关农民专业合作组织的立法工作；支持农民专业合作组织开展信息、技术、培训、质量标准与认证、市场营销等服务；加快发展农产品连锁、超市、配送经营；进一步加强产地和销地批发市场建设，创造条件发展现代物流业；加强农业生产资料市场管理，有关部门要保证货源充足、价格基本稳定，严厉打击制售假冒伪劣农资等坑农、伤农行为；支持鲜活农产品运销，在全国建立高效率的绿色通道。

（2）扩大优势农产品出口。要进一步完善促进我国优势农产品出口的政策措施。外贸发展基金要向促进农产品出口倾斜，主要用于支持企业研发新产品、新技术，开拓国际市场、参与国际认证等，扶持出口生产基地。

6. 加强农村基础设施建设，为农民增收创造条件

（1）继续增加财政对农业和农村发展的投入。加强农业基础建设、解决“三农”问题，必须进一步调整国民收入分配结构和财政支出结构。各级政府要依法安排并落实对农业和农村的预算支出，严格执行预算，建立健全财政支农资金的稳定增长机制。

（2）进一步加强农业和农村基础设施建设。国家固定资产投资用于农业和农村的比例要保持稳定，并逐步提高。适当调整对农业和农村的投资结构，增加支持农业结构调整和农村中小型基础设施建设的投入。创新和完善农村基础设施建设的管理体制和运营机制。

7. 深化农村改革，为农民增收减负提供体制保障

（1）加快土地征用制度改革。要切实落实最严格的耕地保护制度，按照保障农民权益、控制征地规模的原则，严格遵守对非农占地的审批权限和审批程序，严格执行土地利用总体规划。要严格区分公益性用地和经营性用地，明确界定政府土地征用权和征用范围。完善土地征用程序和补偿机制，提高补偿标准，改进分配办法，妥善安置失地农民，并为他们提供社会保障。积极探索集体非农建设用地进入市场的途径和办法。

（2）深化粮食流通体制改革。加快国有粮食购销企业改革步伐，转变企业经营机制，完善粮食现货和期货市场，严禁地区封锁，搞好产、销区协作，优化储备布局，加强粮食市场管理和宏观调控。粮食主产区要注意发挥国有及国有控股粮食购销企业的主渠道作用。为保护种粮农民利益，要建立对农民的直接补贴制度。

（3）继续推进农村税费改革。要巩固和发展税费改革的成果，进一步减轻农民的税费负担，为最终实现城乡税制的统一创造条件。进一步清理和规范涉农行政事业性收费。巩固治理利用职权发行报刊的成果。积极探索化解乡村债务的有效途径。

（4）改革和创新农村金融体制。要从农村实际和农民需要出发，按照有利于增加农户和企业贷款，有利于改善农村金融服务的要求，加快改革和创新农村金融体制。农业银行等商业银行要创新金融产品和服务方式，拓宽信贷资金支农渠道。农业发展银行等政策性银行要调整职能，合理分工，扩大对农业、农村的服务范围。要总结农村信用社改革试点经验，创造条件，在全国逐步推开。继续扩大农户小额信用贷款和农户联保贷款。鼓励有条件的地方，在严格监管、有效防范金融风险的前提下，通过吸引社会资本和外资，积极兴办直接为“三农”服务的多种所有制的金融组织。有关部门要针对农户和农村中小企业的实际情况，研究提出多种担保办法，探索实行动产抵押、仓单质押、权益质押等担保形式。鼓励政府出资的各类信用担保机构积极拓展符合农村特点的担保业务，有条件的地方可设立农业担保机构，鼓励现有商业性担保机构开展农村担保业务。加快建立政策性农业保险制度，选择部分产品和部分地区率先试点，有条件的地方可对参加种养业保险的农户给予一定的保费补贴。

8. 继续做好扶贫开发工作，解决农村贫困人口和受灾群众的生产生活困难

（1）完善扶贫开发机制。要进一步加大扶贫开发力度，强化扶贫工作责任制。对尚未解决温饱的贫困人口，采取更有针对性的扶贫措施，切实做到扶贫到村、到户。对丧失劳动能力的特困人口，实行社会救济，适当提高救济标准。对缺乏基本生存条件地区的贫困人口，积极稳妥地进行生态移民和易地扶贫。对低收入贫困人口，着力帮助改善生产、生活条件，发展特色产业，开辟增收渠道，减少和防止返贫。健全扶贫投入机制，加强资金管理，提高使用效益，确保资金及时足额到位，真正使贫困户受益。

（2）认真安排好困难农户的生产、生活。对生产、生活遇到严重困难的农民，各级政府要切实负起责任，组织干部深入灾区和贫困地区，摸底排查，核实灾情，及时把救济款物发放到户，按规定减免有关税费，组织和引导灾区群众开展生产自救。有条件的地方要探索建立农民最低生活保障制度。

第三节 农民的生活消费

一、农民生活消费的相关概念及恩格尔定律

(一) 农民生活消费水平

1. 农民生活消费水平的概念

农民生活消费水平是指农民消费的生活消费资料(包括服务)的数量和质量,反映农民生活消费需要的满足程度。

更广义的消费水平,还应该包括消费质量。消费质量,就是消费者在一定的消费环境中进行消费时产生的消费的质的规定性,是消费主体的质量、消费客体的质量和消费环境的质量三者的结合。消费质量不仅反映人们物质生活水平的提高,而且反映社会生产力水平和消费力水平的提高,反映社会文明和社会进步。

2. 影响农民生活消费水平的因素

农民生活消费水平受许多因素的综合影响,其中既有经济的因素,也有非经济的因素。经济因素,如可支配收入水平、消费品价格水平等,从内部决定农民的生活消费水平,具有普遍意义。而非经济的因素,如消费习惯、地区性社会生活习俗等,主要是从外部影响农民的生活消费水平,这些因素往往只在特定条件下具有个别意义。在这里仅简要分析经济性的影响因素。

(1) 农民的收入水平。消费水平与农民的收入水平有直接的关系。农民的收入越多,在其他条件不变的情况下,农民用于满足自己需要的消费支出能力就越高;反之则越低。

(2) 农民的消费倾向和储蓄倾向。农民的收入不会全部用于消费,有一部分会被储蓄起来。消费占收入的比例即消费倾向,相对地,储蓄倾向即储蓄占收入的比例,二者互为消长。

消费与储蓄的比例应该合理确定。农民收入中用于储蓄的部分往往最终转化为积累基金,形成扩大再生产的源泉,所以农民收入中消费与储蓄的比例关系,实质上应该是消费与生产之间的比例关系。从生产和消费的关系看,生产的目标是满足消费的需要,消费使生产得以最终完成,同时消费会不断产生更多的新的需要,这些新的需要又成为新的生产的动力和目标,从而促进生产发展、经济增长和社会进步。合理的消费和储蓄比例,应该是既能不断提高农民的消费水平,又能促进农业生产的发展和农村社会的进步。

(3) 农村人口的数量和增长速度。在一定的时期内,生活消费资料(包括服务)的供给是可以确定的,农民收入中用于生活消费支出的总量基本上也是可以确定的,在其他条件不变的情况下,人口的数量和增长速度与生活消费水平成反比。人口总量越大,人口增长快于消费支出增长的幅度越大,人均消费水平就越低;反之则越高。

(4) 物价水平。在其他条件不变的情况下,农民生活消费水平的高低与物价水平成反比。要实现不断提高农民生活消费水平的目标,必须保证农民收入的增长速度与物价的上涨速度保

持适当比例,要使农民的收入在扣除物价上涨因素后有适当的增长。

(5) 消费品的供应状况。在农民收入增加、消费支出能力提高的情况下,要提高农民的消费水平,还必须在消费品的供应上解决好品种、质量、档次、供应和服务等方面的问题。

(二) 农民生活消费结构

1. 农民生活消费结构的概念

农民生活消费结构是指在一定的社会经济条件下,农民在消费过程中所消费的各种不同类型生活消费资料(包括服务)的比例关系。它反映农民生活消费的具体内容,反映农民生活消费的水平和质量,反映农民生活消费需要的满足程度。

农民生活消费结构对整个农村经济结构具有重要的影响。研究农民生活消费结构的历史和现状,探讨影响农民生活消费结构的各种因素,寻找农民生活消费结构的发展趋势和规律性,对于促进农村和农业经济的良性循环,具有重要的现实意义。

2. 农民生活消费结构的分类

(1) 按照满足消费需要的层次,可以划分为生存资料的消费、享受资料的消费和发展资料的消费。生存资料是维持人们生存最基本的、必不可少的生活资料,是人们必须首先满足的;享受资料是满足人们享受需要的生活资料,能让人们感到舒适、安逸,对身心健康具有重要作用;发展资料是提高人的体力和智力、增长知识和才干所需要的生活资料。

(2) 按照消费资料的来源方式不同,可以划分为自给性消费和商品性消费。自给性消费是能够自我满足的消费;商品性消费则是必须通过消费市场的商品交换活动得以满足的消费。

(3) 按照消费品的耐用程度,可以划分为耐用消费品和非耐用消费品。

(4) 按照实际消费支出的不同方面,可以划分为吃、穿、用、住、行等具体形式。国家统计局统计的农民生活消费支出分为以下八大类:

① 食品消费,包含粮食、副食品、烟、酒、糖及其他食品;

② 衣着消费,包含服装、衣料及衣料加工费、鞋、袜、帽等;

③ 家庭设备用品及服务消费,包含耐用消费品、家庭日用品及家庭服务等;

④ 医疗保健消费,包含医疗器具、医疗费、保健用品等;

⑤ 交通和通信消费,包含家庭交通工具及维修、交通费、通信工具、邮电费等;

⑥ 娱乐、教育、文化服务消费,包含各类教育费用、文化娱乐费用、书报费等;

⑦ 居住消费,包含房屋建筑、购买、房租、水、电、燃料等;

⑧ 其他商品和服务消费,包含个人用品、理发、美容用品、旅游、服务费及其他用品。

(三) 恩格尔定律和恩格尔系数

在研究消费问题时,特别是在分析消费结构、评价消费水平时,恩格尔定律、恩格尔系数是必然涉及的经济概念。

1. 恩格尔定律

19 世纪曾任普鲁士统计局长等职的德国著名统计学家和经济学家恩斯特·恩格尔(Ernst Engel,1821—1896 年)根据统计资料发现:一个家庭收入越少,家庭收入中(或总支出中)用来购买食物的支出所占比例就越大，随着家庭收入的增加，家庭收入中（或总支出中）用来购买食物的支出则会下降。推而广之，一个国家越穷，每个国民的平均收入中（或平均支出中）用来购买食物的支出所占比例就越大，随着国家的富裕，这个比例呈下降趋势。这就是著名的"恩格尔定律"（Engel's Law）。可用如下公式表示：

$$食物支出占总支出的比率=\frac{食物支出变动百分比}{总支出变动百分比}\times 100\%$$

$$食物支出占收入的比率=\frac{食物支出变动百分比}{收入变动百分比}\times 100\%$$

2. 恩格尔系数

恩格尔系数（Engel's Coefficient），是国际通用的衡量居民生活水平高低的一个重要指标，其值为食品支出总额占个人消费支出总额的比重。计算公式如下：

$$恩格尔系数=\frac{食物支出金额}{总支出金额}\times 100\%$$

根据联合国粮农组织提出的标准，恩格尔系数在 60%以上为贫困，50%～60%为温饱，40%～50%为小康，30%～40%为富裕，低于 30%为最富裕。

表 16-4 反映了改革开放以来我国城乡居民家庭恩格尔系数的变动情况。从变化趋势来看，20 世纪 80 年代，我国城乡差距较小；进入 90 年代中后期，城乡差距不断拉大。随着近些年国家以工促农、以城带乡战略的实施，城乡一体化进程不断深入，城乡差距又在不断缩小。

表 16-4 改革开放以来城乡居民家庭恩格尔系数

年份	农村居民家庭恩格尔系数	城镇居民家庭恩格尔系数	年份	农村居民家庭恩格尔系数	城镇居民家庭恩格尔系数
1978	67.7	57.5	2007	43.1	36.3
1980	61.8	56.9	2008	43.7	37.9
1985	57.8	53.3	2009	41.0	36.5
1990	58.8	54.2	2010	41.1	35.7
1995	58.6	50.1	2011	40.4	36.3
2000	49.1	39.4	2012	39.3	36.2
2005	45.5	36.7	2013	37.7	35.0
2006	43.0	35.8	2014	43.3	38.6

资料来源：根据历年《中国统计年鉴》中有关数据整理。

二、我国农民生活消费的基本特征

（一）我国城乡居民生活消费总体水平差异

根据绝对收入假说理论，随着收入的增长，消费支出水平不断提高，平均消费倾向不断下降。如表 16-5 所示，1980 年农民平均消费倾向为 0.85，2013 年下降到 0.74，33 年间下降了 0.11。

表 16-5　我国城乡居民生活消费水平对比

年份	城镇			农村			城乡消费比例
	人均收入	人均消费	消费倾向	人均收入	人均消费	消费倾向	
1980	477.6	343.9	0.72	191.3	162.2	0.85	2.12
1985	739.1	673.2	0.91	397.6	317.4	0.80	2.12
1990	1 510.2	1 278.9	0.85	686.3	584.6	0.85	2.19
1995	4 283.0	3 537.6	0.83	1 577.7	1 310.4	0.83	2.70
2000	6 280.0	4 998.0	0.80	2 253.4	1 670.1	0.74	2.99
2005	10 493.0	7 942.9	0.76	3 254.9	2 555.4	0.79	3.11
2010	19 109.4	13 471.5	0.71	5 919.0	4 381.8	0.74	3.07
2011	21 809.8	15 160.9	0.70	6 977.3	5 221.1	0.75	2.90
2012	24 564.7	16 674.3	0.68	7 916.6	5 908.0	0.75	2.82
2013	26 955.1	18 022.6	0.67	8 895.9	6 625.5	0.74	2.72

资料来源：根据历年《中国统计年鉴》中有关数据整理。

从城乡居民的消费水平来看，总体水平都有了不同程度的提高，但农民的消费水平一直远低于城镇居民。1980 年我国城镇人均消费为 343.9 元，农民人均消费仅为 162.2 元，前者是后者的 2.12 倍。2013 年，城镇及农民的人均消费分别提高为 18 022.6 元和 6 625.5 元，两者分别为 1980 年的 52 倍和 41 倍。1980 年，城乡消费比值为 2.12，2005 年达到最高，为 3.11，之后开始减小，2013 年为 2.72。

（二）我国农民生活消费结构的变化

1. 总体结构变化

随着农民收入水平的提高，农民生活消费的各个方面都会有所增加，但各项消费的增长并不同步。一般而言，随着收入增加，需求弹性较大的消费品，如耐用品和文化娱乐消费等，增长较快。而需求弹性较小的消费品，如食品（特别是主食）则增长相对缓慢。

如表 16-6 所示，从绝对数来看，1985 年我国农村居民食品支出为 183.4 元，2013 年达到 2 495.5 元，增长了 13.6 倍。与之相对应，我国农村居民在家庭设备及服务、医疗保健、交通通信、文教娱乐和其他商品及服务方面的支出，1985 年为 45.4 元，到 2013 年猛增到 2 458.2 元，增长了 54.1 倍。

表 16-6　我国农民生活消费结构的变化　　单位：元

年份	总支出	食品	衣着	居住	家庭设备	医疗保健	交通通信	文教娱乐	其他
1985	317.4	183.4	30.9	57.9	16.3	7.7	5.5	12.5	3.4
1990	584.6	343.8	45.4	101.4	30.9	19.0	8.4	31.4	4.3

续表

年份	总支出	食品	衣着	居住	家庭设备	医疗保健	交通通信	文教娱乐	其他
1995	1 310. 4	768. 2	89. 8	182. 2	68. 5	42. 5	33. 8	102. 4	23. 1
2000	1 670. 1	820. 5	96. 0	258. 3	75. 5	87. 6	93. 1	186. 7	52. 5
2005	2 555. 4	1 162. 2	148. 6	370. 2	111. 4	168. 1	245. 0	295. 5	54. 5
2010	4 381. 8	1 800. 7	264. 0	835. 2	234. 1	326. 0	461. 1	366. 7	94. 0
2011	5 221. 1	2 107. 3	341. 3	961. 5	308. 9	436. 8	547. 0	396. 4	122. 0
2012	5 908. 0	2 323. 9	396. 4	1 086. 4	341. 7	513. 8	652. 8	445. 5	147. 6
2013	6 625. 5	2 495. 5	438. 3	1 233. 6	387. 1	614. 2	796. 0	486. 0	174. 9

资料来源：根据历年《中国统计年鉴》中有关数据整理。

从相对比重来看，如表 16-7 所示，在我国农村居民的生活消费结构中，食品支出始终居于首位，但已经由 1985 年的 57. 8%下降到 2013 年的 37. 7%，下降了 20. 1 个百分点。其次是住房，其比重变化不大。增速较快的是交通通信和医疗保健消费，2013 年这两项在农村居民生活消费结构中所占比重分别居于第三和第四位，与 1985 年相比，分别增长了 10. 3 个和 6. 9 个百分点。这说明随着农村经济的发展和农民收入水平的提高，我国农村居民生活消费水平在不断提高。

表 16-7 我国农民生活消费结构构成比例变化

年份	食品	衣着	居住	家庭设备	医疗保健	交通通信	文教娱乐	其他
1985	57. 8	9. 7	18. 2	5. 1	2. 4	1. 7	3. 9	1. 1
1990	58. 8	7. 8	17. 3	5. 3	3. 3	1. 4	5. 4	0. 7
1995	58. 6	6. 9	13. 9	5. 2	3. 2	2. 6	7. 8	1. 8
2000	49. 1	5. 7	15. 5	4. 5	5. 2	5. 6	11. 2	3. 1
2005	45. 5	5. 8	14. 5	4. 4	6. 6	9. 6	11. 6	2. 1
2010	41. 1	6. 0	19. 1	5. 3	7. 4	10. 5	8. 4	2. 1
2011	40. 4	6. 5	18. 4	5. 9	8. 4	10. 5	7. 6	2. 3
2012	39. 3	6. 7	18. 4	5. 8	8. 7	11. 0	7. 5	2. 5
2013	37. 7	6. 6	18. 6	5. 8	9. 3	12. 0	7. 3	2. 6

资料来源：根据历年《中国统计年鉴》中有关数据整理。

2. 食品消费变化

如表 16-8 所示，我国农村居民的恩格尔系数不断下降，1985 年为 57. 8，2013 年已降到 37. 7。我国农民的粮食人均消费量，1985 年为 257. 5 千克，2000 年为 250. 2 千克，其间的下降幅度有限。但 2000 年以后下降比较明显，2012 年粮食消费量为 164. 3 千克。这说明进入 21 世纪，温饱得到改善后，农民生活质量明显改善，更有能力去消费主食以外的其他食品。农民生活质量的改善主要表现在较高质量食品消费量的增加,肉、蛋、奶及水产品的消费量均有大幅增加。1990 年我国农民在肉、蛋、奶及水产品方面的消费量为 18.2 千克,2012 年为 40.1 千克,增长了 2.2 倍。

表 16-8　我国农民食品消费基本情况　　单位:千克

年份	恩格尔系数	人均粮食	人均蔬菜	人均食油	人均肉禽及制品	人均蛋及制品	人均奶及制品	人均水产品
1985	57.8	257.5	131.1	4.0	12.0	2.1		1.6
1990	58.8	262.1	134.0	5.2	12.6	2.4	1.1	2.1
1995	58.6	256.1	104.6	5.8	13.6	3.2	0.6	3.4
2000	49.1	250.2	106.7	7.1	18.3	4.8	1.1	3.9
2005	45.5	208.8	102.3	6.0	22.4	4.7	2.9	4.9
2010	41.1	181.4	93.3	6.3	22.2	5.1	3.6	5.2
2011	40.4	170.7	89.4	7.5	23.3	5.4	5.2	5.4
2012	39.3	164.3	84.7	7.8	23.5	5.9	5.3	5.4
2013	37.7							

资料来源:根据历年《中国统计年鉴》中有关数据整理。

3. 耐用品消费变化

改革开放初期,自行车作为农村生产、生活的交通工具在我国农民中比较普及。从表 16-9 可以看出,1985 年我国农民每百户拥有自行车 80.6 辆。收录机、电风扇、洗衣机、电冰箱、摩托车、彩电、照相机等在当时的普及率都很低,在农村往往有"几大件"的说法,属奢侈品。1985 年我国农民每百户仅拥有洗衣机 1.9 台,彩电 0.8 台,电冰箱 0.1 台。进入 21 世纪以后,随着农民消费水平的提高,原来的一些耐用消费品已经不再属奢侈品。2012 年我国农民每百户拥有洗衣机、彩电和电冰箱分别为 67.2 台、116.9 台和 67.3 台。一些新的耐用品也从无到有地进入了中国农户家庭,如手机、计算机、空调、抽油烟机和热水器等在最近几年均获得迅速普及。2000 年我国农民每百户拥有计算机 0.47 台,到 2012 年已经增加到 21.4 台,而手机更是从 2000 年的 4.3 部猛增到 2012 年的 197.8 部。

表 16-9　我国农村居民平均每百户耐用品消费量

年份	自行车(辆)	洗衣机(台)	电风扇(台)	电冰箱(台)	彩电(台)	计算机(台)	照相机(台)	摩托车(辆)	空调机(台)	移动电话(部)
1985	80.6	1.9	9.7	0.1	0.8		0.3			
1990	118.3	9.1	41.4	1.2	4.7		0.7	0.9		
1995	147.0	16.9	89.0	5.2	16.9		1.4	4.9	0.2	

续表

年份	自行车（辆）	洗衣机（台）	电风扇（台）	电冰箱（台）	彩电（台）	计算机（台）	照相机（台）	摩托车（辆）	空调机（台）	移动电话（部）
2000	120.5	28.6	122.6	12.3	48.7	0.47	3.1	21.9	1.3	4.3
2005	98.4	40.2	146.4	20.1	84.0	2.1	4.1	40.7	6.4	50.2
2010	96.0	57.3		45.2	111.8	10.4	5.2	59.0	16.0	136.5
2011	77.1	62.6		61.5	115.5	18.0	4.6	60.9	22.6	179.7
2012	79.0	67.2		67.3	116.9	21.4	5.2	62.2	25.4	197.8

资料来源：根据历年《中国统计年鉴》中有关数据整理。

4. 各地区农民生活消费差别

2013 年，东部、中部、西部和东北地区农民人均生活消费支出分别为 54 098.3 元、36 924.9 元、57 220.6 元和 4 444.8 元。从生活消费构成比重来看，区域之间的差异也非常明显。食品消费在总支出中的占比由低到高依次是东北地区（36%）、东部地区（39.1%）、中部地区（42.5%）和西部地区（44%），反映中、西部地区农村居民将更多支出用在食品消费方面。东部地区在交通通信方面的支出占比为 12.3%，比中部地区高出 3.4 个百分点。东北地区在文教娱乐方面的支出占比为 11.8%，与西部地区相比高出了 5.2 个百分点。

三、农村生活消费市场的开拓

农村生活消费市场是指在农村地域范围内产生的各种生活消费关系的总和。消费的主体是在农村地域范围内稳定存在的消费者，即农村居民。

（一）开拓农村生活消费市场的意义

1. 开拓农村生活消费市场，是建立和完善社会主义市场经济体制的客观要求

培育和完善社会主义市场体系，是建立社会主义市场经济体制的重要内容。完善的市场体系，既包括城镇市场，又包括农村市场；既包括生产资料市场，也包括消费资料市场。农村生活消费市场是社会主义市场体系的重要组成部分，农村生活消费市场能否得到有效开拓，直接关系着社会主义市场体系建设的成败，关系着农民的根本利益和生活质量能否得到实质性的提高。与城镇生活消费市场相比，我国农村生活消费市场更具发展潜力：首先，市场容量大。我国第六次人口普查数据显示，全国总人口是 13.4 亿，居住在乡村的人口是 6.7 亿，占总人口的 50%，可见我国农村的消费人群庞大，消费市场巨大。其次，需求增长的空间大。农民消费结构和层次的差别，导致消费需求的多层次、多样化趋势，形成了需求增长的广阔空间。

2. 开拓农村生活消费市场，是扩大内需以应对国际金融危机的战略选择

经济增长最终要靠需求来拉动。在投资需求、出口需求和消费需求三大需求中，消费需求对经济增长率的拉动是最基本的。当前，面对国际金融危机的严重冲击，面对经济社会发展的新矛

盾和新挑战，我国把统筹城乡发展，推进城乡一体化，作为扩大内需、实现经济持续稳定增长的重大战略选择。我国内需不足最根本的原因是农村居民的内需不足，因此，政府出台各种刺激方案来拉动内需，其着力点就是扩大农村居民的生活消费。

3. 开拓农村生活消费市场，是促进城乡交流，缩小城乡差距的重要途径

农村市场与城镇市场是相互关联、相互促进、不可分割的有机整体。目前，我国城乡经济发展不平衡，城乡经济差距拉大，其中一个重要原因就是农村消费市场没有得到有效开拓。只有在开拓城镇市场的同时，大力开拓农村市场，增进城、乡两个市场的连接和交流，才能使城市与农村之间商品和要素流动更加通畅，实现城乡经济发展的良性循环。

（二）开拓我国农村生活消费市场的策略

1. 构筑增收机制，提升农民消费能力

构筑农民增收的长效机制是扩大农民消费最根本的政策选择。首先，完善增收减负政策。要按照统筹城乡发展、工业反哺农业、城市带动农村的要求，继续加大政府对农业的投入力度，特别是加强基础设施建设，改善农村生产、生活条件，为农民增收创造良好基础。其次，调整和优化农业产业结构，挖掘农业增收潜力。通过农村经济结构和农业产业结构的调整，发展优质、高效、高附加值农业。积极推进农业产业化，延长农业产业链，实现农业生产经营方式转变，提高农业综合效益。最后，增加非农产业收入。扶持县域经济发展，注重发展就业容量大的劳动密集型产业和服务业，为农民最大限度地提供就业增收空间。

2. 改善消费环境，提升农民消费信心

良好的消费环境是保证消费需求扩大的重要条件。首先，加强农村市场体系建设。应建立以农贸市场为依托，以各类专业市场为中心，以购销网点为补充的全方位市场网络，并将连锁经营、代理销售、配送服务等营销方式向农村广泛延伸。其次，加快基础设施建设。加强电网改造，建立覆盖全国的容量较大的供电网络，全面实现城乡同网同价，为家用电器提供广阔的市场空间。增加对农村交通通信、医疗卫生等基础设施建设的投资，大力发展农村教育事业，加强对农村文化娱乐设施的建设与管理。最后，加强农村消费市场监管。在改善农村消费的软环境上，加大对假冒伪劣产品的打击力度，依法严惩制假、售假活动，以净化农村消费市场。

3. 加强教育宣传，转变农民消费观念

农民的消费观念是影响农民消费需求的主观条件。要通过文化下乡、广播、电视、报纸等传播途径，对农民进行宣传教育，改变其怕消费、盲目消费、落后消费的心理，引导农民增加对发展型、享受型等商品的消费，帮助农民形成科学、合理和健康的消费习惯。

4. 调整产品结构，适应农民消费特点

要深入农村市场进行调查，认真研究农民的消费心理、消费特点和消费习惯，生产适销对路的商品，提高产品在农村市场的适销率。在品种、规格、性能和样式上，务必经济实用，使用简单方便；在售后服务上，提供调试、维修和配件供应项目，完善服务体系。在此基础上健全和完善法制，保证农民的消费安全。

5. 健全社保体系，稳定农民消费预期

建立“三位一体”的完善的农村社会保障体系，以解决农民“生有所靠、老有所养、病有所医”的最基本、最突出、最迫切的问题，从而降低未来收入的不确定性，抑制过高的储蓄，稳定农民消费预期。

本章小结

“三农”问题的关键是农民收入问题。农民收入是一个综合性概念，按收入性质可以划分为工资性收入、家庭经营收入、财产性收入和转移性收入。改革开放以来，我国农民收入变化表现为：整体呈增长态势；在农民收入结构中，工资性收入占比不断提高，2013 年其已成为农民收入的第一大来源；农民收入差距拉大，2013 年我国农村居民的基尼系数上升为 0.473。面对国际金融危机的严重冲击，国家果断实施了扩大内需战略，把重点放在扩大农村居民的消费上。当前我国农村居民生活消费水平与城市还有相当大的差距，潜力巨大。要开拓农村消费市场，具体的策略有：构筑增收机制，提升农民消费能力；改善消费环境，提升农民消费信心；加强教育宣传，转变农民消费观念；调整产品结构，适应农民消费特点和健全社保体系，稳定农民消费预期等。

即测即评

扫描二维码，做单项选择题，检验对本章内容的掌握程度。

复习思考题

1. 农民收入由哪几部分构成？目前我国农民收入构成呈现什么变化？
2. 现阶段我国农民生活消费结构主要有哪些变化？
3. 联系实际谈谈制约农民生活消费的主要因素有哪些。
4. 如何开拓我国农村生活消费市场？主要有哪些开拓策略？
5. 简述我国农民生活消费的基本特征。

案例分析题

关于农村贫富差距的衡量

某乡里有张家庄和王家庄两个村子。张家庄村是十里八乡有名的种瓜专业村，村里几乎家家都是种瓜能手,加上该村的水土特别适合果蔬的生长,每年到了收获的季节,瓜熟蒂落,村里家家都喜洋洋的。当然,个个是能手,也有个高下之分。不过,收入好的家里盖起了"小洋楼",收入较低的也能适时添置些家电,日子过得有滋有味。也就是说,全村富起来了,家家都有份。而王家庄村呢,却是另外一种情况。村里有两家有名的养殖专业户,这两家的收入远远高过其他家,一直让村里人垂涎。在当地,王家庄村也应该算是个"小康村"了。但是从实际情况来看,却只富了这两家。眼看着他们盖起了别墅,添置了新款家电,甚至开上了私家车,其他村民的生活却没有多少改观。

虽然从总收入上来看,张家庄村和王家庄村的年收入水平相差不大,但是,在收入的财富的流向上,两个村的情况就大不相同了——张家庄的总收入,可以说是比较平均地分配给了各个农户。而王家庄村的总收入,却大多流入了少数的几家先富起来的专业户。

相对于张家庄村,王家庄村存在较严重的收入分配不平等现象。而这种不平等的表现,就是可支配收入在分配给各个农户的比例上所出现的不平衡。

资料来源:董志勇.新农村中的经济学.北京:清华大学出版社,2008.

讨论:

1. 在衡量可支配收入分配的过程中,基尼系数能回答什么样的问题?它是不是越低越好呢?

2. 如果让你对这两个村子进行基尼系数测定,你应该如何做?测定的过程中有哪些需要注意的?

3. 分析两个村贫富差距悬殊的原因。

世界著名农业经济学家简介

迈克尔·保罗·托达罗(Michael Paul Todaro)(1942—),美国著名经济学家和发展经济学领域的先驱。主要著作有:*Migration, Unemployment and Development: A 2 - Sector Analysis*; *Economics for a Developing World: An Introduction to Principles, Problems and Policies for Development*; *Development Planning: Models and Methods* 等。

他的主要贡献是提出了托达罗预期收入差异理论。其基本思想是:人口迁移过程是人们对城乡预期收入差异,而不是实际收入差异做出的反应;只有当一个劳动力估计他在城市部门预期的收益高于他在农村的收入时,迁移才会发生,否则,劳动力将会继续留在农村。因此托达罗认为,决定劳动力流动的不是实际收入水平而是以实际收入乘以就业概率的预期收入水平,并且只有当预期收入大于劳动力在农村中的平均收入水平时才意味着劳动力的迁移是有利可图的。引入就业概率是托达罗模型最突出的贡献,是对传统人口流动模型的重大修正。

第十七章　农业和农村可持续发展

本章学习目标

1. 了解农业可持续发展产生的背景、形成过程、目标,掌握农业可持续发展的内容与定义;
2. 掌握从自然资源、环境与人口的角度分析其与农业可持续发展关系的方法;
3. 结合当前中国农业与可持续发展面临的主要问题,了解中国农业可持续发展的主要战略措施。

20世纪中叶,农业开始进入以消耗大量化石能源为特征的石油农业时代。随着生产力的提升,环境问题显现,由此造成的土地肥力减少、生态环境恶化以及自然资源枯竭等问题都使得农业发展面临重重困境。因此,需要实现农业和农村可持续发展。

第一节　农业可持续发展理论

一、农业可持续发展

（一）可持续发展的内涵

可持续发展思想可追溯到几千年以前，不论是春秋战国时期的中国，还是作为当时经济发展中心的古希腊都存在“永续利用”的思想。

近代学者对可持续发展进行了深入研究，将人口与土地、资源的关系进行更深层次的拓展。著名经济学家马尔萨斯（Malthus）在其著作《人口论》中提到人口的增长速度远远高于资源，因此应当控制人口的出生率。[①] 马克思（Marx）也指出人本身就是自然界的一部分，强调要在更加正确地理解自然规律的同时遵循自然规律。

1987 年 4 月，世界环境与发展委员会（简称 WCED）发布了《我们共同的未来》报告，对“可持续发展”作了经典性的概括：“既满足当代人的需求，又不损害满足下一代人需求能力的一种发展。”

可持续发展包括发展和持续性两层含义。发展是先决条件，没有发展，人类社会将止步不前；持续性是发展的保证，没有持续性，发展的成果就不能得到保障。对于发展，要从两个层面来理解：首先，发展意味着经济增长，是人类物质基础的丰富；其次，发展是公平的发展，是区域性、国家性甚至全球性的发展，同时，发展是一个追求社会政治、经济、文化等全方位进步的过程。对于持续性，也可以从两个层面来理解：首先，自然资源的稀缺性和环境承载能力的有限性，使得发展存在一定的限制条件。其次，发展不仅仅是当代的发展，在考虑当前社会发展的同时要兼顾后代的发展需求，为后代发展建立起良好的平台。

（二）农业可持续发展的提出及定义

1. 农业可持续发展思想的形成过程

农业可持续发展思想的形成主要分为三个阶段：

（1）萌芽期（1972—1986 年）。农业可持续发展思想起源于 1972 年联合国人类与环境大会，会议通过报告《人类环境宣言》，报告中提到现代农业的发展需要人与自然的协同发展。1984 年，哥尔丹 · K.道格拉斯（Gordon K.Douglass）出版了 *Agricultural Sustainability in a Changing World Order*，在书中他提出农业可持续发展思想并做了分析。1985 年，美国加利福尼亚州通过了《可持续农业与教育法》，将一种新的农业发展模式——可持续农业写进法律，为农业可持续发展的确立提供了法律保障。处于萌芽期的农业可持续发展尚未形成完整的体系，更多的是针对以往农业发展所暴露的问题提出新的理论及概念，并进行相应的探讨。

① 马尔萨斯.人口论.郭大力，译.北京：北京大学出版社，2008.

（2）形成期（1987—1991年）。1987年，世界环境与发展委员会发布了《2000年粮食：转向可持续农业的全球政策》报告。1988年，联合国粮农组织（简称FAO）组织制定了《可持续农业生产：对国际农业研究的要求》，明确提出农业可持续发展的概念。同年，联合国粮农组织还确立了《关于可持续农业和农村发展的丹波宣言和行动纲领》，指出要以合理的方式维护和使用自然资源，实行技术和制度的变革，建立可持续发展的农业生产系统。1991年，联合国粮农组织召开国际农业与环境问题大会，会议通过了《登博斯宣言》，宣言明确粮食持续安全增长、农村综合发展脱贫致富，以及保护自然资源环境良性循环为农业可持续发展的主要目标，并为此提出了九个主要途径。农业可持续发展在这段时期内形成了较完整的概念，同时明确了发展的目标、内容以及主要途径。

（3）完善期（1992年至今）。1992年，联合国世界环境与发展委员会通过了《21世纪议程》，指出农业的可持续发展是可持续发展的基本保证，将农业可持续发展列为发展的优先领域。1996年，联合国粮农组织在罗马举行世界粮食安全首脑会议，会议将农业可持续发展具体到可操作层面。1997年，国际可持续农业会议系统地总结了农业可持续发展理论与实践，并制定具体的行动纲领。在此阶段，农业可持续发展的内容被进一步完善。同时，农业可持续发展不再仅仅只停留在纸面上，逐步从具体措施和实践出发，推动农业发展。

2. 中国农业可持续发展的历史

我国从20世纪70年代末期开始关注农业可持续发展问题。1979年十一届四中全会通过《中共中央关于加快农业发展若干问题的决定》，指出要注重生态环境保护和农业发展的平衡，在提高农业生产力的同时，对森林、水资源、草原等自然资源进行保护，同时解决环境污染问题。1983年，《当前农村经济政策的若干问题》指出农业发展有三大前提条件，即人口控制、资源利用以及环境保护。1994年，国务院通过了《中国21世纪议程》，指出农业是社会发展的基础，人口、资源、环境、经济、社会应当协同发展，并且提出了中国农业可持续发展的总体战略及方案。1996年，中国环境与发展国际合作委员会指出农业可持续发展需要农业相关技术的支持，农业发展战略的制定与实施应当更加长期、稳定。1998年，十五届三中全会通过《中共中央关于农业与农村工作若干重大问题的决定》，指出中国的农业应当是一种可持续发展的农业，将促进农业生产力的提升与可持续发展作为实现我国跨世纪发展战略目标的重要保障。同时，为我国建立农业可持续发展体系提出了相应的措施建议。

3. 农业可持续发展的定义

自农业可持续发展这一概念被提出以来，其定义就存在多种解释。这些解释部分侧重于发展，注重发展的方向与途径；部分侧重于环境，注重资源和环境的保护；还有一部分侧重于持续性，注重长期发展以及发展的稳定。但是，农业可持续发展的属性不仅仅侧重于一部分，而是发展、环境、持续性的融合。同时，其定义应包括条件与目标，是条件、属性和目标的结合。据此，我们将农业可持续发展定义为：通过对技术、体制、机制等进行提升和改善，在经济可行、社会接受的条件下，合理利用、管理和保护土地、水以及动植物等自然资源，使得农业、林业、渔业、畜牧业具有能持续生产，并且提供满足当代及后代农产品需求的能力，形成生态环境与农业发展之间的良性循环。

(三)农业可持续发展的理论基础

1. 系统论

系统论由奥地利理论生物学家贝塔朗菲(L.Von Bertalanffy)提出。系统是由多个单独的事物组成的,一个大的系统可以被分为若干个小系统,系统论就是研究这些事物的组织模式、相互作用途径和规律的科学。农业可持续发展是农业发展与自然环境发展的统一。系统论的引入,对于研究农业与自然所形成的农业可持续发展系统中要素之间的结构和特点的规律有着促进作用,为合理利用、调整、管理、优化系统提供参考。

2. 人地关系理论

人地关系理论认为人类社会和地理环境组成一个系统,存在联系与制约。人地关系理论就是研究人类活动与地理环境之间的相互影响,更加合理、有效地改造、利用地理环境,增强对地理环境的适应能力的科学。农业的发展需要相适应的地理环境条件的支撑。与此同时,农业的发展影响着地理环境,对人地关系的研究使得农业在发展过程中能够寻求更好、更适宜的地理环境,与地理环境相协调,形成良性的可持续发展。

3. 生态系统理论

"生态系统"一词最早由英国生物学家阿瑟·罗伊·克拉彭(Arthur Roy Clapham)提出。1936年,英国生态学家阿瑟·坦斯利(Arthur Tansley)给出了生态系统的定义:生态系统指生物和非生物通过物质、能量的循环所组成的相互作用、相互依存的系统。生态系统中,生物从非生物处获得能量,维持生存,农业恰恰也是将非生物转化为生物的过程,农业活动时刻受到生态过程的制约。生态系统理论通过研究生态系统的稳定性、承载力、变化机制等,对资源的持续利用、发展可持续农业、创造良好的生态环境都提供了有益的理论指导。

4. 资源环境价值论

资源环境价值论从不同的角度可以划分为劳动价值论、效用价值论和存在价值论。其中,劳动价值论是由马克思(Marx)提出的,指出自然资源的价值体现在是否包含人类的劳动;效用价值论则从资源环境满足人的欲望或是需求的角度来判断其价值的大小;存在价值论在1967年由J.V.Krutill引入经济学,指出资源环境不仅存在使用价值,也存在非使用价值,即存在价值。资源环境价值论对于可持续农业的发展具有指导作用,合理地将人类的劳动运用到农业生产中,满足人类生存需求的同时,产生非使用价值,将环境和资源进行经济化运作。合理评价资源环境的价值,也是农业可持续发展的要求之一。

5. 再生产理论

再生产理论最早由法国经济学家康替龙(Cantilon)于18世纪提出,当时称作康替龙三角交换关系,描述了租地农场主、土地所有者、手工业者之间的利益分配问题。随后,法国重农学派领袖魁奈(Quesnay)对三角交换关系进行了发展。马克思(Marx)引入自然、人口等因素,将这种交换关系发展成完整的体系,提出了再生产理论。再生产理论认为社会的生产过程由经济再生产和自然再生产、人口再生产组成,这三种过程相互作用,存在物质循环和能量流动。它为农业可持续发展提供了可靠的理论依据与指导。

(四)农业可持续发展的基本特征

农业可持续发展具有四点基本特征,即生态持续性、社会持续性、经济持续性和技术持续性。

1. 生态持续性

生态持续性包括自然界中生物与非生物等生态资源的持续性,是生态系统的良性循环。农业的发展以生态环境为基础,农业的可持续发展势必要求生态环境稳定、持续地提供农业生产所需要的资源,在此基础上才能保证农业生产力的提升与发展。同时,农业的发展要维护生态环境的基本功能以及生态资源的供给能力,维护土地、水、森林等非生物资源,保护基因资源和生物的多样性。

2. 社会持续性

社会持续性包括人类对衣、食、住、行等生活基本要素的需求,以及诸如教育、娱乐、就业等社会文化的需求,保证农业、农村、农民的可持续发展。在农业方面,提供充足的农产品应对需求;在农村方面,在农业发展的基础上促进农村社会环境的改善;在农民方面,提高农民的基本素质,增加农业劳动力的质量。社会持续性还要求遵循公平原则,即合理的利益分配,同时,增加就业机会,减少农村地区的贫困。

3. 经济持续性

经济持续性包括经济的持续增长与稳定发展。在农业可持续发展中体现为农产品产量的持续性、农业生产效率的持续性以及农业生产经营收益的持续性。农产品产量的持续性表现为农产品产量能够长期、持续地满足社会的总体需求;农业生产效率的持续性表现在由科技的创新以及管理体制的变革所带来的农业投入产出比率的提升与发展;农业生产经营收益的持续性表现为农业生产经营能够获得稳定且可观的收入,以确保有足够的生产者来提供社会所需求的农产品。

4. 技术持续性

技术持续性包括科学技术的持续与管理技术的持续,是科学技术与管理技术的不断创新与改善,其目的是合理地利用和分配自然资源,提高自然资源的利用效率。科学技术与管理技术的进步是农业可持续发展的推动力,农业可持续发展并不是为了推翻传统农业,而是运用现代的科学技术与管理技术,在吸收传统农业优势的同时,对传统农业进行转变,这也是现代农业发展的必然要求。

(五)农业可持续发展的评价指标体系

农业可持续发展的评价指标体系是由关于农业可持续发展状态与程度的若干个指标组成的具有内在结构的评价体系。

联合国可持续发展委员会(简称 CSD)为了更好地反映可持续发展的状态,制定了 PSR 框架。PSR 框架包括了三个部分,即压力、状态和响应。压力反映人类活动对经济、社会、生态等系统所起到的作用以及对系统演变起到的影响;状态包括经济、社会、生态等系统的组成部分;响应包括一些积极因素,这些积极因素用以提高和维持经济、社会、生态等系统发展的持续性。基于

PSR 框架，联合国粮农组织提出了农业可持续发展评估指标体系。[①] 表 17-1 为 FAO 农业可持续发展评价指标体系的摘要部分。

表 17-1　FAO 农业可持续发展评价指标体系（摘要）

内容	压力	状态	响应
土地资源规划和管理		土地利用变化	
		土地条件变化	
反毁林		年原木产量	毁林速率
		森林蓄积增长	造林速率
		森林面积	森林砍伐速度
		木材占能源消费比重	森林管护面积比例
		天然林和人工林比例	受保护林地面积比例
反荒漠化与干旱	人均薪炭消费	干旱区单位面积牲畜数量	
	干旱频率	绿色植物生物量	
	国家年降水指数	干旱区贫困人口	
促进可持续农业与农村发展	杀虫剂和化肥施用	人均耕地	
		灌溉比例	
		盐化和涝渍面积	
		农业研究强度	
		农业扩展基金	
		农业教育	
		乡村居民能源构成	
		农业耗能	
		农业能源构成	
		土地条件变化	
生物多样化保护		土地条件变化	受保护林地面积比例

资料来源：吴传钧.中国农业与农村经济可持续发展的问题——不同类型地区实证研究.北京：中国环境科学出版社，2001.

① 张忠根，应风其.农业可持续发展评估理论、方法与应用.北京：中国农业出版社，2003.

国内学者对于农业可持续发展的评价指标体系也有所研究。中国农业持续发展和综合生产力研究组与农业部农业资源区划管理司，于 1996 年制定了农业可持续发展评估指标体系，由经济、生态、社会、综合四部分指标构成。徐梦洁（1998）将区域农业可持续发展分为食物安全保障、经济发展、人口控制与发展、环境保护与治理和社会进步五项基本内容，下分 37 个具体指标[①]。王松林、郝晋珉（2001）将区域农业可持续发展分为农业可持续发展指数和农业—农村可持续发展指数两个分目标层。[②] 吴传钧（2000）及其研究团队对农业可持续发展制定了较完善的评价指标体系，包括功能层、控制层和指标层三个层面，从自然资源环境、经济可持续性、社会可持续性以及科学技术可持续性来考量农业可持续发展的状态[③]，具体如表 17-2 所示。

表 17-2　农业可持续发展评价指标体系

功能层	控制层	指标层
自然资源环境	资源环境承载能力	人均耕地面积
		后备土地资源
		水资源保证率
		单位面积土地生产力
	生态环境质量	森林覆盖率
		土地退化面积
		自然灾害致灾率
经济可持续性	资源利用率	土地资源利用率
		水资源利用率
	农村经济水平	农村城镇化水平
		农村人均 GDP
		人均纯收入水平
		农村恩格尔系数
	农村发展能力	农业生产性投入水平
		农业劳动生产率
		农产品商品率

① 徐梦洁.区域农业可持续发展评价指标体系初探.农业系统科学与综合研究，1998(4).

② 王松林，郝晋珉.区域农业—农村可持续发展评价体系的建立与应用.中国农业大学学报，2001(5).

③ 吴传钧.中国农业与农村经济可持续发展的问题——不同类型地区实证研究.北京：中国环境科学出版社，2001.

续表

功能层	控制层	指标层
社会可持续性	生活保障水平	粮食储备率
		人均肉类消费量
		农村自来水普及率
	社会化服务水平	电视人口普及率
		每千人拥有医生数
		非农业劳动力比重
科学技术可持续性	文化教育	教育投入占 GDP 比率
		义务教育普及率
		初中以上文化程度比率
	科技贡献	科技人员占农业从业人员比重
		农业机械总动力
		科技进步贡献率

资料来源:吴传钧.中国农业与农村经济可持续发展的问题——不同类型地区实证研究.北京:中国环境科学出版社,2001.

二、农业可持续发展的目标

(一) 保证粮食安全

农业可持续发展的要求之一是保证农产品的供给,以满足人们的生存需求。因此,粮食安全作为农业可持续发展的目标之一,分为数量安全与质量安全。粮食数量安全要求保证足够的粮食数量,以满足所有人的基本粮食消费需求;粮食质量安全要求提供的粮食必须保证良好的品质、营养。为了保证粮食数量安全,必须积极增加粮食生产,同时进行适当调剂与储备,稳定粮食供应,增加贫困者获得粮食的机会,妥善解决粮食问题。在粮食质量安全的问题上,要制定相应的监控指标体系与机制,妥善维护粮食在生产、运输、加工、销售等环节的质量。

(二) 促进农村综合发展

农业可持续发展也意味着农村的综合发展,农村的综合发展包括农业、经济、社会等全面健康的发展。农业的发展要求对现有传统农业经营模式进行改变,走专业化、规模化、集约化、现代化的道路,努力推广和发展新型农业经营体系。同时,在继承与发展我国传统农业精华的基础上,将现代科学技术与农业发展相结合,提高农业生产经营效率;经济的发展要求农村地区有稳定的就业率,同时,提高农民的收入,消除贫困;社会的发展要求农村具有良好的文化氛围,满足农民精神文化方面的需求,丰富农村文化活动的形式。

（三）合理利用与保护农业资源

资源的合理利用与保护是可持续发展的基本要求，因此，农业资源的保护与永续利用就是农业可持续发展的目标之一。农业资源的合理利用与保护就是为了在保证生产、经济、社会和生态环境协调发展的同时，提升农业资源的利用效率、长期发展，给当代人和后代人建立最适宜的生活、工作和生产条件。

三、农业可持续发展的原则

（一）公平性原则

农业可持续发展的公平性原则指选择机会的平等性，包含了三层意思：代内公平、代际公平和有限资源公平。代内公平指同代人之间的横向公平，指农业的可持续发展应当公平地对应所有人，其中最主要的就是粮食安全公平，保证每个人都有生存下去的基本食物条件；代际公平指世代人之间的纵向公平，指农业可持续发展不仅应当保证当代人的需求，更应该考虑后代人的需求；有限资源公平指农业可持续发展当中农业资源的分配应当遵循合理、有效的原则，同时应当保证每个人都公平享有得到相应农业资源的权利。

（二）可持续性原则

农业可持续发展的可持续性原则指农业的发展需要适应环境、经济和社会等发展条件的限制，不能超出发展条件的承载能力，即农业可持续发展需要有度，以确保不伤害环境、经济和社会等发展条件，将当前利益与长期利益相结合，做到长期、可持续发展。

（三）共同性原则

农业可持续发展的共同性原则指虽然世界各国、各地区的农业发展现状、农业发展政策和实施步骤不同，即农业可持续发展的模式各异，但是农业可持续发展的总目标是相同的，所体现的公平性和可持续性原则是共同的。并且，只有全人类共同努力，将局部利益和整体利益结合起来，才能实现农业可持续发展的总目标。

四、农业可持续发展的内容

（一）生态可持续发展

在生态可持续发展方面，农业可持续发展要求经济建设和社会发展与自然承载能力相协调，农业发展的同时必须保护和改善生态环境，保证以可持续的方式使用资源，将农业的发展控制在环境条件的承载能力之内。因此，生态可持续发展的内容就是在保证农业资源环境承载能力的条件下，提升生态环境的质量。

（二）社会可持续发展

在社会可持续发展方面，农业可持续发展强调社会公平是环境保护得以实现的机制和目标。具体而言，社会可持续发展的内容为：在保障农民生活水平的同时，提升农村整体社会化服务质量，提高农民自身文化素质。

（三）经济可持续发展

在经济可持续发展方面，农业可持续发展鼓励经济增长，而不是以环境保护为名取消经济增长，经济发展是农业可持续发展的基础。农业可持续发展要求改变传统的以高投入、高消耗、高污染为特征的生产模式和消费模式，实施清洁生产和文明消费，以提高经济活动的总收益，节约资源。由此可见，经济可持续发展包括提升资源的利用效率，增加农民收入，提高农村地区整体经济水平。

（四）技术可持续发展

在技术可持续发展方面，农业可持续发展强调与现代技术相结合，实现发展模式的转变。这意味着技术可持续发展的内容包括发展和创新先进的科学技术以提高农业生产效率，同时引入科学的管理体系与服务体系，切实有效地降低农业发展的中间环节成本。

第二节 自然资源、环境与农业可持续发展

一、自然资源、环境与农业可持续发展的理论分析

（一）自然资源、环境产权分析

1. 自然资源、环境的公共物品属性

公共物品指具有非竞争性和非排他性的物品，自然资源和环境恰恰具有这种性质。自然资源和环境的非竞争性，是指对它的使用不会使得其他人对该自然资源或环境的消费成本增加。自然资源和环境的非排他性，是指对自然资源和环境的使用并不妨碍其他人的使用。

自然资源和环境的公共物品属性使得自然资源和环境在被使用时缺乏一定的限制措施。私人物品的使用是与市场机制相联系的，市场机制会按照一定的条件（诸如需求、供给等）来分配私人物品。与私人物品不同，自然资源和环境的使用并不受市场机制的约束。由于非竞争性和非排他性的存在，导致付出自然资源和环境使用成本的人，与没有付出自然资源和环境使用成本的人都可以对其进行使用或消费，因此便会使得自然资源被过度使用，环境污染加剧，同时会产生诸如“搭便车”等现象。在没有相应限制的条件下，产生的后果是越来越多的人倾向于滥用资源、随意排污和“搭便车”，而少有人会对自然资源的过度使用和环境的污染负责，这将会大大加深自然资源的流失、环境的恶化，不利于农业可持续发展。

2. 自然资源、环境产权不明确

产权是指作为经济主体的人对某一事物所具有的所有权、占有权、支配权、使用权和收益权等各种权利的集合。产权的明晰使得交易过程中的收益和损失都由产权主体直接承担。产权的状况直接影响资源的配置，在产权明晰的情况下，不确定性的减少将会使得资源配置效率得到大大的提升。

知识链接

公地悲剧

美国人类生态学家哈丁提出了这样一个场景：一群牧民一同在一块公共草场放牧。一个牧民想多养一只羊增加个人收益，虽然他明知草场上羊的数量已经太多了，再增加羊的数量，将使草场的质量下降。牧民将如何取舍？如果每人都从自己私利出发，肯定会选择多养羊获取收益，因为草场退化的代价由大家负担。每一位牧民都如此思考时，“公地悲剧”就上演了——草场持续退化，直至无法养羊，最终导致所有牧民破产。

自然资源的愈加稀缺以及环境的恶化问题，主要是由产权的不明晰造成的。产权界定不清使得自然资源和环境并没有被当作生产要素进行界定，在生产过程中，生产者对自然资源的过度使用造成环境污染，这种负外部性对于自然资源和环境是一种伤害，而生产者从中获取收益却并不需要为此承担成本。这样的机制使得生产者可以毫无顾忌地透支资源、污染环境，显然这种趋势与农业可持续发展的理念是背道而驰的。政府对自然资源和环境的伤害进行修复，这就额外增加了社会成本。反之，在产权明晰的情况下，生产者会将自然资源的使用和环境的保护考虑到生产成本当中去，有效地限制自然资源过度使用和环境污染问题。

（二）自然资源和环境外部性分析

1. 自然资源和环境的外部性

自然资源和环境的外部性指人类在消费或使用自然资源和环境的过程中，消费者或使用者的行为与决策对其他人的影响。这种影响分为两方面：当消费者或使用者的行为或决策使其他人获益时，称之为自然资源和环境的正外部性；反之，当消费者或使用者的行为与决策使其他人遭受损失时，称之为自然资源和环境的负外部性。

自然资源和环境的消费和使用存在广泛的外部性。就农业领域而言，更多的是对自然资源的索取和对环境的污染。例如，农作物的种植需要水，对水资源是一种索取；农药和化肥的使用可能使得其中的有害物质残留于土壤中，造成土壤不再适合作物生长；等等。因此，农业行为所产生的自然资源和环境的外部性多为负外部性。在农业行为存在负外部性的条件下，社会需要弥补负外部性行为对其他人造成的损失，因此社会成本会增加，相应地会剥夺一部分社会福利。而农业行为发生者并不会对这种负外部性行为付出额外的成本，因此其行为所付出的成本要低于实际成本，而其获益高于应有水平，这将导致该行为发生的次数增加。而农业生产流通领域中产生的负外部性带来损失的增加，将不利于农业可持续发展。

2. 自然资源和环境的代际外部性

自然资源和环境的代际外部性指当代人对于自然资源和环境的利用行为对下一代人产生的影响。这种影响同样可以分为两个方面，即当代人对于自然资源和环境的利用行为使得下一代人可以从中获得收益，称之为自然资源和环境的正代际外部性；反之，当代人对于自然资源和环境的利用行为使得下一代人从中遭受损失，称之为自然资源和环境的负代际外部性。

在农业可持续发展中,要求自然资源的适度、合理使用,并且环境要得到保护和改善。自然资源在使用过程中减少浪费,总量上得到保护,使得下一代有更多的资源可以利用;环境得到保护和改善,也为下一代的农业发展提供良好的条件。这是自然资源和环境的正代际外部性。反之,若是当代人滥用自然资源、破坏环境,那么为了继续生存,下一代人将会付出更多的努力和成本来弥补自然资源的流失、治理污染,这显然剥夺了下一代人的福利,不利于长久发展。

(三) 政府失灵

由于具有公共产品属性及负外部性和代际外部性的存在,自然资源和环境并不能在市场机制下得到有效配置,因此,需要政府介入进行管治。但是,公共部门在提供公共物品时趋向于浪费和滥用资源,致使公共支出规模过大或者效率降低,政府的活动或干预措施缺乏效率,或者说政府做出了降低经济效率的决策或不能实施改善经济效率的决策,这种情况被称为政府失灵。在自然资源和环境的管治上,产生政府失灵的原因主要有三点,即政府的干预不足、过度干预和政府的寻租行为。政府干预的初衷是使市场机制的配置更加有效,当干预不足或干预过度时,政府的干预加上市场机制便会使得资源配置偏离帕累托最优的均衡点,使得存在帕累托改进行为,由此便会造成社会福利的损失。政府官员为了获取自身利益,可能出现寻租行为,在其获得利益的同时导致自然资源和环境的配置发生改变,偏离帕累托最优状况,同样间接地剥夺了社会总福利。例如,政府官员收受非法排污企业贿赂的红包,利用职务便利,在环境监管问题上对该企业放任不管,排污企业肆意妄为,由此引发的环境问题必然将由社会买单,剥夺了本应被用于其他领域的资金,减缓了其他领域的发展进度。可见,政府干预不足、过度干预或存在寻租行为,都会使得资源配置效率低下,达不到农业可持续发展中发展和可持续的要求。

二、自然资源与可持续发展

(一) 自然资源的变化制约农业可持续发展

1. 水资源严重短缺,分布不均,农业用水缺口大

淡水资源是制约农业生产的重要自然资源。世界淡水供应十分稀少,在全球水储量中,淡水只占 2.53%,且大部分的淡水存在于两极冰帽和大陆冰川中,地处偏远,难以获得。还有部分淡水为地下水,必须进行凿井提水。因此,可供农业生产使用的淡水资源少之又少。此外,淡水资源在陆地上分布很不均匀,受气候等地理条件的影响,巴西、俄罗斯、加拿大、美国等国水资源丰富,北非和中东很多国家降雨量少,蒸发量大,每年总水量和人均水量都较低。淡水资源的严重短缺与分布不均,已对世界未来的农业生产构成了极大的威胁。我国也是严重缺水的国家之一,人均占有水量仅为世界平均水平的 1/4,且水资源时空分布不均匀,南北差异很大。农业虽然是用水大户,但在社会各行各业用水迅速增加的过程中,农业却处于竞争的劣势地位。水资源的短缺与分布不均造成了耕地干旱,使得农业灌溉用水严重不足。

2. 人均耕地资源少,土壤质量不高

20 世纪 50 年代后,世界范围内的乱垦滥伐、超载过牧等现象日趋严重,这些不合理的人类

行为导致了大面积的水土流失和土壤退化。据统计,全世界每年有 700 万~900 万 hm^2 土地因水土流失而失去生产能力。土地资源的质量不高还表现在土壤盐渍化与地力衰退等方面,世界上养分不足的土地面积占总面积的 23%左右。这些都造成了人均耕地资源的减少。我国耕地的人均占有量很低,仅为世界平均水平的 29%。耕地质量不高,山坡地、盐碱地、风沙干旱地占总数的 2/5。我国耕地的后备资源不足,全国可开垦的宜农荒地大多分布在边疆,开发难度大。耕地质量的退化与数量的锐减导致粮食产量的不断下降,食物安全得不到保证,对农业可持续发展构成严重威胁。

3. 森林资源总量不足,逆转严重,退化明显

作为陆地上最重要的生态系统,森林除了提供木材和各种林木产品外,还有涵养水源、保持水土、调节气候、保护生物多样性等重要作用。由于人口增长和农牧业生产的发展,越来越多的森林被砍伐成了农田和牧场,近代工业的发展更是加剧了森林的消耗速度。当前我国森林面临的问题主要有两方面:一是森林资源总量不足,逆转比较严重;二是林地的退化明显,治理难度越来越大。第八次全国森林资源清查显示,我国森林面积居世界第 5 位;森林蓄积居世界第 7 位;森林覆盖率为 21.63%,远低于全球 31%的平均水平。人均森林面积仅为世界人均水平的 1/4,人均森林蓄积只有世界人均水平的 1/7,林业发展还面临着巨大的压力和挑战。森林资源的减少与退化削弱了其涵养水源、保持水土、调节气候、保护生物多样性等重要作用,已经逐渐不能满足农业可持续发展的需要。

4. 生物资源减少,生物多样性降低

生物资源是在目前的社会经济技术条件下人类可以利用与可能利用的生物,包括动植物资源和微生物资源等。生物多样性是人类生存必不可少的生命支持系统,是人类赖以生存和发展的基础,具有重要的生态功能。在生态系统中,野生生物之间具有相互依存和相互制约的关系,它们共同维系着生态系统的结构和功能,提供了人类生存的基本条件,保护人类免受自然灾害和疾病之苦。野生生物一旦减少,生态系统的稳定性就会遭到破坏,人类的生存环境也会受到影响。人类社会发展的目标是谋求社会的可持续发展,要达到这一目标,关键是保护好地球的生命支持系统,而这个系统的核心就是生物多样性。地球上曾经有过 5 亿种生物,近 400 年来,大量物种灭绝,全球平均每 4 个小时就有 1 个物种在地球上消失。物种灭绝的加剧,导致了生物多样性的不断降低。中国是生物多样性特别丰富的国家之一,同时,中国也是生物多样性受到威胁最严重的国家之一。由于人口增长、过度开发利用等原因,我国宝贵的生物物种资源急剧减少,这将严重影响我国的农业可持续发展。

(二)我国农业自然资源开发利用中存在的问题

1. 经营粗放,生产率低

我国农业生产的机械化程度不高,农业生产力水平低下,对资源利用的集约化程度不高。在森林和草地的种植过程中,存在经营粗放的现象。由于对森林管护不当,森林资源屡遭不合理采伐,有些受自然灾害破坏后,形成了低价的残次林分,树木生长稀疏,单位面积蓄积很低。长期以来,我国对草地资源重利用、轻建设、轻管理,草原建设缺乏统一计划管理,投入少,建设速度慢,

草原退化、沙化、碱化面积日益扩大，生产力不断下降。资料显示，我国90%的草地存在不同程度的退化。

2. 资源利用率低，浪费严重

由于技术力量较为薄弱，我国经济发展一直走资源消耗型道路。在农业资源利用这一方面也是如此，资源的利用率和回收率都很低，浪费严重。如农业用水浪费严重，农业灌溉水的有效利用率仅为15%~40%，而发达国家则为60%；木材综合利用率为60%，而发达国家则为80%；粮食产后环节中损失和浪费达15%，大大超过了联合国粮农组织提出的5%的标准。①

3. 资源数量减少，质量降低

自20世纪50年代末，由于对农业自然资源的利用方式不合理，我国农业自然资源急剧减少。我国水资源人均占有量远低于发达国家和世界平均水平，水生态环境恶化，水体污染加剧了农业水资源短缺；耕地质量不高，后备资源不足，在工业化和城镇化开发过程中，我国耕地资源急剧减少；草地面积人均占有量仅为世界平均水平的1/2，长期的低投入、超载过牧，加上靠天养畜的落后的生产方式，使我国草地质量严重退化；由于过度捕捞，我国渔业资源急剧减少和衰退。我国资源数量不断减少，利用低效，进一步加剧了农业资源短缺矛盾。

（三）实现我国农业可持续发展的自然资源利用策略

1. 自然资源的利用原则

（1）最低安全标准原则。由于生态供给具有阈值以及生态系统的不可逆性，人类可在生态供给阈值内或可再生资源的自净与恢复能力之内合理利用资源，以保证资源的可持续利用。一旦持续超过这个阈值，可再生资源的自净与恢复能力就将消失，造成永久的损失。许多重要的农业自然资源都存在阈值。生态供给阈值是维持生态功能持续性的最低水平，也是保证农业可持续发展的自然资源利用的最低要求。

（2）公平性原则。农业可持续发展公平性原则，不仅要求自然资源利用的代际公平，而且要求实现代内公平。在利用自然资源时，既要考虑我们当代人的利益，又不能损害后代人的利益，同时我们要关注同代人对资源的公平分配权。

2. 自然资源利用的具体措施

从我国的资源状况出发，要实现农业的可持续发展，必须改变先前的高投入、高消耗、拼资源的粗放经营方式，走节约资源、保护资源的道路。具体来说，要加快发展节水农业，使用滴灌、管灌、窖灌、喷灌等先进节水灌溉技术，切实解决水资源短缺问题，为农业用水提供保证。加强对大江、大河及湖泊的水污染治理，着力做好城市生活污水处理工作，重点监督污染性工业企业的污水净化与排放，控制农药、化肥的使用以减少农业面源污染。此外，遏制耕地流失也是重要的一环，建立基本农田保护区，解决城市化建设与交通建设过多占用耕地的问题，严守耕地红线。

---

① 刘秀珍.农业自然资源概论.北京：中国林业出版社，2009.

三、环境与农业可持续发展

（一）环境恶化阻碍农业的可持续发展

1. 环境问题已深入人类生产、生活的各个方面

环境与人类密切相关，影响人类的生活与生产。环境还与农业可持续发展紧密相关，它对农业的可持续发展具有推动和制约的双重性，环境的好坏直接影响着农业可持续发展的进程。

2. 环境恶化从城市扩散到农村，从工业传递到农业

环境问题具有传递性，它可以从城市扩散到农村，从工业传递到农业，从发达地区扩散到不发达地区。因而要实现农业的可持续发展，除了农业还需要工业、城市乃至全社会采取共同的行动。

3. 环境问题在地球上的积累导致突发状况

环境污染往往具有累积性，且呈指数式发展。随着环境污染的不断积累，环境危机很可能以突发形式出现，从而导致严重的环境压力。因此，加强对人们的环保意识教育尤为重要。

（二）我国农业面临的主要环境问题

1. 农业生态系统退化

农业生态系统退化使农业资源日益枯竭，导致农业可持续发展失去生态基础。土壤退化、土壤污染、水土流失及土壤荒漠化造成农业生态系统稳定性下降，威胁到粮食安全，阻碍农业可持续发展。我国退化土壤面积约占国土面积的41.7%，是世界上土壤退化严重的国家之一。新中国成立初期至20世纪70年代，我国使用的无机类、有机氯农药水溶性高、脂溶性低，表现出高残留、易迁移特性，以致在禁用近20年后，全国大部分地区土壤中仍有残留。我国是世界上水土流失最严重的国家。资料显示①，我国水土流失面积占国土面积的37%，土壤的大量流失导致了大量营养物质的流失，对水体的污染日趋严重，全国荒漠化土地面积占国土总面积的27.3%，造成的损失巨大。

2. 农业面源污染严重

我国是世界上施肥较多的国家之一，化肥的过度使用导致土壤板结，耕作质量差。我国对肥料的利用率低，土壤和肥料养分易流失，造成对地表水、地下水的污染，使水质严重恶化。化学农药是农业生产中使用量最大、施用面积最广、毒性最高的一类有毒化学品，大量农药进入大气、水体、土壤及农产品之中，对地表水和地下水造成了污染，严重的农药污染甚至威胁到人民群众的生命安全。此外，由于秸秆处理的产业化水平较低，而且综合利用水平不高，造成大量秸秆被随意焚烧或废弃，不但浪费生物资源和能源，而且严重污染水体和大气。另外，农膜、畜禽养殖等对环境造成的污染问题同样不能忽视。

3. 乡镇工业污染不断加剧

我国乡镇企业的发展具有布局分散、规模小、经营管理水平低的特点，而且乡镇企业的从业

① 李智广，曹炜，刘秉正，等.我国水土流失状况与发展趋势研究.中国水土保持科学，2008(1).

人员一般素质不高，设备较为落后。目前，乡镇工业已经成为农业环境中最大的污染源，乡镇工业废水、粉尘和固体废物的排放造成农业环境的严重恶化。

4. 农村地区生活污染日益严重

我国农村经济的发展和农民生活水平的提高，使生活垃圾和生活污水的排放量逐年增加。农村地区居民的环境保护意识较低，环境保护基础设施建设严重滞后，致使大部分生活污水、生活垃圾未经处理就被随意倾倒或直接被排入水体，严重损害了农村的生产和生活环境。

（三）实现我国农业可持续发展的环境保护对策

1. 发展绿色、生态农业

发展绿色、生态农业是改善我国农业环境的迫切要求，对实现农业可持续发展具有重要的战略意义。

绿色农业是指以生产并加工、销售绿色食品为轴心的农业生产经营方式。在具体应用上我们一般将“三品”，即无公害农产品、绿色食品和有机食品，合称为绿色农业。

生态农业是按照生态学原理和经济学原理，运用现代科学技术成果和现代管理手段，以及传统农业的有效经验建立起来的，能获得较高的经济效益、生态效益和社会效益的现代化高效农业。生态农业不仅可以避免石油农业带来的弊病，而且可充分合理利用自然资源及提高农业生产力，维护自然界的生态平衡。形成生态上与经济上两个良性循环，取得经济、生态、社会三大效益的统一。

2. 重视农业生产技术的改进

我国农业灌溉用水有效利用率和化肥利用率都很低，与发达国家相比尚有相当大的差距。针对我国水资源严重短缺的现状，发展节水型灌溉农业，提高水资源的利用率，是促进农业可持续发展的重要途径。近几年，我国的化肥年产量都在 6 000 万吨以上，产量持续增长的同时却以一种低效率的方式使用，造成严重的环境问题。一方面，现在我国的国情还不能做到不使用化肥，所以提高化肥的利用效率、减少对环境的损害就成为当务之急。另一方面，以市场为导向，发展高效出口创汇农业，发展绿色食品产业，都急需开发无公害、无污染的新型生物肥料和高效无毒生物农药，因地制宜地进行各种生物肥料和生物农药的研制与开发，对推动我国农业可持续发展具有重大现实意义。

3. 大力推进农村环境立法建设

作为一种公共物品，环境的产权不明晰，环境的使用不受市场机制的约束，任何人都可以对环境过度使用，导致严重的环境污染。任其发展，将会造成环境的不断恶化，不利于农业可持续发展。因此需要通过补充和制定农村环境保护方面的法规，对人们的行为进行规制。目前我国在防治大气、水污染，以及保护森林、草原、海洋环境、野生动植物、矿产资源、渔业资源等方面已颁布和实施了一批重要的法律。如《中华人民共和国大气污染防治法》、《中华人民共和国水污染防治法》、《中华人民共和国森林法》等。

第三节 人口与农业可持续发展

一、与可持续发展相关的人口理论

（一）马尔萨斯的“人口过剩理论”

1798年，英国经济学家马尔萨斯（R.Malthus）在《人口论》中指出：人口按几何级数增长而生活资料只能按算术级数增长，所以不可避免地要导致饥馑、战争和疾病；呼吁采取果断措施，遏制人口出生率。在此基础上，进一步推论出“三个命题”：人口的增长必然要受到生活资料的限制；当生活资料增加的时候，人口总是增加的；较强的人口增加为贫困和罪恶所抑制，因而使现实人口与生活资料相平衡。①

（二）凯恩斯学派的人口经济理论

在20世纪30年代之前，凯恩斯（Keynes）坚持马尔萨斯人口论。他的《就业、利息与货币通论》分析了人口增长和经济发展之间的关系。在他看来，资本主义经济危机和失业人口都是由“有效需求不足”造成的，而“有效需求不足”又是由消费不足和投资不足引起的。

继凯恩斯之后，汉森（A.Hansen）在说明经济长期停滞论时，也把人口增长等因素与有效需求相联系。他认为，资本形成额中大部分来自人口增长，而人口减少会降低有效需求和投资水平，影响资本主义经济的发展。因此，人口增长对于经济进步的贡献显得尤为重要。

（三）适度人口论

适度人口是指对一个国家或地区发展最适宜的人口数量。以坎南（Edwin Cannan）为代表的早期适度人口论者认为，人口过多或过少都不利于国家或地区的发展，二者之间必有一个最合适的人口数量。

第二次世界大战后，法国人口学家A.索维（A.Sauvy）所著《人口通论》一书，进一步阐述了适度人口理论思想，成为战后适度人口论的代表。索维（1982）着重考察的是经济适度人口和实力适度人口。② 经济适度人口指与人均产量（生活水平）最高点（即总财富增加最多、边际生产率最高时）相对应的人口数；实力适度人口指在一定的区域内保证最大实力的人口数。由于政府往往为了达到政治和军事目的而需要增加人口，实力适度人口永远大于经济适度人口。

事实上，全世界没有一个国家确立过适度人口，适度人口只是一种概念。不过，这一概念对说明人口和经济发展的关系仍有一定的作用。

---

① 马尔萨斯.人口论.郭大力，译.北京：北京大学出版社，2008.

② 索维.人口通论.北京：商务印书馆，1982.

(四) 人力资本理论与新古典经济增长理论

20世纪60年代,美国经济学家舒尔茨(W.Schulzs)和贝克尔(S.Becker)创立人力资本理论,开辟了关于人类生产能力的崭新思路。人力资本理论的主要贡献在于阐述了人力资本的经济价值及在现代化经济增长和社会发展中的重要作用,认为人力资本存量的多寡越来越成为一国发展水平、综合实力和国际竞争力的决定性因素。

新古典经济增长理论,即内生经济增长理论,产生于20世纪80年代中期,以罗默、卢卡斯、斯科特等人为代表。新古典经济增长理论把人力资本投资纳入经济增长模型中,认为特殊的知识积累和专业化的人力资本不仅可以提高劳动力的生产效率,而且可以提高物质资本的生产效率。该理论揭示了人力资本与物质资本的关系,使人口经济理论的研究从主要讨论人口数量与经济增长的关系转到了探讨人口质量与经济增长的关系上来。

二、人口增长对资源、环境及社会系统的压力

(一) 人口数量对可持续发展的影响

人口是经济与社会系统的核心,对可持续发展具有双重效应。一方面,人口的增加不仅为可持续发展提供了充足的劳动力、消费与投资,一定程度上也促进了技术进步,这些都为可持续发展创造了有利条件;另一方面,人口过快地增加,可能导致它与资源、环境、经济、社会之间的不协调。人口过多必然会造成对资源的过度需求,导致资源过度消耗,加重资源危机,对生态系统造成破坏。同时,人口的过快增长使得发展中国家的农业剩余劳动力问题越来越严重,进而会加速人口的聚集和迁移,导致城市化质量下降,最终引发一系列社会问题。

(二) 人口质量对可持续发展的影响

在控制人口数量的同时,提高人口的质量也十分重要。人口质量的高低主要通过身体健康程度和受教育水平两个方面反映出来。提高人口身体素质是人口可持续发展的基本目标,这一目标可通过降低婴儿死亡率、延长人口寿命等方式来实现。随着社会的发展和农业现代化的推进,现代农业对于劳动力的要求不断提高,因而增加劳动力的教育投资、提高其受教育水平对于农业的可持续发展至关重要。

(三) 人口结构对可持续发展的影响

人口结构反映一定地区、一定时点人口总体内部各种不同质的规定性的数量比例关系。就其性质特征而言,人口结构类别可归纳为人口自然结构、人口社会结构和人口地域结构三大类。人口自然结构主要有性别结构和年龄结构,其中年龄结构决定了劳动力供给数量,可持续发展要求优化年龄结构,避免人口老龄化带来一系列问题。人口社会结构主要有阶级结构、民族结构、文化结构等。人口社会结构对人口再生产有重大的影响,人口社会结构反作用于社会经济发展。人口地域结构主要有人口的自然地理结构、人口的行政区域结构和人口的城乡结构。人口的地域结构状况与地理环境、自然资源、经济发展有关,合理的人口地域结构有利于开发和利用自然资源,促进可持续发展。

三、我国人口问题对农业可持续发展的制约

（一）数量庞大

第六次全国人口普查公报显示，全国总人口为13.39亿。据预测，到2020年，中国的人口总量将达到14.3亿。人口总量高峰将出现在2032年前后，达14.7亿左右。虽然中国已经进入了低生育率国家行列，但由于人口增长的惯性作用，当前和今后十几年，中国人口仍将以年均800万~1 000万的速度增长。未来十几年，16岁及以上人口的规模总量在9亿以上，2013—2020年将超过11亿，并呈增长趋势。劳动年龄人口基数大，高峰持续时间长，对人口就业和城市化发展带来了巨大压力；庞大的人口基数和人口数量的快速增长给我国资源、环境带来了巨大压力，也是制约我国农业可持续发展的重要瓶颈之一。

（二）质量不高

中国的早教之父冯德全教授说："我国人口存在着三多：一是文盲多，大约5个人里面有1个文盲，占两亿多人；二是残疾人多，每20个人里面有一个残疾人，残疾人占了六千万；三是智力低下人多，智力低下人占了一两千万。"①可以看出，无论是我国人口科学文化素质，还是身体素质等，都存在很大问题。中国社科院在2009年9月8日发布的《人口与劳动绿皮书》中指出，目前我国九年义务教育普及率达到95%以上，青壮年文盲率下降到5%以下，高等教育毛入学率达到21%。但劳动年龄人口人均受教育年限远远低于发达国家。而人口素质是发展经济和增强国家实力的重要条件，是参与国际竞争的重要资本，也是影响我国农业可持续发展的重要因素。

（三）老龄化严重

计划生育政策实行近30年来，我国的生育率快速下降。但同时要接受另一事实：我国不仅是世界上老年人口最多的国家，而且已经成为全球老龄化速度最快的国家。2000年，65岁以上老年人口比重就已达7%以上，根据国际标准，中国已经进入老龄社会。据2014年全国人口普查变动情况抽样调查资料显示，中国65岁及以上老年人口已达1.381亿，占世界老龄人口的29%，占亚洲的48%。预测到2020年，中国65岁及以上的老年人口所占比重将达到11.92%，比2000年提高近4.96个百分点，届时每8个人中就有1个65岁及以上的老年人。到21世纪中叶，老年人口比重将达到25%，每4个人中就有1个老年人。中国老龄化呈现速度快、规模大、"未富先老"等特点，对未来社会抚养比、储蓄率、消费结构及社会保障等产生重大影响，社会总体负担加重，也对我国农业可持续发展构成一定的威胁。

四、实现我国农业可持续发展的人口战略措施

（一）控制人口数量

控制人口数量，主要通过计划生育工作来实现。目前，虽然我国在计划生育工作上已取得

---

① 侯玉娟.中国人口问题的表现.地理教育，2010（1）.

显著成效,但农村的计划生育工作仍然十分薄弱。在制定人口与计划生育法律、法规,以规范公民的生育行为,调节公民生育子女数量的同时,政府可以在农村建立计划生育技术服务网络,提供优质计划生育技术服务,保障和方便公民避孕节育,以更好地推动农村计划生育政策的实施。

(二) 提高人口质量

随着农业现代化的推进,现代农业对人口质量的要求不断提高。其中,农村劳动力对农业现代化的发展尤为重要。我国政府高度重视发展教育事业,努力在整个社会中树立“科学技术是第一生产力”的观念。此外,进一步改善医疗卫生条件,扩大集体福利,保障妇幼健康,也已作为一项重要工作在全国范围内推广。

(三) 改善人口结构

随着人口老龄化对我国经济社会发展的制约日益显著,全国人大常委会在 2015 年年底通过了《中华人民共和国人口与计划生育法》(2015 年修正版),“全面二孩”政策正式落地。新政策对国家意义重大,当前我国劳动力供应短缺,“全面二孩”政策能够延缓劳动力人口快速下降的趋势,改善劳动力人口逐渐老化的结构,从而减轻发展方式转变的压力,也更有利于我国农业劳动力结构的改善,推动农村可持续发展战略的实施。

第四节　农业可持续发展展望

一、国外农业可持续发展

(一) 美国的区域农业可持续发展

美国是一个农业大国,其农业总产值居世界首位。美国农业可持续发展的特点是根据不同地区的交通运输条件、自然条件以及各个州的政策法规等,将农业生产形成地区专业化,最终形成了乳畜带、小麦带、玉米带、棉花带、混合农业带、水果和灌溉农业带以及畜牧和灌溉农业带等农业专业带区。由于不同的农业带都是根据不同地区自然和社会经济条件的特点以及农作物的适应性来进行布局的,因此能够充分发挥当地自然资源和环境的区位优势,在充分利用先进技术的条件下,合理使用自然资源、防止环境污染,提高农业生产效率,符合农业可持续发展的方向。

(二) 日本、德国、瑞士的生态农业发展

1. 日本的生态农业发展

日本生态农业概念的提出始于 20 世纪 70 年代。1992 年,日本政府在《新的食品、农业、农村政策的方向》中指出将发展环境保护型农业作为农业政策的新目标。同时颁布相关法律,即《食物、农业、农村基本法》、《可持续农业法》、《堆肥品质管理法》、《食品废弃物循环利用法》,为农业可持续发展提供法律保障。日本的环境保护型农业要求稳定地提供农产品,同时注意与生产相协调，通过精心耕作，合理使用化肥、农药等减轻环境负荷，与环境协调发展。在具体措施方面，日本政府鼓励农民对生态农业进行投资，为其提供无息贷款，同时积极进行与生态农业相关的科学技术建设和推广，建立生态农业培训基地、示范基地等，配合观光旅游，将产、学、研相结合。在日本政府的大力支持下，经过若干年的发展，日本生态农业逐渐形成了四种发展模式，即再生利用型、有机农业型、稻作—畜产—水产三位一体型、畜禽—稻作—沼气型。

2. 德国的生态农业发展

德国的生态农业始于20世纪70年代，由于60年代后期农业机械化的引入和化肥、农药的过度施用，生态环境问题日益严重。德国政府开始意识到农业可持续发展的重要性，推动农业向生态农业转型，通过补贴等方式对生态农业进行推广。德国的生态农业注重保持丰富的生物多样性。不仅如此，德国的生态农业还实施一系列措施支持农业可持续发展。德国政府为了发展生态农业，还制定了农产品可追溯体系，要求生态农业的生产过程有严格的记录，同时制定了严苛的质量认证体系、法律体系，为生态农业的发展提供质量和法律保障。

3. 瑞士的生态农业发展

由于粮食自给率较低，瑞士于1992年开始重视农业发展，并提倡生态农业发展。瑞士生态农业发展的主要保障是政府所颁布的政策法规。政府首先制定了一系列法律条款，保证生态农业的地位。其次，实行农业补贴政策和农产品价格平衡政策等，将大部分财政支出用于生态农业建设，同时重视农业职业教育，着重培养学生的实际操作能力，学校具备先进的农业教育基础设施以及完善的教学体系。瑞士的生态农业发展有效地解决了粮食自给问题，同时提高了民众的环保意识，增强了农产品在国际市场上的竞争力，是对农业可持续发展模式转变的一次有益探索。

二、中国农业可持续发展

（一）中国农业可持续发展模式

中国农业可持续发展模式被普遍认为是一种生态农业的发展模式。中国的生态农业建设开始于20世纪80年代初期，经过30多年的发展，取得了重大进展，逐步形成具有中国特色的生态农业发展模式。中国农业可持续发展的模式是基于系统论的思想，按照生态学原理、经济学原理和生态经济学原理，运用现代科学技术和管理手段，结合传统农业的有效经验所建立起来的，其目的是获得较高的经济效益、生态效益和社会效益，是中国所特有的一种现代化农业可持续发展模式。中国倡导的生态农业一方面继承了传统农业中资源可持续利用和环境保护的特点，另一方面摒弃了传统农业生产方式单一、生产力水平低下的缺点，是一种环保上兼顾、技术上适宜、经济上可行的农业可持续发展的捷径。

（二）中国生态农业发展的特点

相比之下，中国特色的生态农业发展与西方的生态农业发展是有所区别的。西方的生态农业是在现代农业造成环境污染、资源短缺、效益下降的背景下，作为一种替代农业模式而产生的。西方生态农业的定义为：生态上能自我维持，低输入，经济上有生命力，在环境、伦理和审美方面可接受的小型农业。西方生态农业的特点主要是反对化学物的投入。而中国生态农业是集传统农业与现代农业之优点，利用生物和自然协调发展起来的农业新模式，在技术上并不反对化肥、农药的使用，而是强调因地制宜，科学、合理、高效率地投入，并重视环境生态工程建设，重视农田生态工程与技术以及信息方面的投入，具有中国传统农业中有机肥投入和技术密集相结合的特征。

中国特色的生态农业归结起来有四大特点，即综合性、多样性、高效性、持续性，代表了中国农业可持续发展的方向。

1. 综合性

中国特色的生态农业充分发挥系统的整体性功能，以生态农业为主，依据"整体、协调、循环、再生"的发展理念，结合二、三产业，优化产业结构，多业结合、全面发展，以产业之间的协调、促进来实现系统整体的多功能、高效率。同时，注重生态农业的全面规划，兼顾经济、社会和生态三大效益的齐头并进。

2. 多样性

中国特色的生态农业针对中国各地自然条件、资源基础、经济与社会发展水平有所差异的现实情况，充分吸收中国传统农业精华，结合现代科学技术，以多种生态工程、生态模式和丰富多彩的技术类型装备进行农业生产，使各区域都能扬长避短，充分发挥地区优势，各产业都根据社会需要与当地实际协调发展。

3. 高效性

中国特色的生态农业通过对物质循环和能量进行多层次综合利用和系列化深加工，实现经济增值，实行废弃物资源化利用，降低农业成本，提高效益，保持农民从事农业的积极性，为农村大量剩余劳动力创造农业内部就业机会。

4. 持续性

中国特色的生态农业不仅能够保护和改善生态环境，防治污染，维护生态平衡，提高农产品的安全性，还能使农业和农村经济的常规发展转变为持续发展，将环境建设同经济发展紧密结合起来，充分保证子孙后代的健康生活利益。

三、农业可持续发展的新模式

（一）有机农业

有机农业又叫生物农业，其思想由英国植物病理学家 Albert Howard 于 20 世纪 30 年代初在《农业圣典加》一书中提出。有机农业是指按照自然的生物学过程管理农业的生产，适当投入能量和资源，维持系统最佳的生产力，强调通过促进自然过程和生物循环保持土地的生产力，用生物学的方法防治病虫害，实现农业生态环境平衡。有机农业能够有效地控制生产成本，节约能源，有效地利用自然资源，较好地保护环境，但是存在产量偏低的缺陷，同时对于农民的增收效果并不明显。

（二）永久农业

永久农业的概念是由澳大利亚学者比尔·莫里森(Bill Morrison)于20世纪70年代提出的。永久农业是指合理地规划、设计农业生产生态系统，使其具有生物多样性、稳定性和自然生态系统的自我恢复性的农业生产方式。永久农业的具体实施措施是：通过将人类居住、区域气候、一年生和多年生植物、动物、土壤和水和谐融入，形成稳定的具有生产力的社区，通过模仿自然界的模式而进一步增强社区内元素之间的协同作用。永久农业并不仅局限于农业上的植物和动物生产，还包括社区规划与发展以及技术应用，如太阳能、风力发电、堆肥、温室、节能住宅、水回收以及再利用系统、太阳能食品烹饪和干燥等。

（三）循环农业

循环经济的概念由美国经济学家K.波尔丁(K.Protin)于20世纪60年代提出，循环农业则是根据循环经济的思想逐步形成的。循环农业指在农业生产系统中推进各种农业资源的重复性、多层次的高效流动，以此达到节约资源和增加产量的目的，促进农业可持续发展的农业生产方式。循环农业的主要特点是减量化、再利用和再循环。减量化指在农业生产过程中节约资源的投入，减少污染物的排放；再利用指提高产品的利用效率，减少一次性资源的使用；再循环指资源在完成使用功能后可以重新利用，即加大再生资源的利用。循环经济可以使得农业生产变为绿色生产，同时干净消费，使得农业产业链中的物质流动得以循环，提高农业中物质流动的运行质量与效率，达到农业发展和环境保护相协调的目的。

（四）基因农业

基因农业是将基因工程技术运用到农业领域的新型农业生产方式。诸如DNA重组技术、新的尖端生物加工法的应用与发展，使得农业生物技术发生了根本性的变化，给农业发展带来无限憧憬。如果把基因工程技术有选择地加以使用，对特定的基因进行激活或控制，或者用新的方法进行转换，就可以生产出全新的、安全的食品。基因农业从生物本身的角度出发，改进生物基因，以求达到减少资源投入、提高产量、减少污染的目的。随着农业生物技术的迅速发展，基因农业或将成为我国现代农业可持续发展的全新推动力。

四、农业可持续发展的趋势

（一）实现农业与环境的协调发展

环境因素是农业可持续发展的基本保障，从农业的发展历史来看，已经充分证明了不尊重环境、肆意扩张和污染农业的发展道路是走不通的。农业可持续发展必须建立在环境可持续发展的基础之上，而环境作为生物生存的根本，为生物提供最基本的生存条件，人类的生存依赖于农业的发展，而农业的发展部分依赖于其他生物，部分则依赖于环境。因此，人类若要更好地在地球上繁衍生息，就必然要在维护环境健康、生态平衡的前提条件下，使农业与环境协调发展。

（二）节约资源，提高资源利用效率

实现农业的可持续发展，就要合理地使用自然资源，提高自然资源的利用效率。这是由自然资源的稀缺性决定的。以往农业的发展模式属于粗放型，过度消耗了稀缺的自然资源，这就要求现代农业对于自然资源的利用向节约、高效转变，力求减少对不可再生资源的损耗，寻求和扩大可再生资源的利用范围，同时形成专业型、技术型、集约型的现代农业可持续发展模式。

（三）建立经济与生态的良性循环

农业可持续发展的内涵包括了经济与生态环境的统一。农业的可持续发展是一个既有经济发展，又不超出生态环境自我调节机制的一个系统，在农业发展、农村繁荣、农民增收的基础上，维护和保持生态系统的稳定、良好运行，实现经济与生态的相互促进、协同发展。在农业可持续发展中，经济发展是对生态环境进行索取的过程，而生态发展是经济发展对生态环境的反哺，由此构成的发展循环必然要求经济与生态协同作用、共同进步，以有效地建立并维持农业可持续发展，若一方的发展不尽如人意，势必会影响整个循环体系，进而阻碍农业可持续发展的进程。

（四）强化农业系统内的自我循环

农业的发展存在一个自然再生产的过程，这种自然再生产过程是其他产业所不具备的。农业可持续发展要求节约资源，提高资源的利用效率。农业中的自然再生产过程恰恰能够达到这一目标，实现物质与能量的循环和重复利用。因此，有效地利用农业再生产过程中物质的自我循环，提高物质之间能量的转化效率，在农业系统内构建和发展良好的自我循环体系，是合理利用资源，维护生态环境，实现农业可持续发展的又一可靠保障。

（五）广泛运用现代高新农业技术

现代高新农业技术是农业可持续发展的强劲推动力。为了保证农业可持续发展的高效益、无污染和持续性，就势必要引入并充分合理地应用现代高新农业技术。现代高新农业技术不仅仅指发展新品种、基因工程、发酵工程、灌溉技术等科学技术，同样包括了经营模式、管理模式等管理技术。现代技术的引入有助于减少资源的浪费，提高农产品产量，同时减少成本，提高收入，对农业、农村以及农民的全面可持续发展都有质的提升。

本章小结

可持续发展是一种注重长远发展的经济增长模式，它指既满足当代人的需求，又不损害后代人满足其需求的发展。其内容包括社会可持续发展、生态可持续发展，以及经济可持续发展三个方面。

中国农业可持续发展受到资源、环境、人口问题的制约，必须合理地利用自然资源，保护和改善生态环境，注重控制人口总数、提高质量、改善结构，以促进农业的可持续发展。

对比国外生态模式的发展，中国特色的生态农业表现出综合性、多样性、高效性和持续性的特点。随着技术的革新、思维方式的创新，有机农业、永久农业、循环农业、基因农业等农业可持续发展的新模式进入人们的视野。在适当引进先进技术的条件下，我国农业出现了与自然协调发展、合理利用自然资源、优化农业内部循环、改良经济与生态结构的发展趋势。

即测即评

扫描二维码，做单项选择题，检验对本章内容的掌握程度。

复习思考题

1. 简述农业可持续发展的发展历程与定义。
2. 简要论述农业可持续发展的目标和内容。
3. 阐述资源退化与环境恶化的经济原因。
4. 阐述实现我国农业可持续发展的主要战略措施。
5. 试分析中国特色生态农业发展的特点。
6. 试分析自然资源、环境、人口与农业可持续发展的关系。

案例分析题

藁城县农业资源可持续利用模式

藁城县地处太行山东麓冲积扇的中上部，由滹沱河、木刀河、老磁河洪积冲积扇及扇间洼地组成。土壤首先以褐土为主，占75.6%，位于地势较高、排水良好的中西部；其次是潮土，位于地势低、地下水位浅的河流两岸及故道；轻壤质石灰性褐土、轻壤质潮褐土和轻壤质褐潮土三个土种占全县土地面积的81.1%，大部分土壤质地适中，有较强的保肥保水能力。目前藁城县农业已形成粮油、果品、蔬菜、禽畜四大主导产业。藁城县是河北省较发达的农业县，且西近河北省省会石家庄市、北望京津，地理位置优越，交通发达，基础设施完备。藁城县社会经济的健康发展为实现农业资源可持续利用打下了良好的基础。

依据农业资源可持续利用模式体系，在藁城县可总结为三种模式。G1模式（轻壤质褐潮土故道沙滩地—林果油结合型，规模化经营利用模式）概括了藁城县“三河—故道”农业资源的利用状况。“三河—故道”即藁城县境内的三大河流（滹沱河、木刀河、老磁河）及滹沱河故道，沿“三河”两岸及滹沱河故道共有20多万亩沙滩地。根据该区农业自然资源特征（光热充足，但土壤沙性严重，降水偏少，河流断流，地下水位深，水资源缺乏等），确定了以节水适沙的果品、经济林木和花生作为该区的主导产品，通过以农户为基础的专业乡镇和由技术人员承包的集体果园两种形式，建成了区域专业化、商品化的林果油规模化生产基地。以此为依托，在乡（镇）村集体与林业局的组织下，建立了较完善的市、乡、村营销队伍组织，目前已经开辟了国内、国际两个市场，在市场预测、搞活商品流通、充实服务性经济实体等方面有一定的经验与实力。G2 模式（轻壤质石灰性褐土冲积扇—设施瓜菜种植型，规模化经营利用模式）处于县域中西部各乡镇，重点发展塑料日光温室，大、中、小棚的瓜菜生产。G3 模式（轻壤质潮褐土冲积扇—农牧结合型，规模化经营利用模式）处于县域北部各乡镇，重点发展优质粮食和畜牧养殖业。

资料来源：周小萍，陈百明.农业资源可持续利用模式及案例分析——以冀中南平原为例.地理科学进展，2003(4).

讨论：

1. 结合农业可持续发展的特征，分析藁城县农业资源可持续利用模式。
2. 试分析藁城县农业资源可持续利用模式与自然资源和环境可持续发展的关系。
3. 试分析藁城县农业可持续发展还能在哪些方面进行改善。

世界著名农业经济学家简介

海地(E.O.Heady)(1916—　)，美国著名农业经济学家，获艾奥瓦州立大学经济学博士学位。他继承和发展了 H.C.泰勒等人的生产经济理论，并结合数量分析方法，建立了现代农业生产经济学理论体系。1958 年创建教学、科研和政策咨询相结合的学术机构——农业和乡村发展中心，为美国和其他许多国家培养了数百名高级农业经济专家。主要著作有被誉为农业生产经济学里程碑的《农业生产经济学与资源利用》(1953)以及《农业生产函数》(1961)等。

海地使农业生产经济的理论更加系统、更加深入，并且形成了一系列的经济概念和对农业生产经济的系统分析方法。他是西方农业经济学界第一个认识到运用电子计算机模拟线性规划模型从事农业政策和生产问题分析研究价值的学者。

参考文献

[1] 大卫·李嘉图.政治经济学及赋税原理.周洁,译.北京:华夏出版社,2005.
[2] 迈克尔·波特.国家竞争优势.李明轩,邱如美,译.北京:中信出版社,2007.
[3] 亚当·斯密.国富论.张兴,田要武,龚双红,译.北京:北京出版社,2007.
[4] 2011 年我国农村居民基尼系数为 0.3897.新华网,2012-01-17.
[5] 白瑞.发展家庭农场的对策.黑龙江农业科学,2013(8).
[6] 白跃世.中国农业现代化路径选择分析.北京:中国农业大学,2003.
[7] 毕宝德,柴强,李玲.土地经济学.6 版.北京:中国人民大学出版社,2011.
[8] 蔡键.我国家庭农场形成机制与运行效率考察.商业研究,2014.
[9] 蔡月风.农资营销员.西宁:青海人民出版社,2008.
[10] 曹苏峰.90 年代以来世界农产品贸易发展趋势.南开经济研究,1998(2).
[11] 曹占伟.国外发达国家农业现代化发展模式析论.经济研究导刊,2013(29).
[12] 柴强,李玲.土地经济学.北京:中国人民大学出版社,2001.
[13] 陈春霞.我国农业现代化评价指标体系研究评述.改革与战略,2009(6).
[14] 陈娆.农业经济管理.北京:高等教育出版社,2012.
[15] 陈文宽.农业产业化概论.成都:电子科技大学出版社,2000.
[16] 陈新忠.多元化农技推广服务体系建设研究.北京:科学出版社,2014.
[17] 程宝库.论 WTO 的《农业协议》.南开学报,1996(1).
[18] 崔宁波,宋秀娟.新型农业生产经营主体的发展约束与建议.江西社会科学,2014(3).
[19] 崔晓黎.中国农业现代化:历史背景与要点分析.战略与管理,2013(6).
[20] 崔延松.水资源经济学与水资源管理:理论,政策和运用.北京:科学出版社,2008.
[21] 戴小枫,边全乐,付长亮.现代农业的发展内涵、特征与模式.中国农学通报,2007(3).
[22] 党福江.水利部公布全国第二次水土流失遥感调查结果.水土保持科技情报,2002(2).
[23] 道格拉斯·C.诺思.制度、制度变迁与经济绩效.杭行,译.上海:上海三联书店,1994.
[24] 德布拉吉·瑞.发展经济学.陶然,等,译.北京:北京大学出版社,1998.
[25] 丁长发.农业和农村经济学.厦门:厦门大学出版社,2006.
[26] 丁超勋.邮政农资供应链模式研究.邮政研究,2011(1).
[27] 丁凌云.现阶段我国农村居民的消费问题研究.北京:中国科学技术大学,2009.
[28] 董志勇.新农村中的经济学.北京:清华大学出版社,2008.
[29] 杜润生.中国农村制度变迁.成都:四川人民出版社,2003.
[30] 方天堃.农业经济管理.北京:中国农业大学出版社,2013.
[31] 冯海发,李溦.我国农业为工业化提供资金积累的数量研究.经济研究,1998(8).

[32] 冯海发.论农户兼业化的历史命运.农村金融研究,1988(9).

[33] 冯开文.合作制度变迁与创新研究.北京:中国农业出版社,2003.

[34] 高鸿业.西方经济学(微观部分).4版.北京:中国人民大学出版社,2007.

[35] 葛文光.农民专业合作经济组织的发展理论与实践——以河北省为例.北京:中国农业出版社,2008.

[36] 耿娜.我国发展家庭农场的理性思考及培育机制探析.品牌(下半月),2014(12).

[37] 关浩杰.收入结构视角下我国农民收入问题研究.北京:首都经济贸易大学,2013.

[38] 管爱国,符纯华.现代世界合作社经济.北京:中国农业出版社,2000.

[39] 郭剑雄.二元经济与中国农业发展.北京:经济管理出版社,1999.

[40] 郭翔宇.农业经济管理学.北京:中国农业出版社,2004.

[41] 郭哲.政府干预经济机制研究.长沙:湖南大学,2007.

[42] 韩光华.国外农业现代化建设的基本经验及启示.山东社会科学,1997(4).

[43] 何广文.农村金融服务问题研究专题报告.农业部"中国农业和农村经济结构战略性调整"课题组,2002.

[44] 何安华,楼栋,孔祥智.中国农业发展的资源环境约束研究.农村经济,2012(2).

[45] 何秀荣.比较农业经济学.北京:中国农业大学出版社,2010.

[46] 贺和初.新农村科技服务体系探索与创新.海口:海南出版社,2008.

[47] 赫修贵.中国特色农业现代化模式探讨.学术交流,2010(5).

[48] 洪远朋.合作经济的理论与实践.上海:复旦大学出版社,1996.

[49] 洪运华.农资供应链管理问题研究.中国市场,2007(36).

[50] 侯玉娟.中国人口问题的表现.地理教育,2010(1).

[51] 胡定寰."农超对接"怎样做.北京:中国农业科学出版社,2010.

[52] 胡琳琳.我国农村消费市场的现状与存在问题探析.中国集体经济,2011(25).

[53] 黄少安.制度经济学.北京:高等教育出版社,2008.

[54] 黄文秀.农业自然资源.北京:科学出版社,2001.

[55] 黄贤金,张安录.土地经济学.北京:中国农业出版社,2008.

[56] 季玉福.农民专业合作社规范化建设.北京:中国农业科学技术出版社,2012.

[57] 姜吉强.世界农产品贸易的发展及其趋势.莱阳农学院学报(社会科学版),2000(12).

[58] 焦必方.农村和农业经济学.上海:上海人民出版社,2009.

[59] 焦源,赵玉姝,高强.需求导向型农技推广机制研究文献综述.中国海洋大学学报(社会科学版),2014(1).

[60] 金洁,丁颖倩,陈艳.关于现代家庭农场发展问题探讨.中小企业管理与科技(上旬刊),2014(4).

[61] 靳汉生,刘天福.精细化农业初蕾.北京:学术书刊出版社,1989.

[62] 卡尔·夏皮罗,哈尔·瓦里安.信息规则.张帆,译.北京:中国人民大学出版社,2000.

[63] 柯炳生.对推进我国基本实现农业现代化的几点认识.中国农村经济,2000(9).

[64] 孔东菊.家庭农场若干法律问题研究.东北农业大学学报(社会科学版),2014.

[65] 孔祥智,马九杰,朱信凯.农业经济学.北京:中国人民大学出版社,2014.

[66] 孔祥智,史冰清,钟真,等.中国农民专业合作社运行机制与社会效应研究.北京:中国农业出版社,2012.

[67] 赖茂生,王芳.信息经济学.北京:北京大学出版社,2007.

[68] 李秉龙,薛兴利.农业经济学.北京:中国农业大学出版社,2008.

[69] 李成贵.中国农业结构的形成、演变与调整.中国农村经济,1999(5).

[70] 李崇光.农产品营销学.2版.北京:高等教育出版社,2013.

[71] 李光兵.国外两种农户经济行为理论及其启示.农村经济与社会,1992(6).

[72] 李弘.农资邮政物流网络资源运作效率评价与配置优化.北京:经济科学出版社,2012.

[73] 李鹏.多哈回合农业谈判对我国农业支持政策的影响研究.北京:中国农业科学院,2007.

[74] 李乾元.第三个春天——中国农业的合作之路.北京:人民出版社,2011.

[75] 李俏.农业社会化服务体系研究.西安:西北农林科技大学,2012.

[76] 李瑞芬.农民专业合作经济组织知识.北京:中国农业出版社,2007.

[77] 李瑞芬.中国农民专业合作经济组织的实践与发展.北京:中国农业出版社,2004.

[78] 李万君,李艳军.品牌链动力视角下的农资流通模式创新.浙江农业学报,2014(5).

[79] 李岩.发展"家庭农场"探索致富之路.农村养殖技术,2013(3).

[80] 李智广,曹炜,刘秉正,等.我国水土流失状况与发展趋势研究.中国水土保持科学,2008(1).

[81] 梁巧.中国农民合作社的设立、治理与效率.杭州:浙江大学出版社,2013.

[82] 梁世夫,姚惊波.农业多功能性理论与我国农业补贴政策的改进.调研世界,2008(5).

[83] 林志强.基于生态文明的农业科技服务体制机制创新.长春:吉林出版集团有限责任公司,2013.

[84] 林毅夫.金融改革与农村经济发展.北京大学经济研究中心讨论稿,2003.

[85] 刘东.新型农村科技服务体系的探索与创新.北京:化学工业出版社,2009.

[86] 刘惠芳,王青.我国家庭农场研究综述.江苏农业科学,2014(5).

[87] 刘帅.运销成本和粮食供应风险对农户种植业决策的影响——来自市场交易条件较差地区的例证.南京:南京农业大学,2011.

[88] 刘同山,张云华.发达国家农技推广的模式、特点与启示.世界农业,2013(5).

[89] 刘文勇,张悦.家庭农场的学术论争.改革,2014(1).

[90] 刘小波.我国农村居民消费问题研究.石家庄:河北大学,2010.

[91] 刘秀珍.农业自然资源概论.北京:中国林业出版社,2009.

[92] 刘巽浩,王宏广.中国农业现代化与精久农业的构思.中国农村经济,1991(3).

[93] 刘英杰.德国农业和农村发展道路的启示.世界农业,2004(2).

[94] 卢良恕.中国农业加入WTO的机遇与挑战.中国软科学,2000(12).

[95] 卢新海,黄善林.土地估价.上海:复旦大学出版社,2010.

[96] 吕晨钟,傅新红.核心社员社会资本对农民专业合作社发展的影响研究——以川渝地区种植合作社为例.北京:九州出版社,2014.

[97] 吕紫乾.影响我国农民收入增加的因素分析及对策建议.大连:东北财经大学,2011.

[98] 罗必良.新制度经济学.太原:山西经济出版社,2005.

[99] 罗必良.现代农业发展理论:逻辑线索与创新路径.北京:中国农业大学出版社,2010.

[100] 罗平汉.农业合作化运动史.福州:福建人民出版社,2004.

[101] 骆正山.信息经济学.北京:机械工业出版社,2007.

[102] 马尔堡促进自助咨询社.合作社式的自助与社会结构变革.马尔堡促进自助咨询合作社翻译出版,1995.

[103] 马尔科姆·吉利斯,等.发展经济学.北京:经济科学出版社,1989.

[104] 马尔萨斯.人口论.郭大力,译.北京:北京大学出版社,2008.

[105] 马洪伟.试论中国家庭农场的法律规制.河南师范大学学报(哲学社会科学版),2014.

[106] 马克思,恩格斯.马克思恩格斯选集.第2卷.北京:人民出版社,1972.

[107] 马社香.农业合作化运动始末——百名亲历者口述实录(插图珍藏本).北京:当代中国出版社,2012.

[108] 马社香.中国农业合作化运动口述史.北京:中央文献出版社,2012.

[109] 迈克尔·波特.竞争优势.陈小悦,译.北京:华夏出版社,1997.

[110] 米鸿才,等.合作社发展简史.北京:中共中央党校出版社,1988.

[111] 牛桂芹.论转型期的农村科技传播模式:以"农资店"的科技传播功能为例.自然辩证法研究,2014(8).

[112] 牛若峰.农业产业一体化经营的理论与实践.北京:中国农业科技出版社,1998.

[113] 农业部科技教育司.农技推广新模式.北京:中国农业出版社,2008.

[114] 彭群.国内外农业规模经济理论研究述评.中国农村观察,1999(1).

[115] 祁英民.我国农村消费市场现状及开拓对策研究.安徽农业科学,2012(9).

[116] 乔金亮.发展家庭农场的四个困惑.营销界(农资与市场),2014(7).

[117] 乔娟,潘春玲.畜牧业经济管理.北京:中国农业大学出版社,2010.

[118] 曲福田.土地经济学.3版.北京:中国农业出版社,2011.

[119] 屈学书.我国家庭农场发展问题研究.太原:山西财经大学,2014.

[120] 全国居民人均可支配收入:"城乡一体化"的人均收入数据.中国经济周刊,2014-03-04.

[121] 饶旭鹏.国外农户经济理论研究述评.江汉论坛,2011(4).

[122] 萨尔坦·科马里.信息时代的经济学.姚坤,何卫红,译.南京:江苏人民出版社,2000.

[123] 邵科.农民专业合作社成员参与:内涵、特征与作用机理.杭州:浙江大学出版社,2013.

［124］邵喜武，徐世艳，郭庆海.政府农技推广机构推广问题研究：以吉林省为例.社会学战线，2013(4).

［125］沈满洪.水资源经济学.北京：中国环境科学出版社，2008.

［126］石萍，王雨濛.多元化农技推广服务体系构建研究.科技进步与对策，2013(21).

［127］史清华.农户经济增长与发展研究.北京：中国农业出版社，1999.

［128］舒尔茨.改造传统农业.北京：商务印书馆，2003.

［129］宋圭武.对当前我国农户经济的若干思考.农业经济问题，1996(9).

［130］苏雪串.新自由主义与政府干预主义理论与政策实践的演变——金融危机后对政府干预经济的再思考.学习与实践，2010(5).

［131］孙海波.重庆地区农民收入增长问题与对策研究.北京：北京林业大学，2014.

［132］孙亚范.新型农民专业合作经济组织发展研究.北京：社会科学文献出版社，2006.

［133］孙志智，王志远，齐敬冰.现代农技推广新技术.北京：中国农业出版社，2013.

［134］孙中良，贾永飞，黄莉.农业现代化内涵、特征及评估指标体系的建立.价格月刊，2009(1).

［135］索维.人口通论.北京：商务印书馆，1982.

［136］谭家权.浅谈现代农村中家庭农场建设.农民致富之友，2013(10).

［137］谭向勇，辛贤.农业经济学.太原：山西经济出版社，2005.

［138］田村正纪.流通原理.吴小丁，译.北京：机械工业出版社，2007.

［139］田润芙，王春航.用市场化模式解决农业信息服务"最后一公里"问题：以农资连锁经营企业 RE 公司为例.农业经济，2014(2).

［140］田争运.我国新时期农民增收的制约因素及对策研究.西安：西北农林科技大学，2012.

［141］涂俊一，杜凤珍.农产品电子商务.武汉：湖北科学技术出版社，2011.

［142］万春雷.市场条件下农技推广创新模式探析.农业经济，2014(4).

［143］王秉秀.畜牧业经济管理.2 版.北京：中国农业出版社，2003.

［144］王传丽.WTO 农业协定与农产品贸易规则.北京：北京大学出版社，2009.

［145］王春来.发展家庭农场的三个关键问题探讨.农业经济问题，2014(1).

［146］王锋.我国农村消费市场发展现状、制约因素及其拓展对策.农村经济，2009(3).

［147］王光全.中国家庭农场模式初探.理论与当代，2013(4).

［148］王国敏，周庆元.我国农业现代化测评体系的构建与应用.经济纵横，2012(2).

［149］王盟.论政府对经济的干预.哈尔滨：黑龙江大学，2007.

［150］王松林，郝晋珉.区域农业—农村可持续发展评价体系的建立与应用.中国农业大学学报，2001(5).

［151］王万山.国外现代化农业的主要模式和规律.调研世界，2005(5).

［152］王鑫.中国家庭农场构建问题的思考.经济研究导刊，2013(16).

［153］王秀梅，梁淑珍.日本政府的农业宏观调控政策对我国的借鉴意义.许昌师专学报，

1997(3).

[154] 王学荣.农技推广体系与实现粮食高产途径的研究.山西农业科学,2013(12).

[155] 王雅鹏.现代农业经济学.2版.北京:中国农业出版社,2008.

[156] 王玉红,韩佩佩.论我国家庭农场立法的完善.东方企业文化,2013(11).

[157] 王征兵,魏正果.中国农业经营方式:精细密集农业.管理世界,1995(5).

[158] 王征兵.中国农业经营方式研究.香港:中国科学文化出版社,2002.

[159] 王征兵.中国农业现代化如何破局.千人,2013(8).

[160] 吴传钧.中国农业与农村经济可持续发展的问题——不同类型地区实证研究.北京:中国环境科学出版社,2001.

[161] 吴东庆,刘任.广东省农资营销信息服务平台建设的研究.广东农业科学,2012(16).

[162] 西蒙.管理行为.詹正茂,译.北京:商务印书馆,1993.

[163] 夏英,牛若峰.中外农业产业化经营发展道路与模式比较.北京:中国统计出版社,2000.

[164] 夏英,王震,李芸.农村科技创业与科技服务体系建设创新研究——以科技特派员为例.北京:中国农业大学出版社,2012.

[165] 肖文兴.加入世贸组织对中国农业产业安全的影响分析.长沙:湖南农业大学,2012.

[166] 谢梅芳.家庭农场的推广难题及实施建议.湖北第二师范学院学报,2013(6).

[167] 辛岭,蒋和平.我国农业现代化发展水平评价指标体系的构建和测算.农业现代化研究,2010(6).

[168] 徐梦洁.区域农业可持续发展评价指标体系初探.农业系统科学与综合研究,1998(4).

[169] 徐勇.中国农村与农民问题前沿研究.北京:经济科学出版社,2009.

[170] 许欣欣.中国农民组织化与韩国经验.北京:社会科学文献出版社,2010.

[171] 薛全义.农资市场营销.北京:中国农业大学出版社,2007.

[172] 杨坚白.合作经济学概论.北京:中国社会科学出版社,1989.

[173] 杨建平,冯建芳.嬗变二十年,中国农资流通行业1992—2012.北京:研究出版社,2012.

[174] 杨青松.农产品流通模式研究——以蔬菜为例.北京:中国社会科学院研究生院,2011.

[175] 杨万江,徐星明.农业现代化测评.北京:社会科学文献出版社,2001.

[176] 杨雅如.我国农村合作社的制度供给问题研究.北京:人民出版社,2013.

[177] 杨永坤.当前家庭农场的发展现状与对策.农业展望,2014(5).

[178] 姚洋.土地、制度和农业发展.北京:北京大学出版社,2004.

[179] 叶扬兵.中国农业合作化运动研究.北京:知识产权出版社,2006.

[180] 余练.中国家庭农场培育的经验与启示——以皖南平镇家庭农场发展为例.区域经济评论,2014(6).

[181] 俞家宝.农村合作经济学.北京:北京农业大学出版社,1994.

[182] 袁军宝.我国农业现代化进程中的农户兼业经营问题研究.兰州:兰州大学,2009.

[183] 曾福生.中国现代农业经营模式及其创新的探讨.农业经济问题,2011(10).

[184] 张宝华,何启生,刘友洪.农村新型合作经济组织发展事务.北京:中国农业出版社,2005.

[185] 张德华.黑龙江省农民收入影响因素及对策研究.哈尔滨:东北农业大学,2013.

[186] 张芳.农业自然资源价值及核算研究.北京:中国农业出版社,2011.

[187] 张红宇,张海阳,等.当前农民增收形势分析与对策思路.农业经济问题,2013(4).

[188] 张磊,李莉.基于双层规划的农资供应链覆盖率优化.同济大学学报(自然科学版),2012(5).

[189] 张利霞.我国农资企业发展网络营销分析.社会科学家,2013(4).

[190] 张琳,李慧,孙东升.入世10年中国农产品国际贸易回顾与展望.农业展望,2012(5).

[191] 张清国.农业现代化模式的国际经验与我国的选择.中国集体经济,2011(3).

[192] 张体勤.民营科技企业创新服务体系政策研究.北京:中国社会科学出版社,2008.

[193] 张晓京.WTO农业协议下的粮食安全——基于发达与发展中国家博弈的思考.华中农业大学学报(社会科学版),2012(2).

[194] 张忠根,应风其.农业可持续发展评估理论、方法与应用.北京:中国农业出版社,2003.

[195] 张忠根.农业经济学.杭州:浙江大学出版社,2010.

[196] 赵继新.中国农民合作经济组织发展研究.北京:中国市场出版社,2004.

[197] 赵维清,姬亚岚,马锦生,等.农业经济学.北京:清华大学出版社,2013.

[198] 赵维清.家庭农场的内涵及培育机制分析.农业经济,2014(11).

[199] 郑高强,付静,钟海国.中国特色农业现代化道路模式的选择.农业现代化研究,2008(7).

[200] 郑杭生,汪雁.农户经济理论再议.学海,2005(3).

[201] 郑丽,付丽丽.电子商务概论.北京:北京交通大学出版社,清华大学出版社,2013.

[202] 郑少忠.现代化农业壮美画卷——黑龙江农业发展的成功实践.人民日报,2012-04-20.

[203] 指标解释.中华人民共和国国家统计局网,2013-10-29.

[204] 中共中央国务院关于促进农民增加收入若干政策的意见.新华网,2003-12-31.

[205] 中国农产品国际贸易格局形成.中国供销合作网,2008-08-20.

[206] 中廷.新型农村集体经济组织设立与经营管理.北京:中国发展出版社,2012.

[207] 钟甫宁.农业经济学.5版.北京:中国农业出版社,2011.

[208] 周诚.土地经济学.北京:中国农业出版社,1989.

[209] 周华庭.我国农村消费市场研究.上海市经济管理干部学院学报,2012(5).

[210] 周洁红,黄祖辉.农业现代化评论综述——内涵、标准与特性.农业经济,2002(11).

[211] 周运国.浅议如何开拓我国农村消费市场.决策管理,2009(15).

[212] 朱春江,Surendra P.Singh,马文斌,等.中国家庭农场发展面临的机遇及路径选择.贵州农业科学,2014(1).

[213] 朱道华.农业经济学.4版.北京:中国农业出版社,2001.

[214] 朱启臻,胡鹏辉,许汉泽.论家庭农场:优势、条件与规模.农业经济问题,2014(7).
[215] 朱新民.农业发展阶段的基本特征.中国农史,1983(1).
[216] 朱信凯.扩大内需的最大潜力在农村.农业展望,2011(5).
[217] 朱作文,帅传敏,汪治琴.世界农产品贸易的发展趋势.对外经贸实务,2006(5).
[218] 庄佩芬.农产品国际贸易.北京:对外经济贸易出版社,2011.
[219] 邹进文.卜凯——近代在华的著名外国农业经济学家.中国社会科学报,2013-01-28.